1682 J.B. METZLER

Udo Bermbach

Der Wahn des Gesamtkunstwerks

Richard Wagners politisch-ästhetische Utopie

Zweite, überarbeitete und erweiterte Auflage

Verlag J. B. Metzler
Stuttgart / Weimar

Bibliografische Information Der Deutschen Bibliothek
Die Deutsche Bibliothek verzeichnet diese Publikation in der Deutschen Nationalbibliografie; detaillierte bibliografische Daten sind im Internet über <http://dnb.ddb.de> abrufbar.

Gedruckt auf chlorfrei gebleichtem, säurefreiem und alterungsbeständigem Papier

ISBN 3-476-01868-7

www.metzlerverlag.de
info@metzlerverlag.de

Einbandgestaltung: Willy Löffelhardt
Satz: DTP + TEXT Eva Burri, Stuttgart
Druck und Bindung: Ebner & Spiegel GmbH, Ulm
Printed in Germany
Juli/2004

Verlag J.B. Metzler Stuttgart · Weimar

»Im Kunstwerk werden wir Eins sein«

Richard Wagner

Vorwort

Richard Wagner ist eine Ausnahmeerscheinung. Unter allen Komponisten der Moderne war er die gewiß größte schriftstellerische Begabung und unter allen Schriftstellern der Moderne ohne Zweifel der genialste Komponist. Für die Moderne bezeichnet sein Auftritt das Erscheinen eines neuen Künstlertyps, bei dem Kunstproduktion und kommentierende Reflexion auf eine symbiotische Weise zusammengehören, das eine ohne das andere nicht denkbar ist und die Verschränkung von Werk und Werkkommentar zu einem einsamen, auch später nicht mehr erreichten Höhepunkt geführt wird. Daß Wagner darüber hinaus ein überdurchschnittlich gebildeter Künstler war, bewandert und kenntnisreich nicht nur in Literatur und Geschichte, sondern auch in Philosophie und Gesellschaftstheorie, einer, dessen Bildungs- und Lesewut sich immer in Reflexion und Produktion umzusetzen suchte, wird demjenigen rasch deutlich, der sich in die zahlreichen und umfänglichen Schriften, in Briefe und Tagebuchnotizen vertieft. Aus ihnen spricht der geradezu unbändige Drang, sich die Welt auf eine eigene Weise anzueignen, sie sich schreibend und komponierend anzuverwandeln, Entstehung wie Aufführung der eigenen Werke kommentierend zu begleiten und diese Werke einzufügen in einen weltanschaulich bestimmten Rahmen, der dafür sorgen soll, daß deren Interpretation und Rezeption nicht beliebig werden können.

Es ist bemerkenswert, daß Wagners Selbstkommentare zu seinen Werken häufig ebensowenig ernst genommen worden sind wie seine philosophischen und gesellschaftstheoretischen Schriften. Das zeigt ein selbst flüchtiger Blick in die kaum mehr überschaubare Fülle der Wagner-Literatur. Was überwiegend vorherrscht, ist der Gestus der Relativierung, der immer wiederholte Hinweis, man solle das, was Wagner meint und schreibt, doch nicht für bare Münze nehmen, weil Widersprüche und Zweckbehauptungen offensichtlich seien, Wagner eher situativ denn systematisch denke; einer, von dem sich mit Gewißheit nur sagen lasse, daß er vor allem die eigene Person und das eigene Werk ins Zentrum der Aufmerksamkeit rücken wolle, ein übersteigerter Egomane also, der sich in alles einmische, was immer das auch sein mag. Solche Urteile, die häufig in der Relativierung von Wagners Äußerungen eine distanzierende Überlegenheit zum Objekt ihrer Verehrung belegen, sind freilich nicht völlig abwegig. Denn Wagner hat es denen, die sich ernsthaft auch auf seine Schriften einlassen, gewiß nicht leicht gemacht. In der Fülle seiner literarischen Produktionen lassen sich in der Tat manche Inkonsistenzen ausmachen, läßt sich zeigen, daß manches entschiedene Urteil in einem anderen Kontext und zu anderem Zeitpunkt gemildert, gelegentlich auch aufgehoben oder sogar ins Gegenteil verkehrt worden ist. Und in seinen zu verschiedenen Zeiten entstandenen autobiographischen Schriften hat Wagner sein eigenes Bild und das seiner Werke durchaus unterschiedlich zu akzentuieren und konturieren versucht, hat den Zweck seines Schreibens nicht immer getrennt von dem, was beschrieben werden sollte. Aber was beweist dies am Ende, was kann es belegen? Daß einer, der ein langes und intensives Leben geführt hat, kein leichtes zudem, vielfältigste und widersprüchliche Erfahrungen sammelt, daß er solche Erfahrungen für sich selbst zu verarbeiten sucht, dabei auch in systematische Ungereimtheiten gerät, entspricht der Normalität eines intelligenten Lebens. Es ist nicht zuletzt Voraussetzung auch für die produktive Auseinandersetzung mit sich und der Welt, und wer anders verfahren wollte, wer in jungen Jahren schon wüßte, woran er für den Rest seines Lebens festzuhalten hat, ohne irgend einen Zweifel und in gleichsam dogmatischer Sicherheit, der wäre wohl ein intellektuell hoffnungsloser, bestimmt aber ein völlig uninteressanter Fall.

Wagner gehört nicht in diese Kategorie von Menschen und Künstlern, denn er hat zeit seines Lebens vieles mit größter Aufmerksamkeit verfolgt und registriert, was um ihn herum geschah, hat mit wachen Sinnen wahrgenommen, was sich in Kunst, Politik und Gesellschaft ereignete. Doch bei aller Bereitschaft, die eigenen Ansichten an der Realität immer wieder zu überprüfen, gegebenenfalls auch zu korrigieren, gibt es doch auch Kontinuitäten in seinem Denken, die auffällig und unübersehbar sind, durchgehaltene Grundansichten und Kernbestände von Überzeugungen, auch frühe Prägungen, deren prinzipielle Bedeutung für sein Werk und die Werkkommentare immer wieder ins Auge springt.

Solchen Kontinuitäten des Wagnerschen Denkens gilt im folgenden die Aufmerksamkeit. Nicht der Wandel und der vermeintliche Selbstwiderspruch, sondern das Durchhalten wichtiger weltanschaulich-theoretischer Fundamentalüberzeugungen sind Gegenstand des Interesses. Es ist die Ausgangsthese dieses Buches, daß Wagner sich durch Lektüre wie eigene Erfahrungen einen Grundvorrat gesellschafts- und kulturkritischer Topoi zugelegt hat, die eingebunden und vielfach verwoben in das zeitgenössische politische und gesellschaftliche Denken sind, vorwiegend in das der anarchistischen, sozialistischen und radikal-demokratischen Linken. Und die hier formulierten gesellschaftstheoretischen Überzeugungen haben zugleich auch seine in den Jahren 1849 bis 1851 ausgearbeitete Ästhetik entscheidend beeinflußt, so sehr, daß sich strukturelle Parallelitäten zwischen beiden Bereichen, zwischen Politik und Gesellschaftstheorie einerseits, dem ästhetischen Denken andererseits, geradezu aufdrängen und nachweisen lassen: das eine ist ohne das andere nicht zu denken.

Aus diesem Verweisungszusammenhang ergibt sich die Anlage der rekonstruktiv verfahrenden Untersuchung. Zunächst werden in knapper Weise die an anderer Stelle[1] ausführlicher dargestellten gesellschaftskritischen Vorstellungsgehalte in den frühen Werken bis zum *Rienzi* skizziert, die dann in den revolutionären Schriften der Dresdner Jahre 1848/49 ihren unzweideutigen Niederschlag finden. Und dabei zeigt sich, daß Wagners politisches Denken in seinen zentralen Thematisierungen

1 Vgl. dazu Udo Bermbach, ›Blühendes Leid‹. Politik und Gesellschaft in Richard Wagners Musikdramen, Stuttgart/ Weimar 2003.

durchaus auf der Höhe seiner Zeit ist, weitab von jenem immer noch hochgehaltenen Vorurteil, da habe sich einer als Dilettant unangemessen, vorlaut und inkompetent aufs politische Feld begeben.

Im Zentrum der Darlegungen stehen freilich die sogenannten ›Zürcher Kunstschriften‹: *Die Kunst und die Revolution* (1849), *Das Kunstwerk der Zukunft* (1849) und *Oper und Drama* (1850/51) – jene Trias des revolutionären politisch-ästhetischen Programms, mit dem Wagner nicht nur die Bilanz seines bisherigen Schaffens zu ziehen versucht, sondern auch die Perspektive einer das Leben anleitenden neuen Kunst, seiner Kunst, entwirft. Es ist eine Ästhetik, genauer: eine ›Revolutions-Ästhetik‹, aufgeladen mit weitreichenden gesellschaftspolitischen Ansprüchen, die kaum angemessen zu verstehen ist ohne die Kenntnis der ihr eingeschriebenen politischen Grundüberzeugungen Wagners, die er in den vorausliegenden Jahren gewonnen hat. In den ›Zürcher Kunstschriften‹ werden historisch-politische und ästhetische Reflexion in einer Weise miteinander verschränkt und radikal zusammengebracht, wie dies selbst für das an Ungewöhnlichem gewiß nicht eben arme 19. Jahrhundert beispiellos ist. Wagner sucht hier in seinem ästhetischen Konzept einzuholen, was die gescheiterte Revolution von 1849 ihm verweigert hatte: das Umdenken aller bestehenden religiösen, politischen, gesellschaftlichen und kulturellen Verhältnisse, die revolutionäre Erneuerung einer moralisch wie institutionell als bankrott erachteten Welt durch das von ihm konzipierte ›Gesamtkunstwerk‹ – Vision einer Erlösung der Menschheit durch Kunst, durch ästhetische Erfahrung, wie sie sich auch später noch, bis in die Gegenwart hinein, bei manchem Vordenker der europäischen Linken wiederfinden läßt.

Im Unterschied zur ersten Auflage dieses Buches von 1994 finden sich in dieser überarbeiteten neuen Auflage zwei wesentliche Veränderungen: die Werkanalysen des *Ring* und *Parsifal*, in denen die Spuren des politisch-gesellschaftlichen Denkens nachgezeichnet worden waren, sind gestrichen, weil sie inzwischen neu geschrieben und in dem bereits erwähnten Buch publiziert worden sind. Statt dessen wird der Frage eines möglichen Zusammenhangs von Antisemitismus und Kunstkonzeption ebenso nachgegangen wie der vielfach in der Literatur zu findenden These, wonach Wagner in seinen späten, nach 1864 verfaßten Schriften seine revolutionäre Ästhetik substantiell revidiert habe, es also einen Bruch zwischen den ›Zürcher Kunstschriften‹ und seinem nachrevolutionären Denken gebe. Daß sich dabei ein systematisch begründeter Zusammenhang zwischen der 1850 publizierten Schrift *Das Judenthum in der Musik* und den ›Zürcher Kunstschriften‹ herausstellt, mag als Revision der ursprünglichen Behauptung gelten, Wagners unzweifelhafter Antisemitismus habe für seine politisch-ästhetische Kunstkonzeption nicht die geringste Rolle gespielt. Die genauere Analyse zeigt allerdings, daß der Antisemitismus zwar mit den Begründungsfiguren der Zürcher Ästhetik verbunden ist, das ästhetische Konzept selbst am Ende aber nicht beeinflußt. Und ähnliches gilt für die nach der Schopenhauer-Rezeption publizierten Essays, auch für die sogenannten ›Regenerationsschriften‹, in denen Wagner mit manchen seiner Ansichten politisch mehr oder weniger weit nach rechts schwenkt, in denen er aber weder die strukturellen

Vorstellungen des Gesamtkunstwerks noch dessen emotionale Intentionen inhaltlich korrigiert.

Für Wagner war, was sich in *Über Staat und Religion* nachlesen läßt, der ›Wahn‹ ein ambivalenter Begriff. Einerseits ein Trieb, der zu den »heillosesten Verwirrungen und der Ruhe schädlichsten Handlungen führen« kann, andererseits eine Kraft, die den Menschen »zu den aufopferungsvollsten Handlungen bestimmt«[2]. Verzweiflung und Hoffnung, Zerstören des Vorhandenen und Wille zum Gestalten eines Neuen, radikale Negation der Gegenwart und die Utopie einer besseren Zukunft – das alles schwingt im Begriff ›Wahn‹ mit. Solche Ambivalenzen, die auch dem Konzept des Gesamtkunstwerks zu eigen sind, will der Titel des Buches einfangen.

Die erste Auflage dieses Buches fand bei der Kritik eine außerordentlich freundliche und zustimmende Aufnahme, die Arbeit wurde überwiegend als wichtiger Beitrag für ein neues Wagner-Verständnis bewertet. In Gesprächen mit Kollegen und auf Tagungen hat sich gleichwohl die Überzeugung eingestellt, das Buch überarbeiten und ergänzen zu sollen. Vielen habe ich für Anregungen zu danken, vor allem aber Doris, meiner Frau. Sie hat das erste Entstehen dieses Buches durch ihre intensive Teilnahme von Anfang an begleitet, hat mir später in zahllosen Gesprächen Gelegenheit gegeben, meine Überlegungen zu prüfen und zu schärfen und so auch die Überarbeitung und Ergänzungen für die neue Auflage entscheidend gefördert. Ihrer gründlichen Lektüre verdankt der Text viele Verbesserungen. Dafür zu danken und ihr das Buch zu widmen, ist mir ein Herzensbedürfnis.

Hamburg, Frühjahr 2004

2 Richard Wagner, Über Staat und Religion, in: GSD, Bd. 8, S. 14.

Inhalt

Anfänge

Am Anfang steht Entwicklung. Aus den ersten Erlebnissen eines Kindes formen sich Vorlieben, die unbeschadet späterer Erfahrungen, unbeschadet auch vieler nachfolgender Prägungen, einen stabilen Kern bilden. Frühe Sozialisation, das weiß man, legt mentale Tiefenstrukturen, die das Bewußtsein und das Handeln des später Erwachsenen noch mitbestimmen und die Einfluß nehmen auf die Art und Weise, wie sich Welt und Welterfahrung aneignen lassen und später umsetzen in Imagination und schöpferischen Prozeß. Frühe Kindheitserfahrungen kehren in immer neuen Verwandlungen als Erinnerungen im weiteren Leben zurück, sedimentieren sich mosaikgleich in Phantasie und Handeln und können bei Künstlern ästhetische Urideen prägen. Ein Erfahrungszusammenhang kann sich da herstellen, der das Leben überspannt, ihm eine innere Folgerichtigkeit und Einheit verleiht, die erst auf den zweiten Blick deutlich wird, und die sich mitteilt im künstlerischen Werk. Auch wer der allzu engen Verbindung von Biographie und künstlerischem Werk zu Recht mit einiger Skepsis begegnet und meint, über den Wert eines Werkes selbst sei noch nichts gesagt, wenn sich biographische Entwicklungsstufen in ihm identifizieren lassen, wird doch kaum leugnen wollen, daß zwischen beidem eine Verbindung besteht. Spuren des einen sind im anderen stets nachweisbar, denn die Biographie eines Lebens verbürgt gleichsam jene mehr oder weniger offen zu Tage tretende Kontinuität, die sich durch alle Brüche und Wandlungen des Lebens hindurch am Ende doch nachvollziehen läßt und die dann auch die ›Einheit des Werkes‹ suggeriert.

Wagner war kein leichtes Kind, weder zu Hause noch in der Schule, aber die Umstände, in die er hinein geboren wurde und die er jeweils vorfand, in die er sich einleben mußte, waren es auch nicht. Früh schon, glaubt man seinen eigenen Bekundungen, galt sein Interesse vor allem dem Theater und der griechischen Mythologie. Das Theater als die Imagination einer »bis zum Grauenhaften anziehenden Welt«[1], als Raum der bunten Kostüme und des Verwandlungsapparates, bis zur »Berauschung« fesselnd, übte schon auf den Knaben jenen sehnsuchtsvollen Reiz aus, dem sich später dann die Faszination des Schülers durch den griechischen Götterhimmel und dessen Mythologie ergänzend beigesellte. In der Erinnerung des reifen Wagner wird beides, Theater wie griechische Antike, wie absichtslos im erzählenden Bericht nebeneinandergestellt, und doch ist die Reihung für den, der Wagners Entwicklung und sein Werk überblickt, von mehr als zufälliger Symbolik. Denn sie weist auf jene großen ästhetischen Schriften des Züricher Exils voraus, in denen Wagners eingehende Auseinandersetzung mit dem Theater und der griechischen Mythologie zum Schlüssel und Ausgangspunkt seines theater- und politikrevolu-

1 Vgl. Richard Wagner, ML, S. 20 ff. Hier auch die weiteren Zitate.

tionären Kunstkonzeptes wurde, das sich dann über die Idee zum Konzept des ›Gesamtkunstwerks‹ verdichtete.

»Griechische Mythologie, Sage und endlich Geschichte« zogen nach eigenem Bekunden das Interesse des jungen Wagner an, doch das Interesse weitete sich mit zunehmendem Alter auch auf die Mythen und Sagen der Deutschen aus, auf die großen Themen der europäischen Literatur. Wagners Blick fiel auf Stoffe, in denen das Tragische dominierte, in denen es fast immer um sich ausschließende Grundoptionen des Lebens ging, die aber auch sensibilisierten für menschliches Leid, seine Ursachen und Bedingungen. In den später verfaßten autobiographischen Berichten über die frühen Jahre der Jugend wird häufig spürbar, wie sensibel Wagner schon damals auf seine Umwelt reagierte, nicht in einem unbekümmert jugendlichen Sinne, sondern eher als ein Seismograph gesellschaftlicher wie menschlicher Verwerfungen. Schon als Kind durch die historischen Umstände gezwungen, ein unruhiges Leben an unterschiedlichen Orten zu führen, sich immer wieder auf Neues und Ungewohntes einzustellen, entwickelte er sehr bald ein feines Gespür für die Unsicherheiten und Unwägbarkeiten des Lebens. Und darin mag ein Grund dafür liegen, daß ihm das Leid der Menschen naheging, die Suche nach Glück in Lektüre und Fragen an die Mitwelt umtrieb, die Chancen zur Veränderung der allgemeinen gesellschaftlichen Verhältnisse auszuloten wichtig wurde. Die Welt in sich selbst zu entdecken und im eigenen Leben die Welt gespiegelt zu finden, woraus sich dann auch die Einheit des Lebens und der Kunst begründen ließ – dies ist ein Grundmotiv Wagners, das in zahllosen Äußerungen und Notizen bis ans Ende seines Lebens immer wiederkehrt. In seinem 1851 erschienenen Rechenschaftsbericht *Eine Mittheilung an meine Freunde* hat er die »Absonderung des Künstlers vom Menschen« als eine Gedankenlosigkeit verurteilt und darauf bestanden, zumindest für ihn müsse gelten, daß seine Kunst nur von jenen verstanden werden könne, die ihm zugleich auch »Sympathie, d.h. Mitleiden und Mitfühlen mit seinem allermenschlichsten Leben«[2] entgegenzubringen bereit seien. Man mag dieser unmittelbaren Verbindung von Leben und Werk aus guten Gründen mißtrauen; ernst nehmen muß man sie schon, weil sie bei Wagner zu einem kaum endenden Strom von kommentierenden Selbstauslegungen geführt hat, denen das Bemühen zugrundeliegt, Mißverständnisse des Lebens wie des Werkes nicht erst entstehen zu lassen. Und weil sie zeigen, in welchem Maße das Werk selbst durch die Erfahrungen seines Schöpfers, nicht zuletzt durch seine weltanschaulichen Ansichten von Gesellschaft und Politik geprägt worden sind.

2 Richard Wagner, Eine Mittheilung an meine Freunde, in: GSD, Bd. 4, S. 231.

Adel und Ehe

Aus der Sicht auf ein Leben, das sich am Ende mit dem *Parsifal* künstlerisch vollenden wird, lassen sich schon in den ersten literarisch-musikalischen Versuchen Wagners jene gesellschaftskritischen Motive erkennen, welche die reifen Werke vom *Fliegenden Holländer* bis zum *Parsifal* zentral beherrschen[3]. Bereits das erste erhaltene Bühnenwerk *Leubald – ein Trauerspiel*, ein »Verbrechen des fünfzehnjährigen Jünglings«[4], wie Wagner später ironisierend notierte, enthält deutliche Elemente jener aufsässigen Gesinnung, die Wagners eigene politische Einstellung in den dreißiger und vierziger Jahren – wie die seiner meisten Helden – charakterisieren sollte[5]. Aus der unübersichtlichen Handlung, die dem damals beliebten literarischen Genre der Ritterdramen nachempfunden und zuzurechnen ist[6], sticht der Protagonist sowohl durch seine Mordlust wie auch durch seinen anarchischen Charakter hervor. Im Unterschied zu den zumeist heldisch und optimistisch angelegten Ritterdramen der Zeit ist *Leubald* ein schwarzes und pessimistisches Stück, in dem vor allem ein Motiv auffällt, das in den späteren Revolutionspamphleten der Jahre 1848/49 eine zentrale Rolle spielen sollte: die radikale Kritik am Adel.

Eine kurze Inhaltsangabe mag dies verdeutlichen: Leubalds Vater ist von seinem Freund und Rivalen Roderich vergiftet worden. Nach seinem Tod erscheint er dem Sohn und fordert ihn auf, Rache an Roderichs Geschlecht zu nehmen. So zieht Leubald vor Roderichs Burg, erschlägt dessen Gattin sowie die beiden Söhne und bringt dem Mörder seines Vaters eine tödliche Wunde bei. Während des Kampfes hat sich Roderichs Tochter Adelaide mit ihrer Zofe Gundchen aus dem Schloß zu einem Klausner in den Wald geflüchtet, doch sie fällt dort einem Raubritter namens Bärting in die Hände. Leubald, der Adelaide verfolgt, erfährt von ihrem Unglück und sucht nach Bärting. Er findet ihn in seinem Schloß und kann durch sein rechtzeitiges Erscheinen die beabsichtigte Vergewaltigung Adelaides verhindern. Im anschließenden Kampf mit Bärting unterliegt er und wird zusammen mit Adelaide in einem Turm eingekerkert. Hier gesteht Adelaide Leubald ihre Liebe. Leubald seinerseits verliebt sich nun in Adelaide, gerät aber in geistige Verwirrung, nachdem er erfahren

3 Vgl. dazu Udo Bermbach, ›Blühendes Leid‹. Politik und Gesellschaft in Richard Wagners Musikdramen, Stuttgart/Weimar 2003. Hier sind Wagners Werke unter gesellschafts- und politiktheoretischen Aspekten eingehend interpretiert, weshalb im folgenden auf diese Werke nur insoweit eingegangen werden soll, als sich in ihnen die für Wagners politische Einstellung in den dreißiger und vierziger Jahren zentralen gesellschafts- und politikkritischen Überzeugungen bereits andeuten. Dabei sind Überschneidungen mit den bereits vorgelegten Interpretationen nicht ganz zu vermeiden.

4 Richard Wagner, ML, S. 35 ff.

5 Das Stück galt lange als verschollen und wurde erstmals vollständig aus der Handschrift übertragen von Isolde Vetter und Egon Voss, im Programmheft VII der Bayreuther Festspiele 1988, S. 95 ff. veröffentlicht. Am selben Ort findet sich auch ein einführender Essay von Isolde Vetter, S. 1 ff.

6 Wagner verweist in diesem Zusammenhang auf seine Vorbilder Hamlet, King Lear und Götz von Berlichingen; Richard Wagner, ML, S. 35 f.

muß, daß sie die Tochter Roderichs ist. Als Bärting ein weiteres Mal versucht, Adelaide gefügig zu machen, erscheinen Leubalds Freunde, um die beiden Liebenden zu befreien. Doch die danach einsetzenden ständigen Mahnungen des väterlichen Geistes, den Vater-Mord zu rächen, treiben Leubald immer mehr in den Wahnsinn. In seiner Not sucht er eine Hexe auf, die den Geist des Vaters bannen soll. Als die Hexe in einem Spiegel Leubalds Zukunft zeigt, als er sich selbst tot im Schoße von Adelaide liegen sieht, erschlägt er die Hexe, zieht daraufhin allerdings eine Geisterschar auf sich, die sein Blut verlangt. Was im Spiegel zu sehen war, vollzieht sich nun in der Realität: der wahnsinnige Leubald verletzt Adelaide tödlich und stirbt danach in ihrem Schoß. Freunde Leubalds finden beide und tragen sie fort.

Diese hier nur skizzenhaft wiedergegebene Geschichte ist ihrem ganzen Inhalt nach außerordentlich unübersichtlich und voll von Horrorszenarien. In der von Morden triefenden Handlung schafft der ›Held‹ Leubald acht Menschen aus dem Leben und am Ende bringt er schließlich auch noch die Geliebte und sich selbst um. Voll von finsterer Derbheit und romantischer Schwärmerei, ohne überzeugende Logik der Handlung und voll sprachlicher Unebenheiten, finden sich andererseits gelegentlich Abschnitte von erstaunlicher Reflexionskraft, die in der Kopie der literarischen Vorbilder und sprachlichen Wendungen bereits jene produktive Bildungswut und jenes immense Lesebedürfnis Wagners erkennen lassen, das diesem ein Leben lang eigen blieb. Und zugleich gibt es Szenen, deren Aufbau nicht ungeschickt aus dramatischen Gegensätzen erwächst und deren Anlage Talent verraten für theatralische Situationen.

Doch entscheidend ist das Motiv der Adelskritik. Denn bereits in diesem Schülerdrama steht die Auflösung und Selbstdestruktion des adligen Ehrenkodex im Vordergrund der Handlung, verbunden mit einem Vernichtungswahn, dem offenbar niemand zu entgehen vermag, der seine Standeszugehörigkeit nicht rechtzeitig aufgibt oder aber versucht, sie in einer intensiven Liebe hinter sich zu lassen. Die Sehnsucht nach Liebe, der Wagner später durch die Lektüre von Feuerbachs Philosophie der Liebe und in seiner Annäherung an sozialrevolutionäre Liebesutopien eine argumentative Befestigung in seinem Denken gibt, scheint hier schon auf. Wo diese Liebe aber nicht verwirklicht werden kann, schlagen die Charaktere in Haß um. So wird Leubald zu einem negativen Helden, der sich in eine verbissene Opposition zu seiner Umwelt steigert, ein anarchischer Charakter in einer ansonsten streng feudalen Ordnung, einer, der seine wilde Subjektivität ungebrochen auslebt wider alle Vernunft und gegen alle vorgegebenen gesellschaftlichen Hierarchien. Offenbar getrieben von einer inneren Motorik, die den Weg für das Ziel nimmt, steht für ihn am Ende folgerichtig der Tod. Das Stück endet mit einem gymnasialen Götterdämmerungs-Finale, in dem nicht nur Leubald, sondern auch alle übrigen Akteure untergehen.

Der Adel als eine soziale Klasse, die sich selbst zerstört und in der soziale Verpflichtungen und ständische Moral in einem nicht lösbaren Konflikt mit den subjektiven Neigungen des Einzelnen stehen: dieses in *Leubald* bereits deutlich wahrnehmbare Grundmuster, in dem sich erste Ansätze der späteren Adels- und Sozialkritik Wagners entdecken lassen, blieb auch für Wagners zweite dramatische Arbeit, sein nicht erhaltenes erstes Opernprojekt *Die Hochzeit*, verbindlich. Auch dieses Stück, das »die exzentrischen Liebeskonstellationen seiner späteren Musikdramen vorwegnimmt«[7], war – wie Wagner rückblickend bemerkte – »ein Nachtstück von schwärzester Farbe, in welches aus weiter Jugendferne *Leubald und Adelaide* veredelt hineinklangen«[8].

Wagner selbst skizziert den Inhalt: »Zwei große Geschlechter hatten lange in Familien-Feindschaft gelebt und waren nun dazu vermocht worden, sich Urfehde zu schwören. Zu den Festen der Vermählung seiner Tochter mit einem treuen Parteigänger lud das greise Haupt der einen Familie den Sohn des bisherigen Feindes ein. Die Hochzeit wird mit einem Versöhnungsfeste verbunden. Während die Gäste mit Mißtrauen und Furcht vor Verrat erfüllt sind, hat in dem Herzen ihres Führers eine düstre Leidenschaft für die Braut seines neuen Bundesfreundes Raum gewonnen. Sein düstrer Blick schneidet auch ihr ins Herz, und als sie, im festlichen Zuge nach der Brautkammer geleitet, der Ankunft des Geliebten harrend, plötzlich am Fenster ihres hohen Turmgemaches diesen selben Blick mit furchtbarer Leidenschaft auf sich blitzen sieht, erkennt sie sofort, daß es sich um Leben oder Tod handelt. Den Eingedrungenen, der sie mit wahnsinniger Glut umfaßt, drängt sie zum Balkon zurück und stürzt ihn über die Brüstung in die Tiefe hinab, wo der Zerschmetterte von seinen Genossen aufgefunden wird. Diese scharen sich sofort gegen den vermeintlichen Verrat und schreien nach Rache: ungeheurer Tumult erfüllt den Schloßhof; das furchtbar gestörte Hochzeitsfest droht zur Mordnacht zu werden. Den Beschwörungen des ehrwürdigen Familienoberhauptes gelingt es jedoch, das Unheil abzuwenden; Boten werden an die Familie des rätselhaft Verunglückten ausgesandt; die Leiche selbst soll zur Sühne des unbegreiflichen Vorganges mit höchster Feierlichkeit, unter dem Beileid des ganzen Geschlechtes der verdächtigen Familie, begangen und hierbei durch Gottes Urteil ergründet werden, ob irgend ein Glied derselben die Schuld des Verrates treffe. Während der Vorbereitungen zu dieser Leichenfeier zeigen sich an der Braut Spuren eines schnell sich steigernden Wahnsinns; sie flieht ihren Bräutigam, verschmäht die Verbindung mit ihm und verschließt sich unnahbar in ihr Turmgemach. Nur zur Totenfeier, als diese mit höchster Pracht zur Nachtzeit begangen wird, stellt sie sich ein, bleich und schweigend an der Spitze ihrer Jungfrauen, dem Seelenamte beizuwohnen, dessen düstrer Ernst durch die Kunde vom Heranzug feindlicher Scharen und endlich vom Waffensturm der herandrängenden Verwandten des Erschlagenen unterbrochen wird. Als die Rächer des vermeintlichen Verrats endlich in die Kapelle dringen und den Mörder des Freundes aufrufen, deutet der entsetzte Burgherr auf die entseelte Tochter, welche, dem Bräutigam abgewandt, am Sarge des Erschlagenen hingesunken ist«[9].

7 Dieter Borchmeyer, Richard Wagner. Ahasvers Wandlungen, Frankfurt/M. 2002, S. 24 f. Hier finden sich auch Hinweise auf literaturgeschichtliche Zusammenhänge und Verweise des Stoffes.

8 Richard Wagner, ML, S. 85.

9 Ebenda, S. 84 f.

Die Hochzeit ist ein Stück, in dem die »Unvereinbarkeit der Institution Ehe mit der Geschlechtsliebe«[10] auf dem Hintergrund rivalisierender und sich bekämpfender Adelscliquen vorgeführt wird. Doch es gibt daneben eine Akzentsetzung, die aufhorchen läßt. Denn obwohl das Stück *Die Hochzeit* heißt, steht diese keineswegs im Zentrum des Geschehens. Sie ist vielmehr nur Ausgangspunkt aller weiteren Ereignisse, die sich ihrerseits einzig und allein als Störungen, am Ende als Verhinderung dieser Hochzeit erweisen. Jener ›Führer‹ der Gäste, dessen ›düstrer Blick‹ die Braut so trifft, daß es bei ihr um ›Leben oder Tod‹ geht, ist die eigentliche persona dramatis: eine Holländer-Existenz, die schicksalhaft auftritt, alles weitere Geschehen bestimmt, noch in ihrem eigenen Tode auch das Geschick der Lebenden. Und deren Totenfeier zugleich zur Totenfeier auch der Braut wird, zu ihrer ›Erlösung‹, wie alle, die bei Wagner versagen, der ›Erlösung‹ bedürfen.

Noch in Wagners eigener Inhaltsangabe[11] wird deutlich, daß die Beziehung zwischen der Braut und dem von ihr ermordeten ›Führer‹ der Gäste das eigentliche Thema des Stückes ist. Denn die geplante Hochzeit ist kaum eine Liebesheirat, eher eine ständische Kalkulation, ein Staatsakt und ein Akt der Vernunft, bei dem die Leidenschaften der Beteiligten die geringste Rolle spielen, wohl aber dann massiv ins Spiel kommen, wenn der Sohn der bisher feindlichen Gegenpartei seinen Anspruch auf die Braut deutlich werden läßt, kompromißlos und aufs Ganze gehend. Was von diesem gefordert wird, ist eine Liebe, die nur tödlich enden kann, weil sie nicht zu erfüllen ist. Und so stirbt die Braut über dem Sarg des von ihr Ermordeten, ihres unbewußt wahren Geliebten, und sie stirbt wohl deshalb, weil sie für sich keine Lebens- und Liebeschancen mehr sieht. Es ist ein Tristan-Schluß und ein Isolde-Tod, weit vor allen Gedanken und Plänen an *Tristan und Isolde*.

Was äußerlich unversehrt und in Ordnung scheint, die Sittlichkeit der Brautleute, und was daraus erwachsen soll, ihre dauerhafte Verbindung, ist in Wahrheit nur die Hülle einer im Grunde von Anfang an illegitimen Beziehung. Denn die geplante Ehe muß wohl deshalb als unsittlich gelten, weil ihr die wirkliche, die wahre Liebe fehlt. Deshalb auch wird sie zu Recht zerstört, noch bevor sie gestiftet und juristisch zustande kommen kann. So ist *Die Hochzeit* eine Geschichte, die den Stoff abgibt für eine kritische Reflexion über die Ehe, die eingebettet wird in angedeutete gesellschaftliche Rahmenbedingungen. Und der noch junge und unverheiratete Wagner setzt hier – lange vor seinen eigenen Erfahrungen mit der Ehe – eine radikale Kritik an dieser Institution in Szene, die er in seinen späteren Werken massiv wiederholt. Schon früh scheint sich hier eine ausgeprägte Abneigung gegen alle Institutionen und institutionellen Regelungen zu zeigen, die Wagner stets als Einengungen der individuellen Freiheit erscheinen. Daß Institutionen immer auf Macht beruhen oder Macht implizieren, Macht aber mit Liebe nicht vereinbar ist, weiß

10 Bernd Zegowitz, Richard Wagners unvertonte Opern, Frankfurt/M. 2002, S. 32.

11 Richard Wagner hat das Textbuch um die Jahreswende 1832/33 vernichtet, weil es auf massive Ablehnung seiner Familie stieß, vor allem seitens seiner Schwester Rosalie. Vgl. dazu Dieter Borchmeyer, Richard Wagner, S. 21.

auch der junge Wagner schon, und deshalb kann denn Ehe für ihn auch nicht der Ort sein, an dem Liebe entsteht und bewahrt oder zum entscheidenden Medium der intimen Beziehung zweier Menschen wird. In der *Hochzeit* sind solche Zusammenhänge, die auf gesellschaftliche und politische Konstellationen verweisen, schon präsent, auch wenn sie noch ganz ohne die Hilfestellung kommentierender Schriften erschlossen werden müssen.

Liebe und Anarchie

Die beiden Motive der Adelskritik und der Kritik der Ehe als einer durch gesellschaftliche Zwänge bestimmten Institution sind auch in Wagners erster, vollständig vertonter Oper *Die Feen*, die er in den Jahren 1832/33 schreibt, erneut zu finden. Es ist die Geschichte eines ungleichen Paares, das sich gleichwohl liebt, aber durch stets neue Schwierigkeiten und Hürden, durch Verrat, illusionistische Gaukeleien und extreme Prüfungen erst zum Schluß schließlich zusammenfindet, als der Held durch seine Musik, durch »der holden Töne Macht« alles zum Besseren wenden kann[12].

Auch die *Feen* sind, wider den ersten Eindruck, bereits durchsetzt von gesellschaftskritischen Motiven, in denen sich eine bewußte Hinwendung Wagners zur Politik, vermittelt durch eine Märchenerzählung, reflektiert. Wagner selbst hat darauf hingewiesen, daß er in den Jahren, da er an diesem Werk arbeitete, erstmals auch politische und gesellschaftliche Probleme bewußt wahrzunehmen begann. Das entscheidende Ereignis war, glaubt man seinen Erinnerungen, die Juli-Revolution von 1830 in Frankreich. Sie machte auf den Siebzehnjährigen einen außerordentlichen Eindruck: »Die geschichtliche Welt begann für mich von diesem Tage an; und natürlich nahm ich volle Partei für die Revolution, die sich mir nun unter der Form eines mutigen und siegreichen Volkskampfes, frei von allen den schrecklichen Auswüchsen der ersten französischen Revolution, darstellte. Da revolutionäre Erschütterungen bald ganz Europa in mehr oder minder starken Schauern heimsuchten, und auch hier und da deutsche Länder von ihnen berührt wurden, blieb ich längere Zeit in fieberhafter Spannung und wurde zum ersten Male auf die Gründe jener Bewegungen aufmerksam, die mir als Kämpfe zwischen dem Alten, Überlebten und dem Neuen, Hoffnungsvollen der Menschheit erschienen«[13].

Die revolutionären Juli-Ereignisse von 1830 in Frankreich begeisterten ihn nachhaltig. »Nun kam aber die Julirevolution; mit einem Schlage wurde ich Revolutionär und gelangte zu der Überzeugung, jeder halbwegs strebsame Mensch dürfe sich ausschließlich nur mit Politik beschäftigen« – schreibt er in seiner *Autobiographischen Skizze*[14] von 1834 –, und solche Überzeugung schlug sich nicht nur in der aktiven

12 Vgl. dazu ausführlich Udo Bermbach, ›Blühendes Leid‹. S. 31 ff.

13 Richard Wagner, ML, S. 52.

14 Richard Wagner, Autobiographische Skizze, in: GSD, Bd. 1, S. 7. Diese autobiographischen Notizen erschienen erstmals in Heinrich Laubes ›Zeitung für die elegante Welt‹ 1834. Daß Wagner sie in

Teilnahme an studentischen Ausschreitungen nieder, sondern auch in der Komposition einer ›politischen Ouvertüre‹[15]. Als die politische Erregung jener Tage auch auf Leipzig übergriff, wurde sein Schwager Friedrich Brockhaus, ein – wie Wagner schreibt – »sächsischer Lafayette«, Wortführer der oppositionellen Bewegung und Kommandeur der Leipziger Kommunalgarde. Wagner fing an, »leidenschaftlich Zeitungen zu lesen und Politik zu treiben«[16]. Seine Politisierung erfuhr bald einen weiteren scharfen Schub durch den von ihm mit größter Sympathie beobachteten polnischen Freiheitskampf von 1831. Die Sachsen, mit den Polen ehedem dynastisch verbunden, nahmen an deren politischer Freiheitsbewegung besonderen Anteil, nahmen die ins Exil Vertriebenen zu Beginn des Jahres 1832 besonders herzlich auf. Wagner lernte im Haus seines Schwagers den polnischen Grafen Tyskiewicz kennen, von dem er noch in seinen Erinnerungen notierte, er sei »das Ideal eines wahrhaft männlichen Mannes« gewesen, von ihm »geliebt und verehrt«[17]. Die ›Polonia-Ouvertüre‹ verdankt diesen Begegnungen und Erfahrungen ihre Entstehung[18].

Politisch wurde Wagner in der folgenden Zeit durch die liberal-demokratische und konstitutionelle Bewegung des europäischen Vormärz mehr und mehr geprägt, und diese zunehmende An- und Einbindung in die Gedankenwelt der wirkungsmächtigsten politischen Opposition in Deutschland verstärkte sich wesentlich noch durch die Bekanntschaft mit Heinrich Laube, einem der führenden Repräsentanten des ›Jungen Deutschland‹, der in Leipzig ein häufiger und hochwillkommener Gast des Hauses Wagner war. Laube steht für eine literarische Bewegung, die sich in den dreißiger Jahren, geprägt durch die Vorbilder Börnes und Heines, mehr und mehr politisierte, die die literarische Form als Vehikel ihrer politischen, sozialen und kulturellen Ideen betrachtete, die rückständigen deutschen Zustände scharf angriff und Politik und Gesellschaft, Kirche und intellektuelles Leben gleichermaßen kritisch ins Visier nahm. 1831 hatte Heinrich Heine in einem Bericht über *Französische Maler* das »Ende der Kunstperiode« nach dem Tod Goethes festgestellt und eine Anklage gegen ein »egoistisch isoliertes Kunstleben, die müßig dichtende Seele, hermetisch verschlossen gegen die großen Schmerzen und Freuden der Zeit« formuliert, zugleich aber auch betont, die nun anbrechende neue Zeit werde »eine neue Kunst gebären, die mit ihr selbst in begeistertem Einklang sein wird, die nicht aus der verblichenen Vergangenheit ihre Symbolik zu borgen braucht, und die sogar eine neue Technik, die von der seitherigen verschieden, hervorbringen muß«[19]. Ganz

seine gesammelten Schriften aufnahm, bedeutet, daß er auch am Ende seines Lebens seine damaligen jugendlichen Aktivitäten positiv bewertete und sich öffentlich dazu bekennen wollte.

15 WWV 11, S. 70. Diese verschollene Komposition wird von Wagner einmal im Zusammenhang mit der französischen Juli-Revolution von 1830, ein anderes Mal im Zusammenhang mit den Dresdner Unruhen im selben Jahr erwähnt.

16 Richard Wagner, ML, S. 56.

17 Richard Wagner, ML, S. 76. Vgl. dazu auch Martin Gregor-Dellin, Richard Wagner, S. 84 f.

18 WWV 39, S. 143. Ouvertüre in C-Dur ›Polonia‹, im Frühsommer 1836 entstanden.

19 Heinrich Heine, Sämtliche Schriften in zwölf Bänden, hg. von Klaus Briegleb, Frankfurt/M. 1981, Bd. V, S. 72.

in diesem Sinne votierte das ›Junge Deutschland‹, ein »literarischer Mythos«[20], in seinen literarischen Erzeugnissen politisch für eine neue konstitutionelle Ordnung, gegen Adel und ständische Traditionen, gegen überlebte Moral, Religion und kirchlichen Machtanspruch, für die Befreiung der Frau und die ›Emanzipation des Fleisches‹, für eine neue Sinnlichkeit, für bohèmehafte Lebensfreude sowie für eine radikale Aufklärung und Freisetzung von Individualität[21]. Hier fand sich eine Oppositionsbewegung zusammen, die zwar keine revolutionären Forderungen erhob, sondern eher jene klassisch liberale Vorstellung vertrat, wonach die freie Entfaltung des Einzelnen zu einem harmonischen Gesamtzustand der Gesellschaft führt, deren Schriften aber von einem »extremen Individualismus«[22] durchzogen waren, bereitwillig aufgenommen in einem explosionsartig expandierenden Buch- und Zeitschriftenmarkt[23]. Durch das ›Junge Deutschland‹ wurde die öffentliche Meinung zunächst literarisch sensibilisiert, dann aber auch im Sinne erhoffter politischer Reformen politisiert und mobilisiert, und dies so sehr, daß die eher locker zusammengeführte Bewegung im November 1835 mit dem Vorwurf des Immoralismus und der Gotteslästerung in ganz Deutschland verboten wurde.

»Amphibienartig leben wir halb auf dem Festlande der Politik, halb in den Gewässern der Dichtkunst«[24], schrieb Karl Gutzkow in einem Brief an Ludwig Börne, und was hier eine Gruppe politisch engagierter Schriftsteller charakterisieren sollte, galt gleichermaßen auch für den mit ihnen sympathisierenden Richard Wagner. Es ist der Versuch, Literatur und reales Leben in einen neuen, engen Zusammenhang zu bringen, die kritische Funktion des Literaten mit einer prophetischen Mission: dem Ausmalen einer besseren gesellschaftlichen und politischen Zukunft zu verbinden, beides Absichten, die Wagners größte Sympathie erregten. Und eine weitere Grundüberzeugung mag ihn nachhaltig geprägt haben: die These nämlich, die Ludolf Wienbarg in seinen dem ›Jungen Deutschland‹ gewidmeten *Ästhetischen Feldzügen* von 1834 vertreten hat, daß jede Literatur zugleich auch immer ihren sozialen wie weltanschaulichen Kontext thematisieren muß. In Wienbargs Essays ließ sich das ›neue Denken‹ des Vormärz erstmals in seiner radikalen Form programmatisch vernehmen. Wienbarg zog gegen die Tradition los, wischte mit geradezu revolutionärer Geste beiseite, was so vielen als unverbrüchlich überliefert galt. Gleich anfangs

20 Helmut Koopmann, Das Junge Deutschland. Analyse seines Selbstverständnisses, Stuttgart 1970, S. 5.

21 Vgl. dazu Thomas Nipperdey, Deutsche Geschichte 1800–1866. Bürgerwelt und starker Staat, München 1983, S. 374, 577 f.

22 Udo Köster, Zeitbewußtsein und Geschichtsphilosophie in der Entwicklung vom Jungen Deutschland zur Hegelschen Linken, Frankfurt/M. 1972, S. 121.

23 dazu Hans-Ulrich Wehler, Deutsche Gesellschaftsgeschichte Bd. 2, 1815 bis 1845/49, München 1987, S. 520 ff. sowie Ulrich Schmid, Buchmarkt und Literaturvermittlung, in: Gert Sautermeister/Ulrich Schmid (Hg), Zwischen Restauration und Revolution 1815–1848. Hansers Sozialgeschichte der deutschen Literatur vom 16. Jahrhundert bis zur Gegenwart, München 1998, Bd. 5, S. 60 ff.

24 Zitiert nach Walter Hömberg, Literarisch-publizistische Strategien der Jungdeutschen und Vormärz-Literaten, in: Horst Albert Glaser (Hg), Deutsche Literatur. Eine Sozialgeschichte, Bd. 6, Reinbek 1990, S. 83.

schrieb er gegen die Ästhetik als einer eigenständigen Disziplin an und meinte, »schon der Name Ästhetik [sei] so unpassend als möglich«[25]. Auch ihm ging es darum, die Kunst mit dem Leben und der Politik zu verbinden und er glaubte, das ästhetische Empfinden müsse als Resultat des politischen und gesellschaftlichen Lebens verstanden werden. »Nationalgefühl muß dem Gefühl fürs Schöne, politische Bildung der ästhetischen vorausgehen«[26], heißt es, wobei hier, wie generell bei den Literaten des deutschen Vormärz, das Nationale gegenüber den übrigen europäischen Nationen, vor allem gegenüber Frankreich, als Begriff für eine nachholende politische Selbstbestimmung und der damit zu gewinnenden politischen Identität der staatlich zersplitterten Deutschen steht[27]. Für Wienbarg ist die Kunst Ausdruck des sozialen Lebens einer Gemeinschaft, und daher muß das Soziale dem Ästhetischen vorgeordnet werden. Implizit liegt dem eine lebensphilosophische Überzeugung zugrunde, wonach alles Leben, individuelles wie kollektives, Natur wie Geschichte in ästhetische Erfahrungen eingehen und diese inhaltlich bestimmen. »Jeder handelnde und fühlende Mensch trägt seine Ästhetik in sich, bewußt oder unbewußt fällen wir täglich Hunderte von ästhetischen Urteilen, aus denen gerade das Eigentümlichste unserer Gesinnungs- und Denkweise unmittelbar hervorbricht«[28], heißt es an einer zentralen Stelle, und diese These wird dann noch zu einer Formel verschärft, die bereits auf eine zentrale These der ›Zürcher Kunstschriften‹ Wagners vorausweist: »Jedermann ist Künstler und Kunstwerk zugleich«[29].

Der Begriff »Weltanschauung«[30], der später bei Wagner im Sinne eines das Denken und Handeln nach vorgefaßten Überzeugungen ordnenden Leitsystems eine zentrale Rolle spielen wird, kommt durch Wienbarg als ein neuer Begriff ins Spiel, und diese ›Weltanschauung‹ wird zum Ausgangspunkt eines ästhetischen Denkens, das Wienbarg als ein Medium des Vermittelns zwischen Erkennen und Handeln, zwischen Vernunft und Gefühl bestimmt. In der Synthetisierung unterschiedlicher Wahrnehmungs- und Handlungsaktivitäten soll nach Wienbarg deutlich werden, daß die »Literatur einer Zeitperiode den jedesmaligen gesellschaftlichen Zustand derselben ausdrücke und abpräge«[31]. Ästhetisches Denken ist somit Reflexion und

25 Ludolf Wienbarg, Aesthetische Feldzüge. Dem jungen Deutschland gewidmet, mit einem Vorwort von Alfred Kerr, Hamburg 1919, S. 6.

26 Ebenda.

27 Renate Stauff, Zeitgeist und Nationalliteratur. Literatur- und Kulturkritik zwischen nationaler Selbstbestimmung und europäischer Orientierung bei Heine, Börne und dem Jungen Deutschland, in: Germanisch-Romanische Monatsschrift, hg. von Conrad Wiedemann, Heidelberg, NF Bd. 43, S. 323 ff.

28 Ludolf Wienbarg, Aesthetische Feldzüge, S. 71.

29 Ebenda, S. 144. Diese Auffassung durchzieht die ästhetische Reflexionen vieler Künstler der Moderne bis in die Gegenwart. Ein prominentes Beispiel hierfür ist Joseph Beuys. Vgl. dazu Udo Bermbach, Richard Wagner und Joseph Beuys. Über die Fortdauer einer offenbar zeitlosen Idee: das Gesamtkunstwerk, in: Oper aktuell. Die Bayrische Staatsoper 2002/2003, hg. von der Gesellschaft zur Förderung der Münchner Opern-Festspiele, München 2002, S. 54 ff. mit entsprechenden Literaturangaben.

30 Ludolf Wienbarg, Aesthetische Feldzüge, S. 71.

31 Ebenda, S. 228.

Systematisierung eines so verstandenen Abhängigkeitsverhältnisses, und folglich heißt es denn auch in einem der Essays von Wienbarg, der Ästhetiker habe den Begriff der Kunst nicht nur an Poesie und den übrigen Kunstarten zu entwickeln, sondern sich auszurichten auf »die größte und erhabenste Kunst, die Kunst, sein inneres und äußeres Leben als einzelner, als Glied der Familie, als Glied des Staates, als Glied der Menschheit zu gestalten, die Kunst also, die sich unser Sittliches und Sinnliches selbst zum Stoff auswählt, um an ihm die Schönheit zu bestätigen«[32].

Mit solchen Thesen, in denen Kunst, gesellschaftliches und politisches Leben zusammengedacht werden, hat Wienbarg in der Zeit nach der französischen Juli-Revolution von 1830 das politisch-ästhetische Denken des Vormärz stellvertretend für viele seiner Zeitgenossen programmatisch formuliert und damit einer großen Gruppe von Literaten die Richtung gewiesen. Direkt oder indirekt wohl auch Wagner, in dessen späteren politisch-ästhetischen Schriften sich nahezu alles wiederfindet, was hier in Ansätzen bereits vorgedacht worden ist, kulminierend in der Überzeugung, eine Kunst, die sich als autonom und von allen gesellschaftlichen und politischen Kontexten unabhängig bestimme, sei »ein vollständiges Unding«[33].

Vor allem aber hat Heinrich Laube, wie schon erwähnt, Wagners politische ›Weltanschauung‹ entscheidend beeinflußt, nicht nur durch persönliche Gespräche, sondern auch mit seinem literarischen Werk, durch seine Romantrilogie *Das junge Europa*, deren erster Band *Die Poeten*, 1833 erschienen, die politischen Ereignisse des Revolutionsjahres 1830 eingehend verarbeitete. Es ist ein Briefroman, der auf einem Schloß spielt, wo man die Revolution erwartet, geschrieben von fünf Poeten, von denen einer nach Paris geht, um dort die Revolution mitzuerleben, freilich sehr bald enttäuscht zurückkehrt, weil seine durch den französischen Sozialisten Saint-Simon geprägten idealistischen Vorstellungen von der Realität überrollt werden; von denen ein weiterer nach Warschau wechselt, um dort den polnischen Freiheitskampf zu unterstützen. Das alles ist politische Zeitkolportage, aufgelockert und popularisiert durch die unvermeidlichen Liebesabenteuer der Protagonisten und doch in der Intention ganz unzweideutig: Laube votiert für ein neues Europa, für neue gesellschaftliche Strukturen und eine neue, offene Politik, für die Umwälzung der Lebensbedingungen und die Abschaffung der Kleinstaaterei.

Wagner war von Laube und dessen politischen Überzeugungen nachhaltig eingenommen, er traf ihn ständig und unterhielt über die Leipziger Zeit hinaus intensive Kontakte zu ihm. »Mir war nur noch im Umgang mit politischen Literaten wohl«, schreibt er in seiner *Autobiographischen Skizze*[34]. Mit Laube besprach er Opern-Pläne, ihm las er seine eigenen literarischen Entwürfe vor, auf sein Urteil setzte er – die Freundschaft ging so weit, daß Wagner in Laubes *Zeitung für die elegante Welt* zu publizieren begann[35] und Laube ihm seinerseits ein Opernlibretto über den polni-

32 Ebenda, S. 106.

33 Richard Wagner, Eine Mittheilung an meine Freunde, in: GSD, Bd. 4, S. 234.

34 Richard Wagner, Autobiographische Skizze, in: GSD, Bd. 1, S. 7.

35 So die kleine Abhandlung über: Die deutsche Oper (1834), in: GSD, Bd. 12, S. 1 ff.

schen Freiheitshelden Kocziusko anbot, das Wagner allerdings ablehnte, weil Laube in seinem Vorschlag »den Charakter eines dramatischen Vorganges«[36] verkannte – man mag das als einen frühen Verweis auf noch unklare Ideen des späteren ›Musikdramas‹ verstehen.

Auf diesem historisch-politischen Hintergrund gewinnen *Die Feen* einen gesellschaftskritischen Impuls[37]. Denn die Oper ist nur vordergründig ein romantisches Märchen. Für die politisch oppositionelle Generation des ›Jungen Deutschland‹, zu der Wagner sich zählte, war, trotz aller Einflüsse der Romantik und der romantischen Ästhetik, diese selbst längst überwunden. Eingriffe in die Wirklichkeit, Veränderungen aller Konventionen, der Versuch, dem Individuum neue Freiheiten zu erstreiten, durch die tradierte Normen der Gesellschaft überwunden werden sollten – dies alles stand auf der Tagesordnung und schlägt sich auch in den *Feen* nieder. Der genauere Blick auf das Stück erkennt ein dramaturgisches Grundkonzept, dessen Thema »das Individuum als ohnmächtiges Opfer der undurchschauten bestehenden Machtverhältnisse«[38] ist. Beide Protagonisten der Oper sind Instrumente von finsteren Mächten, die im Hintergrund operieren, und die beiden Herrschaftsreiche, denen diese Kräfte dienen, lassen sich jeweils als politische Sphären der Aristokratie und des Bürgertums charakterisieren[39]. Prüfungen, in denen scheinbar die Liebe der beiden Hauptfiguren getestet werden, dienen in Wahrheit der Abschottung zweier unvereinbarer Sozialsysteme[40]. Und am Ende der Oper siegt der Held nur dadurch, daß er sich, nachdem alle Mittel der Politik versagt haben, der Kunst bedient, um seine Geliebte endgültig zu gewinnen. Es ist ein erster deutlicher Vorgriff auf den Kern von Wagners sich erst noch allmählich herausbildender Überzeugung, die in den ›Zürcher Kunstschriften‹ dem Ästhetischen den Vorrang vor aller Politik einräumt und die Kunst zum Medium der Lösung aller politischen wie gesellschaftlichen Probleme machen will.[41]

Stärker als in *Leubald* und in der *Hochzeit* hat Wagner in den *Feen* das Motiv der Liebe ins Zentrum der Handlung gerückt und es zum eigentlichen Antriebsmoment der dramatischen Handlung gemacht, einerseits als eine alles bestimmende Emotion gegenseitiger Zuneigung, andererseits als eine Kraft, die über die bestehenden sozialen Restriktionen hinausgreifen kann und dann ein auf Freiheit zielendes utopisches Moment enthält.

Wagners Überzeugung, daß Liebe auch auf die Befreiung von einengenden Sozialbindungen zielt und sich erst dort ganz verwirklichen kann, wo die Freiheit der

36 Richard Wagner, ML, S. 88.

37 Vgl. dazu Michael von Soden/Andreas Loesch, Richard Wagner, Die Feen, Frankfurt/M. 1983, S. 263 ff., bes. S. 284 f.

38 Ebenda, S. 285.

39 Egon Voss, Die Feen, eine Oper für Wagners Familie, in: derselbe, Wagner und kein Ende, Zürich/Mainz 1996, S. 15 f.

40 Ebenda.

41 Zur politisch-soziologischen Interpretation des Schlusses der Feen vgl. Udo Bermbach, ›Blühendes Leid‹, S. 35 f.

Liebenden dauerhaft verbürgt ist, wird in den *Feen* erstmals deutlich und im folgenden Werk *Das Liebesverbot* dann als ein gesellschaftstheoretisches Problem thematisch. Fast immer hat Wagner seine zweite auskomponierte Oper[42] in seiner Autobiographie zusammen mit Hinweisen auf die Romane von Heinrich Laube *Das Junge Europa* (1833–1837) und Wilhelm Heinse *Ardinghello oder die glückseligen Inseln* (1787) erwähnt, und er hat damit zwischen seiner eigenen Arbeit und den literarischen Exponenten des ›Jungen Deutschland‹ eine inhaltliche Verbindung hergestellt, die zugleich auch eine politische war. »Das *Junge Europa* und *Ardinghello*, geschärft durch meine sonderbare Stimmung, in welche ich gegen die klassische Opernmusik geraten war, gaben mir den Grundton für meine Auffassung, welche besonders gegen die puritanische Heuchelei gerichtet war und somit zur kühnen Verherrlichung der ›freien Sinnlichkeit‹ führte«[43], schreibt er anläßlich der erstmaligen Erwähnung seines Opernplanes, und es ist dies alles andere als ein nur beiläufiger Hinweis. Denn Wilhelm Heinses romaneske Sozialutopie *Ardinghello*, 1787 nach einer Italienreise des Autors erschienen, hatte Wagner so tief beeindruckt, daß er noch wenige Tage vor seinem Tod in Venedig beim Anblick unbewohnter Paläste zu Cosima bemerkte: »Das ist Eigentum! Der Grund alles Verderbens. ... Das hat mir gefallen von Heinse in seinen ›Seligen Inseln‹, daß er sagt: Sie hatten kein Eigentum, um den vielen Übelständen vorzubeugen, die damit verbunden sind«[44].

Heinses Roman *Ardinghello* erzählt die Geschichte eines Künstlers und Helden, der alle gesellschaftlichen Konventionen sprengt und als ein rousseauistischer Naturmensch geschildert wird. In den oftmals nur locker verbundenen Episoden stehen exzessive Liebeserfahrungen neben Mord und Totschlag, ästhetische Reflexionen neben Überlegungen zur Gesellschafts- und Staatstheorie. Am Ende errichtet der Held auf den ›glückseligen Inseln‹ einen utopischen Liebesstaat, in dem das Prinzip der freien Liebe gilt und alle Bewohner aufgefordert sind, ihre Kraft zu genießen und ganz nach ihren Bedürfnissen zu leben. Ganz im Sinne anarchistischer Lebensphilosophie plädiert dieser Roman für das Recht auf individuelle Sinnlichkeit und Liebe, wie sie Wagner eben auch in seinem *Liebesverbot* propagieren wollte. Dessen Handlung spielt in Palermo im 16. Jahrhundert, erzählt vom Verbot des beginnenden Karnevals durch einen heuchelnden Statthalter, vom Verbot der Bordelle und Kneipen, von strikter Bestrafung mit dem Tod für alle frei ausgelebte Sexualität. Und erzählt wird davon, daß der Statthalter, der solche lebensfeindlichen Bestimmungen erläßt, sich selbst an diese nicht hält, weshalb er am Ende seine eigene Bestrafung fordert. Doch das Volk ist anderer Meinung, es erklärt alle Gesetze für abgeschafft und möchte die Gesetzbücher zu Asche verbrennen.

Im *Liebesverbot* spielt Wagner mit einer Reihe politischer Motive, die er teils schon zuvor verwandt hatte, teils aber nun neu aus der politischen Debatte seiner

42 Vgl. dazu ausführlich Udo Bermbach, ›Blühendes Leid‹, S. 36 ff.; ebenso Dieter Borchmeyer, Richard Wagner, S. 46 ff.

43 Richard Wagner, ML, S. 103.

44 Cosima Wagner, TB II, S. 1107 (6. Februar 1883).

Zeit bezieht. Die Mißbilligung des Adels wird verschärft, und erstmals übernimmt das Volk die Kritik an den Herrschenden und ihrer Heuchelei, tritt es als ein kollektiver Akteur aus der Peripherie der Handlung stärker in deren Zentrum. Lebensfreude und Lust zum Vergnügen bringen einen Ton der Aufsässigkeit hervor, dem sich der anarchische Aufruf, Gesetze nicht mehr länger gelten zu lassen und alles zu verbrennen, was an Herrschaft erinnert, folgerichtig fügt. Das Volk nimmt sich seine Freiheiten, ignoriert die Symbole der Macht, schiebt die Moral der Herrschenden beiseite und akzeptiert keine Hierarchien mehr. Freiheit und Gleichheit kommen hier zusammen – und daß dies mit den Forderungen der politisch radikalen Opposition des Vormärz übereinstimmt, ist offensichtlich. Individuelle Freiheit und demokratische Selbstbestimmung sind Themen dieser Oper, und zugleich sind sie Ausdruck programmatischer Ziele des ›Jungen Deutschland‹.

Zugleich wird in dieser Oper erstmals eine der zentralen Überzeugungen Wagners thematisch: der Gegensatz von Liebe und Macht. In dem Maße, wie Liebe im *Liebesverbot* als sinnliche Liebe aufgefaßt wird, erweist sie sich als eine die Ordnung gefährdende und damit zugleich als eine revolutionäre Kraft. Ganz im Sinne der Schwärmereien des ›Jungen Deutschland‹ zielt das volle Ausleben der sinnlichen Liebe auf eine uneingeschränkte persönliche Freiheit, auf die Verfügung über die eigene Person und den eigenen Leib und damit gegen alle gesellschaftlichen und politischen Restriktionen. Ein Moment von individuellem Anarchismus wird hier mit dem Liebesbegriff verbunden, eine subversive Gesinnung spürbar, die ein revolutionäres Potential in sich birgt, das zur Einlösung drängt. So führt auch dieser Dualismus von Liebe und Macht zu denselben Konsequenzen, wie die Forderung nach Freiheit und Gleichheit. Beides gipfelt im *Liebesverbot* in einer Revolution, die alle moralischen und sittlichen Normen außer Kraft setzt, gewiß nur auf Zeit, aber doch so, daß Wagner selbst noch später schreiben konnte, er habe »den Knoten [des Stückes] ohne den Fürsten durch eine Revolution«[45] gelöst.

Daß die Revolution zunehmend stärker in Wagners Blickfeld rückt, macht auch ein Stück deutlich, dessen Libretto Wagner zwar geschrieben, nicht aber komponiert hat. *Die hohe Braut*[46], entworfen 1836, war als eine große Revolutionsoper gedacht und sie kann als ein thematischer Vorgriff auf *Rienzi* gelten. Wagner verschränkte hier eine private Liebesbeziehung mit der politischen Situation der Zeit, und obwohl er, wie viele europäische Intellektuelle, aufgrund der Schreckensherrschaft von Robespierre zu den terroristischen Auswüchsen der Fanzösischen Revolution eine ablehnende Haltung einnahm, gab diese Revolution für seinen Opern-

45 Richard Wagner, Eine Mittheilung an meine Freunde, in: GSD, Bd. 4, 254.

46 Vgl. dazu ausführlich Udo Bermbach, ›Blühendes Leid‹, S. 42 ff. Siehe auch Dieter Borchmeyer, Richard Wagner, S. 56 ff.; Bernd Zegowitz, Richard Wagners unvertonte Opern, S. 43 ff. Isolde Vetter, Wagnerforschung – literarisch. Richard Wagner als Librettist von Johann Friedrich Kittls Oper ›Bianca und Guiseppe, oder die Franzosen vor Nizza‹, in: Carl Dahlhaus/Egon Voss (Hg), Wagnerliteratur – Wagnerforschung. Bericht über das Wagner-Symposion München, 1983, S. 163 ff. Der Prosatext der Oper wurde erstmals vollständig veröffentlich in ›Wagner‹, Zeitschrift der englischen Wagner-Vereinigung, Vol. 10, Number 2, S. 50 ff.

Plan den positiven Handlungsrahmen ab. Das war nicht selbstverständlich angesichts der Tatsache, daß nach 1793 die terroristische Wendung der Revolution mit aller Macht einsetzte: Ludwig XVI. wurde hingerichtet, es konstituierte sich der Wohlfahrtsausschuß, zu dessen Vorsitzendem schon bald der unnachsichtige und skrupellose Robespierre aufsteigen sollte, den Wagner später als einen höchst unsympathischen Typus des bloß machtbesessenen Politikers mit seinem Wotan verglich[47]; der französische Konvent erklärte das Land zur belagerten Festung, mit der Folge einer unerhörten Verschärfung der innenpolitischen Repression sowie dem Beginn der außenpolitischen Expansionsphase der Revolution – das alles deutete darauf hin, daß die Revolution in Frankreich eine neue Phase erreicht hatte, in der selbst die mit ihr sympathisierenden Intellektuellen Europas sich abzuwenden begannen – man denke nur an Kant und Hegel.

Und dennoch stellte Wagner sich mit seinem Libretto sehr bewußt in eine revolutionäre politische Tradition. Die Ideale der Freiheit, Gleichheit und Brüderlichkeit beherrschen das politische Tableau der geplanten Oper, sie sind als moralische Imperative gesetzt, an denen sich die Akteure in ihrem Handeln orientieren; subversive Intrigen und Verschwörungen zugunsten des revolutionären Aufstandes und der Befreiung aller Unterdrückten bestimmen die Handlung, und am Ende siegt die Revolution in einem triumphalen Schlußtableau.

Für Wagners politische Einstellung in diesen Jahren ist dieser Schluß seiner geplanten Oper aufschlußreich. Denn er ist eindeutig. Wagner feiert den Sieg der Revolution, auf der Bühne marschieren die Massen der französischen Revolutionsarmee auf und die hereingetragene Trikolore symbolisiert seine Sympathie mit dem revolutionären Aufbruch. Geplant war ein grandioses Schlußbild, das den Beginn einer neuen und besseren Zukunft signalisieren sollte, die Überwindung des Alten und Abgelebten, das Ende einer historisch überholten Gesellschaftsepoche. Dem späteren Komponisten seines Textes Johann Friedrich Kittl, der diese Apotheose der Revolution politisch entschärft hatte, schrieb Wagner im Revolutionsjahr 1848: »Weißt Du, was der Schluß der Oper ist? Alles! ... das einzige furchtbar Erhebende ist das Daherschreiten des großen Weltgeschickes, hier personifiziert in der französischen Revolutions-Armee, welches in fürchterlicher Glorie über die zertrümmerten alten Verhältnisse [der Familien] dahinzieht. Diese Beziehung darf nach meiner Ansicht in nichts geschwächt werden, wenn der Schluß, wie ich es mir dachte, der erhebendste Moment des Ganzen sein soll; wird er so festgehalten, wie ich ihn mir dachte, so liegt die große Versöhnung im Erscheinen der Franzosen darin, daß wir mit offenen Augen ersichtlich eine neue Weltordnung eintreten sehen, deren Geburtswehen jene Schmerzen waren, die bis dahin die Bewegung des Dramas bildeten«[48].

47 Vgl. Richard Wagner, SB, Bd. VI, S. 66 (Brief an August Röckel vom 25./26. Januar 1854).
48 Richard Wagner, SB, Bd. II, S. 586 f.

Eine ›neue Weltordnung‹ – im Jahr der deutschen Revolution bekannte sich Wagner noch einmal nachdrücklich zu einem Ziel, das sich schon in seinen frühen Werken immer deutlicher abgezeichnet hatte.

Revolutionäres Charisma

Die unterschiedlichen politischen Strömungen in der Zeit des deutschen Vormärz, die ein breites Spektrum von konstitutionellen über parlamentarische bis hin zu revolutionären Bewegungen und Parteien hervorbrachten und sich immer stärker organisatorisch verdichteten, immer nachhaltiger auf die Einlösung ihrer Ziele drängten, führten aufgrund der allgemeinen Entwicklung in den deutschen Ländern zu einer sich ständig steigernden Radikalisierung. Vieles kam hier zusammen, was nur in Stichworten angedeutet werden kann: ein Bevölkerungswachstum, das infolge der einsetzenden industriellen Revolution zur Pauperisierung großer Teile dieser Bevölkerung führte; eine tiefgreifende Umstrukturierung der Besitzverhältnisse in der Landwirtschaft, die sich in Richtung eines Agrarkapitalismus entwickelte; Krisen im handwerklichen Mittelstand, der Aufbau und Ausbau des Banken- und Versicherungswesens, die Entwicklung der verschiedenen Verkehrssysteme, die Expansion des Zeitschriften- und Buchmarktes, Reformen im Bildungssystem und Einsichten in die Strukturen einer Klassengesellschaft, deren Undurchlässigkeit den Mobilitätsnotwendigkeiten strikt im Wege stand – um nur einiges zu nennen[49]. Die dreißiger und vierziger Jahre des 19. Jahrhunderts waren Jahre des wirtschaftlichen, sozialen und politischen Aufbruchs so gut wie Jahre einer tiefen Krisenerfahrung, in denen die kritische Intelligenz, enttäuscht über die ausbleibende Einlösung ihrer grundlegenden politischen Forderungen, sich zunehmend auf radikalere Positionen hinbewegte. Radikaldemokratische, sozialistische und kommunistische Bünde schlossen sich zusammen und fanden wachsendes Gehör. »In ihrer Ideenwelt mischten sich auf eklektische Weise Einflüsse des französischen und englischen Frühsozialismus, der Straußchen und Feuerbachschen Religionskritik, einer realitätsnahen Sozialanalyse und eines verletzten Gerechtigkeitsgefühls mit chiliastischen Hoffnungen aus der christlich-jüdischen Tradition und der Utopie einer gerechten Gesellschaft«[50].

Aus solchem Ideengemisch, wenn es denn auf entsprechende soziale, wirtschaftliche und politische Bedingungen stößt, entstehen Revolutionen. Doch bevor Revolutionen ausbrechen, bemächtigt sich in aller Regel die Kunst dieses Themas. Künstler sind Seismographen gesellschaftlicher Fehlentwicklungen, und Künstler, die in ihrem Fühlen und Denken radikalisiert sind, suchen sich entsprechende Inhalte für ihre Arbeit. Bereits 1840/41 hatte sich Friedrich Engels als Zwanzigjähri-

49 Vgl. dazu den Überblick bei Hans-Ulrich Wehler, Deutsche Gesellschaftsgeschichte, Bd. 2 , S. 413 ff.
50 Ebenda, S. 574.

ger an einem Dramenentwurf *Cola di Rienzi* versucht, in der Absicht, einen Operntext für Gustav Heuser vorzubereiten.[51] Und nahezu zeitgleich faßte Wagner 1837 den Plan, eine Oper über diesen römischen Revolutionär zu schreiben, deren Komposition er dann 1840 abschloß. Was Engels an diesem Stoff so sehr anzog, daß er sich der Mühe eines dramatischen Entwurfs unterzog, den er allerdings nicht vollendete, sondern im dritten Aufzug abbrach, mag auch für Wagner der entscheidende Anstoß seines eigenen Interesses gewesen sein: die Figur eines aus dem Volk aufsteigenden charismatischen Plebejers, der durch die Mobilisierung des Volkes die alte feudale Ordnung hinwegfegt, die rivalisierenden Adelscliquen entmachtet und ihre korrupte Herrschaft beseitigt, um dem Volke neue Räume der Freiheit und Selbstbestimmung zu eröffnen. Bei Engels ist Rienzi ein demokratisch legitimierter Volkstribun, der das Volk befähigen will, »frei in selbstgegebenen Gesetzen« zu leben und in »alter Herrlichkeit«[52] Herr seiner selbst zu sein. Wagners Blick auf den Stoff und die Hauptfigur entsprach dieser politischen Perspektive, wurde aber noch zusätzlich dadurch erweitert, daß er in dem Versuch von Rienzi, die alte Größe Roms wiederherzustellen, eine Parallele zu den Einigungsbemühungen der Deutschen seiner Zeit sah, Bestrebungen, die auch von den demokratischen Strömungen des Vormärz wie den Repräsentanten des ›Jungen Deutschland‹ gegen die verhaßte Restauration nach dem Wiener Kongreß von 1815 geteilt und befördert wurden.

Wagners *Rienzi* ist die »einzige jungdeutsche Revolutionsoper«[53] der Zeit[54]. In ihr hat Wagner die Revolution ins Zentrum der Handlung gestellt, hat ihren Ausbruch, ihren Erfolg, die kurze Phase ihrer Stabilisierung und schließlich ihr tragisches Scheitern geschildert. Und er hat all dies verdichtet und konzentriert in der Person des römischen Konsuls, dessen Werdegang und Schicksal das der Revolution selbst ist. Was die Oper erzählt, spielt zwischen dem Volk, den rivalisierenden Adelsgruppen, einer opportunistisch agierenden Kirche und dem Revolutionär Rienzi, und je nach Lage der politischen Entwicklung wechseln die jeweils bestimmenden Einflüsse dieser Akteure. Aus dem desolaten Zustand heillos zerstrittener adliger Ausbeuter des Volkes erwächst Rienzi sehr schnell die Zustimmung der Unterdrückten zu einem revolutionären Bruch mit der geltenden Ordnung, und dabei gelingt es ihm zunächst, die Kirche auf seine Seite zu ziehen. Als »Schützer der Rechte«, als »Volkstribun« führt er die Revolution zum Sieg, doch private Motive lassen ihn sehr bald schwerwiegende politisch-strategische Fehler begehen. So können die Gegner sich sammeln, das Volk mißtraut der Alleinherrschaft und die Kirche

51 Friedrich Engels, Cola di Rienzi. Ein unbekannter dramatischer Entwurf. Friedrich-Engels-Haus Wuppertal und Karl-Marx-Haus Trier (Hg), bearbeitet und eingeleitet von Michael Knieriem, Wuppertal 1974, S. X f.

52 Ebenda, S. 47.

53 Martin Gregor-Dellin, Richard Wagner, S. 132.

54 Eine ausführliche politologische Interpretation des Rienzi in: Udo Bermbach, ›Blühendes Leid‹, S. 47 ff.

verhängt den Bann, wodurch Rienzis Herrschaft ihre Legitimation entzogen wird. Sein Untergang ist unabwendbar.

In keiner Oper zuvor oder nachher sind Entstehung, Entfaltung, Stabilisierung und Untergang einer Revolution jemals so eindrücklich und historisch angemessen dargestellt worden wie in diesem Werk, und niemals später, auch nicht im *Ring*, hat Wagner die Politik, noch dazu in ihrer revolutionären Zuspitzung, so unverstellt und direkt thematisiert. Dabei erscheint der Tribun und die von ihm initiierte Revolution wie die musikdramatische Illustration sozialwissenschaftlicher Revolutionstheorien[55], vor allem jener von Max Weber formulierten Theorie charismatischer Herrschaft, die den Aufstieg und Fall von Revolutionären zu erklären vermag. In außeralltäglichen Führungsqualitäten, in Eigenschaften, die dem Volk als übernatürlich oder übermenschlich erscheinen mögen, in einer göttlichen Sendung, versehen mit einem historischen Auftrag, kristallisiert sich das ›Charisma‹ eines revolutionären Führers, über dessen Herrschaft – und Leben – am Ende durch die ›Bewährung‹ und ›Anerkennung‹ seitens der Beherrschten entschieden wird. »Bringt seine Führung kein Wohlergehen für die Beherrschten, so hat seine charismatische Autorität die Chance zu schwinden«[56].

Mit dieser Bestimmung hat Weber einen Grundtypus politischer Herrschaft charakterisiert, der sich in revolutionären Zeiten immer wieder herausbildet, um in aller Regel sehr bald wieder zu zerfallen. Wagners Oper thematisiert diesen Grundtypus, zeigt den Aufstieg und Fall des Charismatikers im revolutionären Prozeß, führt die Genese des Umbruchs, die kurze Zeitspanne des Erfolgs und der Zustimmung durch das Volk wie die damit bereits verbundene ›Veralltäglichung‹ des Charismas vor. Durch die Verdichtung und Konzentration der zentralen Handlungsstränge ›versinnlicht‹ er die strukturellen Bedingungen der Herrschaft des Rienzi mit einer bis dahin noch nie erlebten Eindringlichkeit auf der Opern-Bühne. Dabei treten zwei Grundthemen sehr rasch in den Vordergrund: zum einen Rienzis Aufstieg zum revolutionären Gesetzgeber eines neuen Rom, zum anderen die Vernachlässigung der Bedeutung politischer Institutionen durch den Tribun, ein Fehler, der ihm am Ende zum Verhängnis wird. Beides bedingt sich allerdings gegenseitig und Wagner hat diesen Zusammenhang erstaunlicherweise systematisch zutreffend in seiner Oper dargestellt.

55 Vgl. dazu einführend Theodor Geiger, Die Masse und ihre Aktion. Ein Beitrag zur Soziologie der Revolution (1926), Darmstadt 1967; Klaus von Beyme (Hg), Empirische Revolutionsforschung, Opladen 1973; Rolf Schörken, Revolutionen in historischer und sozialwissenschaftlicher Sicht, Stuttgart 1978; Hans Wassmund, Revolutionstheorien. Eine Einführung, München 1978; Ekkart Zimmermann, Krisen, Staatsstreiche und Revolutionen. Theorien, Daten und neuere Forschungsansätze, Opladen 1981; Kurt Lenk, Theorien der Revolution, München 1981.

56 Max Weber, Wirtschaft und Gesellschaft. Fünfte, revidierte Auflage, besorgt von Johannes Winkelmann, Tübingen 1985, S. 140. Vgl. dazu auch Andreas Anter, Max Webers Theorie des modernen Staates. Herkunft, Struktur und Bedeutung, Berlin 1995.

Da ist zunächst Rienzi als Gesetzgeber, als Revolutionär, der die Gesellschaft neu ordnen will und sich dabei auf einen höheren Auftrag, auf Teilhabe an der göttlichen Vernunft beruft – revolutionäre Gründungsfigur für eine kommende gerechte Gesellschaft[57]. Mythische wie eschatologische Momente werden von Wagner hier evoziert, Erinnerungen an die Antike ebenso beschworen wie deren Reformulierungen im modernen politischen Denken, und dies alles verbindet sich mit einer Revolutionsvorstellung, die einen verlorenen Zustand gesellschaftlicher Sittlichkeit und Moralität durch die Figur ihres Propheten wiederherzustellen sucht. Die Revolution wird in ein enges Verhältnis zur Religion gesetzt, sie siegt erst, nachdem die Kirche ihr den Segen gegeben hat, wie sie umgekehrt schnell endet, nachdem ihr die religiöse Weihe entzogen worden ist. Entscheidend ist freilich, daß der Revolutionär Rienzi alle Herrschaft an seine Person bindet und glaubt, der Erfolg seines Regierens sei ausreichend für sein politisches Überleben. Doch er vergißt, daß in der Routine des alltäglichen Handelns das revolutionäre Charisma sich schnell verschleißt und Herrschaft deshalb rechtzeitig durch stabile gesellschaftliche wie politische Institutionen aufgefangen und abgesichert werden muß. Denn alle revolutionäre Gewalt bedarf nach ihrem Sieg solcher institutionellen Einhegung, bedarf der durch eine effektive Verwaltung kanalisierten und garantierten Verstetigung täglicher Entscheidungsnotwendigkeiten. Daß Rienzi diese Einsichten negiert, wird ihm zum Verhängnis, ermutigt seine Gegner, sich zu sammeln, und so sind im entscheidenden Augenblick die alten Institutionen wieder präsent. Das Ende der Oper sieht den Sieg der Institutionen über die Person, sieht die Beharrlichkeit strukturell befestigter Macht gegenüber ihrem eher spontanen und auf die Situation zugeschnittenen Gebrauch durch eine regierende Person.

Vermutlich hat Wagner eher intuitiv diese beiden zentralen Probleme politischer Revolutionen: die Revolutionäre als neue Gesetzgeber zum einen, die Auseinandersetzung zwischen institutioneller und personeller Macht zum anderen, in seiner Oper thematisiert. Er hat damit auf einen Grundkonflikt revolutionärer Politik verwiesen, der darin besteht, daß revolutionäre charismatische Herrschaft dazu tendiert, ihre eigene institutionelle Absicherung zu hintertreiben, weil sie sich andernfalls zur Disposition stellen würde. Revolutionäre glauben vielmehr, alles aus sich selbst heraus leisten zu können, sie sind überzeugt davon, daß sie durch ihre revolutionäre Energie und den daraus fließenden Handlungen allen Institutionen und institutionellen Regelungen weit überlegen sind, abgesichert durch ihre vorgespielte moralische Integrität wie durch die über ihre Rhetorik immer wieder eingeholte Zustimmung des Volkes. Doch sie übersehen dabei, daß der Verschleiß des revolutionären Anfangspathos sie entweder zur gewaltsamen, oft genug brutalen Behauptung ihrer Macht zwingt, daß dadurch die Ziele der Revolution verraten werden und so deren vorzeitiges Ende eingeleitet wird.

57 Zum folgenden eingehend Udo Bermbach, ›Blühendes Leid‹, S. 58 ff.

Obgleich Wagner ein Leben lang seine massiven Vorbehalte gegen gesellschaftliche und politische Institutionen gepflegt hat, stellt er im *Rienzi* dieses Kernproblem aller Revolutionen ins Zentrum des Geschehens. Und er löst es am Ende in Übereinstimmung mit den historischen Erfahrungen. Wie er auch das Volk in seinem ambivalenten Verhalten charakterisiert, die Kirche mit gleichsam soziologischem Blick als einen opportunistischen Herrschaftsapparat zeigt. Obgleich er seinem Helden ganz offensichtlich Sympathien entgegenbringt, zeigt das schwankende Charakterbild des Rienzi einen revolutionären Typus, der über weite Strecken zwar unbeirrt und nicht korrumpierbar handelt, zugleich aber durch eine verhängnisvolle Selbstgefälligkeit politisch blind wird, unfähig, sich den wechselnden Gegebenheiten Roms wirklich anzupassen und daher durch zunehmenden Realitätsverlust das eigene Ende selbst mit herbeiführt.

Rienzi ist Wagners bis dahin politisch radikalstes Werk, in ihm wird die Revolution als Alternative zur konventionell betriebenen Politik thematisch, und zugleich gewinnt die revolutionäre Perspektive für Wagner eine solche Bedeutung, daß sie auch in den späteren Werken stets noch mit präsent bleibt. Wagner schreibt und komponiert hier gleichsam entlang dem klassischen Revolutionsverständnis, er bleibt mit diesem Werk im Bereich der Politik: die politische Revolution soll politische Strukturprobleme lösen. Erst nach dem Scheitern des Dresdner Aufstandes von 1848/49 und nach seinem eigenen Scheitern als politischer Revolutionär weitet sich die Perspektive: nun wird die Kunst zum eigentlich revolutionären Medium der Veränderung. Doch zu der Zeit, da *Rienzi* entsteht, ist das politisch-ästhetische Programm der ›Zürcher Kunstschriften‹ noch nicht entworfen und das Verhältnis von Politik und Kunst noch nicht Wagners zentrales Thema.

Einschnitt

Mit dem Abschluß des *Rienzi* hat Wagner sich einen ersten Vorrat an gesellschaftkritischen Motiven zugelegt. Die wichtigsten Topoi zukünftiger Politik- und Gesellschaftskritik sind nun versammelt, und sie kehren später in den Dresdner Revolutionsschriften wie in den großen musikdramatischen Werken ab dem *Fliegenden Holländer* wieder. Von *Leubald* bis *Rienzi*, von 1828 bis 1839, kristallisiert sich der kritische Gesellschaftsbezug in Wagners Werken immer deutlicher heraus, und es zeigt sich, daß in der Abfolge der Werke eine ständige Erweiterung der kritischen Thematiken vollzogen wird. Noch bevor Wagner im September 1839 nach Paris geht, noch bevor er dort mit den Gedanken der französischen Sozialisten in engere und sympathisierende Berührung kommt, durch die Erfahrungen des eigenen Elends und seiner Erfolglosigkeit als Musiker aufnahmebereit auch für radikale Positionen, sind die Grundoptionen seines gesellschafts- und politikkritischen Denkens deutlich ausgebildet. Der Stand des Adels erscheint ihm ökonomisch parasitär, politisch überflüssig und seiner internen Verfassung nach selbstdestruktiv; in den gesellschaftlichen und politischen Institutionen sieht er ausschließlich festgezurrte Machtverhältnisse, die die freie Entfaltung des Subjekts behindern; das Volk erscheint ihm unterdrückt, aber in solcher Unterdrückung glaubt er jene kreativen Potentiale einer anarchischen Lebenslust verborgen, die allein grundlegende Veränderungen bewirken können und am Ende zur Selbstbefreiung führen. Dazu aber bedarf es – wie der *Rienzi* zeigt – einer charismatischen Persönlichkeit, eines revolutionären Führers, der mobilisieren und Erfolg verbürgen kann. Radikale Perspektiven deuten sich hier an, aber zugleich sind sie schon in diesen frühen Werken auch durch Skepsis gebrochen. Gegen die überlebte Tradition und das bloße Beharren auf dem Vorhandenen kann sich das Neue eben nicht immer durchsetzen. Der revolutionäre Führer und mit ihm die Revolution scheitern an dem, was historisch überflüssig geworden ist, aber nicht freiwillig abtreten möchte. Dem auf Veränderung angelegten großen Anlauf der Protagonisten entspricht nicht immer ein glückliches Ende.

Das Grundmuster einer weitreichenden Intention wird hier im Laufe von zehn Jahren Schritt für Schritt und kontinuierlich entfaltet und tritt in diesen frühen Werken zunehmend deutlicher hervor, noch ohne jene umfangreichen literarischen Selbstkommentare, die Wagner dann in den vierziger Jahren, vor allem nach den revolutionären Zeiten von Dresden, produzierte: als Sturzbäche einer Selbstentäußerung, der die Angst vor dem Mißverständnis und dem Verkanntwerden anzumerken sind. Schon in seinen frühen Werken reagiert Wagner in der Auswahl und Bearbeitung seiner Stoffe auf die Probleme seiner Zeit. Er nimmt sich, sensibel für die realhistorischen Entwicklungen der eigenen Zeit, solche Sujets vor, in denen sich die Spuren der politischen wie gesellschaftlichen Entwicklung des Vormärz wiederfinden lassen. Gleich einem Stein, der ins Wasser fällt und dort konzentrisch immer neue Kreise hervorruft, weiten Wagners Themen sich ständig aus, wird der Themenvorrat ständig vergrößert, ohne das bereits Thematisierte wieder aufzugeben. So läßt sich in den Werken eine evolutionäre Entwicklung des politisch-gesellschaftlichen Bewußtseins ablesen, die mit dem *Rienzi* ihren ersten deutlichen Zielpunkt erreicht hat.

Es ist auffallend, daß Wagner sich von diesen gesellschafts- und politikkritischen Gehalten der frühen Werken in seinem späteren Leben nie wirklich distanziert hat. Gewiß gibt es genügend Äußerungen, in denen er sich vorsichtig bis ablehnend zu ihnen verhält. So etwa anläßlich der Überlegungen zur Herausgabe seiner Schriften und Dichtungen, als sich die Frage stellt, ob die frühen Werke Aufnahme finden sollen; da spricht er mit Vorbehalten von diesen »Jugend-Werken und Gelegenheits-Kompositionen, die noch dazu nicht aus den allerhöchsten Okkasionen entsprossen seien«[58]. Aber solche und ähnliche Urteile beziehen sich entweder auf den Stoff oder den Stand der musikalischen Entwicklung, den Wagner im Rückblick an der später erreichten musikdramatischen Form mißt. Kaum je beziehen sie sich auf die politik- und gesellschaftskritischen Tendenzen, die er noch am Ende seines Lebens wohl für insgesamt richtig hielt. Vor allem zum *Rienzi* bleiben die Urteile eher

58 Cosima Wagner, TB, Bd. II, S. 961 (6. Juni 1882). Vgl. auch ebenda, Bd. I, S. 414 (17. Juli 1871).

positiv grundiert, und trotz aller Vorbehalte gibt es doch auch noch den späten Stolz, »darin etwas geleistet«[59] zu haben. »Dem *Rienzi*, der mir sehr unangenehm ist, sollten sie doch das Feuer ansehen; ich war Musikdirektor und schrieb eine große Oper; daß dieser Musikdirektor ihnen hernach solche Nüsse zu knacken gegeben hat, das sollte sie wundern«[60] – so Wagner aus Anlaß der kritischen Besprechung einer Wiener Aufführung. Bewußtsein des Übergangs, das sich im Alter schärft, Bewußtsein auch für Kontinuitäten, die durch allen Wechsel hindurch wahrnehmbar sind, über manche Brüche und Widersprüche hinweg, Bewußtsein auch für den thematischen Zusammenhang eines riesigen Lebenswerkes.

59 Ebenda, Bd. II, S. 66 (21. März 1878).
60 Ebenda, Bd. I, S. 402 (20. Juni 1871).

Revolutionäre Traktate

Als am 19. Mai 1849 auf der ersten Seite des *Dresdner Anzeigers* der Steckbrief Richard Wagners veröffentlicht wurde, als man ihn suchte »wegen wesentlicher Teilnahme an der in hießiger Stadt stattgefundenen aufrührerischen Bewegung«[1], als man ihm vorwarf, mit den Führern des Aufstandes in engstem Kontakt gewesen zu sein, seinen Garten zur Verfügung gestellt zu haben, um Besprechungen über die Volksbewaffnung zu führen und Waffen bestellt und geschärft zu haben, war Wagner auf der Flucht und hatte den wohl politisch aktivsten Teil seines Lebens zunächst einmal hinter sich gelassen. Keineswegs aber ein für allemal beendet, eher zwangsweise suspendiert, bis sich neue Gelegenheiten zur politischen Intervention boten: wie etwa jene von 1865, als er dem bayrischen König Ludwig II. eine Heeres- und Kabinettsreform empfahl, die nicht nur eine schwere politische Krise im bayrischen Königreich auslöste, sondern darüber hinaus ihn selbst erneut ins Exil zwangen, nach Tribschen bei Luzern.

Wohl selten war einer mehr auf der Flucht als Wagner, und wenn er nicht floh, so zog er um, in immer neue Städte und Stellungen. Die Vermutung liegt nahe, daß aus solchen Erfahrungen nicht eben eine gesellschaftsaffirmative Gesinnung erwächst, eher Kritik an dem, was zur eigenen Ruhelosigkeit treibt. Und wenn solche Kritik durch Lektüre und Gespräche noch radikalisiert wird, liegt der Umschlag in revolutionäre Gesinnung nicht allzu weit.

Wagners Pariser Jahre, die Zeit vom September 1839 bis April 1842, gehören in diesen Zusammenhang, und gelegentlich sind die Erfahrungen Wagners in der französischen Hauptstadt als charakterprägend und werkbestimmend beschrieben worden. »Das komplexe Bild Richard Wagners, alles, was paradox ist an ihm, aufbruchsvoll in seiner Kunst, doppelbödig in seiner Kulturkritik, seiner Abwendung von der ›Zivilisation‹ und ihrer Überwindung durch ein neu auszudrückendes Menschenbild, das nicht aus der Geschichte, sondern aus der Sage gewonnen wird; es kristallisiert sich alles hier, das Kommende zeigt sein Gesicht, und nach den ersten anderthalb Jahren in Paris ist bereits alles entschieden«[2]. Nicht zuletzt durch einen »verläßlichen Kreis von Habenichtsen«[3], zu denen auch Heinrich Heine zählte, der mit den Ideen des französischen Sozialisten Saint-Simon sympathisierte, vor allem auch wieder Heinrich Laube. Wie überhaupt Wagner in dieser Zeit durch Vermittlung seiner Freunde mit der französischen Linken in engere Berührung kam und

1 Steckbrief vom 16. Mai 1849, abgedruckt u.a. in Udo Bermbach (Hg), In den Trümmern der eignen Welt. Richard Wagners *Der Ring des Nibelungen*, Berlin/Hamburg 1989, S. 162.

2 Martin Gregor-Dellin, Richard Wagner. Sein Leben. Sein Werk. Sein Jahrhundert, München/Zürich 1980, S. 141.

3 Ebenda, S. 143.

dabei aufnahm, was sich an radikaler Gesellschaftskritik wie an Zukunftsutopien im Paris des ›Juste milieu‹ angesammelt hatte.

Hintergründe

Es kann kein Zweifel sein, daß Wagner im persönlichen Elend seiner Pariser Jahre, in der Zeit seines größten Geldmangels und der schlechtesten Wohnungen, auch seiner sicherlich geringsten Erfolge als Komponist, für radikale Ideen besonders ansprechbar war. Und derer gab es genug. Paris war damals voll von sozialrevolutionären Theorien sehr unterschiedlicher Provenienz und Dignität, die sich teilweise noch aus der sozialpolitisch gleichsam unvollendet gebliebenen, weil die Arbeiter wirtschaftlich ausschließenden Französischen Revolution von 1789, teilweise aber auch aus der Kritik der inzwischen etablierten bürgerlichen Gesellschaft und des neuen Industriekapitalismus speisten. Was in der einschlägigen Fachliteratur zumeist als ›französischer Frühsozialismus‹ firmiert, läßt sich begriffsgeschichtlich nicht immer scharf von anarchistischem Denken trennen, dem es inhaltlich nahesteht, und erweist sich bei näherem Zusehen als höchst heterogen, sowohl in seiner Analyse der Gegenwart wie in den unterschiedlichen Zukunftsentwürfen[4]. Schon die bekannteren Vertreter sind kaum auf einen einzigen Nenner zu bringen: Henri de Saint-Simon, Charles Fourier und Etienne Cabet[5] stehen, gewiß mit unterschiedlichen Akzenten, für Positionen, in denen sich prinzipielle Gesellschaftskritik mit der utopischen Perspektive einer neuen moralischen Ordnung verbindet; Louis-Auguste Blanqui und Louis Blanc sind eher Anarchisten der Tat als Theoretiker, auch wenn sie ihre Aktivitäten nicht ohne vorherige theoretische Reflexionen unternahmen; und Pierre-Joseph Proudhon schließlich, der auf Wagner einen ganz besonders nachhaltigen Einfluß ausüben sollte, ist Sozialist und Anarchist von ganz eigener Prägung, ein ›Kleinbürger‹, wie Karl Marx nicht zu Unrecht meinte, dem eine Gesellschaft sich selbst organisierender und verwaltender Kleineigentümer als Zukunftsvision vorschwebte. Den Kern seiner Vorstellung hat er wie folgt formuliert: »Alle meine wirtschaftlichen Ideen, die ich seit fünfundzwanzig Jahren ausgearbeitet habe, lassen sich in diesen drei Worten zusammenfassen: landwirtschaftlich-industrielle Föderation. Alle meine politischen Ideen lassen sich auf eine ähnliche Formel zu-

4 Vgl. einführend die begriffsgeschichtliche Darstellung zu ›Anarchie, Anarchismus, Anarchist‹ in: Otto Brunner/Werner Conze/Reinhard Koselleck (Hg), Geschichtliche Grundbegriffe. Historisches Lexikon zur politisch-sozialen Sprache in Deutschland, Stuttgart 1972, Bd. I, S. 49 ff.; Ralf Bambach, Der französische Frühsozialismus, Opladen 1984 sowie Iring Fetscher/Herfried Münkler (Hg), Pipers Handbuch der politischen Ideen. Neuzeit: Von der Französischen Revolution bis zum europäischen Nationalismus, Bd. 4, hier: die Literaturangaben zum ›Französischen Frühsozialismus‹ S. 409 ff.

5 Vgl. dazu die Einzeldarstellungen von Richard Saage, Utopische Profile, Bd. III: Industrielle Revolution und Technischer Staat im 19. Jahrhundert, Münster/Hamburg/London 2002.

rückführen: politische Föderation oder Dezentralisation«[6]. Darin formuliert sich die Hoffnung auf eine politische Zukunft, in der die freiwillige Assoziation der Bürger zu einer vertraglich geregelten und garantierten Selbstregierung führen soll, mit der zugleich eine Gesellschaft des gegenseitigen Austausches und der mitbürgerlichen Hilfen entstehen könnte, geeint in einer föderativen und friedensverbürgenden Ordnung[7].

Wie immer die mehr oder weniger ausgearbeiteten und durchdachten Konzepte dieser Theoretiker und nicht zuletzt ihrer Schüler aussahen, in einem waren sie sich ähnlich – und trafen damit bei Wagner auf eine verwandte Seite: sie hatten weder eine konsistente Gesellschaftsanalyse zu bieten noch gar ein systematisch angelegtes Konzept einer zukünftigen Gesellschaft, erst recht nicht präzise Vorstellungen davon, wie die von ihnen gewünschten Veränderungen in Gang gesetzt werden sollten. In unterschiedlichem Maße gilt für sie, was für den Anarchismus insgesamt gilt: »Die anarchistische Bewegung ist ein Produkt des neunzehnten Jahrhunderts. Sie resultierte, wenigstens teilweise, aus dem Einbruch der Maschine und der Industrie in eine Bauern- und Handwerkergesellschaft. Sie nährte sich vom Mythos der Revolution, wie er nach 1789 entstanden war. … Ihr Kampf galt den Werten des immer mächtiger werdenden zentralistischen Industriestaates, der von seinen Anfängen im 19. Jahrhundert bis heute Modell und Vorbild für alle Gesellschaftsformen zu sein scheint. So machten sie sich in den verschiedenen Lagern Feinde: Zu den Feudalherren und Kirchenmännern der alten Ordnung kamen bald die revolutionären Tyrannen und Bürokraten eben jener Bewegungen, die die neue Gesellschaft schaffen wollten. Die Anarchisten haben immer zumindest an zwei Fronten Krieg geführt«[8].

Anarchistisches Denken geht nicht auf Systematik aus, es vermag solche Systematik nicht wirklich zu leisten, wesentlich deshalb nicht, weil es phänomenologisch an einzelnen Mißständen und Ungerechtigkeiten ansetzt und sich darin bescheidet. Die Welt erscheint den Anarchisten widersprüchlich, und solche Widersprüche lassen sich, so die Überzeugung, in analytisch gesicherten und in Systemen aufgehobenen Einsichten nicht glätten. Die Welt besteht, wie Proudhon meinte, aus einer Pluralität nicht reduzierbarer und antagonistischer Elemente, die allein in einer genauen Beschreibung aufgedeckt und sichtbar, vielleicht auch verstanden werden können. Nur im konkreten Benennen des Elends wird – nach Proudhon – die Einsicht in die Notwendigkeit seiner Abschaffung vermittelt, und deshalb auch ist alle übergreifende Theorie, die dem praktischen Handeln vorgeordnet wäre, falsch. Das alles mag nicht unsympathisch klingen, weil es scheinbar pragmatisch ist, aber es

6 Pierre-Joseph Proudhon, Ausgewählte Texte, hg. von Thilo Ramm, Stuttgart 1963, S. 263.

7 Eine Zusammenfassung des politischen, sozialen und wirtschaftlichen Denkens von Proudhon geben Gerhard Göhler/Ansgar Klein in: Hans J. Lieber (Hg), Politische Theorien von der Antike bis zur Gegenwart, München 1991, S. 586 ff.

8 James Joll, Die Anarchisten, Berlin 1966, S. 8. Zum Anarchismus allgemein vgl. Peter Lösche, Anarchismus, Darmstadt 1977.

bleibt in systematischer Hinsicht doch unzulänglich, gemessen an jenen Maßstäben, die Marx und Engels in ihren umfassenden Analysen des bürgerlichen Staates, der bürgerlichen Gesellschaft und der kapitalistischen Wirtschaft gesetzt haben. Aber es gibt gewisse Gemeinsamkeiten, die französische Frühsozialisten mit den Anarchisten teilen und die sich in folgenden Punkten zusammenfassen lassen. Da ist zunächst die Vorliebe für das Organisationsprinzip der freiwilligen Assoziation aller Bürger. Ihm liegt der Gedanke der Autonomie des einzelnen Bürgers zugrunde, ein Gedanke, der sich gegen jede Art eines bevormundenden Zentralismus richtet, gelegentlich so entschieden, daß daraus ein resoluter Anti-Institutionalismus entspringt. Regierungen, Parlamente, Bürokratien, Parteien und Verbände, auch Kirchen – all diese Institutionen stehen unter dem Verdacht, einzig der Unterdrückung des freien Menschen zu dienen. Dieser freiheitssüchtige Individualismus wird unterfüttert durch die Ablehnung aller festen Ideologien, seien sie nun religiöser oder auch weltanschaulich-politischer Provenienz. Das Ziel anarchischen Denkens und Handelns ist vielmehr eine herrschaftsfreie Gesellschaft, in der sich die Individuen ausschließlich durch ihre freie Entscheidung zusammenfinden und auf kommunaler Ebene organisieren. Produktion, Distribution und allgemein erwünschte Dienstleistungen bilden die ökonomische Grundlage von lebensweltlichen Organisationsstrukturen, die sich von unten nach oben aufbauen, die jederzeit zu korrigieren und zu revidieren sind. Jede Form repressiver Herrschaft soll so verhindert werden. Deren bisherige Existenz wird als das entscheidende Potential einer revolutionären Erhebung gesehen, die Revolution selbst als ein voluntativer Akt begriffen, der einzig auf die Energie des Volkes, auf Aufklärung und konspirative Verschwörung setzt, auf die Realisierung eines gemeinsamen Willens, der, wenn er zum Bewußtsein seiner selbst gekommen ist, die gegebenen Verhältnisse umzuwälzen und zum Besseren zu wenden vermag[9]. Kommt diese Revolution nicht, verzögert sich der Aufstandswille des Volkes, so sind auch – gerade bei Proudhon – evolutionäre Strategien der Veränderung nicht ausgeschlossen; denn auch der allmähliche, kontinuierliche Wandel des Bewußtseins kann, so wird unterstellt, zu einer schrittweisen Hinwendung der Menschen zu föderalen Modellen der Selbstregierung führen.

Daß Wagner von diesem Diskurs sozialistischer, anarchistischer und revolutionärer Ideenproduzenten nicht unbeeindruckt bleiben konnte, liegt auf der Hand. Fast alle seine Freunde der Pariser Jahre sympathisierten mit diesen Ideen und ganz unvermeidlich mußte er schon deshalb ebenfalls mit der wohl radikalsten Gesellschaftskritik der damaligen Zeit in engere Berührung kommen. Was allerdings nicht heißt, daß er mit den unterschiedlichen Konzepten und Konzeptionen dieser ja jeweils ebenfalls unterschiedlichen Denker und Autoren bruchlos übereingestimmt hätte; wohl aber hat er sich jene Teile herausgenommen und angeeignet hat, die ihm

9 Vgl. dazu Peter Lösche, Anarchismus, S. 416 ff.; ebenso Otthein Ramstedt (Hg), Anarchismus. Grundtexte zur Theorie und Praxis der Gewalt, Köln/Opladen 1969 und Kurt Lenk, Theorien der Revolution, München 1981.

für seine eigenen Vorstellungen über die Welt geeignet erschienen[10]. Daß er einzelne anarchistische Theoreme bereitwillig aufnahm, sie später, wie noch zu zeigen sein wird, in den eigenen Schriften weitgehend übernahm, hängt auch mit einer strukturellen Affinität seines Denkens und Fühlens zu diesen Theoretikern zusammen: wo Anarchisten dem Spontanen des revolutionären Aufbegehrens eine zentrale Bedeutung für die gesellschaftlichen Veränderungen einräumen, sah Wagner die Kreativität des künstlerischen Individuums am Werk. Wo Anarchisten die bestehende Gesellschaft insgesamt verwarfen, ihre Institutionen in toto kritisierten, konnte Wagner ihnen zustimmen, weil er selbst alle institutionellen Einbindungen nur als bloß freiheitseinschränkend und vor allem extrem kunstfeindlich empfand. Wo Anarchisten die Partikularität des modernen Zeitalters, die Entfremdung und Vereinzelung der Menschen angriffen und dagegen Vorstellungen eines umgreifenden Ausgleichs der Gemeinschaft mit ihren einzelnen Mitgliedern setzten, konnte Wagner seine eigene Intention einer auf das Ganze gehenden und Identität verbürgenden Kunst, in der die gesellschaftlichen Widersprüche aufgehoben werden sollten, angesprochen fühlen. Und nicht zuletzt dort, wo – wie etwa bei Saint-Simon – die Gesellschaftsordnung der Zukunft dem Künstler einen herausgehobenen Platz zuweisen würde, als »Gestalter der sozialen Wahrheit und Erwecker gemeinschaftlicher Überzeugungen und Gefühle«[11], wo der Künstler also nicht nur Visionär, sondern sogar ein ins Leben, in Politik und Wirtschaft intervenierender Führer sein sollte, konnte Wagner sich selbst mit seinem Verständnis seines künstlerischen Auftrags vorbehaltlos identifizieren. So läßt sich eine generelle Disposition beider Pole beobachten, die anarchistische Vorstellungen mit ihrer Betonung des ungebunden Individuellen und Anti-Institutionellen für Wagner attraktiv werden ließen, der seinerseits im Arsenal des sozialistisch-anarchistischen Denkens die Elemente und den Steinbruch seiner eigenen Theoriegebäude vorfand.

Wagners sympathisierende Affinität zum anarchistischen Denken war so stark, daß auch nach seiner Rückkehr nach Dresden die Pariser Revolutionsideen nicht verloren gingen. Dafür sorgte, wenn es denn nötig gewesen wäre, schon August Röckel, den Wagner 1843 kennenlernte, Musiker wie er, zugleich aber auch einer der wenigen Radikal-Demokraten des deutschen Vormärz, der sich später nicht den antiliberalen und nationalistischen Tendenzen der nachrevolutionären Zeitströmungen anpasste, sondern seinen sozialistisch-anarchistisch eingefärbten Überzeugungen treu blieb[12]. Wagner hatte Röckel als Musikdirektor im Dresdener Hofopernorchester

10 Zu den inhaltlichen Differenzen mit einzelnen anarchistischen und früh-sozialistischen Konzepten vgl. Stefan Breuer, Richard Wagners Fundamentalismus, in: Deutsche Vierteljahresschrift für Literaturwissenschaft und Geistesgeschichte, Stuttgart 1999, Bd. 73, S. 648 f.

11 Manfred Kreckel, Richard Wagner und die französischen Frühsozialisten, Frankfurt/M./Bern/Zürich 1986, S. 64 f.

12 Zu Karl August Röckel vgl. Jürgen Heyme, Karl August Röckel – Musikdirektor und Revolutionär von 1848/49, in: Der Dresdner Maiaufstand von 1849, hg. vom Dresdner Geschichtsverein, Dresdner Hefte 43, 3/95, S. 77 ff.

angestellt, und dieser dankte es ihm, indem er ihn über politische Grundfragen aufklärte und ihm die allgemeinen theoretischen Entwicklungen der politischen Linken nahebrachte. Durch Röckel lernte Wagner die Grundzüge des Denkens deutscher Anarchisten wie Wilhelm Weitling und des Bayreuthers Max Stirner kennen, und vermutlich hat Röckel ihn auch auf Marx und einige von dessen Schriften hingewiesen. Man hat lange gerätselt, ob Wagner jemals Marx zur Kenntnis genommen, ob er je etwas von ihm gelesen haben könnte. Heute steht unzweifelhaft fest, daß er wußte, wer Marx war und daß er zumindest dessen Schrift *Über die Judenfrage* kannte[13]. August Röckel war in Dresden Wagners entscheidender Partner in politicis, und mit ihm, der nach dem Dresdner Aufstand zum Tode verurteilt und später begnadigt wurde, aber erst 1862 als letzter ›Maigefangener‹ Deutschlands das Zuchthaus verlassen durfte, verband ihn eine so tiefe Freundschaft wie kaum mit einem zweiten Menschen; sie ist dokumentiert in zahlreichen Briefen, in denen Wagner dem Freund seine gesellschaftspolitischen Überlegungen ebenso intensiv und ratsuchend vortrug wie die musikdramatischen Pläne – vor allem die Arbeit am *Ring* –, seine Absichten des szenischen Geschehens wie die weltanschaulichen Intentionen. Zu Recht ist gesagt worden, er habe sich »niemals derart vorbehaltlos einem andren Menschen von so ausgeprägter Eigenart angeschlossen und seine Anschauungen so ungeteilt übernommen. Röckel zahlte es ihm mit unwandelbarer Treue zurück«[14].

Man kann die Bedeutung Röckels für die Ausbildung und Bekräftigung von Wagners politischen Auffassungen und Ansichten kaum hoch genug veranschlagen. Denn er war es, der Wagner in langen Spaziergängen am Dresdner Elbufer die Ergebnisse seiner eigenen intensiven Lektüre vortrug und ihn in seinen ersten Versuchen einer radikalen Gesellschaftskritik nachhaltig bestärkte. Noch in seiner Autobiographie, die die Freundschaft mit Röckel vor Ludwig II. zwar nicht verleugnet, dessen politische Motive und Aktivitäten aber fälschlicherweise seinem vorgeblichen beruflichen Mißerfolg als Musiker unterzuschieben sucht, räumte Wagner den bestimmenden Einfluß des Freundes auf sein gesamtes Denken ein: »Namentlich hatte er die Umgestaltung aller bürgerlichen Verhältnisse, wie sie uns nach der gewohnten Wahrnehmung vor Augen stehen, durch seine Folgerungen aus einer vollständigen Veränderung ihrer sozialen Grundlage bereits zu einer sehr zusammenhängenden Darstellung davon ausgebildet. Auf die Proudhonschen und anderer Sozialisten Lehren von der Vernichtung der Macht des Kapitales durch die unmittelbar produktive Arbeit baute er eine ganz neue moralische Weltordnung auf, für welche er mich allmählich durch einige sehr anziehende Behauptungen darüber selbst insoweit gewann, daß ich nun wieder meinerseits darauf die Realisierung meines Kunstideals aufzubauen begann«[15]. Man muß dies zweimal lesen: die soziali-

13 Vgl. dazu den Beleg auf S. 227, Anm. 72 .Vgl. auch Bernd Kramer, ›Laßt uns die Schwerter ziehen, damit die Kette bricht…‹. Michael Bakunin, Richard Wagner und andere während der Dresdner Mai-Revolution 1849, Berlin 1999, S. 23 ff., bes. S. 25.

14 Martin Gregor-Dellin, Richard Wagner, S. 199.

15 Richard Wagner, ML, S. 438.

stisch-anarchistische Position der Gesellschaftskritik als Grundlage des Wagnerschen ›Kunstideals‹! Ein Zusammenhang wird da von Wagner selbst hergestellt, zu dem er sich noch zu einer Zeit bekennt, da ihm längst unterstellt und vorgehalten wird, er habe aus opportunistischen Gründen die Konversion ins reaktionäre Lager völkischen Gesellschaftsdenkens und politischer Monarchieverherrlichung längst vollzogen.

Wie wichtig Röckel als Vermittler und Interpret politisch-radikalen Denkens für Wagner war, wird auch daraus ersichtlich, daß Wagners Dresdner Bibliothek, die er 1849 nicht mit ins Exil nehmen konnte, keine politische Literatur enthielt, nicht einmal jene Werke Feuerbachs, ohne die seine eigenen nicht zu verstehen sind. Doch was beweist dies? Nicht eben viel, denn »man darf aus dem Fehlen einzelner Autoren – wenn man sich nicht, wie bei Feuerbach und Proudhon, außerdem auf das Zeugnis Wagners berufen kann – nicht ohne weiteres schließen, daß er sie damals nicht gelesen hat«[16]. Und erst recht, so wäre anzufügen, darf man nicht daraus schließen, daß er sie überhaupt nicht gekannt hat; nicht zuletzt dank Röckel, der ihn über die neuen revolutionären Denkvorstellungen immer wieder informierte. Daß die Freundschaft beider über persönliche Sympathie hinausging und auch in gemeinsamen politischen Vorstellungen gründete, hat Wagner mehrfach demonstriert, etwa dadurch, daß er dem Freund, wie schon erwähnt, seine Kompositionspläne ins Zuchthaus sandte und mit ihm – trotz kontrollierender Zensur – eine umfangreiche, auch die politischen Dinge zur Sprache bringende Korrespondenz unterhielt. Daß ihn, den steckbrieflich Gesuchten, dies alles politisch belastete, daß es seine angestrebte Amnestie durch den sächsischen König, der sich weigerte, Röckel zu amnestieren, nicht förderlich sein konnte, nahm Wagner offenbar bewußt in Kauf. Und so akzeptierte er seine eigene politische Amnestie folgerichtig auch erst dann, als Röckel das Zuchthaus bereits verlassen hatte[17]. Und noch 1865 las er Röckels eben erschienenes Buch[18], das von der Zensur sofort verboten wurde, mit großer Zustimmung, ohne alle Vorbehalte gegenüber den darin erneut vorgetragenen, politisch radikalen Ansichten[19]. Wenn am Ende diese ungewöhnlich intensive Freundschaft doch schließlich 1868 zerbrach, so hatte dies private, keine politischen Gründe: Wagner glaubte fälschlicherweise, Röckel habe sich abfällig über seine Beziehung zu Cosima geäußert, ein Mißverständnis, wie Röckel später betonte, freilich ein folgenreiches.

1841 erschien Ludwig Feuerbachs wirkungsmächtiges Werk über das *Wesen des Christentums*, jene ideologiekritische Abhandlung, die zusammen mit der von David

16 So Curt von Westernhagen, Richard Wagners Dresdner Bibliothek 1842 bis 1849, Wiesbaden 1966, S. 58, der ansonsten in seinen Wagner-Darstellungen immer wieder bemüht ist, Wagners politische Radikalität in jenen Jahren zu relativieren und zu bagatellisieren, sie in seiner großen Wagner-Biographie nahezu verschweigt.

17 Vgl. dazu Jörg Heyne, Über die Beziehungen zwischen Richard Wagner und Karl August Röckel, in: Richard-Wagner-Museum Graupa b. Dresden, o.J. (1989), S. 23.

18 August Röckel, Sachsens Erhebung und das Zuchthaus von Waldheim, Frankfurt/M. 1865.

19 Martin Gregor-Dellin, Richard Wagner, S. 201.

Friedrich Strauß verfaßten historisch-philologischen Untersuchung über *Das Leben Jesu* (1835/36) für die Religionskritik des 19. Jahrhunderts grundlegende Bedeutung gewann. 1843 publizierte Feuerbach seine *Grundsätze der Philosophie der Zukunft*, 1845 *Das Wesen der Religion*. Von Freunden wurde Wagner in Gesprächen auf die Arbeiten Feuerbachs aufmerksam gemacht und veranlaßt, dessen Schriften, vor allem die religionskritischen, zu lesen[20], die ihn offenbar so tief beeindruckt haben, daß er noch Jahre später, vom Schweizer Exil aus, einen Freund in Dresden bat, ihm doch alle Werke des Philosophen zu besorgen[21]. Die Übereinstimmung mit Feuerbachs kritischer Philosophie war so groß, daß er sein *Kunstwerk der Zukunft* – schon der Titel spielt auf Feuerbachs *Grundsätze der Philosophie der Zukunft* an – seinem wichtigsten philosophischen Anreger »in dankbarer Verehrung« und mit einem beigefügten langen Schreiben widmete[22]. Feuerbach bedankte sich für diese Widmung, wozu Wagner in einem Brief anmerkte: »In diesen tagen hatte ich eine große freude: Feuerbach schrieb mir, und ich machte glücklich wieder einmal die Erfahrung, was es heißt – mit einem ganzem kerl zu thun zu haben. Da ist kein ›doch‹ und ›aber‹, sondern rund und nett sagt er mir gerade heraus, was er schon nach Leipzig an Wigand[23] … geschrieben hatte«, nämlich, »daß er nicht begreifen könne, wie man über mein Buch getheilter Meinung sein könnte, daß er es mit begeisterung, mit entzückung gelesen habe, mich seiner vollsten sympathie und seines wärmsten dankes dafür versichern müsse«[24]. So hingebungsvoll war Wagners Verehrung noch in den Jahren seines Schweizer Exils, daß er Feuerbach vorschlug, doch nach Zürich überzusiedeln und sich hier dem Kreis radikal gesinnter Freunde wie Fröbel und Herwegh anzuschließen – eine Einladung, die Feuerbach bekanntlich nicht annahm.

Sicherlich war die Lektüre Feuerbachs – nach der Aufnahme und Verarbeitung sozialistisch-anarchistischer Theoreme – die zweite entscheidende Quelle für die Herausbildung von Wagners Weltanschauung. Kein anderer Philosoph, auch nicht Schopenhauer, hat einen so tiefen und weitgehenden Einfluß auf Wagners Denken und auf seine theoretischen Schriften, die Akte der Selbstverständigung waren, gehabt. Während Wagner ansonsten den im engeren Sinne philosophischen Diskurs seiner Zeit eher über Gespräche mit Gleichgesinnten wahrgenommen und nachvollzogen hat, während er in seinem unbändigen Lesebedürfnis eher die Schriften der radikalen politischen Literaten und Theoretiker als die genuin philosophische Literatur zur Kenntnis nahm, gilt solches für Feuerbach nicht. Dessen Arbeiten wurden sorgsam gelesen und studiert und haben seine Ansichten entscheidend bestimmt,

20 Richard Wagner, ML, S. 476 spricht von einem deutsch-katholischen Prediger Metzdorff, der ihn auf Feuerbach aufmerksam gemacht habe, und nennt den Schweizer Wilhelm Baumgartner, der ihm später, im Exil, Feuerbachs Gedanken über Tod und Unsterblichkeit ausgeliehen habe.

21 Richard Wagner, SB, Bd. III, S. 308 (Brief an Theodor Uhlig vom Juni 1850).

22 Das Schreiben ist abgedruckt in: Richard Wagner, SB, Bd. III, S. 163 f.

23 Bei Wigand in Leipzig erschien 1850 *Das Kunstwerk der Zukunft*.

24 Richard Wagner, SB, Bd. III, S. 428 (Brief an Theodor Uhlig vom 2. Oktober 1850).

von den grundlegenden erkenntnistheoretischen Annahmen Feuerbachs bis hin zu dessen Religionskritik, die dann zur Grundlage der Gesellschafts- und Staatskritik wurde. Vor allem Wagners eigene Religionskritik – über die noch ausführlicher zu handeln sein wird – ist ohne Feuerbach nicht zu denken. Der Sensualismus von Feuerbach, der sich in dessen konkreten Analysen als eine eigene Vorform des Materialismus präsentierte, an die Marx und Engels mit ihren frühen Arbeiten später kritisch anschlossen und die sie zur Grundlage aller weiteren noch zu entwickelnden Gesellschaftskritik erklärten, versuchte die Religion als eine Projektion menschlicher Selbstinterpretation zu fassen. »Die Religion« – so heißt es bei Feuerbach – »ist das Verhalten des Menschen zu sich selbst. ... Das göttliche Wesen ist nichts anderes als das menschliche Wesen oder besser: Das Wesen des Menschen, gereinigt, befreit von den Schranken des individuellen Menschen, verobjektiviert. ... Alle Bestimmungen des göttlichen Wesens sind darum menschliche Bestimmungen«[25]. Feuerbach verstand folgerichtig die Religion als »Entzweiung des Menschen mit sich selbst«[26], denn in ihr, so meinte er, entwerfe der Mensch sein eigenes positives Gegenbild, formuliere er seine unerfüllten Wünsche und Bedürfnisse, versinnliche und verbildliche er seine schmerzhaft empfundenen Defizite, projiziere er aber auch seine realen Erfahrungen in die Transzendenz. Daraus folgerte er: »Gott ist der Spiegel des Menschen«[27] und in diesem Spiegel hat auch die menschliche Liebe ihren Platz. Denn insoweit Liebe eine menschliche Fundamentalerfahrung ist, ist dieser Gott auch ein Gott der Liebe, die sich allerdings tagtäglich »bewährt durch Leiden«[28]. An einer, besonders für Wagners *Ring* zentralen Stelle, schreibt Feuerbach: »Der höchste Begriff, der Gott eines politischen Gemeinwesens, eines Volkes, dessen Politik aber in der Form einer Religion sich ausspricht, ist das Gesetz ...; der höchste Begriff, der Gott des unweltlichen, unpolitischen Gemüts, die Liebe ...«[29]. Das ließ sich in mehrfacher Hinsicht verstehen, auch als Umschreibung eines tiefgehenden Zwiespalts von Glaube und Liebe, den Feuerbach dem Christentum vorwarf und aus dem er folgerte, die Liebe tendiere – im Unterschied zum Glauben, der sich immer nur auf abgegrenzte Gemeinschaften beziehe – zur universellen Menschenliebe; ein Gedanke, der Wagner sicherlich höchst sympathisch erscheinen mußte. Die im Denken Feuerbachs angelegte Liebesutopie, die durch die kritische Aufdeckung und damit auch Aufhebung der Religion ermöglicht werden sollte, nahm später bei Wagner sowohl in seinen theoretischen Schriften als auch in seinen Werken einen sehr viel elaborierteren Charakter an.

Feuerbachs prinzipielle Kritik des Christentums implizierte eine Rücknahme der Theologie auf Anthropologie. Damit geriet der Mensch ins Zentrum aller Über-

25 Ludwig Feuerbach, Das Wesen des Christentums, Gesammelte Werke, hg. von Werner Schuffenhauer, Berlin-Ost 1974, Bd. V. S. 48 f.

26 Ebenda, S. 75.

27 Ebenda, S. 127.

28 Ebenda, S. 118.

29 Ebenda, S. 219.

legungen und Dinge und folgerichtig gewann auf diese Weise die Politik an Gewicht, menschliche Existenzbedingungen und damit das Leben zu gestalten. Feuerbachs Religionskritik enthielt das Potential eines ganz diesseitigen realen Humanismus, der jeglicher Metaphysik widerstreitet und alle Anstrengungen auf die Verbesserung der konkreten Gegenwart lenkte. Denn wenn der Mensch an die Stelle von Christus trat, das menschliche Wesen an die Stelle des göttlichen, dann mußte auch die Politik an die Stelle der Religion treten und mit ihr das Individuum in all seinen Bedürfnissen vor religiöse Kollektive. So zielte Feuerbachs »radikale Diesseitigkeit«[30] ganz und gar auf die Verbesserung der konkreten Gegenwart, sie zielte auf das Glück des Einzelnen, und diese praktisch-politische Intention mag zu einem Teil seinen großen Erfolg gerade auch bei der radikalen Opposition der Zeit erklären: bei Heinrich Heine, Georg Herwegh und Gottfried Keller – um nur die zu nennen, mit denen Wagner in engerer Berührung stand –, aber auch bei einem Anarchisten wie Michael Bakunin.

Letzterer war, man weiß es, in den revolutionsschwangeren Zeiten der Jahre 1848/49 sehr häufig an Wagners Seite. Durch Röckel hatte Wagner Bakunins Bekanntschaft gemacht und noch in seiner Autobiographie beschreibt er den russischen Anarchisten auf vielen Seiten so, daß durch die dem Leser suggerierte Distanz seine offensichtlich immer noch vorhandenen Sympathien deutlich spürbar bleiben. »Ein wirklich liebenswürdiger, zartfühlender Mensch«, dessen »kulturfeindliche Wildheit mit der Forderung des reinsten Ideals der Menschlichkeit sich berührte«[31] – so charakterisiert Wagner den, der als politisch Verfolgter und Gesuchter konspirativ in seinem Hause über Monate ein- und ausging, dessen Name zum Synonym für Anarchismus schlechthin wurde. Von mächtiger Gestalt, von »imponierender Kraft« und »unbändigem Mut«[32], von mitreißender Rhetorik, ein an Hegel geschulter Denker, der durch die Lektüre Proudhons zum Anarchisten wurde, immer bereit zum Handeln und zur spontanen und gewaltsamen Revolution, aufgeschlossen gegenüber den Künsten und auch Wagners eigener Kunst, deren genauere Intentionen er allerdings erst nach gelungener Revolution von diesem erfahren wollte, eine insgesamt schillernde, aber gerade deshalb so beeindruckende und einnehmende Persönlichkeit – Wagner vermochte sich ihm und seinem Einfluß nicht zu entziehen, er war »wie berauscht von diesem Manne«[33]. Zumal Bakunins Freiheitspathos, dessen Religions- und Staatskritik seinen eigenen Vorstellungen weitgehend entsprachen. Für Bakunin war, wie er in der »wohl wichtigsten Programmschrift des politisch-

30 Alfred Schmidt in: derselbe (Hg), Ludwig Feuerbach, Anthropologischer Materialismus, Ausgewählte Schriften, Bd. I, Frankfurt/M. 1967, S. 11.

31 Richard Wagner, ML, S. 453 f.

32 Vgl. dazu die Schilderung des Verhältnisses von Wagner zu Bakunin aus einer frühen Sicht bei Hugo Dinger, Richard Wagners geistige Entwicklung. Versuch einer Darstellung der Weltanschauung Richard Wagners mit Rücksichtnahme auf deren Verhältnis zu den philosophischen Richtungen der Junghegelianer und Arthur Schopenhauers, Leipzig 1892, S. 224 f.

33 Ebenda, S. 225.

philosophischen Anarchismus im Vormärz«[34], in seinem Aufsatz *Die Reaktion in Deutschland*[35] von 1842, schrieb, das »allumfassende Prinzip der unbedingten Freiheit«[36] Ausgangspunkt seines politischen Philosophierens. Gegen die – wie bekanntlich auch Wagner glaubte – »ihrem Wesen nach in Deutschland politisch längst abgestorbene Aristokratie« wie gegen jene, die der »bürgerlichen, kommerziellen und Beamtenklasse«[37] angehörten und deren beschränkte Interessen setzte er die Forderung nach radikaler Freiheit und Autonomie des Einzelnen, die ständig für alle immer wieder erneuert und eingefordert werden müsse. Diese radikal gedachte Autonomie des Individuums bestimmte ihn dazu, alle vorhandenen Autoritäten und alle bestehenden Institutionen zu verwerfen. Sein radikal-demokratisches Denken zielte darauf ab, die »Opposition gegen die Regierenden« nicht mehr auf eine bloß »konstitutionelle oder politisch-ökonomische Veränderung« auszurichten, sondern sie als Bedingung für »eine totale Umwälzung desjenigen Weltzustandes«[38] zu verstehen, in dem sich alles Schlechte der Geschichte kondensiert hatte. Um das Ziel eines vollständig neuen Lebens mit aller Energie auch zu erreichen, glaubte Bakunin, daß die radikal-demokatische Bewegung des deutschen Vormärz den Umsturz erst dann wirklich erreichen werde, wenn sie begreife, »daß die Demokratie eine Religion ist, wenn sie also durch diese Erkenntnis selbst religiös wird, d.h. durchdrungen von ihrem Prinzip nicht nur im Denken und Räsonieren, sondern ihm treu auch im wirklichen Leben, bis zu seinen kleinsten Erscheinungen«[39] – religiöse Aufladung und Überhöhung revolutionärer politischer Absichten, die sich auch im sprachlichen Gestus und der quasi-sakralen Semantik in Wagners Revolutionstraktaten wiederfinden. Wie auch Bakunins Hoffnung auf »eine neue, lebendige und lebendig machende Offenbarung, – ein neuer Himmel und eine neue Erde – eine jugendliche und herrliche Welt, in der alle gegenwärtigen Dissonanzen zur harmonischen Einheit sich auflösen werden«[40] durchaus die Zustimmung des revolutionär gesinnten Wagner finden konnte. »Wir müssen nicht nur politisch, sondern in unserer Politik auch religiös handeln« – heißt es bei Bakunin – »religiös in dem

34 Kurt Lenk, Theorien der Revolution, S. 71. Hier findet sich eine ausführliche Darlegung von Bakunins Revolutionsbegriff.

35 Michael Bakunin, Die Reaktion in Deutschland (1843), erschienen in den von Arnold Ruge herausgegebenen Deutschen Jahrbüchern für Wissenschaft und Kunst (5), S. 985 ff., abgedruckt in: Michael Bakunin, Philosophie der Tat, hg. von Rainer Beer, Köln 1968, S. 61 ff. Ob Wagner diese Schrift Bakunins kannte, entzieht sich der Nachprüfbarkeit, ist aber nicht ausgeschlossen. Die weiteren Schriften Bakunins sind allerdings erst Jahre nach dem Dresdner Aufstand entstanden und von Wagner dann nicht mehr zur Kenntnis genommen worden. So: Das Knutogermanische Kaiserreich und die soziale Revolution (1871), Gott und der Staat (1871) sowie Staatlichkeit und Anarchie (1873). Vgl. Michael Bakunin, Gesammelte Werke, 3 Bde., hg. von Erich Rohlfs (Bd. 1), und Max Nettlau (Bde. 2 und 3), Nachdruck Berlin 1975.

36 Michael Bakunin, Die Reaktion in Deutschland, in: Philosophie der Tat, S. 70.

37 Ebenda, S. 62.

38 Ebenda, S. 64 f.

39 Ebenda, S. 65.

40 Ebenda, S. 66 f.

Sinne der Freiheit, deren einzig wahrer Ausdruck die Gerechtigkeit und die Liebe ist. Ja, uns allein, die wir Feinde der christlichen Religion genannt werden, uns allein ist es vorbehalten und selbst zur höchsten Pflicht gemacht, die Liebe, dieses höchste Gebot Christi und dieses einzige Wesen des wahren Christentums, selbst im heißesten Kampfe wirklich zu üben«[41] – Sätze, deren Herkunft von der Philosophie Feuerbachs offensichtlich ist und die später nachhallen in Wagners Begriffen der ›wahren Liebe‹ und des ›Reinmenschlichen‹.

1845 schrieb Bakunin an seinen Bruder: »Nieder mit allen religiösen und philosophischen Dogmen, sie sind nur Lügen; die Wahrheit ist keine Theorie, sondern eine Tat, das Leben selbst, – die Gemeinschaft freier und unabhängiger Menschen, – die heilige Einheit der Liebe, welche den geheimnivollen und unendlichen Tiefen der persönlichen Freiheit entströmt«[42]. Deshalb auch sollte sich alle Theorie im revolutionären Akt auflösen und ihre Verwirklichung in einer neuen Praxis suchen, sie sollte »ihre Selbstauflösung in eine ursprüngliche und neue praktische Welt, in die wirkliche Gegenwart der Freiheit«[43] finden. Solche Forderungen fanden in den vorrevolutionären Tagen von Dresden Wagners Sympathie, denn sie trafen dessen Vorstellungen und Gefühlslage; er stimmte, wie seine revolutionären Traktate zeigen, mit vielen konkreten Forderungen Bakunins überein, überbot sie sogar in Teilen noch erheblich[44]. Und Wagner konnte auch jener These Bakunins zustimmen, wonach erst die vollständige Zerstörung der überkommenen Verhältnisse die Voraussetzungen für eine qualitativ neue Gesellschaft schaffen werde. Dies zu bewirken, war Aufgabe des Volkes, das sich – so sah es Bakunin – bereits in einem Prozeß der politischen Bewußtwerdung befand: »Das Volk, – die arme Klasse, welche ja ohne Zweifel die größte Mehrzahl der Menschheit bildet, – die Klasse, deren Rechte man schon theoretisch anerkannt hat, die aber bis jetzt noch durch ihre Geburt, durch ihre Verhältnisse zur Besitzlosigkeit und zur Unwissenheit, somit aber auch zur faktischen Sklaverei verurteilt ist – , diese Klasse, welche das eigentliche Volk bildet, nimmt überall eine drohende Stellung an und beginnt die im Verhältnisse zu ihr schwachen Reihen ihrer Feinde zu zählen und die wirkliche Vollführung ihrer ihr von allen schon zugestandenen Rechte zu fordern«[45]. Potentiale von Aufständen gegen Gesellschaft und Staat werden hier hoffnungsvoll benannt, die am Ende zu einer »Volksrevolution« führen sollten, einer allerdings »ausschließlich vom Volk gemachten Revolution«[46], zwar durch eine revolutionäre Intelligenz initiiert, durch diese aber nicht bewirkt und auf keinen Fall organisiert: »Das Volk weiß selbst und besser als wir, was ihm notwendig ist. Im Gegenteil, wir müssen von ihm lernen. …

41 Ebenda, S. 71.

42 Zitiert nach Max Nettlau, Der Anarchismus. Von Proudhon zu Kropotkin. Seine historische Entwicklung in den Jahren 1859–1880, Berlin 1927, S. 25.

43 Michael Bakunin, Die Reaktion in Deutschland, S. 77 f.

44 Stefan Breuer, Richard Wagners Fundamentalismus, S. 650.

45 Michael Bakunin, Die Reaktion in Deutschland, S. 94 f.

46 Michael Bakunin, Anarchie und Staatlichkeit, S. 97.

Nicht belehren, sondern aufwiegeln müssen wir das Volk«[47]. In seinem *Katechismus des Revolutionärs*[48] (1864), dessen Inhalte und Rhetorik sich in erstaunlichem Maße mit Wagners, in Röckels *Volksblättern* anonym erschienenem Aufruf *Die Revolution*[49] trifft, faßte Bakunin die Prinzipien seines sozialen Organisationsmodells zusammen. Gegen alle Autorität und Staatsräson sollte die Freiheit des Einzelnen »das einzige konstituierende Prinzip der ganzen sozialen Organisation, der politischen wie der ökonomischen sein. Die Ordnung in der Gesellschaft muß das Gesamtergebnis der größtmöglichen Entwicklung aller lokalen, kollektiven und individuellen Freiheiten sein. Die ganze politische und ökonomische Organisation muß folglich ... von unten nach oben und von der Peripherie zum Zentrum nach dem Prinzip der freien Assoziation und Föderation«[50] eingerichtet werden, ergänzt durch das allgemeine Stimmrecht, unbegrenzte Presse-, Propaganda-, Rede- und Versammlungsfreiheit. Vorrang sollte stets die Gemeinde haben, Provinz und Nation nur den lockeren, übergreifenden organisatorischen Rahmen abgeben. Bakunin wollte, daß der politischen Freiheit und Gleichheit auch eine entsprechende soziale und ökonomische Gleichheit korrespondiert, daß genügend Mittel zur Verfügung stünden, um jeden entsprechend seinen Fähigkeiten fördern zu können. Jeder sollte arbeiten, die Teilung in körperliche und geistige Arbeit aufgehoben werden. »Intelligente und freie Arbeit, die Grundlage der Menschenwürde und aller politischen Rechte, und die Einzelarbeit verschmelzen täglich mehr in der assoziierten Arbeit. Grund und Boden, das Eigentum aller, werden nur im Besitz derer sein, die sie bebauen. Gleichheit von Mann und Weib in allen politischen und sozialen Rechten, Abschaffung der auf dem bürgerlichen Recht und dem Eigentum begründeten legalen Familie. Freie Ehe. Die Kinder gehören weder den Eltern noch der Gesellschaft. Die oberste Vormundschaft der Kinder, ihre Erziehung und ihr Unterricht gehören der Gesellschaft. Die Schule wird die Kirche ersetzen. Ihr Ziel: die Schaffung des freien Menschen. Abschaffung der Gefängnisse und des Henkers. Achtung und Sorgfalt für die Alten, die Arbeitsunfähigen und die Kranken«[51]. Das alles sollte notfalls mit Gewalt erzwungen werden, denn die revolutionäre Aufgabe war eine heilgeschichtlich legitimierte, war die auftragsgemäße Konkretisierung einer endzeitlichen Vision, die alleine das völlige Außerkraftsetzen aller geltenden Normen und bestehenden Organisationsmodelle rechtfertigte. So entsprach Bakunins Programm einer radikalen und alles umstürzenden Erneuerung der bestehenden und als korrupt empfundenen Gesellschaft den Vorstellungen und Sehnsüchten Wagners, vielleicht nicht so sehr in den ausformulierten organisationstechnischen Teilen, wohl aber in der revolutionären Intention. In Wagners Revolutionsschriften findet sich denn auch vieles wieder, was er bei Bakunin gehört und gelernt hatte.

47 Ebenda.

48 Verfaßt zusammen mit dem russischen Anarchisten Sergej Netschajew, in: Michael Bakunin, Philosophie der Tat, S. 316 ff.

49 Vgl. S. 176 ff.

50 Michael Bakunin, Revolutionärer Katechismus, S. 352.

51 Ebenda, S. 556.

Französische Frühsozialisten, die Lektüre und Rezeption des Junghegelianers Feuerbach, die ausgiebigen Diskussionen mit August Röckel und Michael Bakunin – das alles reichte aus, um Wagner zu einem »endzeitsüchtigen Anarchisten«[52] zu machen, einem anarchistisch inspirierten Sozialisten eigener Prägung, dem Lektüre und Gespräch die zentralen Forderungen der radikalen politischen Opposition des Vormärz emotional wie rational nahe brachten und dessen Auffassungen sich ständig radikalisierten. Er, der ein unersättlicher Leser war, auch vor schwerster philosophischer Lektüre – wie etwa Hegels *Phänomenologie des Geistes*, die er 1845 las – nicht zurückschreckte, suchte sich aus allen Bereichen des Wissens, aus Philosophie und Religionskritik, aus Literatur und antiker wie germanischer Mythologie zusammen, was seiner Vision einer revolutionär zu verändernden Welt dienlich sein mochte. Zustande kam am Ende ein anarchistisch eingefärbter ›revolutionärer Voluntarismus‹, formte sich der unbändige Wille, die Welt nach eigenen Vorstellungen zu gestalten und sie den eigenen Intentionen zugänglich zu machen. Wagners Denken entwickelte Elemente einer gesellschaftlich-politischen Konzeption, die Ähnlichkeit mit jenem ›wahren Sozialismus‹ hatte, den Marx mit ganzer Schärfe verurteilte, weil er lediglich die »allgemeine Menschenliebe« anstelle von Aufklärung und Aktivierung des Proletariats proklamierte und sich angeblich nur »an die Kleinbürger und ihre philantrophischen Illusionen« wandte[53].

Wagners politische Radikalisierung entwickelte sich in einem über die Jahre sich erstreckenden Prozeß, sicherlich auch angetrieben durch seine persönlichen Erfahrungen, durch enttäuschte Hoffnungen und eine aus seiner Sicht beruflich unbefriedigende Karriere, aber nicht nur dadurch. Daß persönliche Motive sehr stark seine politischen Optionen mitbestimmt haben[54], ist nicht zu bestreiten, zumal er in seinen späteren autobiographischen Schriften einer solchen Version Vorschub leistete. Und doch kann solche Motivvermutung nicht darüber hinwegtäuschen, daß die politische Radikalisierung nach links nicht Wagners einzige und möglicherweise

52 Martin Gregor-Dellin, Richard Wagner, S. 552.

53 Karl Marx, Die deutsche Ideologie, in: Marx/Engels, Werke (MEW), Berlin-Ost 1959, Bd. 3, S. 443.

54 Es ist ein durchgehender Topos auch noch der neueren Wagner-Biographen, aus den persönlichen Motiven der Unzufriedenheit Wagners mit seinen privaten Lebensumständen wie mit den an der Hofoper herrschenden Arbeitsbedingungen dessen radikale politische Orientierung in den Jahren vor der Dresdner Revolution herzuleiten und ebenso daraus dann wiederum zu schließen, daß diese Motive für das Werk und die Werkintentionen selbst keine substantielle Bedeutung gehabt haben – eine völlig unzulässige Behauptung, die Wagners eigene, tiefsitzende und lebenslange Überzeugungen nicht ernst nimmt, sie vielmehr ohne überzeugende Argumente als vorübergehend und unseriös lächerlich zu machen sucht. Das tut selbst Martin Gregor-Dellin, Richard Wagner, der soweit geht zu meinen: »Seit Wagner datiert ein ›Edelkommunismus‹, mit dem alles zu bemänteln und nichts auszurichten ist.«, S. 532. Repräsentativ für viele Rüdiger Krohn, Richard Wagner und die Revolution von 1848/49, in: Ulrich Müller/Peter Wapnewski (Hg), Richard-Wagner-Handbuch, Stuttgart 1986, S. 86 ff. Wenig verwunderlich ist freilich, daß die älteren Biographen alle politisch-revolutionären Ideen bei Wagner schlichtweg leugnen, sie auf ästhetische Fragen beziehen oder, wie dies etwa bei Curt von Westernhagen in dessen weitverbreiteter Biographie der Fall ist, die Revolutionsjahre wie das revolutionäre Engagement Wagners schlichtweg ignorieren.

nicht einmal die beste Option war, die ihm zur Verfügung stand. Anpassung an die Verhältnisse, Einfügen in die vorhandene Ordnung, sich Einlassen auf das, was gegeben war und zur Verfügung stand – bei seiner Begabung wäre ihm eine glänzende Karriere im Falle eines eher unauffälligen Verhaltens sicher gewesen. Daß er diesen sehr viel leichteren Weg verschmähte, mit der Folge, die meisten Jahre seines Lebens auf der Flucht, im Exil und ohne feste Anstellung und gesicherte Bezüge verbringen zu müssen, läßt den Ernst seiner Überzeugungen nicht nur vermuten, sondern zur Gewißheit werden.

Zwei Jahre vor dem Ausbruch der politisch-revolutionären Unruhen in Deutschland spricht Wagner im September 1846 zu dem österreichischen Sozialisten Meißner, der ihn in Dresden besucht, über die seiner Meinung nach zwingende Notwendigkeit einer umfassenden Revolution. Meißner notierte im Nachhinein: »Auf diesem ersten Spaziergang hatten wir viel miteinander gesprochen, doch ausschließlich über Politik. Richard Wagner hielt die politischen Zustände für reif zur gründlichsten Änderung und sah einer in nächster Zeit stattzuhabenden Umwälzung als etwas Unausbleiblichem entgegen. Die Umwandlung werde leicht und mit wenigen Schlägen vor sich gehen, die staatlichen und gesellschaftlichen Formen hielten nur noch ganz äußerlich fest. Ich erinnere mich noch ganz genau der Worte: die Revolution sei bereits in allen Köpfen vollzogen; das neue Deutschland sei fertig wie ein Erzguß, es bedürfe nur eines Hammerschlags auf die tönerne Hülle, daß es hervortrete«[55]. Später, in den Jahren 1848/49 ist er von der Politik nahezu gänzlich ausgefüllt, und nach einem Besuch des Kritikers Eduard Hanslick in Wien, der Wagner damals, im August 1848, noch positiv gesinnt war, notierte dieser: »Wagner war ganz Politik; er erwartete von dem Siege der Revolution eine vollständige Wiedergeburt der Kunst, der Gesellschaft, der Religion, ein neues Theater, eine neue Musik. Er erkundigte sich nach den bekanntesten demokratischen Führern in Wien und ließ sich von Friedrich Uhl in eine demokratische Versammlung führen. Es stellte sich auch bald heraus, daß er den demokratischen Abgeordneten Dr. Adolf Fischhof im Sinne gehabt, als er den Klavierprofessor Fischhof besuchte, welcher nicht wenig erstaunt war, von Wagner nur politische Reden und kein Sterbenswörtchen über Musik zu hören«[56]. Ein Beleg dafür sind die politischen Aktivitäten, die Wagner gänzlich in Beschlag nahmen, und das zeigt auch seine außerordentliche, publizistische Tätigkeit. Für das Frankfurter Parlament schreibt er eine demokratische Reformen fordernde, die künftige Reichsverfassung betreffende Eingabe[57], für Sachsen entwirft er die ebenfalls demokratisch intendierte Organisation eines ›deutschen Nationaltheaters‹[58],

55 Alfred Meißner, Ich traf auch Heine in Paris. Unter Künstlern und Revolutionären in den Metropolen Europas, hg. von Rolf Weber, Berlin-Ost 1973, S. 87.

56 Eduard Hanslick, Aus meinem Leben, hg. von Peter Wapnewski, Kassel/Basel 1987, S. 86.

57 Ein Brief an Professor Wigard, in: DS, Bd. V, S. 262 ff.

58 Richard Wagner, Entwurf zur Organisation eines deutschen Nationaltheaters für das Königreich Sachsen (1849), in: GSD, Bd. II, S. 233 ff. Vgl. auch die beiden Entwürfe Theater-Reform (1849) und Nochmals Theater-Reform (1849) in: GSD, Bd. 12, S. 231 ff.

im Juni 1848 hält er im radikalen Dresdner Vaterlandsverein eine Aufsehen erregende, sofort vielzitierte Rede zum Thema *Wie verhalten sich republikanische Bestrebungen dem Königthume gegenüber?*[59]. In Röckels radikalen *Volksblättern*, 1848 begründet und bald danach verboten, publiziert er mehrere Beiträge, in denen er Deutschlands Fürsten angreift und die ›Göttin Revolution‹ besingt – das alles stellt eine Reihe von Pamphleten dar, die von mal zu mal einen grelleren Ton anschlagen.

Wagners aktive Rolle im Dresdner Mai-Aufstand von 1849 ist bekannt, sie braucht hier nicht ein weiteres Mal referiert zu werden[60]. Auch daß er nach dem Scheitern des Aufstandes fliehen mußte, weiß selbst der nur oberflächlich mit seinem Leben Vertraute. Weniger bekannt freilich ist, daß Wagners Fluchtziel Zürich bereits vor dem Scheitern der revolutionären Bewegungen in den deutschen Ländern »ein überragendes Zentrum der radikalen Publizistik in der Emigration«[61] gewesen ist, ein Ort, an dem sich dann nach der mißlungenen Revolution von 1848/49 alle diejenigen sammelten, die Deutschland aus politischen Gründen verlassen mußten. Wie das Paris der frühen vierziger Jahre zum Flucht- und Anziehungspunkt von deutschen Radikalen und politischen Exilanten wurde, die dort einen eigenen Kreis bildeten, mit dem Wagner bekanntlich sehr bald intensivere Beziehungen unterhielt, so auch das Zürich der späten vierziger und beginnenden fünfziger Jahre. In Zürich traf sich die politisch zwar gescheiterte, aber an ihren liberalen bis radikal-demokratischen und sozialistisch-anarchistischen Ideen weiterhin festhaltende Elite jener deutschen Politiker, die nach den vergeblichen Versuchen im Frühjahr 1848, in verschiedenen deutschen Staaten Verfassungen durchzusetzen, nach dem Ende der Nationalversammlung in Frankfurt und den anschließend niedergeschlagenen Aufständen um ihres Überlebens willen ins Exil einer politisch toleranten Schweiz mußten. Einer von ihnen war Julius Fröbel, mit dem Wagner bald ein freundschaftliches Verhältnis hatte. Fröbel war ein Anhänger der Philosophie von Feuerbach, hatte 1846 ein *Sytem der socialen Politik* publiziert, eine linkshegelianisch inspirierte Theorie der Gesellschaft, in welcher die Freiheit der Person zum Ausgangspunkt eines auf den Prinzipien lockerer Assoziation begründeten politischen Modells gemacht wurde[62]. Für Fröbel

59 in: GSD, Bd. 12, S. 218 ff. sowie in: DS, Bd. V, S. 211 ff.

60 Eine frühe Studie ist die von Hermann Müller, Richard Wagner in der Mai-Revolution. Arbeiten aus dem Ratsarchiv und der Stadtbibliothek zu Dresden, Bd. I, Dresden 1919. Unter den neueren Arbeiten vgl. bes. Forschungsinstitut der Friedrich-Ebert-Stiftung (Hg), Michael Bakunin, Gottfried Semper, Richard Wagner und der Dresdner Mai-Aufstand 1849, Bonn 1995; Der Dresdner Mai-Aufstand von 1849, hg. vom Dresdner Geschichtsverein, Dresdner Hefte 43, 3/1995, mit Beiträgen über Wagner, Gottfried Semper, Karl August Röckel und Michael Bakunin; sowie das viele Dokumente versammelnde Buch von Bernd Kramer, ›Laßt uns die Schwerter ziehen, damit die Kette bricht‹. Michael Bakunin, Richard Wagner und andere während der Dresdner Mai-Revolution 1849, Berlin 1999. Daneben die einschlägigen, wissenschaftlich seriösen Wagner-Biographien.

61 Wolfgang Eßbach, Die Junghegelianer. Soziologie einer Intellektuellengruppe, München 1988, S. 75, Anm. 121.

62 Vgl. zum folgenden Udo Bermbach, Julius Fröbel, in: Iring Fetscher/Herfried Münkler (Hg), Pipers Handbuch der politischen Ideen, München 1986, Bd. IV, S. 361 ff. mit weiteren Literaturangaben.

war die Freiheit eines jeden Einzelnen der oberste Wert, dem alles öffentliche Interesse gelten sollte, dessen Verwirklichung selbst eine Revolution rechtfertigen konnte, wenn Reformen zuvor versagt hatten. Der Mensch war, so sah es Fröbel, ein souverän handelndes Subjekt, das sich seine Geschichte selbst schuf, in Eigenverantwortung sein Schicksal bestimmte, versehen mit unveräußerlichen Rechten, die einzulösen historische Pflicht war. Das *System der socialen Politik* enthielt eine ausgearbeitete Lehre der Freiheit und Freiheiten, auf denen sich eine demokratisch verfaßte Gesellschaft aufbauen und entfalten sollte. Nicht durch Vertrag kommen – wie Fröbel meinte – freie Gesellschaften zustande, sondern ausschließlich infolge gemeinsamer Bedürfnisse und durch die Gemeinschaft der Zwecke aller – ein Gedanke, der Wagner sehr nahesteht. Zweck der Gesellschaft aber ist die Selbstregierung der Menschen, ist ein Verband von freiwillig Assoziierten, ist die Perspektive einer bloß verwaltenden Politik, ein Föderalismus der kleinen Einheiten auf der Grundlage von Gleichheit, von vollständiger Meinungsfreiheit in allen religiösen, politischen und moralischen Fragen. Es war eine Vision der Freien und Gleichen, die sich mit sozialistisch-anarchistischen Gesellschaftselementen sehr eng berührte, streng antietatistisch und antizentralistisch ausgerichtet und in den Grundstrukturen des Entwurfs weitgehend dem ähnlich, was Wagner dann in seinen ›Zürcher Kunstschriften‹ an politisch-konzeptionellen Ideen entwickeln und formulieren sollte. Mit Fröbel kommt Wagner nicht nur vorübergehend und während seiner Züricher Zeit in Kontakt; auch später noch, im September 1867, bestehen Verbindungen, denn er publiziert in dessen *Süddeutscher Presse* eine Artikelserie *Deutsche Kunst und deutsche Politik*, die in ihrer Kritik der zeitgenössischen Zustände wie in ihren prospektiven Ausblicken so wenig mit den herrschenden Auffassungen über Politik und Gesellschaft konform war, daß sie nach der dreizehnten Folge – vermutlich auf Befehl Ludwigs II. – verboten und abgebrochen wurde[63].

Neben Fröbel lebt auch Georg Herwegh[64] in Zürich, den Wagner schon aus seinen Pariser Jahren, also seit gut zehn Jahren, kennt. Herwegh ist ein Freund von Heinrich Heine, Arnold Ruge und Karl Marx, und wenn Wagner nicht bereits in Dresden auf Marx aufmerksam geworden wäre, so hätte ihn spätestens jetzt Herwegh in Zürich vermutlich auf dessen Namen und Werk hingewiesen – wie er ihm 1854 auch Schopenhauers Hauptwerk *Die Welt als Wille und Vorstellung* zu lesen empfahl. Herwegh kennt viele der bedeutendsten Radikalen seiner Zeit, auch Bakunin, und manche lernt Wagner durch ihn kennen. Während der frühen vierziger Jahre war er ein nur mäßig erfolgreicher Schriftsteller, politisch zunehmend aktiv, beteiligt an den revolutionären Aufständen und schließlich ins Schweizer Exil gezwungen, einer der wenigen, die ihren eigenen radikalen Idealen bis ans Ende ihres Lebens

63 Dazu Martin Gregor-Dellin, Richard Wagner, S. 580 ff.

64 Zu Georg Herwegh vgl. u.a. Heidemarie Vahl, ›Freiheit überall, um jeden Preis‹. Georg Herwegh 1817–1875. Bilder und Texte zu Leben und Werk, Stuttgart 1992; Michael Krausnick, Die eiserne Lerche: die Lebensgeschichte des Georg Herwegh, Weinheim 1998; Ulrich Enzensberger, Herwegh – Ein Heldenleben, Frankfurt/M. 1999.

treu geblieben sind. Auch er gehört sehr bald zum engsten Freundeskreis Wagners. Wie auch einige Jahre später Gottfried Semper[65], Architekt und engagierter Sympathisant Wagners sowohl in politischen wie ästhetischen Fragen aus den Dresdner Tagen. Semper hatte sich an den Vorbereitungen zum Dresdner Aufstand aktiv beteiligt, hatte die Barrikaden entworfen und deren Bau beaufsichtigt, dann an der Revolution teilgenommen und mußte, wie Wagner, nach deren Scheitern ins Exil. Zunächst nach Paris und London[66], von wo er – auf Vermittlung und Empfehlung Wagners – dann 1855 nach Zürich als Professor an das neu gegründete Eidgenössische Polytechnikum berufen wurde[67]. Wagner, der schon in Dresden mit ihm nicht nur seine politischen Vorstellungen, sondern auch seine Theater-Reformpläne besprochen und ihn stets auch über seine musikalischen Pläne und Arbeiten informiert hatte, hielt auch nach seiner Ankunft in Zürich engen Kontakt zu ihm. So sandte er eines der fünfzig privat gedruckten Exemplare seines *Ring des Nibelungen* 1853 nach London, nahm, als Semper nach Zürich übersiedelt war, den alten und intensiven Kontakt wieder auf und blieb später, als sich ihre Wege wieder trennten, in freundschaftlicher Verbindung mit ihm. 1864 bestimmte er Ludwig II. dazu, Semper mit dem Entwurf des geplanten, monumentalen Festspielhauses in München zu beauftragen, einem Vorhaben, das über Jahre diskutiert, aber bekanntermaßen dann nicht realisiert wurde[68]. Und dann gab es naturgemäß eine Reihe von Schweizer Freunden, unter anderem auch Gottfried Keller, die alle dieselben politischen Orientierungen und Überzeugungen miteinander teilten, die sich einig waren in ihrem Eintreten für eine aufgeklärte und demokratisch organisierte Gesellschaft[69].

65 Zu Gottfried Semper vgl. u.a. Gottfried Semper 1803–1879. Sein Wirken als Architekt, Theoretiker und revolutionärer Demokrat und die schöpferische Aneignung seines progressiven Erbes. Wissenschaftliches Kolloquium im Rahmen der Semper-Ehrung der DDR, Technische Universität Dresden, 1979 sowie den Katalog: Gottfried Semper zum 100. Todestag. Ausstellung im Albertinum zu Dresden 1979, hg. von den Staatlichen Kunstsammlungen Dresden und dem Institut für Denkmalspflege Dresden (eine zweite, durchgesehene Auflage erschien unter dem Titel: Gottfried Semper 1803–1879, Baumeister zwischen Revolution und Historismus, München 1980); Heinz Quitzsch, Gottfried Semper – praktische Ästhetik und politischer Kampf, Braunschweig 1981; Martin Fröhlich, Gottfried Semper, Zürich 1991; Harry Francis Mallgrave, Gottfried Semper: ein Architekt des 19. Jahrhunderts, Zürich 2001. Einen umfassenden Überblick zu Sempers Arbeiten liefert Winfried Nerdinger/Werner Oechslin (Hg), Gottfried Semper 1803–1879. Architektur und Wissenschaft, München/Zürich 2003.

66 Wolfgang Herrmann, Gottfried Semper im Exil: Paris, London 1849–1855, Basel 1978.

67 Vgl. Martin Fröhlich, Gottfried Semper. Zeichnerischer Nachlaß an der ETH Zürich. Kritischer Katalog, 1974, sowie Wolfgang Hermann, Gottfried Semper im Exil. Schriftenreihe des Instituts für Geschichte und Theorie der Architektur an der ETH Zürich, Basel/Stuttgart 1978.

68 Über die Freundschaft zwischen Wagner und Semper und die Planungen zum Münchner Festspielhaus vgl. ausführlich Heinrich Habel, Festspielhaus und Wahnfried. Geplante und ausgeführte Bauten Richard Wagners, München 1985, S. 23 ff.

69 Vgl. zum Freundeskreis Wagners Hans Erismann, Richard Wagner in Zürich, Zürich 1987, S. 46 f. Erismann schwächt allerdings das Revolutionsengagement Wagners eher ab. Vgl. auch Hans Bleart, Richard Wagner in Zürich (1849–1858), Leipzig 1900 (Reprint Nendelen 1976); Werner Zimmermann (Hg), Richard Wagner in Zürich. Materialien zum Aufenthalt und Wirken, Zürich 1987; derselbe (Hg), Richard Wagner in der Züricher Presse 1854–1858, Zürich 1988.

Wagner wußte, daß ihn in Zürich ein Kreis politisch Gleichgesinnter erwartete und es ist deshalb auch ganz gewiß kein Zufall, daß er – nach einem Umweg über Paris – sich Zürich als seinen neuen Aufenthaltsort wählte. Er hätte die Wahl gehabt, sich auch anders zu entscheiden, für eine der europäischen Musikmetropolen, doch er ging nach Zürich. Das war eine eindeutige Option, vor allem eine politisch motivierte, weil er dort jenen Freunden nahe war, denen er sich nicht nur persönlich, sondern auch in politischen und ästhetischen Fragen verbunden fühlte. Angesichts dieses Umfeldes erstaunt es wenig, daß er an seinen radikalen politischen Überzeugungen auch weiterhin unbeirrt festhielt, daß er trotz seiner persönlich schwierigen Lage keineswegs an entschiedener Radikalität einbüßte, sondern das kritische Urteil noch schärfte.

Das politische Motiv der Wahl des Exils widerlegt, was Wagner selbst fünf Tage nach dem Ende des Dresdner Aufstandes an seine Frau Minna geschrieben hatte, und was so oft als Beleg für die These hat herhalten müssen, Wagners revolutionäre Betätigung sei eher unter theatralischen als unter politischen Gesichtspunkten zu bewerten. »Die Dresdner Revolution und ihr ganzer Erfolg« – so hieß es in diesem Brief – »hat mich nun belehrt, daß ich keineswegs ein eigentlicher Revolutionär bin; ich habe gerade an dem schlimmen Ausgang der Erhebung ersehen, daß ein wirklich siegreicher Revolutionär gänzlich ohne alle Rücksicht verfahren muß. ... Aber nicht Menschen unserer Art sind zu dieser fürchterlichen Aufgabe bestimmt; wir sind nur Revolutionäre, um auf einem frischen Boden aufbauen zu können; nicht das Zerstören reizt uns, sondern das Neugestalten, und deshalb sind wir nicht die Menschen, die das Schicksal braucht. ... So scheide ich mich von der Revolution«[70].

Doch dieser Brief ist eher der Versuch einer Beruhigung und Beschwichtigung Minnas als das Dokument einer veränderten Gesinnung, als das er immer wieder verstanden worden ist. Gegenbelege gibt es genug. Nicht zuletzt jenen großen Abschiedsbrief, den Wagner seiner Frau am 16. April 1850, also ein Jahr später, schreibt, und in dem er die persönlichen Schwierigkeiten als Differenzen zweier weltanschaulicher und also auch politischer Sichtweisen und Haltungen interpretiert: »Ich bin Dir durchaus fremd, Du siehst nur Ecken und Auswüchse an mir, Du siehst nur das, was Dir unerklärlich an mir ist, und findest nirgends Ersatz dafür, was Dir Leides durch mich geschieht. Du hängst an Ruhe und Dauerhaftigkeit der Verhältnisse – ich muß sie brechen, um meinem inneren Wesen zu genügen; Du vermagst alles zu opfern, um eine ›geachtete Stellung‹ in der bürgerlichen Welt zu haben, die ich verachte und mit der ich nichts zu tun haben will; Du hängst mit ganzem Herzen an Besitz, an Haus, Hof, Geräth und Heimat, – ich verlasse Alles, um ein Mensch sein zu können. Du denkst nur mit Wehmuth und Sehnsucht an die Vergangenheit zurück, – ich gebe sie auf und denke nur an die Zukunft. Alle Deine Wünsche gehen auf Versöhnung mit dem Alten, auf Nachgeben und Sichschmiegen, auf Wiederan-

70 Richard Wagner, SB, Bd. II, S. 653 f.

knüpfen, – ich habe mit Altem gebrochen und bekämpfe es mit allen meinen Kräften. Du hängst an der Person, ich an der Sache; Du an einzelnen Menschen, ich an der Menschheit«[71].

Das liest sich aus heutiger Sicht pathetisch, aber es war auf der Ebene des Privaten und Persönlichen ein vorbehaltloses Bekenntnis zur Revolution, zur Universalität jener Werte, wie sie die radikal-demokratischen Strömungen des Vormärz vertraten. Und dieses Bekenntnis stand keineswegs vereinzelt da. Noch im Juli 1851 schreibt er an seinen engen Freund Ernst Benedikt Kietz: »Ich verlange mit Leidenschaft nach der Revolution, und nur die Hoffnung, sie noch zu erleben und sie mitzumachen, gibt mir eigentlich Lebenslust. Nun, daß Paris anfangen muß, ist natürlich! Derweil macht man so, was uns am besten täuscht über unser eigentliches Nichtleben. Die Kunst hilft immer noch einzig zu dieser Täuschung«[72]. Und im Dezember desselben Jahres bekräftigt er noch einmal dem Freund: »Meine ganze Politik ist nichts weiter als der blutigste Haß unserer ganzen Zivilisation ... Nur die furchtbarste und die zerstörendste Revolution kann aber aus unseren zivilisierten Besten wieder ›Menschen‹ machen«[73].

Man sieht, das Exil markiert keineswegs einen politischen Überzeugungswandel, und schon gar nicht kann die Rede davon sein, daß er »in totaler Verdrängung seiner revolutionären Aktivitäten alle früheren Hoffnungen preisgibt«[74]. Ganz im Gegenteil, in Zürich bewahrt sich Wagner nicht nur die Grundtheoreme seiner politischen Überzeugung, sondern er radikalisiert sie noch und gewinnt in seinen sogenannten ›Zürcher Kunstschriften‹, seiner großen ästhetischen Konfession, eine auch gesellschaftstheoretische Stringenz, die den rein tagespolitischen Schriften der Dresdner Zeit weithin abgeht. Das erscheint wenig verwunderlich; denn die dafür bestimmende Lektüre, wie die Schriften von Proudhon und Feuerbach, nimmt er erst jetzt intensiv auf, vertieft sich in sie, um seinen politischen Motiven eine substantielle Grundlage zu verschaffen. So fundiert und radikalisiert sich sein Wissen, und anders hätte er auch nicht in einem Kreis von Freunden verkehren können, deren Überzeugungen ebenfalls radikal waren und mit seinen alten Idealen weitgehend übereinstimmten.

Für die Jahre 1850 bis 1852 gibt es zahlreiche Belege dafür, daß Wagners Revolutionsbekenntnisse und -erwartungen nicht erlöschen, durch manchen Zweifel hindurch, der sich selbstverständlich auch findet. »Meine Sache ist: Revolution zu machen, wohin ich komme«, schreibt er im Dezember 1849 an Uhlig in Dresden[75], und er ist überzeugt, daß die soziale Revolution unmittelbar bevorstehe. In Paris

71 Richard Wagner, SB, Bd. III, S. 282 f.

72 Richard Wagner, SB, Bd. IV, S. 70.

73 Brief an Ernst Benedikt Kietz vom 30. Dezember 1851, in: Werner Otto (Hg), Richard Wagner, Briefe 1830 bis 1883, Berlin-Ost 1986, S. 110. Vgl. auch Martin Gregor-Dellin, Wagner-Chronik, München 1983, S. 64.

74 Andrea Mork, Richard Wagner als politischer Schriftsteller. Weltanschauung und Wirkungsgeschichte, Frankfurt/M. 1990, S. 81.

75 Richard Wagner, SB, Bd. III, S. 196.

wird sie ihren Anfang nehmen – »mit völligster Besonnenheit und ohne allen Schwindel versichere ich Dir, daß ich an keine andere Revolution mehr glaube, als an die, die mit dem Niederbrande von Paris beginnt«[76] –, von dort aus wird der Brand von Stadt zu Stadt ziehen, »wir selbst [werden] endlich in wilder Begeisterung diese unausmistbaren Augiasställe anzünden, um gesunde Luft zu gewinnen«[77]. Starke Worte, vielleicht allzu starke und gewiß solche, die dramatisch zuspitzten, was aber prinzipiell durchaus ernst gemeint war und was an anderer Stelle, für den Freundeskreis in Zürich, als »die volle Erkenntnis der Nichtswürdigkeit der politischen und sozialen Zustände«[78] charakterisiert wird – eine Erkenntnis, die – wie Wagner anfügt – »für meine ganze weitere Lebensentwicklung entscheidend«[79] war.

Mit der Bekräftigung der Revolutionsperspektive geht zumeist auch der Hinweis einher, daß die erhofften radikalen Veränderungen der sozialen und politischen Gegebenheiten die Voraussetzung auch für die Veränderung des künstlerischen Bereichs, vor allem des Theaters sind. Immer wieder betont Wagner diesen Zusammenhang und zugleich damit die Tatsache, daß seine Ästhetik ohne seine politischen Überzeugungen nicht angemessen verstanden werden kann. Aber es wäre unzulässig, daraus den umgekehrten Schluß zu ziehen, daß es ihm in all seinen praktischen Aktivitäten nur um die Kunst, nur um seine Kunst und nur um die Reform des Theaters zu tun war, wie dies von jenen Interpreten absichtsvoll betont wird, die sein politisches Engagement zu bagatellisieren suchen. So sehr er ohne Zweifel zunächst und vor allem Künstler war und die Politik durchaus auch als ein Medium künstlerischer Gestaltungsfähigkeit verstand, so ernst waren das politische Engagement und die damit verbundenen radikalen Veränderungsabsichten der Jahre vor und nach der Revolution von 1849.

Wagner selbst hat zur Relativierung seiner politischen Aktivitäten wie Ansichten dieser Zeit allerdings selbst immer wieder beigetragen. 1864 schreibt er in *Über Staat und Religion* den viel zitierten Satz: »Wer mir aber die Rolle eines politischen Revolutionärs, mit wirklicher Einreihung in die Listen derselben, zugeteilt hat, wußte offenbar gar nichts von mir, und urteilte nach einem äußeren Scheine der Umstände, der wohl einen Polizeiaktuar, nicht aber einen Staatsmann irre führen sollte«[80]. Das ist nicht die einzige Äußerung, mit der er seine politischen Aktivitäten zu relativieren sucht, aber es bleibt doch zu fragen, was solche Bemerkungen beweisen. Denn gewiß belegen sie nicht, was ihnen – auch von Wagner selbst – angesonnen wird: die Ernsthaftigkeit seines politischen Engagements im Nachhinein in Zweifel zu ziehen. Dagegen sprechen ganz einfach die Fakten seiner konkreten Revolutionsbeteiligung so gut wie die überwältigende Zahl der aus der Zeit stammenden Bekenntnisse zu Umsturz und Neugestaltung. Und was seine späteren Relativie-

76 Richard Wagner, SB, Bd. III, S. 460 (Brief an Theodor Uhlig vom 22. Oktober 1850).
77 Ebenda.
78 Richard Wagner, Eine Mittheilung an meine Freunde, in: GSD, Bd. 4, S. 308.
79 Ebenda.
80 Richard Wagner, Über Staat und Religion, in: GSD, Bd. VIII, S. 4.

rungsversuche in eigener Sache betrifft, so lassen sich diese als opportunistische Versuche verstehen, dem königlichen Finanzier Ludwig II. entgegenzukommen, als Distanzierungsgesten ohne wirkliche Bedeutung. Denn das Faktum sowohl der veröffentlichten revolutionären Schriften wie der aktiven Revolutionsbeteiligung ließ sich ja im Nachhinein nicht auslöschen, auch wenn Wagner mit deren Relativierung versuchte, sich vor den zahllosen Angriffen zu schützen, denen er immer wieder ausgesetzt war.

Festzuhalten ist freilich, daß sich Wagner in den sechziger und siebziger Jahren zunehmend mehr auf Positionen hinzubewegen schien, die er zuvor verdammt hatte. Darüber wird später noch zu berichten und zu urteilen sein. Viel ist über die Motive dieses Wandels gestritten worden, weil manches allzu uneinsichtig erschien. Die Erklärungen reichen vom politischen Opportunismus bis hin zum Überzeugungswandel, von der These, dem Künstler sei immer alles Theater gewesen, auch die Politik, bis hin zur Behauptung von charakterlosem, übersteigertem Narzißmus – gezeichnet wird vielfach das Bild eines hemmungslosen Egomanen, der alles, selbst das eigene Schicksal und das seiner Frau, der Realisierung seines Werkes und seiner Werkidee unterordnet, und dieses Bild ist noch nicht einmal die schlimmste aller Vermutungen. Aber bei genauerem Hinsehen zeigt sich doch, daß die Dinge und Sachverhalte komplizierter liegen, daß Wagners Wandel und Wandlungen stets begleitet werden vom Festhalten an einmal gewonnenen Grundüberzeugungen, daß er auf eine bemerkenswerte Art seine ihm eigene, spezifisch anarchische Grundorientierung in gleichsam subversiver Weise beibehält, auch wenn vielfach der oberflächliche Anschein das Gegenteil zu belegen scheint. Auch dafür gibt es Beispiele genug. So etwa das des Gnadengesuchs, dessen Einreichung er zunächst weit von sich weist. Eine Fehlmeldung, wonach der sächsische König ihn begnadigt habe, kommentiert er in einem Brief vom November 1851 mit den Worten: »Meine Begnadigung wäre ein auffallendstes Zeugniß der niederträchtigsten Willkür«[81], und er denkt dabei gewiß an die im Zuchthaus einsitzenden Freunde, an Bakunin und Röckel, denen er im März 1850, als er von beider Todesurteil erfahren hatte, einen Brief in die Festung Königstein bei Dresden schrieb mit der Anrede »lieber Freund und Bruder« und der Versicherung, »daß unter der Fürsorge der beseligendsten Freundschaft und Liebe ich frei und heiter der Zukunft entgegen sehe, und so mit verjüngten, stark beschwingten Kräften auch für mein Teil und nach meiner Fähigkeit an dem Werke arbeite, für das Ihr Helden jetzt Euer Leben laßt. Mein Michael, mein August! Liebe, teure, unvergeßliche Brüder!«[82]. Man mag solches Pathos leicht zynisch finden, zumal wenn Wagner seine eigene Heiterkeit der bevorstehenden Hinrichtung beider Freunde in euphorischem Ton entgegensetzt. Aber man kann diese Formulierungen auch als das Ernstnehmen eines politischen Auftrags verste-

81 Richard Wagner, SB, Bd. IV, S. 171 (Brief an Theodor Uhlig vom 11. November 1851).
82 Richard Wagner, SB, Bd. III, S. 271 (Brief an Michael Bakunin und August Röckel vom März 1850).

hen, als die Versicherung, die gemeinsame Sache nicht aufgeben zu wollen. Und was die eigene Amnestie betrifft: erst 1856, also im siebten Jahre des Exils, als die durch die streckbrieflichen Verfolgungen hervorgerufenen Nachteile für sein künstlerisches Wirken, vornehmlich die eingeschränkten Reise- und Bewegungsmöglichkeiten in den deutschen Ländern, ihm immer unerträglicher werden, schreibt er ein erstes, dann allerdings, um Erfolg zu haben, unterwürfig formuliertes Gesuch, das abgelehnt wird und von dem er Liszt gegenüber meint, es habe ihn viel gekostet, weil die ›innere Umkehr‹ auch nur anzudeuten ihn zugleich entweihe[83]. Mehr als die Überzeugung ist es ganz wesentlich die finanzielle wie künstlerische Not, die ihn zum Beigeben zwingt. Doch die Begnadigung erfolgt erst 1862, nach einem zweiten Gesuch, das voller Selbstbezichtigung und gespickt mit Versprechungen zukünftigen Wohlverhaltens versehen war, nach eigenem Urteil freilich »mit großer Bitterkeit und Ingrimm« verfaßt wurde, weil er argwöhnte und befürchtete, es werde wohl nur »zu seiner öffentlichen Demütigung benutzt werden«[84].

War das Annäherung an den Staat und seine Repräsentanten, an die ehemals so gehaßten Fürsten und scheinbare Distanzierung zu allem, was über Jahre doch Inbegriff des Anzustrebenden gewesen war? Der Hinweis darauf, daß Wagner mit seinem Werk und seiner Festspielidee auf etwas zielte, was bis dahin beispiellos war, auch und vor allem in seinen finanziellen Dimensionen, mag das geheime Motiv der politischen Konversion enthüllen und das scheinbar widersprüchliche Verhalten erklären. Es sind die nur allzu verständlichen Ängste eines Komponisten, der durch die drohende Perspektive eines permanenten Exils die Gefahr seiner dauerhaften künstlerischen Isolation und Wirkungslosigkeit vor Augen hatte, der ohne finanzielle Förderung durch Mäzene sich zum Scheitern verurteilt fühlte. Die Selbstdemontage seiner politischen Biographie, die er dabei in Gang gesetzt hat, ist ihm später wohl oft bewußt geworden. Und er hat sie auch in Teilen zurückgenommen. Denn so wenig zu bestreiten ist, daß er in seinen Schriften und Äußerungen politisch vieldeutig wurde und allzu oft in reaktionäres Denken verfiel, so auffällig bleibt andererseits, daß es Kontinuitäten des gesellschaftstheoretischen Denkens über die Jahre hinweg gibt, auch, daß er in den letzten Jahren seines Lebens wieder schärfer und radikaler urteilt, im Sinne seiner frühen Publikationen. Mit der zunehmenden Distanzierung zu Bismarck und dem deutschen Kaiserreich etwa – »So schnell haben sich es allerdings wohl nur Wenige gedacht, daß die Oede des preußischen Staatsgedankens uns als deutsche Reichsweisheit aufgedrängt werden solle!«[85] – kehren

83 Martin Gregor-Dellin, Richard Wagner, S. 407.

84 zitiert nach Franz-Peter Opelt, Richard Wagner – Revolutionär oder Staatsmusikant?, Frankfurt/M. 1987, S. 211.

85 König Ludwig II. und Richard Wagner, Briefwechsel, hg. vom Wittelsbacher Ausgleichsfonds und von Winifred Wagner, bearbeitet von Otto Strobel, Karlsruhe 1936, Bd. III, S. 116. Wagners Einstellungen zu den politischen Entwicklungen in Deutschland seit der Mitte der achtziger Jahre ist aufgearbeitet von Hannu Salmi, ›Die Herrlichkeit des deutschen Namens…‹. Die schriftstellerische und politische Tätigkeit Richard Wagners als Gestalter nationaler Identität während der staatlichen Vereinigung Deutschlands, Turku 1993.

in gewisser Weise die alten Ideale des Vormärz und der Dresdner und Züricher Jahre wieder, die radikale Staats- und Gesellschaftskritik, die Kritik des privaten Eigentums und die Absage an Fürsten und Monarchen, von denen das Volk nichts mehr zu erhoffen hat. In den Tagebuchnotizen Cosima Wagners gibt es mehrfache Hinweise auf diese Einstellung, vornehmlich für die Zeit der achtziger Jahre, da Wagner sich darüber freut, »wie großartig diese Gleichheit seines Wesens durch alle Zeiten hindurch erscheint. Wie damals erwartet er jetzt den Sozialismus, nur daß er nicht dessen Eintreten für eine bestimmte Zeit erharret«[86]. Schon ein Jahr zuvor hatte er sich ähnlich geäußert: »Reaktion ist immer schlimm … Gewiß sind die Führer der Bewegung konfuse Menschen und vielleicht auch intrigante, der Bewegung selber aber gehört die Zukunft, umso mehr, als wir nichts wissen, um sie aufzuhalten, als törichte Repressionsmaßregeln«[87]. Und für sich selbst meint er, »er wäre im Stande, sich ganz und gar hineinzuwerfen und noch Sozialist zu werden«[88].

Auch wenn solche Sätze nicht überbewertet werden dürfen, weil sie – privat gesprochen – durch Ärger ausgelöst oder in einer augenblicklichen Erregung über vermeintliche gesellschaftliche Mißstände schnell hingeworfen sein können, deuten sie doch auf Spuren der Kontinuität von Überzeugungen hin, auf geheime Stabilitäten von Emotionen und Empfindungen. Solche durchlaufenden und durchgehaltenen Konfessionen spiegeln sich auch in den späten Schriften Wagners. So etwa in *Religion und Kunst*, 1880 publiziert, in der Wagner auf alte politisch-radikale Vorstellungen zurückkommt. Etwa auf die Vorstellung, daß »alle unsere Staaten auf Eroberung und Unterjochung vorgefundener Landes-Insassen«[89] gegründet seien. Und dann ist die Rede von der barbarischen und ungleichen Besitzverteilung, vom Geld, mit dessen Hilfe Eigentum und Macht erworben werde, von der Gewalt zwischen den Völkern und von Politikern, die nach der macchiavellistischen Lehre handelten: ›was du nicht willst, daß er dir tu, das füge deinem Nächsten zu‹. Die Rede ist auch von Fürsten, die »übel und würdelos« in Militär-Uniformen den staatserhaltenden Gedanken repräsentieren, von einer degenerierenden Zivilisation, deren Brüchigkeit sich ständig offenbart: »Jede, selbst die anscheinend gerechteste Anforderung, welche der sogenannte Sozialismus an die durch unsere Zivilisation ausgebildete Gesellschaft erheben möchte, stellt, genau erwogen, die Berechtigung dieser Gesellschaft sofort in Frage«[90]. Das sind Thesen und Positionen, die auch dadurch nicht in ihrem kritischen Gehalt entschärft werden, daß Wagner selbst sie mit Vegetarismus und Tierschutz, vor allem auch mit religiöser Neubesinnung in Verbindung bringt, eingebunden in das ihm vorschwebende »Phantasie-Bild eines Regenerationsversuches des menschlichen Geschlechts«[91] – worüber noch ausführlicher zu handeln sein wird.

86 Cosima Wagner, TB, Bd. II, S. 358 (2. Juni 1879).
87 Ebenda, TB, Bd. II, S. 103 (31. Mai 1878).
88 Ebenda, TB, Bd. II, S. 422 (8. Oktober 1879).
89 Richard Wagner, Religion und Kunst, in: GSD, Bd. 10, S. 233 ff.
90 Ebenda, S. 240.
91 Ebenda, S. 243.

Am Ende – so scheint es vorerst – schließt sich der Kreis. In den letzten Schriften vor dem Tod kehrt in breiten Spuren deutlich erkennbar wieder, was Wagners politisches Denken der späten vierziger und frühen fünfziger Jahre beherrschte: eine unversöhnliche Unzufriedenheit mit dem, was ist, und zugleich die nicht gebrochene Hoffnung auf einen gänzlich neuen Anfang. Überall ist die Absage an den Staat und den ihn tragende Institutionen zu spüren, weil er meint, daß dieser Staat als jene Mühle anzusehen sei, »durch welche das Getreide der Menschheit, nachdem es auf der Kriegs-Tenne ausgedroschen, hindurchgemahlen werden müsse, um genießbar zu werden«[92] – genießbar natürlich nur für die Regierenden. Und im wieder aufbrechenden Anti-Institutionalismus seines revolutionären Individualanarchismus ist die Absage an die reale Politik, nicht an seine politisch-ästhetische Zukunftsvision erneut präsent, denn »es muß uns von Wichtigkeit erscheinen, dem Gebiete der Politik als einem durchaus unfruchtbaren, bei unseren Untersuchungen gänzlich abseits zu gehen«[93]. Keine altersweise Versöhnung mit dem Vorhandenen ist in solchen Sätzen zu spüren, kein sich einpassendes Abfinden mit dem Status quo, schon gar keine Rede kann davon sein, »daß die eigentliche Politik sein inneres Gefühlsleben kaum berührt hat«[94]. Sondern es findet sich eher die trotzige Bekräftigung jener radikalen politischen Theoreme, die während der Dresdner und Züricher Jahre das politische Selbstverständnis geprägt hatten und auch für das musikdramatische Werk von fundamentaler Bedeutung waren: »Und so kehre ich« – schreibt er 1879 – »durch alle Umwege unentwegt, zu meinen vor dreißig Jahren von mir konzipierten Gedanken über jenes Verhältnis [von Politik und Kunst, U.B.] zurück, indem ich offen bezeuge, daß an dem schroffesten Ausdrucke derselben meine seitherigen Lebenserfahrungen nichts ändern konnten«[95].

Adelskritik und republikanische Monarchie

Die politischen Schriften der späten vierziger und frühen fünfziger Jahre sind von unterschiedlicher Perspektive: in den Revolutionstraktaten der Dresdner Zeit zielt Wagner zumeist auf sehr konkrete gesellschaftliche Sachverhalte, klagt er deren Mißstände an und fordert ebenso konkrete Veränderungen. Politik ist hier, in einem sehr handgreiflichen Sinne, auf unmittelbare Änderung der als unerträglich empfundenen Gegebenheiten angelegt. Wenn Wagner später im Rückblick meinte: »Nie hatte ich mich eigentlich mit Politik beschäftigt. Ich entsinne mich jetzt, den Erscheinungen der politischen Welt genau nur in dem Maaße Aufmerksamkeit zugewendet zu haben, als in ihnen der Geist der Revolution sich kundtat, nämlich, als die reine menschliche Natur sich gegen den politisch-juristischen Formalismus empörte: in

92 Richard Wagner, Religion und Kunst, in: GSD, Bd. 10, S. 251.

93 Richard Wagner, Was nützt diese Erkenntnis? in: GSD, Bd. 10, S. 262.

94 Curt von Westernhagen, Richard Wagner, Zürich/Freiburg 1979, S. 140.

95 Richard Wagner, Wollen wir hoffen? in: GSD, Bd. 10, S. 119.

diesem Sinne war ein Kriminalfall für mich von demselben Interesse, wie eine politische Aktion«[96], so war dies einerseits durchaus richtig; denn Politik in einem prinzipiellen Sinne war für ihn all das, was in den gegebenen organisatorischen Strukturen, in den gesellschaftlichen Institutionen ablief, ein ›juristischer Formalismus‹ eben, erfunden zu dem Zwecke, die spontane, individuelle Freiheit und Kreativität einzuengen. Und doch war es eine nachträgliche Vereinseitigung seiner in den revolutionären Turbulenzen eingenommenen Position, denn sein Handeln wie seine Publikationen zeigen eindeutig, daß es ihm in Dresden auch entschieden um ganz konkrete Verbesserung der gesellschaftlichen wie politischen Zustände ging. Wie er überhaupt, neben der prinzipiellen, anarchistisch inspirierten Kritik an Staat und Gesellschaft, an Kirche und Parteien, kurz: an allen zentralen Institutionen einer ausdifferenzierten Industriegesellschaft westlichen Typs immer auch ein Verständnis von Politik besaß, das die eigene Intervention in das Geschehen nicht nur nicht ausschloß, sondern geradezu erzwang. So etwa 1865, als er dem bayrischen König eine Heeresreform empfahl, eine Volksmiliz, wie er sie 1848 schon propagiert hatte, dazu personalpolitische Empfehlungen, die, alles in allem, zu einer schweren Kabinetts- und Regierungskrise in München führten und ihn, belastet durch die Affäre mit Cosima, ein zweites Mal ins Schweizer Exil zwangen, diesmal nach Tribschen[97].

Es ist erstaunlich, wie sich in einigen der Dresdner Schriften, den Revolutionspamphleten, Motive aus den frühen Werken des jungen Wagner wiederfinden, die offenbar sein Denken beherrschen. Vor allem das Motiv der Adelskritik, nun eingebettet in eine allgemeine Kritik der gesellschaftlichen Zustände und mündend in die Vision einer demokratisch legitimierten und rückgebundenen Monarchie. Entworfen wird in diesen Schriften ein Bild, das in polaren Gegensätzen die sozialen Widersprüche grell darzustellen sucht. Es ist die bei Wagner immer wieder zu beobachtende Dramaturgie einer dualen Weltsicht, einer Scheidung in Gut und Böse, die auch die strategisch-rhetorische Anlage seiner revolutionären Schriften bestimmt: auf der einen Seite ein von Natur aus reiches Deutschland, ein Land des potentiellen Überflusses; und andererseits ein Land der faktischen Ausbeutung, der menschlichen Armut und Versklavung. Die beobachteten Gegensätze werden von Wagner in seinen Schriften geschärft, gegeneinander hart kontrastiert, ganz so, wie dies die radikalen sozialistischen und anarchistischen Schriften seiner Zeit – auch die von Marx und Engels – zu tun pflegen. Es ist der Modus einer superlativen Übersteigerung der Sprache, der durch Radikalität die erwünschte Wirkung beim Zuhörer oder Leser verbürgen soll, es ist das harte Nebeneinanderstellen von scheinbar nicht zu vermittelnden Gegensätzen, das Aufreißen und Verstärken der Widersprüche, fast schon filmhafte Sequenzen des sich Ausschließenden, das diesen tagespolitischen Schriften und Pamphleten ihren aufreizend antagonistischen Grundcharakter verleiht.

Der Hauptgegner ist, wie schon gesagt, zunächst der Adel, Stand zwischen Fürst und Volk und daher Hindernis eines möglichen Bündnisses zwischen beiden, überdies

96 Richard Wagner, Eine Mittheilung an meine Freunde, in: GSD, Bd. 4, S. 308f.
97 Vgl. Martin Gregor-Dellin, Richard Wagner, S. 552 ff.

parasitär. In zwei kurzen Schriften[98] rechnet Wagner mit ihm ab. Der Vorwurf lautet auf Ausbeutung, die Konsequenz hieraus ist die Forderung nach dem »Untergang auch des letzten Schimmers von Aristokratismus«[99]. Gedroht wird mit Gewalt, wenn die Fürsten nicht einsichtig sein sollten. Bei Besserung freilich winkt Versöhnung: »Vergesset eure Ahnen, werfet jeden Titel, jede mindeste Auszeichnung von euch, so versprechen wir euch, großmütig zu sein und die Erinnerung unserer Ahnen auch gänzlich aus unserm Gedächtnis zu streichen, damit wir fortan Kinder eines Vaters, Brüder einer Familie seien!«[100]. Erhofft und propagiert wird eine Monarchie, deren gesellschaftliche Struktur radikal-demokratisch ausgerichtet ist: gelten soll ein allgemeines Wahlrecht, gebunden an Volljährigkeit und unabhängig von Besitz und Bildung des Bürgers, denn »je ärmer, je hilfsbedürftiger er ist, desto natürlicher ist sein Anspruch auf Beteiligung und Abfassung der Gesetze, die ihn fortan gegen Armut und Dürftigkeit schützen sollen«[101]. Abgeschafft werden soll die erste Kammer, die Vertretung des Adels und der Stände, denn »es gibt nur ein Volk, nicht ein erstes und zweites, somit kann und soll es daher auch nur ein Haus der Volksvertretung geben, und dieses Haus sei ein edles, schlichtes Gebäude, ein hochgewölbtes Dach auf starken, schlanken Säulen«[102]. Schließlich: an die Stelle einer Berufsarmee mit adligem Offizierskorps und aristokratischem Wertekodex will Wagner eine »allgemeine große Volkswehr« setzen, »eine neue Schöpfung, die, nach und nach in das Leben tretend, Heer und Kommunalgarde untergehen lassen in der einen großen, zweckmäßig hergestellten, jeden Standesunterschied vernichtenden Volkswehr«[103].

Das sind Forderungen, welche die liberalen und demokratischen Bewegungen spätestens seit der Französischen Revolution auch in den deutschen Ländern weitgehend verfochten, die sogar den großen Systemdenkern des deutschen Idealismus keineswegs fremd waren. So etwa, um ein frühes Beispiel zu nennen, hatte Immanuel Kant bereits 1797 den auf Erbschaft beruhenden Grundbesitz des Adels und der Kirche als unrechtmäßig verurteilt und die Abschaffung des Adels und all seiner Privilegien mit dem Argument gefordert, vererbter Adel sei ein Rang ohne alle eigene Leistung, »ein Gedankending, ohne alle Realität«: »Weil nun von keinem Menschen angenommen werden kann, er werde seine Freiheit wegwerfen, so ist es unmöglich, daß der allgemeine Volkswille zu einem solchen grundlosen Prärogativ zusammenstimmen, mithin kann der Souverän es auch nicht geltend machen«[104] – was heißt, daß nicht unterstellt werden kann, das Volk als der Souverän könnte die

98 Richard Wagner, Wie verhalten sich republikanische Bestrebungen dem Königthume gegenüber? in: GSD, Bd. 12, S. 218 ff. sowie in: DS, Bd. V, S. 211 ff. und Deutschland und seine Fürsten, in: DS, Bd. V, S. 222 ff.

99 Ebenda, S. 211.

100 Ebenda, S. 211 f.

101 Ebenda.

102 Ebenda.

103 Ebenda, S. 213.

104 Immanuel Kant, Metaphysik der Sitten, Rechtslehre, Allgemeine Anmerkung D, in: Wilhelm Weischedel (Hg), Immanuel Kant, Werke in sechs Bänden, Darmstadt 1963, Bd. IV, S. 450.

ihm eigene Rechte ohne alle Gegenleistung an eine von ihm abgesonderte Klasse ein für allemal abtreten[105].

Wagners politische Forderungen und Vorstellungen fügen sich in eine breite öffentliche Diskussion seiner Zeit ein, sie stehen keineswegs isoliert, sind zunächst nicht besonders radikal, benennen aber ihr Ziel ganz eindeutig: angestrebt wird eine Monarchie, die ihrer Struktur nach eine demokratische Republik ist, an deren Spitze freilich ein Monarch stehen soll. Ein Volkskönigtum, das den strikt in der Tradition lebenden Monarchisten entschieden zu sehr demokratisch, den radikalen Demokraten und Sozialisten wiederum zu monarchistisch ist. Wagner möchte mit seinem Vorschlag die Einrichtung und Stabilisierung einer demokratisch strukturierten Gesellschaft, und er glaubt dieses Ziel erreichen zu können durch die unangreifbare Legitimität eines über allen Parteien stehenden Monarchen: anstelle einer abstrakten Institution und eines anonymen Amtes, anstelle der Wahl eines ›Präsidenten‹, dessen persönliche und vor allem moralische Qualität von vielen Zufällen abhängen mag, soll ein Monarch die Integrität des Staates garantieren und so die politische Identifikation der Bürger mit ihrem Staat ermöglichen. Wagner glaubt, die Erbmonarchie verbürge Kontinuität und Legitimität zugleich, sie ermögliche die Repräsentation einer demokratischen Gemeinschaft durch den König, der in direktem Kontakt mit seinem Volk auf dessen Bedürfnisse unmittelbar zu reagieren vermag. Daher seine Forderung an den Adel: »Tretet frei zurück von diesem Hofe, dem Hofe der müßigen Adelsversorgung, damit er ein Hof des ganzen, glücklichen Volkes werde, wo jedes Glied dieses Volkes in freudiger Vertretung seinem Fürsten zulächle und ihm sage, daß er der Erste eines freien, gesegneten Volkes sei«[106]. Daher dann auch seine Formulierung, daß »die Republik ja das Rechte« sei, »der König der erste und allerechteste Republikaner«[107], die Alternative zwischen Republik und Monarchie überholt, weil eine nur scheinbare: »An der Spitze des Freistaates [der Republik] wird der erbliche König eben das sein, was er seiner edelsten Bedeutung nach sein soll: der erste des Volkes, der Freieste der Freien!«[108].

Das damit in Umrissen angedeutete Modell einer demokratisch strukturierten, republikanisch gedachten Monarchie, an dessen Grundidee Wagner mit Blick auf die praktische Politik zeit seines Lebens festgehalten und das er auch gegenüber Ludwig II. mit Nachdruck vertreten hat[109], erscheint auch heute noch vielen Interpreten als ein Widerspruch in sich selbst, als eine Konstruktion, in der sich die vermeintliche Laienhaftigkeit Wagners in Sachen Politik und sein revolutionäres Engagement scheinbar als ein bloßes Theaterereignis decouvriert. Doch ein solches Urteil ist vorschnell und falsch, der Widerspruch nur ein scheinbarer und schon gar

105 Vgl. dazu Ingeborg Maus, Zur Aufklärung der Demokratietheorie. Rechts- und demokratietheoretische Überlegungen im Anschluß an Kant, Frankfurt/M. 1992, bes. S. 191 ff.

106 Ebenda, S. 212.

107 Ebenda, S. 216.

108 Ebenda, S. 220.

109 Vgl. den Briefwechsel König Ludwig II. und Richard Wagner, Bd. IV, S. 5 ff.

nicht handelt es sich um ein Modell, von dem sich sagen ließe: »Der Monarch soll herrschen, das Volk schweigen – das ist Wagners durchgängige politische Überzeugung«[110]. Vielmehr ist es ganz entschieden ein Konzept, dessen Grundzüge sich in einer langen, nicht nur deutschen, sondern auch europäischen Tradition wiederfinden lassen. Ein Modell überdies, das im 19. Jahrhundert auch in Europa bereits Wirklichkeit zu werden begann. Wie etwa in England, dessen kontinuierliche Reformen in Gesellschaft und Politik seit dem 17. Jahrhundert zur Zeit Wagners eine Monarchie hervorgebracht hatten, die mehr und mehr zu einem ›dignified part‹[111] der englischen Verfassung wurde, zu einem Symbol der Einheit des Landes und des Volkes, ohne daß dem König wirklich durchgreifende Machtbefugnisse noch zugestanden hätten. Denn der ist zu dieser Zeit bereits in nahezu all seinen Äußerungen wie Aktivitäten stark reglementiert und angewiesen auf die Beschlüsse des Parlaments, kann kaum etwas aus eigener Machtvollkommenheit heraus tun. Die Bildung der Regierung und die Auswahl der Minister erfolgt aufgrund der Vorschläge aus dem Parlament, genauer: aus dessen stärkster Fraktion, seine öffentlichen Auftritte sind bestimmt durch ein ihm vorgegebenes Protokoll, seine öffentlichen Reden werden kontrolliert durch das Parlament und die Regierung. Er ist ›King in Parliament‹, wie die verfassungsrechtliche Formel lautet, Teil eines Ganzen, personale Verkörperung der Einheit eines sich mehr und mehr plural organisierenden und sozial differenzierenden Volkes, das sich über alle Unterschied hinweg mit ihm und in seiner Person mit dem Land und dessen politischen Institutionen identifiziert. Hierin liegt die eigentliche Leistung der britischen Monarchie – bis auf den heutigen Tag. Aber zugleich entspricht diese Form der Monarchie nicht dem Modell eines klassischen, autokratisch regierenden Herrschers, sondern es ist eine Monarchie, in deren Schoß sich die Republik auszubilden beginnt, wie es Walter Bagehot, der maßgebliche viktorianische Theoretiker des englischen Systems, formuliert hat[112].

Die Idee einer republikanischen Monarchie ist im 19. Jahrhundert freilich nicht auf England begrenzt. Benjamin Constant, der »geistige Vater des kontinentaleuropäischen Liberalismus«[113], Anhänger der französischen Revolution, erfolgreicher Literat, dessen Roman *Adolphe* Wagner überaus schätzte und noch in seinen späten

110 Andrea Mork, Richard Wagner als politischer Schriftsteller, Frankfurt/M. 1990, S. 90.

111 So der Ausdruck von Walter Bagehot, der in seiner bedeutenden Schrift The English Constitution (1867) zwischen den ›dignified parts‹ der Verfassung – Krone und Oberhaus mit ihren repräsentativen Aufgaben – und den ›efficient parts – dem Unterhaus und dem Kabinett – als den eigentlichen Willensbildungs- und Entscheidungsinstanzen differenziert hat. Vgl. Walter Bagehot, Die englische Verfassung, hg. und eingeleitet von Klaus Streifthau, Neuwied 1971; ebenso Udo Bermbach, Liberalismus, in: Iring Fetscher/Herfried Münkler (Hg), Pipers Handbuch der politischen Ideen, Bd. 4, Neuzeit: Von der Französischen Revolution bis zum europäischen Nationalismus, München 1986, S. 339 ff.

112 Walter Bagehot, Die englische Verfassung, S. 80.

113 Lothar Gall, Benjamin Constant. Seine politische Ideenwelt und der deutsche Vormärz, Wiesbaden 1963, S. 41.

Lebensjahren häufiger zitierte, hat sie ebenfalls in seinen Schriften ausführlich entwickelt und immer wieder vorgetragen. Mit einem für das allgemeine Verfassungsdenken in Europa neuen Argument, das Wagners eigene Idee des republikanischen Königtums geradezu vorwegnimmt, propagierte er eine konstitutionelle Monarchie, in welcher der König als eine ›neutrale Gewalt‹ (pouvoir neutre) definiert ist. Constant zufolge soll der König nicht nur über den harten sozialen Spaltungen der Gesellschaft stehen und so die alle Stände übergreifende Einheit der Nation symbolisieren, sondern auch jenseits der Gewaltenteilung von Regierung und Parlament eine eigene Position einnehmen. Er soll ausgleichen zwischen den Interessen der Exekutive und Legislative, soll über den Parteien und ihren Fraktionierungen stehen, seinen Platz zwar im Zentrum des Ganzen haben, aber doch als eine übergeordnete und unmittelbare Autorität, die keine Sonderinteressen vertritt, sondern einzig am Gleichgewicht aller Kräfte interessiert ist. Es ist die Absicht Constants, politische Autorität von politischer Macht zu trennen, um zu verhindern, daß Autorität sich durch Macht korrumpiert. »Der Fehler fast aller Verfassungen hat darin bestanden« – so meint Constant –, »daß sie keine neutrale Gewalt geschaffen, sondern die Gesamtheit der Autorität, über die jene verfügen sollte, einer der aktiven Gewalten übertragen haben«[114]. Das könnte, wenngleich in anderer Diktion, dem Gedanken nach auch von Wagner stammen, trifft sich jedenfalls mit dessen Intentionen.

Aber auch im deutschen politischen Diskurs der Zeit gibt es politische Denker und Verfassungstheoretiker, die der Vorstellung einer über den Parteien stehenden, gleichwohl demokratisch verankerten Monarchie anhängen. Aufgrund der Erfahrungen mit der Französischen Revolution von 1789 hatte bereits Immanuel Kant die Monarchie mit dem Republikanismus zusammengedacht und davon gesprochen, daß die Regierungsform nichts über die Regierungsart aussage und beides strikt voneinander unterschieden werden müsse. Am Beispiel der traditionellen Einteilung der Regierungsformen machte Kant deutlich, was er meint. Er unterscheidet zum einen ganz konventionell zwischen Monarchie, Aristokratie und Demokratie als unterschiedlichen Regierungsformen (forma imperii), trennt davon aber die Art und Weise, wie regiert wird (forma regiminis) und setzt dieses letztere als den entscheidenden Gesichtspunkt der Beurteilung. Die Form der Regierung ergibt sich für Kant aufgrund der Verfassung – die zu seiner Zeit in aller Regel die Monarchie vorsah – , die Regierungspraxis allerdings aus der »Art, wie der Staat von seiner Machtvollkommenheit Gebrauch macht: und ist in dieser Beziehung entweder republikanisch oder despotisch«. Für Kant ist der »Republikanismus das Staatsprinzip der Absonderung der ausführenden Gewalt (der Regierung) von der gesetzgebenden; der Despotism ist das der eigenmächtigen Vollziehung des Staates von Gesetzen, die er selbst gegeben hat, mithin der öffentliche Wille, sofern er von dem

114 Vgl. den kurzen Abriß der Theorie Benjamin Constants von Udo Bermbach, Benjamin Constant, in: Iring Fetscher/Herfried Münkler (Hg), Pipers Handbuch der politischen Ideen, Bd. 4, S. 342 ff.

Regenten als sein Privatwille gehandhabt wird«[115]. Republikanisch ist für Kant also jene Form der Regierung, in der es neben der Repräsentation, also einem Parlament, auch eine funktionierende Gewaltenteilung gibt, und diese begreift er in der klassischen Form der Trennung in die vom Volk ausgehende und dieses Volk repräsentierende Legislative, in die durch die Gesetzgebung ermächtigte Legislative und eine von beiden unabhängige Judikative, die nur den geltenden Gesetzen verpflichtet ist. Ein so verfaßter Staat – »die Vereinigung einer Menge Menschen unter Rechtsgesetzen«[116] – basiert dann auf einer klaren Rechtsposition der Bürger und Untertanen, in der garantiert ist die »Freiheit der Glieder einer Gesellschaft (als Menschen)«; die »Abhängigkeit aller von einer einzigen gemeinsamen Gesetzgebung (als Untertanen); schließlich die »nach dem Gesetz der Gleichheit derselben (als Staatsbürger) gestiftete Verfassung«[117]. Republikanisch regieren heißt für Kant demnach, »das Volk nach Prinzipien behandeln, die dem Geist der Freiheitsgesetze (wie ein Volk mit reifer Vernunft sie sich selbst vorschreiben würde) gemäß sind, wenngleich dem Buchstaben nach es um seine Einwilligung nicht befragt würde«[118]. Es ist überzeugend, daß eine solche Art der Regierung nicht zwangsläufig an eine demokratische Staatsform gebunden sein muß – selbst wenn die repräsentative Demokratie auch nach Kants Überzeugung die am Ende anzustrebende Regierungsform ist –, sondern durchaus auch in einer Monarchie praktiziert werden kann. Denn »Staatsformen sind nur der Buchstabe der ursprünglichen Gesetzgebung im bürgerlichen Zustand«[119], sie besagen nichts über den Geist, in dem die Regierung handelt, nichts über die Maxime, nach denen sie sich richtet. Es geht vielmehr darum, die entscheidenden Prinzipien der republikanischen Regierungsweise – Gewaltenteilung und Repräsentation – in einer Staatsform wirksam werden zu lassen, sie effektiv abzusichern, etwa dadurch, daß die Regierung durch eine kritische Öffentlichkeit kontrolliert wird. Für letzteres bedarf es der Freiheit der Wissenschaft wie auch der »Freiheit der Feder – in den Schranken der Hochachtung und Liebe für die Verfassung, worin man lebt, durch die liberale Denkungsart der Untertanen … das einzige Paladium der Volksrechte«[120].

Es soll hier bei diesen Andeutungen der Struktur einer ›republikanischen Monarchie‹ bei Kant bleiben, die einen demokratischen, von Rousseau inspirierten Kern hat und das Volk – die Staatsbürger – zum entscheidenden politischen Akteur macht[121].

115 Immanuel Kant, Vom ewigen Frieden, in: Werke, Bd. VI, S. 206 f.
116 Immanuel Kant, Metaphysik der Sitten, in: Werke, Bd. IV, S. 431.
117 Immanuel Kant, Vom ewigen Frieden, in: Werke, Bd. VI, S. 204.
118 Immanuel Kant, Der Streit der Fakultäten, in: Werke, Bd. VI, S. 364 f.
119 Immanuel Kant, Metaphysik der Sitten, in: Werke, Bd. IV, S. 464.
120 Immanuel Kant, Über den Gemeinspruch, in: Werke, Bd. VI, S. 161.
121 Vgl. dazu ausführlicher Iring Fetscher, Immanuel Kant, in: Iring Fetscher/Herfried Münkler, Pipers Handbuch der politischen Ideen, Bd. IV, S. 153 ff.; Claudia Langer, Reform nach Prinzipien. Untersuchungen zur politischen Theorie Immanuel Kants, Stuttgart 1986; Ingeborg Maus, Zur Aufklärung der Demokratietheorie. Rechts- und demokratietheoretische Überlegungen im Anschluß an Kant, Frankfurt/M. 1992; Wolfgang Kersting, Wohlgeordnete Freiheit. Immanuel Kants Rechts- und Staatsphilosophie, Frankfurt/M. 1993

Doch nicht nur Kant, den man ideenpolitisch einer rechtsstaatlich orientierten, demokratischen Linken zurechnen kann, sondern auch führende konservative Denker wie etwa Lorenz von Stein vertraten dieses oder doch ähnliche Konzepte. Stein entwickelte bereits in den frühen vierziger Jahren seine Vorstellung von einem ›Königtum der gesellschaftlichen Reformen‹. Die intensive Beschäftigung mit den sozialen Bewegungen in Frankreich, mit der Entwicklung von Sozialismus und Kommunismus seit der Französischen Revolution, mit dem Einfluß französischer Frühsozialisten wie Saint-Simon und Fourier auf die politische und ideologische Formierung der französischen Arbeiterschaft hatten Stein zu der Überzeugung gebracht, die heraufkommende, in sich unversöhnlich gespaltene Industriegesellschaft bedürfe eines starken integrativen Korrektivs, um sich nicht in selbstzerstörerischen Auseinandersetzungen auf Dauer selbst zu paralysieren. Stein sympathisierte durchaus mit sozialistischen Ideen und er war sich überdies gewiß, daß der Sozialismus eine starke Zukunftsfähigkeit haben würde. Aber er sah auch, daß in der Verbindung von sozialistischer und kommunistischer Arbeiterbewegung mit der sich entfaltenden Industriegesellschaft ein hohes politisches Krisenpotential lag. Fest davon überzeugt, der freie Staat beruhe darauf, »daß das höchste Maß der persönlichen Entwicklung jedes Einzelnen erst das höchste Maß der Entwicklung des Ganzen ist«[122] – ein Satz, der sich fast wörtlich im *Kommunistischen Manifest* von 1848 findet –, daß dies aber unter den Bedingungen von Klassenkämpfen nicht zu erreichen sei, propagierte Stein die Idee einer über allen gesellschaftlichen Interessen stehenden Erbmonarchie und wurde damit zum Vordenker des deutschen Sozialkonservatismus. Nur in einer Erbmonarchie, bei der die Frage der Nachfolge von vornherein nicht strittig sein kann und deshalb der freien gesellschaftlichen Konkurrenz entzogen ist, sah er die Chance, daß der König nicht in die alltäglichen gesellschaftlichen und politischen Konflikte involviert und dauerhaft beschädigt werden könne, nur in einer solchen Staatsform werde der König das Oberhaupt aller Bürger sein und in seiner Person wie in seinem Amt die Versöhnung der Gegensätze, die Notwendigkeit eines überparteilichen Konsenses wie die Einheit der Nation als eine ständige Notwendigkeit vor Augen führen. Zugleich sollte der König auch die Freiheit des Einzelnen symbolisieren, er sollte zur Identifikations- und Integrationsfigur für alle werden können.

Steins Staatsidee ist die Antwort auf seine Analyse des Gegensatzes von Kapital und Arbeit, die Antwort auch auf seine Befürchtung, die soziale Revolution des Klassenkampfes führe nach ihrem Erfolg lediglich zu einer Herrschaft der einen Klasse über die andere, schließe damit aber die Hälfte der Gesellschaft aus dem gemeinsamen Staat aus. »Auch die Klasse [des Proletariats] hat ihr sehr bestimmtes, das ganze Leben der Gesellschaft umfassendes Interesse. Sie wird daher die Staatsge-

122 Lorenz von Stein, Geschichte der sozialen Bewegungen in Frankreich von 1789 bis auf unsere Tage, Nachdruck Darmstadt 1959, Bd. III, S. 6. Vgl. auch Stefan Koslowski, Die Geburt des Sozialstaats aus dem Geist des deutschen Idealismus. Person und Gemeinschaft bei Lorenz von Stein, Weinheim 1989.

walt für dieser Sonderinteresse ihrer eigenen gesellschaftlichen Stellung gebrauchen; sie wird vermöge der Staatsgewalt alle anderen Interessen und Aufgaben ihm unterordnen; sie wird dem unterworfenen Teile der Gesellschaft die freie Selbstbestimmung nehmen, und vor allem zu dem Zwecke ihm die Teilnahme an der Staatsgewalt versagen. Indem sie somit die Hälfte der Gemeinschaft von dem seinem Begriffe nach allen Gemeinsamen ausschließt, macht sie den Staat und die Gesellschaft unfrei. Die Unfreiheit ist nicht minder da, wo die Arbeit das Kapital, als da, wo das Kapital die Arbeit beherrscht. Der Sieg des Proletariats ist der Sieg der Unfreiheit, während er der Sieg der Freiheit sein sollte«[123].

Gewiß ist Steins Idee eines ›sozialen Königtums‹ systematisch anders und unvergleichlich viel gründlicher überlegt und fundiert, als Wagners Konzept einer republikanischen Monarchie, und ähnliches läßt sich natürlich über Constants politisches Konzept sagen, ließe sich für viele geltend machen, die hier nicht genauer erwähnt zu werden brauchen – von englisch beeinflußten Liberalen wie Friedrich Christoph Dahlmann[124] bis hin zu radikaleren Denkern des deutschen Vormärz-Liberalismus wie Karl von Rotteck[125], alle Repräsentanten eines konstitutionellen Verfassungsmodells, in welchem dem Monarchen eine integrierende und die Einheit symbolisierende Aufgabe zukommt. Und doch ist dies kein Einwand gegen Wagner, vor allem nicht gegen seine Vorschläge, die in ihren praktisch-politischen Dimensionen sehr viel realistischer angelegt sind als dies seine sonst eher radikal-fundamentalistische Kritik an Staat und Gesellschaft vermuten lassen würde. Wagner ist hier kein politischer Träumer, er ist nicht »zum unreifen Schwärmer geworden, über den ein wenig zu lächeln erlaubt erscheinen muß«[126], sondern er steht sehr solide im Kontext einer breiten europäischen wie deutschen Reformdiskussion. In der Wortwahl gewiß radikal, im Konzeptionellen eher pragmatisch, insgesamt aber eindeutig demokratisch, formuliert er seine Forderung: »lassen wir den Monarchismus ganz enden, da die Alleinherrschaft durch die Volksherrschaft (Demokratie) eben unmöglich gemacht ist, aber emanzipieren wir dagegen in seiner vollsten, eigentümlichen Bedeutung das Königtum!«[127]. Emanzipation wird hier nicht nur für das Volk gefordert, sondern auch für den König, der sich aus seiner bisherigen

123 Ebenda, Bd. I, S. 127.

124 Friedrich Christoph Dahlmann, Die Politik auf den Grund und das Maß der gegebenen Zustände zurückgeführt, mit einer Einleitung von Dr. Otto Westphal, Berlin 1924; eine Neuausgabe durch Manfred Riedel, Frankfurt/M. 1968.

125 Karl von Rotteck, Lehrbuch des Vernunftrechts und der Staatswissenschaften, Stuttgart 1840 (Reprint Aalen 1964). Vgl. zu Dahlmann wie Rotteck den kurzen Abriß ihrer verfassungspolitischen Vostellungen bei Udo Bermbach, Liberalismus, in: Iring Fetscher/Herfried Münkler (Hg), Pipers Handbuch der politischen Ideen, Bd. 4, S. 350 ff. – mit ausführlichen Literaturangaben.

126 So Paul Moos, Richard Wagner als Ästhetiker. Versuch einer kritischen Darstellung, Berlin/Leipzig 1906, S. 112 f. Ähnliche Urteile schleppen sich fort bis in die neueste Wagner-Literatur; vgl. als ein Beispiel Annette Ingenhoff, Drama oder Epos? Richard Wagners Gattungstheorie des musikalischen Dramas, Tübingen 1987, S. 91.

127 Richard Wagner, Wie verhalten sich republikanische Bestrebungen dem Königthume gegenüber? in: GSD, Bd. 12, S. 228 und ebenso in: DS, Bd. V, S. 220.

Position, die der Einschätzung Wagners zufolge eine einseitige, weil interessenorientierte ist, lösen und seinen Platz über allen gesellschaftlichen Fraktionierungen einnehmen soll. Wagners Forderung entspricht in diesem Punkt den Ideen Lorenz von Steins, denn wie dieser will auch er, daß der so emanzipierte Monarch verfassungspolitisch zu einem »Mittel der Versöhnung« werden kann, daß er »der echte, freie Vater seines Volkes« wird, dessen Liebe zum Volk das Volk mit seiner eigenen Liebe zu ihm erwidert. Man mag das als die Idealprojektion einer Idee verstehen, die Wagner in ganz Europa deshalb bisher nicht verwirklicht sieht, weil die regierenden Monarchen einer so hohen Anforderungen nicht gerecht zu werden vermögen, weil sie korrumpiert sind durch eigensüchtige Interessen, ein »verblendetes, tief entartetes Geschlecht, unfähig zu jedem hohen Beruf!«[128].

Wie ernst – entgegen manchen eigenen Beteuerungen, sich nie mit der praktischen Politik beschäftigt zu haben – Wagner gleichwohl seine konzeptionellen Überlegungen genommen hat und wie tief er von der Richtigkeit seiner Überlegungen über die Jahre hin überzeugt war, erhellt aus dem Umstand, daß er noch 1864 in seiner für Ludwig II. geschriebenen Schrift *Über Staat und Religion*, eine der vielen Rechenschaftslegungen seines Denkens, die Idee einer republikanischen Monarchie erneut wieder aufnahm. Gewiß mit Akzentverschiebungen und weniger demokratisch intendiert, aber in ihrer strukturellen Anlage doch eindeutig anschließend an jene ersten Überlegungen von Dresden. Die Intentionen sind zu einem erheblichen Teil dieselben, die Begriffe freilich wechseln. Ging es in den Dresdner Schriften um eine durch revolutionären Umbruch neu zu gewinnende Einheit des Ganzen, Einheit des Volkes und des Monarchen, so geht es jetzt um die Stabilität des Staates einerseits, um Einheitssymbolisierung jenseits parteilicher Partikularität und pluralistischer öffentlicher Meinung andererseits. Stabilität ist die »eigentliche Tendenz des Staates«, aber nicht um ihrer selbst willen; »sie entspricht zugleich dem unbewußten Zwecke jedes höheren menschlichen Strebens über das erste Bedürfnis wirklich hinauszukommen, nämlich: zur freieren Entwicklung der geistigen Anlagen …«[129]. Politik und Staat geben den Rahmen ab, innerhalb dessen sich ein gesellschaftlicher Bildungsprozeß zu entfalten vermag.

Aber beides steht in einem inneren Widerspruch zueinander. Bildungprozesse zielen auf Vereinheitlichung, die Politik freilich ist das Feld des Partikularen. Wagner ist realistisch genug zu sehen, daß die entscheidenden politischen Kräfte des modernen Staates politische Parteien und öffentliche Meinung sind, aber er hält diese Kräfte eben für die organisatorische Fassung gesellschaftlicher Egoismen und den modernen Politiker wiederum für deren Personalisierung. Ganz unverbraucht und modern klingt, was er über den modernen Politiker schreibt: daß »Politiker von praktischem Erfolge somit von jeher nur diejenigen waren, welche genau bloß dem augenblicklichen Bedürfnisse Rechnung trugen, nie aber fern liegende, allgemeine

128 Ebenda, in: GSD, Bd. 12, S. 224 und in: DS, Bd. V, S. 218.
129 Richard Wagner, Über Staat und Religion, in: GSD, Bd. 8, S. 9.

Bedürfnisse in das Auge faßten, welche heute noch nicht empfunden werden, und für welche daher der Masse der Menschen der Sinn in der Weise abgeht, daß auf ihre Mitwirkung zur Erreichung derselben nicht zu rechnen ist«[130]. Zugegeben, ein wenig umständlich formuliert, aber der Sache nach in Übereinstimmung mit dem Urteil fast aller bedeutenden Theoretiker der bürgerlichen Gesellschaft, auch der meisten Theoretiker der modernen Demokratie seit der Französischen Revolution. Daß in Demokratien Politiker stets geneigt sind, kurzfristige Erfolge den langfristigen Bemühungen vorzuziehen, weil die Erfüllung unmittelbar artikulierter Bedürfnisse der Wähler für eine Regierung schneller positiv ausschlägt als mühevolle Überzeugungsarbeit, um langfristiger Ziele willen die unmittelbare Bedürfnisbefriedigung aufzuschieben, ist seit dem Heraufkommen demokratischer Bewegungen und Systeme zu einer der Haupteinwände selbst bei deren Befürwortern geworden. Diese auf kurzfristige Einlösung von Wünschen bestehende »Tyrannei der Mehrheit«, wie sie John Stuart Mill gefürchtet hat[131], bezeichnet ein bis heute im Grund ungelöstes, vielleicht auch unlösbares Strukturproblem von demokratischen Systemen.

Wagner sieht dieses Problem sehr genau, und er setzt deshalb die Erbmonarchie als korrigierende Institution dagegen. »In der Person des Königs erreicht der Staat zugleich sein eigentliches Ideal«[132] – soll heißen, daß einem Monarchen dann persönliche Legitimität und Autorität zuwächst, wenn er als ›pouvoir neutre‹ sichtbar über allen Fraktionierungen und Parteien steht und so für alle Bürger auch sichtbar den Staat in seiner Person wirksam repräsentiert. Eine Aufgabe, die – so Wagner – in der Erbmonarchie gleichsam konstitutiv angelegt ist, denn der König »reicht mit seinem eigenen höchsten Interesse bereits über den Staat hinaus. Er persönlich hat mit den Interessen der Parteien nichts mehr gemein, sondern ihm liegt nur daran, eben zur Sicherung des Ganzen den Widerstreit dieser Interessen ausgeglichen zu wissen.« Er nimmt daher auch »eine in Wahrheit fast übermenschliche Stellung ein«, seine »königliche Gewalt« steht »in keiner unmittelbar wahrnehmbaren Beziehung mehr« zu den Bedürfnissen der Menschen, um die sich Parteien, öffentliche Meinung oder auch sonstige Verbände zu kümmern haben. Vielmehr ist er Symbol des Ganzen, verpflichtet dem »Patriotismus«, den Wagner als die »vollzogene tatsächliche Entäußerung des Egoismus«[133] bestimmt.

Das liest sich, als sei die Einheit von Monarch und Volk nun doch am Ende aufgekündigt, die Position der Dresdner Rede von 1848 geräumt, weil ein König, der so weit aller konflikthaften Realität enthoben ist, wohl kaum noch als demokratisch rück- und eingebunden verstanden werden kann. Aber dieser Eindruck täuscht. Denn Wagner denkt die Beziehung von König und Volk als einen kommunikativen

130 Ebenda, S. 8.

131 John Stuart Mill, On Liberty, London 1859, deutsch: Über die Freiheit, Stuttgart 1974, S. 9

132 Dieses und die folgenden Zitate in Richard Wagner, Über Staat und Religion, in: GSD, Bd. 8, S. 10.

133 Ebenda, S. 12.

Vorgang jenseits der politischen Institutionen, als wechselweise Wahrnehmung der beiderseitigen Befindlichkeiten und Wünsche, als eine immer wieder neu zu leistende Ausbalancierung widerstreitender Interessen, durchaus im Sinne eines pluralistischen Gesellschaftsverständnisses, das in der Frage, wie die Einheit in der Vielheit möglich ist, jeden Tag erneut ein schwieriges Strukurproblem zu lösen hat, weil eine ein für allemal gültige Lösung nicht möglich ist. Und überdies denkt er dieses Zusammenspiel als einen prekären informellen Prozeß, der durchaus auch mißlingen kann, weil es eine historische Garantie für erfolgreiche Einheitsleistung nicht gibt. Wie realistisch Wagner dieses – im übrigen auch die heutige verfassungspolitische und staatstheoretische Diskussion noch immer wesentlich mitbestimmende – Problem beurteilt, wie groß seine Skepsis gegenüber einer gelingenden Vermittlung gesellschaftlicher Widersprüche auf der Ebene der staatlichen Repräsentation bleibt, wie stark die früheren, von Revolutionspathos gespeisten Vorbehalte noch im Alter sind, selbst dann, wenn die Reflexionen darüber an den königlichen Gönner adressiert werden, ist eindrucksvoll nachzulesen. Ganz unverhüllt kommt das alte tiefsitzende Mißtrauen gegenüber dem Staat zum Vorschein, wenn derselbe Patriotismus, der eben noch als Leitidee monarchischer Orientierung dienen sollte, zum Medium potentieller politischer Verführung mutiert: denn »noch nie hat ein Demagog oder Intrigant ein Volk verführt, ohne es auf irgend eine Weise glauben zu machen, es sei in patriotischer Erregung begriffen«[134]. Der Staat, so zeigt sich, ist für Wagner auch lange nach seiner Revolutionsphase noch immer nur ein ›Not- und Verstandesstaat‹ (Hegel), »in ihm drückt sich das Bedürfnis als Notwendigkeit des Übereinkommens des in unzählige, blind begehrende Individuen geteilten, menschlichen Willens zu erträglichem Auskommen mit sich selber aus«[135] – Definition eines notwendigen Übels mehr als eines Gegenstandes der Bewunderung oder gar der Verehrung. Doch dies wird später noch genauer zu klären sein.

Wenn der Monarch also erhoben wird ins scheinbar Übermenschliche, wenn er gar durch Bürger verehrt werden soll, dann deshalb, weil seine apotheotische Verklärung als ein erhofftes Gegengewicht zur befürchteten Instabilität gesellschaftlicher Verhältnisse fungieren könnte. Doch die Singularität, die Wagner dem Monarchen innerhalb des Staates zuschreibt, legt den Gedanken nahe, daß er selbst an die von ihm beschworene Stabilität des Staates, die daraus erwachsen soll, nicht recht glauben kann. Denn die personale Überhöhung bleibt am Ende ein ambivalentes Unterfangen, und Wagner ist voller Zweifel darüber, ob ein König die ihm zugedachte Aufgabe wirklich auf Dauer wirksam wahrnehmen kann, oder ob dies nicht seine Kraft übersteigt. Daß Wagner an der Einlösung der von selbst beschriebenen Aufgabe zweifelt, geht aus seiner Beschreibung möglicher Einschränkungen für den kommenden Amtsinhaber hervor: »Schon daß das für den Thron bestimmte Individuum keine Wahl hat, seinen rein menschlichen Neigungen keine Berechtigung zuerken-

134 Ebenda, S. 15.
135 Ebenda, S. 8.

nen darf, und eine große Stellung ausfüllen muß, zu der nur große Naturanlage befähigen kann, teilt ihm von vornherein ein übermenschliches Geschick zu, dem der Schwachbefähigte bis zur persönlichen Nichtigkeit erliegen muß«[136]. Was wohl so zu verstehen ist, daß in aller Regel das menschliche Normalmaß von Monarchen zwangsläufig zur ihrer ›persönlichen Nichtigkeit‹ in ihrem Amt, als Repräsentanten des Staates wie einer plural aufgefächerten Gesellschaft führt.

So steht selbst die in den Tagen des Dresdner Aufstandes vehement befürwortete republikanische Monarchie am Ende wieder unter Vorbehalt: ungeachtet aller Differenz der kontextuellen Einbettung dieses Konzeptes in den Schriften von 1848 und 1864 bleibt gleich, daß Wagner an der damit bezeichneten Grundposition seiner Vorstellungen im wesentlichen festhält. Akzentverschiebungen und Nuancierungen sind keinesfalls Ausdruck eines prinzipiellen Wandels seiner politischen Grundeinstellung, eher Niederschlag von Lebenserfahrung und Situationsveränderungen. Denn Kontinutität des Denkens ist immer auch Kontinuität unter kontingenten Umständen und Identität kann nur bewahren, wer den Wandel im Beiwerk nicht scheut. Auf die Kernperspektiven kommt es an, auf die innere Substanz und das, was unverzichtbar ist, wenn Brüche und Kontinuitäten gegeneinander abgewogen werden, und sie zu erkennen, fällt nicht sonderlich schwer. Denn das institutionelle Muster eines ›republikanischen Königtums‹ bleibt zwischen 1849 und 1864 dasselbe, deren demokratische Substanz ist in der Idee der kommunikativen Wechselwirkung von Volk und Monarch wesentlich bewahrt worden. Zwar nicht, das ist einzuräumen, in einem organisationstechnischen Sinn – über den noch zu reden sein wird –, wohl aber in einem intentionalen, der dem organisatorischen stets vor- und übergeordnet ist.

Privateigentum

Das Konzept der republikanischen Monarchie ist in den Dresdner Revolutionstraktaten gleichsam eingebettet in eine allgemeine Beschreibung des gesellschaftlichen Elends. In eine Beschreibung, nicht eine wirkliche Analyse, denn Wagner argumentiert überwiegend phänomenologisch, bleibt stecken in dem, was er sieht. Für ihn ist Politik primär ein Feld der sinnlichen Anschauung. Und doch skizziert er die Zustände so, daß in seinen Formulierungen die anarchistische Inspiration, die radikal-demokatische Intention, gelegentlich auch die wohl unbewußte Nähe zu Marx nicht verdeckt werden.

»Die Ursache unseres Leidens liegt darin, daß die Arbeit nicht unverkümmert ihren Lohn empfängt«[137] – dieser Kernsatz als Ausgangspunkt von Überlegungen zu den sozialen Zuständen seiner Zeit könnte von Proudhon stammen, für den die

136 Ebenda, S. 19.
137 Richard Wagner, Deutschland und seine Fürsten, in: DS, Bd. V, S. 224.

Arbeit Grundlage aller Existenz war und eine nicht gerechte Entlohnung folglich Angriff auf diese Existenz. Nur wer arbeitet, so glaubte Proudhon, führe ein wahres menschliches Leben, auch ein moralisches, und so setzte er seine Hoffnung darauf, daß die durch Leid und Ausbeutung geknechteten Arbeiter ihre eigene Würde entdecken und eine neue Gesellschaftsordnung begründen würden. Vielleicht in einer spontanen Revolution, die die bestehenden Institutionen hinwegfegen, die moderne Vereinzelung des Menschen beseitigen würde, um an deren Stelle organische Modelle der Einheit von Geist und Natur, von Gesellschaft und Kunst, von Gott und Moralität zu setzen. Dies alles freilich als Ergebnis eines lange andauernden historischen Prozesses, in dem die Freiheit und Gleichheit immer wieder gegen ihre erneute Bedrohung und ihr Gegeneinanderausspielen ankämpfen müßten. Am Ende freilich stand für Proudhon das Ziel, daß »keine Regierung des Menschen durch den Menschen mehr, vermittels der Anhäufung der Gewalten! Keine Ausbeutung des Menschen durch den Menschen mehr, vermittels der Anhäufung der Kapitalien!«[138] bestehen werde.

Es ist Proudhons Bestimmung des parasitären Eigentums – eines Eigentums ohne Arbeit, entstanden durch Profite aus Miete, durch Pacht, Zinsen und Dividenden, durch das Einbehalten von Gewinnen, die andere erwirtschaftet haben –, die Wagner übernimmt. Arbeitsverhältnisse als Ausbeutungsverhältnisse! Und die ausbeutende Klasse ist für Wagner vor allem der grundbesitzende Adel, an dem er ohnehin kein gutes Haar läßt, auch die herrschenden Fürsten, welche die Zeichen der Zeit nicht erkennen. So zerfällt die Gesellschaft für ihn in zwei große, sich widerstreitende Klassen: in die einen, die arbeiten, und die anderen, die sich Arbeitserträge widerrechtlich aneignen. Man kann es auch anders formulieren: Wagner sieht die Gesellschaft heillos geteilt und zerrissen durch den Gegensatz von Arbeit und Kapital.

Dieser Gegensatz, Resultat und zugleich Bedingung der heraufziehenden industriellen Gesellschaft, ist für ihn Ausdruck der Pervertierung einer verlorengegangenen natürlichen Ordnung. ›Natürlich‹ wäre es nach Wagner, wenn ein »schönes, reich gesegnetes Land« sein »ehrliches, fleißiges, friedfertiges Volk« ernähren könnte, weil alles »im Überflusse vorhanden«[139] ist. Aber dieser natürliche Reproduktionskreislauf der Lebensgrundlage des Volkes wird gestört durch die im Verlaufe der geschichtlichen Entwicklung angesammelten Privilegien in der Hand einiger weniger, Privilegien, die sich zu Besitz verdichten, sich als Macht politisch realisieren und so den Prozeß der Unterdrückung in Gang bringen. In einer Notiz zu einem größeren Aufsatz heißt es: »Das Streben nach ideeller Rechtfertigung eines unregelmäßigen Besitzes entsteht immer erst da, wo das unmittelbare Geschlechts- oder persönliche Anrecht sich gleichsam aus dem Blute des Menschen verwischt hat. Im Anfang leitete der Mensch von sich, seinem Bedürfnis und seiner Genußfähigkeit

138 Pierre-Joseph Proudhon, Bekenntnisse eines Revolutionärs, hg. von Günther Hillmann, Hamburg 1969, S. 224.

139 Richard Wagner, Deutschland und die Fürsten, in: DS, Bd.V, S. 222.

einzig alles Recht auf Genuß oder Besitz ab; seine Kraft war sein Recht, und insofern sie auf seine Nachkommenschaft überging, blieb bei seinem Geschlechte auch ganz folgerichtig auch das Recht; das Geschlecht trat für die Person ein; immerhin aber war es bei der Geschlechtsverfassung der Mensch, der voranstand und die Sache sich untertan machte«[140].

Das ist eine gewiß eigenwillige Erklärung der Entstehung von Privateigentum, aber zugleich eine, die den Prozeß der allmählichen Delegitimierung von Herrschaftsverhältnissen, die sich auf Besitz gründen, genau ins Auge faßt. Nicht das Vorhandensein von Eigentum schlechthin ist der von Wagner beklagte Sachverhalt, sondern dessen offensichtlicher politischer und sozialer Mißbrauch, der aus assymetrisch akkumuliertem Besitz und dessen institutioneller Absicherung entspringt und so den Besitzenden Macht verschafft und die Ausbeutung der Abhängigen zuläßt. Das Resultat einer solchen Entwicklung besteht darin, daß sich der Wert eines Menschen nach dem Wert seines jeweiligen Besitzes bemißt. »Der Mensch hat an und für sich demnach gar kein Recht, nicht einmal das des Existierens, sondern dies erhält er einzig erst durch den Besitz, durch die Sache«[141], schreibt Wagner und formuliert damit eine analytische Einsicht in ein Verhältnis, in dem die gattungsgeschichtliche Qualität des Menschen auf den bloßen Sachaspekt eines Rechtstitels heruntergebracht ist. Eine Einsicht, die er nicht nur mit Proudhon und anderen Vertretern des anarchistischen Denkens wie etwa Max Stirner[142] teilt, sondern die sich auch mit einem der zentralen Ausgangspunkte von Marx trifft und deckt. Denn nichts anderes besagt dessen These, daß der Arbeiter gerade so viel wert ist, wie die in seinem ›Besitz‹ befindliche Arbeitskraft, die er als Ware auf dem Markt anzubieten gezwungen ist[143]. Wenn Marx aus dieser Einsicht allerdings deshalb im *Kommunistischen Manifest* von 1848 die Aufhebung des Privateigentums fordert, wenn er meint, daß damit die Grundlage der kapitalistischen Ausbeutung beseitigt würde, so folgt Wagner in diesem Punkte nicht ihm, sondern ganz und gar Proudhon: nicht die Abschaffung des Eigentums steht für Wagner zur Debatte, sondern dessen angemessen breite Verteilung. Nicht einmal eine strikt gleichmäßige Verteilung, was vielleicht zu vermuten wäre, weil »in dieser Lehre der mathematisch gleichen Verteilung des

140 Richard Wagner, Flüchtige Aufzeichnungen einzelner Gedanken zu einem größeren Aufsatze: Das Künstlertum der Zukunft (1849), in: DS, Bd.V, S. 243.

141 Ebenda.

142 Max Stirner, Der Einzige und sein Eigentum, Leipzig 1845 (eine neuere Ausgabe besorgte H.G. Helms als Herausgeber: Der Einzige und sein Eigentum und andere Schriften, München 1968). Stirner, der in Berlin zum Umfeld der Junghegelianer gehörte, der ein Anhänger der Feuerbachschen Religionskritik war, vertrat gegenüber dem Staat und den bestehenden gesellschaftlichen Institutionen einen radikalen und kompromißlosen Individualismus, ein Recht auf Empörung, einen auf grenzenlose individuelle Freiheit hin angelegten Egoismus, den in dieser scharfen Form Wagner selbst nie propagiert hat, den er sogar bekämpft hat. Gleichwohl gibt es vor allem in der Staats- und Institutionenkritik inhaltliche Berührungspunkte zwischen den Auffassungen beider.

143 Karl Marx, Ökonomisch-philosophische Manuskripte (1844), in: Werke (MEW), Ergänzungsband, Erster Teil, Berlin-Ost 1968, S. 510 ff.

Gutes und Erwerbes eben nur ein gedankenloser Versuch«[144] zu sehen ist, eine bloß formale Gerechtigkeit herzustellen; während es doch um qualitative Verteilungsgerechtigkeit geht. So kann eine rein formelle, d.h. quantitative Aufteilung von Grund und Boden nach Wagner auch nicht das Ziel grundlegender gesellschaftlicher Strukturreformen sein, weil jede Art des Formalismus von Übel ist. Das Ziel muß vielmehr die organische Verbindung von Arbeit und Eigentum sein, wobei die Größe des Eigentums sich an der geleisteten Arbeit bemessen soll.

Auch in dieser Überlegung stimmt Wagner wiederum mit Proudhon überein, der ja nicht das Privateigentum an sich, sondern vor allem dessen ›herrschende Form‹ verändern und abschaffen will. Damit meint Proudhon vornehmlich das Finanzkapital, genauer: das bestehende System der Banken und des Handels. Denn dieses Kapital expandiert, ist unruhig und unsicher, sich selbst die höchste politische und ökonomische Macht, die alles in Staat und Gesellschaft entzweit, sich alles am Ende unterwirft. Proudhon will die ›Herrschaft des Geldes‹ brechen und mit ihr alle hiervon abhängigen Institutionen und Organisationen. An deren Stelle soll dann ein System der Kleineigentümer und der Kleinindustrie treten, das aufgrund seiner strukturellen Ausgewogenheit eine asymetrische Machtverteilung erst gar nicht mehr aufkommen läßt. Das sind Vorstellungen und Visionen, denen auch Wagner ganz entschieden anhängt, wenn er meint, die »Tätigkeit des Geldes«[145] als Grundlage der Gesellschaft abschaffen zu müssen, wenn er hofft: »wie ein böser nächtlicher Alp wird dieser dämonische Begriff des Geldes von uns weichen mit all seinem scheußlichen Gefolge von öffentlichem und heimlichem Wucher, Papiergaunereien, Zinsen und Bankiersspekulationen«[146] – eine Hoffnung, die er noch bis an sein Lebensende immer wieder formuliert[147]. In seinem ›Revolutionskatechismus‹ von 1849, auf den noch einzugehen sein wird, heißt es in emphatischer Sprache: »Vernichtet sei der Wahn, der den Menschen untertan macht seinem eigenen Werke, dem Eigentume. Das höchste Gut des Menschen ist seine schaffende Kraft, das ist der Quell, dem ewig alles Glück entspringt, und nicht im Erzeugten, im Erzeugen selbst, im Betätigen eurer Kraft liegt euer wahrer höchster Genuß. Des Menschen Werk, es ist leblos, das Lebendige darf sich nicht dem Leblosen verbinden, darf sich nicht ihm untertan machen. Darum sei vernichtet der Wahn, der den Genuß beschränkt, die freie Kraft hemmt, der das Eigentum schafft außer dem Menschen und ihn zum Knecht macht seines eigenen Werkes«[148]. Und kurz danach: »Was die Natur geschaffen, die Menschen bebaut und zu fruchttragenden Gärten umgewandelt, es gehört den Menschen, den Bedürftigen, und keiner darf kommen und sagen: ›Mir allein gehört dies alles, und ihr ande-

144 Richard Wagner, Wie verhalten sich republikanische Bestrebungen dem Königthume gegenüber? in: GSD, Bd. 12, S. 220 und ebenso in: DS, Bd. V, S. 214.

145 Ebenda.

146 Ebenda.

147 Vgl. als ein Beispiel von vielen: »Nur das Geld muß aufhören, es müssen für Geld gewisse Dinge nicht mehr zu haben sein, und darauf ist, wie mir scheint, die soziale Ökonomie nicht genügend gerichtet.« Cosima Wagner, TB, Bd. II, S. 607 (29. September 1880).

148 Richard Wagner, Die Revolution, in: GSD, Bd. 12, S. 247 f. und in: DS, Bd. V., S. 239.

ren alle seid nur Gäste, die ich dulde, solange es mir gefällt und sie mir zinsen, und die ich verjage, sobald mich die Lust treibt‹ ... denn was der Menschheit Kraft geschaffen, das gehört der Menschheit zum freien und unbeschränkten Genusse, wie alles andere auch, was da ist auf Erden«[149]. Und in dem 1848 geschriebenen Entwurf zu dem Drama *Jesus von Nazuareth* heißt es, in eine gesellschaftstheoretische umfassendere Perspektive gebracht: »Ganz so verhält es sich mit dem Gesetze des Eigenthumes: in ihm hat sich die Liebe, soweit sie sich im Menschen als Drang der Befriedigung durch den Genuß der Natur und ihrer Produkte äußert, zum ausschließlichen Rechte des Einzelnen an der Natur bis über den Genuß hinaus verfestigt: durch dieß Recht wehre ich einem Anderen den Genuß, von dem ich selbst bereits gesättigt bin, suche somit meine Befriedigung nicht im Genusse selbst, sondern im Besitz. Die Sünde gegen das Eigenthum entspringt daher einzig aus dem Gesetze des Eigenthumes: der Mensch, der durch den Drang der Natur sich dagegen zu sündigen genöthigt fühlt, frevelt daher nur durch das Dasein des Gesetzes selbst, nicht an sich«[150].

Man mag solche Texte als rhetorische Emphase eines moralischen Bekenntnisses, das die Beschreibung eines schlechten Zustandes mit der Forderung auf radikale Änderung in eins setzt, zu relativieren versuchen, doch es ist zugleich auch der Ausdruck einer Haltung, die noch der alt gewordene Wagner ganz einschränkungslos teilt. In einer seiner letzten Schriften, in *Erkenne dich selbst* (1881), eine jener ›Regenerationsschriften‹, die im Umkreis der *Parsifal*-Komposition enstanden sind, heißt es, im Ton um nichts weniger radikal als in den revolutionären Zeiten von Dresden, in der analytischen Einsicht eher geschärft: »Eine fast größere Heiligkeit als die Religion hat in unserem staatsgesellschaftlichen Gewissen das ›Eigenthum‹ erhalten: für die Verletzung jener gibt es Nachsicht, für die Beschädigung dieses nur Unerbittlichkeit. Da das Eigenthum als die Grundlage alles gesellschaftlichen Bestehens gilt, muß es wiederum desto schädlicher dünken, daß nicht alle Eigenthum besitzen, und sogar der größte Teil der Gesellschaft enterbt zur Welt kommt. Offenbar gerät hierdurch vermöge ihres eigenen Prinzipes, die Gesellschaft in eine so gefährliche Beunruhigung, daß sie alle ihre Gesetze für einen unmöglichen Ausgleich dieses Widerstreites zu berechnen genötigt ist, und Schutz des Eigenthums, für welchen ja auch im weitesten völkerrechtlichen Sinne die bewaffnete Macht vorzüglich unterhalten wird, in Wahrheit nichts anderes heißen kann, als Beschützung der Besitzenden gegen die Nichtbesitzenden. ... es scheint wohl, daß mit dem an sich so einfach dünkenden Begriffe des Eigenthums, durch seine staatliche Verwertung, dem Leibe der Menschheit ein Pfahl eingetrieben worden ist, an welchem sie in schmerzlicher Leidens-Krankheit dahin siechen muß«[151].

Eigentum als die ›Grundlage alles gesellschaftlichen Bestehens‹: schon die frühen Theoretiker der bürgerlichen Gesellschaft haben diesen Zusammenhang gesehen und ihn als selbstverständlich behauptet. So etwa John Locke in seinen politisch-

149 Ebenda.
150 Richard Wagner, Jesus von Nazareth, in: GSD, Bd. 11, S. 289 f.
151 Richard Wagner, Erkenne dich selbst, in: GSD, Bd. 10, S. 267.

theoretischen Schriften des 17. Jahrhunderts, Ideengeber und Analytiker der bürgerlichen Gesellschaft und einer der Gründungsväter des modernen Liberalismus, für den das Privateigentum aus dem Recht auf die eigene Person und die eigene Arbeit resultierte, für den es unbezweifelbar war, daß »das große und hauptsächliche Ziel, weshalb Menschen sich zu einem Staatswesen zusammenschließen, die Erhaltung ihres Eigentums«[152] ist. Oder David Hume, der wenig später, um die Mitte des 18. Jahrhunderts, das private Eigentum ebenfalls als die konstitutive Ursache der Vergesellschaftung bestimmte und die entscheidende Aufgabe einer Regierung darin sah, durch eine entsprechende Rechtsgarantie und eine entsprechende Politik die bestehende Ordnung des Privateigentums zu sichern[153]. Aber auch die deutsche Tradition kennt vergleichbare Positionen, so etwa – stellvertretend für viele – Kant oder Hegel, die beide, in je unterschiedlichen Begründungszusammenhängen, eine prinzipiell ähnliche Auffassung vertraten. Kant sah das Privateigentum selbst als eine vorstaatliche Erscheinung, für ihn gab es ein angeborenes ›Mein‹ und ›Dein‹, und dieses Faktum war deshalb seitens der Gesellschaft und des Staates zu respektieren, d.h. darüber durfte nicht verfügt werden. Für Kant war das Privateigentum die Bedingung der Möglichkeit von individueller Freiheit, und deshalb wird der Schutz des Eigentums zu einer der wichtigsten Rechtspflichten von Regierungen. Am Eigentum hängt die Rechtssubjektivität, zugleich auch die Selbständigkeit als Staatsbürger, am Ende gar die Struktur der Verfassung einer freien bürgerlichen Gesellschaft[154]. Und auch Hegel schreibt dem privaten Eigentum eine vergleichbar grundlegende Funktion in der bürgerlichen Gesellschaft zu; es ist ihm die Bedingung für die äußere Sphäre der Freiheit der Person, das heißt für deren freies Handeln in Gesellschaft und Staat, und deshalb zählt der Schutz des privaten Eigentums und der darauf gegründeten Freiheit zur zentralen Aufgabe von Regierung und Staat[155].

Solche Beispiele ließen sich beliebig vermehren, weil der Sachverhalt selbst Allgemeinplatz theoretischer Einsichten ist und der Überzeugung sowohl jener Theoretiker entspricht, welche die bürgerliche Gesellschaft damit begründen und verteidigen wollen, als auch ihrer Gegner, die in der Existenz des Privateigentums die entscheidende materielle Sperre für eine sozial gerechte Gesellschaft sehen. Gemeinsam bewerten sie beide, Befürworter wie Gegner, die Institution des Privateigentums als fundamental und konstitutiv für die bürgerliche Gesellschaft wie für den bürgerlichen Staat[156]. Eine Tradition der Gesellschaftsbegründung ist damit be-

152 John Locke, Zwei Abhandlungen über Regierung (1680), hg. von Walter Euchner, Frankfurt/M./Wien 1967, 5. und 7. Kapitel, hier S. 283.

153 Vgl. David Hume, Politische und ökonomische Essays, 2 Bde., hg. von Udo Bermbach, Hamburg 1988, Bd. I., S. XV.

154 Immanuel Kant, Über den Gemeinspruch, in: Werke, Bd. VI, S. 150 ff.; vgl. dazu Richard Saage, Eigentum, Staat und Gesellschaft bei Immanuel Kant, Stuttgart 1994, bes. S. 119 ff.

155 Georg W.F. Hegel, Grundlinien der Philosophie des Rechts (1831), Hamburg 1955, § 41 ff., S. 55 ff.

156 Vgl. zur Ideengeschichte des Privateigentums, Arnold Künzli, Mein und Dein. Zur Ideengeschichte der Eigentumsfeindschaft, Köln 1986.

zeichnet, ein zentraler Topos politischer Theorie der Moderne, an den auch die Frühsozialisten wie später Marx und Engels anschließen, die dann allerdings das Argument umdrehen und gegen die bürgerliche Gesellschaft wenden: weil die bürgerliche Gesellschaft sich auf dem Privateigentum gründet, muß dieses abgeschafft oder doch fundamental verändert werden. Doch wie immer die Therapie auch aussieht, der Tatbestand selbst ist unstrittig: die Institution des privaten Eigentums gilt als eine der bedeutendsten Grundlagen der bürgerlichen Gesellschaft, und dies ist eine Einsicht, die bis heute von ihrer Gültigkeit nichts verloren hat.

Wagner befindet sich also mit seinen Thesen und Vorstellungen zum privaten Eigentum in inhaltlicher Übereinstimmung mit den großen Vertretern der politischen Theorie der Neuzeit, in inhaltlicher Übereinstimmung auch mit einem Grundaxiom des radikalen sozialistischen Denkens seiner Zeit. Und bemerkenswerter Weise hält er zwei Jahre vor seinem Tod an diesen alten Einsichten fest, verteidigt seine alten sozialistischen Ideale von 1848/49. Daß die Gesellschaft ›vermöge ihres eigenen Prinzips‹ in einen unauflösbaren Selbstwiderspruch gerät, daß sie all ihre Kraft und Aufmerksamkeit darauf konzentrieren müsse, diesen selbstdestruktiven Konflikt durch legislative und gewaltsame Regelungen unter Kontrolle zu zwingen und ihn am Ende dann doch nicht erreichen kann – das ist eine überraschend radikale These, die an Hegels Diktum erinnert, wonach »bei dem Übermaße des Reichtums die bürgerliche Gesellschaft nicht reich genug ist, d.h. an dem ihr eigentümlichen Vermögen nicht genug besitzt, dem Übermaße der Armut und der Erzeugung des Pöbels zu steuern«[157]. Es ist die Überzeugung von einem prinzipiell unlösbaren Konflikt, und diese Überzeugung teilt Wagner mit Marx und Engels, mit Anarchisten und Sozialisten – eine verblüffende Kontinuität seines gesellschaftstheoretischen Denkens, die auch dadurch unterstrichen wird, daß er die Lösungsvorschläge von einst wiederholt: Eigentum so zu verteilen, daß alle Mitglieder der Gesellschaft zugleich in ihr als Eigentümer leben können. Ein Vorschlag, der alles andere als abwegig und schon gar nicht unzeitgemäß ist, den viele machen, die am Ende des Jahrhunderts auf den sozialen Ausgleich von Klassengegensätzen hoffen, Sozialliberale wie John Stuart Mill[158] in England ebenso wie deutsche Kathedersozialisten[159]. Es ist zugleich der Versuch, die ökonomischen Konsequenzen des liberalen Gleichheitsgebots auch für die Arbeiter zu ziehen, es nicht bei der bloßen Rechtsgleichheit der liberalen Rechtstheorie zu belassen. Victor Aimé Huber, Carl Rodbertus, Rudolf Todt, Hermann Wagner – um nur einige zu nennen – zählen zu diesen Kathedersozialisten und vertreten die Meinung, daß wer arbeitet, auch Anspruch

157 Georg W.F. Hegel, Grundlinien der Philosophie des Rechts, § 245.

158 Zu John Stuart Mill vgl. den einführenden Essay von Udo Bermbach, Liberalismus – John Stuart Mill – in: Iring Fetscher/Herfried Münkler (Hg), Pipers Handbuch der politischen Ideen, Bd. 4, S. 332 ff. mit weiterführenden Literaturangaben.

159 Zu den ›Kathedersozialisten‹ vgl. den einführenden Essay von Ralf Bambach, Gesellschaftskritiker, Sozialreformer und ›Kathedersozialisten‹, in: Iring Fetscher/Herfried Münkler (Hg), Pipers Handbuch der politischen Ideen, Bd. IV, S. 402 ff. mit weiterführender Literatur.

auf den Lohn seiner Arbeit hat und diesen Lohn in wertbeständigen Zuwachs, in Eigentum eben, sollte anlegen können. Eigentumsbildung in Arbeiterhand – ein Konzept, das der Sozialkonservatismus und dann auch die ehedem radikale Linke bis in die Gegenwart hinein propagiert haben, eine Idee, die das 19. Jahrhundert weit überdauert hat[160].

Und doch scheint ein Anflug von Resignation des früheren Revolutionärs Wagner in dieser späten Schrift *Erkenne dich selbst* unüberhörbar. Denn es sieht so aus, als sei sein Glaube an die Herstellung einer nicht nur moralisch gerechten, sondern auch strukturell friedensstiftenden Ordnung wohl nicht mehr wirklich unerschüttert, als formuliere sich in seinen Sätzen die schmerzhafte Einsicht in eine komplexe Problemlage, die 1881 – zu Zeiten der von Bismarck erlassenen Sozialistengesetze mit ihrer Konsequenz der Verfolgung der organisierten Arbeiterbewegung in Deutschland – doch schwieriger zu bewältigen erscheint, als er 1849 angenommen hatte, Konflikte, die sich allenfalls zeitlich entzerren, nicht aber grundsätzlich auflösen lassen. Da wird das private Eigentum mit einem Paulus-Wort zum ›Pfahl im Fleisch‹, zu jener Leidens-Krankheit, an der die Gesellschaft dahin siechen muß, und mit Bezug auf die *Parsifal*-Semantik, die hier zu spüren ist, bedeutet dies doch wohl: am Ende untergeht. Für Wagner ist das private Eigentum die ›Amfortas-Wunde‹ der bürgerlichen Gesellschaft, also jene Wunde, von der Gurnemanz im *Parsifal* den Knappen sagt: »Die Wunde ist's, die nie sich schließen will« – Metapher für die Hoffnungs- und Perspektivlosigkeit der Zustände seiner Zeit.

In den Revolutionstraktaten von 1848/49 ist, trotz aller metaphorischen Redeweise, der Blick geschärft für die prinzipielle Funktion des privaten Eigentums. So sehr, daß Wagner immer wieder ins Moralisieren verfällt und geneigt ist, alles zu verwerfen, weil die Vorstellung einer die Zukunft prägenden Gesellschaft des ›Besitzindividualismus‹[161], in der die Freiheit des Individuums aus seiner Freiheit als Besitzbürger verstanden werden kann; in der die bürgerliche Gesellschaft als eine Gesellschaft von offenen, scharfe Konkurrenz ausbildenden Marktbeziehungen entworfen ist; in der die individuelle Konkurrenz – der ›Egoismus‹, wie Wagner sagt – das entscheidende Moment gesellschaftlicher Dynamik abgibt, seinen tiefsten Widerwillen erzeugt. Denn eine solchermaßen besitzindividualistisch organisierte Gesellschaft basiert auf der Verfügung des Menschen über sich selbst und seinen Besitz, muß diesen Besitz daher auch dauerhaft garantieren. »Diese widerliche Sorge für die Zukunft, die in Wahrheit nur dem trübsinnigen absoluten Egoismus zu eigen ist,

160 Vgl. dazu im Überblick Johann Baptist Müller, Der deutsche Sozialkonservatismus, in: Hans Gerd Schumann (Hg), Konservatismus, Köln 1974, S. 198 ff.

161 Dazu C.B. Macpherson, Die politische Theorie des Besitzindividualismus. Von Hobbes bis Locke, Frankfurt/M. 1967. An die hier entwickelte These, wonach der Bürger als Privateigentümer das eigentliche Fundament der modernen Demokratie sei, schloß sich eine breite Debatte über die substantiellen Grundlagen der modernen Demokratie an mit dem Ergebnis, daß die Kritiker des liberalen Theorems vom ›Besitzindividualismus‹ die Verbindung von parlamentarischer Demokratie und Sozialstaat als moderne Lösung des Problems propagierten. Vgl. dazu zusammenfassend C. B. Macpherson, Demokratietheorie. Beiträge zu ihrer Erneuerung, München 1977.

sucht im Grunde immer bloß zu erhalten, das, was wir heute gerade haben, für alle Lebenszeit uns zu versichern: sie hält das Eigenthum, das für alle Ewigkeit niet- und nagelfest zu bannende Eigenthum, als den einzig würdigen Gegenstand menschlich thätiger Voraussicht fest, und sucht daher nach Möglichkeit das selbständige Lebensgebahren der Zukunft zu beschränken, den selbstgestaltenden Lebenstrieb ihr, als bösen, aufregenden Stachel, thunlichst ganz auszureichen, um dieses Eigenthum als unversiegbaren, nach dem Naturgesetz der Fünfprocent ewig sich neu erzeugenden und ergänzenden Stoff behaglichsten Käuens und Schlingens, vor jeder unbehutsamen Berührung zu schützen«[162].

Daß Wagner immer wieder auf das private Eigentum als dem Dreh- und Angelpunkt seines kritischen Urteils über die bestehende Gesellschaft zurückkommt, macht deutlich, wie nachhaltig die anarchistisch-sozialistische Lektüre ihn beeinflußt hat. Auch wenn er sein Urteil nicht zum Ausgangspunkt einer systematischen Gesellschaftsanalyse macht – wer wollte die von einem Künstler auch verlangen – , so zieht er doch konkrete Folgerungen. Er skizziert in Umrissen eine Gesellschaft seiner Zeit, die in tiefem materiellem Elend steckt, in der alle sozialen Strukturen durch egoistische Interessen bestimmt werden und deren Mangel deshalb so groß ist, daß die Besten zur Auswanderung getrieben werden. Für Wagner ist es eine Gesellschaft, die nicht offen ist für die Zukunft, weil ihre Strukturen repressiv und damit freiheitsgefährdend sind und keinen Raum lassen für die freie Entfaltung des einzelnen Menschen. Und was in seinem Urteil schwerer wiegt: daß dieses materielle Elend auch die moralische Substanz des Gemeinwesens aufzehrt, da »das Laster ja wohlfeiler ist als die Tugend!«[163]. Das meint nicht nur die Prostitution in einem unmittelbar sexuellen Sinne, sondern vielmehr die bereitwillige Preisgabe von Geist und Moral, den Verfall individueller und institutioneller Sittlichkeit, fast schon die ›Umwertung aller Werte‹, von der Nietzsche später spricht, wenngleich in anderem Sinne. In fast biblischer Sprache beschwört Wagner die gesellschaftliche Situation als eine babylonische Verwirrung, als Abkehr von einer natürlichen Ordnung, zu der zurückzukehren er schließlich mit größtem Nachdruck aufruft. Denn »das Land gehört dem Volke, das Volk gehört sich selbst«[164]. Das Volk soll deshalb Widerstand leisten, soll Revolution machen. Es ist bemerkenswert, daß Wagner mit der Beschwörung des Volkes als dem eigentlichen, revolutionären Subjekt jede Form einer advokatorischen Politik ablehnt, also auch die revolutionäre Führung der Revolution durch radikale Intellektuelle oder elitäre Berufsrevolutionäre. Vielmehr hofft er auf eine gleichsam unbewußte spontane Volkserhebung, in der die Emotionen der Vielen mit ihren Aktionen identisch werden können – das Volk als ein kollektiver Akteur, der einem plötzlichen Entschluß zum Handeln folgt. Das ist ganz so gedacht, wie es sich auch viele Anarchisten vorgestellt haben. In einer Notiz, in der die

162 Richard Wagner, Das Kunstwerk der Zukunft, in: GSD, Bd. 3, S. 171.
163 Richard Wagner, Deutschland und seine Fürsten, in: DS, Bd. V, S. 223.
164 Ebenda, S. 224.

in den ästhetischen Schriften beobachtbare und folgenreiche Trennung von Intellekt und Gefühl für den Bereich der Politik bereits vorweggenommen wird, bestimmt Wagner die »unbewußte Tätigkeit« als eine »Tätigkeit der Natur«, als eine »innere Notwendigkeit«[165]. Er glaubt, es sei ein Irrtum, die revolutionäre Kraft des Menschen in seinem Bewußtsein zu suchen, während sie sich in Wahrheit doch eher als ein Naturtrieb äußere, als sinnliche Erscheinung, die wiederum von jedermann verstanden werden könne. »Erst wenn wir alle wissen und begreifen, daß wir nicht unsrer Intelligenz, sondern der Notwendigkeit der Natur uns überlassen müssen, wenn wir also so kühn geworden sind, unsere Intelligenz zu verneinen, erhalten wir alle Kraft aus natürlichem Unbewußtsein, aus der Not heraus das Neue zu produzieren«[166].

Revolution

»Im Jahre 1848 hat der Kampf des Menschen gegen die bestehende Gesellschaft begonnen«, schreibt Wagner in seinem zweiten, im Februar 1849 in Röckels *Volksblättern* anonym erschienenem Aufsatz[167], und er fährt fort: »Dieser Kampf, er ist der heiligste, der erhabenste, der je gekämpft wurde, denn er ist der Kampf des Bewußtseins gegen den Zufalls, des Geistes gegen die Geistlosigkeit, der Sittlichkeit gegen das Böse, der Kraft gegen unsere Schwäche: Es ist der Kampf um unsre Bestimmung, unser Recht, unser Glück«[168].

Wenn Wagner von Revolution spricht und schreibt, verändert sich seine Sprache. Gewiß, sie ist auch in anderen Zusammenhängen nie ausschließlich kühl und analytisch, und doch bleibt sie nüchterner, wenn sie soziale Tatbestände thematisiert, ist sie weniger superlativisch zugespitzt, weniger auch in dauerhaft hochgespannter Emphase. Kommt die Rede aber auf die Revolution, verändert sich der Ton, er färbt sich eschatologisch ein, denn nun werden letzte Ziele formuliert. Die Vereinfachung der Tatbestände zugunsten einer durchschlagenden, ans Gefühl appellierenden politischen Rhetorik erzwingt eine scharfe Dualität der Weltsicht, eine Teilung der Welt in Gut und Böse, die in ihrer Unversöhnlichkeit zwingend und zwanghaft auf eine definitive Entscheidung drängt. Die Parteinahme für oder gegen die Revolution wird zu einer alle übrigen Fragen in den Hintergrund drängenden moralischen Tat von gewaltiger Dimension, die Welt erscheint dem Revolutionär eingeteilt in Freund und Feind.

Strategisch hat diese moralische Dualisierung der Weltsicht die Aufgabe, der revolutionären Tat den legitimatorischen Grund zu liefern. Und dies eben tut Wagner,

165 Richard Wagner, Flüchtige Aufzeichnungen, in: DS, Bd. V, S. 244.

166 Ebenda.

167 Richard Wagner, Der Mensch und die bestehende Gesellschaft, in: GSD, Bd. 12, S. 238 ff. sowie in: DS, Bd. V., S. 229 ff.

168 Ebenda, in: GSD, Bd. 12, S. 238 ff., sowie in: DS, Bd. V, S. 233.

wenn er ›den Kampf des Menschen gegen die bestehende Gesellschaft‹ nicht nur als begonnen, sondern als einen notwendigen, ja »letzten« Kampf bestimmt, als die »Todeszuckungen eines Körpers, dem der Geist, das Leben bereits entschwunden«[169]. Denn was eigentlich schon tot ist, darf, kann und muß beseitigt werden, und es bedarf für diese finale Vernichtungstat im Grunde keiner Rechtfertigung mehr. Lebt das vermeintlich Tote aber wider Erwarten doch noch einmal auf, besitzt es noch eine Spur von Leben, dann muß es um so dringlicher als eigentlich Überlebtes denunziert werden. Auch deshalb überlebt, weil sich in ihm die egoistische Partikularität der Geschichte dokumentiert, die dem revolutionären Anspruch auf universelle Geltung und Durchsetzung der revolutionären Ziele hoffnungslos unterlegen ist. So muß das revolutionäre Handeln solche Relikte einer ablaufenden Zeit als Hemmnisse der revolutionären Neuordnung kompromißlos beiseite räumen, der Anspruch auf universelle Neuordnung läßt nichts anderes zu.

Mit dem Hinweis auf die erfolgreichen Revolutionen in Frankreich und England begründet Wagner, weshalb nun auch für Deutschland die Stunde des radikalen Umbruchs geschlagen habe: die bestehende Gesellschaft steht feindlich gegen die Rechte des Menschen, verhindert, daß er seiner Bestimmung gemäß lebt. Und diese Bestimmung besteht darin, »durch die immer höhere Vervollkommnung seiner geistigen, sittlichen und körperlichen Fähigkeiten zu immer höherem, reinerem Glück zu gelangen«[170]. Aber es ist nicht nur eine vage Bestimmung, die Einforderung eines bloß subjektiv gewünschten Zustandes, sondern es ist vor allem auch ein Recht: »Bestimmung und Recht sind eins, und das Recht des Menschen ist einfach: seine Bestimmung zu erreichen«[171]. Dieses Recht strikt einzufordern, sind die Menschen sogar verpflichtet.

Die Perspektive einer Bildungsgesellschaft wird hier eröffnet, die für Wagners Denken ein Leben lang zentral bleibt. Er hofft auf eine demokratische Bildungsgesellschaft, in der jeder dieselben Rechte auf umfassende Ausbildung seiner Fähigkeiten genießen soll. Ganz im Gegensatz zur bestehenden Gesellschaft, die gerade hierin versagt: »Dem Zufall überläßt sie die geistige Vervollkommnung einzelner ihrer Glieder, während sie den größeren Teil derselben gewaltsam von einer höheren Entwicklung zurückhält; dem Zufall überläßt sie es, ob einzelne sich sittlich veredeln, während sie überall das Laster, das Verbrechen erzeugt und schützt. Dem Zufall überläßt sie die Ausbildung, das Wachstum unsrer körperlichen Kräfte, während ihr Streben nur dahin gerichtet ist, unsre Bedürfnisse zu beschränken, also unsre Fähigkeit, sie zu befriedigen, zu verringern. Dem Zufall überläßt unsre bestehende Gesellschaft alles: unsren geistigen, sittlichen, körperlichen Fortschritt; der Zufall entscheidet, ob wir uns unsrer Bestimmung nähern, ob wir unser Recht erlangen, ob wir glücklich werden«[172].

169 Ebenda, in: GSD, Bd. 12, S. 238 sowie in: DS, Bd.V, S. 229.
170 Ebenda, in: GSD, Bd. 12, S. 239 sowie in: DS, Bd.V, S. 230.
171 Ebenda, in: GSD, Bd. 12, S. 244 sowie in: DS, Bd.V, S. 231.
172 Ebenda, in: GSD, Bd. 12, S. 241 sowie in: DS, Bd.V, S. 232 f.

Damit ist eines der zentralen Motive Wagners für sein praktisch-politisches, vor allem für sein revolutionäres Engagement benannt, die Hoffnung auf eine Bildungsgesellschaft, in welcher die geistig-kulturelle Entwicklung jedes einzelnen Bürgers diesem erlaubt, sich den moralisch-ästhetischen Anspüchen der Kunst – und man darf gewiß hinzu fügen: Wagners Kunst – zu öffnen. Wagner plädiert für eine Gesellschaft, die ihre materielle Grundlage als bloße Voraussetzung für das intellektuelle und emotionale Leben ihrer Mitglieder begreift und in der das individuelle Glück mit der Fähigkeit zu einem ästhetisch angeleiteten Leben zusammenfallen kann.

Aus dieser Grundentscheidung heraus ist für Wagner das Ziel der Revolution klar bestimmbar: es besteht in dem Recht jedes Einzelnen auf sein ›Glück‹, das nicht einfach und statisch vorgestellt wird, sondern als ein dynamisch sich entwickelnder und immer wieder wandelnder Zustand, eine in Entwicklungsschüben sich vollziehende Bewegung. Das von Wagner gleichsam als selbstverständlich propagierte ›Recht auf Glück‹ ist allerdings alles andere als selbstverständlich und als gesellschaftliche Aufgabe deshalb problematisch, weil Glück eine individuelle Erfahrung ist, die sich der rechtlichen Festlegung, erst recht gesellschaftlicher Einklagbarkeit entzieht[173]. Wo aber in der Geschichte das ›Glück‹ des Einzelnen als Ziel gesellschaftlichen Handelns dennoch verfolgt worden ist, wie etwa in der Französischen Revolution, hat dieser Versuch zu terroristischen Konsequenzen geführt[174]. Es hat deshalb seinen guten Grund, daß das ›Recht auf Glück‹ in keiner westlich-demokratischen Verfassung – etwa als ein Grundrecht – verankert worden ist und sich einzig in der ›Virginia Bill of Rights‹ von 1776 findet, dort als ein individuelles Recht, »pursuing and obtaining happiness and saftey«[175]. Indessen wird man Wagner nicht unterstellen

173 Zur Geschichte der Idee des ›Glücks‹ als eines gesellschaftlichen und politischen Ziels vgl. Malte Hossenfelder, Antike Glückslehren: Kynismus und Kyrenaismus, Stoa, Epikureismus und Skepsis. Quellen in deutscher Übersetzung mit Einführungen, Stuttgart 1996; Maximilian Forschner, Über das Glück des Menschen. Aristoteles, Epikur, Stoa, Thomas von Aquin, Kant, Darmstadt 1996; Alfred Bellebaum, Glücksvorstellungen – ein Rückgriff in die Geschichte der Soziologie, Opladen 1997; Günter Bien, Glück – was ist das?, Frankfurt/M. 2000; Manfred Rehbinder, Glück als Ziel der Rechtspolitik, Bonn 2002.

174 Schon Immanuel Kant hatte gegen die Vorstellung, der Staat oder die Gesellschaft seien für das Glück des Einzelnen verantwortlich eingewandt, das »Prinzip der Glückseligkeit« richte im Staatsrecht nur Böses an: »Der Souverän will das Volk nach seinen Begriffen glücklich machen und wird Despot; das Volk will sich den allgemeinen menschlichen Anspruch auf eigene Glückseligkeit nicht nehmen lassen und wird Rebell.« Immanuel Kant, Über den Gemeinspruch, in: Werke, hg. von Wilhelm Weischedel, Darmstadt 1964, Bd. VI, S. 159.

175 Die ›Bill of Rights‹, Amerikas erste Verfassung und entscheidendes Vorbild für die amerikanische Verfassung vom 4. Juli 1776, ist in einen Teil, der die Menschenrechte enthält, und einen Teil, der die politischen Institutionen betrifft, gegliedert. Sie wurde in Williamsburgh/Virginia am 12. Juni 1776 verabschiedet. Der erste Artikel der Menschenrechserklärung lautet im Original: »That all men are by nature equally free and independent, and have certain inherent rigths, of which, when they enter into a state of society, they cannot, by any compact, deprive or devist their posterity; namley, the enjoyment of life and liberty, with the means of acquiring and possessing proberty, and pursuing and obtaining happiness and safety.« Abgedruckt bei Georg Jelinek, Erklärung der Menschen- und Bürgerrechte, in: Roman Schnur (Hg), Zur Geschichte der Erklärung der Menschenrechte, Darmstadt 1964, S. 20. Vgl. Ludger Kühnhardt, Die Universalität der Menschenrechte.

dürfen, daß er an ein terroristisches Vorgehen, an eine durch Staatsgewalt erzwungene Einlösung von Glückserwartungen gedacht hat, es gar gerechtfertigt haben würde, was heißen würde, daß er aus einem Recht hier eine Pflicht deduzieren würde. Ihm geht es vielmehr um die von einer Gesellschaft zu schaffenden sozialen Voraussetzungen, welche die Wahrnehmung des Rechts auf Bildung überhaupt erst ermöglichen.

Mit der Forderung, daß die allseitige Bildung des Menschen das zentrale Ziel der Revolution sein soll, stellt sich Wagner in die Tradition der Bildungsprogramme der deutschen Klassik. Er rekuriert, bewußt oder unbewußt, auf eine »ästhetische Humanitätsidee«[176], auf die noch genauer einzugehen sein wird. Und er verweist bereits hier darauf, an einer prägnanten Stelle seiner Auseinandersetzung mit den Problemen der notwendigen gesellschaftlichen Veränderungen, daß es in seinem gesellschaftstheoretischen Denken einen engen Zusammenhang von Gesellschaft und Kunst, von Politik und Ästhetik gibt. Wenn Wagner die Revolution als die Bedingung der Möglichkeit eines neuen Menschen sieht, wenn er sie zur Voraussetzung eines tiefgreifenden Bewußtseinswandels macht, wenn er sie mit dem Drang nach der intellektuellen Emanzipation des Subjekts auf das engste verbindet, ihr die Rolle eines strukturellen Wegbereiters für eine in ihrer Körperlichkeit wie ihrer kognitiven Weltauffassung befreiten Menschheit macht, dann ist dies ein ganz und gar modern geprägtes Revolutionsverständnis, geprägt durch die Ziele wie die Erfahrungen der Französischen Revolution.

Daß Revolutionen als radikale Veränderungen zugunsten einer neu zu gestaltenden Zukunft verstanden werden, war nicht immer so, nicht immer wurden sie als Öffnungen nach vorne, nach Bewegungen hin zu Neuem verstanden, als radikaler Strukturbruch mit der Tradition und dem Status quo. Ganz im Gegenteil, die ersten Revolutionen der Neuzeit verstanden sich explizit als Bewegungen, die einen als pervertiert empfundenen Zustand der Gegenwart in eine als richtig und gerecht empfundene Ordnung der Vergangenheit zurückdrehen wollten. Wie Kopernikus den ständig wiederholten Umlauf der Planeten um die Sonne, die Drehung der Erde um die eigene Achse als ›revolutio‹ bezeichnete – und damit den Begriff überhaupt einführte –, eine Kreisbewegung also, die den eigenen Ausgangspunkt immer wieder erreichte, so verstand das politische Denken die Revolution zunächst als die Wiederherstellung eines verloren gegangenen Zustands[177]. In solcher Sicht war der Status quo die Abweichung von der Norm, und deshalb galt es, das ›gute alte Recht‹ wiederherzustellen und in Geltung zu setzen. Erst im Zeitalter der Aufklärung veränderte sich die Bedeutung des Begriffs, wurde er zukunftsoffen, »erfaß-

Studie zur ideengeschichtlichen Bestimmung eines politischen Schlüsselbegriffs, München 1987; Gerhard Commichau, Die Entwicklung der Menschen- und Bürgerrechte von 1776 bis zur Gegenwart, Göttingen 1998.

176 Roman Gleissner, Die Entstehung der ästhetischen Humanitätsidee in Deutschland, Stuttgart 1988.

177 Zur Begriffsgeschichte vgl. den Artikel ›Revolution‹ in: Otto Brunner/Werner Conze/Reinhart Koselleck (Hg), Geschichtliche Grundbegriffe, Stuttgart 1984, Bd. 5, bes. S. 717 ff.

te alle Gebiete und Bereiche des menschlichen Lebens«[178]. Mit den Erfolgen der großen bürgerlichen Revolutionen seit 1688 in England, 1776 dann in Amerika und schließlich 1789 in Frankreich gewann er zunehmend den Sinn einer mehr oder weniger starken Revision bestehender gesellschaftlicher und politischer Strukturen, stärker noch den Sinn einer radikalen Veränderung tradierter gesellschaftlicher wie staatlicher Institutionen und Organisationen. Historisch freilich scheiden sich von hier an die theoretischen und in deren Gefolge auch praktisch-politischen Reaktionen auf das, was Revolution bedeutet. Während konservatives Denken mit Beginn des 19. Jahrhunderts den Revolutionsbegriff wesentlich von den Erfahrungen der terroristischen Phase der französischen Revolution her versteht, blutige Bürgerkriege, rechtliche Willkür und Diktatur damit assoziiert, meinen all jene Denkansätze, die sich als linksliberal bis links grob charakterisieren lassen, damit einen Strukturbegriff, mit dem der Bruch, notfalls auch der gewaltsame und blutige Bruch mit den gegebenen Herrschaftsverhältnissen bezeichnet wird. Was sich auf der Ebene des Begriffs hier vollzieht – und parallel dazu auch im politischen Tageskampf so verstanden wird – , ist die Differenzierung eines semantischen Begriffsfeldes, das zwischen sozialer und politischer Revolution unterscheidet, das die materielle Ebene von der des Bewußtseins absetzt, das die Bedingungen der Möglichkeit eines Erfolges von Revolutionen in den vorhandenen und sich ausarbeitenden, auch erfahrbaren strukturellen Widersprüchen der ökonomischen, politischen, kulturellen und sozialen Bereiche einer Gesellschaft sieht, im übrigen Gewalt nicht ausschließt, sie aber auch nicht sonderlich fördert.

Wagners Revolutionsverständnis um 1848/49 – von einem im strikteren Sinne systematischen Revolutionsbegriff wird man kaum sprechen wollen – folgt im wesentlichen jenen Vorstellungen, die die Revolution als die Möglichkeit eines tiefgreifenden strukturellen Wandels der Gesellschaft begreifen, als den Startpunkt für einen neuen Menschen und für neue Verhältnisse, als – wie Wagner es 1881 einmal privat formuliert – »ein Drang, es mit Wahrhaftigkeit zu tun zu haben«[179]. Es ist in diesen Jahren ein Revolutionsverständnis, das gleichsam auf einer doppelten Ebene angesiedelt ist: auf der von sozialen Tatbeständen wie der des gesellschaftlichen Bewußtseins.

Soziale Tatbestände: das sind im wesentlichen die Beschreibungen des Elends der aktuellen Situation, ist der Widerspruch von Arbeit und Müßigang, exakter: von Arbeit und Kapital, ist all das, was Wagner in seinen Revolutionstraktaten den Zeit-

178 Ebenda, S. 720.

179 Cosima Wagner, TB, Bd. II, S. 687 (9. Februar 1881). Allerdings hat Wagner sich in diesen Jahren seiner Bayreuther Zeit gegenüber den Möglichkeiten einer Revolution überwiegend kritisch geäußert. Vor allem deshalb, weil er nicht bereit war, das Leben von Menschen einer gesellschaftlichen oder politischen Idee/Utopie wegen zu opfern. Vgl. ebenda, S. 637 (12. September 1880), wo Cosima notiert: »Bei Tisch bringt es die Ansicht unseres Freundes Stein, über das Recht, Menschen zu opfern einer Idee wegen (Marat), daß R. die Meinung von Carlyle vertritt, die Revolution sei eine tollgewordene Trivialität; und er sagt, wo alles darauf ankomme, durch das Menschenleben die Idee zu besiegeln, müsse man sich dann selbst opfern«.

genossen dramatisch vor Augen führt. Es ist in seiner Gesamtheit Voraussetzung dafür, daß Änderungen überhaupt erst als notwendig empfunden werden. Und solche Änderungen können realistischerweise erst in Aussicht genommen werden, wenn das Volk sich begreifen lernt als ein handelndes Subjekt der Politik, wenn es aktiv wird und aufsteht gegen die bestehenden Verhältnisse. Für Wagner kommt alles auf das Volk an, denn es ihm unzweifelhaft, »daß eine wirkliche Revolution nie von Oben, vom Standpunkte der erlernten Intelligenz, sondern nur von unten, aus dem Drange des rein menschlichen Bedürfnisses, zu Stande kommen kann«[180]. Das ist, wie schon erwähnt, die eindeutige und durch anarchistische Überzeugungen getragene Absage an intellektuelle Führer der Revolution, die dem Volk Ziele und Wege des Aufstandes vorgeben, es ist die Ablehnung jeglicher politischer Avantgarde und ihrer Vorbildfunktion, wie sie in späteren Revolutionstheorien, etwa der leninistischen, vertreten werden, und diese Ablehnung erfolgt deshalb, weil jegliche personale Repräsentation der revolutionären Bewegung der Spontaneität des Handelns und damit dem ›Akteur Volk‹ entgegensteht[181].

Wagners Vorstellung geht eher dahin, auf den Zusammenhang von Not und Handeln zu vertrauen. Das Volk ist ihm ›Notgemeinschaft‹ im wörtlichen Sinne des Begriffs, es sind »alle diejenigen, welche Not empfinden, und ihre eigene Not als die gemeinsame Not erkennen oder sie in ihr inbegriffen fühlen«[182]. Zum Volk gehören all jene, die »unwillkürlich und nach Notwendigkeit handeln«[183] – soll heißen: die ihrem Bedürfnis nach Aktion aufgrund ihrer elenden Lage spontanen Ausdruck geben. Damit wird primär eine soziale Bestimmung des Volkes vorgenommen, keine irgend kulturelle oder gar rassische, sondern eine ganz und gar aus der Beschreibung des konkreten Mangels resultierende, die diesen Mangel zugleich als einen kollektiv erfahrbaren Zustand versteht: »Nur eine Not, die ihrem Wesen nach eine gemeinsame ist, ist auch eine wirkliche, in ihrem Verlangen nach Befriedigung schöpferische Not: nur wer daher eine gemeinsame Not fühlt, gehört zum Volk. Die Not des Egoisten ist ein isoliertes, der gemeinsamen Notdurft entgegenstehendes Bedürfnis, und deshalb unproduktiv, weil willkürlich«[184]. Das schließt natürlich nicht aus, daß dem materiellen Mangel auch ein geistiger beigesellt ist.

Gleichwohl bleibt entscheidend für Wagners Verständnis des ›Volkes‹, daß vor allem die sozialen Tatbestände von allen gemeinsam empfunden und zugleich gemeinsam interpretiert werden. Und interpretieren heißt hier, daß sie deutlich ins gesellschaftliche Bewußtsein treten und sich identifizieren lassen als Herrschaft der Reichen über die Armen, als Ausbeutung und Unterdrückung. Das soziale Faktum allein genügt nicht, es bedarf auch der kollektiven Wahrnehmung der Situation,

180 Richard Wagner, Eine Mittheilung an meine Freunde, in: GSD, Bd. 4, S. 310.

181 Einen Überblick über die unterschiedlichen Revolutionstheorien gibt Kurt Lenk, Theorien der Revolution, München 1981.

182 Richard Wagner, Flüchtige Aufzeichnungen einzelner Gedanken, in: DS, Bd.V, S. 247.

183 Ebenda.

184 Ebenda.

durch die sich gemeinsames Bewußtsein erst auszubilden vermag. Nicht die additive Leistung von isolierten Einzelnen, auch nicht die Leistung von Intellektuellen, die dem Volk seine Lage autoritativ zu erklären suchen, sondern einzig die Anstrengung des Volkes selbst kann diesen Bewußtwerdungsprozeß folgen- und aktionsreich in Gang setzen. Wenn Wagner es für einen fundamentalen Irrtum hält, daß manche Intellektuellen »die revolutionäre Kraft im Bewußtsein suchen«[185], so zielt sein Vorbehalt auf den Anspruch individueller Führerschaft, die dem Prozeß der Bildung eines revolutionären Kollektivbewußtseins keine Zeit und Chance geben und die konkreten Erfahrungen des Elends nicht ausreichend wirken lassen wollen. Denn die Intellektuellen – so der Vorwurf Wagners – scheinen antizipierend immer schon zu wissen, wogegen die Revolution und wofür sie streiten soll, und sie glauben deshalb, deren Ergebnis bereits zu kennen, obwohl sich dies doch erst am Ende herausstellen kann. Die im Kopf vorweggenommene Geschichte muß sich indessen nicht verwirklichen, denn die Wirklichkeit ist der Idee stets überlegen. Deshalb meint Wagner: »Wir dürfen nur wissen, was wir nicht wollen, so erreichen wir aus unwillkürlicher Naturnotwendigkeit ganz sicher das, was wir wollen, das uns eben erst ganz deutlich und bewußt wird, wenn wir es erreicht haben: denn der Zustand, in dem wir das, was wir nicht wollen, beseitigt haben, ist eben derjenige, in welchem wir ankommen wollen. So handelt das Volk, und deshalb handelt es einzig richtig«[186].

Das ist die typische Denk- und Argumentationsfigur eines anarchistischen Revolutionsverständisses, die Wagner hier formuliert, die ganz auf Spontaneität und unmittelbare Sinnlichkeit des revolutionären Aktes setzt. Es ist die direkte Anlehnung an Bakunins Grundüberzeugungen, die Übernahme des »Grundmotivs der anarchistischen Revolutionstheorie … in nuce: die Negation der Negation des Bestehenden als Offenbarung«[187]. Man kann dies durchaus als eine eschatologische Komponente im Revolutionsverständnis von Wagner sehen, wobei das Ziel dieser Eschatologie vorerst noch nicht positiv bestimmt ist – in den ›Zürcher Kunstschriften‹ wird es die Kunst sein, und am Ende von Wagners Leben die »ästhetische Weltordnung«[188]. Aber zunächst einmal ist es die von Bakunin entliehene These, das Ergebnis von revolutionären Aktionen könne kognitiv, im Sinne einer positiven Ausmalung des angestrebten postrevolutionären Zustandes, deshalb nicht vorweggenommen werden, weil die Bedingungen, unter denen diese Aktionen stattfinden, selbst kontingent sind. Daher könne nur die totale Zerstörung des Bestehenden gewollt werden, der neue Zustand danach werde sich gleichsam von selbst herstellen. Eine Argumentation, die – um es noch einmal zu wiederholen – zum Kernbestand anarchistischer Überzeugungen gehört.

185 Ebenda, S. 244.
186 Ebenda, S. 247.
187 Kurt Lenk, Theorien der Revolution, S. 72.
188 Richard Wagner, Heldenthum und Christenthum, in: GSD, Bd. 10, S. 284.

In Wahrheit ist diese Argumentation allerdings zirkulär, weil sie einerseits Handeln situativ bestimmt, ohne selbst sagen zu wollen, ob und vor allem wann eine bestimmte Situation ein bestimmtes Handeln erlaubt oder gar erzwingt; weil sie andererseits die Ergebnisse von Aktionen dann doch zum Ausgangspunkt und zur Bedingung von revolutionären Bewegungen macht, ohne verbindlich einschätzen zu können, ob solche Ergebnisse dies überhaupt zulassen, ob die Situation ›reif‹ ist für die revolutionäre Aktion. Theoretisch gesehen handelt es sich hier um die Form eines linken Dezisionismus, der nur scheinbar und allenfalls nebenbei eine Denkfigur der Freiheit ist – wozu Bakunin und mit ihm Wagner sie erklären möchten –, viel eher eine, die es erlaubt, sich notwendiger strategischer Anstrengungen und Erwägungen in scheinbar legitimer Weise zu entledigen. Denn damit wird zugleich die gesellschaftliche wie politische Praxis selbst als nicht theoriefähig erklärt, ohne freilich zu bemerken, daß dieser Erklärung nun ihrerseits eine theoretische Annahme zugrunde liegt: denn die Unterstellung, gesellschaftliches Handeln und seine Folgen könnten theoretisch nicht antizipiert werden und auch die Rahmenbedingungen solchen Handelns entzögen sich einer theoretischen Systematisierung und Reflexion, ist ohne Zweifel selbst ein theoretisches Axiom, das einer systematischen Begründung bedürfte, die der Anarchismus allerdings zu liefern sich immer geweigert hat. Darüber hinaus liegt allem noch ein weiterer Denkfehler zugrunde: die Unterstellung nämlich, daß die Beseitigung dessen, was nicht gewollt wird, schon das, was gewollt wird, herbeiführt. Wie aber ließe sich ausschließen, daß ein Elend durch ein anderes ersetzt wird, daß der spontane revolutionäre Akt vielleicht nicht zum Besseren, sondern sogar zum Schlechteren hinführt?

Auch wenn Wagner gewiß kein systematischer Denker war, scheint er doch das Problem dieses Zirkels geahnt zu haben und vielleicht hat er sogar die Notwendigkeit gespürt, ihn zu durchbrechen. Denn anders ist schwerlich zu erklären, daß er sich einerseits immer wieder gegen intellektuelle Führer der Revolution scharf ausgesprochen hat, und andererseits dann, in einer damit kaum übereinstimmenden Wendung, davon redet, dem Dichter falle die Rolle der Selbstaufklärung des Volkes zu. Nachdem er seinen anarchistischen Revolutionsträumen ausgiebig nachgehangen hat, schreibt er plötzlich, die Kunst solle als Ausdruck der Unmittelbarkeit gesellschaftlicher Bedürfnisse das Medium der Weg- und Zielinterpretation revolutionärer Veränderungen werden. Und zwar nun als bewußte Tat, als Akt des Willens und der intelligiblen Einsicht: »Die bewußte Tat des Dichters ist: in dem zur künstlerischen Darstellung erwählten Stoffe die Notwendigkeit seiner Fügung aufzudecken und so der Natur nachzuarbeiten«[189]. Der Dichter als ein Interpret, der in seiner Kunst die Notwendigkeit des historischen Prozesses verdeutlicht, der selbst zwar nicht schaffen kann, weil nur das Volk kreativ ist, der aber doch »die Schöpfung des Volkes begreift und darstellt« und damit der Revolution den Weg weist: »Was daher das Volk, die Natur durch sich selbst produziert, kann erst dem Dichter Stoff

189 Richard Wagner, Flüchtige Aufzeichnungen einzelner Gedanken, S. 248. Hier auch die folgenden Zitate.

werden, durch ihn aber gelangt das Unbewußte in dem Volksprodukte zum Bewußtsein, und er ist es, der dem Volke dies Bewußtsein mitteilt. In der Kunst also gelangt das unbewußte Leben des Volkes sich zum Bewußtsein, und zwar deutlicher und bestimmter als in der Wissenschaft«.

Ganz ohne Zweifel: nun plötzlich bedarf es doch eines intellektuellen Wegbereiters, der aus den Wirren des Chaos herausführt, bedarf es der vom ihm gesetzten Wegmarken, an denen die Revolution und die Revolutionäre sich orientieren und fortbewegen können. Damit wird die Revolution zweifelsohne literarisch, wie umgekehrt nun die Literatur revolutionär werden soll. Wagner denkt am Ende beides zusammen, Revolution und Kunst, und darin zeigt sich auch in diesem Zusammenhang, daß in seinem Revolutionsverständnis immer schon die systematische Verbindung von Politik und Kunst angelegt war. Aus dem Zirkel eines bakunistisch eingefärbten, revolutionären Aktionismus, der auf die unbewußte und spontane Aktion eines zieloffenen Volksaufstandes setzt, ohne dessen Beginn, Richtung und Ende selbst auktorial mitbestimmen zu wollen, bricht Wagner schließlich dadurch aus, daß er der Revolution ihren Interpreten geben möchte: den Dichter, den Künstler, im Zweifelsfalle sich selbst. Auch damit schließt er an vorhandene Traditionen an, in diesem Falle an die Tradition der französischen Frühsozialisten, die – wie etwa Saint-Simon oder auch wiederum Proudhon – der Kunst und dem Künstler stets schon eine interpretierende Avantgarde-Funktion für gesellschaftsrevolutionäre Prozesse zugestanden hatten[190]. Man darf aus solchen Traditionszusammenhängen schließen, daß Wagner in seinem Selbstverständnis das anarchistische Revolutionskonzept keineswegs aufgegeben hat, wohl aber modifiziert. Deutlich wird nun, worauf es ihm bereits in dieser Zeit mehr als auf alles andere ankommt: Politik und Ästhetik aufeinander zu beziehen, sie miteinander zu verbinden, das eine durch das andere interpretieren zu lassen, Einheit zu stiften, wo bisher Trennung statt hatte.

Die Konsequenz einer solchen Literarisierung des Revolutionsbegriffs läßt sich unmittelbar ablesen an Wagners drittem Aufsatz, geschrieben für Röckels ›Volksblätter‹, unter dem Titel: *Die Revolution*, im April 1849 erschienen[191]. Es ist ein

190 Vgl. dazu eingehend Manfred Kreckel, Richard Wagner und die französischen Frühsozialisten, bes. S. 133 ff., sowie die Einleitung von Klaus Herding zu Pierre-Joseph Proudhon, Von den Grundlagen und der sozialen bestimmung der Kunst, ins Deutsche übertragen, eingeleitet und erläutert von Klaus Herding, Berlin 1988, S. 13 ff.

191 Egon Voss hat für diesen Text Zweifel an der Autorschaft Wagners angemeldet: »Die Tatsache, daß diverse Wagnerianer ihn für echt hielten und er darum 1911 Aufnahme in die erweiterte Ausgabe von Wagners Schriften fand, reicht als Beweis nicht aus. Eine Handschrift ist nicht überliefert, der Druck in den ›Volksblättern‹ Röckels erschien anonym, und es fehlt auch jeder Hinweis Wagners (oder einer ihm nahen Person), daß dieser Text aus seiner Feder stammt.« Dazu wäre anzumerken, daß es andererseits keinen Beleg dafür gibt, daß dieser Text nicht von Wagner stammt und daß jedenfalls der Stil, in dem der Traktat geschrieben ist, vollkommen dem Stil gleicht, den Wagner zu jener Zeit schreibt. Bis zum Beweis des genau belegten Gegenteils kann man also davon ausgehen, daß es sich um einen Wagner-Text handelt. Egon Voss, ›Wagner und kein Ende‹. Betrachtungen und Studien, Zürich/Mainz 1996, S. 253.

Hymnus auf die Revolution, der Form nach ein Katechismus revolutionärer Aktion und Gewalt, wie sie damals häufiger verfaßt wurden – von Heinrich von Kleist, von Moses Heß, vor allem auch von Michael Bakunin[192], um nur einige zu nennen. Und nicht zuletzt von Karl Marx und Friedrich Engels, an deren *Kommunistisches Manifest* von 1849 und seinen berühmt gewordenen Anfang: »Ein Gespenst geht um in Europa – das Gespenst des Kommunismus«[193] auch der emphatisch formulierte Beginn des Wagnerschen Katechismus erinnert: »Sehen wir hinaus über die Länder und Völker, so erkennen wir überall durch ganz Europa das Gären einer gewaltigen Bewegung, deren erste Schwingungen uns bereits erfaßt haben, deren volle Wucht bald über uns hereinzubrechen droht«[194]. In einer sich übersteigernden, fast überschlagenden Sprache wird der Untergang der alten Welt gefeiert, die »erhabene Göttin Revolution« besungen, als »ewig verjüngende Mutter der Menschheit, vernichtend und beseeligend« zugleich. Wie das klassisch-ikonographische Bild der Justitia erscheint sie der Welt, »auf den Flügeln der Stürme, das hehre Haupt von Blitzen umstrahlt, das Schwert in der Rechten, die Fackel in der Linken, das Auge so finster, so strafend, so kalt und doch, welche Glut der reinsten Liebe, welche Fülle des Glücks strahlt dem daraus entgegen, der es wagt, mit festem Blicke hineinzuschauen in dies dunkle Auge«. In einer emotional aufgeladenen Sprache entwirft Wagner ein Szenario, das aus dem Untergang der alten Welt eine neue mit theatralem Getöse entstehen läßt. Fürsten und ihr Anhang, »Dämchen« und »zähneklappernde Junkerchen«, Börsenspekulanten, Bürokraten und Militärs, sie alle sind dem Tode geweiht, haben ihren Feind, die Revolution, schon in ihrer Mitte und bemerken ihn doch nicht. Sie sind taub für den »Gruß der Revolution«, den Wagner im Stile religiöser Gebote und im Horizont einer eschatologischen Vision formuliert: »Zerstören will ich die bestehende Ordnung der Dinge, welche die einige Menschheit in feindliche Völker, in Mächtige und Schwache, in Berechtigte und Rechtlose, in Reiche und Arme teilt, denn sie macht aus allen nur Unglückliche. Zerstören will ich die Ordnung der Dinge, die Millionen zu Sklaven von Wenigen und diese Wenigen zu Sklaven ihrer eignen Macht, ihres eignen Reichtums macht. Zerstören will ich diese Ordnung der Dinge, die den Genuß trennt von der Arbeit, die aus der Arbeit eine Last, aus dem Genusse ein Laster macht, die einen Menschen elend macht durch den Mangel und den anderen durch den Überfluß. Zerstören will ich diese Ordnung der Dinge, welche die Kräfte der Menschen verzehrt im Dienste der Herrschaft des Toten, des leblosen Stoffes, welches die Hälfte der Menschen in Tatlosigkeit oder nutzloser Tätigkeit

192 Vgl. Karl Markus Michel (Hg), Politische Katechismen. Volney, Kleist, Heß, Frankfurt/M. 1966. Rainer Beer (Hg), Michael Bakunin. Philosophie der Tat, S. 316 ff.

193 Karl Marx, Friedrich Engels, Werke, Berlin-Ost 1959, Bd. 4, S. 459 ff.; das Zitat S. 461. Vgl. auch in Eckart Kröplin, Richard Wagner. Theatralisches Leben und lebendiges Theater, Leipzig 1989, S. 34 ff. die Gegenüberstellung von Zitaten Wagners mit ähnlichen Formulierungen von Marx/Engels.

194 alle folgenden Zitate aus Richard Wagner, Die Revolution, in: DS, Bd. V. S. 234 ff.

erhält, die Hunderttausende zwingt, ihre kräftige Jugend im geschäftigen Müßiggange als Soldaten, Beamte, Spekulanten und Geldfabrikanten der Erhaltung dieser verworfenen Zustände zu weihen, während die andere Hälfte durch übermäßige Anstrengung ihre Kräfte und Aufopferung jedes Lebensgenusses das ganze Schandgebäude erhalten muß. Zerstören bis auf die Erinnerung daran will ich jede Spur dieser wahnwitzigen Ordnung der Dinge, die zusammengefügt ist aus Gewalt, Lüge, Sorge, Heuchelei, Not, Jammer, Leiden, Tränen, Betrug und Verbrechen, und der nur selten zuweilen ein Strom unreiner Lust, fast nie ein Strahl reiner Freude entquillt. Zerstört sei alles, was euch bedrückt und leiden macht, und aus den Trümmern dieser alten Welt erstehe eine neue, voll nie geahnten Glückes«. Ein Katechismus, ein quasi-religiöses Bekenntnis, das im Ton religiöser Prophetie endet: »... mit dem himmelerschütternden Rufe: ›ich bin ein Mensch!‹ stürzen sich die Millionen, die lebendige Revolution, der Mensch gewordene Gott, hinab in die Täler und Ebenen, und verkünden der ganzen Welt das neue Evangelium des Glückes!«.

Niemals hat Wagner radikaler formuliert, hat er sich durch den immanenten Sog sprachlicher Verschärfung, rhetorischer Übersteigerung und theatralem Pathos vorbehaltsloser in seinem Schreiben bestimmen lassen als hier in diesem kleinen Traktat, der die Kulmination all seiner bisherigen Revolutionstraktate darstellt. Die Unerbittlichkeit der Gesinnung, die Kompromißlosigkeit der moralischen Forderung, die Absage an alle bisherige Tradition und Politik waren nie eigensinniger als hier, da der Selbstlauf der Rhetorik alle analytische Nüchternheit hinwegfegt und die bis dahin doch eher pragmatischen Interventionsabsichten und praktisch-politischen Vorschläge Wagners sich nun ins Prinzipielle verkehren. Bakunins Einfluß ist nicht nur spürbar, er ist in fast jeder Zeile präsent: seine Vorstellung, daß der Mensch von Natur her auf Protest und Widerstand hin angelegt ist, daß durch Denken und Empörung menschliches Selbstbewußtsein entsteht, daß Revolution also ein Wesensmerkmal des menschlichen Geistes ist, der das Endziel einer staatsfreien Gesellschaft ins Auge faßt, gegründet auf Gleichheit und absolute Gewaltlosigkeit. Und daß zuvor alles zerstört werden muß, was existiert, die produktive Lust der Zerstörung, wie Bakunin dies nennt, utopische Perspektive einer zukünftigen Vollendung des Menschen in einer heilen und grenzenlos verfügbaren Welt. Eine Ebene des gesellschaftstheoretischen Denkens ist damit erreicht, auf der Wagner die Reflexion konkreter gesellschaftlicher wie politischer Probleme zugunsten einer emphatischen Vision hinter sich läßt. Nun geht es nicht mehr um die konkreten Verbesserungen einer schlechten Wirklichkeit, nicht mehr um die ›Mühen der Ebene‹, die auf klar benannte Reformen der bestehenden Gesellschaft und des Staates gezielt waren. Nun geht es in großer Geste und großer Rhetorik um nichts geringeres als um die Neuschaffung der Welt, um einen radikalen Neuanfang, der alles Überkommene hinter sich lassen möchte. Man ist versucht, den Text dieses Revolutionskatechismus in die lange europäische Tradition utopischer Hoffnungen auf die Errichtung des ›tausendjährigen Reiches‹ einzuordnen und Wagner in die Tradition chiliastisch-utopischen Denkens von Joachim von Fiore bis Ernst Bloch zu stellen[195]. Doch das wäre nur sehr bedingt gerechtfertigt, Denn es gibt in diesem Zusammenhang noch einen anderen, für die weitere Entwicklung Wagners viel entscheidenderen Gesichtspunkt: indem Wagner, wohl wesentlich durch Bakunins radikalen Anarchismus dazu veranlaßt, sich aus seinem bisherigen, aufs Praktische zielende Politikverständnis verabschiedet, vollzieht er, ohne daß er sich dessen schon voll bewußt wäre, einen ganz entscheidenden Schritt: den Übergang von der Politik in den Bereich der Ästhetik. Denn die durch die Revolution neu zu schaffende Welt soll eine durch Kunst bestimmte sein, eine, die ästhetischen Erfahrungen und Prinzipien folgt, ein Programm, das Wagner im Züricher Exil in seinen drei politisch-ästhetischen Schriften konzeptionell ausarbeiten wird.

195 Vgl. dazu u.a. Norman Cohn, Das Ringen um das tausendjährige Reich. Revolutionärer Messianismus im Mittelalter und sein Fortleben in den modernen totalitären Bewegungen, Bern/München 1961; Frank E. Manuel/Fritzie P. Manuel, Utopian Thought in the Western World, Cambridge/Mass. 1979; Norman Cohn, Das neue irdische Paradies. Revolutionärer Millenarismus und mystischer Anarchismus im mittelalterlichen Europa, Reinbek bei Hamburg, 1988. Burchard Brentjes, Der Mythos vom Dritten Reich. Drei Jahrtausende Sehnsucht nach Erlösung, Hannover 1997.

Politik und Ästhetik

Im Juni 1848 erschien in der *Allgemeinen Musikalischen Zeitung* der erste Teil einer dreiteiligen Aufsatzserie über die ›Beziehungen zwischen Kunst und Politik‹, verfaßt von Eduard Krüger, einem Musiker und Musikschriftsteller, der Robert Schumann nahestand[1]. Der Titel hätte von Wagner stammen können, der Inhalt freilich nicht, denn gleich der erste Satz des die Serie startenden Beitrags liest sich, als sei er gegen Wagner und seine Kunstauffassung gezielt: »Die gewaltige Eröffnung deutscher Freiheit hat auch die künstlerischen Gemüther berührt, hie und da zu leidenschaftlicher Parteinahme verzückt und bereits wunderliche Früchte getragen«. Der Autor überlegt, »welchen Einfluß die politische Freiheit auf die Tonkunst üben wird?«, und er gibt sogleich darauf die Antwort, daß die Kunst »im Innersten von der Politik unberührt bleibt«. Denn, so fragt er weiter, »gibt es eine republikanische oder monarchische Harmonie, Melodie etc.? Oder wird in einem republikanischen Staate der Republikaner jedes Mal die Posaune besser blasen als der Aristokrat?«

Das war eine rhetorische Frage, deren implizite und stillschweigend unterstellte Antwort jegliches weitere Nachdenken überflüssig erscheinen ließ. Denn wer wollte ernsthaft behaupten, die politischen Überzeugungen eines Musikers färbten seinen instrumentalen Ton erkennbar ein. Und doch war mit dieser trivialen Selbstverständlichkeit das Thema nicht erledigt, denn Krügers These besagte lediglich, daß »ein unmittelbarer Einfluß der Politik auf die Kunst undenkbar sei«, leugnete aber nicht einen generellen und allgemeinen Zusammenhang zwischen Politik, Gesellschaft und Musik. »Dass ein Verhältnis stattfinde zwischen Sitte, Staat und Kunst«, daß »das Staatsleben nur eine höhere Stufe des sittlichen ist«, versuchte auch Krüger nicht zu bestreiten und er folgerte dann daraus: »Dass die Politik ohne Weiteres im Gebiete des Schönen widerklinge, ist eine Forderung der Unmöglichkeit; umgekehrt aber ist nothwendig, daß das Gesammtleben des Volkes, der allgemeine sittli-

1 Eduard Krüger, Beziehungen zwischen Kunst und Musik, in: Allgemeine Musikalische Zeitung, 1848, Nr. 25, Sp. 402 ff.; Nr. 30, Sp. 481 ff.; Nr. 52, Sp. 842ff. Ob Wagner diese Artikelserie kannte, ist zwar nicht belegbar, aber gleichwohl wahrscheinlich, da die AMZ wohl zu seiner regelmäßigen Lektüre gehörte. Vermutlich aber war ihm Krüger später in anderem Zusammenhang bekannt. Krüger, Gymnasiallehrer und Musikvereinsleiter in Emden/Ostfriesland, später Akademischer Musikdirektor in Göttingen, hatte nämlich in der von Robert Schumann 1834 gegründeten Neuen Zeitschrift für Musik im Januar 1850 Mendelssohn Bartholdys ›Drei Psalmen op. 78, Nr. 6 posth.‹ mit antijüdischen Affekten kritisiert und im Juni desselben Jahres gegen Meyerbeer polemisiert, sich damit eingeschaltet in eine laufende antisemitische Debatte der Zeitschrift, die Wagner entscheidende Stichworte für sein im selben Jahr ebenfalls dort publiziertes Pamphlet *Das Judenthum in der Musik* lieferte. Vgl. dazu Jacob Katz, Richard Wagner. Vorbote des Antisemitismus, Frankfurt/M. 1985, S. 81 ff.; vor allem aber Jens Malte Fischer, Richard Wagners *Das Judentum in der Musik*. Eine kritische Dokumentation als Beitrag zur Geschichte des Antisemitismus, Frankfurt/M. 2000, S. 28 f. sowie S. 213 ff.

che Hauch, der Gehalt des staatlichen Treibens und Wirkens, dass überhaupt der Zeitgeist sich in den Werken der Kunst widerspiegele«.

Dieser Text mit seiner Aussage mag für viele ähnliche stehen, die in jenen Jahren der politisch aufgewühlten Debatten und der revolutionären Gährungen erschienen sind und die intellektuellen Diskurse in den deutschen Ländern bestimmten. Krügers Artikelserie war ein Dokument der Reaktion auf sich vollziehende Veränderungen im politischen, gesellschaftlichen und künstlerischen Bereich, wohl auch ein Dokument der Neubesinnung und Ausdruck für das Gefühl eines weitreichenden Umbruchs. Er war zugleich ein Indikator dafür, »daß sich nach 1848 im deutschen Schrifttum über Musik die Zeichen einer Krise auf Seiten der Konservativen unmißverständlich, und erstmals bezogen auf die Politik, häufen«[2]. Konservativ – was immer in diesem Zusammenhang darunter zu verstehen ist – war Krügers Artikelserie wohl primär deshalb, weil ihr Autor die sich abzeichnenden Entwicklungen einer Engführung von Politik und Kunst eher abzuwehren suchte, um die so oft beschworene Autonomie der Kunst zu wahren. Mit aller Entschiedenheit schrieb Krüger, daß die Musik es »mit allen anderen Geistesarbeiten, ja selbst die Politik nicht ausgeschlossen! – gemein [hat], ihren eigenen Himmel und ihre eigene Hölle zu besitzen«.

Wenn es denn konservativ sein sollte, die Autonomie der Kunst zu behaupten und zu verteidigen, ihren konkreten Bezug zur Wirklichkeit abzustreiten, ihn allenfalls in einer allgemeinen Beziehung zu einer wie immer bestimmten gesellschaftlichen Sittlichkeit und Moral aufgehen zu lassen, so war Wagner alles andere als ein Konservativer, vielmehr ein entschiedener Gegner einer solchen Position, ein Radikaler auch hier. »Das absolute Kunstwerk« – so heißt es bei ihm – »das ist: das Kunstwerk, das weder an Ort und Zeit gebunden, noch von bestimmten Menschen unter bestimmten Umständen an wiederum bestimmte Menschen dargestellt und von diesen verstanden werden soll, – ist ein vollständiges Unding, ein Schattenbild ästhetischer Gedankenphantasie«[3]. Das war die kompromißlose Formulierung einer kompromißlosen Ansicht, ohne jedes Wenn und Aber und zugleich der Ausgangspunkt einer Ästhetik, die im 19. Jahrhundert und bis weit in das 20. Jahrhundert hinein nicht ihresgleichen hat, weil sie einen Zusammenhang unverstellt und radikal thematisiert und begrifflich zu fassen sucht, der erst unter den Bedingungen einer revolutionären Erfahrung so ins Bewußtsein treten konnte, wie dies bei Wagner geschah.

Wagners Ästhetik, die in diesem Satz ihre prägnante und einprägsame Formulierung gefunden hat, ist eine Revolutionsästhetik. Sie ist kaum angemessen zu verstehen ohne die ihr zugrundeliegenden und in sie eingehenden politischen Überzeugungen. Kein anderer Künstler vor ihm, wohl auch keiner nach ihm, hat beide Bereiche, Ästhetik und Politik, Kunst und Gesellschaftstheorie radikaler zusammen-

2 Jürg Stenzel, Reinlichkeitsgefühl in Kunstdingen. ›Politische Musik‹ – Skizze einer Begriffsgeschichte, in: Musik-Texte, Köln 1991, Nr. 39, S. 50.

3 Richard Wagner, Eine Mittheilung an meine Freunde, in: GSD, Bd. 4, S. 234.

gedacht, ihre unmittelbaren einsichtigen wie untergründigen Verflechtungen intensiver reflektiert und konsequenter durchformuliert wie er. Bei keinem anderen Musiker seiner Zeit bleibt das Verständnis der eigenen Kunst so sehr auf die fundamentalen Aspekte der Prinzipien einer selbst gewonnenen, kritisch angelegten Staats- und Gesellschaftstheorie bezogen, wie umgekehrt die Vorstellungen vom eigenen künstlerischen Schaffen, die konzeptionellen Überlegungen und schließlich die ausgearbeiteten ästhetischen Überzeugungen ihrerseits durch die politischen Überzeugungen mitbestimmt werden. Wagner selbst hat diesen Zusammenhang immer wieder hervorgehoben und bis an sein Lebensende immer wieder betont, daß seine ästhetischen Vorstellungen sich in und durch die Kritik am politisch-gesellschaftlichen Status quo entwickelt haben, daß sie in vielerlei Hinsicht die ästhetische Projektion einer politisch-revolutionären Hoffnung waren. »Jetzt hatte ich mich aber gegen dieses ganze Kunstwesen in seinem Zusammenhange mit dem ganzen politisch-sozialen Zustande der modernen Welt auszusprechen«[4] – schreibt er im Züricher Exil, und er wendet sich gegen die »Besieger der Revolution«, denen er abspricht, »Beschützer der Kunst« zu sein. Und noch 1864 bekennt er Ludwig II. gegenüber, daß er in den vorrevolutionären Zuständen Deutschlands eine Grundlage seiner sich entwickelnden ästhetischen Vorstellungen nicht habe finden können, nicht für seine Kunst, »die ich so ernst erfaßte, daß ich für sie im Gebiete des Lebens, im Staate, endlich in der Religion, eben eine berechtigte Grundlage aufsuchte und forderte. Daß ich diese im modernen Leben nicht finden konnte, veranlaßte mich, die Gründe hiervon in meiner Weise zu erforschen; ich mußte mir die Tendenz des Staates deutlich zu machen suchen, um aus ihr die Geringschätzung zu erklären, welche ich überall im öffentlichen Leben für mein ernstes Kunstideal antraf«[5].

Im Schweizer Exil entstanden in den Jahren 1849 bis 1851 die drei zentralen ästhetischen Schriften, die sogenannten ›Zürcher Kunstschriften‹: *Die Kunst und die Revolution* (1849); *Das Kunstwerk der Zukunft* (1849); *Oper und Drama* (1850/51)[6]. Mit ihnen zog Wagner nicht nur »die Bilanz der bisherigen künstlerischen Erfahrungen«[7], sondern er entwarf in ihnen ganz wesentlich seine Vision eines umfassenden Kunstideals, einer das Leben und die Lebensführung anleitenden Kunst. Alle seine bisherigen Erfahrungen und Kenntnisse, seine politischen Einsichten wie seine Rezeption von Philosophie und Literatur, gingen in diese Schriften ein, wurden in ihnen zu einer ›Weltanschauung‹ synthetisiert, die ihrerseits die Grundlage abgab für die eigene Kunstproduktion. Was in den frühen Werken des jungen Komponi-

4 Ebenda, S. 335.
5 Richard Wagner, Über Staat und Religion, in: GSD, Bd. 8, S. 4.
6 Oper und Drama liegt in einer kritischen und kommentierten Ausgabe vor, die von Klaus Kropfinger besorgt ist (Stuttgart 1984). Kropfinger geht ausführlich auf die Entstehung und die Textvarianten der unterschiedlichen Ausgaben dieses theoretischen Hauptwerkes von Wagner ein, ebenso auf dessen Zusammenhang mit der Biographie und den musikalischen Werken. Gleichwohl wird im folgenden aus Gründen der einfacheren Handhabung nach der von Wagner selbst edierten Ausgabe seiner Werke zitiert, in GSD, Bd. 3/4.
7 Hans Mayer, Richard Wagner. Mitwelt und Nachwelt, Stuttgart/Zürich 1978, S. 92.

sten an gesellschaftskritischen Motiven bereits erkennbar war, was in den Revolutionstraktaten der Dresdner Zeit an anarchistisch-sozialistischen Theoremen aufgenommen wurde und auf praktische Einlösung drängte, was in eine emphatisch überhöhte Revolutionsvorstellung einfloß, deren Ziel das Entstehen einer völlig neuen Welt sein sollte – dies alles wurde nun zum Inhalt und Stoff dieser Schriften, wurde zum Stimulans ausgreifender ästhetischer Reflexionen, die ihrerseits die überkommene Ästhetik zu verwerfen suchten. So wiederholte sich in diesen ersten Züricher Jahren auf der Ebene des Nachdenkens über die eigene Kunst der politische Radikalismus des in Dresden revolutionsbegeisterten Wagner, denn was die in Gang gesetzte Revolution am Ende nicht hatte erreichen können, sollte nun für die Zukunft eine neue Kunst leisten. Mit den ›Zürcher Kunstschriften‹ wurde das Scheitern der Revolution nachträglich auf der Ebene der Reflexion korrigiert. Wagner suchte noch nach seiner politischen Niederlage den revolutionären Sieg über die verhaßte bürgerliche Gesellschaft im Ästhetischen zu erfechten, er hoffte, durch seine neue Ästhetik des Musikdramas wenigstens der Revolution in der Kunst zum Durchbruch verhelfen zu können – an Komponieren war vorerst nicht zu denken. »Ich war damals ganz besessen, ich hätte nichts komponieren können, so nahm mich dies ein«, sagte er noch Jahrzehnte später zu Cosima anläßlich einer abendlichen Lesung aus *Oper und Drama* in Wahnfried[8].

Der enge Verweisungszusammenhang von Politik und Kunst und der damit gegebene materiale Gegenseitigkeitsbezug zwischen beiden Bereichen ist schon früh erkannt, freilich früh auch mit Nachdruck heruntergespielt und bagatellisiert worden. Denn den meisten ›Wagnerianern‹, vor allem denen des wilhelminischen Kaiserreiches, war die offen zutage liegende, politisch-revolutionäre Grundtendenz der Ästhetik mehr als peinlich; sie war ihnen inakzeptabel, denn sie stand dem verbreiteten Wunsch im Wege, Wagner zum eigentlichen deutschen Nationalkomponisten zu stilisieren. Sie war überdies ein Hindernis für den kulturellen Führungsanspruch, den Bayreuth, repräsentiert durch Cosima Wagner, Houston Stewart Chamberlain, Hans von Wolzogen und den ›Bayreuther Kreis‹ um die *Bayreuther Blätter*, nach dem Tode Wagners in Deutschland für sich reklamierten – weit über das Kaiserreich hinaus in die Jahre der Weimarer Republik hinein. Selbst wer gegen die reaktionäre Vereinnahmung Wagners während der letzten Jahrzehnte des 19. Jahrhunderts und der dann folgenden Jahre des 20. Jahrhunderts sich mühte, über Wagners Revolutionsengagement gemäßigt zu urteilen, glaubte doch, unterstellen zu müssen, der Komponist habe damals plötzlich, im gleichsam spontan-revolutionären Rausch jener Jahre, die eigene Selbstkontrolle verloren, sei von einem »Taumel« erfaßt worden, der »jede klare Selbsterkenntnis« getrübt habe: »Der ihn beseelende leidenschaftliche, unbezähmbare und wilde Drang, sich und seine Kunst durchzusetzen« – so urteilte Paul Moos zu Beginn des 20. Jahrhunderts – »ließ in seinem aufgeregten, von Phantasiegebilden erfüllten Kopfe die Verhältnisse der Kunst und des Lebens

8 Cosima Wagner, TB, Bd. II, S. 163 (18. August 1878).

wirr und wahllos in einander schießen, bis er selbst sie nicht mehr zu scheiden imstande war. ... Die Vermengung von Kunst und Politik jedoch ist von einer fast kindlichen Naivität und kann nur als Beweis dafür dienen, welch sonderbare Blasen eine gärende Zeit in gärenden Köpfen aufsteigen macht«[9]. Die Bezugnahme der Kunst auf Politik und Gesellschaft wurde eben – und wird gelegentlich noch immer – als ein pathologisches Phänomen betrachtet, die implizte Forderung nach Arbeitsteilung zwischen Künstler und politischem Denker als eine nicht mehr hintergehbare Schranke der erreichten gesellschaftlichen Ausdifferenzierung gesehen, die im Falle des Nichtrespektierens ganz offensichtlicht nur den Schluß zuläßt: »Wagner ist zum unreifen Schwärmer geworden, über den zu lächeln erlaubt erscheinen muß«[10]. Daß dieser ›unreife Schwärmer‹ immerhin die Mitte seines Lebens bereits überschritten hatte, daß er, mit Ausnahme des *Tristan*, seine Werke bereits alle konzipiert bzw. komponiert hatte, längst kein junger Mann mehr war und nichts weniger als naiv – all dies wird absichtsvoll übersehen.

Ein Muster der kritischen Distanzierung von Wagners Ästhetik ist hier zugleich formuliert, das über lange Jahre die Wagner-Rezeption ganz wesentlich bestimmte. Wagner war an dieser Verdrängungsleistung der Bayreuth-nahen Interpreten allerdings nicht völlig unbeteiligt, da er vor allem während der Zeit seiner Freundschaft mit dem bayrischen König die eigene Revolutionsbegeisterung vor diesem zu verharmlosen suchte. Aber er spielte sie andererseits doch nie so weit herunter, daß er ihre Bedeutung gerade auch für seine Ästhetik hätte leugnen wollen. Und doch setzte sich jene These in der Wagner-Literatur fest, wurde zu einem stabilen Vorurteil, wonach der ›Meister‹ über eine beträchtliche Zeit während der Dresdner Unruhen einen politischen Blackout gehabt habe, den man angesichts der späteren künstlerischen Leistungen übergehen könne. Für Westernhagen[11] beispielsweise spielen die ›Zürcher Kunstschriften‹ kaum eine Rolle, er erwähnt sie nur am Rande, bezieht sie nirgends in seine Interpretationen ein, und seine Wagner-Biographie gilt noch heute vielen als ein Standardwerk, hat gerade in diesem Punkte Vorgänger wie Nachfolger: von Carl F. Glasenapp bis Gustav Ernst, von Kurt Overhoff bis Rudolph Sabor[12].

Aber andererseits gibt es Gegenbeispiele. So hat Hugo Dinger[13], auch er ein früher Interpret von Wagners weltanschaulich geprägter Ästhetik, auf den für das

9 Paul Moos, Richard Wagner als Ästhetiker. Versuch einer kritischen Darstellung, Berlin/Leipzig, 1906, S. 112 f.

10 Ebenda, S. 113.

11 Curt von Westernhagen, Wagner, Zürich 1968.

12 Carl Friedrich Glasenapp, Richard Wagners Leben und Wirken, Leipzig 1876/77; ab der dritten Auflage unter dem Titel: Das Leben Richard Wagners, Leipzig 1894 ff.; Gustav Ernst, Richard Wagner. Sein Leben und sein Schaffen, München 1915; Kurt Overhoff, Die Musikdramen Richard Wagners, Salzburg 1967; Rudolph Sabor, Der wahre Wagner, Wien 1987.

13 Hugo Dinger, Richard Wagners geistige Entwicklung. Versuch einer Darstellung der Weltanschauung Richard Wagners mit Rücksichtnahme auf deren Verhältnis zu den philosophischen Richtungen der Junghegelianer und Arthur Schopenhauers, Bd. I, Leipzig 1892.

Werk strukturierenden Zusammenhang von Politik und Ästhetik aufmerksam macht. Er hat die radikalen Einflüsse von Philosophie und Politik benannt, die Wagner entscheidend geprägt haben und sich in diesen ›Zürcher Kunstschriften‹ wiederfinden lassen, und daraus die richtige Konsequenz gezogen, daß Wagners Ästhetik und seine Kunstauffassung den Raum einer wie immer ›autonom‹ verstandenen Kunst sprengt. Bei Dinger finden sich Einsichten in einen Zusammenhang, den auch einige wenige andere Autoren sehen[14], allen voran George Bernard Shaw mit seinen Interpretationen in *The Perfect Wagnerite*[15]. Es sind Einsichten, die sich erst in den späten siebziger Jahren des 20. Jahrhunderts durchzusetzen begonnen haben, um zugleich auch wieder von jenen bestritten zu werden, denen es angeblich auf die Wahrung der Integrität der Kunst und des Künstlers ankommt. Daß Wagners »ästhetische und dramaturgische Schriften zu den faszinierendsten kunsttheoretischen Dokumenten des bürgerlichen Zeitalters«[16] gehören, daß sie, »inspiriert durch die linke Hegel-Nachfolge, auf eine bisweilen deterministisch anmutende Weise soziologisch fundiert«[17] sind, bezeichnet eine Interpreten-Position, die angemessen, aber noch immer alles andere als selbstverständlich ist; auch wenn sie darauf verweisen kann, daß sie nur ernst nimmt, was Wagner ernst genommen wissen wollte, und was er in einer viel zitierten Wendung einmal so formulierte: »So ist die Kunst des Dichters zur Politik geworden: Keiner kann dichten, ohne zu politisieren … in einer rein politischen Welt nicht Politiker zu sein, heißt aber so viel, als gar nicht existieren; wer sich jetzt noch unter der Politik hinwegstiehlt, belügt sich nur um sein eigenes Dasein«[18].

Das Verhältnis von Politik und Kunst, von Aufhebung der Politik in Kunst und künstlerischer Gestaltung der Politik – es ist eines der großen Lebensthemen von Wagner, in einem weiten Sinne sein größtes, von überragender Bedeutung für das künstlerische wie das schriftstellerische Werk gleichermaßen. Der Drang, die eigene künstlerische Produktivität zu reflektieren, sie einzubinden in den zeitgenössischen Diskurs zum Zusammenhang von Kunst und Gesellschaft, allgemeiner: von Kunst und Leben, beginnt gewiß schon früh. Er steigert sich während der revolutionären Jahre von Dresden und erfährt nun im Züricher Exil mit der Abfassung und Veröffentlichung der ›Zürcher Kunstschriften‹ seinen unbetreitbaren und theoretisch unüberbietbaren Höhepunkt. Vergangenheit und Zukunft werden in diesen Schriften – zu denen zeitlich auch *Das Judenthum in der Musik* (1850) sowie *Die Mittheilungen an meine Freunde* (1851) zu zählen sind – jetzt gleichsam um die Achse der vielfältigen Erfahrungen dieser Jahre gespiegelt. Es wird der Weg bedacht, der seit dem

14 Vgl. etwa Henri Lichtenberger, Richard Wagner der Dichter und Denker. Ein Handbuch seines Lebens und Schaffens, Dresden/Leipzig 1904.

15 George Bernard Shaw, The Perfect Wagnerite, London 1898, dt. Ein Wagner-Brevier. Kommentar zum Ring des Nibelungen, Frankfurt/M. 1973.

16 Dieter Borchmeyer, Das Theater Richard Wagners, Stuttgart 1982, S. 14.

17 Ebenda, S. 15.

18 Richard Wagner, Oper und Drama, in: GSD, Bd. 4, S. 53.

Holländer mit *Tannhäuser* und *Lohengrin* zurückgelegt worden ist und von dem Wagner weiß, daß er nicht einfach so fortgesetzt werden kann. Und vor allem: Wagner entwirft die politisch-ästhetische Utopie des Gesamtkunstwerks. Mit nie nachlassendem Eifer begründet, rechtfertigt und erklärt er einerseits aller Welt die Grundlagen seiner Werke, erläutert ausgiebig deren Intentionen, schreibt er Kommentar auf Kommentar mit eingehenden Hinweisen auf seine Absichten so gut wie auf die erwünschten Aufführungspraktiken. Zugleich konzipiert er paradigmatisch das Modell einer nachrevolutionären Kunst der Zukunft, seiner Kunst vor allem. Diese zeitlich ausgebreiteten und intensiven schriftstellerischen Aktivitäten sind erstaunlich für einen Künstler, der doch zugleich immer wieder betont, Musik müsse auf das Gefühl der Menschen wirken, was doch wohl heißt, daß sie einer verbalen Erklärung im Grunde nicht bedarf, einer rationalen nicht zugänglich ist. Aber offensichtlich mißtraut er seiner eigenen Überzeugung wie der von ihm immer wieder beschworenen Gefühlsfähigkeit des Publikums, mißtraut er auch fremden Interpreten, denn anders ist kaum zu erklären, weshalb er den so zeitaufwendigen, immensen schriftstellerischen Aufwand des Selbstkommentierens und der Zukunftsprojektion überhaupt betreibt, weshalb er immer wieder versucht, seine eigene künstlerische Produktion in dieser Weise systematisch zu rechtfertigen und zu erklären, ihre Rezeption in seinem Sinne zu beeinflussen.

Die ›Zürcher Kunstschriften‹ sind ein großer, fast systematischer Wurf, eines der am weitesten durchreflektierten ästhetischen Konzepte des 19. Jahrhunderts, von eindrucksvoller Dichte der Argumentation und konstruktiver Stimmigkeit, nicht zuletzt von staunenswerter Breite der Kenntnisse und des Problembewußtseins, Dokumente einer unersättlichen Rezeptionsfähigkeit. Gewiß keines jener weithin geschlossenen ›Systeme‹ im strengen Sinne des Wortes, gemessen am strikten Maßstab philosophischer Systemkonstrukteure, wie sie der deutsche Idealismus von Kant bis Hegel hervorgebracht hat. Aber gleichwohl von spürbarer Geschlossenheit, systematisch im Aufbau und stringent in den Folgerungen. Dahlhaus hat deshalb unrecht, wenn er meint, Wagners Ästhetik bilde »keinen geschlossenen Zusammenhang, der als System konstruierbar wäre, sondern erscheine als geschichtlich sich verändernder Komplex von Gedanken«[19], denn die damit suggerierte These eines bloß situationsabhängigen und folglich diskontinuierlichen reflexiven Reagierens auf sich verändernde dramatisch-musikalische Probleme geht fehl, läßt sich nicht halten. Sie unterschätzt die doch alles in allem erstaunliche Konsistenz und Kontinuität der Fundamentalüberzeugungen Wagners, die sich trotz aller Modifikationen und Akzentverschiebungen, trotz aller Differenzierungen und partiellen Abänderungen – die man ja auch als normale Lernvorgänge eines intelligenten Lebens verstehen kann – ausmachen lassen. Konsistenzen und Kontinuitäten, an die Wagner von Zeit zu Zeit selbst immer wieder erinnert hat. So etwa 1860 in *Zukunftsmusik*, einer Abhandlung, geschrieben für das Pariser Publikum, in der er die Grund-

19 Carl Dahlhaus, Wagners Konzeption des musikalischen Dramas, München 1990, S. 124.

intentionen der ›Zürcher Kunstschriften‹ erneut aufnimmt. Und hier findet sich auch im Nachhinein die Feststellung Wagners, er habe sich damals, als er seine Ästhetik formulierte, in einem »durchaus abnormen Zustande«[20] befunden, weil die eigenen Intentionen mit den zur Verfügung stehenden Möglichkeiten des Theaters nicht in Übereinstimmung zu bringen waren – Zwang »zum Innehalten auf der Bahn des mehr oder minder bewußtlosen künstlerischen Produzierens, um in andauernder Reflexion mir diese problematische Lage durch Erforschung ihrer Gründe zum Bewußtsein zu bringen«[21].

In der Rückschau wird hier auf ein Krisenbewußtsein angespielt, das die ›Zürcher Kunstschriften‹ in doppelter Hinsicht dokumentieren: so wie in den Revolutionstraktaten die tief empfundene Krise des politisch-gesellschaftlichen Systems der Zeit sich spiegelt, so in den ästhetischen Schriften die Krise der künstlerischen Produktivität. Und beides hängt eng miteinander zusammen. Denn was Wagner selbst als ›abnormen Zustand‹ registriert, ist Ausdruck und Konkretisierung der Sensibilität, mit der hier ein Künstler auf eine nicht nur subjektiv erfahrene, sondern auch objektiv vorhandene Umbruchsituation reagiert, die zentrale Bereiche des modernen Lebens erfaßt hat, die Politik ebenso wie die Kunst. Ein Umbruch, dem entgegenzutreten und dessen Trend umzukehren, dessen Ausbreitung zu verhindern Wagners vordringlichstes Ziel wird. Ganz folgerichtig bringt er daher Politik und Kunst in einen unauflösbaren und konstitutiven Zusammenhang, thematisiert er die Interdependenzen beider Bereiche, behauptet er ihre Verflechtung und Parallelität und reagiert auf diese Weise zugleich auf ein zentrales, freilich nicht mehr ganz neues Problem der Moderne und der sie begleitenden Gesellschafts- und Politiktheorie: auf den Zerfall einer die einzelnen Lebensbereiche überwölbenden, normativen Grundorientierung, auf den Verlust eines einheitlichen Lebensgefühls, auf strukturelle Partikularisierung und emotionale Entfremdung in einer sich sozial mehr und mehr konfliktreich organisierenden Gesellschaft. Was Wagner möchte, was er zutiefst herbeiwünscht, ist dies: mit einem die Politik gleichsam überspringenden neuen ästhetischen Konzept theatralischer Kunst ein Gegenmodell zu entwickeln, das die Möglichkeit von ganzheitlichen Lebenserfahrungen wieder eröffnet, das auf der ästhetischen Ebene neue existenzielle Einsichten verspricht, in deren Konsequenzen zugleich auch moralische Besserungen, die sich der schlechten Alltagspraxis des Status quo kontrastieren lassen. Politisierung der Ästhetik, Ästhetisierung der Politik – aus je gegenläufiger Perspektive ergibt sich beides aus demselben Grundbefund.

Die ›Zürcher Kunstschriften‹ stehen in einem mehrfachen Verweisungszusammenhang: zunächst einmal bauen sie in gewisser Weise aufeinander auf, sie entfalten, liest man sie als ein Gesamtwerk in drei Teilen, den Umriß der Wagnerschen Ästhetik in einer klar sequenzierten Folge. *Die Kunst und die Revolution*, Ende Juli 1849 in wenigen Tagen entstanden, konfrontiert die moderne Zivilisation mit der griechi-

20 Richard Wagner, Zukunftsmusik, in: DS, Bd. 8, S. 45.
21 Ebenda, S. 47.

schen Antike und steckt so den zeitlichen wie auch geschichtsphilosophischen Rahmen ab, den Wagner als Begründungshintergrund für seine Überlegungen wählt. *Das Kunstwerk der Zukunft*, im November 1849 abgeschlossen, 1850 erschienen und »Ludwig Feuerbach in dankbarer Verehrung gewidmet«[22], entwickelt zunächst auf der Grundlage anthropologischer Annahmen das Verhältnis von Natur, Mensch, Gesellschaft und Kunst, sodann eine Diagnose der Gegenwartskunst, im Anschluß daran das Konzept des Gesamtkunstwerks und am Ende die Perspektive einer Zukunftsorganisation der Menschen, in der die politisch-gesellschaftlichen Elemente mit den ästhetischen verschmelzen, Politik und Kunst eins werden sollen. *Oper und Drama* schließlich, um die Jahreswende 1850/51 geschrieben, »ein Dokument des ›Jungen Deutschland‹«[23], ist Wagners umfangreichste ästhetische Schrift, sein eigentliches Hauptwerk, Auseinandersetzung mit der bisherigen Geschichte der Oper und des Dramas in den beiden ersten Teilen, der die detaillierte Entwicklung eines eigenen musikdramatischen Konzeptes, genauer: der eigenen ästhetischen Utopie folgt, mit der sich zugleich eine revolutionäre gesellschaftstheoretische Perspektive verbindet[24].

Aber neben diesem sich inhaltlich ständig erweiternden Argumentationsrahmen, den die einzelnen Schriften bereitstellen, gibt es zugleich auch einen verblüffenden systematischen Verweisungszusammenhang, der sich in der Lektüre zwar nicht unmittelbar erschließt, der sich aber rekonstruieren und an der Folge der thematisierten Topoi ablesen läßt. Diese innere Systematik der Schriften untereinander folgt aus der Art und Weise, wie Wagner das Verhältnis von Politik und Kunst historisch und systematisch entwickelt. Indem er die Geschichte der europäischen Politik und die Geschichte der europäischen Kunst in ihrer Entfaltung als parallele, sich gegenseitig beeinflussende Entwicklungen zeichnet, nimmt er eine gleichsam intertextuelle Analogisierung der politischen und ästhetischen Argumentationsfelder vor. Diese Analogisierung orientiert sich in ihrer systematischen Abfolge entscheidend an der kritischen Reflexion von Religion, Gesellschaft und Staat, wie sie von den Linkshegelianern vorgetragen und von der radikalen politischen Opposition des Vormärz vielfach aufgenommen und in politische Forderungen übersetzt worden ist.

Diese Linkshegelianer[25] – auch Junghegelianer oder Hegelsche Linke genannt – wollten eine völlige Neuorientierung des Denkens, das sich auf alle Bereiche, auf Philosophie und Religion, auf Kunst und Literatur, auf Recht, Politik, Staat, Gesell-

22 Zur Widmung und Feuerbachs Reaktion darauf vgl. oben S. 30.

23 Carl Dahlhaus, Klassische und romantische Musikästhetik, Laaber 1988, S. 471.

24 Eine ausführliche Inhaltsangabe dieser Schriften gibt Jürgen Kühnel, Wagners Schriften, in: Ulrich Müller/Peter Wapnewski, Richard-Wagner-Handbuch, Stuttgart 1986, S. 498 ff.

25 Vgl. Karl Löwith, Die Hegelsche Linke, Stuttgart 1962, vor allem die ausführliche Dokumentation von Heinz und Ingrid Pepperle (Hg), Die Hegelsche Linke. Dokumente zu Philosophie und Politik im deutschen Vormärz, Leipzig 1985. Zu dieser Gruppe von Philosophen und Literaten zählten u.a. Bruno Bauer, Ludwig Feuerbach, der junge Karl Marx, Arnold Ruge und Max Stirner – um nur diejenigen zu nennen, die für die Entwicklung von Wagners Denken und Weltanschauung eine wichtige Rolle gespielt haben.

schaft, Bildung und Erziehung beziehen sollte. Gegen die Geschlossenheit der Philosophie Hegels, in der Erkenntnistheorie, Geschichtsphilosophie, wie auch Religion, Recht, Gesellschaft, Staat und Kunst zu einem einheitlich durchstrukturierten, in sich stimmigen ›System‹ verschmolzen worden waren, setzten sie sich zum einen das Aufsprengen dieses System-Denkens zum Ziel. Zum anderen traten sie gegen die nach Hegels Tod (1831) vielfach verbreitete Meinung an, mit Hegel habe die Philosophie ihren definitiven Abschluß gefunden und es lasse sich deshalb keine Perspektive einer philosophischen Weiterentwicklung erkennen. Darüber hinaus galt ihnen Hegel – vornehmlich mit seiner Rechtsphilosophie – als ein gegen Ende seines Lebens zunehmend reaktionärer werdender Philosoph, der die preußische Monarchie wie die preußische Staatsidee gerechtfertigt und dessen wesentliche Leistung in der Begründung des Macht- und Nationalstaates bestanden habe[26]. Hegels Satz: »Was vernünftig ist, das ist wirklich; und was wirklich ist, das ist vernünftig«[27] wurde – in Verkennung der auf die Idee und die Begriffe als der bestimmenden Wirklichkeit zielenden Aussage – als blanke Zustimmung zur restaurativen Verfassung und Politik der nachnapoleonischen Zeit aufgefaßt. Gegen beides, die Geschlossenheit des philosophischen Systems wie seine die reaktionären Zustände vermeintlich legitimierenden Inhalte, setzten die Linkshegelianer auf die Radikalisierung des Denkens, wollten sie damit die Geltung Hegels wie seinen Einfluß abschwächen und dekonstruieren und so gegen die politischen wie gesellschaftstheoretischen Konsequenzen seines Systems auch praktisch vorgehen. Es waren Autoren, die in einem intensiven geistigen Austausch untereinander standen, in ihren Schriften Bezug auf einander nahmen, und die bei aller Individualität doch gemeinsam an zentralen Fragestellungen interessiert waren: es ging ihnen vor allem um die Probleme der Selbstbestimmung des Menschen, seines Verhältnisses zur Natur, zur Gesellschaft und Politik, es ging um die Frage, wie kritisches Denken gegen die bestehende Ordnung sich durchsetzen, vielleicht sogar realisiert werden könne. In »Streitschriften, Pamphleten, Zeitkritiken, Stellungnahmen zu konkreten geschichtlichen Ereignissen, zu Personen und einzelnen Problemen«[28] wurde über die Philosophie Hegels hinaus gedacht, wurden die Prinzipien und Umrisse einer demokratischen Gesellschaft diskutiert und avisiert. Anfangs standen viele dieser Autoren den preußischen Reformern Stein und Hardenberg nahe, doch im Laufe der Jahre und aufgrund ihrer politischen Erfahrungen wandelten sie sich mehr und mehr zu oppositionellen Liberalen und später zu radikalen, ja revolutionären Demokraten. Allen gemeinsam blieb die »Begründung und Rechtfertigung bürgerlich-demokratischen Gedankengutes«[29], das sich

26 Aus dieser Sicht sind als Abrechnungen mit Hegels Philosophie geschrieben: Rudolf Haym, Hegel und seine Zeit. Vorlesungen über Entstehung und Entwicklung, Wesen und Werth der Hegelschen Philosophie (1857), Hildesheim 1962, und: Franz Rosenzweig, Hegel und der Staat, 2 Bde. (1920), Aalen 1962.

27 Georg W. Fr. Hegel, Grundlinien der Philosophie des Rechts (1821), Hamburg 1955, Vorrede, S. 14.

28 Heinz und Ingrid Pepperle, Die Hegelsche Linke, S. 13.

29 Ebenda, S. 25.

allerdings häufig mit sozialistischen und anarchistischen Vorstellungen berührte und nicht immer von diesen radikaleren Strömungen abgrenzen ließ. Man kann diese Hegelsche Linke in all ihren Facetten verstehen als »den geistigen Ausdruck der Emanzipationsbestrebungen des deutschen Bürgertums vor der Revolution von 1848«[30], die sich, angestoßen durch die Französische Juli-Revolution von 1830, in den dreißiger und vierziger Jahren des 19. Jahrhunderts zunehmend radikalisierte, um so ihren praktischen Reformforderungen intellektuellen Nachdruck zu verleihen.

Auch wenn die Linkshegelianer kein eigenständiges und geschlossenes ›System‹ formuliert haben, weil es ihnen ja gerade darum ging, die Geschlossenheit von Systemen zu überwinden, so läßt sich doch in den Schriften ihrer wichtigsten Repräsentanten eine gewisse ›Systematik‹ ihres kritischen Denkens erkennen und rekonstruieren. Die beginnt zunächst mit Ludwig Feuerbachs Religionskritik als der Grundlage, auf der alle weitere Kritik der Gesellschaft und des Staates, auch der Ökonomie, dann aufbaut. Feuerbach bestimmt die Religion als Ausdruck eines praktischen Bedürfnisses der Menschen, als eine Form, in welcher der Mensch sich als Gattungswesen interpretiert und seine Stellung zur Natur und zu sich selbst festzulegen sucht. Religion wird verstanden als eine Projektion all dessen, was dem Menschen auf Erden versagt bleibt, sie ist zugleich auch Ausdruck der Entzweiung des modernen Subjekts mit sich und seiner Umwelt. In dieser Sicht erscheint die Religion daher auch als das Fundament menschlicher Selbstverständigung, auf den ersten Blick unhintergehbar, und deshalb war die »Kritik der Religion die Voraussetzung aller Kritik«[31], wie Karl Marx es mit positivem Bezug auf Feuerbach formulierte. Diese Überzeugung teilten die Linkshegelianer, denn auch sie glaubten, daß von diesem selbstverständlichen Faktum jede weitere kritische Reflexion auszugehen habe. Wagner übernahm diese prinzipielle Einsicht, teilte damit eine der entscheidenden Positionen der radikalen Hegel-Kritik, und dies nicht zuletzt deshalb, weil er – wie noch zu zeigen sein wird – in der Kritik der Religion zugleich eine konsequente Absage an alle Metaphysik sah. Das aber schien die Möglichkeit zu eröffnen, an die Stelle der überflüssig gewordenen Metaphysik – allgemeiner formuliert: an die Stelle der Philosophie überhaupt – die Kunst zu setzen. Daß Wagner dabei vor allem an seine eigene Kunst dachte, muß wohl nicht eigens begründet werden.

Auf der Religionskritik baute dann eine sehr genau ausformulierte Kritik des Staates und der Gesellschaft auf, wie sie analytisch am prägnantesten von Marx in seiner Auseinandersetzung mit Hegel geleistet worden ist[32], wie sie sich aber auch in

30 Ebenda, S. 23.

31 Karl Marx, Zur Kritik der Hegelschen Rechtsphilosophie, in: Karl Marx/Friedrich Engels, Werke (MEW), Berlin-Ost 1956, Bd. 1, S. 378.

32 Einschlägig sind hier vor allem die frühen Schriften von Karl Marx, Zur Kritik des Hegelschen Staatsrechts, sowie Zur Kritik der Hegelschen Rechtsphilosophie, beide in: Karl Marx/Friedrich Engels, Werke (MEW), Bd. 1, S. 201 ff. und S. 378 ff.

den verschiedenen radikal-demokratischen und anarchistisch-sozialistischen Varianten jener Denker und Theoretiker fand, die auf Wagner bestimmenden Einfluß nahmen[33]. Wie immer sich die unterschiedlichen Sichtweisen des ›Staates‹ im Denken dieser Linkshegelianer unterscheiden mögen, gemeinsam ist ihnen allen, daß sie – gegen Hegels These, wonach der Staat »die Wirklichkeit der sittlichen Idee« und »die Wirklichkeit der konkreten Freiheit«[34] sei – diesen Staat doch eher als ein Zwangsinstrument gesellschaftlicher Organisation begreifen, als eine Anstalt, in der die emanzipatorischen Postulate der französischen Revolution, die Realisierung der Menschenrechte wirksam und nicht selten auf brutale Weise verhindert und unterdrückt werden. Die Hegel-Kritik von Karl Marx, deren Systematik den übrigen linkshegelianischen Positionen sowohl philosophisch wie praktisch folgenreich überlegen ist, bringt dieses Denken auf jenen Punkt, an dem auch Wagners eigene Kritik wesentlich ansetzt: sie macht den einzelnen Menschen zum Zentrum aller weiteren Überlegungen, sie zielt auf Aufhebung der Trennung des Bourgeois vom Citoyen, auf die Abschaffung der Absonderung des Staates von der Gesellschaft und dem Volk, auf die Herstellung einer »wahren Demokratie«, die als »freies Produkt des Menschen«[35] dessen umfassende Selbstverwirklichung, die volle Entfaltung seiner politischen, wirtschaftlichen, sozialen wie künstlerischen Fähigkeiten ermöglichen und garantieren soll. In diesem Kontext steht denn auch die intensive Diskussion zur Frage der politisch-gesellschaftlichen Emanzipation der Juden[36], die Wagner auf seine eigene Weise, bezogen nämlich auf deren Beitrag zur Kunst, dann ebenfalls aufnimmt, und zu der er Positionen vertritt, die denjenigen von Bruno Bauer und Karl Marx nicht allzu fern stehen. Doch dies bedarf einer eigenen Erläuterung[37].

An den ›Zürcher Kunstschriften‹ fällt auf, daß Wagners Auseinandersetzung mit Religion, Gesellschaft und Staat den vorgegebenen thematischen Stufen dieses junghegelianischen Diskurses ziemlich genau folgt. Nimmt man die drei Schriften *Die Kunst und die Revolution*, *Das Kunstwerk der Zukunft* und *Oper und Drama* insgesamt als eine Einheit in den Blick, gleichsam als eine Werk in drei Teilen, so zeigt sich, daß Wagner ebenfalls mit einer radikalen Religionskritik beginnt, der dann eine ebenso radikale Gesellschafts- und Staatskritik folgt. Im Unterschied aber zu den Junghegelianern gewinnt er die Kriterien seiner Kritik aus einer idealisierten Vorstellung der griechischen Polis, die ihm als Urbild allen Heils erscheint, und an der gemessen sich die Gegenwart als Produkt eines lange währenden, historischen Verfallsprozesses beschreiben läßt. In parallelen Schritten zu seiner Kritik von Staat, Gesellschaft und Politik formuliert er eine Kritik der Oper, in deren ästhetischer Entwicklung

33 Für die Linkshegelianer vgl. dazu als Beispiel die einschlägigen Texte vor allem von Arnold Ruge in: Heinz und Ingrid Pepperle, Die Hegelsche Linke, S. 147 ff.; S. 443 ff.; S. 546 ff.

34 Georg W. Fr. Hegel, Grundlinien der Philosophie des Rechts, § 257; § 260.

35 Karl Marx, Kritik des Hegelschen Staatsrechts, in: Karl Marx/Friedrich Engels, Werke (MEW), Bd. 1, S. 231.

36 Vgl. z.B. Bruno Bauer, Die Judenfrage, Braunschweig 1843; Karl Marx, Zur Judenfrage, in: Karl Marx/Friedrich Engels, Werke (MEW), Bd. 1, S. 347.

37 Vgl. dazu S. 261 ff.

seit ihrer ›Erfindung‹ im 16. Jahrhundert sich nach seiner Überzeugung die Entwicklung von Gesellschaft und Staat widerspiegeln. Wagners Kritik der Oper ist daher im Ansatz eine soziologische Kritik, deren Kriterien er ebenfalls aus der griechischen Antike bezieht, in diesem Falle vom griechischen Drama. Staats-, Gesellschafts- und Politikkritik und Kritik der Oper sind durch dieses methodische Verfahren eng aufeinander bezogen, sowohl in inhaltlicher wie entwicklungsgeschichtlicher Perspektive. Den Abschluß von Wagners kritischem Durchgang durch Religion, Gesellschaft und Staat einerseits, durch Opernentwicklung und Kulturbetrieb andererseits, bezeichnet dann die Wendung seines Blicks in die Zukunft: auf beiden Ebenen, der politischen wie der ästhetischen, glaubt Wagner mit seinem Konzept des Gesamtkunstwerks und den für dessen Realisierung notwendigen, erst noch herzustellenden gesellschaftlichen Bedingungen über eine Lösungsperspektive zu verfügen, die am Ende Politik und Ästhetik als getrennt existierende Lebens- und Erfahrungsbereiche aufzuheben vermag. Im Kunstwerk der Zukunft wird – so glaubt er – die durch historische Fehlentwicklungen verlorengegangene Einheit der Lebenserfahrung zurückgewonnen werden. Dieses Kunstwerk der Zukunft ist, als radikale Negation der bisherigen und noch immer vorherrschenden politischen wie ästhetischen Tendenzen, seiner internen Struktur nach jenen Formen der assoziativen Vergesellschaftung nachkonstruiert, wie sie die Linkshegelianer und die Radikal-Demokraten des Vormärz vielfach propagierten und wie sie Wagner nicht zuletzt durch seine Rezeption bestimmter Teile des sozialistischen und anarchistischen Denkens vertraut waren.

Doch ein solches Projekt wie die Realisierung des Kunstwerks der Zukunft bedarf – das war Wagner sehr bald deutlich – sowohl institutioneller als auch organisatorischer Sicherheit. Es benötigt einen festen Rahmen, in dem es sich ereignen kann, den Wagner dann in seiner Festspielidee mit ihrer Konsequenz eines neu zu konzipierenden Theaters findet, neu sowohl in baulicher wie in aufführungstechnischer und nicht zuletzt weltanschaulicher Hinsicht. Verbunden mit dieser Festspielidee war die Vorstellung einer demokratischen Öffentlichkeit, mit der das neue, zukünftige Theater in einen permanenten Dialog treten sollte. All dies aber ließ sich – so die Überzeugung Wagners – nur herstellen durch eine tiefgreifende Revolution, die einerseits den institutionellen Aufbau der bürgerlichen Gesellschaft grundlegend änderte, deren soziale Struktur neu ordnete, vor allem aber die bis dahin geltenden ästhetischen Grundüberzeugungen und Maßstäbe fundamental neu zu formulieren erlaubte. Das alles waren zentrale Elemente eines Programms, das in den ›Zürcher Kunstschriften‹ seine theoretische Grundlegung erfuhr und im *Ring*, den *Meistersingern* und *Parsifal* seinen musikdramatischen Ausdruck fand.

Das Verhältnis von Politik und Ästhetik in den ›Zürcher Kunstschriften‹

Verfallsgeschichte

Kritik des Christentums	
Kritik der bürgerlichen Gesellschaft/Zivilisation	Kritik der Oper
Kritik des Staates	Kritik des Kulturbetriebs
Kritische Folie: Griechische Polis	Kritische Folie: Klassisches Drama

↓

Zukunftsperspektiven

Gesellschaftliche Assoziationen	Gesamtkunstwerk

↓

Öffentlichkeit
Künstler
Publikum

↓

Kunstwerk der Zukunft
Festspiele

↓

Aufhebung der Politik in der Kunst

Religionskritik

Die These von Karl Marx, wonach die Kritik der Religion die Voraussetzung aller weiteren Kritik ist, der Gedanke von Friedrich Engels, alle radikalen Gesellschaftskritiker hätten, bevor sie sich auf den Gegenstand ihrer Kritik, die Gesellschaft, einließen, durch den »Feuer – bach« zu gehen, also Kritik der Religion zu leisten, gelten auch für Wagner. Denn gewiß war Feuerbach von allen Philosophen derjenige, der Wagners Denken in seiner grundsätzlichen Perspektive sowohl hinsichtlich der Gegenwartsanalyse als auch in seiner Zukunftserwartungen am nachhaltigsten beeinflußt hat. Entschieden mehr als Schopenhauer, mit dessen Werk *Die Welt als Wille und Vorstellung* Wagner durch Vermittlung von Georg Herwegh erst im Herbst 1854 bekannt wurde, zu einer Zeit, als er seine zentralen weltanschaulichen Überzeugungen – und im übrigen auch nahezu alle seiner Musikdramen – längst ausgearbeitet und festgelegt hatte. Schopenhauer beeindruckte ihn zwar, weil er der Musik eine herausgehobene Stellung zuwies, aber Wagner fand in dessen Werk nur das wieder, was er ohnehin längst wußte, und wo er nicht mit ihm übereinzustimmen vermochte, suchte er ihn auch entschieden zu korrigieren[38]. Den »rechten und einzigen Philosophen der Neuzeit«[39] sieht Wagner in Feuerbach noch zu einer Zeit, als er seine Erinnerungen verfaßt, und er fügt an, dessen Philosophie habe ihm »ihrer tragischen wie sozial-radikalen Tendenz wegen« gefallen. Die »Unumwundenheit« der Thematisierung von »tiefinteressierenden Fragen« imponierte ihm, ebenso der Gedanke, »daß nämlich die beste Philosophie sei, gar keine Philosophie zu haben«, weil »nur das wirklich sei, was die Sinne wahrnehmen«. Das war kein Plädoyer für die Abschaffung der Philosophie überhaupt, wie dies häufig genug mißverstanden worden ist[40], sondern ein Votum für jenen konkreten und sinnlichen Materialismus, den Wagner in Ansätzen durch die Rezeption der philosophischen und theoretischen Ideen des ›Jungen Deutschland‹, später in der Lektüre Feuerbachs und der Linkshegelianer entdeckt und für sich selbst adaptiert hatte.

Feuerbach sei für ihn der »Repräsentant der rücksichtslos radikalen Befreiung des Individuums vom Drucke hemmender, dem Autoritätsglauben angehörender Vorstellungen« gewesen, heißt es in der Autobiographie, und damit ist recht präzise die fundamentale Bedeutung charakterisiert, welche die Religionskritik Feuerbachs für Wagners elaborierte Weltanschauung einnimmt. Mit Feuerbach stützt Wagner seinen aus dem anarchistischen Denken übernommenen radikalen Individualismus, bei ihm findet er in einem ersten Schritt eine ihn überzeugende systematische Rechtfertigung der eigenen Vorstellung. Und zugleich eröffnet er mit ihm über die Kritik des Christentums seine Kritik der bestehenden bürgerlichen Gesellschaft wie des Staates[41].

38 Vgl. dazu den Brief an Mathilde Wesendonck, in dem Wagner schreibt: »Ich habe in der letzten Zeit langsam einmal wieder Freund Schopenhauers Hauptwerk duchgelesen, und diesmal hat er mich außerordentlich zur Erweiterung und – in Einzelheiten – sogar zur Berichtigung seines Systems angeregt«. Richard Wagner an Mathilde Wesendonk, Tagebuchblätter und Briefe 18531871, hg. von Wolfgang Golther, Berlin 1904, S. 79. Zur Bedeutung Schopenhauers für Wagners politisch-ästhetische Konzeption vgl. S 286 ff.

39 Richard Wagner, ML, S. 501; alle weiteren Zitate hier auf dieser und der folgenden Seite.

40 Vgl. für viele Andrea Mork, Richard Wagner als politischer Schriftsteller, S. 49 f.

41 Die Differenzen zwischen Wagner und Feuerbach betont Stefan Breuer, Richard Wagners Fundamentalismus, in: Deutsche Vierteljahrsschrift für Literaturwissenschaft und Geistesgeschichte, Stuttgart 1999, Bd. 73, S. 645 f. Diese Differenzen mindern allerdings nicht die hohe Übereinstimmung Wagners mit seinem philosophischen Vorbild in den Fragen, die ihm wichtig waren.

Zunächst allerdings erscheint diese Kritik des Christentums in einer sehr plakativen Form des Aburteilens, ganz auf der Linie jener Revolutionspamphlete von 1848, die ebenfalls mit großer Geste über differenzierte Sachverhalte befinden. Wagner versteht die christliche Religion als Religion der griechischen Nachantike, gleichsam als ideologische Unterfütterung der römischen Weltherrschaft. Im Gegensatz zur unbeschädigten Existenz des Menschen in der griechischen Polis mit ihren vielen, der Pluralität des Lebens nachempfundenen Göttern, sieht er in Rom die erste Stufe politischer Selbstentfremdung des Menschen und das Christentum als dessen metaphysisch-philosophisches Korrelat. »Selbstverachtung, Ekel vor dem Dasein, Grauen vor der Allgemeinheit«[42] sind für ihn die Charakteristika der römischen Herrschaft, und diesen korrespondiert ein Christentum, das eine »ehrlose, unnütze und jämmerliche Existenz des Menschen auf Erden« rechtfertigt, eine Religion, die auf das Jenseits vertröstet und die »eingesogene Selbstverachtung« ihrer Anhänger durch die Aussicht zu kompensieren sucht, »nach dem Tode einen endlosen Zustand allerbequemster und unthätigster Herrlichkeit zu bereiten. Der Mensch durfte daher und sollte sogar« – so heißt es weiter – »in dem Zustande tiefster und unmenschlicher Versunkenheit verbleiben, keine Lebensthätigkeit sollte er üben, denn dieses verfluchte Leben war ja die Welt des Teufels, d.i. der Sinne, und durch jedes Schaffen in ihm hätte er daher ja nur dem Teufel in die Hände gearbeitet, weshalb denn auch der Unglückliche, der mit freudiger Kraft dieses Leben sich zu eigen machte, nach dem Tode ewige Höllenmarter erleiden mußte«.

Wagner beurteilt das Christentum zunächst aus dessen vermeintlichen Folgen für die Gesellschaft und vor allem für die Kunst, und sein Urteil fällt kompromißlos und vernichtend aus. »Die Kunst ist Freude an sich« – so schreibt er – »am Dasein, an der Allgemeinheit; der Zustand jener Zeit am Ende der römischen Weltherrschaft war dagegen Selbstverachtung, Ekel vor dem Dasein, Grauen vor der Allgemeinheit. Also nicht die Kunst konnte der Ausdruck dieses Zustandes sein, sondern das Christenthum«[43]. Während im antiken Griechenland die Poleis sich frei und demokratisch regierten, hat das Christentum in der römischen und nachrömischen Zeit einen »heuchlerischen Absolutismus« begünstigt; wo in Griechenland die demokratische Volksversammlung über sich selbst beschloß, hat das Christentum die »Inquisition« eingeführt. Wagner beschreibt eine Religion, deren Endzweck der Tod, deren innerste Absicht und Zielsetzung gegen alles Leben und alles sinnhaft Erfahrbare gerichtet ist, die die Völker »vom Boden ihrer natürlichen Anschauungsweise losgerissen«[44] hat, ihnen fremd und feindlich entgegentritt. Die christliche Kirche zieht alles »zum starren Dogma zusammen«[45], sie ist eine »offenkundige Lügnerin und Heuchlerin«. »Die Heuchelei ist überhaupt der hervorstechendste Zug,

42 Richard Wagner, Die Kunst und die Revolution, in: GSD, Bd. 3, S. 14; alle weiteren Zitate hier auf dieser und der folgenden Seite.

43 Ebenda, S. 14.

44 Richard Wagner, Oper und Drama, in: GSD, Bd. 4, S. 41.

45 Ebenda, S. 42.

die eigentliche Physiognomie der ganzen christlichen Jahrhunderte bis auf unsere Tag«[46] – so heißt es –, die Kirche ein »sinnlich wahrnehmbarer weltlicher Despotismus«. Und vor allem ist sie für Wagner die Rechtfertigungsinstanz zum »nicht minder sinnlich wahrnehmbaren, weltlichen Herrscherabsolutismus«, die als Herrschaftsapparat sich zwar anders als der Staat legitimiert, durch den Glauben eben, aber strukturell mit diesem durchaus vergleichbar ist.

In diesem Sinne finden sich in den ›Zürcher Kunstschriften‹ zahlreiche Formulierungen, und immer läuft deren Intention auf eine Phänomenologie der Destruktivität hinaus. In der Beschwörung des Desaströsen wie der ideologischen Funktion einer Welt »unter dem Joche des Katholizismus«[47] wird keine sprachliche Steigerungsmöglichkeit versäumt, kein Superlativ ausgelassen, um das institutionalisierte Christentum, die Kirche, als einen der entscheidenden Verursacher der diagnostizierten Krise von Politik und Kunst dingfest zu machen. Dabei geht Wagner im Ausmalen solcher Bilder und im Nachzeichnen historischer Entwicklungslinien weit über Feuerbach hinaus, denn er zieht Konsequenzen, die eher an Marx erinnern als an Feuerbach. Da das Christentum, so meint er beispielsweise drastisch, »den Zweck des Menschen gänzlich außerhalb seines irdischen Daseins« gesetzt habe und nur die »unumgänglichst nothwendigen Bedürfnisse Gegenstand menschlicher Sorgfalt« sein dürften, »so sehen wir mit Entsetzen in einer heutigen Baumwollfabrik den Geist des Christenthums ganz aufrichtig verkörpert: zu Gunsten der Reichen ist Gott Industrie geworden, die den armen christlichen Arbeiter gerade nur so lange am Leben erhält, bis himmlische Handelskonstellationen die gnadenvolle Nothwendigkeit herbeiführen, ihn in eine bessere Welt zu entlassen«[48]. Das illustriert, was Marx in den *Thesen über Feuerbach* im Frühjahr 1845 als theoretische Einsicht notierte und in der vierten These gegen Feuerbach einwendet: dieser habe, bei allen Verdiensten, die ihm zukommen, am Ende die religiöse Welt lediglich in ihre weltlichen Grundlagen aufgelöst, ohne sich zugleich zu fragen, weshalb die Differenz von Welt und Religion überhaupt auftreten könne: »Aber daß die weltliche Grundlage sich von sich selbst abhebt und sich ein selbständiges Reich in den Wolken fixiert, ist nur aus der Selbstzerrissenheit und Sichselbstwidersprechen dieser weltlichen Grundlage zu erklären«[49].

Selbstzerrissenheit und Selbstwiderspruch – Wagner verwendet zwar eine andere Terminologie, aber er zielt wesentlich auf denselben Sachverhalt. Er setzt seine ›Analyse‹ an bei der ›weltlichen Grundlage‹ der Religion, bei ihren konkreten Auswirkungen, ihren lebensschädigenden Intentionen, um dann später, ebenfalls wieder phänomenologisch, den Grund solcher negativen Wirkungen in der Ausbildung

46 Richard Wagner, Die Kunst und die Revolution, in: GSD, Bd. 3, S. 16. Die beiden folgenden Zitate ebenda, S. 17.

47 Richard Wagner, Oper und Drama, in: GSD, Bd. 4, S. 12.

48 Richard Wagner, Die Kunst und die Revolution, in: GSD, Bd. 3, S. 25 f.

49 Karl Marx, Thesen über Feuerbach, in: Karl Marx/Friedrich Engels, Werke (MEW), Berlin-Ost 1959, Bd. 3, S. 6.

von Gesellschaft und Staat zu suchen. Er nennt Beispiele, die nicht sofort und auf den ersten Blick erkennen lassen, daß dahinter eine eigene folgenreiche und systematische Überlegung steht, die ohne Feuerbach nicht zu denken ist, weil sie dessen Religionskritik substantiell aufnimmt, zugleich aber auch radikalisiert: die Überzeugung nämlich, die christliche Religion sei aus einem fundamentalen Zweifel des Menschen an sich selbst hervorgegangen, aus der Differenzerfahrung des Individuums mit der eigenen Natur. Das wird dort besonders deutlich, wo Wagner im Kontext seiner allgemeinen Reflexionen über den klassischen Mythos auch das Christentum als ›christlichen Mythos‹ analytisch einzuordnen sucht und diesen als den zeitbedingten, spezifischen Ausdruck einer historisch verlorengegangenen Einheit des Menschen mit seiner Umwelt und damit mit sich selbst auffaßt. Dieser ›christliche Mythos‹ – schon die Formel relativiert die christliche Religion auf die Ebene beliebiger, historisch aufgetretener Mythen und nimmt ihr ihren religiösen Wahrheitsanspruch – erscheint ihm als ideologische Form der Entzweiung und Entfremdung, verursacht durch eine geschichtliche Entwicklung, in der sich die menschlichen Lebensbereiche von ihren natürlichen Grundlagen gelöst und mehr und mehr gegeneinander organisiert haben. »Dieses Irresein an sich war der Ausgangspunkt des christlichen Mythos«[50].

Das ist eine durchaus materialistische Erklärung, die Wagner für den Ursprung des Christentums gibt, eine Erklärung, die mit Feuerbach und über diesen hinaus gegen Hegel und alle metaphysische Grundlegung des Denkens argumentiert, im übrigen eine Erklärung, die unterscheidet zwischen der Religion als einer Erfahrung des menschlichen Denkens schlechthin und dem Christentum als einer konkret benennbaren Sammlung von religiösen Überzeugungen und Glaubenssätzen, die von der Institution Kirche verkündet werden. In Wagners Auseinandersetzung mit dem Christentum sind die Spuren der Rezeption Feuerbachs überall spürbar und nachzuvollziehen. Feuerbach hatte in seiner von Wagner intensiv gelesenen, 1843 erschienenen Abhandlung *Grundsätze der Philosophie der Zukunft*[51] gleich eingangs erklärt, daß es die Aufgabe der neueren Zeit sei, die »Verwirklichung und Vermenschlichung Gottes – die Verwandlung und Auflösung der Theologie in die Anthropologie«[52] zu leisten. Das allerdings sollte eine Anthropologie sein, die keine metaphysischen, also auch keine religiösen Begründungen mehr akzeptierte und die kategorisch davon ausging, daß »die wesentlichen Eigenschaften oder Prädikate des göttlichen Wesens die wesentlichen Eigenschaften oder Prädikate der spekulativen Philosophie sind«[53]. Eine solche Anthropologie konnte einen substantiellen Gottesbegriff

50 Richard Wagner, Oper und Drama, in: GSD, Bd. 4, S. 35.

51 Ludwig Feuerbach, Grundsätze der Philosophie der Zukunft, in: Gesammelte Werke, hg. von Werner Schuffenhauer, Berlin-Ost 1970, S. 264 ff. Der Titel dieser Abhandlung gab die Vorlage ab für Wagners Kunstwerk der Zukunft.

52 Ebenda, S. 265. Vgl. zum folgenden auch Peter Beil, Die Krise des neuzeitlichen Menschen im Werk Richard Wagners, Köln/Wien 1990, S. 53 ff.

53 Ludwig Feuerbach, Grundsätze der Philosophie der Zukunft, § 9, S. 274.

nicht mehr dulden, denn für sie stand fest: »Gott ist, aber er ist für uns eine tabula rasa, ein leeres Wesen, ein bloßer Gedanke. ... Gott, wie wir ihn uns vorstellen, denken – ist unser Ich, unser Verstand, unser Wesen, ... nur eine Erscheinung von uns für uns ...«[54]. Wagner hatte zutreffend erkannt, daß Feuerbachs Rücknahme der Religion auf eine quasi-materialistische Anthropologie das Ende der Philosophie als Philosophie, genauer: der Philosophie als Metaphysik bedeuten mußte.

Die Religion als die spezifische Form der Projektion menschlichen Selbstverständnisses: schon 1841 hatte Feuerbach diesen Grundgedanken seiner Religionskritik in seiner überaus wirkungsmächtigen Schrift über *Das Wesen des Christentums* entwickelt, einer Arbeit, von der Wagner im Nachhinein abschwächend und wahrheitswidrig meinte, daß »die Breite und unbehilfliche Ausdehnung der Darstellung des einfachen Grundgedankens, die Religion vom rein subjektiven psychologischen Standpunkte aus zu erklären«[55] nur schwer sein dauerhaftes Leseinteresse habe fesseln können. Denn gerade diese Arbeit hatte ihn nachhaltiger beeinflußt als er später zugeben wollte. Überall in seinen theoretischen Schriften lassen sich die Spuren seiner Lektüre nachweisen, und selbst in seinen Musikdramen sind die Theorien Feuerbachs präsent – die Götter des *Ring* sind Beleg dafür[56]. »Die Religion« – so heißt es bei Feuerbach – »ist das Verhalten des Menschen zu sich selbst ... Das göttliche Wesen ist nichts anderes als das menschliche Wesen oder besser: Das Wesen des Menschen, gereinigt, befreit von den Schranken des individuellen Menschen, verobjektiviert. ... Alle Bestimmungen des göttlichen Wesens sind darum menschliche Bestimmungen«[57]. Und gleichsam nachhallend, aber konsequent zu Ende gedacht, heißt es bei Wagner 1849: »Der Mensch ist die Vervollkommnung Gottes. Die ewigen Götter sind die Elemente, die erst den Menschen zeugen. In den Menschen findet die Schöpfung somit ihren Abschluß«[58].

Feuerbach verstand die Religion als Ausdruck eines praktischen Bedürfnisses der Menschen. Seiner Überzeugung nach erwuchs sie aus dem Gefühl der Hilflosigkeit und Beschränktheit des Einzelnen in seinem Verhältnis zur Natur wie zur Gattung, auch aus dem Wissen um die Endlichkeit des menschlichen Lebens, das im Glauben Sicherheit innerhalb einer unsicheren Welt zu erreichen hofft. So entsteht die Religion als eine Projektionsleistung des menschlichen Bewußtseins, das sich in der Gestalt Gottes seiner selbst versichert. Es ist ein Akt der Entäußerung menschlicher Subjektivität, der die Religion und mit ihr den allmächtigen Gott schafft, der seinerseits zum Spiegel des menschlichen Wesens wird. Denn der Mensch »verlegt sein Wesen zuerst außer sich, ehe er es in sich findet«[59]. Aber er findet es in sich als

54 Ebenda, S. 292.

55 Richard Wagner, ML, S. 501.

56 Vgl. Dazu Udo Bermbach, ›Blühendes Leid‹. Politik und Gesellschaft in Richard Wagners Musikdramen, Stuttgart/Weimar 2003, S. 165 ff.

57 Ludwig Feuerbach, Das Wesen des Christentums, in: Gesammelte Werke, hg. von Werner Schuffenhauer, Berlin-Ost 1974, Bd. V, S. 48 f.

58 Richard Wagner, Bruchstücke eines Dramas Achilleus (1849), in: GSB, Bd. 6, S. 249.

59 Ludwig Feuerbach, Das Wesen des Christentums, S. 47.

ein anderes, verändertes. Feuerbach denkt das Verhältnis des Menschen zu sich selbst wie zu Gott in einer Weise, dem ein gleichsam doppelter Reflexionsprozeß zugrunde liegt: zunächst spaltet der Mensch einen Teil seiner selbst ab und schafft dann im Akt der Selbstprojektion ein Gegenbild, mit dem und in dem er seine Wünsche, Sehnsüchte und Bedürfnisse wie auch die Kompensation seiner realen Erfahrungen formuliert. Dieses Gegenbild bezieht er, sobald es nur positiv ausgemalt ist, als Ideal seiner realen Lebensgestaltung wieder auf sich selbst zurück und legt es als verbindliche Handlungsanleitung für sein Leben fest. Der Rückbezug eines positiv konnotierten Gottesbildes legt sich dann als Religion aus, als eine selbst gegebene und selbst entwickelte Religion, in der das beschrieben wird, was der Mensch sich wünscht. Religion ist deshalb, wie Feuerbach meint, »die feierliche Enthüllung der verborgenen Schätze des Menschen, das Eingeständnis seiner innersten Gedanken, das öffentliche Bekenntnis seiner Liebesgeheimnisse«[60]. Karl Marx hat den Kern von Feuerbachs Religionskritik wie folgt präzise zusammengefaßt – und diese Zusammenfassung stimmt mit Wagners eigener Haltung vollständig überein, macht überdies klar, in welchen ideologischen und theoretischen Zusammenhängen das Denken Wagners steht: »Das Fundament der religiösen Kritik ist: der Mensch macht die Religion, die Religion macht den Menschen. Und zwar ist die Religion das Selbstbewußtsein und das Selbstgefühl des Menschen, der sich selbst entweder noch nicht erworben oder schon wieder verloren hat. Aber der Mensch, das ist kein abstraktes, außer der Welt hockendes Wesen. Der Mensch, das ist die Welt des Menschen, Staat, Sozietät. Dieser Staat, diese Sozietät produzieren die Religion, ein verkehrtes Weltbewußtsein, weil sie eine verkehrte Welt sind. Die Religion ist die allgemeine Theorie dieser Welt, ihre Logik in populärer Form, ihr spiritualistischer point d'honneur, ihr Enthusiasmus, ihre moralische Sanktion, ihre feierliche Ergänzung, ihr allgemeiner Trost- und Rechtfertigungsgrund. ... Das religiöse Elend ist in einem Ausdruck des wirklichen Elends und in einem die Protestation gegen das wirkliche Ende. Die Religion ist der Seufzer der bedrängten Kreatur, das Gemüt einer herzlosen Welt, wie sie der Geist geistloser Zustände ist. Sie ist das Opium für das Volk«[61].

In der religiösen Selbstbeschreibung des Menschen vollzieht sich freilich noch einmal eine weitere doppelte Denkbewegung, die für Wagners Religions- und Gesellschaftskritik, aber auch für seine Ästhetik zentrale Bedeutung gewinnt, die wohl auch den eigentlichen Grund seiner Faszination durch diesen Denker ausmacht: was Feuerbach als Entäußerung der eigenen Subjektivität analysiert, stellt sich am Ende als ein Akt der Selbstentfremdung dar, als Ausdruck der Spaltung des Menschen in sich selbst, der Trennung von seiner Natur und seiner natürlichen Umwelt, als fundamentaler Verlust menschlicher Lebensgrundlagen. Und zugleich läßt sich sehen, daß solche Spaltung künstlich ist, daß sie zu ihrer Rücknahme tendiert, ihre

60 Ebenda, S. 46.

61 Karl Marx, Zur Kritik der Hegelschen Rechtsphilosophie – Einleitung, in: Karl Marx/Friedrich Engels, Werke (MEW), Bd. 1, S. 378.

eigene Überwindung herausfordert – Marx spricht in diesem Zusammenhang, unter einem gesellschaftstheoretisch erweiterten Gesichtspunkt, von der Aufhebung der Entfremdung[62]. Die Tatsache, daß Menschen die Religion auf sich selbst rückbeziehen, macht diesen Sachverhalt unmißverständlich klar: in ihm kommt zum Ausdruck, daß es ein zentrales, grundlegendes Bedürfnis des Menschen gibt, welches sich nicht dauerhaft unterdrücken läßt: den Wunsch, mit sich selbst identisch zu sein, eins zu sein mit sich und der Natur.

Im Wunsch nach Identität mit sich selbst und mit der Natur liegt der eigentliche Zielpunkt von Feuerbachs Religionskritik, und das ist zugleich auch der entscheidende Zielpunkt des Wagnerschen Denkens. Eine Identitätshoffnung gibt hier den Grund und Maßstab der Kritik der Religion ab, die ihre eigenen Kriterien nicht mehr metaphysisch ausweisen muß, sondern sie ganz und gar aus der unmittelbar sinnlichen Existenz des Menschen gewinnen kann. »Wahr und göttlich ist nur,« – schreibt Feuerbach – »was keines Beweises bedarf, was unmittelbar durch sich selbst gewiß ist, unmittelbar für sich spricht und einnimmt, unmittelbar die Affirmation, daß es ist, nach sich zieht – das schlechthin Entschiedene, schlechthin Unzweifelhafte, das Sonnenklare. Aber sonnenklar ist nur das Sinnliche, nur wo die Sinnlichkeit anfängt, hört aller Zweifel und Streit auf. Das Geheimnis des unmittelbaren Wissens ist die Sinnlichkeit«[63].

Das sind Sätze, die ohne jeden Abstrich von Wagner stammen könnten, der gewiß nicht zufällig nahezu gleichlautend formuliert: »Wahr und lebendig ist aber nur, was sinnlich ist und den Bedingungen der Sinnlichkeit gehorcht«[64]. Es sind, gemessen am Stand der philosophischen Erkenntnistheorie der Zeit, gewiß eher einfache Vorstellungen, aber in ihnen manifestiert sich das Bekenntnis eines auf Identität hinzielenden Denkens. In ihnen artikuliert sich die Hoffnung, die Zerrissenheit der Moderne, das Leiden des Menschen an sich selbst, seinen Mitmenschen und seiner Umwelt könne überwunden werden. Der Rekurs auf die unmittelbare Erfahrung des Sinnlichen als Maßstab der Wahrheit bringt ein in seinen weitreichenden Folgen kaum zu überschätzendes Grundmuster kritischer Reflexion der Zeit zum Vorschein, das in immer neuen Variationen auch das Denken Wagners entscheidend beherrscht und strukturiert: die geradezu alles dominierende Idee, gegen die ausdifferenzierten Verhältnisse einer schlechten Gegenwart die Perspektive der Selbstaussöhnung einer mit sich selbst im Reinen befindlichen Menschheit setzen zu können. In einer doppelten Überlegung wird fokussiert, was die bei Feuerbach bis Marx und natürlich auch bei Wagner angelegte Zeitdiagnose erbringt: zum einen wird unterstellt, daß auf der Ebene des Bewußtseins die Partikularisierungen des

62 Karl Marx unterscheidet bekanntlich vier Formen der Entfremdung: die des Menschen zur Natur; zu sich selbst; zu den anderen Menschen und zur Gattung. Karl Marx, Philosophisch-ökonomische Manuskripte aus dem Jahr 1844, in: Karl Marx/Friedrich Engels, Werke (MEW), Berlin-Ost 1968, Ergänzungsband I, S. 516 f.

63 Ludwig Feuerbach, Grundsätze der Philosophie der Zukunft, § 39, S. 321.

64 Richard Wagner, Das Kunstwerk der Zukunft, in: GSD, Bd. 3, S. 45.

Wissens, von denen die Religion nur eine, wenn auch sehr wichtige ist, die Vorstellung von einer Einheit des Lebens nicht mehr erlauben; zum anderen wird davon abgeleitet, daß das Bewußtsein der Menschen gerade deshalb nicht länger mehr der Ort sein kann, an dem solche Einheitserfahrungen erhofft und erwartet werden können. Die Folgerung liegt auf der Hand. Das Prinzip Sinnlichkeit tritt an die Stelle des Bewußtseins, sinnliche Erfahrung muß nun zwischen Mensch und Natur, Mensch und Umwelt, zwischen Subjekt und Objekt vermitteln[65].

Die produktive Einheit der sinnlichen Erkenntniskraft setzt Wagner mit Feuerbach gegen die christliche Religion, gegen den Glauben, der dem Menschen »das Zugeständnis seiner Elendigkeit, und das Aufgeben aller Selbstthätigkeit, sich dieser Elendigkeit zu entwinden«[66], zumutet, ihn in eine entwürdigende Existenz zwingt und als deren Konsequenz in der Zerstörung aller menschlichen Gemeinschaften endet. Es ist die Vorstellung einer sinnlichen Erkenntniskraft, die gründet in den Erfahrungen von Leiden und Lust, von Schmerz und Glück, von Wünschen und Trieben, von Macht und Liebe[67]. Indem menschliche Erkenntnis auf solche Grundbefindlichkeiten und Eigenschaften des Menschen rekurriert, schließt diese Kritik der Religion an die in den philosophischen Entwürfen der Aufklärung konzipierten anthropologischen Grundlegungen des Menschen an. Sie nimmt damit auch Vorstellungen über den Menschen auf, die seit dem Beginn der Moderne im 17. Jahrhundert in den unterschiedlichen philosophischen Entwürfen immer wieder vorgeschlagen und beschworen worden sind, sofern diese den Versuch unternahmen, nicht spekulative, sondern empirische Aufklärung über die menschliche Natur zu erhalten. Vor allem im 18. Jahrhundert haben sich solche Versuche zu großen anthropologischen Tableaus verdichtet[68]. Es kann kein Zweifel sein: die Lektüre der ›Zürcher Kunstschriften‹ bezeugt, daß Wagner mit seiner Religionskritik hier – gleichsam auf den Schultern Feuerbachs – in einer langen europäischen Tradition sensualistischer Erkenntnistheorie und Anthropologie steht, in einer Tradition, die mit den großen Denkern der bürgerlichen Gesellschaft beginnt und im 19. Jahrhundert im Denken der radikalen Linken einen ihrer philosophischen Höhepunkte findet. Ohne selbst den Anspruch eines eigenständigen philosophischen Beitrags zu dieser Tradition zu erheben, schließt Wagner doch an diese Tradition an, reiht sich in sie ein und ist damit, was nachhaltig gegen alles Kleinreden seiner Schriften betont werden muß, ganz auf der Höhe des Denkens seiner Zeit. Er nimmt voll am kriti-

65 Vgl. Peter Beil, Die Krise des neuzeitlichen Menschen im Werk Richard Wagners, S. 58 ff.

66 Richard Wagner, Die Kunst und die Revolution, in: GSD, Bd. 3, S. 14 f.

67 Vgl. Alfred Schmidt, Emanzipatorische Sinnlichkeit, S. 109 f.

68 Vgl. dazu einführend Paul Hazard, Die Krise des europäischen Geistes, Hamburg 1939; derselbe, Die Herrschaft der Vernunft, Hamburg 1949; Bernhard Fabian/Wilhelm Schmidt-Biggemann (Hg), Die Neubestimmung des Menschen. Die Wandlungen des anthropologischen Konzeptes im 18. Jahrhundert, Hamburg 1980; Panajotis Kondylis, Die Aufklärung im Rahmen des neuzeitlichen Rationalismus, Stuttgart 1981; Wolfgang Schrader, Ethik und Anthropologie in der englischen Aufklärung, Hamburg 1984. Generell: Wilhelm E. Mühlmann, Geschichte der Anthropologie, Wiesbaden 1984.

schen Diskurs der maßgeblichen Philosophen und Sozialtheoretiker teil. Allerdings gibt er dieser Tradition dann eine spezifische Wendung, die bei Feuerbach in gewisser Weise nebenbei schon angelegt war. Hatte Feuerbach gemeint, »die Kunst stellt die Wahrheit des Sinnlichen dar«[69], so nimmt Wagner diese Aussage sofort auf und bekräftigt die in seinem Sinne höchst willkommene These: »Die Kunst ist die höchste Tätigkeit des im Einklang mit sich und der Natur sinnlich schön entwickelten Menschen«[70]. Wohl nicht zuletzt diese Übereinstimmung zwischen Feuerbach und Wagner, die in der Kunst ein Medium der Wahrheit sieht, mag die Affinität zwischen beiden erklären; an die Stelle der christlichen Religion, die ideologiekritisch enttarnt ist und historisch abgewirtschaftet hat – in seinen Spätschriften wird Wagner dies etwas anders sehen –, tritt nun das Kunstwerk, in den Jahren des *Parsifal* die Kunstreligion oder besser: die ästhetische Sakralisierung der Kunst.

Gesellschafts- und Staatskritik

Der Kritik der Religion läßt Wagner – hier in den Spuren seiner linkshegelianischen und jungdeutschen Vorbilder – seine Kritik der Gesellschaft und des Staates folgen. Mit derselben Radikalität, mit der er das Christentum verwirft, es als eine die Menschen erniedrigende Vertröstungsideologie denunziert, verwirft er auch im politischen Bereich – und darin geht er entschieden über Feuerbach hinaus – die bürgerliche Gesellschaft, ihre kapitalistische Wirtschaftsstruktur und den diese Ausbeutungsverhältnisse garantierenden Staat. Wagner interpretiert den von Feuerbach behaupteten religiösen Projektionsmechanismus unter generellen ideologiekritischen Aspekten, er verschärft ihn politisch und begreift ihn als eine ideologische, d.h. interessengebundene Stabilisierung der von ihm verworfenen gesellschaftlichen wie staatlichen Verhältnisse. Seine Religionskritik fundiert so seine Gesellschaftskritik, beide sind eng miteinander verschränkt und aufeinander bezogen. Er vollzieht damit, ohne daß dies in seinen Schriften explizit wird, die zentrale, kritische Denkbewegung der radikalen Vormärz-Linken nach. Seine Argumente stammen im wesentlichen aus deren Arsenal.

Unbeschadet der Tatsache, daß Wagner in seinen Schriften immer wieder mit Beispielen und beispielhaften Verweisen operiert und sie als Argumente einsetzt, läßt sich doch sagen, daß er seine Kritik der Gesellschaft und des Staates auf einer prinzipiellen Ebene entwickelt und sie damit von der – auf die unmittelbar gegebenen Verhältnisse des Königreichs Sachsen und der deutschen Staaten zielenden – politischen Kritik der Revolutionspamphlete deutlich absetzt. Seine prinzipielle Kritik kreist um die Frage nach den gesellschaftlichen wie sozialen Bedingungen von Kunst – eine Frage, auf die noch gesondert eingegangen werden muß. In der Abhandlung

69 Ludwig Feuerbach, Grundsätze der Philosophie der Zukunft, § 40, S. 322.
70 Richard Wagner, Die Kunst und die Revolution, in: GSD, Bd. 3, S. 15.

Die Kunst und die Revolution heißt es an einer Stelle lapidar: »bei uns ist die echte Kunst revolutionär, weil sie nur im Gegensatz zur gültigen Allgemeinheit existiert«[71]. Das ist ein Schlüsselsatz zu Wagners Gesellschafts- und Staatsverständnis, denn die ›gültige Allgemeinheit‹ im Sinne der sozialen Voraussetzungen der Kunst, auf deren konstitutive Bedeutung er immer wieder hinweist, ist zunächst einmal die gegebene Gesellschaft und der gegebene Staat. Beide, Gesellschaft wie Staat, weisen ja in prinzipieller Hinsicht über ihre konkrete historische Verfassung hinaus, beanspruchen schon aufgrund ihrer bloßen Existenz, daß es sowohl die Gesellschaft als auch den Staat immer geben müsse, erheben also Anspruch auf universelle Geltung. Es gehört zu den zentralen Zielen von Wagners Kritik, diesen Anspruch zu bestreiten und darauf hinzuweisen, daß die historische Form, in der Gesellschaft und Staat in der Moderne auftreten, noch nicht deren Recht auf allgemeine Geltung verbürgen.

Wagner expliziert sein Gesellschafts- und Staatsverständnis an einer Stelle, an der dies kaum zu vermuten ist und deshalb zumeist auch überlesen wird: im Zusammenhang seiner Überlegungen zur Entwicklung und Funktion des Mythos. Es sind interpretierende Darlegungen, die vor allem für die Ästhetik der Konzeption des Gesamtkunstwerks von entscheidender Bedeutung sind. Im Kontext der in *Oper und Drama* sehr breit angelegten Auseinandersetzungen mit dem Ödipus-Mythos wird am Beispiel Kreons, dem König von Theben, eine Theorie der Genese des Staates und der Gesellschaft vorgetragen, die sich unverkennbar auf Konstitutionselemente eines in einem weiten Sinne sozialistisch-anarchistischen Gesellschaftsverständnisses stützt. Um dies zu verdeutlichen, sei hier kurz der Sachverhalt wiedergegeben, um den es geht: Kreon, der Bruder der Jokaste, die unwissentlich ihren eigenen Sohn Ödipus liebt, gewinnt nach der Selbstblendung des Ödipus von dessen beiden Söhnen, Polyneikes und Eteokles, die Herrschaft über Theben, und zwar als Folge eines Vertragsbruchs. Denn die beiden Söhne hatten sich zuvor vertraglich geeinigt, daß jeder von ihnen jeweils abwechselnd ein Jahr über Theben herrschen sollte. Als aber die Herrschaft des Eteokles zu Ende ging, weigerte er sich, den geschlossenen Vertrag zu erfüllen. Zugleich gelang es ihm durch geschickte Rhetorik, die Unterstützung der Thebaner zu gewinnen und folglich seinen Bruder aus dem Kreislauf der Macht auszuschließen. Polyneikes sammelte daraufhin außerhalb der Stadt ein Heer, belagerte Theben, konnte es allerdings nicht einnehmen. Angesichts der Aussichtslosigkeit der Situation vereinbarten die beiden Brüder schließlich einen Zweikampf, der die Entscheidung bringen sollte. Das geschah auch, aber das Ergebnis fiel anders aus als erwartet. Denn im Kampf töteten beide sich gegenseitig, und so gewann Kreon als nächster Verwandter der gefallenen Brüder die Herrschaft über Theben.

Dieser Kreon nun, in der Sage geschildert als ein rücksichtsloser und ganz im Sinne der Staatsräson handelnder Heuchler und Intrigant, verbot die Bestattung der beiden Leichname und verfügte, daß sie auf offenem Felde verwesen sollten. Er

71 Ebenda, S. 28.

drohte allen, die sich an dieses Gebot nicht zu halten gedachten, lebendig begraben zu werden. Antigone, die Schwester der beiden Gefallenen, setzte sich dennoch über dieses Gebot hinweg, bestattete die Leichen ihrer beiden Brüder und erlitt daraufhin die durch Kreon verfügte Strafe; so jedenfalls erzählt Sophokles die Geschichte, und er berichtet, daß Antigone in ein Felsengrab eingeschlossen wurde, in dem sie dann anschließend Selbstmord beging.

Wagner demonstriert nun an dieser Geschichte die Entstehung des Staates aus dem Verfall gesellschaftlicher Moral. Für ihn sind die Motive entscheidend, die zum Vertragsbruch des Eteokles und daran anschließend zur Rivalität der beiden Brüder führen, und er sieht sie vornehmlich in dem Wunsch der Thebaner, Ruhe und Ordnung über alle anderen Erwägungen zu stellen. Mehreres kommt da zusammen: zunächst einmal und entscheidend die unheilvolle Rolle, die das Privateigentum spielt, zum anderen der enge, nationale Geist, der Theben zum Symbol des Partikularen macht. Eteokles empfindet – entgegen aller Absprache – die Macht als sein persönliches Eigentum, das er nicht mehr verlieren will, und die Thebaner, als Bürger einer Polis selbst alle Eigentümer über ihren Besitz und den damit verbundenen Sklaven, verstehen dies nur zu gut und unterstützen ihn deshalb auch. Sie wägen ab zwischen den Folgen eines Vertragsbruches und den Unsicherheiten, die aus der Rotation der Herrschaft auch für ihren Besitz entspringen könnten. Sie entscheiden sich am Ende für das, wie sie meinen, kleinere Übel des Vertragsbruchs, weil sie hoffen, durch Opfer und Spenden anschließend die Götter wieder versöhnen zu können. Hinzu kommt, daß sie sich offenbar als eine homogene Bürgerschaft empfinden, als Mitglieder einer Polis, gegen Polyneikes, dessen Belagerungsheer sich aus verschiedenen Volksstämmen zusammensetzte und der damit das Prinzip der Homogenität der Polis aufgibt.

So entsteht der Staat – nach Wagners selektiver und eigenwillig interpretierender Erzählung – aufgrund der Kombination dreier Motive: der Sicherung des Eigentums, der Vermeidung jeglicher Neuerung, der Bewahrung der homogenen Struktur des Staatsvolkes, also der Ausgrenzung alles Fremden. Eteokles – und nach ihm erst recht Kreon – stehen für diese Prinzipien, während Polyneikes die unterlegenen Gegenprinzipien verkörpert: keine Verfestigung von Eigentum, sondern dessen Bestehen auf Zeit – und dies gilt vor allem auch für politische Herrschaft; ständige Erneuerung und Bewegung der gesellschaftlichen Kräfte und Tendenzen; schließlich Offenheit der Polis und ihres Demos, was Wagner mit dem Hinweis umschreibt: »Die Freunde des Polyneikes waren aus allen Volksstämmen zusammengetreten: sie machte ein rein menschliches Interesse der Sache des Polyneikes geneigt, und sie vertraten somit das Reinmenschliche, die Gesellschaft in ihrem weitesten und natürlichsten Sinne, gegenüber einer beschränkten, engherzigen, eigensüchtigen Gesellschaft, die unvermerkt vor ihrem Andrängen zum knöchernen Staate zusammenschrumpfte«[72].

72 Richard Wagner, Oper und Drama, in: GSD, Bd. 4, S. 59.

Sicherung des Eigentums, Stabilität der gesellschaftlichen und politischen Ordnung sowie die relative Homogenität der in einem Staat organisierten Nation – die von Wagner hier vorgetragenen Begründungen für den Sieg Kreons und des Staates bezeichnen alle Aufgaben und Funktionen wie sie dem politischen Denken der Neuzeit und der Selbstbeschreibung der bürgerlichen Gesellschaft weithin geläufig sind. Seit Machiavelli und Hobbes, seit dem Beginn des neuzeitlichen Politik- und Staatsverständnisses im 16. und 17. Jahrhundert, gehört es zum gleichsam eisernen Bestand der Überzeugung aller wichtigen Denker und Theoretiker, daß der Staat seinen vornehmsten Zweck in eben diesen Zielen hat, daß die bürgerliche Gesellschaft, die sich auf dem Prinzip des »Besitzindividualismus«[73] gründet, des Staates als eines Verbandes bedarf, der die individuellen Egoismen übergreift und kontrolliert. Denn der Staat ist Rahmen und Garantie einer sich selbst regelnden und selbst sichernden gesellschaftlichen Organisation, ohne ihn wären weder die Einzelnen noch die Gesellschaft als Ganzes überlebensfähig[74].

Wagner transformiert diese modernen Grundüberzeugungen zunächst einmal in die antike Geschichte zurück und er verlegt sie gezielt in jene Teile des antiken Mythos, die er auf diese Weise negativ auszeichnen möchte. Die Genese des Staates wird erzählt als ein Prozeß der Ausdifferenzierung entlang von neuzeitlichen Kriterien, die – weil sie als fundamentale Konstitutionselemente der eigenen bürgerlichen Gesellschaft zu gelten haben und dieser entnommen sind, einer Gesellschaft, die Wagner ja radikal ablehnt – auch den entstehenden Staat negativ charakterisieren. Diese negative Konnotation des modernen Staats- und Gesellschaftsverständnisses überträgt sich so auf eine antike Situation, die damit historisch eigentlich nicht zu vergleichen ist. Denn die Antike kannte weder einen Staat noch eine Gesellschaft, sondern nur die Polis, die einen eigenen politischen Organisationstypus darstellt[75]. Doch in diesem Zusammenhang kümmert das Wagner wenig. Die Erzählung über Kreon als den Schöpfer des modernen Staats hat ausschließlich den Zweck, diesen Staat – und damit auch den des 19. Jahrhunderts – von allem Anfang an negativ auszuzeichnen, als eine moralisch fragwürdige und praktisch repressive Institution, und als solche wird der Staat von Wagner in eine fundamentale Opposition zu allem gebracht, was den Menschen natürlich und sittlich erscheint.

Auf zwei Ebenen zeichnet Wagner diese Genese der Negativität nach: auf der des Bewußtseins und der des empirischen Verhaltens. In Ödipus, der sich nach seinem Inzest mit der Mutter aus Scham selbst bestraft, sieht Wagner noch die Einheit von Sittlichkeit und Gesellschaft gewahrt. Und so lange diese Einheit vorherrscht, herrscht Identität in einem umfassenden Sinne: Identität des Menschen mit der Natur, Identität des einen Menschen mit dem anderen. Doch in dem Moment, da das sittliche Empfinden des Einzelnen mit den Sicherheits- und Stabilisierungserfordernissen

73 C.B. Macpherson, Die politische Theorie des Besitzindividualismus, Frankfurt/M. 1967.

74 Vgl. dazu den Artikel ›Staat‹ in: Joachim Ritter/Karlfried Gründer (Hg), Historisches Wörterbuch der Philosophie, Darmstadt 1998, Bd. 10, Sp. 1 ff.

75 Vgl. S. 130 ff.

der in einer Gesellschaft Organisierten in Konflikt gerät, läßt sich – nach Wagners Auffassung – ein doppelter Prozeß der Entfremdung beobachten: »Dieses sittliche Bewußtsein trennte sich überall da, wo es mit der Praxis der Gesellschaft in Widerstreit geriet, von dieser ab und setzte sich als Religion fest, wogegen sich die praktische Gesellschaft zum Staate gestaltete«[76].

Die Konstituierung des Staates wird dieser These zufolge von zwei parallelen Entwicklungen begleitet: zum einen entsteht als Gegenbewegung und Ersatz zum Zerfall einer ursprünglich allgemein vorhandenen, zwischen den Menschen gleichsam zwangslos bestehenden Sittlichkeit die Religion, in der – im Sinne Feuerbachs – die verloren gegangene Sittlichkeit wieder ihren Ort findet und für die Zukunft festgeschrieben wird. Diese in der Religion aufbewahrte Sittlichkeit ist allerdings losgelöst von der Gesellschaft, hat sich als ein eigener Bereich verselbständigt und ist deshalb – so meint Wagner – mit dieser Gesellschaft auch substantiell nicht mehr verbunden, obgleich sie sich auf diese bezieht. Um beides, Religion wie Gesellschaft, wieder zusammen zu bringen, bedarf die Gesellschaft daher ihrerseits einer staatlichen Organisation, die den verschwundenen normativen Grundkonsens durch die Religion gegenüber den Gesellschaftsmitgliedern verbindlich durchsetzt. Eine zweifache Trennung wird hier konstatiert: die des Bewußtseins von der unmittelbar sinnlichen Praxis menschlicher Tätigkeit einerseits, die der Vereinzelung menschlicher Praxis aufgrund des Verlustes einer übergreifenden Sinnorientierung andererseits. Wagner formuliert hier einen Zusammenhang, der an die Reflexionen des jungen Marx zum Verhältnis von Theorie und Praxis erinnert, in denen Marx davon ausgeht, daß die Ausdifferenzierung der Arbeitsverhältnisse und die damit verbundenen Entfremdungsprozesse zur Herausbildung des modernen Staates führen mußten, durch dessen Repressionsapparat der gesellschaftliche Zusammenhalt dann erzwungen werden kann[77]. Ähnlich sieht Wagner diesen Sachverhalt, und er sieht zugleich auch die Folgen, die diese doppelte Trennung nach sich zieht: »In der Religion blieb die Sittlichkeit, die vorher in der Gesellschaft etwa Warmes, Lebendiges gewesen war, nur noch etwas Gedachtes, Gewünschtes, aber nicht mehr Ausführbares: im Staate handelte man dagegen nach praktischem Ermessen des Nutzens, und wurde hierbei das sittliche Gewissen verletzt, so beschwichtigte man dieß durch staatsunschädliche Religionsübungen. Der große Vortheil war hierbei, daß man in der Religion wie im Staate Jemand gewann, auf den man seine Sünden abwälzen konnte: die Verbrechen des Staates mußte der Fürst ausbaden, die Verstöße gegen die religiöse Sittlichkeit hatten aber die Götter zu verantworten«[78].

Aber noch ein anderer Aspekt ist von größter Bedeutung und wird überdies später als eines der zentralen Bauelemente in die Konzeption des *Ring* eingehen: die Tatsache nämlich, daß Wagner den Staat – und damit politische Herrschaft – aus

76 Richard Wagner, Oper und Drama, in: GSD, Bd. 4, S. 60.

77 Das findet sich näher ausgeführt in Karl Marx, Die deutsche Ideologie, in: Karl Marx/Friedrich Engels, Werke (MEW), Berlin-Ost 1959, Bd. 3, S. 17 ff.

78 Richard Wagner, Oper und Drama, in: GSD, Bd. 4, S. 60.

einem Rechtsbruch hervorgehen läßt. Wenn in Theben ursprünglich vorgesehen war, daß beide Brüder in regelmäßigem Wechsel regieren sollten, so war damit zweierlei intendiert: zum einen sollten die Regierenden untereinander als Gleiche gelten, mit denselben Rechten und Pflichten ausgestattet. Keiner der beiden Brüder sollte bevorzugt werden, um so zu verhindern, daß Regierungsmacht sich verfestigt, also Herrschaft sich auf Dauer institutionalisiert. »Der Wechsel der Herrschaft, die beständige Neuerung«[79], wie Wagner das nennt, die Rotation von Regierungspersonal und die auf Dauer gestellte gesellschaftliche Selbstorganisation durch Dynamisierung und permanente Bewegung der Regierenden sind für ihn die einer natürlichen und sich zwanglos darstellenden Ordnung entsprechenden Strukturprinzipien, die durch Kreon dann verletzt werden. Es sind Prinzipien aus dem Fundus eines anarchistischen Denkens, dem jede Verfestigung, jede Stabilisierungsleistung verdächtig erscheint, und deshalb erscheinen sie Wagner so attraktiv. Daß sie außer Kraft gesetzt werden, hat zur Folge, daß Wagner den Staat schon von seinen Ursprüngen her als einen Repressionsapparat charakterisiert: schon am Anfang steht der Bruch einer rechtlichen Vereinbarung von Freien, steht der Vertragsbruch – Eteokles gibt hier das Vorbild für die spätere Figur des Wotan ab.

Doch dieser Vertragsbruch hätte nicht stattfinden können, wenn die davon Betroffenen, die Regierten, ihn nicht akzeptiert, ja sogar gewollt hätten. In der Unterstützung des Eteokles dokumentiert sich nämlich für Wagner »ein praktischer Instinkt vom Wesen des Eigenthumes, das Jeder gern allein genießen, mit einem Anderen aber nicht theilen wollte: jeder Bürger, der im Eigenthume die Gewährleistung gewohnter Ruhe erkannte, war ganz von selbst der Mitschuldige der unbrüderlichen That des obersten Eigenthümers Eteokles«[80]. Wagner zielt mit dieser Beschreibung auf einen kommunikativen Prozeß der Übereinkunft zwischen Regierenden und Regierten, auf deren Einwilligung in Herrschaft und Unterwerfung, die an Hegels berühmte ›Herr-Knecht-Dialektik‹ erinnert und an die dort formulierte Einsicht, daß Herr und Knecht sich erst im wechselseitigen Bezug aufeinander in ihrer jeweiligen Position erkennen. Der Herr wäre nicht Herr ohne den Knecht, der Knecht nicht Knecht ohne den Herrn. Damit scheint die Gleichheit der beiden Seiten im Akt der gegenseitigen Anerkennung gegeben. Doch das täuscht, denn indem der Knecht den Herrn als seinen Herrn anerkennt, findet eine Verschiebung der Gewichte zugunsten des Herrn statt. Zur gleichberechtigten wechselseitigen Anerkennung fehlt – wie Hegel sagt – »das Moment, daß, was der Herr gegen den Andern tut, er auch gegen sich selbst, und was der Knecht gegen sich, er auch gegen den Andern tue. Es ist dadurch ein einseitiges und ungleiches Anerkennen entstanden«[81]. Wagner bezieht sich in seinem Text zwar nicht direkt auf Hegel, nicht auf

79 Ebenda, S. 59.

80 Ebenda.

81 Georg W. Fr. Hegel, Phänomenologie des Geistes, hg. von Johannes Hoffmeister, Hamburg 1952, S. 147.

dessen Argument, aber er kommt, auf seine Weise und vielleicht nicht ohne die Kenntnis von Hegel, zu denselben Schlüssen und Folgerungen.

An der Begründung der politischen Herrschaft und des Staates aus einem Vertragsschluß von nunmehr ungleich Beteiligten, wie sie hier dargelegt wird, hat Wagner auch später noch festgehalten – eine Überzeugung, die in ganz entscheidender Weise die Dramaturgie des *Ring* strukturiert, etwa durch den Vertragsschluß Wotans mit den Riesen[82] –, und er hat sich damit einer der zentralen Argumentationslinien der neuzeitlichen politischen Philosophie angeschlossen, die in Abgrenzung zu ständischen Herrschaftsmodellen in der frühen Neuzeit formuliert worden sind, um den sich herausbildenden Staat der bürgerlichen Gesellschaft zu rechtfertigen. Aber im Unterschied zu den großen Vertragstheoretikern der Neuzeit, von Thomas Hobbes bis Immanuel Kant[83], die alle den Vertrag als einen Rechtsvorgang verstanden haben, in dem prinzipiell gleiche Rechtssubjekte sich darüber vereinbaren, in welcher Ordnung und mit welchen individuellen Rechten sie zukünftig leben wollen, und die zugleich auch davon ausgehen, daß der Akt des Vertragsschlusses von gleichen Voraussetzungen bei allen Vertragsschließenden getragen wird, sieht Wagner hier – geschult durch die radikal-demokratische wie anarchistisch-sozialistische Staats- und Gesellschaftskritik – gleichsam realistischer die Ungleichheit des Anfangs. Übereinstimmend mit dem liberalen Vertragsdenken der Neuzeit definiert er den Staat zwar zunächst als ein Ergebnis von prohibitiver Sorge um die eigene Sicherheit. »In ihm drückt sich« – so heißt es noch in der späten, bereits zitierten Schrift *Über Staat und Religion* von 1864 – »das Bedürfniß als Nothwendigkeit des Übereinkommens des in unzählige, blind begehrende Individuen getheilten, menschlichen Willens zu erträglichem Auskommen mit sich selber aus. Er ist ein Vertrag, durch welchen die Einzelnen, vermöge einiger gegenseitiger Beschränkung, sich vor gegenseitiger Gewalt zu schützen suchen«[84]. Aber in Differenz zu dieser liberalen Vertragskonstruktion macht er sofort eine – an Rousseau erinnernde und vermutlich von diesem übernommene[85] – entscheiden-

82 Zur Bedeutung des Vertrags – und das Hineinspielen der Vertragstheorie – für den ›Ring‹ vgl. Udo Bermbach, ›Blühendes Leid‹, S. 192 ff.

83 Vgl. dazu die Geschichte des Vertragsdenkens zusammenfassend Wolfgang Kersting, Die politische Philosophie des Gesellschaftsvertrags, Darmstadt 1994; mit ausführlichen Literaturhinweisen.

84 Richard Wagner, Über Staat und Religion, in: GSD, Bd. 8, S. 8.

85 Jean-Jacques Rousseau, Über den Ursprung der Ungleichheit unter den Menschen (Discours sur l'Origine de l'Inégalité parmi les Hommes, 1755), in: derselbe, Schriften zur Kulturkritik, hg. von Kurt Weigand, Hamburg 1971. Rousseau argumentiert, Gesellschaft und Staat seien aus einem betrügerischen Vertrag hervorgegangen, weil die Reichen den Armen und Besitzlosen eingeredet hätten, der Vertragsabschluß zum Zwecke der Staatsgründung läge im allgemeinen, also auch ihrem Interesse, wohingegen er faktisch doch nur im Interesse der Reichen lag, die durch den Staat ihr Eigentum hätten schützen wollen. Vgl. S. 245 ff. Rousseau hat später im Contrat social (1762) eine völlig andere Position eingenommen. Vgl. dazu Jean-Jacques Rousseau, Vom Gesellschaftsvertrag oder Prinzipien des Staatsrechts, in: derselbe, Politische Schriften, Bd. I, Paderborn 1977. Wagner kannte Rousseaus Schriften, die deutschen Ausgaben waren in seiner Dresdner Bibliothek vorhanden. Vgl. Curt von Westernhagen, Richard Wagners Dresdner Bibliothek 1842 bis 1849, Wiesbaden 1966, S. 101.

de Einschränkung: er verweist auf die regressiven Folgen des Eigentums für den Vertragsschluß, auf die Tatsache, daß alle Vertragspartner zugleich auch Eigentümer mit ungleichem Besitzstand sind, daß sie deshalb ihren einmal erworbenen Besitz möglichst ungeschmälert bewahren wollen, auch wenn sie dies nur über und durch den Staat gewährleistet sehen. Und »so opferte im Staate der Einzelne so viel von seinem Egoismus, als nöthig erschien«[86], was heißt, daß der Staat zwar einerseits um der Garantie des individuellen Eigentums willen überhaupt gegründet werden muß, ihm andererseits aber nur soviel an Kompetenzen zugestanden wird, wie dies für die Bewahrung der zuvor schon gegebenen Ungleichverteilung dieses Eigentums notwendig ist – ein Paradoxon, das in prekärer Weise offenläßt, wo dabei die Linie der Stabilisierung der staatlichen Ordnung zu ziehen wäre. Und Wagner ist sich dieses konstitutionstheoretischen Problems sehr bewußt. In scharfsinniger Weise beschreibt er ideologiekritisch diesen Akt eines destruktiven Kontraktualismus: »Hierbei geht die Tendenz des Einzelnen natürlich dahin, gegen das kleinstmögliche Opfer die größtmögliche Zusicherung zu erhalten: auch diese Tendenz kann er aber nur durch gleichbeteiligte Genossenschaften zur Geltung bringen; und diese verschiedenen Genossenschaften unter sich gleichbetheiligter Individuuen bilden die Parteien, von denen den meistbesitzenden an der Unveränderlichkeit des Zustandes, den minder begünstigten an dessen Veränderung liegt. Selbst aber die nach Veränderung strebende Partei wünscht nur in den Zustand zu gelangen, in welchem auch ihr Unveränderlichkeit gefallen dürfte; und der Hauptzweck des Staates wird somit von vornherein von Denen festgehalten, deren Vortheile bereits die Unveränderlichkeit entspricht«[87].

Für Wagner gibt es keinen Zweifel: dem bürgerlichen Staat eignet von Anfang an eine strukturelle und nicht behebbare Ungleichheit der Stellung seiner Bürger, und Wagner hält hier, wie so oft, an seiner einmal, in den Jahren der Revolution gefaßten Überzeugung prinzipiell fest. Aus der Asymmetrie der politischen Herrschaft, die von Anfang an dem Staat notwendig eingeschrieben ist und seinen eigentlichen Charakter ausmacht, kann dieser sich nicht mehr lösen, es sei denn, um den Preis seiner eigenen Abschaffung. Doch steht dies natürlich nicht zu erwarten. Weil aber andererseits die Ungleichheit der den Staat begründenden und ihm unterworfenen Menschen unabdingbar mit der Idee, der Struktur und der historischen Ausprägung des Staates verbunden ist, kann dieser – wie Wagner sagt – als die ›gültige Allgemeinheit‹ beschrieben werden, als das, was gilt, aber nicht gelten sollte. Und so ist der Staat denn auch nicht nur eine ›gültige Allgemeinheit‹, sondern, was viel entscheidender ist, auch eine ›falsche‹ Allgemeinheit im Sinne der systematischen Verkehrung dessen, was seinen wahren Charakter ausmacht. Er ist eine historische Verkehrung insofern, als durch ihn das Wünschbare, vielleicht auch das Machbare – eine genossenschaftliche Organisation der Freien und Gleichen – aus der Geschichte

86 Richard Wagner, Über Staat und Religion, in: GSD, Bd. 8, S. 8.
87 Ebenda, S. 9.

hinauskatapultiert worden ist. Wagner denkt und argumentiert hier voll auf der Höhe seiner Zeit, gewiß vergleichsweise knapp und wenig systematisch entfaltet, und doch in seiner Grundbegrifflichkeit hinreichend deutlich, um nachvollziehen zu können, innerhalb welcher gesellschaftstheoretischen Kontexte er sich bewegt. Seine Sicht der Genese des Staates, wie er sie in *Oper und Drama* entwickelt, liegt auf der Linie jener kritischen Auseinandersetzung mit der bürgerlichen Gesellschaft und dem bürgerlichen Staat, wie sie innerhalb der radikalen Linken des deutschen Vormärz weithin selbstverständlich war. Innerhalb dieses Diskurses der Linkshegelianer und des ›Jungen Deutschland‹ bewegt er sich, und er zeigt nicht zufällig deshalb auch eine oftmals verblüffende Übereinstimmung in seiner Gedankenführung mit der Kritik von Marx an Hegels Staatsverständnis.

Denn für Marx war der bürgerliche Staat ein notwendiges Resultat von zwanghafter Integration und Stabilisierung einer auf antagonistischen, also prinzipiell nicht friedlich schlichtbaren Konflikten beruhenden Gesellschaft. Hatte Hegel den Staat mit einer eigenen Substantialität versehen, ihn als die »Wirklichkeit der sittlichen Idee« und die »Wirklichkeit der konkreten Freiheit«[88] bestimmt, der das Allgemeine gegenüber dem besonderen Individuellen, das Ganze gegenüber dem Partikularen vorstelle und repräsentiere, so hatte Marx – hier Feuerbach folgend – behauptet, daß Hegel die Realität verkehre. Nicht vom Staat her habe sich die Position des Einzelnen zu bestimmen, sondern umgekehrt müsse der einzelne Mensch in seinen konkreten sozialen und politischen Beziehungen zum Ausgangspunkt der Bestimmung des Staates und der Gesellschaft gemacht werden. Marx kritisiert, daß Hegel im Staat das aussöhnende Moment von individueller Subjektivität und allgemeiner Objektivität sieht, daß der Staat die Idee der allgemeinen Sittlichkeit repräsentiere[89]. Während es sich in Wirklichkeit – wie Marx meint – doch gerade umgekehrt verhalte: »Der politische Staat kann nicht sein ohne die natürliche Basis der Familie und die künstliche Basis der bürgerlichen Gesellschaft; sie sind für ihn eine conditio sine qua non; die Bedingung wird aber [bei Hegel, U.B.] als das Bedingte, das Bestimmende wird als das Bestimmte, das Produzierende wird als das Produkt seines Produkts gesetzt«[90]. Marx also meint, Hegel verkehre Idee und Wirklichkeit, er ordne die Idee der Wirklichkeit vor und glaube auch noch, die Entwicklung der Wirklichkeit richte sich nach der Idee. In den Worten von Marx: »Wichtig ist, daß Hegel überall die Idee zum Subjekt macht und das eigentliche, wirkliche Subjekt [das Volk, die Familie, die Gesellschaft, U.B.] … zum Prädikat«[91].

Wagner folgt – vermutlich ohne es zu wissen – der Struktur dieses kritischen Arguments, denn er wendet sich gegen die dialektische Verkehrung von Subjekt und Objekt, wenn er schreibt: »Der Staat, als Abstraktum, ist von je immer im Un-

88 Georg W. Fr. Hegel, Grundlinien der Philosophie des Rechts, § 257, S. 207; § 260, S. 214.

89 Vgl. dazu Shlomo Avineri, Hegels Theorie des modernen Staates, Frankfurt/M. 1976, bes. S. 211 ff.

90 Karl Marx, Kritik des Hegelschen Staatsrechts, in: Karl Marx/Friedrich Engels, Werke (MEW), Bd. 1, S. 207.

91 Ebenda, S. 209.

tergang begriffen gewesen, oder richtiger, er ist nie erst in die Wirklichkeit getreten, nur die Staaten in concreto haben in beständigem Wechsel, als immer neu auftauchende Variationen des unausführbaren Thema's ein gewaltsames, und dennoch stets unterbrochenes und bestrittenes Bestehen gefunden. Der Staat, als Abstraktum, ist die fixe Idee wohlmeinender aber irrender Denker, – als Konkretum die Ausbeute für die Willkür gewaltsamer oder ränkevoller Individuuen gewesen, die den Raum unserer Geschichte mit dem Inhalte ihrer Thaten erfüllen«[92].

Daß der Staat ein Abstraktum ist, hat auch Marx behauptet: »Als wäre das Volk nicht der wirkliche Staat. Der Staat ist ein Abstraktum. Das Volk allein ist das Konkretum«[93]. Und er hat daraus den Schluß gezogen, daß jede Realanalyse des Staates vom ›Konkretum‹, vom Volk und den tatsächlichen gesellschaftlichen, das heißt politischen, wirtschaftlichen, sozialen und kulturellen Verhältnissen auszugehen habe. Wagner, der dies in den Revolutionspamphleten phänomenologisch schon versucht hatte, folgt ihm hier gleichsam intuitiv, im Einklang mit der herrschenden Staatskritik der radikalen Linken, für die das Marxsche Diktum eine Selbstverständlichkeit war. Auch für Wagner ist die Idee des Staates zunächst einmal lediglich ein Phantasiegebilde, das der Realität vorgeordnet wird, insoweit ein im Abstrakten »unausführbares Thema«[94], dessen Variationen im Konkreten die jeweils historisch auftretenden Staaten bezeichnet. Aber freilich nicht so, daß der historische Fall die Konkretisierung der einmal gefaßten Idee wäre, sondern gerade umgekehrt. In den geschichtlich existierenden Staaten bildet sich lediglich aus, was als Reaktion auf die dissoziierenden Kräfte der Gesellschaft im Sinne eines Gegengewichtes scheinbar benötigt wird, um das Ganze zusammenzuhalten – ein System der Gewalt und der rücksichtslosen Herrschaft.

Wagner weist immer wieder darauf hin, daß der Staat aufgrund einer konkret zu bezeichnenden Verfehlung »unmerklich aus der Gesellschaft hervorgewachsen«[95] sei, gleichsam aus einer archaischen Ursünde der absoluten Priorisierung von Ruhe und Ordnung, der Bewahrung des einmal Erreichten, der Angst vor aller Veränderung, der Perhorreszierung von gesellschaftlicher Veränderung, der bedingungslosen Verteidigung des Status quo. Und dies wird von ihm als die unmittelbare Bestimmung des real existierenden Staates gesehen. Aber zugleich und nachhaltiger verweist Wagner in den ›Zürcher Kunstschriften‹ auf eine zweite konstitutive Ebene der Staatsgenese, und er zielt damit in gewisser Weise doch auf die zuvor verworfene Idee des Staates als eines ›Abstraktums‹. Denn er sucht im Prinzipiellen die allgemeine Idee des Staates auf und glaubt, schon hier die falschen historischen Konkretisierungen und Varianten dieser allgemeinen Idee vorgebildet zu finden. In der mythischen Erzählung, die er abstrahierend als die Erzählung eines prinzipiellen

92 Richard Wagner, Oper und Drama, in: GSD, Bd. 4, S. 65.
93 Karl Marx, Kritik des Hegelschen Staatsrechts, in: Karl Marx/Friedrich Engels, Werke (MEW), Bd. 1, S. 229.
94 Richard Wagner, Oper und Drama, in: GSD, Bd. 4, S. 65
95 Ebenda, S. 58.

Vorgangs interpretiert, sieht er bereits den Kern aller nachfolgenden Staatsideen enthalten. Deshalb erscheint ihm der Staat in dieser Erzählung seiner ursprünglichen Idee nach als ein ›Abstraktum‹, als die »Verneinung der freien Selbstbestimmung des Individuums«[96], die »unnatürlichste Vereinigung der Menschen«[97], der »Keim aller Verbrechen«[98] – Zuschreibungen, die doch nicht der abstrakten Idee, sondern erst deren nachfolgenden historischen Verwirklichungen angelastet werden können. Wagner indessen setzt sich über diese Fehllogik seiner Argumentation hinweg. Vermutlich deshalb, weil er glaubt, daß bereits durch den Vertragsbruch des Eteokles aller Besitz der Bürger Thebens in Eigentum überführt wird und diese Übertragung der Idee selbst eingeschrieben sei. Eigentum aber – man weiß dies aus den Revolutionstraktaten der Dresdner Zeit – ist für ihn ein Grundübel aller modernen Gesellschaft, ist Chiffre für Herrschaft und Unterdrückung. Aus dieser Perspektive entsteht der Staat daher als Kompensationsanstalt einer durch asymmetrische Besitzverhältnisse ungerecht organisierten Gesellschaft und soll mit seiner manifesten Macht und durch seine Gewalt zusammenhalten, was von selbst nicht mehr zusammenhalten kann. Er soll »die Unvollkommenheiten der wirklichen Gesellschaft nach einer gedachten Norm ebnen und ausgleichen«[99], soll aktiver und intervenierender Staat zugleich sein, aber er kann dies am Ende nicht, weil eine solche Regulierungsaufgabe den wirklichen Bedürfnissen der Menschen allzu sehr widerspricht. Denn sie kommt ›von oben‹, ohne ›von unten‹ gewünscht zu werden. Anders formuliert: weil der Staat mit seinen Untertanen keinen kontinuierlichen Diskurs unter den Bedingungen der Gleichheit aller pflegt – und auf Grund der im Gründungsakt festgeschriebenen faktischen Ungleichheit aller nicht führen kann –, vermag er auch seine Aufgaben mit den Bedürfnissen des Volkes nicht abzustimmen und gerät so in den Zustand, den Wagner nun beklagt. Für Wagner tut sich hier ein Zwiespalt auf, der ihm prinzipiell unlösbar erscheint: einerseits ist der Staat in grundsätzlicher und damit von der jeweiligen historischen Entwicklung der Gesellschaft unabhängiger Weise in seinen Funktionen festgelegt; andererseits zeigt sich, daß er im Laufe der historischen Entwicklung diese Funktionen nicht oder immer weniger wahrnehmen kann. Er leistet also gerade nicht, wozu er dazusein vorgibt. Es ist dieser »große Irrthum, aus dem der politische Staat sich bis zu der unnatürlichen Höhe entwikkelte, von welcher herab er die menschliche Natur leiten wollte, die er gar nicht verstand und umso weniger verstehen konnte, je mehr er sie leiten wollte«[100].

Der Staat also wächst aus der Gesellschaft heraus, er verselbständigt sich und schlägt in der Folge als bloßes Repressionsinstrument gegen die Gesellschaft zurück. Er kann auf Dauer nicht leisten, was er leisten sollte und wozu er geschaffen wurde: die soziale und politische Integration einer sich immer stärker desintegrieren-

96 Ebenda, S. 65.
97 Richard Wagner, Das Kunstwerk der Zukunft, in: GSD, Bd. 3, S. 168.
98 Richard Wagner, Oper und Drama, in: GSD, Bd. 4, S. 65.
99 Ebenda, S. 65.
100 Ebenda, S. 66.

den Gesellschaft. Er bleibt lediglich »äußere Nothwendigkeit für das Bestehen der Gesellschaft«[101] – Hegel spricht gelegentlich in verwandten Formulierungen vom »äußeren Staat« als »System allseitiger Abhängigkeit«, als dem »Not- und Verstandesstaat«[102] – , er entbehrt daher einer eigenen Legitimität, die er aus sich selbst heraus gewinnen müßte, aber nicht zu gewinnen vermag. Wagner stellt hier einen Zusammenhang von Staat und Gesellschaft her, der sich ähnlich im anarchistischen und sozialistischen Denken der Zeit vielfach finden läßt und der wiederum starke Parallelen auch zum Denken von Marx aufweist. Er bestimmt das Verhältnis von Staat und Gesellschaft so, als sei die Existenz des Staates von der Struktur der Gesellschaft und deren Fähigkeit zur Selbststabilisierung abhängig. Aber da diese Gesellschaft seiner Meinung nach kaum positive Züge aufweist, also selbst nicht überlebensfähig ist, kann es kaum verwundern, daß er fest daran glaubt, die Institution Staat gehe, historisch gesehen, unaufhörlich ihrem Untergang entgegen: »Seit dem Bestehen des politischen Staates geschieht kein Schritt in der Geschichte, der, möge er selbst mit noch so entschiedener Absicht auf seine Befestigung gerichtet sein, nicht zu seinem Untergang hinleitet«[103]. Und dies nicht zuletzt deshalb, weil der Staat als der »willkürlich politische Staat«[104] erscheint, das heißt als eine Institution, die nicht aus eigenem Recht existiert, die nicht durch einen eigenen, nur ihr selbst zugehörenden Akt der Begründung gestiftet, sondern eben nur durch die Gesellschaft als notwendig gedacht werden kann.

Diese Gesellschaft ist nun freilich ihrerseits eine ›falsche Allgemeinheit‹, denn was sich kritisch gegen den Staat einwenden läßt, gilt wesentlich auch für die Idee der Gesellschaft. Und es gilt erst recht für die Gesellschaft der eigenen Zeit, die – wie Wagner meint – als das Ergebnis eines historisch-degenerativen Prozesses verstanden werden muß. Analog zum Staat bestimmt sich auch die Gesellschaft in ihrer Binnendifferenzierung als ein erstarrtes Regelsystem, in dem alle individuelle Authentizität gebrochen wird. »Das Wesen der Gesellschaft ist aber die Gewohnheit«[105], ist die wiederholende Routinisierung gesellschaftlicher Funktionsabläufe, die Wagner, auch hier in weitgehender Übereinstimmung mit der linksradikalen Kritik der Zeit, nicht als eine mögliche, ja notwendige Form der individuellen Handlungsentlastung versteht, sondern ausschließlich als eine »beschränkende und hemmende«, als eine »immer tyrannischer« werdende. In dem Maße, in dem er die bürgerliche Gesellschaft als ein dem Staat gleichsam strukturparallel vorausliegendes Repressionssystem versteht, beschreibt er auch das Verhältnis von Staat und Gesellschaft als ein entsprechend strukturäquivalentes. Denn der Staat ist um der Aufrechterhaltung der Gesellschaft wegen gezwungen, in diese permanent einzugreifen, weil die Gesellschaft selbst weder aus eigener Kraft noch aus eigenem Vermögen ihren Fortbe-

101 Ebenda, S. 54.
102 Georg W. Fr. Hegel, Grundlinien der Philosophie des Rechts, § 183, S. 165.
103 Richard Wagner, Oper und Drama, in: GSD, Bd. 4, S. 65.
104 Ebenda, S. 54.
105 Ebenda; auch die weiteren Zitate finden sich hier.

stand zu sichern vermag. So erscheint die bürgerliche Gesellschaft nicht als ein lebendiger Organismus, nicht als ein sich selbst erhaltendes und selbst steuerndes System aus eigenem Recht und eigener Legitimität, sondern lediglich als »Niederschlag der von Oben herab auf sie drückenden Geschichte, wenigstens ihrer äußeren Form nach«[106]. Auch die Gesellschaft erweist sich als eine bloß äußere Notwendigkeit, als ein umfassender ›Verblendungszusammenhang‹ (Adorno), hinter dessen Fassade die Wirklichkeit ganz andere Züge vorzuweisen hat.

Diese Wirklichkeit charakterisiert Wagner mit drastischen Worten: »Die Physiognomie der bürgerlichen Gesellschaft ist die abgestumpfte, entstellte, bis zur Ausdruckslosigkeit geschwächte Physiognomie der Geschichte: was diese durch lebendige Bewegung im Athem der Zeit ausdrückt, giebt jene durch träge Ausbreitung im Raume. Diese Physiognomie ist aber die Larve der bürgerlichen Gesellschaft, unter der sie dem menschensuchenden Blicke diesen Menschen eben noch verbirgt ... ein Chaos von Unschönheit und Formlosigkeit ...«[107].

Läßt man einmal den zuspitzenden polemischen Charakter dieser Formulierungen beiseite – die freilich mit Blick auf den zeitgenössischen Stil keineswegs überzogen sind; Marx beispielsweise sprach immer wieder von den »Charaktermasken«[108] in der kapitalistischen Gesellschaft – und richtet den Blick auf die Substanz des Zitats, so offenbart sich ein Gesellschaftsverständnis in doppelter Perspektive: zum einen werden die häßlichen Erscheinungen der bürgerlichen Gesellschaft beschworen, wie sie auch schon in den Dresdner Revolutionstraktaten gezeichnet worden sind, wird eine Phänomenologie des Schreckens und der Abschreckung für jene gezeichnet, denen noch ein Rest moralischen Bewußtseins geblieben ist. Zum anderen wird auf die internen gesellschaftlichen Konfliktstrukturen verwiesen, die offensichtlich als prinzipiell nicht korrigierbar erscheinen. Denn ›Unschönheit‹ und ›Formlosigkeit‹ sind Begriffe, die auf diesen Doppelcharakter der bürgerlichen Gesell schaft zielen: was unschön ist, läßt sich in der unmittelbaren Konfrontation mit den Ergebnissen gesellschaftlicher Entwicklung erfahren, gehört – mit Marx zu reden – der Erscheinungsebene an. Formlosigkeit aber zielt auf den internen Strukturzusammenhang der Gesellschaft, bezeichnet – mit Marx zu reden – deren Wesen[109].

106 Ebenda, S. 51.

107 Ebenda.

108 Karl Marx verwendet diesen Begriff mehrfach, um die allgemeine gesellschaftliche Disposition individueller Akteure durch das kapitalistische System zu bezeichnen, um also darauf hinzuweisen, daß der Einzelne »Träger von bestimmten Klassenverhältnissen und Interessen« ist, für die er als Individuum selbst nicht verantwortlich gemacht werden kann, in seinem Verhalten gegenüber anderen folglich durch die bestehenden Herrschaftsverhältnisse, denen er ausgeliefert ist, entindividualisiert wird. So in Das Kapital, Bd. I, in: Werke (MEW), Bd. 23, Berlin-Ost 1962, S. 16. Vgl. zu den zahlreichen Verwendungen und den changierenden Bedeutungen dieses Begriffs den ausführlichen Artikel ›Charaktermaske‹ in: Wolfgang Fritz Haug (Hg), Historisch-kritisches Wörterbuch des Marxismus, Hamburg 1995, Bd. 2, Sp. 435 ff.

109 Diese Differenz von Wesen und Erscheinung wird in der ›Warenanalyse‹ von Marx theoretisch am anspruchsvollsten entwickelt und zählt zu den Grundtopoi der marxistischen und kritischen Gesellschaftstheorie; Karl Marx, Das Kapital, Bd. I, in: Karl Marx/Friedrich Engels, Werke (MEW), Bd. 23, S. 49 ff.

Und Wagner meint offensichtlich, daß die bürgerliche Gesellschaft bereits zu weit aus den Fugen geraten ist, um sich selbst noch vernünftig reorganisieren und stabilisieren zu können, auch wenn Stabilität ihr oberstes Ziel ist. Hegels Gedanke, wonach die bürgerliche Gesellschaft aufgrund ihrer eigenen Dynamik über sich selbst hinaus treibt und dabei zugleich in ihrem Innern die Polarisierung in Reiche und Arme befördert, unfähig dazu, die daraus resultierenden sozialen Konflikte aus eigener Kraft befrieden zu können und deshalb den Staat als eine integrative Institution braucht[110], dieser Gedanke wird von Wagner gleichsam umgedreht und nach innen gewendet – und in dieser Verkehrung Hegels stimmt er unbewußt mit der Kritik von Marx an Hegel überein. Die Gesellschaft erscheint als eine Differenzposition zum Staat und als solche ist sie lediglich ausführendes Organ, reproduziert zugleich, was der Staat ihr vormacht. »Der politische Staat lebt einzig von den Lastern der Gesellschaft, deren Tugenden ihr einzig von der menschlichen Individualität zugeführt werden«[111].

Deutlich wird hier: die Beziehung von Staat und Gesellschaft bestimmt sich nach Wagner als ein repressives Durchgriffsverhältnis von oben nach unten, ideologisch abgesichert durch eine institutionalisierte Religion, das Christentum. Staat und Gesellschaft sind organisierte Hierarchien und als solche dem anarchischen Geiste des Komponisten von vornherein suspekt. Sie erscheinen als ein ineinander verschränkter Repressionsverbund, aber die Kette der Repression von oben nach unten endet nicht in der Gesellschaft, sondern die ›falsche Allgemeinheit‹ von Staat und Gesellschaft erzeugt ein ebenso falsches Selbstverständnis der einzelnen Gesellschaftsmitglieder. In den Blick kommt so der einzelne Mensch, freilich zunächst nur in seiner Eigenschaft als Staatsbürger. Als solcher lebt er mit sich selbst im Zwiespalt, ist er nicht mit sich selbst identisch, widerspricht er seiner eigentlichen natürlichen Bestimmung, die von unbeschädigter, deshalb vorstaatlicher Qualität ist und in Staat und Gesellschaft, so wie sie sind, nicht ausgelebt werden kann.

Über den Menschen

Am Ende seiner Analyse von Religion, Staat und Gesellschaft gelangt Wagner schließlich zur Wesensbestimmung des einzelnen Menschen, der in der Moderne freilich nicht als mit sich selbst identisch beschrieben werden kann, sondern der gleichsam in eine Doppelexistenz hinein gezwungen ist: gespalten zum einen in eine ›freie Individualität‹, zum anderen in die Existenz des ›Staatsbürgers‹. Die durchgehend beobachtbare Neigung Wagners, die Welt in duale Strukturen zu zerlegen und diese Dualität dann antagonistisch zu interpretieren, ihre Widersprüche als unaufhebbar zu verstehen und daraus die Notwendigkeit einer revolutionären Tat herzu-

110 Georg W. Fr. Hegel, Grundlinien der Philosophie des Rechts, §§ 243–246, S. 200 ff.
111 Richard Wagner, Oper und Drama, in: GSD, Bd. 4, S. 66.

leiten, setzt sich auch hier wieder interpretationsbestimmend durch. Der Mensch ist, so seine Behauptung, entscheidend dadurch geprägt, daß in ihm zwei konkurrierende, sich gegenseitig ausschließende Momente miteinander um die Herrschaft kämpfen, die prinzipiell nicht miteinander harmonisierbar erscheinen: reine Natürlichkeit und staatlich-gesellschaftliche Prägungen. Die Vorstellung dieser unter den gegebenen gesellschaftlichen Umständen nicht vermittelbaren und ausgleichbaren Doppelung der menschlichen Existenz in der Moderne bezeichnet eine der zentralen Denkfiguren Wagners, aus deren Negation er dann allerdings auch die utopische Perspektive einer anderen, neuen Gesellschaft gewinnt.

Die Bestimmung des Menschen nach einer natürlichen und einer sozialen Seite seiner Existenz ist freilich keineswegs eine singuläre oder gar abwegige gesellschaftstheoretische Position, die Wagner hier einnimmt. Vielmehr eine Bestimmung, wie sie das radikale Denken seiner Zeit ganz selbstverständlich verwendet. So etwa hat Marx gegen Hegel genau denselben Einwand formuliert: »Die Geschäfte und Wirksamkeiten des Staates sind an Individuen geknüpft (der Staat ist nur wirksam durch Individuen), aber nicht an das Individuum als *physisches*, sondern als *staatliches*, an die *Staatsqualität* des Individuums. ... Es versteht sich also, daß die Individuen, insofern sie Träger der Staatsgeschäfte und Gewalten sind, ihrer sozialen und nicht ihrer privaten Qualität nach betrachtet werden«[112].

Die Individuen ihrer sozialen Qualität nach betrachten: das heißt für Wagner, sie als selbstentfremdete Menschen zu beschreiben. Wer innerhalb eines Unterdrückungsapparates steht, kann selbst kein freier Mensch sein. Denn der Staat drückt »auf die Gesellschaft in dem Grade, daß sie ihre lasterhafte Seite auch auf die Individualität hinkehrt«[113], und dies heißt: »Der Staat hat sich zum Erzieher der Individualität aufgeworfen, er bemächtigt sich ihrer im Mutterleibe durch Vorausbestimmung eines ungleichen Antheiles an den Mitteln zu sozialer Selbständigkeit; er nimmt ihr durch Aufnöthigung seiner Moral ihre Unwillkürlichkeit der Anschauung, und weist ihr, als seinem Eigenthume, die Stellung an, die sie zu der Umgebung einnehmen soll. Seine Individualität verdankt der Staatsbürger dem Staate; sie heißt aber nichts Anderes als seine vorausbestimmte Stellung zu ihm, in welcher seine rein menschliche Individualität für sein Handeln vernichtet und nur höchstens auf Das beschränkt ist, was er ganz still vor sich hin denkt«[114].

Der moderne Mensch also wird durch den Staat sozialisiert, sein Wesen wie sein Verhalten werden durch den Staat kulturalistisch überformt, und das heißt für die Gegenwart: deformiert. Angesichts der dem Menschen von Natur aus mitgegebenen Entwicklungsmöglichkeiten ist er zu einem sich selbst entfremdeten Wesen geworden. Die hier von Wagner vorgenommene kontrastierende Entgegensetzung einer ursprünglichen, durch keinen Sozialisationsakt getrübten menschlichen ›Indi-

112 Karl Marx, Kritik des Hegelschen Staatsrechts, in: Karl Marx/Friedrich Engels, Werke (MEW), Bd. 1, S. 222.

113 Richard Wagner, Oper und Drama, in: GSD, Bd. 4, S. 66.

114 Ebenda, S. 68.

vidualität‹ einerseits gegen eine durch institutionelle Prägung verformte Sozialnatur des Menschen andererseits, arbeitet mit der Annahme einer anthropologischen Gewißheit: einer vorgesellschaftlich identifizierbaren, der Gattung zugehörenden ›Natur‹ des Menschen, die auf »freie Selbstbestimmung des Individuums«[115] hin angelegt ist. Was als eine nicht mehr hintergehbare Wesensbestimmung des Menschen hier vorgetragen wird, fungiert methodisch als eine Art Letztbegründung in zweierlei Hinsicht: zum einen ergibt sich daraus der kritische Maßstab für die Verurteilung der Gegenwart, zum anderen erlaubt die zumindest potentiell reformulierbare ursprüngliche Natur des Menschen den Entwurf einer positiven Utopie, einer neuen Gesellschaft. Wagners Kontrastierung ist daher nicht nur in analytischer Hinsicht für sein Denken zentral, weil in ihr implizit seine kritischen Beurteilungsmaßstäbe für die eigene Zeit zu finden sind – oder doch: vermeintlich gefunden werden können; diese Kontrastierung ist auch deshalb von fundamentaler Bedeutung, weil sie strukturell bereits – was noch genauer auszuführen sein wird – auf eine neue, durch die Revolution zu schaffende Gesellschaft hinweist, die dann von Wagner als eine durch freie und selbstbestimmte Assoziationsverhältnisse von freien und gleichen Individuen entworfen und charakterisiert wird.

Die Unterstellung einer ursprünglichen, gesellschaftlich freilich verschütteten ›Natur des Menschen‹, an der gemessen der Status quo nur als deviant interpretiert werden kann, allgemeiner formuliert: die Unterstellung einer unversehrten Natur in einem vorgesellschaftlichen Zustand, die durch den Prozeß der menschlichen Gesellschafts- und Staatsbildung in heillose Zerstörung gerät, deren ursprüngliche Unversehrheit allerdings noch im Zustand ihrer Zerstörung erahnt und rekonstruiert werden kann – im *Ring* ist dies später exakt die Situation zu Beginn des *Rheingold* – , diese Unterstellung teilt Wagner nicht nur mit dem linken Denken seiner Zeit, sondern auch noch mit vielen Linksintellektuellen des zwanzigsten Jahrhunderts[116]. Ihr liegt die Behauptung einer identitätsphilosophischen Annahme zugrunde, wonach aller Anfang im Einklang mit sich selbst steht, alle Gattungsentwicklung auch diesen Einklang bewahrt hätte, wenn nicht die äußeren Bedingungen des menschlichen Überlebens zum Zerbrechen der Identität des inneren Menschen geführt hätten. Die wohl bekannteste und sicherlich auch wirkungsmächtigste, weil systematisch weitgehendste Entfaltung dieses Arguments findet sich bei Marx, in den sogenannten ›Pariser Manuskripten‹[117]. Marx folgert aus den materiellen Bedingungen der bürgerlichen Gesellschaft, der kapitalistisch organisierten Arbeit, aus dem Verhältnis von Lohnarbeit und Kapital die Entfremdung des Menschen zur

115 Ebenda, S. 66 f.

116 So etwa mit dem marxistischen Philosophen Georg Lukács, der damit auf zentrale Thesen der ›Frankfurter Schule‹ entscheidend eingewirkt hat. Vgl. dazu Udo Bermbach, Wagner und Lukács. Über die Ästhetisierung von Politik und die Politisierung von Ästhetik, in: Bayreuther Programmheft II, 1990, S. 1 ff. Ebenfalls in: Politische Viertelsjahresschrift, Heft 3, Opladen 1990, S. 436 ff.

117 Karl Marx, Ökonomisch-philosophische Manuskripte aus dem Jahre 1844, in: Werke (MEW), Ergänzungsband I, S. 467 ff.

Natur, zu seinem Produkt, zu sich selbst und zu seiner Gattung[118]. Er formuliert damit eine These, die sich auf den wirtschaftlichen und gesellschaftlichen Entwicklungs- und Ausdifferenzierungsprozeß der Moderne bezieht, die zuvor schon, vereinfacht und auf die Religion beschränkt, Feuerbach entwickelt hatte; denn bei diesem wird, wie erinnerlich, die Religion als eine verfremdete Form der Selbstbeschreibung des Menschen, seiner Wünsche und Bedürfnisse verstanden und sie wird damit als Projektion einer grundlegenden menschlichen Selbstentfremdung interpretiert.

Ob Marx oder Feuerbach, die Anarchisten oder Wagner – die Struktur dieses identitätsphilosophischen Arguments ist, wo es gebraucht und eingesetzt wird, immer dieselbe. Und seine funktionale Verwendung ebenfalls. Es dient dazu, die differenzierten Entwicklungsprozesse und Entwicklungsstrukturen der modernen Industriegesellchaften zunächst zu kritisieren, um anschließend zu zeigen, daß es um fehllaufende Entwicklungen geht, die sich vielleicht auch wieder zurücknehmen und korrigieren lassen könnten. Es dient vor allem aber dazu, die menschliche Natur wieder als eine Einheit begreifen zu können und so gegen den Status quo einen imaginären Status quo ante geltend zu machen.

Eine solche Position, die Wagner mit größter Entschiedenheit vertritt, wirft freilich die Frage auf, wer denn diesen Status quo ante stystematisch und historisch identifizieren kann und aufgrund welcher besonderen Qualifikation und welcher Kriterien. Das ist eine philosophisch schwierige und viel diskutierte Frage, der hier detailliert nicht nachgegangen werden kann, die im linken Denken indessen unterschiedliche Antworten erfahren hat. So hat etwa Marx darauf gesetzt, daß die praktische Entwicklung der bürgerlich-kapitalistischen Gesellschaft aufgrund ihrer internen Widersprüche zur Herausbildung eines sich selbst befreienden Proletariats führen werde, das den Weg der Veranderung konsequent über den Sozialismus zum Kommunismus gehen werde. Lenin dagegen hat eher auf eine intellektuelle und revolutionäre Avantgarde vertraut, auf Berufsrevolutionäre, die in einer Partei neuen Typs jenes Bewußtsein einer neuen Gesellschaft antizipieren und ausbilden sollten, das zur Etablierung und Stabilisierung einer zunächst postrevolutionären, danach sozialistischen und kommunistischen Gesellschaft seiner Meinung nach erforderlich ist. Andere, wie der frühe Georg Lukács[119] oder die späteren Vertreter der jugoslawischen Praxis-Philosophie[120] in den sechziger und siebziger Jahren des 20. Jahrhun-

118 Ebenda, S. 516 ff.

119 Georg Lukács, Die Verdinglichung und das Bewußtsein des Proletariats, in: Geschichte und Klassenbewußtsein (1923), in: derselbe, Geschichte und Klassenbewußtsein, Werke Bd. 2, Neuwied/Berlin 1968, S. 257 ff.

120 Vgl. u.a. die Schriften von Gajo Petrovic, Revolutionäre Praxis. Jugoslawischer Marxismus der Gegenwart, Freiburg 1969; derselbe, Philosophie und Revolution. Modelle für eine Marx-Interpretation, Reinbek bei Hamburg 1971; Svetozar Stojanovic, Kritik und Zukunft des Sozialismus, München 1970; Rudi Supek, Soziologie und Sozialismus, Freiburg 1970; Rudi Supek/Branko Bosnjak (Hg), Jugoslawien denkt anders. Marxismus und Kritik des etatistischen Sozialismus, Wien/Frankfurt/Zürich 1971;

derts, haben auf konflikttreibende Widerspruchs-Impulse in den existierenden modernen Gesellschaften gesetzt, die sie als strukturelle Konsequenzen einer schieflaufenden wirtschaftlichen wie politischen Entwicklung beschrieben. Und neuere Antworten gingen dahin, das Problem mit Hinweis auf jene lebensweltlichen Erfahrungen zu lösen, die sich dem Prozeß der Rationalisierung moderner Gesellschaften und deren Institutionalisierungen nicht fügen, dazu querstehen und so neue Lösungen und Veränderungen provozieren[121]. Alle diese unterschiedlichen Vorstellungen sind Antwort-Varianten auf eines der zentralen Probleme des revolutionären Denken im 19. Jahrhunderts, das sich auch dem politischen Denken des 20. Jahrhunderts noch lange gestellt hat.

Wagner verbleibt mit seiner Antwort auf jene Frage im bewußtseinsphilosophischen Paradigma des 19. Jahrhunderts, auf der Ebene des Denkens also, was scheinbar ein Widerspruch zu seiner sonst eher quasi-materialistisch ansetzenden Kritik der Religion, des Staates und der Gesellschaft ist. Scheinbar deshalb, weil er in den Begründungen seiner Kritik ohnehin zwischen diesen beiden unterschiedlichen Begründungsebenen immer dann wechselt, wenn es ihm für ein Argument angebracht erscheint. Der hier vollzogene Rückgriff auf die Ebene des Denkens erlaubt es ihm, auf das selbst aufgeworfene Problem, wie denn nun und durch wen der Weg zurück zur Einheit von Mensch und Natur gefunden werden kann, vergleichsweise unaufwendig zu antworten. Und zwar in doppelter Weise, indem er einerseits behauptet, auch das durch den historischen Prozeß verletzte und seiner selbst verloren gegangene Individuum habe noch die Erinnerung an bessere Zeiten, denn es entdecke in der »Befriedigung seines unwillkürlichen Liebesverlangens seinen Glückseligkeitstrieb«[122]. In diesem Wunsch nach der Befriedigung des Liebesverlangens dokumentiere sich die Rückerinnerung an eine ursprünglich unverfälschte menschliche Natur, sie werde so zugleich zu einer anthropologischen Konstanten, zu einem stabilen Trieb, der auch unter historisch ungünstigen Umständen sich immer wieder Bahn zu brechen suche und seine Realisierung verlange. Aus ideengeschichtlicher Perspektive gesehen ist dies Wagners Version der im Anarchismus geläufigen Behauptung, die Menschen hätten sich, unbeschadet der falschen historischen Entwicklungen, einen unbeschädigten Kern von Spontaneität erhalten. Damit stimmt überein, daß er glaubt, alle Formen institutioneller Repression könnten das menschliche Denken nicht völlig funktionalisieren. »Den gefährlichen Winkel des menschlichen Hirnes, in welchen sich die ganze Individualität geflüchtet hatte, suchte der Staat mit Hilfe des religiösen Dogma's wohl ebenfalls auszufegen; hier mußte er aber machtlos bleiben, indem er sich nur Heuchler erziehen konnte, d.h. Staatsbürger, die anders handeln als sie denken«[123].

Wagners argumentativer Trick ist, wenn man so will, das entschiedene Ineinssetzen von ursprünglicher Natur und Denkfähigkeit des Menschen einerseits, die Dif-

121 Jürgen Habermas, Theorie des kommunikativen Handelns, 2 Bde., Frankfurt/M. 1981.
122 Richard Wagner, Oper und Drama, in: GSD, Bd. 4, S. 50.
123 Ebenda, S. 68.

ferenzbehauptung von Denken und Handeln andererseits. Diese Behauptung wird nicht weiter begründet, weder systematisch noch empirisch, sondern sie wird einfach gesetzt. Sie hat allerdings weitreichende Konsequenzen sowohl für die Kritik des Staates und der Gesellschaft als auch für die Formulierung einer utopischen Perspektive. Denn solange der Staat existiert – so Wagner –, bleibt der Einzelne ausschließlich Staatsbürger, was heißt, daß es einen Widerspruch zwischen seiner natürlichen Individualität einerseits und seinem gesellschaftlich-politischen Handeln im öffentlichen Raum andererseits gibt. Als Staatsbürger steht er unter dem Zwang der Gesetze, denen er nicht entgehen kann, die aber seinen natürlichen Bedürfnissen nicht entsprechen, weshalb er dann folgerichtig nach Wagner auch ständig gegen die eigene Natur verstößt: »Der Staatsbürger ist nicht vermögend, einen Schritt zu thun, der ihm nicht im Voraus als Pflicht oder als Verbrechen vorgezeichnet ist: der Charakter seiner Pflicht und seines Verbrechens ist nicht der seiner Individualität eigene; er mag beginnen was er will, um aus seinem noch so freien Denken zu handeln, er kann nicht aus dem Staate herausschreiten, dem auch sein Verbrechen angehört. Er kann nur durch den Tod aufhören, Staatsbürger zu sein, also da, wo er auch aufhört, Mensch zu sein«[124].

Das klingt allerdings dramatischer als es gemeint sein kann, folgt man der von Wagner selbst behaupteten unvereinbaren Dualität von Denken und Handeln. Denn der Tod ist nicht die notwendige Bedingung einer Selbstbefreiung der Individualität des Menschen, auch für Wagner nicht. Wo das Denken vom konkreten Handeln systematisch entlastet und abgetrennt wird, wie Wagner dies tut, wird ihm zugleich ein Potential zugesprochen, das sich auch kritisch entwickeln läßt, also subversiv werden kann gegen Staat und Gesellschaft, gegen alle institutionellen Verfestigungen. Deshalb ergibt sich aus Wagners anthropologischer Kernbestimmung des Menschen gleichsam zwanglos eine Subversivität des Denkens, die, durch gesellschaftliche und staatliche Rahmenbedingungen verursacht, Menschen folgerichtig zur Opposition treiben: »Aus dem Denken erzeugt sich aber zuerst auch die Kraft des Widerstandes gegen den Staat«[125]. Im Denken also kommt der Mensch zu sich selbst, ist er fähig, auf die eigenen Bedingungen seiner Existenz zu reflektieren, kann er dann auch Aufklärung über sich selbst und seine gesellschaftliche Situation finden, den »Ausgang aus seiner selbst verschuldeten Unmündigkeit«[126] – wie Kant in einer viel zitierten Wendung formuliert.

Trotz aller erkenntnistheoretischen Unschärfen und scheinbaren Widersprüche auf der Ebene der Begründung seiner Argumente folgt Wagner in diesem zentralen, auf praktische Folgen hin zielenden Punkt doch der Tradition der Aufklärung und ihrer linksradikalen Rezeption. Er ist auch hier in seinen Auffassungen ganz auf der Höhe der Zeit – für einen Musiker, der in aller Regel die laufende philosophische

124 Ebenda, S. 69.
125 Ebenda, S. 68.
126 Immanuel Kant, Beantwortung der Frage: Was ist Aufklärung?, in: Werke, hg. von Wilhelm Weischedel, Darmstadt 1964, Bd. VI, S. 53.

Diskussion nicht wirklich mitverfolgt, schon gar nicht mitbestreitet, von überraschender Präsenz und Prägnanz des Problembewußtseins und einer ebenso eindrucksvollen Fähigkeit der Problemformulierung. Auch wenn er die Trennung von Denken und Handeln nicht weiter systematisch begründet, bleiben das Problembewußtsein, dessen Formulierung und die darin sich verratenden Kenntnisse des zeitgenössischen gesellschaftstheoretischen Diskurses der politischen Linken noch im Nachhinein erstaunlich und bemerkenswert genug. Man muß diese intellektuelle Leistung mit Nachdruck betonen, ihr den gebührenden Rang zusprechen, denn häufig genug wird das Gegenteil unterstellt, wird Wagner als Dilettant abqualifiziert[127]. Und dies überwiegend deshalb, weil die intellektuelle Anbindung Wagners an die gesellschaftskritische Debatte seiner Zeit entweder nicht gesehen oder nicht ernst genommen wird, auch weil es ein stehender Topos der Wagner-Kritik geworden ist, dem sich viele anschließen, ihm Epigonentum und Eklektizismus vorzuwerfen – zu Unrecht, sofern die Explikation des hier infrage stehenden Grundproblems betroffen ist.

Wagner selbst gibt die Stufen der Subversivität des Denkens genau an: »Die erste rein menschliche [d.h. über die bestehenden institutionellen Restriktionen der Gesellschaft und des Staates hinausführende, U.B.] Freiheitsregung bekundet sich in der Abwehr des religiösen Dogma's, und Denkfreiheit ward nothgedrungen endlich vom Staate gestattet«[128]. Die Parallele, die hier implizit eröffnet wird, springt in die Augen: analog zur Kritik der Religion, des Staates und der Gesellschaft vollziehen, so meint er, die einzelnen Individuen diese Kritik ebenfalls in derselben Stufenfolge jeweils für sich nach. Kollektive und individuelle Denkbemühungen werden, wenn man so will, strukturgleich nebeneinander gestellt. Unterstellt wird, daß jeder Staatsbürger in seinem Denken noch einmal die Genese des Staates rekonstruiert, ebenso die der Gesellschaft und deren ideologische Absicherung durch eine sich dogmatisierende und institutionalisierende Religion. Wagner entwirft hier das Muster einer parallelen Denkbewegung zwischen den Sozialkollektiven und den einzelnen Individuen, ein für ihn deshalb wichtiger Befund, weil sich daraus eine weitreichende Konsequenz ergibt. Denn diese prinzipielle Strukturhomogenität von Gemeinschaft und Einzelnem dient ihm unter anderem dann dazu, sein Gegenmodell zum bürgerlich-kapitalistischen Staat: die assoziativ verfaßte Gemeinschaft von Genossenschaften zu begründen, in der sich jeder Einzelne ohne Einbuße seiner individuellen Qualitäten zugleich auch als Teil eines radikal-demokratischen Ganzen verstehen können soll.

Mit seiner zentralen These, wonach Menschen durch einen kognitiven Bewußtseinsüberschuß charakterisiert sind, der alle schlechten Realitätserfahrungen zu transzendieren vermag, der im Denken vorwegnehmen kann, was die Wirklichkeit noch

127 Das gilt in unterschiedlichem Gewicht auch noch für zahlreiche neuere Arbeiten z.B. die von Martin-Gregor-Dellin, Carl Dahlhaus, Andrea Mork – um nur einige zu nennen.

128 Richard Wagner, Oper und Drama, in: GSD, Bd. 4, S. 68.

verweigert, markiert Wagner zugleich auch für sich den entscheidenden Wende- und Ausgangspunkt einer revolutionär herzustellenden, neu zu bestimmenden und neu zu gewinnenden Realität. Er glaubt, damit das Problem einer revolutionären Umgestaltung der bürgerlichen Gesellschaft gelöst zu haben. Was er anbietet, ist die Lösung des Münchhausen-Problems: Antwort auf die Frage nämlich, wie eine Gesellschaft, die insgesamt auf der Stufe äußersten moralischen Verfalls angekommen ist und deren Mitglieder von solcher Korruption zwangsläufig und unausweichlich affiziert sind, sich selbst wieder aus dem Sumpf ihrer Vertrickungen befreien könne. Wagners Antwort ist der Verweis auf den rechten Gebrauch der eigenen Denkfähigkeit, ist, nicht unähnlich der von Kant, dessen Aufforderung bekanntlich lautet: »Habe Mut, dich deines eigenen Verstandes zu bedienen! ist also der Wahlspruch der Aufklärung!«[129]

Geschichte als Verfallsprozeß

Gegen die Tradition und das Selbstverständnis der Aufklärung, zumindest auf den ersten Blick, steht freilich die geschichtsphilosophische Einbettung dieser Fundamentalthese mit unzweifelhaftem Aufforderungscharakter an das praktische Handeln der Menschen. Wagner verbindet nämlich mit seiner durchaus revolutionären Option für ein kontrafaktisches Denken – aus dem dann das entsprechende Handeln folgen kann – die Vorstellung einer kontinuierlichen Verfallsgeschichte seit den Griechen. In den ›Zürcher Kunstschriften‹ ist diese Überzeugung als ein Grundmotiv der Analyse von Religion, Staat und Gesellschaft allgegenwärtig, und dieses Grundmotiv findet sich immer wieder auch noch beim späten Wagner. Erst in den sogenannten ›Regenerationsschriften‹, entstanden im Umkreis der *Parsifal*-Dichtung und Komposition, wird dieser Untergangs-Pessimismus korrigiert[130]. In den großen ästhetischen Schriften der Züricher Zeit indessen behauptet Wagner, die europäische Geschichte seit der griechischen Polis sei eine Geschichte des Verfalls, sei Preisgabe ihrer ursprünglichen Bestimmung und moralische wie institutionelle Dekadenz.

Ausgangspunkt dieser These ist seine Überzeugung einer ursprünglichen Einheit von Natur, Leben und Kunst in Griechenland, auf die noch genauer einzugehen sein wird. »Der freie Grieche, der sich an die Spitze der Natur stellte, konnte aus der Freude des Menschen an sich die Kunst erschaffen«[131], meint Wagner, und er

129 Immanuel Kant, Beantwortung der Frage: was ist Aufklärung?, S. 53.

130 Zu den ›Regenerationsschriften‹, in denen Wagner die Möglichkeit einer evolutionären Verbesserung sowohl der moralischen als auch der institutionellen gesellschaftlichen Zustände ins Auge faßt und prinzipiell für möglich hält, zählen vornehmlich: Wollen wir hoffen? (1879); Religion und Kunst (1880); Was nützt diese Erkenntnis? (1881); Erkenne dich selbst (1881); Heldenthum und Christenthum (1881). Dazu auch Jürgen Kühnel, Wagners Schriften, in: Ulrich Müller/Peter Wapnewski (Hg), Richard-Wagner-Handbuch, S. 554 ff. Vgl. auch S. 283 ff.

131 Richard Wagner, Die Kunst und die Revolution, in: GSD, Bd. 3, S. 15.

beschreibt damit aus seiner Sicht nicht nur eine archetypische Existenzsituation, sondern zugleich auch eine Form des gelingenden Lebens, der »Befriedigung des unwillkürlichen Liebesverlangens, des Glückseligkeitstriebs«. Er projiziert sein Ideal einer identitären Lebensführung auf das antike Griechenland zurück, und diese Rückprojektion dient dazu, das Modell der griechischen Polis als Vorbild zu beschwören. In ihr waren – so meint er – die unterschiedlichen Lebensäußerungen des »schönen und starken freien Menschen«[132] harmonisiert und synthetisiert, und an ihr gemessen können alle folgenden Entwicklungen der Menschheit nur noch als defizitär begriffen werden. Für Wagner datiert der Verfalls historisch von jenem Zeitpunkt an, da sich in Athen die Polis-Demokratie des 5. Jahrhunderts v. Chr. aufzulösen beginnt und mit ihr die Einheit von Leben und Kunst. »Genau mit der Auflösung des athenischen Staates hängt der Verfall der Tragödie zusammen«[133]. Im Prozeß des Verfalls dissoziiert sich das Leben in seine einzelnen Bestandteile, es entstehen die einzelnen künstlerischen und wissenschaftlichen Disziplinen und an die Stelle einer schon immer vorgestellten und repräsentierten gesamtgesellschaftlichen Synthesis tritt die Zumutung gegenüber dem Einzelnen, sich seine Welt aus der Fülle divergierender Erklärungsansätze selbst bauen zu müssen. »Wie sich der Gemeingeist in tausend egoistische Richtungen zersplitterte, löste sich auch das große Gesammtkunstwerk der Tragödie in die einzelnen, ihm inbegriffenen Kunstbestandtheile auf«[134].

Die historische, über Jahrhunderte verlaufende Ausdifferenzierung von Staat, Gesellschaft und Wirtschaft wird von Wagner als Verfallsgeschichte interpretiert und bewertet. Entsprechend betrachtet und beurteilt er in den ›Zürcher Kunstschriften‹ die abendländische Religions-, Gesellschafts-, Politik- und Kunstentwicklung, und entsprechend teilt er sie auch in einzelne Entwicklungsabschnitte ein, die im wesentlichen dem Stufenschema seiner Gesellschaftskritik folgen. Am Anfang des europäischen Verfalls steht Rom, steht der römische Staat, für Wagner das vollständige Gegenbild zur demokratisch geordneten Polis des klassischen Griechenland. In Roms Herrschaft verbinden sich für ihn imperialistischer Eroberungswille mit brutaler Innenpolitik, materialistischer Lebenssinn mit barbarischer Anti-Kultur. »Brutale Weltbesieger«[135] sind ihm die Römer, die sich lediglich auf die Ausbeutung der vorhandenen materiellen Ressourcen verstehen, in der Kunst Plagiatoren der Griechen ohne eigene Kreativität und Phantasie. An die Stelle des griechischen Theaters haben sie die Zerfleischungsorgien ihrer Amphitheater gesetzt und so die Brutalisierung des Lebens auf allen Gebieten gefördert. »Zur Kraft und Geschicklichkeit erzogene Sklaven« sind sie und in ihrem Sklaventum Gleiche, die sich mit ihren Herrschern der »allerkonkretesten Mordlust« überlassen, um »das menschliche Leiden in absoluter physischer Wirklichkeit sich vorgestellt zu sehen«.

132 Ebenda, S. 9.
133 Ebenda, S. 12.
134 Ebenda.
135 Die folgenden Zitate ebenda, S. 13 f.

Wagner entwirft von den Römern ein über die Zeiten gleichbleibendes Horrorszenario, ein Zerrbild der historischen Wirklichkeit. Nichts kann er an Rom und dessen Verfassung finden, was irgend positiv wäre. »Die offenkundige Erniedrigung und Ehrlosigkeit Aller, das Bewußtsein des gänzlichen Verlustes aller Menschenwürde, der endlich nothwendig eintretende Ekel vor den einzig ihnen übrig gebliebenen materiellsten Genüssen, die tiefe Verachtung alles eigenen Thuns und Treibens, aus dem mit der Freiheit längst aller Geist und künstlerischer Trieb entwichen, diese jämmerliche Existenz ohne wirklichen, thaterfüllten Lebens«, all dies korrespondiert für ihn mit dem offiziellen Christentum und hat folglich auch in der christlichen Religion seinen adäquaten Ausdruck gefunden. Gesellschaftlicher und staatlicher Verfall suchen sich gleichsam ihre moralisch passende Einkleidung, ihre weltanschauliche Überformung und Rechtfertigung, und im Falle Roms leistet das Christentum als Herrschaftsideologie genau dieses: es »rechtfertigt eine ehrlose, unnütze und jämmerliche Existenz des Menschen auf Erden«.

Das christliche Rom ist für Wagner die erste Stufe eines dramatischen moralischen, gesellschaftlichen und künstlerischen Verfalls, dem dann das christliche Mittelalter als weitere Stufe und Steigerung ins Destruktive folgt, entscheidend bestimmt durch das institutionalisierte Christentum. Schon für Rom gilt, daß das Abstraktwerden des Denkens der römischen Philosophen wesentlich zur Entsinnlichung des Lebens und damit zum allgemeinen Verfall beigetragen hat, und diese – modern gesprochen – Rationalisierung des römischen Lebensstils setzt sich für Wagner auch in der Institution der christlichen Kirche fort, eine überraschende These, da doch die katholische Kirche sich sonst eher den gegenteiligen Vorwurf gefallen lassen muß, den der prunkhaften und überzogen repräsentativen Umsetzung ihrer religiösen Botschaft. Doch der Feuerbachianer Wagner zieht eine Verbindung zwischen dem Christentum, das sich durch den Prozeß seiner steten und sich verfestigenden Institutionalisierung zunehmend als »sinnlich wahrnehmbarer weltlicher Despotismus« darstellt, und dem »nicht minder sinnlich wahrnehmbaren, weltlichen Herrscherabsolutismus«[136] des Mittelalters und der frühen Neuzeit. Beides entspringt denselben inneren Antrieben und Motiven, und beides ergibt zusammen einen repressiven Herrschaftsverbund. Das Ineinanderspielen zweier Machtorganisationen, der Kirche wie der weltlichen Herrschaft, führt bei Wagner zur Vorstellung einer vollständig durchorganisierten Gesellschaft, in der die hierarchisch festgefügte weltliche wie geistliche Macht alles spontane Leben erstickt, und mit ihm: die Kunst. Dieser absolut negative Befund des europäischen Geschichtsverlaufs ist das eigentliche Resultat, das Wagner aus seiner Grundhypothese einer selbstdestruktiven Entwicklung zieht, eines Prozesses, der am Ende im Desaster der bürgerlichen Gesellschaft mit ihrer kapitalistisch organisierten Wirtschaft endet. Daß er diese bürgerliche Gesellschaft mit ihrem Kapitalismus für das schlimmste aller Übel hält, für den End- und Zielpunkt und zugleich für den nicht mehr unterbietbaren Tiefstand

136 Ebenda, S. 17.

menschlicher Entfaltungsmöglichkeiten, hatte er in seinen Revolutionspamphleten bereits mit Nachdruck betont.

Das von Wagner in knappen Strichen entworfene Stufenmodell einer ins Negative laufenden historischen Evolution erscheint auf den ersten Blick als die Umkehrung des fortschrittsoptimistischen Geschichtsverständnisses aller Aufklärungsphilosophie, als der direkte Gegensatz auch zu Hegels Vorstellung von einer Geschichte, in der die Idee des Absoluten in der Moderne zu sich selbst kommt, Geschichte sich also auf eine nachvollziehbar vernünftige Weise selbst erfüllt. Wagners Modell dagegen ist, vorsichtig und zurückhaltend formuliert, skeptisch gegenüber den von der Aufklärung behaupteten Ansprüchen einer in der Geschichte situierten Vernunft, verhält sich skeptisch auch gegenüber der These, wonach sich diese historische Vernunft im Prozeß ihrer widersprüchlichen Entfaltung am Ende doch durchzusetzen versteht und folglich die Lebensbereiche des Menschen mehr und mehr zu strukturieren und zu bestimmen vermag. In Max Webers Beschreibung des ›occidentalen Rationalismus‹ hat solche Hoffnung ihre wirkungsmächtigste Formulierung gefunden[137]. Wagner indessen scheint solchen rationalistischen Erklärungsversuchen zutiefst zu mißtrauen, weist sie ab und ist davon überzeugt, daß geschichtliche Entwicklung in einer doppelten, in sich gegenläufigen Perspektive gesehen werden muß: zum einen als die Etablierung, Ausdifferenzierung und am Ende allgemeine Durchsetzung von Herrschaftsinstitutionen, denen eine – wenngleich verdrehte, weil vor allem für die Repression und Destruktion ausgelegte – Leistungsfähigkeit nicht abgesprochen werden kann; zum anderen als Entmoralisierung eben derselben Herrschaftsinstitutionen, die zugleich in dem Maße, wie sie ihre Herrschaftstechniken perfektionieren, an sittlich-moralischer Qualität einbüßen. So gesehen erscheint die europäische Geschichte nach dem Untergang der klassischen griechischen Polis als eine Bewegung von widersprüchlichem Charakter: im Zuge der sich durchsetzenden Rationalisierung der menschlichen Lebenswelten, der technischen Effizienzsteigerung von Herrschaft und der Instrumentalisierung von Religion durch die christliche Weltanschauung verfällt zugleich deren sittliches Fundament. Die moderne Zivilisation gerät so zu einem leeren Gehäuse, das der inhaltlichen Füllung durch ein sittliches Bewußtsein entbehrt. Die ihr adäquate Form ist die kapitalistisch organisierte, ›seelenlose‹ Industrie[138].

Nun könnte diese an die Geschichte herangetragene Verfallsperspektive im Kontext des 19. Jahrhunderts, zumal in ihrer von Wagner bevorzugten kulturpessimisti-

137 Zum Modell des ›occidentalen Rationalismus‹ bei Max Weber vgl. die zusammenfassende Interpretation von Wolfgang Schluchter, Die Entwicklung des occidentalen Rationalismus. Eine Analyse von Max Webers Gesellschaftsgeschichte, Tübingen 1979, sowie die daran anschließenden und zugleich darüber hinaus führenden Darlegungen von Jürgen Habermas, Theorie des kommunikativen Handelns, Bd. I, S. 225 ff. und Bd. II, S. 449 ff.

138 Diese Vorstellungen berühren sich durchaus mit Vorstellungen, die von Nietzsche über Max Weber in die Diskussion des 20. Jahrhunderts gekommen sind. Vgl. dazu u.a. Wilhelm Hennis, Max Webers Fragestellung, Tübingen 1987.

schen Einkleidung, zunächst einmal als ein Widerspruch zu der von ihm sonst bevorzugten linksradikalen Kritik von Religion, Staat und Gesellschaft erscheinen. Man könnte meinen, es handele sich auch hier wieder um einen jener vielen Brüche im Denken Wagners, die so oft und mit Nachdruck beschworen werden, um eine reaktionäre Position im Sinne eines rückwärtsgewandten Denkens, das die Gegenwart verachtet, der Zukunft mißtraut und daher in der Vergangenheit das verloren gegangene Paradies zu finden glaubt. Ein konservatives Denken also, das sich einnistet in überschaubaren sozialen Zusammenhängen und Ausdruck der Vorliebe für gesellschaftliche Idyllen ist, wie sie in Reaktion auf die Industrialisierungsprozesse der Zeit gerade auch in Deutschland durchaus verbreitet waren. Denn nicht zuletzt hat der sich nach der Französischen Revolution formierende reflexive Konservatismus[139] auf Phänomene der Modernisierung agrarischer Gesellschaften sehr ähnlich reagiert, hat die Geschichte als Vorbild beschworen und historisch abgelebte Muster gesellschaftlicher Organisation wieder zu reaktivieren gesucht, zumindest auf der Ebene des gesellschaftstheoretischen Diskurses.

Aber es wäre doch zu kurz gegriffen, wollte man Wagners Gesellschaftskritik und die mit ihr verbundene These des Geschichtsverfalls schlichtweg dem konservativen oder reaktionären Lager zuschlagen, auch wenn sich inhaltliche Ähnlichkeiten durchaus feststellen lassen. Denn die Vorstellung eines kontinuierlichen Geschichtsverfalls findet sich in vielen intellektuellen Lagern, im anarchistisch-sozialistischen Denken ebenso wie dem des heraufkommenden Konservatismus. Beide Lager, sofern man vereinfachend von Lagern sprechen kann, reagieren auf die durchbrechende industrielle Revolution diagnostisch sehr ähnlich und lassen sich in ihrer Beschreibung der Phänomene und Folgen des gravierenden strukturellen Umbruchs der europäischen Gesellschaften durchaus vergleichen. Im Anschluß an die Französische Revolution als dem bedeutendsten und entscheidendsten politischen Modernisierungsschub Europas ergeben sich tiefgreifende Veränderungen vornehmlich im politischen, wirtschaftlichen und sozialen Sektor. Die Kultur ist selbstverständlich ebenfalls betroffen, kann aber doch stärker – vor allem mit der Musik – an die Vergangenheit anschließen und so insgesamt eher ihre Kontinuitäten bewahren[140]. Das geschieht zwar nicht ohne manifeste Friktionen vor allem im Bewußtsein und in der Selbstinterpretation der intellektuellen Eliten, was eigentlich nicht weiter erstaunen kann – erstaunlich wäre es eher, wenn solche Friktionen ausbleiben würden –, ändert aber nichts an der Tatsache, daß durch alle Brechungen hindurch Verbindungen intakt bleiben. Es ist ein Epochengefühl, das sich insgesamt

139 Dazu Martin Greiffenhagen, Das Dilemma des Konservatismus in Deutschland, München 1971; Panajotis Kondylis, Die Aufklärung im Rahmen des neuzeitlichen Rationalismus, Stuttgart 1981

140 Zum Wandel der Musik, nicht zuletzt der Oper, den die Französische Revolution und ihre Folgen verursacht hat, vgl. u.a. Udo Bermbach, Wo Macht ganz auf Verbrechen ruht. Politik und Gesellschaft in der Oper, Hamburg 1997, S. 101 ff.; ebenso Stefan Bodo Würffel, Französische Revolution im Spiegel der Oper, in: Udo Bermbach/Wulf Konold (Hg), Der schöne Abglanz. Stationen der Operngeschichte, Berlin/Hamburg 1991, S. 83 ff.

Bahn bricht, das Gefühl einer tiefen Krise, die durch den Einschnitt der Französischen Revolution unübersehbar markiert wird, und auf das die großen Systemdenker von Kant bis Hegel ebenso reagieren wie die literarische Romantik oder die über die Tagesaktualität hinausgehende Publizistik.

Deshalb ist für die theoriengeschichtliche Einordnung und die gesellschaftstheoretische Positionsbestimmung des Wagnerschen Geschichtsverständnisses nicht so sehr die Tatsache seiner tiefen kulturpessimistischen Überzeugung und die in den späteren Lebensjahren daraus resultierenden partiellen Annäherung an Positionen des konservativen, rechten bis völkischen Lagers von Bedeutung[141], als vielmehr der systematische Stellenwert, den seine ›Geschichtsphilosophie‹ für sein gesellschafts-, staats- und politikkritisches Denken einnimmt.

Hier allerdings zeigen sich dann wieder die deutlichen Parallelen mit den Vorstellungen sozialistischer Theoretiker. Denn Wagner konstruiert seine Stufenfolge der historischen Verfallslogik unter der Perspektive eines qualitativen Umschlags. Die bisherige Geschichte, die so glanzvoll mit der klassischen attischen Demokratie begann, ist nunmehr – wie er meint – an ihr Ende gekommen. Da aber die Menschheit nicht aufhört zu existieren, muß es einen qualitativen Umschlag in eine neue soziale Kommunikationsgemeinschaft geben. 1849 notiert er: »Ihr glaubt, mit dem Untergange unserer jetzigen Zustände und mit dem Beginn der neuen, kommunistischen Weltordnung würde die Geschichte, das geschichtliche Leben der Menschen aufhören? Gerade das Gegenteil, denn dann wird wirkliches, klares geschichtliches Leben erst beginnen, wenn die bisherige sogenannte historische Konsequenz aufhört, welche sich in Wahrheit und ihrem Kerne nach auf Fabel, Tradition, Mythus und Religion begründet, auf Herkommen und Einrichtungen, Berechtigungen und Annahmen, die in ihren äußersten Punkten keineswegs auf geschichtliches Bewußtsein, sondern auf (meist willkürlich) mythischer, phantastischer Erfindung beruhen, wie namentlich die Monarchie und der erbliche Besitz«[142].

Diese These stimmt mit einer der zentralen Überlegungen von Marx und Engels überein, wonach erst nach einer erfolgreichen Revolution die Menschen ihre Geschichte selbst planvoll machen werden. Denn erst dann – so Engels – werden »die Gesetze ihres eigenen gesellschaftlichen Tuns, die ihnen bisher als fremde, sie beherrschende Naturgesetze gegenüberstanden … von den Menschen mit voller Sachkenntnis angewandt und damit beherrscht. Erst von da an werden die Menschen ihre Geschichte mit vollem Bewußtsein selbst machen, erst von da an werden die von ihnen in Bewegung gesetzten gesellschaftlichen Ursachen vorwiegend und in stets steigendem Maß auch die von ihnen gewollten Wirkungen haben. Es ist der Sprung der Menschheit aus dem Reich der Notwendigkeit in das Reich das Freiheit«[143].

141 Vgl. dazu eingehender S. 283 ff., bes. S. 337 ff.

142 Richard Wagner, Flüchtige Aufzeichnungen einzelner Gedanken zu einem größeren Aufsatz: Das Künstlertum der Zukunft (1849), in: DS, Bd.V, S. 242 f.

143 Friedrich Engels, Die Entwicklung des Sozialismus von der Utopie zur Wissenschaft, in: Karl Marx/Friedrich Engeles, Werke (MEW), Berlin-Ost 1962, Bd. 19, S. 226.

Wagner befindet sich am Ende also auch in diesem Punkt wieder in Übereinstimmung mit den entscheidenden Theoremen des sozialistischen, auch des anarchistischen Denkens. Daß er ganz bewußt den Begriff des Kommunismus verwendet, zeigt deutlich, wie er seine eigene politische Position bewertet, zu welcher politischen Richtung er sich selbst zählt, auch wenn er sich entschieden gegen ein Kommunismus-Verständnis abgrenzt, das sich erschöpft in der »mathematisch gleichen Verteilung des Gutes und Erwerbes«, was er nur als einen zu vordergründig verstandenen, »gedankenlosen Versuch« zur Lösung der Probleme, als abgeschmackt und sinnlos verstehen kann[144]. Seine Vorstellung von Kommunismus greift sehr viel weiter, impliziert eine moralisch-sittliche Dimension, die wesentlich auf die gleichberechtigte interpersonale Kommunikation zielt. Kommunismus ist ihm in jenen Jahren der Gegenbegriff zu einem individuellen und sozialen ›Egoismus‹ der Zeit, ist ihm Metapher für eine auf die ursprüngliche und historisch nur verschüttete Sozialnatur des Menschen abzielende Haltung. »Die vollkommenste Befriedigung des Egoismus erreicht sich im Kommunismus« – so schreibt er 1849 – , »d.h. durch vollständige Verneinung, Aufhebung des Egoismus« [145], und noch in der Einleitung zum dritten und vierten Band seiner Werke, die ab 1871 erscheinen, bekräftigt er erneut die mit dem Begriff des Kommunismus verbundenen Zukunftshoffnungen, verwahrt sich gegen jene, die ihn wegen des Gebrauchs dieses Begriffs attackieren: »Doch ich will nicht läugnen, daß ich auf diese Bezeichnung des Gegensatzes des Egoismus durch Kommunismus, nicht mit der Energie, wie es von mir hier geschehen ist, eingegangen sein würde, wenn mir in diesem Begriffe nicht auch ein sozialpolitisches Ideal als Prinzip aufgegangen wäre, nach welchem ich das ›Volk‹ in dem Sinne der unvergleichlichen Produktivität der vorgeschichtlichen Urgemeinschaftlichkeit auffaßte, und dieses im vollendesten Maaße als allgemeinschaftliches Wesen der Zukunft wieder hergestellt dachte«[146].

Geschichte also hat ein Ziel, sie bleibt nicht im Verfall stecken, sondern dieser ist, tritt er erst ins Bewußtsein der Zeitgenossen, Wende- und Ausgangspunkt einer totalen, durch Revolution herbeigeführten Erneuerung. Alle bisherige Geschichte – und auch dies ist ein weiterer Aspekt, den er mit Marx und Engels teilt – erscheint unter diesem Gesichtspunkt nur als ›Vorgeschichte‹, als Auftakt zu jener eigentlichen Geschichte, die die Menschen nach einer gelungenen Revolution dann bewußt machen, absichtsvoll planen und durchführen, in der sie ihr eigenes Schicksal selbst bestimmen, ihr natürliches Wesen entfalten und autonom werden. Marx und diejenigen, die ihm in dieser Hinsicht folgten, haben sich vorgestellt, dieser Emanzipationsprozeß werde durch die zunehmende Fähigkeit der Naturbeherrschung bestimmt. Wagner dagegen glaubt an die Rückbesinnung des Menschen auf die Natur, auf das sich wieder Hineinbegeben in die Natur und damit das Wiederge-

144 Alle Zitate Richard Wagner, Wie verhalten sich republikanische Bestrebungen dem Königthum gegenüber? in: DS, Bd.V, S. 212.

145 Richard Wagner, Flüchtige Aufzeichnungen, S. 244.

146 Richard Wagner, Einleitung zum dritten und vierten Band, in: GSD, Bd. 3, S. 5.

winnen der verloren gegangenen Einheit von Mensch und Natur, wenngleich auf einer qualitativ neuen Stufe. Es ist ein utopisches Moment, das Wagner in seine Geschichtsauffassung einfügt, in gewisser Weise eine rückwärtsgewandte Utopie, aber zugleich doch auch eine, die in der Hoffnung auf eine bewußte Gestaltung menschlicher Zukunft alles andere denn dem konservativen oder gar reaktionären Denken der Zeit umstandslos zugezählt werden kann. Allenfalls ließe sich sagen, daß sich hier ein wertkonservatives Festhalten am Grundverständnis des Menschen, seiner vermeintlichen Natur und seiner geschichtlichen Möglichkeiten mit den Hoffnungen auf eine strukturbrechende, revolutionäre Wendung der bisherigen menschlichen Geschichte verbindet. Eine Verbindung, die sich in manchen anarchistischen wie sozialistischen Entwürfen der Zeit, im utopischen Denken generell, für eine neue und gerechte Zukunft der Menschheit findet.

Polis-Verständnis

Wenn Wagner, wie oben zitiert, vom ›Volk‹ spricht, von »der unvergleichlichen Produktivität der vorgeschichtlichen Urgemeinschaftlichkeit« und bekennt, er habe darin sein »sozialpolitisches Ideal als Prinzip«[147] strukturell verwirklicht gesehen, so meint er damit nicht, wie vielleicht angesichts der Stoffe seiner Musikdramen vermutet werden könnte, eine idealisierte archaische Vorstellung des ›germanischen Volkes‹ in germanischen Mythen. Er verweist auch nicht auf vermeintlich historische Vorbilder aus der deutschen Vergangenheit, nicht auf eine in weiter Vorzeit liegende Urgemeinschaft des eigenen Volkes, noch auf Zeiten des Mittelalters, sondern er zielt auf die griechische Polis. Sie ist ihm jenes Modell und Vorbild seines politisch-ästhetischen Denkens, in dem das ›Volk‹ als der eigentliche souveräne Akteur selbstbestimmt auftritt, als creator communitatis, als Schöpfer der eigenen Gemeinschaft, beratend und entscheidend zugleich.

Wagners Verständnis der antiken Polis Griechenlands ist – das läßt sich ohne Übertreibung sagen – der zentrale Ausgangspunkt sowohl seines kritischen wie auch seines konstruktiven Denkens. Es ist die Grundlage seiner Gesellschaftskritik in ihrem umfassenden Sinn ebenso wie das Fundament seiner sich daran anschließenden Konzeption des Gesamtkunstwerks, seiner eigenen ästhetischen Weltkonzeption. Die in den Dresdner Revolutionsschriften formulierte radikale Gesellschaftskritik wie die in den ›Zürcher Kunstschriften‹ auf einer prinzipiellen Ebene entwickelte Religions-, Gesellschafts- und Staatskritik einschließlich der damit verbundenen These einer seit den Griechen zu beobachtenden Verfallsgeschichte der politisch-gesellschaftlichen Institutionen wie des Geistes fokussieren in ihrer strukturellen Perspektive im Modell einer Polis-Gemeinschaft der griechischen Antike. Die griechische Polis ist für Wagner das historisch ausweisbare Gegenmodell zu den als destruktiv emp-

147 Ebenda, S. 5.

fundenen Organisationsprinzipien der Gesellschaft seiner eigenen Zeit, sie ist für ihn der Beweis, daß es schon einmal eine Form unbeschädigter und authentischer Gemeinschaft erfolgreich gegeben hat, was für ihn heißt, daß ein solches Modell auch realitätstüchtig ist. Deshalb gibt die Polis in ihren Prinzipien des Aufbaus, des Zusammenhalts ihrer Bürger wie der Funktionsfähigkeit ihrer Organisationsstrukturen zugleich auch ein zukunftsfähiges Modell ab, nicht im Sinne einer bloßen Kopie, wohl aber als Vorbild für eine zukünftige Verfassung. In der Polis sieht Wagner im Kern all das bereits verwirklicht, was sich nach einer erfolgreichen Revolution erneut als Zukunftsperspektive ergibt. Die beispielhafte Bedeutung der antiken Polis, ihre strukturbildende Funktion für Wagners politisches wie auch ästhetisches Denken kann schwerlich überschätzt werden. Denn die antike Polis ist, um es prononciert zu formulieren, nicht nur der Zielpunkt seines politischen Denkens, sondern zugleich auch der Dreh- und Angelpunkt seiner politischen Ästhetik. Die Polis ist das einzige und maßgebliche Vorbild für eine gelingende Gemeinschaft der Zukunft, ein politisch-ästhetisches Modell, das alle Lebensbereiche des Einzelnen wie des Kollektivs in umfassender Weise integriert und synthetisiert.

Diese Leistung wird der Polis von Wagner freilich in einem sehr spezifischen Sinne zugeschrieben. Denn er deutet in diesen antiken Verfassungstypus in stilisierender Rückprojektion all das hinein, was er an politischen Vorstellungen, an anarchistischen, sozialistischen und radikal-demokratischen Theoremen im Vormärz aufgenommen und sich zu eigen gemacht hat – ein Verfahren, das er häufiger anwendet, und das er in seiner Autobiographie beschrieben hat.

Schon als Kind war Wagner nach eigenem Bekunden von der griechischen Mythologie so stark beeindruckt, daß er versucht hat, eigene Dramen nach griechischen Stoffen und Vorbildern zu schreiben. Aber ebenso entscheidend und für sein politisch-ästhetisches Denken gewiß noch prägender war der Eindruck, den der griechische Unabhängigkeitskrieg gegen die Türken während der Jahre 1821 bis 1829 bei ihm hinterließ. »Ich entsinne mich« – so schreibt er in der Rückerinnerung an jenen Freiheitskampf, den er als junger Schüler mitverfolgen konnte und der in ganz Europa einen begeisterten Widerhall und vielfältige Unterstützung erfuhr, wie ähnlich danach nur noch der polnische Unabhängigkeitskampf – , »später in dem Kampf der Hellenen gegen die Perser immer die Eindrücke dieses neuesten griechischen Aufstandes gegen die Türken wiederempfunden zu haben«[148].

Als Schüler also hat Wagner die Moderne in der Antike wiedergefunden, hat er in aktuellen militärischen Konflikten diejenigen der Antike gesehen. Man muß dieses Ineinander von Moderne und Antike, diese Parallelisierung zweier weit auseinander liegenden Epochen, die der erwachsene Wagner seiner Griechenland-Rezeption während der eigenen Schulzeit zuschreibt, sehr sorgsam zur Kenntnis nehmen, denn sie ist von erheblichem Gewicht. Sie verweist nämlich darauf, daß die Aneignung der griechischen Klassik bei Wagner von allem Anfang an nachhaltig unter

148 Richard Wagner, ML, S. 12.

politischen Aspekten stand. So gewiß er in seinem eigenen Bildungsgang die Literatur und Kunst der alten Griechen auch in der Tradition von Johann Joachim Winckelmann und deren Anverwandlung durch die Weimarer Klassik, vornehmlich durch Schiller, zur Kenntnis genommen hatte[149] – und damit auch in der im 19. Jahrhundert gefestigten Tradition des humanistisch geprägten deutschen Bildungsbürgertums stand –, so sicher kann andererseits unterstellt werden, daß seine eigene Aneignung der griechischen Antike über diesen bildungsbürgerlichen Horizont hinausging und vor allem in den dreißiger und vierziger Jahren durch die aktuellen politischen Beobachtungen mitbestimmt wurde. Nicht zuletzt dadurch, daß Wagner seine radikal-demokratischen Politik- und Gesellschaftsvorstellungen, die er vor der Dresdner Revolution von 1849 nach und nach gewonnen hatte, auf das antike Griechenland übertrug, genauer: auf die Zeit der attischen Demokratie des 5. Jahrhunderts, die Hochblüte der demokratischen Polis, die ihm als der Idealtypus einer unverfälschten, weil direkten und nicht durch intermediäre Institutionen gebrochenen Demokratie erschien.

Zu seiner Überzeugung, die antike Demokratie sei auch für die Moderne das entscheidende Vorbild, mag unter anderem auch jener Philhellenismus beigetragen haben, der sich in den deutschen Ländern nach 1821, also nach dem Beginn des griechischen Unabhängigkeitskampfes, mächtig zu entwickeln und auszubreiten begann. Die Sympathie zu den Griechen speiste sich einerseits wesentlich aus der schon länger andauernden, breiten Rezeption der griechischen Antike in der deutschen Literatur[150], zum anderen atmosphärisch aus den politischen Aufbruchstimmungen des deutschen Vormärz. Denn dessen Repräsentanten sahen in der Entstehung eines neuen griechischen Staates nach modernen konstitutionellen Prinzipien eine konzeptionelle Verwandtschaft zu den eigenen Zielen, zu Elementen des liberal-demokratischen wie anarchistisch-sozialistischen Denkens der eigenen Zeit. Solche Nähe führte nicht zu einer nur unverbindlich sympathisierenden Bewegung, sondern die Freiheitsbegeisterten in Deutschland organisierten sich in der Absicht, Griechenland in seinem Streben nach politischer Unabhängigkeit nachhaltig zu unterstützen. Es gab Freiwillige, die nach Griechenland gingen, um dort mitzukämpfen und wer in Deutschland blieb, engagierte sich in vielfältiger, den Griechen und ihrem Unabhängigkeitskampf nützlicher Weise[151]. Im wesentlichen wurde diese Bewegung von jenem Bürgertum getragen, das auch die politischen Reformforderungen des deutschen Vormärz entschieden gegen die Restauration vertrat. Daher waren die sozialen Trägerschichten beider ›Bewegungen‹ weithin identisch: wer im Vormärz für eine konstitutionelle Verfassung und damit zugleich für

149 Vgl. dazu Wolfgang Schadewaldt, Richard Wagner und die Griechen, in: Wieland Wagner (Hg), Richard Wagner und das neue Bayreuth, München 1962, S. 149 ff.

150 Dazu Volker Riedel, Antikenrezeption in der deutschen Literatur vom Renaissance-Humanismus bis zur Gegenwart, Stuttgart/Weimar 2000. Speziell zu Wagner vgl. S. 242 ff.

151 Für das folgende stütze ich mich vor allem auf Christoph Hauser, Anfänge bürgerlicher Organisation. Philhellenismus und Frühliberalismus in Südwestdeutschland, Göttingen 1990.

liberale Grundpositionen in Staat und Gesellschaft optierte, wer eine demokratische Verfassung für die Länder des Deutschen Bundes forderte, engagierte sich auch für die griechische Befreiungsbewegung. Denn hier galten dieselben Ideale und Freiheitsbedürfnisse wie in Deutschland, in Griechenland schienen die politischen Eliten für dieselben fortschrittlich-liberalen Ziele zu kämpfen. Deshalb konnten die Griechen-Vereine sich auch mit dem Wunsch der Griechen, sich von der türkischen Herrschaft zu emanzipieren, identifizieren und ihn tatkräftig unterstützen. So war der deutsche Philhellenismus ein Prozeß bewußter politischer Identifikation, er war Übereinstimmung in den Zielen der nationalen Befreiung wie der Errichtung einer liberalen Konstitution, insgesamt eine Bewegung, in der die innen- und außenpolitischen Motive miteinander verschmolzen. Aber zugleich war er mehr als nur eine vordergründige Übereinstimmung mit den politischen Zielen der Opposition in einem anderen Land. Er war »die auffälligste anlaßgebundene Bewegung des deutschen Vormärz«[152], in der die erhobenen und unterstützten demokratischen Organisationspostulate selbst eine die Bewegung strukturierende Bedeutung hatten. Die philhellenische Bewegung des Vormärz war selbst nach demokratischen Organisationsprinzipen aufgebaut, wandte also jene konstitutionellen Grundsätze, die sie bei den Griechen fördern wollte, auch auf sich selbst an.

Angesichts solch konsequenter Selbsteinlösung der gegenüber einer fremden Freiheitsbewegung unterstützten Organisationsforderungen ist es kaum erstaunlich, daß die beiden wichtigsten Staaten des deutschen Bundes, Preußen und Österreich, den Philhellenismus mit größtem Mißtrauen beobachteten. Sie suchten Vorwände, um die Bewegung und ihre Organisationen zu verbieten, weil sie darin den Keim zu Aufruhr und Revolution vermuteten. Denn zum einen waren die umfassenden Freiheitsforderungen für Griechenland ja auch ohne alle Schwierigkeiten auf die deutschen Länder zu beziehen und so enthielt diese »kulturnationale Gemeinschaftsideologie«[153] der Bewegung einen entsprechenden Anspruch auf Herstellung auch der deutschen Einheit, zum anderen aber widersprach die innere Struktur der lokalen, regionalen und überregional vernetzten Griechenland-Vereine dem vorherrschenden konservativ-konstitutionellen Organisationsprinzip der beiden Monarchien.

Die Griechenvereine des deutschen Vormärz waren Selbstorganisationen[154] der in ihnen engagierten ›Bürger‹. Sie standen prinzipiell den Angehörigen aller Klassen offen, ihre sozialen Trägergruppen reichten vom Bildungsbürgertum, das die Vereine weitgehend bestimmte und dominierte, über kleinbürgerliche Schichten, auch der Arbeiterschaft, bis hin zu bäuerlichen Schichten. Sie arbeiteten öffentlich und für jedermann nachvollziehbar. Sie widersprachen in ihrer Organisationsform wie in ihrem Handeln sowohl den Prinzipien einer ständisch gegliederten Gesellschaft

152 Ebenda, S. 14.

153 Karl Georg Faber, Deutsche Geschichte im 19. Jahrhundert. Restauration und Revolution. Von 1815 bis 1851, in: Handbuch der deutschen Geschichte, Bd. 3, Wiesbaden 1979, S. 128.

154 vgl. Christoph Hauser, Anfänge bürgerlicher Organisation, S. 214 ff.

wie den hierarchischen Strukturen des üblichen deutschen Vereinswesens. Formelle Gleichheit aller Mitglieder und Beteiligten, gleiche Rechte in Bezug auf Kandidaturen und Wahlen, demokratisches Wahlrecht, Rechenschaftslegung und offene Kontrolle aller Tätigkeiten, die immer wieder von den Mitgliedern gebilligt werden mußten, gleichberechtige Vernetzung der Vereine untereinander – dies alles waren Organisationselemente direkter Demokratie und auf ihnen bauten diese Vereine auf. In Organisationsform und Organisationspraxis waren sie gleichsam die »Vorwegnahme der ›klassenlosen Bürgergesellschaft‹, das Modell einer nach den Prinzipien ›Öffentlichkeit‹, ›Freiheit‹, ›Gleichheit‹ gestalteten Assoziation«[155], und darin erschienen sie wie ein struktureller Vorgriff auf jene ›freien künstlerischen Genossenschaften‹[156], die Wagner als sein Modell einer zukünftigen Organisation von freien Menschen propagierte, nicht nur für den Bereich der Kunst, sondern gerade auch für alle anderen gesellschaftlichen Lebensbereiche. So kann es kaum überraschen, daß verschiedene deutsche Regierungen sowohl die inhaltlichen Absichten und Ziele wie die organisatorischen Strukturen dieser Vereine als bedrohlich für das eigene System empfanden; die Vereine galten als gefährlich, vor allem aufgrund ihrer Forderungen nach innenpolitischen Reformen als potentiell revolutionär. Und das um so mehr, als es ihnen gelang, eine vergleichsweise hohe Mobilisierungsfähigkeit zu entwickelten und damit Partizipationsbedürfnisse bei Bevölkerungsgruppen und Schichten zu wecken und abzudecken, die sich in den bestehenden konstitutionellen Systemen auf einer politisch relevanten Ebene nicht realisieren ließen. Alles in allem »wurden die gesellschaftlichen Fähigkeiten und Möglichkeiten zur Selbstorganisation durch die neuen, auf Gleichheit und Freiheit der Beteiligten zielenden Organisationsprinzipien der Griechenbewegung, die erstmalige Erprobung eines komplexen, funktionalen Organisationssystems und die Einführung neuer Formen der Kommunikation und politischen Aktion auf eine neue qualitative Stufe gestellt«[157]. Eine Stufe der Entwicklung, an die sich dann ab 1831 auch der polnische Freiheitskampf in seinen Inhalten wie in seinen organisatorischen Zielen anschließen konnte, ein Freiheitskampf, den Wagner bekanntlich mit größter Sympathie betrachtete.

Nun liegt die Vermutung nahe, daß dieser politisch reflektierte und praktisch intervenierende Philhellenismus nicht nur die politischen und militärischen Unabhängigkeitsbemühungen Griechenlands ideell wie materiell unterstützte, sondern daß er zugleich auch die Rezeption des Bildes vom antiken Griechenland nachhaltig beeinflußte, sie stärker unter die gesellschaftstheoretischen Gesichtspunkte der Gegenwart stellte, was bedeutete: auf demokratietheoretische Implikationen hin befragte. So ließ sich plötzlich die antike Polis der attischen Demokratie unter den politisch-theoretischen Überzeugungen der Gegenwart betrachten und als eine strukturelle Vorwegnahme der eigenen, radikal-demokratischen Vereinsprinzipien

155 Ebenda, S. 215.

156 Richard Wagner, Das Kunstwerk der Zukunft, in: GSD, Bd. 3, S. 166 ff.

157 Christoph Hauser, Anfänge bürgerlicher Organisation, S. 239.

verstehen. Umgekehrt folgten die deutschen Griechenvereine ihrerseits radikaldemokratischen Organisationsprinzipien, weil sie diese, wie sie glaubten, in der klassischen griechischen Polis bereits verwirklicht sahen. Es war für die Mehrheit der Mitglieder dieser Vereine unzweifelhaft, daß der Kampf um ein freies und demokratisch organisiertes Griechenland nur von solchen Organisationen unterstützt werden konnte, die sich selbst nach den Prinzipien antiker direkter Demokratie organisierten. Wer für Freiheit und Demokratie eintrat, mußte beides zu allererst für sich selbst realisieren. Die demokratisch interpretierte Polis der Antike gab hierfür das verbindliche Vorbild ab, der griechische Freiheitskampf gewann – so wurde unterstellt – seine Kraft aus einem imaginierten Bild des ›freien Griechen‹ in der Antike. Das Ziel des Kampfes war die Wiederherstellung der freien politischen Zustände, wie sie im alten Griechenland angeblich geherrscht hatten. Eine solche Überzeugung erlaubte es zugleich, die antike Polis als das verbindliche Modell einer direkten Demokratie auf die Gegenwart zu beziehen. Diese Verbindung von Antike und Moderne hatte für die politischen Freiheitsbewegungen des deutschen Vormärz den unschätzbaren Vorteil, daß sie die Prinzipien ihrer radikalen demokratischen Verfassungsvorstellungen gleichsam historisch absichern, ihre Reformhoffnungen – und selbst die auf Revolution – durch den Verweis auf eine mächtige und mit allseitigen Sympathien bedachte antike Tradition abstützen und legitimieren konnte. Radikales Vormärzdenken und eine in seinem Sinne politisierte Interpretation der klassisch-griechischen Antike, der Zeit der attischen Demokratie, wurden hier zusammengeführt, miteinander verwoben und konnten sich gegenseitig stützen und absichern.

Die aus solcher Rezeption resultierende Interpretation der attischen Demokratie ergab einen Typus radikaler und direkter Demokratie. Das war historisch freilich nur richtig unter der Bedingung, daß bestimmte reale Gegebenheiten im antiken Griechenland für die Interpretation der antiken Demokratie nicht berücksichtigt wurden. So etwa das Faktum, daß keineswegs alle Einwohner der antiken Polis dieselben Rechte hatten, daß Frauen und Sklaven, aber auch Fremde und Unselbständige nicht zu den stimmberechtigten Vollbürgern zählten[158]. Zum anderen aber auch die Tatsache, daß die Phase der demokratischen Polis zeitlich eingegrenzt werden muß auf jenen vergleichsweise kurzen Entwicklungabschnitt des 5. Jahrhunderts, in dem nach dem Sturz der Tyrannis von 510 v.Chr. und den daran anschließenden grundlegenden Reformen des Kleisthenes die direkte Demokratie strukturell und institutionell gesichert zur höchsten Entfaltung kam.

Wenn Wagner in seinen ›Zürcher Kunstschriften‹ Griechenland zum Vorbild nimmt, so meint er wesentlich diesen Typus der attischen Polis-Demokratie. In ihm sieht er einen ersten und geschichtlich seither nicht mehr wiederholten Kulminati-

158 Zu Struktur und Funktion der attischen Polis-Demokratie vgl. grundlegend Victor Ehrenberg, Der Staat der Griechen, Zürich/Stuttgart 1965; Tuttu Tarkiainen, Die athenische Demokratie, Zürich/Stuttgart 1966.

onspunkt menschlichen Zusammenlebens, weil diese attische Polis etwas leistet, was keine andere Gesellschafts- und Staatsform seither wiederholen konnte: höchster Ausdruck direkter demokratischer Willensbildung und Entscheidungsfindung zu sein, und gleichzeitig darüber hinaus auch alle anderen Lebensbereiche harmonisch zu integrieren. Die Polis erscheint als die Form einer gelingenden Einheit von Gesellschaft, Kunst und Religion. Für Wagner ist dies der alles entscheidende Gesichtspunkt, und deshalb stellt er die Polis über sämtliche sonst bekannten Formen menschlicher Gemeinschaft, weist ihr einen historisch einzigartigen Platz in der Geschichte der Menschheit zu und glaubt, daß sie für alle Zeiten das gültige und unüberbietbare Vorbild ist. Die attische Demokratie des 5. Jahrhunderts v. Chr. – so glaubt er – war der vollendete Typus einer gelungenen Synthese von Gesellschaft und Kultur, von Lebenswelt und religiösem Bewußtsein, von Identität des Einzelnen mit sich und der Gemeinschaft, von einer glücklichen Lebensführung aller, die ideale Selbstorganisation des Volkes. Polis und Volk sind für Wagner identisch, die Polis bezeichnet den Raum, in dem das Volks sich bewegt und artikuliert, den es sich schafft, um seinen unterschiedlichen Lebensäußerungen wie Lebensbedürfnissen Ausdruck verleihen zu können. Denn das Volk lebt in und durch die Polis, in ihr erkennt es sich selbst und wird es sich seiner bewußt, und deshalb ist diese Polis auch nichts Fremdes, kein Herrschaftsverband, sondern Ausdruck und Form eines mit sich selbst identischen Lebens.

Mit größter Empathie hat Wagner seine einerseits idealisierende, andererseits aber durchaus an die historischen Fakten anknüpfende Vorstellung dieser einheitsstiftenden Kraft der Polis in seiner Schrift *Die Kunst und die Revolution* formuliert, wo es heißt: »Dieses Volk, in jedem Theile, in jeder Persönlichkeit überreich an Individualität und Eigenthümlichkeit, rastlos thätig, im Ziele einer Unternehmung nur den Angriffspunkt einer neuen Unternehmung erfassend, unter sich in beständiger Reibung in täglich wechselnden Bündnissen, täglich sich neu gestaltenden Kämpfen, heute im Gelingen, morgen im Mislingen, heute von äußerster Gefahr, bedroht, morgen seinen Feind bis zu Vernichtung bedrängend, nach innen und außen in unaufhaltsamster, freiester Entwicklung begriffen, – dieses Volk strömte von der Staatsversammlung, vom Gerichtsmarkte, vom Lande, von den Schiffen, aus dem Kriegslager, aus fernsten Gegenden, zusammen, erfüllte zu Dreißigtausend das Amphitheater, um die tiefsinnigste aller Tragödien, den Prometheus, aufführen zu sehen, um sich vor dem gewaltigen Kunstwerke zu sammeln, sich selbst zu erfassen, seine eigene Tätigkeit zu begreifen, mit seinem Wesen, seiner Genossenschaft, seinem Gotte sich in die innigste Einheit zu verschmelzen und so in edelster, tiefster Ruhe Das wieder zu sein, was es vor wenigen Stunden in rastlosester Aufregung und gesondertster Individualität ebenfalls gewesen war«[159].

In dieser stilisierenden Beschreibung der attischen Demokratie kristallisiert Wagners Begriff und Vorstellung der antiken Polis in einer außergewöhnlichen Weise.

159 Richard Wagner, Die Kunst und die Revolution, in: GSD, Bd. 3, S. 11.

Ein Idealtypus wird hier entworfen, der eine strukturelle Verdeutlichung und Überhöhung der einzelnen Konstitutionselemente der Polis präsentiert, weitgehend so, wie Max Weber dies von einem Idealtypus verlangt: aus der Fülle der geschichtlichen Fakten und Erscheinungen jene Merkmale hervorzuheben und auszuzeichnen, die das thematisierte Phänomen in charakteristischer Weise profilieren. In Webers Formulierung: der Idealtypus »wird gewonnen durch einseitige Steigerung eines oder einiger Gesichtspunkte und durch Zusammenschluß einer Fülle von diffus und diskret, hier mehr, dort weniger, stellenweise gar nicht, vorhandenen Einzelerscheinungen, die sich jenen einseitig herausgehobenen Gesichtspunkten fügen, zu einem in sich einheitlichen Gedankengebilde. In seiner begrifflichen Reinheit ist dieses Gedankengebilde nirgends in der Wirklichkeit empirisch vorfindbar, es ist eine Utopie, und für die historische Arbeit erwächst die Aufgabe, in jedem einzelnen Falle festzustellen, wie nahe oder wie fern die Wirklichkeit jenem Idealbild steht«[160].

Ohne hier eine in die Details gehende, methodische Reflexion anzuschließen, die zu weit führen würde, sei eine kurze erläuternde Bemerkung erlaubt: was Weber intendiert, ist die »gedankliche Steigerung bestimmter Elemente der Wirklichkeit«[161] zu einer konzeptionell verdichteten Vorstellung, eine Abstraktionsleistung, die an empirische Erscheinungen anknüpft, sich aber in ihren gedanklichen Verknüpfungen zugleich so davon löst, daß eine neue überschießende, eben utopische Qualität des Vorgestellten erreicht wird. Der Idealtypus ist so einerseits zwar empirisch fundiert, er ist aus der historischen Wirklichkeit gewonnen, aber andererseits ist er doch zugleich auch ein diese Wirklichkeit übersteigendes gedankliches Konstrukt, in dessen hervorgehobenen konstruktiven Elementen deutlich wird, worauf es seinem Autor ankommt. Wirklichkeit und überschießende utopische Kraft sind gleichermaßen in ihm präsent und werden durch die Systematisierung von scheinbar unverbundenen Einzelerscheinungen erreicht, deren kompositorische Zusammenfassung zugleich auch eine normative Dimension enthalten könne.

Wagners Beschreibung der attischen Polis läßt sich durchaus in diesem typisierenden Sinne verstehen. Denn deutlich ist der Akzent, den die Beschreibung setzt, hervorgehoben werden Begriffe wie Institutionen: das Volk, die Staatsversammlung und der Gerichtsmarkt, das Amphitheater und die Tragödie, die Genossenschaft, Gott und die ›innigste Einheit‹. Sich dies vor Augen zu führen, sich den damit imaginierten Assoziationsrahmen vorzustellen, macht sicherlich klar, worauf es Wagner in seiner Darstellung ankommt, die noch unter dem Anschein einer zutreffenden historischen Deskription den normativen Anspruch eines paradigmatischen Zukunftsmodells spüren läßt. Polis wird hier von Wagner als jener Ort verstanden, an dem das Volk aus den verschiedensten Tätigkeiten des Tages heraus, auch aus den

160 Max Weber, Die Objektivität sozialwissenschaftlicher und sozialpolitischer Erkenntnis, in: Gesammelte Aufsätze zur Wissenschaftslehre, hg. von Johannes Winkelmann, Tübingen 1988, S. 191.

161 Ebenda, S. 190. Eine zusammenfassende Darstellung der einzelnen Leistungen des Idealtypus bei Weber bringt Dirk Käsler, Einführung in das Studium Max Webers, München 1979, S. 179 ff.

unterschiedlichen Teilen des Stadtstaates herkommend, durch die Teilnahme an Aufführungen von Tragödien zu einem gleichermaßen aktiven wie passiven Kollektiv verschmilzt und in der Einheit mit sich selbst, im sich Hineinversetzen in das Geschehen der Tragödie, im gleichsam gedanklichen und emotionalen Mitgehen und ›Mithandeln‹ die Gegenwart der Götter erlebt.

Ein solcher typisierender Zugriff verrät indessen noch eine weitere, für Wagners Denken entscheidende Intention: die Polis, so wie sie hier charakterisiert ist, wird zum strukturellen Gegenmodell des zeitgenössischen Politik- und Gesellschaftsverständnisses. Sie wird zum Ort einer harmonisierenden Identitätsvision, die gegen alle Ausdifferenzierungen moderner, arbeitsteilig organisierter Industriegesellschaften mit ihren entkoppelten teilautonomen Lebensbereichen positiv ausgezeichnet wird. Sie ist damit das genaue Gegenbild zu dem, was Wagner in seiner eigenen Zeit vorzufinden glaubt. In ihren konstitutiven Elementen und den sie tragenden Begriffen und Institutionen ist sie die exakte Negation der bestehenden Verhältnisse, der organisationstechnischen so gut wie der politischen, sozialen, ökonomischen und kulturellen. Das zeigt sich vor allem daran, wie Wagner den Zusammenhang von Polis und Volk versteht.

In seiner Dresdner Zeit hatte Wagner das Volk bestimmt als »alle diejenigen, welche Not empfinden, und ihre eigene Not als die gemeinsame Not erkennen oder sie in ihr inbegriffen fühlen«, und er hatte erläuternd hinzugefügt, daß der »moderne Egoist« die innere, d.h. schöpferische, wie die äußere, d.h. materielle Not des Volkes nicht fassen könne, weil er sie immer nur einseitig als eine rein äußere verstehe. Dagegen sei festzustellen: »Nur eine Not, die ihrem Wesen nach eine gemeinsame ist, ist auch eine wirkliche, in ihrem Verlangen nach Befriedigung schöpferische Not; nur wer daher eine gemeinsame Not fühlt, gehört zum Volk. Die Not des Egoisten ist ein isoliertes, der gemeinsamen Notdurft entgegenstehendes Bedürfnis, und deshalb unproduktiv, weil willkürlich«[162].

Das Volk als ein sowohl geistig wie materiell verelendetes Kollektiv wird hier in einem doppelten Sinne verstanden: zum einen als eine die Not teilende Gemeinschaft, die in eben dieser Not zugleich ein Gefühl des Zusammengehörens ausbildet, die in den schlechten materiellen Bedingungen mit ihrer Konsequenz des Leidens aller ihre Identität angelegt sieht. Zum anderen aber besteht dieses Volk auch aus einer Ansammlung isolierter Egoisten, die je für sich leiden, aber zugleich unfähig sind, die daraus entspringende Gemeinschaft aller Leidenden produktiv so nachzuvollziehen, daß daraus Veränderung der dieses Leiden verursachenden Verhältnisse erwachsen könnte. Wagner entwickelt einen Begriff vom Volk, dem in der Beschreibung seines materiellen und intellektuellen Lebens zwar immer noch ein Potential zur Selbstbefreiung und Selbstbestimmung zugestanden wird, und dies sind Spuren einer einstmals vorhandenen Qualität, an welche die revolutionären Hoffnungen sicherlich anknüpfen können. Aber zugleich ist dieses Volk in der Ge-

162 Richard Wagner, Flüchtige Aufzeichnungen einzelner Gedanken, in: DS, Bd. V, S. 247. Ähnlich in: Das Kunstwerk der Zukunft, in: GSD Bd. 3, S. 47 f.

genwart aufgrund der in ihm vorgehenden Prozesse egoistischer Individuierung durch desolidarisierende Tendenzen gefährdet und als handelndes Kollektiv paralysiert. Ursprünglich bestimmt als »der Inbegriff aller der Einzelnen, welche ein Gemeinsames ausmachten«[163], als Zusammenfassung der Familien und Geschlechter und der »durch Sprachgleichheit vereinigten Geschlechter als Nation«, hat sich die Einheit des Volkes durch den in der Geschichte abgelaufenen Verfallsprozeß inzwischen verflüchtigt, der Begriff selbst so sehr ausgeweitet, daß er seinen präzisen Inhalt verloren hat. Deshalb muß, wie Wagner meint, neu bestimmt werden, wer zum Volk gehört, und dies kann nur geschehen durch den Ausschluß derer, die sozial wie politisch »Feinde« des Volkes sind, die »keine Noth empfinden, deren Lebenstrieb also in einem Bedürfnisse besteht, das sich nicht bis zur Kraft der Noth steigert, somit eingebildet, unwahr, egoistisch, und in einem gemeinsamen Bedürfnisse nicht nur nicht enthalten, sondern als bloßes Bedürfniß der Erhaltung des Überflusses – als welches ein Bedürfniß ohne Kraft der Noth einzig gedacht werden kann – dem gemeinsamen Bedürfnisse geradezu entgegensteht«[164].

Wagner schlägt hier im Prinzip und dem Ansatz nach eine soziologische Bestimmung des Volkes vor, die sich inhaltlich sehr deutlich aus dem radikalen politischen Denkumfeld des Vormärz speist und die – dies nur nebenbei – nicht das geringste mit jenen völkischen Vorstellungen zu tun hat, die ihm immer wieder und bis zum Überdruß unterstellt werden, in deren Nähe er allerdings in seinen Spätschriften gelegentlich zu geraten scheint. Zugleich aber kontrastiert diese Bestimmung scharf mit dem, was er dem griechischen Volk der attischen Demokratie an Qualitäten zuschreibt. Denn bei diesem herrscht kein Elend, weder inneres noch äußeres, gibt es keine egoistische Separation, sondern das genaue Gegenteil: im antiken Griechenland erscheint das Volk als eine reich gegliederte plurale Einheit, eine Gemeinschaft ausgeprägter und zugleich doch aufs gemeinsame Ganze bezogener und verpflichteter Individualisten. Und dieses griechische Volk »handelt, und freut sich dann im Denken seines Handelns«, es bedenkt, »wie es ein sich selbst angehörendes, freies Volk geworden sei« und es findet sich in den großen Tragödien selbst wieder, stellt »die Bretter der Bühne auf, schmückte als Tragöde sich mit Gewand und Maske eines Gottes oder Helden, um sich selbst Gott oder Held zu sein …«[165]

Wagner glaubt, daß sich in der Antike das Volk auf »den schönen und starken freien Menschen«[166] gründete, der mit der Natur in Einklang lebte und für den Religion, Kultur und Arbeit die untereinander verbundenen Teile eines sinnvollen Lebenszusammenhanges bildeten, dessen religiöser Glaube daher auch tief und unproblematisiert im Alltag verankert war. Religion konnte sich folglich auch nicht als gesondertes und daher – mit Marx zu reden – als falsches Bewußtsein, als Ideologie vom Gläubigen und seinen Tätigkeiten lösen, wie dies in der Moderne durch die

163 Richard Wagner, Das Kunstwerk der Zukunft, in: GSD, Bd. 3, S. 47; hier auch das folgende Zitat.
164 Ebenda, S. 48.
165 Ebenda, S. 105.
166 Richard Wagner, Die Kunst und die Revolution, in: GSD, Bd. 3, S. 9.

Institutionalisierung des Christentums geschah. Der in der Polis lebende freie Mensch – so muß man aus solchen Beschreibungen folgern – nahm zwar alle differenzierten Betätigungen des alltäglichen Lebens funktionsbezogen wahr, aber er verlor sich nicht in ihnen, identifizierte sich nicht mit den jeweils nur zeitlich begrenzt ausgeübten Rollen. Vielmehr war er imstande, diese unterschiedlichen Rollen, die er im Alltagsleben auszufüllen hatte, aufeinander zu beziehen, die daraus resultierenden, widersprüchlichen Anforderungen miteinander auszugleichen, so daß er sie nicht antagonistisch empfinden mußte, sie nicht als Prozesse der Entfremdung erlebte. Er besaß ganz offensichtlich die Kraft, in seinem Bewußtsein die differenten Erfahrungen synthetisierend zu interpretieren und auf diese Weise stets wieder erneut mit sich selbst ins Reine zu kommen. Er ist, mit Aristoteles zu reden, ein zoon politikon, ein soziales Wesen, das seine unverwechselbare Individualität erst durch den fortlaufenden Bezug auf seinen gesellschaftlichen Charakter zu entwickeln vermag, oder wie Wagner, einen Topos der antiken politischen Philosophie paraphrasierend, meint: »Bewußte Individualität … gewinnen wir nur in der Gesellschaft … Das Individuum ohne Gesellschaft ist uns als Individualität vollkommen undenkbar; denn erst im Verkehr mit anderen Individuen zeigt sich Das, worin wir unterschieden von ihnen und an uns besonders sind«[167].

Was Wagner hier formuliert und in der Praxis der antiken Polis-Demokratie bereits erfolgreich verwirklicht sieht, weshalb er diese auch für die Moderne als vorbildlich erachtet, ist die Idee einer mit sich selbst identischen Persönlichkeit. Identität – für Wagner zweifellos eine der Schlüsselkategorien, die er allerdings mit verschiedenen Begriffen unterschiedlich umschreibt – ist dabei nicht statisch zu denken, nicht als ein starres Selbstbild zu verstehen, das jemand für sich selbst entwirft und an dem er dann festhält. Sondern eher als die regulative Idee einer Differenzerfahrung innerhalb eines sich dynamisch entwickelnden Wechselverhältnisses von Individuum und Gesellschaft. Wagners Überzeugung, daß bewußte Individualität nur in der Gesellschaft gewonnen werden kann, hält eine Einsicht der klassischen politischen Philosophie fest, die auch die modernen Sozialwissenschaften noch nicht für obsolet erklärt haben. Sie verstehen Identität als die konstruktive Fähigkeit des Menschen, für sich selbst eine unverwechselbare Persönlichkeit aufzubauen, sich abzugrenzen gegenüber anderen und zugleich doch auch mit ihnen in Verbindung treten zu können. Identität – so heißt es in einer einschlägigen Untersuchung – »stellt die Besonderheit des Individuums dar; denn sie zeigt auf, auf welche besondere Weise das Individuum in verschiedenartigen Situationen eine Balance zwischen widersprüchlichen Erwartungen, zwischen den Anforderungen der anderen und eigenen Bedürfnissen sowie zwischen dem Verlangen nach Darstellung dessen, worin es sich von anderen unterscheidet, und der Notwendigkeit, die Anerkennung der anderen für seine Identität zu finden, gehalten hat«[168].

167 Richard Wagner, Oper und Drama, in: GSD Bd. 4, S. 67.

168 Lothar Krappmann, Soziologische Dimensionen der Identität. Strukturelle Bedingungen für die Teilnahme an Interaktionsprozessen, Stuttgart 1975, S. 9. Vgl. auch den Artikel ›Identität, Ich-

Identitätsbildung kann also als Chance verstanden werden, aus der Fülle der Rollen und Tätigkeiten des praktischen Lebens, aus den zahllosen kommunikativen Begegnungen mit anderen Menschen, aus dem Gegenüber zur Gesellschaft all das auszuwählen und sich anzueignen, was in seinem Zusammenfügen dann die jeweilige spezifische Individualität eines Menschen ausmacht. Identität auszubilden ist ein aktiver Prozeß, eine kreative Leistung, eine durch hohe Reflexivität gesteuerte Wahrnehmung sich anbietender Chancen, und überdies ein Prozeß, der prinzipiell unabschließbar ist und täglich immer wieder neu begonnen werden muß. Und der am Ende zu dem führen kann, was die Identität eines Menschen ausmacht, was ihn einbindet in seine eigene Vergangenheit und in die Lage versetzt, der Zukunft aufgrund der in ihm ausgebildeten sozial-kommunikativen Strukturen mit einigem Vertrauen entgegen zu sehen. Identität sichert einerseits Autonomie gegenüber allzu starken sozialen Anforderungen und Zwängen, aber zugleich ist sie auch die Voraussetzung dafür, daß das Individuum sich auf Sozialität überhaupt einlassen kann. Denn nur ein Mindestmaß an Selbstvertrauen und Selbstgewißheit gibt jenen so dringend benötigten Rückhalt, der es erlaubt, sich auf anderes substanziell einzustellen, sich ihm auszusetzen, ohne den Preis der Selbstaufgabe zahlen zu müssen.

Die prekären Kommunikationsprozesse, durch die sich das identitäre Bewußtsein eines Menschen überhaupt erst auszubilden vermag, hat Wagner zutreffend gesehen. Identität ist ihm alles andere als platte Einheit, schlichte Rückwärtsgewandtheit oder gar Flucht aus einer komplexen Gegenwart in eine wenig komplexe, strukturreduzierte und überschaubare Vergangenheit. Vielmehr eine Entwicklung, die zu einem in sich differenzierten, allerdings immer nur vorläufig abgeschlossenen Zustand führt, der aufs Ganze zielt und in dem die Menschen sich ihrer unterschiedlichen Einbindungen bewußt sind, die sie aber zugleich miteinander harmonisieren müssen und auch können: »Der bloße leibliche Sinnenmensch, der bloße Gefühls-, der bloße Verstandesmensch, sind zu jeder Selbständigkeit als wirklicher Mensch unfähig«[169]. Also nicht Einheit schlechthin, sondern Vielfalt in der Einheit, eine in sich differenzierte Homogenität ist das Ziel.

Wagner war zutiefst davon überzeugt, daß die Bürger der attischen Demokratie des 5. Jahrhunderts v. Chr. eben diese nach seiner Meinung so zentrale Leistung der Identitätsbildung problemlos erbracht haben. Und er hatte mit dieser Unterstellung historisch weitgehend recht. Gegenüber dem modernen Menschen, der durch eine dogmatisierte Religion und einen unterdrückenden Staatsapparat, durch korrumpierte gesellschaftliche Institutionen und eine nach dem Geld gehende Kunst in seinem Wesen unheilbar beschädigt war, sich selbst und seiner Umwelt entfremdet, repräsentierte für Wagner der griechische Bürger der attischen Polis das positive Gegenteil. Dieser Bürger bestand den täglichen Existenzkampf, setzte sich immer

Identität‹ in: Joachim Ritter/Karlfriedrich Gründer (Hg), Historisches Wörterbuch der Philosophie, Darmstadt 1976, Bd. 4, S. 147 ff.

169 Richard Wagner, Das Kunstwerk der Zukunft, in: GSD, Bd. 3, S. 78.

neue Ziele, formte im Widerspruch zu den anderen seine Persönlichkeit und war doch zugleich ein anerkanntes Mitglied einer engumgrenzten Gemeinschaft. Er konnte die unterschiedlichsten praktischen und theoretischen Betätigungen bewältigen, sich in den verschiedensten gesellschaftlichen Institutionen betätigen und am Ende, ohne dies als widersprüchlich zu empfinden, in die ›innigste Einheit‹ mit sich selbst und seiner Umgebung verschmelzen. In der Polis seine persönliche Identität auszubilden und auszuleben hieß – so sah es Wagner – , sich in der Gemeinschaft immer wieder selbst zu finden und die Werte und Orientierungen der Gemeinschaft als eigene zu verstehen.

Wagner übertrug dieses personale Identitätskonzept auf die attische Polis und verstand sie damit als einen lebendigen Organismus. Er verlieh der griechischen Gesellschaft die Züge personaler Identität, ein unter strikt methodischen Gesichtspunkten nicht unproblematisches Verfahren. Und doch weiß man heute: »Es gibt Identität nicht nur bei Individuen, sondern auch bei Gesellschaften. Sie stellt gleichsam einen Kern im gesellschaftlichen Feld dar, der in irgendeiner Weise darauf drängt, daß eine Gesellschaft sich in etwas wesentlichem treu bleibt. Seine Wirkung besteht in eigenständigen Prozessen, in denen bestimmte Handlungen, Erwartungen und Wertschätzungen reproduziert werden, sich in Erwartungserwartungen stabilisieren und damit unabhängig werden vom Vorhandensein der Motive, aus denen sie ursprünglich erwachsen waren. Es institutionalisiert sich damit ein Kraftzentrum, das weit über alle Meinungen und alles persönliche Sich-Verpflichtet-Fühlen hinausgeht, vielmehr diese seinerseits hervorruft«[170].

Den Kern des gesellschaftlichen Feldes, das Identität ausmacht, bezeichnen für Wagner jene radikal-demokratischen Strukturen, für die er in seinen Revolutionsschriften geworben hatte und die er nun in die Polis hineininterpretiert. Das ist historisch aus zweierlei Gründen keinesfalls abwegig: zum einen bezieht sich Wagner nur auf jenen zeitlich kurzen Abschnitt der Polis-Entwicklung, der in der Tat nach den Reformen des Kleisthenes durch einen erheblichen Demokratisierungsschub charakterisiert ist, und damit auf eine Zeit, in der die demokratische Einrichtung der Willensbildungs- und Entscheidungsstrukturen der Polis seinen stilisierten Vorstellungen von der attischen Demokratie verhältnismäßig nahe kommen; zum anderen war das Identitätsverständnis der Athener zu dieser Zeit ganz wesentlich dadurch bestimmt, daß sie sich als prinzipiell gleiche Bürger einer politischen Gemeinschaft verstanden, ungeachtet der sonstigen Unterschiede, die es selbstverständlich gab.

Ohne diesen Sachverhalt historisch eingehender darzustellen, seien doch die folgenden Hinweise erlaubt, um Wagners Position besser verstehen zu können. Die Reformen des Kleisthenes, die in den Jahren 511/510 v. Chr. beginnen, und die danach folgenden politischen Reformentwicklungen schaffen in Athen einen neuen, demokratisch organisierten Typus der Polis. Sie führen zur weitgehenden Ent-

170 Christian Meier, Die Entstehung des Politischen bei den Griechen, Frankfurt/M. 1980, S. 248.

machtung der aristokratischen Herrschaftseliten, sie verändern die institutionellen Einrichtungen der Polis, bringen eine territoriale Neugliederung der Bevölkerung, weiten die Bürgerrechte aus und geben der Volksversammlung, der Ekklesia, die oberste Entscheidungskompetenz, während dem Rat der Fünfhundert, der vom Volk bestellten ›Regierung‹, nur noch eine im wesentlichen exekutive Macht verbleibt. Charakteristisch an diesen und den nachfolgenden Reformen ist die Stärkung der Position der Bürger, die soziale Vermischung der Klassen und Schichten, die generelle Politisierung des Lebens. Politik wird in Athen eine Seins- und Lebensweise, sie ist die den Alltag umfassende Existenzform des Bürgers, mit ihr ist gemeint, daß die Bürgerschaft mit der Verfassung der Polis selbst identisch wird und ist.

Ein solches Politikverständnis, das alle Lebensbereiche in gewisser Weise in sich aufsaugt, hat weitreichende Folgen für die tragenden Strukturen dieser Polis, die ganz und gar auf die Möglichkeit der Entfaltung des Bürgers angelegt werden. Institutionell bedeutet dies: zentral ist die Volksversammlung, in ihr beraten und entscheiden die Bürger, zu ihr haben alle diejenigen Zutritt, die als Freie und Gleiche miteinander leben. Die Volksversammlung kontrolliert den Rat der Fünfhundert, also die ›Regierung‹, bestimmt jährlich deren Mitglieder neu, sorgt für die Besetzung der vielen kleineren Ämter durch Los, kontrolliert die Verwaltung. Gleichheit der Bürger bei Diskussion und Abstimmung in der Volksversammlung, unabhängig von Besitz, sozialer Stellung oder Bildung, Freiheit ihrer Rede, eine über die unmittelbaren politischen Institutionen hinausgehende Vernetzung von vielfältigen privaten Vereinigungen, die alle der öffentlichen und diskursiven Meinungsbildung des Volkes dienen und einiges mehr – dies alles sind Elemente eines Demokratieverständnisses, das von den die politischen Debatten beherrschenden Reform- und Revolutionsideen im Vormärz nicht allzu weit entfernt ist. »Man hatte keinen Staat, keine Regierung, keine Instanzen, auf die man sich (selbst wenn man es anders gewußt hätte) hätte verlassen können. Keine (oder fast keine) Polizei, keinen Apparat, auch keine öffentlichen Schulen; überall lag die Verantwortung bei und in und zwischen den Bürgern; lediglich die Ausführung der Beschlüsse wurde einzelnen übergeben (und vielfach kontrolliert)«[171] – so die Beschreibung der Kernstruktur der attischen Polis.

Diese Reformen[172] wurden getragen von der tiefen Überzeugung der Griechen, sie seien als Bürger politisch Gleiche, unbeschadet ihrer sonstigen natürlichen und sozialen Unterschiede. Isonomie, wie der Ausdruck dafür lautet, der begrifflich faßt, daß die Bürger der Polis sich als gleiche Rechtssubjekte verstanden und daraus auch den Anspruch auf gleiche Teilhabe an der Polis, an der politischen Selbstbestimmung herleiteten[173]. Isonomie: das meint aber auch die Identifikation des Einzelnen

171 Christian Meier, Die politische Kunst der griechischen Tragödie, München 1988, S. 9.

172 Zu den Einzelheiten vgl. Victor Ehrenberg, Der Staat der Griechen, S. 32 ff und Tuttu Tarkiainen, Die athenische Demokratie, S. 91 ff.

173 Christian Meier, Die Entstehung des Politischen bei den Griechen, S. 117.

mit dem Ganzen, die aus der politischen Gleichheit als Bürger resultiert und bezeichnet eine Haltung, welche die eigenen, subjektiven Interessen hinter die der Gemeinschaft zurückstellt, zugunsten des Gemeinwohls, wie man heute wohl sagen würde. Die Polis wurde als ein eigener und kostbarer Wert erfahren, sie war nicht »oberhalb der Bürger, über den Bürgern und über die Bürger« gebildet, sondern »vielmehr mit der Bürgerschaft vollkommen identisch«[174], deshalb auch keine Herrschaft der einen über die anderen, sondern im strikten Sinne des Wortes Selbstregierung. So galt die Isonomie als die bürgerrechtlich verstandene gesellschaftliche Identität: die beiden Begriffe Isonomie und Identität lassen sich unter dem Gesichtspunkt der Politik fast synonym verwenden, und beides war im Athen des 5. vorchristlichen Jahrhunderts in optimaler Weise verwirklicht worden: »mit dem anspruchsvollen Begriff der politischen Identität scheint also die Stelle, die die Bürger-Eigenschaft in der Zugehörigkeitsstruktur der damaligen Zeit hatte, genau und treffend erfaßt zu sein«[175].

Gewiß: dieses Identitätsverständnis beruhte auf der rechtlichen Gleichheit der Bürger und setzte faktisch die soziale Ungleichheit der Bevölkerung insgesamt voraus. Denn Frauen und Sklaven, Fremde und Abhängige waren, wie schon erwähnt, keine Bürger, sie blieben ausgegrenzt und von minderem Recht. Was sich hier herausgebildet hatte, so könnte man meinen, war die Form einer radikalen direkten Demokratie, die undemokratische Gesellschaftsstrukturen als Voraussetzung ihrer eigenen Existenz und Funktionsfähigkeit selbstverständlich in Kauf nahm. Daß sie sich dieses Mißverhältnis von sozialer Ungleichheit als der materiellen Grundlage politischer Gleichheit nicht selbst als einen gravierenden Strukturdefekt zuzählen mochte, hing damit zusammen, daß in der Antike die Sphäre der Politik und die des ›Hauses‹ als des privaten wirtschaftlichen und sozialen Lebens strikt voneinander getrennt waren. Denn jede Person, die aufgrund ihrer Natur als Frau und Kind oder ihrer sozialen Stellung etwa als Sklave nicht Bürger sein konnte, war eben auch nicht Mitglied der Polis; sie verblieb im ›oikos‹, also im Haushalt oder Betrieb, und hier, wo unter den Befehlen des Mannes – der Polis-Bürger war – gewirtschaftet wurde, gab es denn auch Herrschaft und keine Selbstbestimmung.

Doch die Isonomie, die rechtliche Gleichheit der Bürger, ist nicht nur ein formales Prinzip, wie vielleicht zu vermuten wäre, sondern auch der Begriff für die gute Ordnung, für ein moralisch und sittlich gerechtfertigtes Leben. »Gleichheit und Recht gingen damals endgültig die enge Verbindung ein, die sich aus dem Begriff Isonomie nicht mehr verlor. Gleichheit wurde als zentrales Merkmal einer guten Ordnung begriffen«[176]. So wird die Polis zum Inbegriff einer das gesamte Leben des Bürgers umfassenden politischen Ordnung, die deshalb moralisch gut ist, weil sich mit ihren – modern gesprochen – direkt-demokratischen Organisations-

174 Dolf Sternberger, Drei Wurzeln der Politik, Frankfurt/M. 1978, S. 103 f.
175 Christian Meier, Die Entstehung des Politischen bei den Griechen, S. 258.
176 Ebenda, S. 120.

strukturen die Bürger vollständig identifizieren können. Identität in diesem antiken Sinne ist also eine nicht mehr hintergehbare Form der Synthetisierung von Individualität und Gemeinschaft – von Individuum und Genossenschaft, wie Wagner es formuliert.

Wagners oben zitierte Beschreibung des griechischen Volkes, das im Amphitheater während der Aufführungen von Tragödien mit sich selbst die ›innigste Einheit‹ erlebt, illustriert jenen historisch durchaus zutreffenden Sachverhalt eines identitären Polis-Verständnisses, wie es faktisch im 5. Jahrhundert vorhanden war, wie es theoretisch in der Philosophie dieser Zeit formuliert worden ist. So hat etwa Aristoteles in seiner *Politeia* gleich anfangs diese Polis als eine »aus mehreren Dorfgemeinden gebildete vollkommene Gemeinschaft« bestimmt, »die gleichsam das Ziel vollendeter Selbstgenügsamkeit erreicht hat, die um des Lebens willen entstanden ist und um des vollkommenen Lebens willen besteht«[177]. Und an anderer Stelle heißt es lapidar: »Der Staat aber ist eine Gemeinschaft Gleichberechtigter, die aber ein möglichst vollkommenes Leben zum Zwecke hat«, wobei das vollkommene Leben im »Glück des Daseins ... und in Betätigung und vollendeter Übung der Tugend«[178] gesehen wird. Auch Aristoteles, der große Denker und Theoretiker der attischen Demokratie, beschreibt diese Polis als eine in sich strukturierte Identität, als die Entfaltung des Individuellen im Gemeinsamen, und deshalb gilt, daß es »per definitionem keinen Staat jenseits und außerhalb der Bürgerschaft [gibt], und eben darum liegt deren Vielheit und Vielfalt aller Staatlichkeit zugrunde. Die Bürger des Aristoteles sind selbst die Handelnden, die Regierenden und die Regierten, die Beamten und die Richter und die Räte und freilich auch die Untertanen«[179].

Diesem Bild der identitären Polis-Gemeinschaft, in der an Stelle von politischer Herrschaft der kommunikative Umgang unter Gleichen steht, fehlt freilich noch eine bedeutende weitere Komponente, die substantiell zur Polis hinzugehört, und die für Wagner eine ganz entscheidende ist: die kultisch-künstlerische. Denn Wagners Beschreibung der Erlebnisgemeinschaft der attischen Polis kulminiert ja in der amphitheatralischen Aufführung der Tragödien. In diesen großen dramatischen Aufführungen vollzieht sich für ihn zugleich auch ein religiöser Akt, verschmelzen Kunst und Kult und werden eins: »Dem Griechen war die Aufführung einer Tragödie eine religiöse Feier, auf ihrer Bühne bewegten sich Götter und spendeten dem Menschen ihre Weisheit«[180].

Nun beruhte die politische Identität der Athener in der Tat auf dem gemeinsamen Kult, denn Politik und Religion waren nicht strikt voneinander geschieden, sondern die Polis verstand sich auch als eine religiöse Gemeinschaft. Daher konnten sich die verschiedenen Poleis des alten Griechenland durch ihre je eigenen Kulte

177 Aristoteles, Politik, übersetzt und mit erklärenden Anmerkungen und Registern versehen von Eugen Rolfes, Hamburg 1958, S. 4 (11252 b).
178 Ebenda, S. 253 (1328 b).
179 Dolf Sternberger, Drei Wurzeln der Politik, S. 108.
180 Richard Wagner, Die Kunst und die Revolution, in: GSD, Bd. 3, S. 23.

gegeneinander abgrenzen, im Akt der Abgrenzung sich zugleich ihrer spezifischen und unverwechselbaren Identität versichern[181]. Religion war Sache der Polis, war eine zutiefst politische, das heißt die Bürgerschaft insgesamt betreffende Angelegenheit, und dies ging so weit, daß noch die politischen Untergliederungen der Bürgerschaft sich wesentlich als Kultgemeinschaften verstanden. Weil die Bestimmung und Ausgestaltung der Religion aber eine Angelegenheit der Politik war, blieb sie ihrerseits in die Politik inkorporiert, blieb sie Teil der Politik und mit dieser essentiell verbunden, daher auch dem politischen Wandel unterworfen und nur von begrenzter Selbständigkeit. Und dennoch war sie in allem Wechsel der Kulte und Götter ein stabiles Medium für die politische Identitätsbildung des Einzelnen wie der Gesamtheit der Polis-Bürger. Vor allem aber war sie Reflex und Selbstauslegung der Polis-Gemeinschaft.

Wagner stilisiert nun diesen historischen Zusammenhang von Politik und Religion zu Gunsten der Religion und zu Lasten der Politik und er zieht darüber hinaus die Dimensionen des Religiösen mit dem Künstlerischen zusammen. In seiner Sicht und Interpretation wird damit das kultische Kunstwerk im Moment seiner Aufführung zum eigentlichen Medium der Vergesellschaftung, denn im Amphitheater ereignet sich ja jene ›innigste Einheit‹ aller, auf die es ihm so sehr ankommt. Damit tritt das kultische Kunstwerk an die Stelle der Politik, es übernimmt politische Funktionen, denn es leistet nun jene gesellschaftliche Synthesis, die in der Polis eigentlich die Politik zu leisten hatte. Eine Vereinseitigung und Akzentverschiebung wird hier, bewußt oder unbewußt, von Wagner vorgenommen, die den geschichtlichen Fakten nicht standhält, und die doch andererseits wiederum deshalb nicht völlig abwegig ist, weil sie in der griechischen Tragödie und ihrer politisch-kultischen Bestimmung durchaus Anhalts- und Anknüpfungspunke findet.

Wagner beruft sich bekanntlich für diese Verbindung von Politik und Kult auf die Tragödien des Aischylos, namentlich auf dessen *Prometheus* und die *Orestie*. Daß er Aischylos zu seinem Gewährsmann wählt, ist sicherlich kein Zufall, sondern eher bewußter Zugriff auf einen Dichter, der als der eigentliche Tragödiendichter der attischen Demokratie gelten kann. In Aischylos verbinden sich Demokratie und Dichtung. Geboren kurz vor der Zeit, da Kleisthenes sein Reformwerk beginnt, erlebt Aischylos die dramatischen politischen Änderungen in Athen mit, er sieht, wie die Demokratie begründet wird und sich entfaltet, und er reagiert als Dichter auf diese tief empfundenen Wandlungen der Zeit. Er greift Themen auf, die sich auf die täglichen Probleme der Veränderung beziehen, schreibt eine Fülle von Dramen und ändert den überkommenen formalen Aufbau der Tragödie. Er ist, was Wagner gewiß imponiert haben dürfte, Dichter, Tonsetzer, Schauspieler, Spiel- und Chorleiter zugleich, der in seiner Person die Pluralität der unterschiedlichsten Tätigkeiten vereint. Durch »seine dichterische Kraft weiß er der griechischen Tragödie, die als

181 Dazu Christian Meier, Die Entstehung des Politischen bei den Griechen, S. 250.

Gottesdienst alljährlich im Dionysostheater dem Volke dargeboten wurde, ernste Würde und erschütternde Wirkung zu geben«[182].

Wagner hat sich bekanntlich nicht nur zur Zeit der Entstehung seiner ›Zürcher Kunstschriften‹ eingehend, sondern auch noch in späteren Jahren immer wieder mit der *Orestie* beschäftigt, und diese Beschäftigung hat einen spürbaren, wenn auch vorwiegend formalen Einfluß auf die *Ring*-Konzeption gehabt – Aischylos gilt als der schöpferische Gestalter der tetralogischen Form, der Verbindung dreier Tragödien und eines Satyrspiels. Die *Orestie* selbst freilich ist, da politisches Denken zu dieser Zeit in Griechenland vom Dichten noch nicht geschieden ist, ein durch und durch politisches Stück – im Sinne des alle Lebensbereiche umfassenden Politikverständnisses der attischen Demokratie. Es ist eine Tragödie, in der die Konflikte der Zeit und der Wandel der politischen Ordnung thematisiert werden, in der das alte Prinzip der bisher geübten Rache gegen das neue eines an Recht und Gesetz gebundenen Handelns steht, Ausdruck dafür, daß nunmehr der zivilisatorische Schritt in die Polis-Gemeinschaft der freien und gleichen Bürger vollzogen wird[183]. Das alles kristallisiert in der *Orestie* zu einer aporetischen, also unauflösbaren Situation: Orest kann den erschlagenen Vater nur rächen, wenn er die eigene Mutter erschlägt, ein im Grunde menschlich nicht lösbarer Konflikt. Scheinbar steht Recht gegen Recht, aber es sind zwei unterschiedliche Rechtsbegriffe und Rechtsverständnisse, die hier im Konflikt aufeinander treffen. Das alte Recht auf Rache steht gegen ein neues, in dem auch vergeben werden kann. Nach langen Irrfahrten kommt am Ende der *Orestie* dann Orest nach Athen und muß sich dem Gericht stellen. Er verteidigt sich, findet die Fürsprache des Gottes Apollon und der Göttin Athene und wird von den Richtern, dem neugebildeten Areopag, daraufhin freigesprochen. Die Rachegöttinnen, die Erinnyen, die ihn bisher unnachsichtig verfolgt hatten, lassen sich nach diesem Urteil von Athene besänftigen und verwandeln sich in die segensreichen Gottheiten der Eumeniden. Und so kann eine neue, gerechte Ordnung, die Polis-Ordnung, siegen, der unheilvollen Zirkel archaischer Rache wird bei den Göttern wie bei den Menschen endlich und auf Dauer durchbrochen.

Die *Orestie* – und ähnlich auch *Prometheus*, den Wagner zitiert und in dem die Entwicklung von der Rache und Selbsthilfe zu einer ausgleichenden, an Gesetze gebundenen Gerechtigkeit thematisiert wird – bringt also die Probleme der Polis auf die Bühne. Es sind die Probleme einer Demokratie, die in ihren Institutionen und den diesen zugrunde liegenden Vorstellungen von identitärer Bürgergleichheit als Fundament der radikalen Demokratie verstanden werden kann. Die Fragen der

182 Vgl. dazu Aischylos, Tragödien und Fragmente, hg. und übersetzt von Oskar Werner, München/Zürich 1988, besonders den Anhang: ›Erläuternde Darlegungen. Leben und Schaffen des Aischylos‹, S. 717 ff.; das Zitat S. 718.

183 Für eine politische Interpretation der Orestie, welche die politischen Bezüge der attischen Demokratie zur Dichtung herausarbeitet und zeigt, wie Aischylos auf die neuen Probleme einer demokratischen Polis reagiert, vgl. Christian Meier, Die Entstehung des Politischen bei den Griechen, S. 158 ff.

politischen Form, des religiösen Kults und der künstlerischen Behandlung zentraler politischer Themen der attischen Demokratie fallen hier zusammen, und solche Koinzidenz ereignet sich – und dies ist entscheidend für Wagner – im Theater. In den von allen Bürgern besuchten Aufführungen der Tragödien kommt so das politische Selbstverständnis einer neu entstehenden Bürgergesellschaft zum Ausdruck und wird gleichzeitig religiös überhöht. Die Zuschauer erleben mit, wie Götter und Menschen, Dichtung und Realität, Bühne und Publikum ineinander überzugehen scheinen, und sie verstehen, daß sie sich in ihrem Alltagsleben nach den im Theater erlebten Vorbildern richten sollen.

Wagner hat diesen Aspekt einer alles umfassenden prozessualen Identitätsbildung, einer Identität, die sich in den verschiedensten Lebenssituationen, herausgehoben aber im Theater, immer wieder neu aufbaut, auf seine Weise formuliert. »Die Thaten der Götter und Menschen, ihre Leiden, ihre Wonnen, wie sie ernst und heiter als ewiger Rhythmus, als ewige Harmonie aller Bewegung, alles Daseins in dem hohen Wesen Apollon's verkündet lagen, hier wurden sie wirklich und wahr; denn Alles, was sich in ihnen bewegte und lebte, wie es im Zuschauer sich bewegte und lebte, hier fand es seinen vollendesten Ausdruck, wo Auge und Ohr, wie Geist und Herz, lebendig und wirklich alles erfaßten und vernahmen, Alles leiblich und geistig wahrhaftig sahen, was die Einbildung sich nicht mehr vorzustellen brauchte. Solch' ein Tragödientag war ein Gottesfest, denn hier sprach der Gott sich deutlich und vernehmbar aus: der Dichter war sein hoher Priester, der wirklich und leibhaftig in seinem Kunstwerke darinnen stand, die Reigen der Tänzer führte, die Stimme zum Chor erhob und in tönenden Worten die Sprüche göttlichen Wissens verkündete. Das war das griechische Kunstwerk, das der zu wirklicher, lebendiger Kunst gewordene Apollon, – das war das griechische Volk in seiner höchsten Wahrheit und Schönheit«[184].

Die Fähigkeit der klassischen Polis, alle Lebensbereiche und Lebensäußerungen in sich aufzunehmen, zusammenzufassen und zur kultisch-theatralischen Erscheinung zu bringen, ist für Wagner deren entscheidende Leistung. Er wird nicht müde, sie immer wieder und in immer neuen Wendungen zu beschwören. Die ›Zürcher Kunstschriften‹ lesen sich in vielen Partien wie eine einzige Eloge auf diese Leistung der Polis, sie sind das Hohelied auf eine gesellschaftliche Existenzform, der es nach Wagners Überzeugung gelungen war, für eine kurze Zeit die utopischen Hoffnungen der Menschen auf Einheit mit der Natur, mit sich selbst und der Gesellschaft historisch einzulösen. Zwei wesentliche Gesichtspunkte bestimmten dabei sein Bild von der Polis: zum einen deren radikal-demokratische Organisationsstruktur, zum anderen deren in den Tragödien-Aufführungen sich realisierende, kollektive Identität, die gefühlte Erlebnisgemeinschaft aller im Amphitheater Versammelten.

Was die radikal-demokratische Organisationsstruktur angeht, so hat Wagner ganz ohne Zeifel hier zunächst einmal seine eigenen, in der vorrevolutionären Zeit des Vormärz gewonnenen gesellschaftlich-politischen Vorstellungen, auch seine durch

184 Richard Wagner, Die Kunst und die Revolution, in: GSD, Bd. 3, S. 11.

die Rezeption anarcho-sozialistischer Gesellschaftsmodelle bestimmten Überzeugungen einer neuen Politik in die Polis hineinprojiziert. Historisch nicht ganz zu unrecht, wie die neuere Literatur zeigt, hat er die Konstruktionselemente einer unmittelbaren Demokratie, wie sie in allen frühsozialistischen Politik- und Gesellschaftskonzepten zu finden sind, wie sie auch im links-hegelianischen Diskurs der dreißiger und vierziger Jahre als mehr oder weniger selbstverständlich betrachtet wurden[185], in der Polis realisiert gesehen. Solche direkt-demokratischen Gesellschaftsstrukturen waren ihm die Garantie eines – modern gesprochen – nichtentfremdeten Lebens, die antike Vorwegnahme jener von Marx beschworenen Hoffnung, daß der Mensch in einer zukünftigen Gesellschaft »nicht einen ausschließlichen Kreis der Tätigkeit hat, sondern sich in jedem beliebigen Kreis Tätigkeit ausbilden kann ... heute dies, morgen jenes zu tun, morgens zu jagen, nachmittags zu fischen, abends Viehzucht zu treiben, nach dem Essen zu kritisieren, ... ohne je Jäger, Fischer, Hirt oder Kritiker zu werden«[186]. Und selbstverständlich hieß dies auch, daß solche Elemente unmittelbarer Demokratie, die dem Menschen die Entfaltung seiner unterschiedlichsten Begabungen erlauben sollten, nicht in einem schlechten Sinne utopisch sein konnten, sondern in der Gegenwart realisierbar erschienen. In der Polis sah Wagner daher den Vorschein einer erneut verwirklichbaren Alternative zu einem verworfenen Zustand der eigenen Zeit.

Entscheidend war für ihn allerdings, daß die unmittelbare Demokratie der Polis über den bloß politischen Bereich hinauswies, daß sie das ganze Leben ihrer Bürger umfasste. In der Polis waren deshalb – so glaubte er – die Grenzziehungen zwischen den verschiedenen Tätigkeiten des Einzelnen noch nicht vorhanden, gab es keine strikte Arbeitsteilung wie in den modernen Industriegesellschaften, keine segmentierten Bereiche, in denen Menschen das Ganze aus dem Blick geraten konnte. Die Polis war vielmehr auf den Gattungszusammenhang gerichtet, auf die Einbindung und Harmonisierung notwendiger funktionaler Differenzierungen des alltäglichen Lebens. Und in den Aufführungen der Tragödien bot sie ein für alle Bürger verbindliches Erlebnis und lieferte dessen Interpretation gleich mit; sie war die große Synthesis von Individuum und Kollektiv.

Diese Identitätsstruktur der Polis schien es zu erlauben, Politik und Kunst in einem ersten Schritt ineinander übergehen zu lassen, sie zu verschmelzen. Doch Wagner ging noch einen entscheidenden Schritt weiter: er setzte in seinem Verständnis der Polis die Kunst an die Stelle der Politik und vollzog damit zugleich eine fundamentale Akzentverschiebung, die vor allem für seine ästhetische Konzeption des Gesamtkunstwerks grundlegende Bedeutung erlangte. Während die Griechen in der attischen Polis des 5. Jahrhunderts der Politik die zentrale Aufgabe der gesellschaftlichen Synthesis zuwiesen, weil nach ihrem Verständnis nur das öffentliche

185 Vgl. Wolfgang Eßbach, Die Junghegelianer. Soziologie einer Intellektuellengruppe, München 1988, S. 202 ff.

186 Karl Marx/Friedrich Engels, Die deutsche Ideologie, in: Karl Marx/Friedrich Engels, Werke (MEW), Berlin-Ost, Bd. 3, S. 33.

Handeln – und nichts anderes war Politik – die Polis-Gesellschaft überhaupt erst konstituierte, schreibt Wagner diesen gesellschaftskonstitutiven Akt öffentlicher Kommunikation nun der kultisch verstandenen Kunst zu, den er in den öffentlichen Aufführungen der Tragödien sich vollziehen sieht. Er verkehrt damit das Verhältnis von Politik und Kunst: während bei den Griechen die Kunst in der Politik – im Sinne Hegels – ›aufgehoben‹ wird und die öffentlichen Aufführungen der Tragödien deshalb zugleich als politische Veranstaltungen und Handlungen gelten, läßt Wagner umgekehrt die Politik in der Kunst aufgehen und legt die Politik als die Realisierung eines kollektiven ästhetischen Bewußtseins aus. Die direkte Demokratie der Griechen findet bei ihm deshalb ihr Telos nicht in der Politik aller Bürger, sondern in der Theatralisierung dieser Politik im kultisch überhöhten Raum der im Amphitheater Versammelten. An die Stelle der öffentlichen Politik tritt die »öffentliche Kunst der Griechen, wie sie in der Tragödie ihren Höhepunkt erreichte«[187], an die Stelle der Agora, des Versammlungsplatzes aller Bürger, tritt das Theater, an die Stelle des Politikers der Künstler. Die direkt-demokratische Struktur der Polis wird inhaltlich neu bestimmt: nicht mehr die Politik soll die Identität der Gemeinschaft herstellen, sondern die theatralische Kunst wird zum eigentlichen Medium der Vergemeinschaftung. »Die Kunst ist die höchste Tätigkeit des im Einklang mit sich und der Natur sinnlich schön entwickelten Menschen«[188], schreibt Wagner und paraphrasiert damit sinngemäß nur das, was in der Polis ganz selbstverständlich der Politik als Aufgabe und Leistung zugeschrieben wurde; daß sie die höchste aller Tätigkeiten sei – so Aristoteles[189] – war dem Griechen eine Binsenweisheit.

Die Substitution des politischen Handelns durch ästhetische Erfahrung ist der wohl folgenreichste theoretische Schritt, den Wagner in seinem Denken vollzieht. Das wird am Beispiel des Gesamtkunstwerks noch näher zu erläutern sein, denn es läßt sich zeigen, daß dessen Konzept ein der Polis-Demokratie nachkonstruiertes ist. Wagner, der gescheiterte Revolutionär von 1848/49, der im Züricher Exil einsehen muß, daß er seine revolutionären politischen Ziele nicht mehr auf direktem Wege zu realisieren vermag, gibt diese Ziele aber keineswegs auf. Er unternimmt nun den wohl bis dahin in der deutschen Geistesgeschichte einzigartigen Versuch, die eigene Kunst zum Medium jener Ziele zu machen. Die neue Kunst soll erreichen, was die Umstände des Exils politisch verhindern, sie soll gewähren, was durch die Politik nicht gelungen ist. Mit der These, daß die griechische Polis das strukturelle Beispiel einer durch ästhetische Erfahrung gelingenden Vergemeinschaftung bietet, hat Wagner sich selbst jenes entscheidende Fundament gelegt, auf dem er sein eigenes Konzept eines Gesamtkunstwerks errichten kann. Doch bevor darauf genauer eingegangen werden kann, muß zuvor noch jene ästhetische Kritik nachvollzogen werden, die – ähnlich der Kritik der Gesellschaft und der Politik – dem Konzept des Gesamtkunstwerks vorausgeht: die Kritik der Oper.

187 Richard Wagner, Die Kunst und die Revolution, in: GSD, Bd. 3, S. 23.
188 Ebenda, S. 15.
189 Aristoteles, Politik, 1282 b 14.

Kritik der Oper

Wagners Auseinandersetzung mit der Oper und ihrer Geschichte kann parallel zu seiner Auseinandersetzung mit Religion, Gesellschaft und Politik gelesen werden. Sie ist mit seinem gesellschaftskritischen Denken auf das engste verbunden, denn sie vollzieht dessen Entwicklung gleichsam in analogen Argumenten nach. Sie thematisiert die Oper sowohl als ästhetisches Produkt wie auch in ihren gesellschaftlichen Bezügen und stellt die Entfaltung der Gattung in einen übergreifenden geschichtsphilosophischen Zusammenhang. Ähnlich wie in seinem gesellschaftstheoretischen Denken, das Religion, Gesellschaft und Politik nach zwei Gesichtspunkten behandelt: nach den internen Kriterien des inneren systematischen Zusammenhangs einerseits, nach dem historisch verstandenen, weit angelegten Dekadenzprozeß andererseits, betrachtet Wagner auch die Oper unter einem doppelten Aspekt: zum einen zeichnet er ihre interne Gattungsentwicklung nach, so wie er sie, der historischen Wirklichkeit nicht unbedingt entsprechend, sieht; zum anderen stellt er diese Gattungsentwicklung als einen über die Jahrhunderte währenden Verfallsprozeß des Dramas und – in einem umgreifenden Sinn – der antiken Tragödie dar, als krisenhafte Veränderung einer theatralischen Kunstform, deren historisch vermeintlich zu konstatierende Dekadenz mit den von ihm immer wieder beschworenen gesellschaftlichen Verfallsprozessen weithin korrespondiert. In dieser Auseinandersetzung mit der Gattungsgeschichte der Oper beginnt Wagner mit der Kritik an der Oper seiner Zeit, arbeitet sich dann aber gleichsam historisch in die Vergangenheit zurück, weil er die Gegenwart als jenen End- und Tiefpunkt der Opernentwicklung darstellen und auszeichnen möchte, der nur durch eine radikale Revolution der herrschenden Ästhetik des Theaters wieder gebessert werden könnte – analog zu seiner Überzeugung, wonach auch die von ihm als unhaltbar empfundenen gesellschaftlichen Zustände nur durch eine radikale politische Revolution gewendet werden können. Die Parallelen zwischen dem gesellschaftstheoretischen und dem ästhetischen Denken Wagners sind auffallend. Sie lassen sich nicht übersehen, sie springen ins Auge und sie erklären sich einzig daraus, daß für Wagner die Kunst eben ganz dezidiert kein autonomer, von allen sozialen Einbindungen freier Bereich ist, sondern entscheidend bestimmt wird durch ihren gesellschaftlichen Bezug. Denn die »Eigenschaft des Kunstwerkes besteht aber darin« – so schreibt er 1851 – , »daß es nach Ort, Zeit und Umständen auf das Schärfste bestimmt sich kundgiebt; daß es daher in seiner lebendigsten Wirkungsfähigkeit gar nicht zur Entscheidung kommen kann, wenn es nicht an einem bestimmten Orte, zu einer bestimmten Zeit und unter bestimmten Umständen zur Erscheinung kommt«[190].

Mit dieser Verankerung der Kunst in der sozialen und politischen Realität steht Wagner entschieden gegen die romantische Kunstauffassung und zugleich in der Tradition der jungdeutschen und linkshegelianischen Ästhetik. Danach hat Kunst

190 Richard Wagner, Eine Mittheilung an meine Freunde, in: GSD, Bd. 4, S. 237.

ihren bestimmbaren sozialen Ort, sie ist auf gesellschaftliche Kontexte bezogen, nicht nur in ihrer Entstehung, sondern auch in ihrer Rezeption. Sie ist Teil jener Gesellschaft, in der sie existiert, zwar durchaus als eine eigene Sphäre, mit eigener Diginität, aber durchaus nicht unabhängig vom Kontext: »Das absolute Kunstwerk, das ist: das Kunstwerk, das weder an Ort und Zeit gebunden, noch von bestimmten Menschen unter bestimmten Umständen an wiederum bestimmte Menschen dargestellt und von diesen verstanden werden soll, – ist ein vollständiges Unding, ein Schattenbild ästhetischer Gedankenphantasie«[191], heißt es in einer häufig und auch in diesem Buch schon zitierten Bestimmung, die – sieht man genauer hin – wohl weniger die Kunst im allgemeinen als die des Theaters im besonderen meint.

Dieser soziale und politische Bezug der Kunst wird von Wagner freilich in einem doppelten Sinne verstanden: zum einen ist Kunst Ausdruck ihrer Zeit und ihrer Gesellschaft – und insoweit sie die Praxis der eigenen Zeit widerspiegelt, verfällt sie seiner radikalen Ablehnung. Zum anderen aber kann Kunst eine eigene Wirklichkeit, auch eine eigene Sozialqualität entwickeln, indem sie die Perspektive der revolutionären Veränderung in sich aufnimmt und theatralisch versinnlicht. Kunst kann also utopisch werden, sie kann die gegebenen gesellschaftlichen Verhältnisse transzendieren und so eine kritische, gegen die bestehende Gesellschaft gerichtete Funktion erfüllt. Für Wagner ist es unbezweifelbar, daß sich diese revolutionäre ›wahre Kunst‹ als die den gesellschaftlichen Status quo übersteigende gegen die eigene gesellschaftliche wie politische Wirklichkeit stellen muß und dann auch tiefgreifende Wirkungen hat. Zugleich verbindet sich mit dieser Bestimmung revolutionärer Kunst aber auch die Überzeugung, diese Kunst werde in ihrer revolutionären Qualität zugleich eine neue, von der dann entstehenden Gesellschaft völlig abgehobene ›Autonomie‹ gewinnen. Doch ist diese Autonomie einer postrevolutionären Kunst dem herkömmlichen Autonomiepostulat völlig entgegengesetzt, weil die beiden gesellschaftlichen Kontexte sich diametral von einander unterscheiden: für die eigene Zeit die Autonomie der Kunst zu fordern, bedeutet, sie aus der Umklammerung und Funktionalisierung von Politik und Gesellschaft befreien zu wollen, ein nach Wagner hoffnungsloses Unterfangen; für die nachrevolutionäre Gesellschaft aber, die eine freie Gesellschaft sein wird, ergibt sich die Autonomie als Freiheit der Kunst gleichsam von selbst. Dieser doppelte Realitätsbezug von Wagners Kunstbegriff – zum einen auf die bestehende, zum anderen auf die kommende Gesellschaft bezogen – macht Wagners Ästhetik zu einer doppelt anspruchsvollen. Das wird noch genauer zu zeigen sein, wenn das ›Kunstwerk der Zukunft‹ in den Blick gerät.

Zunächst aber handelt es sich für Wagner vor allem darum, an der Geschichte der Oper »die Bedeutung der Kunst als Ergebnis des staatlichen Lebens zu ergründen, die Kunst als soziales Produkt zu erkennen«[192]. Und dies heißt, daß die Oper seiner eigenen Zeit ganz und gar Theaterkunst der Gegenwart ist, affirmativ bis in die

191 Ebenda, S. 234.

192 Richard Wagner, Kunst und Revolution, in: GSD, Bd. 3, S. 9.

letzte Note, Spiegel der gegebenen Zustände. Wagner parallelisiert den Zustand der zeitgenössischen Oper mit dem der bürgerlichen Gesellschaft: so wie diese einen nicht mehr überbietbaren Höhepunkt ihres eigenen Elends und ihrer eigenen moralischen Verworfenheit erreicht hat, der sich in der Zuspitzung aller sozialen Widersprüche erkennen läßt, so hat die Oper den Endpunkt ihrer Gattungsentwicklung erreicht, der sich an ihrer nicht mehr möglichen musikalischen Weiterentwicklung wie auch der gegebenen desaströsen theatralischen Zustände ablesen läßt: »Als ein unnatürliches und nichtiges konnte uns das Wesen der Oper erst klarwerden« – heißt es in *Oper und Drama* – , »als die Unnatur und Nichtigkeit in ihr zur offenbarsten und widerwärtigsten Erscheinung kam: der Irrthum, welcher der Entwicklung dieser musikalischen Kunstform zu Grunde liegt, konnte uns erst einleuchten, als die edelsten Genies mit Aufwand ihrer ganzen künstlerischen Lebenskraft alle Gänge des Labyrinthes durchforscht, nirgends aber den Ausweg, überall nur den Rückweg zum Ausgangspunkte des Irrthumes fanden, – bis dieses Labyrinth endlich zum bergenden Narrenhause für allen Wahnsinn der Welt wurde«[193].

Die Radikalität dieses Urteils resultiert im wesentlichen aus der Übertragung der gesellschaftstheoretisch gewonnenen Einsichten in den Bereich der Kunst, auf einer dadurch soziologisch und geschichtsphilosophisch basierten Theorie der Opernentwicklung, die zugleich eine allgemeine Theorie der Kunstentwicklung zumindest im Ansatz enthält. Wenn die Entstehung und Ausbildung des Staates wie die Entwicklung der Politik für Wagner die fatalen Konsequenzen einer davor liegenden Identitätsspaltung des Menschen waren, einer Trennung des Menschen von seinen natürlichen Grundlagen, die ihre Kompensation in der Verfestigung von übergreifenden Organisationsstrukturen suchte und darin schließlich, als Entfremdung der Gattung von sich selbst, ihren dauerhaft-statischen Ausdruck fand, so verdankt die Oper ihre Entstehung einem ähnlichen fundamentalen Mißverständnis, das die anthropologische Fehlentwicklung ästhetisch aufnimmt und umsetzt: »Der Irrthum in dem Kunstgenre der Oper bestand darin, daß ein Mittel des Ausdruckes (die Musik) zum Zwecke, der Zweck des Ausdruckes (das Drama) aber zum Mittel gemacht war«[194].

Die hier von Wagner behauptete Vertauschung von Mittel und Zweck erscheint auf den ersten oberflächlichen Blick freilich zunächst nur als ein rein innerästhetisches Problem, dem der gesellschaftliche Bezug fehlt. Doch Wagner selbst desavouiert eine solche reduktionistische Deutung mit einer eigenen historisch-genetischen Erklärung der Opernentwicklung, die nur eine bestimmte, eben von ihm gewollte Interpretation zuläßt – eine Interpretation, in der die gesellschaftlichen Entstehungsbedingungen der Oper zugleich auch deren ästhetische Maßstäbe mitbestimmen. Für ihn nämlich liegt die Ursache des Geburtsfehlers der Oper wesentlich darin, daß sie »nicht aus den mittelalterlichen Volksschauspielen, in welchen wir die Spu-

193 Richard Wagner, Oper und Drama, in: GSD, Bd. 3, S. 226.
194 Ebenda, S. 231.

ren eines natürlichen Zusammenwirkens der Tonkunst und der Dramatik finden«, hervorgegangen ist, sondern »an den üppigen Höfen Italiens«[195] entstand, in der Atmosphäre einer luxurierenden Aristokraten-Öffentlichkeit, in der es schon immer auf Unterhaltung und Zerstreuung ankam, kaum aber auf die Vermittlung einer großen Idee, auf ernsthafte und intensive Kommunikation von Kunstwerk und Rezipient. Das zeigt, wie er meint, schon die Tatsache, daß in Italien, anders als in den meisten übrigen europäischen Kulturländern, das Drama nie eine wirkliche Bedeutung zu erlangen vermochte.

Folgt man dieser These, so verdankt sich die Entstehung der Oper nach Wagner einer genau zu bestimmenden, historisch benennbaren gesellschaftlichen Konstellation, sie ist keinesfalls aus rein innermusikalischen Entwicklungen heraus zu erklären, etwa als das notwendige Resultat eines Ausdifferenzierungsprozesses des musikalischen Materials und der eigenlogischen Fortschreibung des gegebenen musikalischen Formenbestandes. Denn die interne ästhetische Entwicklung der Gattung wird beeinflußt durch jene gesellschaftlichen Bedingungen, unter denen sie steht, so daß beides in einem engen Verweisungszusammenhang gesehen werden muß: gesellschaftliche und ästhetische Entwicklung sind aufeinander bezogen und miteinander verschränkt, sie beeinflussen sich gegenseitig und bestimmen gegenseitig ihre Fortentwicklung jeweils mit. Zugleich gilt: die Oper und die unterschiedlichen Stufen ihrer Entwicklung sind nur auf dem historischen Hintergrund ihrer jeweils geltenden sozialen Konstitutionsbedingungen wirklich angemessen zu verstehen. Und diese liegen in der zeitgenössischen Ausbildung von politischen Machtverhältnissen, anders formuliert: von sozialen Differenzierungen, sie sind – das ergibt sich aus Wagners Gesellschaftskritik – charakterisiert durch die Zunahme asymetrischer Herrschaftsstrukturen, durch die Ausbildung einer staatlichen Ordnung, in welcher der Adel sich politisch, sozial und kulturell allmählich verselbständigt hat und das Volk dominiert und unterdrückt. Daß dieser Adel, dem – wie erinnerlich – Wagners ganzer Haß gilt, in der Geschichte immer stärker als soziale Trägerschicht der entstehenden Oper auftritt, spricht dieser neu entstehenden Kunstform ihr gesellschaftliches wie künstlerisches Urteil. Denn wenn der Adel parasitär ist, kann das, was er fördert, kaum anders, schon gar nicht besser sein.

Mit der von Wagner zunächst einmal behaupteten Verbindung von Adel und Oper, die er glaubt, sozialhistorisch ausweisen zu können, ist eine Fundamentalprämisse mit weitreichenden Folgen gesetzt, von der alle weitere Kritik der Oper ihren Ausgang nimmt. Denn diese Zuschreibung impliziert eine doppelte Konsequenz: zum einen die grundlegende These, wonach die Oper das künstlerische Produkt aus der Entfremdung einer ständisch stratifizierten Gesellschaft ist und daher selbst nur als ein entfremdetes Produkt begriffen werden kann – was heißt, daß sie eigentlich, im strengen Sinne, nicht als wirkliche oder auch wahre Kunst betrachtet werden kann; zum anderen die Überzeugung, daß eben durch dieses soziale Faktum zu-

195 Ebenda.

gleich über Krise und Ende der Oper im Prinzip schon entschieden ist. Denn ebenso wie der Adel historisch überfällig erscheint, wie er von der politischen Revolution hinweggefegt werden soll, so ist auch die Oper als eine historische Form überlebt und muß mit dem Adel untergehen. Die Oper als eine höfische Kunstform kann in einer revolutionierten und nachrevolutionären Gesellschaft keine Zukunft mehr haben.

Diese Generalthese: die Entstehung der Oper aus der grundlegend entfremdeten Situation einer höfischen Gesellschaft, versucht Wagner dann in weiteren Schritten detaillierter zu explizieren. Er tut dies vornehmlich am Beispiel der Arie als dem zentralen gesanglichen Element der Oper, weil er glaubt, hier zeigen zu können, daß auch die einzelnen Form- und Konstruktionskomponenten der Oper selbst schon den Keim der Entfremdung und des Verfalls in sich tragen. Arien – das sind »ihrer Wahrheit und Naivität entkleidete Volksweisen, ... denen man willkürliche, und aus Noth zu einem Anscheine von dramatischem Zusammenhang verbundene, Verstexte unterlegte«; im Grunde sind sie »dramatische Kantaten, deren Inhalt auf Alles, nur nicht auf das Drama, abzielte, die Mutter unserer Oper, ja die Oper selbst«[196]. Arien sind also Gesangsstücke, bei denen – im Unterschied zum Volkslied – der Text keine wirkliche Bedeutung hat, der melodische Einfall und vor allem die stimmlich-instrumentale Fähigkeit des Sängers dafür umso höher geschätzt werden. Diese für Wagner verquere Akzentsetzung macht die Arie so zur »Unterlage für die Kehlfertigkeit der Sänger«[197]. Gesang wird zum Selbstzweck, ohne allen Bezug zu dem, was darin ausgedrückt werden soll, er wird zum Gegenteil des Volkslieds, von dem Wagner meint, daß es gerade durch die bewußte Verbindung von Text und Musik einen eigenen, natürlichen, und das heißt: unverfälscht identitären Charakter habe. Denn in ihm ist »Wort- und Tondichtung Eins. Dem Volke fällt es nie ein, seine Lieder ohne Texte zu singen; ohne den Wortvers gäbe es für das Volk keine Tonweise«[198].

Der von Wagner behauptete historisch-soziale Entstehungskontext der Oper und ihres zentralen musikalischen Formelementes, der Arie, wird damit zur entscheidenden soziologischen Erklärungs-Determinanten für die Entwicklung der Gattung insgesamt: so, wie die höfische Gesellschaft längst allen Kontakt zum ›Volk‹ verloren hat, wie sie sich von ihrer sozialen, ökonomischen und nicht zuletzt kulturellen Basis entfernt hat, so verliert die Arie als eine gleichsam pervertierte Form des Volksliedes alle inhaltliche – und das heißt für Wagner: alle dramatische – Substanz. Mit immer wieder überraschenden, historisierend-idyllischen Bildern, die der romantischen Selbstimagination ihres Erfinders mehr gehorchen als überprüfbaren historischen Fakten, wird diese Zentralthese illustriert: der »Luxusmensch« hört das Volkslied nur aus der Ferne, »aus dem vornehmen Palaste lauschte er den vorüberziehenden Schnittern, und was von der Weise herauf in seine prunkenden Gemä-

196 Ebenda, S. 232.
197 Ebenda.
198 Ebenda, S. 249.

cher drang, war nur die Tonweise, während die Dichtweise für ihn da unten verhallte«[199].

Wagners Ausgangsthese für seine Sicht der Opernentwicklung also ist: die Arie wird dem Volk vom Adel ›weggenommen‹, sie ist »das vom Kunstsänger der vornehmen Welt vorgeführte Volkslied, dessen Wortgedicht ausgelassen und durch das Produkt des dazu bestellten Kunstdichters ersetzt wurde«[200]. Ein doppelter Prozeß wird hier behauptet, den Wagner mit dem Begriff der »Entstellung«[201] belegt: zum einen die Ablösung der Arie vom Volkslied mit dem Resultat, daß sie allen Inhalt und jegliche Substanz verliert; zum anderen die nachfolgende Isolierung des für die Gattung der Oper zentralen Struktur- und Bauelementes aus seinem funktionalen Kontext, dem der Oper nämlich, mit der Folge, daß die daraus resultierende Asymmetrie von Musik und Dichtung, die die Arie zunehmend mehr charakterisiert, für die Gattung selbst bestimmend wird: »nämlich die absolute Vorrangstellung des Musikers vor dem Dichter«[202].

Die Diagnose, die Wagner hier stellt, betrifft freilich nicht nur die innerästhetische Entwicklung der Oper, sondern sie impliziert zugleich auch einen prinzipiell gesellschaftstheoretischen Befund. Denn es handelt sich hier um die Beschreibung eines Entfremdungsprozesses, ganz in dem Sinne, in dem die politische Linke der Zeit bis hin zu Marx diesen Begriff und die in ihm eingelagerten Vorstellungen verwandt hat: die ›Entfremdung des Volksliedes‹ vom Volk und dessen Transformation in den Typus der Opern-Arie führt zu einer sich verselbständigenden, ihres gesellschaftlichen Bezugs verlustig gegangenen musikalischen Entwicklung. Die Arie wird damit zum Selbstzweck, sie wird ihres natürlichen musikalischen Zusammenhangs und ihrer funktionalen Einbettung in einen umfassenderen musikalischen und gesellschaftlichen Zusammenhang beraubt, und damit vollzieht sich der in der Gesellschaft ablaufende Entfremdungsprozeß innerhalb der Musik, hier der Oper, noch einmal in gleicher Weise. Die Entwicklung der Arie, so wie Wagner sie schildert, widerspiegelt eine allgemeine gesellschaftliche Entwicklung der Moderne.

Aus dieser gleichsam ›ersten‹ Entfremdung der Arie resultieren dann für Wagner alle weiteren Fehlentwicklungen der Oper und ihrer einzelnen Form- und Bauelemente. So tritt neben die Arie als ›entstellter‹, besser: entfremdeter Form des Volksliedes das Rezitativ, das – wie Wagner meint – nicht »aus einem wirklichen Drange zum Drama der Oper«[203] hervorgegangen ist, aus einer musik- bzw. gattungsimmanenten Notwendigkeit also, sondern als eine »redende Gesangsweise« der »gottesdienstlichen Rezitation biblischer Stellen« nachgebildet wurde. Auch in Bezug auf das Rezitativ wird hier ein Prozeß der verqueren Aneignung konstatiert, der die

199 Ebenda.
200 Ebenda, S. 235.
201 Ebenda.
202 Ebenda.
203 die folgenden Zitate ebenda, S. 236.

Säkularisierung eines ursprünglich sakaralen Gesangstypus wiederum als einen Vorgang der Entfremdung zu begreifen sucht – eine These, die wie die musiktheoretische Antizipation und Adaption jener weitverbreiteten sozialwissenschaftlichen Vorstellung erscheint, wonach alle modernen politischen Begriffe, ja alle moderne Politik überhaupt aus dem Prozeß der Säkularisierung von Theologie hervorgegangen sind[204]. Arie und Rezitativ erhalten eine dritte Komponente beigestellt, das Ballett, dessen Entstehung, Entwicklung und Funktion Wagner nach demselben sozial-ästhetischen Muster interpretiert: aus dem ursprünglichen ›Volkstanz‹ zur gesungenen Volksweise wird durch eine sinnwidrige und verfremdende Adaption das in der Oper isoliert und inhaltlich unvermittelt auftretende Ballett. Ein Einschub, der »durch das luxuriöse Verlangen der vornehmen Herren nach Abwechslung im Vergnügen«[205] der Oper eingefügt wurde und der völlig unverbunden mit Text wie Musik gleichermaßen als bloß unterhaltendes Element dem Amüsement der Gelangweilten dient.

Mit Arie, Rezitativ und Ballett ist – nach Wagner – im wesentlichen der ganze Apparat der Oper ausgebildet, deren weitere Entwicklung im Grunde nur noch in der Verfeinerung und isolierenden Übersteigerung dieser Grundlagen und Grundelemente besteht. Es ist zugleich ein Apparat, dessen Einzelteile allesamt entfremdete Elemente einer ursprünglich originären Volkskunst sind. Als entfremdetes Kunstprodukt aber ist die Oper gezwungen, ein starres und festes Formschema auszubilden, und darin liegt der entscheidende Grund dafür, daß seither alle wirklich dramatische Kunst, alle Innovation mißlungen ist.

Darüber hinaus: was für diese drei Bauelemente der Oper gilt, gilt auch für alles weitere. Wagner interpretiert die Oper – und vor allem die seiner Zeit – als einen einzigen Entfremdungszusammenhang, als eine Kunstform, die gleichsam alles und alle, die mit ihr in Berührung kommen, in diesen Prozeß der ästhetischen wie sozialen und politischen Entfremdung hineinzieht. Und diese Parallele von künstlerischer und gesellschaftlicher Entfremdung hält er in seinen weiteren Ableitungen und Interpretationen konsequent durch. So ist der Opernchor nichts anderes als das seiner Melodien beraubte Volk, das nun auf der Bühne als eine »gelehrig abgerichtete Masse«[206] erscheint, eine »zum Gehen und Singen gebrauchte Dekorationsmaschine«, die »alte, abgedroschene Arien im hundertstimmigen Einklang« vorträgt – eine Masse, die nichts anderes darstellt als »den materiellen Überrest von dem Volke, dem man den Lebensgeist ausgesaugt hatte«. Und diese Masse ist die gleichsam auf die Theaterbühne versetzte Masse des modernen Staates, Spielball einer skrupellosen Politik, der eingeredet wird, sie sei emanzipiert: »So hat unser heutiger Staat die Massen ebenfalls emanzipiert, wenn er sie in Soldatenuniform bataillonsweise aufmarschieren, links und rechts schwenken, schultern und präsentie-

204 Carl Schmitt, Politische Theologie. Vier Kapitel zur Lehre von der Souveränität, Berlin 1922.
205 Richard Wagner, Oper und Drama, in: GSD, Bd. 3, S. 236.
206 Die folgenden Zitate alle ebenda, S. 270 f.

ren läßt: wenn die Meyerbeer'schen ›Hugenotten‹ sich zu ihrer höchsten Spitze erheben, hören wir an ihnen, was wir an einem preußischen Gardebataillon sehen. Deutsche Kritiker nennen's – wie gesagt – Emanzipation der Massen«.

Solche direkten Verweise und Parallelen von Politik, Gesellschaft und Bühnenkunst finden sich noch oft, und immer ist der Ausgangspunkt der Kritik die Vorstellung, eine ursprünglich unverfälschte menschliche Natur und die ihr zugehörende Kunst sei durch schiefgelaufene historische Prozesse von Macht und Machtakkumulation verfremdet und entstellt worden. Bis in erstaunliche Details hinein verfolgt Wagner diese Entfremdungsprozesse, etwa in der Bewertung einzelner Instrumente des Orchesters, die er entsprechend ihrer Nähe zur – ursprünglich unverfälschten – menschlichen Stimme vornimmt: ihr am nächsten kommen die Blasinstrumente, gefolgt von den Streichinstrumenten, die gemeinsam den Hauptbestandteil des Orchesters ausmachen, zugleich aber auch als Stufen der Entfremdung von der menschlichen Stimme begriffen werden müssen. Sie alle lassen sich nochmals durch die Orgel ersetzen, diese wiederum durch das Klavier. Wagner zufolge hat ausschließlich die menschliche Stimme eine unverkennbare Individualität, Blas- und Streichinstrumente lassen solche Individualität zwar noch zu, wenngleich vermindert. Die »christliche« [sic!] Orgel dagegen ersetzt die lebendige Individualität durch »todte Pfeifenregister«, und um eine Stufe verfremdeter tut dies dann das Klavier, auf dem der Einzelne durch »eine Unzahl von klopfenden Hämmern« das Werk von vielen im Orchester, das Werk einer Gemeinschaft, für sich selbst vollbringen kann: »Hämmer – aber keine Menschen!«[207]. Wo Wagner auch immer hinsieht, sieht er Entfremdung: das Opernorchester geht seiner eigenen Sprache verlustig, denn es wird zur bloßen Begleitung der zur Arie verkommenen Melodie degradiert, der Opernkomponist ist sich selbst und dem Dichter entfremdet, die Religion wird durch die Oper in falscher Weise ›emanzipiert‹ – die Beispiele ließen sich noch weiter vermehren.

So erscheint die Oper, mit Adorno und Lukács zu reden, als ein einziger Verdinglichungs- und Verblendungszusammenhang. Für Wagner ist ihre Entwicklung primär eine Folge der sozialen Spaltung der Gesellschaft in voneinander abgeschottete und sich feindlich gegenüberstehende Schichten und Klassen. Dieser gesellschaftstheoretische Ansatz einer Erklärung der Opern-Entstehung, der hier rekonstruiert, nicht historisch überprüft werden sollte, führt folgerichtig zu einer Soziologisierung der ästhetischen Theorie der Oper. Denn das ästhetische Phänomen der Oper ist, so wie Wagner es in seinem Zusammenhang mit der Gesellschaft beschreibt, in seinen zentralen Strukturkomponenten primär durch die gesellschaftliche Entwicklung bestimmt. Nicht die innermusikalischen Entwicklungsmöglichkeiten und -bedürfnisse entscheiden nach Wagner über die formale wie inhaltliche Entwicklung von Arie, Rezitativ und Ballett – von den Sujets der Oper ist merkwürdigerweise an dieser Stelle der kritischen Auseinandersetzung mit der Gattung noch keine Rede –,

207 Ebenda, Bd. 4, S. 4 f.

sondern die jeweils sich ändernden, gesellschaftlich definierten Bedürfnisse. Sie sind für Wagner allemal ›Luxusbedürfnisse‹, zunächst einer parasitären Aristokratenklasse, später dann eines nicht minder parasitären Bürgertums. Das aber bedeutet, daß außerästhetische Kriterien die Ästhetik der Oper bestimmen, und diese außerästhetischen Kriterien sind primär gesellschaftlicher Art. Mit anderen Worten: schon die Grundlegung der Kritik der Oper bringt Gesellschaftstheorie und Ästhetik in einen so engen gegenseitigen Verweisungszusammenhang, daß beides fast unauflöslich miteinander verschmilzt und kaum mehr voneinander zu trennen ist.

Was für die Oper als Typus gilt, gilt auch für ihre innerästhetischen Bezüge: daß sich das Bezugssystem ihrer konstitutiven Einzelelemente unter den gesellschaftlich definierten Anforderungen mehr und mehr verschiebt, daß es zu einer »Verdrehung im natürlichen Verhältnisse jener Faktoren«[208] kommt, trifft für die Geschichte der Oper insgesamt zu. Sie läßt sich beschreiben entlang den Differenzierungen der Gesellschaft, und zwar in doppelter Weise: zum einen hinsichtlich der internen Ausdifferenzierung des Typus, zum anderen mit Blick auf die Entwicklungsunterschiede der Gattung innerhalb verschiedener nationaler Gesellschaften.

Für die interne Ausdifferenzierung der Oper verweist Wagner darauf, daß die »künstlerischen Faktoren« der Oper sich zwar erweitern, daß die Arien zu Duetten, Terzetten, Quartetten, Quintetten und Ensembles werden, die Oper in ihrem Formenreichtum sich gleichsam ausziseliert und figurative Vielfalt ausbildet, es zu lebhaft wechselndem individuellen Ausdruck bringt und ihre Einzelelemente kunstvoll miteinander verschränkt, daß aber dies alles keinen substanziellen Gewinn bedeutet: denn die »wesentliche musikalische Essenz ... blieben in Wahrheit immer nur Arie, Rezitativ und Tanzweise«[209]. Deshalb variieren nach Wagners Meinung zweihundertfünfzig Jahre Operngeschichte immer nur diese Grundelemente der Gattung, entfalten deren innere Verfeinerungsmöglichkeiten, subtilisieren ihre Ausdrucksvielfalt, ändern indessen nichts am Typus, dessen Grundlagen dieselben bleiben. Die Oper wird so zum Beispiel dafür, wie interne Variation, die zumeist von außen als eine substantielle Veränderung wahrgenommen und interpretiert wird, in Wirklichkeit nur dem Kaschieren des Unveränderten dient.

Hinsichtlich der historischen Entwicklung der Gattung unterscheidet Wagner hauptsächlich zwei Linien: die »reflektierte« französische einerseits, die »naive« italienische andererseits[210]. Reflektiert erscheint die französische Oper vor allem deshalb, weil deren Komponisten immer wieder über das Verhältnis von Text und Musik nachgedacht und beides in ein Spannungsverhältnis gesetzt haben, nicht zuletzt veranlaßt durch ein Publikum, das – wie Wagner mit einer soziologisierenden Begründung meint – »an sich durchaus unmusikalisch, mehr der wohlgeordneten, blendenden Redeweise, als einem gefühlvollen Inhalte der Rede selbst mit Anerken-

208 Ebenda, Bd. 3, S. 235.
209 Ebenda, S. 239.
210 Dieses und das folgende Zitat ebenda, S. 245 f.

nung sich zuwendet«, wohingegen in Italien einfach die Melodie triumphiert. Beide Traditionen haben so ihren eigenen Charakter, beide haben durchaus Verdienste, aber beide sind auf je unterschiedliche Weise Fehlentwicklungen, denn beide führen – daran läßt Wagner keinen Zweifel – in evolutionäre Sackgassen.

Der französischen Oper attestiert Wagner zunächst durchaus eine gewisse Ernsthaftigkeit und sein Urteil gründet sich vor allem darauf, daß er deren Tradition ganz wesentlich durch Gluck geprägt sieht. Nun kann Glucks Opernreform in der Tat als der erste durchgreifende Versuch verstanden werden, gegen die nach dem Tode Monteverdis im 17. Jahrhundert sich herausbildende Praxis: die Handlungen der Oper in die Rezitative, die emotionalen und affektiven Reaktionen der agierenden Personen sowie die Kommentierungen der Handlungen in die Arien zu legen, ein Gegenkonzept zu entwickeln, dessen Grundintention es sein sollte, das dramatische Geschehen als ein durchlaufendes zu konzipieren, um so die dialogische Grundsituation des Sprechtheaters auch in der Oper wiederherzustellen und Drama und Musik in ein sinnstützendes Gegenseitigkeitsverhältnis zu bringen. In der Vorrede zu seiner Oper *Alceste* von 1767 hatte Gluck sich gegen die Selbstgefälligkeit der Sänger und Komponisten der italienischen Oper gewandt, gegen deren Tendenz, die Beweglichkeit der Stimme zu demonstrieren, auch dort, wo der Gang der Handlung, der Sinn einer Phrase dies verbiete. Er hatte gefordert, die Musik müsse wieder zu ihrer wahren Bedeutung zurückfinden, sie müsse die Dichtung unterstützen, den Ausdruck der Gefühle sowie das Interesse an der Situation verstärken, ohne doch zugleich die Handlung zu unterbrechen. Er hatte sich deshalb für eine Orchesterbehandlung ausgesprochen, deren Instrumentation ganz auf den zu instrumentierenden Sachverhalt abgestimmt werden sollte. In der Praxis bedeutete dies unter anderem – seit dem *Orfeo* von 1762 – , das recitativo secco durch das recitativo accompagnato abzulösen, so daß der Eindruck einer durchkomponierten Oper entstehen konnte. Das weist bereits in die Richtung des Musikdramas, und Wagner hat sich deshalb auch selbst in die Nachfolge von Gluck gestellt, wie er überhaupt, ohne dies freilich explizit zu bekennen oder gar besonders zu betonen, in gewisser Weise an die Tradition der französischen Opern-Ästhetik anschloß, die schon sehr früh, geprägt durch das französische Sprechtheater, den Zusammenhang von Sprache und Musik thematisierte, ja sogar das Konzept der Oper als eines Gesamtkunstwerks zu formulieren versuchte. Um ein Beispiel zu nennen: 1757 schrieb Durey de Nionville von der Oper als einem »spectacle universel«, und er meinte, die Oper sei »die Vereinigung der bildenden Künste mit der Poesie, der Musik mit dem Tanz, der Optik mit der Mechanik, ... der Triumpf des menschlichen Geistes«[211]. Er nahm damit nur auf, was spätestens seit den Opern von Jean-Baptiste Lully auch praktisch immer wieder versucht worden war. Gluck, dieser Tradition eng verbunden, galt Wagner als derjenige, der zum »Ausgangspunkt für eine allerdings vollständige Ver-

211 Zitiert nach Ulrich Schreiber, Opernführer für Fortgeschrittene. Die Geschichte des Musiktheaters, Von den Anfängen bis zur Französischen Revolution, Kassel/Basel 1988, S. 80.

änderung der bisherigen Stellung der künstlerischen Faktoren der Oper zueinander«[212] wurde. Denn Gluck räumte dem Komponisten den Vorrang vor dem Dichter ein, so daß der Sänger »zum Organ der Absicht des Komponisten« wird. Freilich, es blieb bei der Absicht, denn was Gluck theoretisch intendierte, hat er praktisch nicht wirklich vollzogen, weil das überkommene Formschema der Oper sich als außerordentlich widerstandsfähig erwies und so schnell nicht verändert, nicht gesprengt werden konnte.

Wagners Urteil über die französische Oper erscheint, bezogen auf Gluck und dessen Nachfolger, zunächst differenziert und in Teilen positiv, sogar gegenüber einigen Vertretern der von ihm so sehr gehaßten Grand Opéra – der er freilich selbst mehr verdankte, als er zuzugeben bereit war – wie Cherubini, Mehul und Spontini und mit Einschränkung sogar Meyerbeer[213]. Ihnen bestätigt er, in ihren ernsten Werken sei das »erfüllt, was Gluck wollte oder wollen konnte, ja, es ist in ihnen ein- für allemal das erreicht, was auf der ursprünglichen Grundlage der Oper sich Natürliches, d.h. im besten Sinne Folgerichtiges, entwickeln konnte«[214].

Doch dieses Lob täuscht, weil es bereits, sieht man genauer hin, das vernichtende Urteil enthält. Denn die Beschränkung der Entfaltung der Oper auf die von allem Anfang an gesetzten Rahmenbedingungen des Gattungstypus erlaubt eben nur eine scheinbare Entwicklung – Variation ohne wirklichen Fortschritt. Die französische Oper degeneriert daher, so Wagner, zum Vaudeville, und wo sie ihren Ernst scheinbar behauptet, da gilt am Ende – Meyerbeer muß dafür herhalten – , daß sie im »Effekt« verkommt, »Wirkung ohne Ursache«[215].

Nicht besser ergeht es der italienischen Oper, deren Entwicklung Wagner wesentlich dadurch bestimmt sieht, daß sie schon immer der Melodie den Vorzug vor dem Text eingeräumt hat, also jene Reflexionsbemühungen der französischen Oper nie mitgemacht hat, die dieser immerhin noch von Wagner das Zugeständnis der Ernsthaftigkeit einträgt. In Rossini sieht er den repräsentativen italienischen Opernkomponisten, der die Melodie zum Zentrum seines Komponierens macht, die »nackte, ohrgefällige, absolut melodische Melodie, d.h. die Melodie, die eben nur Melodie war und nichts Anderes«[216], ohne alle Form und ohne die geringste Beziehung zum Text. Hier hat der falsche Anfang der Oper diese – um ein Wort Brechts zu paraphrasieren – ›zur Kenntlichkeit verändert‹, »ist die eigentliche Ge-

212 Richard Wagner, Oper und Drama, in: GSD, Bd. 3, S. 237 f.

213 Vgl. die Feststellung über die Größe der Liebesszene des vierten Aktes der ›Hugenotten‹, wo Wagner meint, daß der »Erfindung der wunderbar ergreifenden Melodie in Ges-dur ... nur sehr Weniges, und gewiß nur das Vollendetste aus Werken der Musik an die Seite gestellt werden kann«. in: Oper und Drama, in: GSD, Bd. 3, S. 306. Zum Verhältnis von Wagner und Meyerbeer vgl. Gunhild Oberzaucher-Schüller/Marion Linhardt/Thomas Seifert (Hg), Meyerbeer – Wagner. Eine Begegnung, Wien/Köln/Weimar 1998.

214 Richard Wagner, Oper und Drama, in: GSD, Bd. 3, S. 240.

215 Ebenda, S. 301.

216 Ebenda, S. 251 f.

schichte der Oper zu Ende«[217]. Für die italienische Oper gibt es, so Wagner, keine weiteren Entwicklungsmöglichkeiten, und dies gilt im Prinzip natürlich ebenso für die französische Entwicklung. Selbst die neuere deutsche Entwicklung kann am prinzipiellen Ende der Gattung nichts ändern, auch wenn sie – etwa bei Carl Maria von Weber – durch die Einführung eines neuen, eigenständigen nationalen Tons Wagners Sympathie weckt. Doch können solche marginalen Variationen den Grundbefund nicht außer Kraft setzen. Auch die deutsche Oper kann letztlich nicht bestehen, auch sie ist an ihr Ende gekommen: der »tiefempfindende und wahrheitsliebende Tonsetzer« Weber mußte deshalb, so Wagner, ebenso zwangsläufig scheitern wie alle seine komponierenden Kollegen.

Es bedarf hier nicht eines weiteren detaillierten Nachvollzugs der Geschichte der Oper und der Bewertung einzelner Komponisten, wie Wagner sie gibt, sowenig wie einer Überprüfung von Wagners Darstellung der Operngeschichte auf deren historische Zuverlässigkeit hin – das wäre die Aufgabe einer musikwissenschaftlichen und musikhistorischen Analyse. Worauf es hier in rekonstruktiver Absicht ankommt ist zu zeigen, daß Wagner die Geschichte der Oper als die Geschichte des Aufstiegs einer Gattung beschreibt, bei der im Aufstieg bereits der Verfall liegt, und zwar sowohl aus internen wie aus externen Gründen, die sich wechselweise bedingen. Auf dem Hintergrund einer gesellschaftstheoretischen These – der Annahme, die Oper als Kunstgattung verdanke ihre Entstehung dem speziellen Interesse des Adels, ihr Fortbestehen dann dem Bürgertum – wird deren Entstehungs- wie Verfallsgeschichte beschrieben, immer in Parallele zur Entstehung wie Verfall von Staat und Gesellschaft. Für Deutschland heißt es, um ein hier für diesen konstitutiven Zusammenhang von Politik und Kunst bei Wagner prägnantes Beispiel zu zitieren, an einer Stelle: »Die nationale Richtung aber, die in der Behandlung der Melodie eingeschlagen wurde, hat in ihrer Bedeutung und Verirrung, endlich in ihrer immer klarer werdenden und ihren Irrthum kundgebenden Zersplitterung und Unfruchtbarkeit, zu viel Übereinstimmendes mit den Irrthümern unserer politischen Entwickelung in den letzten vierzig Jahren, als daß die Beziehung hierauf übergangen werden könnte«[218]. Die damit formulierte Parallelisierung von Oper und politischer wie gesellschaftlicher Entwicklung liefert die entscheidenden Kriterien für alle ästhetischen Urteile: von der internen Bestimmung des Wort-Ton-Verhältnisses über die figurative Ausgestaltung der einzelnen Gattungselemente bis hin zur Leistung der Opern-Komponisten. Letztere klassifiziert Wagner ganz unverblümt nach politischen Begriffen. Gluck und seine Nachfolger sind »machtlose Revolutionäre«, von richtiger Intention, aber ohne Realisierungskraft; Rossini ist ein »Reaktionär«, weil er seine Melodien einem degenerierten Opernpublikum gleichsam in die Ohren geschrieben hat. Und auch hier wird die politisch-ästhetische Äquivokation wiederum genau ausformuliert: Rossini, der »gegen die doktrinären Revolutionsmaximen

217 Ebenda, S. 255.
218 Ebenda, S. 259.

Glucks« Erfolgreiche, ist für Wagner der Protegé des restaurativen Fürsten Metternich, der seinerseits »gegen die doktrinären Maximen der liberalen Revolutionäre reagierte, welche innerhalb dieses Staatswesens ... das Menschliche und Vernünftige herstellen wollten. Wie Metternich den Staat mit vollem Rechte nicht anders als unter der absoluten Monarchie begreifen konnte, so begriff Rossini mit nicht minderer Konsequenz die Oper nur unter der absoluten Melodie. Beide sagten: ,Wollt Ihr Staat und Oper, hier habt Ihr Staat und Oper – andere giebt es nicht!'«[219].

Wagners zentrale Botschaft ist eindeutig: Oper und Staat sind nicht zu trennen, Kunst und Politik verweisen aufeinander, Ästhetik kann nicht aus sich selbst heraus erklärt werden, die Spuren des einen sind im anderen immer wieder identifizierbar. Die Oper macht in ihrer Entwicklung die Geschichte der Gesellschaft auf ihre spezifische Weise mit, sie vollzieht deren Prozesse der Ausdifferenzierung, die Wagner unter dem Gesichtspunkt der Entfremdung begreift, in ihren eigenen künstlerischen Mitteln und Möglichkeiten direkt nach, und indem sie dies tut, korrespondiert sie strukturgenau mit ihrem politischen wie gesellschaftlichen Umfeld – und darin liegt ihre Katastrophe.

Kritik des Kulturbetriebes

Aus der Kritik der Religion und des Staates hatte Wagner die Kritik der modernen Gesellschaft und des egoistischen Individuums entwickelt; aus der Kritik an der Oper entwickelt er nun die Kritik des Opern- und Kunstbetriebs, auch die Kritik des bürgerlichen Publikums.

Systematisch setzt diese Kritik dort an, wo Wagner zwischen Volk und Publikum unterscheidet – eine Differenz, die auf der Ebene der ästhetischen Reflexion imgrunde wiederholt, was in seinem gesellschaftstheoretischen Denken als Gegensatz von Volk und Gesellschaft gesetzt worden war. Das Volk ist ihm mit Blick auf die Kunst der »von jeher befruchtende Quell aller Kunst gewesen, so lange als es – frei von aller Reflexion – in natürlich aufsteigendem Wachsthum sich bis zum Kunstwerke erheben konnte«[220]. Im Volk sieht er die Grundlage jeglicher künstlerischen Inspiration, das Volk ist ihm ein mit sich selbst noch nicht zerfallenes, also identitäres Kollektiv, das den selbstgesetzten moralischen wie ästhetischen Imperativen – beides ist gleich – folgt, es ist die »bedingende Kraft für das Kunstwerk«[221]. Die schon zitierte soziale Bestimmung des Volkes als »Inbegriff aller Derjenigen, welche eine gemeinschaftliche Noth empfinden«, die daraus gezogene Schlußfolgerung, daß solche Not zu gemeinsamen Bedürfnissen führe, gemeinsam aber hier nichts anderes als ›wahr‹ heiße und deshalb ein Recht auf Befriedigung habe, wobei Befriedigung

219 Ebenda, S. 254 f.
220 Ebenda, S. 266.
221 Richard Wagner, Das Kunstwerk der Zukunft, in: GSD, Bd. 3, S. 50 ff.

eines wahren Bedürfnisses durch die Kunst, Befriedigung eines »eingebildeten« Bedürfnisses dagegen durch Luxus geschehe[222] – diese soziale Bestimmung erscheint hier in ihrer ästhetischen Wendung. Weil das Volk in seiner Ursprünglichkeit unverfälscht, eben ›wahr‹ empfindet, kann es zur Quelle aller Kunst werden, denn Kunst, sofern sie denn echt ist, ist immer auch wahr. Die soziale Qualität der Kunstproduzenten verbürgt deren ästhetisches Vermögen.

Eine solche strikte Verbindung von sozialem Status und ästhetischem Äußerungsvermögen ist nicht zuletzt auch deshalb für Wagner möglich, weil sein Volks-Begriff – soweit er im Kontext seiner Kunstauffassung steht – sich orientiert am selbstentworfenen Bild der griechischen Polis, die ihm nicht nur Fiktion ist, sondern konkretes politisch-ästhetisches Modell seiner eigenen konzeptionellen Vorstellungen. Nur bedingt kann deshalb gelten, daß Wagner den Volksbegriff lediglich als »ideellen Widerpart des Kunstwerks« entwirft, als eine »Imagination« und »gedankliche Hilfskonstruktion zur Durchsetzung des absoluten Anspruchs der Kunst«[223], weil dies zwar unter methodischen Gesichtspunkten zutrifft, den substantiellen Aspekt des Begriffs aber nicht wirklich erfaßt. Denn alles, was Wagner dem Volk als dem Ursprung und der Basis künstlerischen Vermögens zuschreibt, findet sich inhaltlich schon in seiner Beschreibung des Verhaltens der alten Griechen – hier ist das Volk im Amphitheater »selbst Darsteller, Sänger und Tänzer, seine Mitwirkung bei der Aufführung einer Tragödie war ihm höchster Genuß an dem Kunstwerke selbst, und es galt ihm mit Recht als Auszeichnung, durch Schönheit und Bildung zu diesem Genusse berechtigt zu sein«[224]. Charakterisiert und zugleich stilisiert wird hier die Identität von Produzent und Konsument, und Wagner faßt die ästhetische Erfahrung als einen kommunikativen Prozeß auf, der in einem vorgängigen identitären Kollektivbewußtsein gründet und im Akt des ästhetischen Selbstentwurfs und der Selbsterfahrung dieses wieder zurückgespiegelt bekommt. Es ist der schablonisierte, vor allem aber direkte Gegensatz zum modernen Theaterpublikum, den Wagner hier festhält und den er stilisierend als kritische Folie der eigenen Zeit entgegensetzt – so wie er die Polis als kritische Folie der eigenen Gesellschaft entgegengesetzt hatte.

›Publikum‹ dagegen bezeichnet, im Unterschied zum ›Volk‹, als pejorative Vokabel die Kunst-Konsumenten der modernen Gesellschaft, vornehmlich natürlich die des Theaters. Im Kontext von Wagners Kritik der Opern-Entwicklung wird das Publikum zu jener verächtlich bedachten Residualgröße, die nach dem Prozeß der Entfremdung von Volk und Theater noch übrig geblieben ist. Publikum – das meint die passive Masse einer auf bloße Zivilisation gegründeten Gesellschaft, die keine echten und wahren Bedürfnisse kennt, weil sie als eine sozial parasitäre Schicht keinen materiellen Mangel leidet. Mit wenigen Assoziationsschritten verknüpft

222 Vgl. ebenda, S. 48 f.

223 Stefan Kunze, Der Kunstbegriff Richard Wagners, Regensburg 1983, S. 132.

224 Richard Wagner, Die Kunst und die Revolution, in: GSD, Bd. 3, S. 24.

Wagner die soziale Situation mit dem ästhetisch-moralischen Status: »wo kein wahres Bedürfniß, keine nothwendige Thätigkeit; wo keine nothwendige Thätigkeit ist, da ist aber Willkür; wo Willkür herrschst, da blüht aber jedes Laster, jedes Verbrechen gegen die Natur. Denn nur durch Zurückdrängung, durch Versagung und Verwehrung der Befriedigung des wahren Bedürfnisses, kann das eingebildete, unwahre Bedürfnis sich zu befriedigen suchen. Die Befriedigung des eingebildeten Bedürfnisses ist aber der Luxus«[225].

Wagners volle moralische Empörung und ästhetische Verachtung gilt nun jenen, die sich dem Luxus verschrieben haben und in dessen Folge das Theater zur Stätte des demonstrativ hergezeigten Reichtums haben verkommen lassen. In einer längeren, erregt formulierten Passage beschreibt er die Verwerflichkeit des Luxus, dessen eigentliches Prinzip darin bestehe, daß dieser sich immer wieder neu zeuge, ein infiniter Prozeß, der nur durch strukturellen Bruch, durch Revolution, beendet werden kann. Das ist eine Argumentationsfigur, die von Marx stammen könnte. Das Bedürfnis nach Luxus, so Wagner, sei selbst schon Luxus, der Irrtum in ihm könne niemals in Wahrheit aufgehen. Und mit immer derselben methodischen Verknüpfung von sozialer Qualität eines Menschen und seinem ästhetischen Vermögen, in dem zugleich auch ein Wahrheitsanspruch enthalten ist, werden Politik und Kunst wiederum in einen unmittelbaren Beziehungszusammenhang gebracht, wenn es heißt: »Und dieser Teufel, dieß wahnsinnige Bedürfniß ohne Bedürfniß, dieß Bedürfniß des Bedürfnisses, – dieß Bedrüfniß des Luxus, welches der Luxus selbst ist, – regiert die Welt; er ist die Seele dieser Industrie, die den Menschen tödtet, um ihn als Maschine zu verwenden; die Seele unseres Staates, der den Menschen ehrlos erklärt, um ihn als Unterthan wieder zu Gnaden anzunehmen; die Seele unserer deistischen Wissenschaft, welche einem unsinnlichen Gotte, als dem Ausflusse alles geistigen Luxus, den Menschen zur Verzehrung vorwirft; er ist – ach! – die Seele, die Bedingung unserer – Kunst!«[226].

Ohne die doch jeweils eigene Qualität von unterschiedlichen Lebensbereichen in der Gesellschaft zu bedenken und voneinander zu trennen, ohne auch nur die Möglichkeit von eigensinnigen Entwicklungen solcher Bereiche ins Auge zu fassen, werden hier von Wagner scheinbar offenliegende strukturelle Entsprechungen der verschiedensten Lebenssphären einer Gesellschaft festgestellt, die deren äußere Unterscheidungen und interne Differenzierungen als das Resultat eines alles überragenden, gleichsam archetypischen Defektes erklären: einer tiefgehenden und alles bestimmenden Entfremdung, aus der keine Reform, und sei sie noch so gut gemeint und gründlich geplant, herauszuführen vermag. Solche Entfremdung konkretisiert sich für Wagner in unterschiedlicher Weise und unterschiedlichen Formen. Luxus ist eine davon, modische Attitüden eine andere. Letztere sind Stimulantien einer luxurierenden Gesellschaftsschicht, die ihre Sättigungserfahrungen und

225 Ebenda, S. 48.
226 Ebenda, S. 49.

ihren Überdruß am bereits Gewohnten und Bekannten immer wieder neu durch die Weckung der exaltiertesten Wünsche und Bedürfnisse überbieten muß. »Die Mode ist deßhalb die unerhörteste, wahnsinnigste Tyrannei, die je aus der Verkehrtheit des menschlichen Wesens hervorgegangen ist: sie fordert von der Natur absoluten Gehorsam; sie gebietet dem wirklichen Bedürfnisse vollkommenste Selbstverläugnung zu Gunsten eines eingebildeten; sie zwingt den natürlichen Schönheitssinn des Menschen zur Anbetung des Häßlichen; sie tödtet seine Gesundheit, um ihm Gefallen an der Krankheit beizubringen; sie zerbricht seine Stärke und Kraft, um ihn an seiner Schwäche Behagen finden zu lassen«[227].

Die inhaltlichen Bestimmungen von Luxus und Mode lesen sich wie die Variante einer möglichen und detailreichen Ausfüllung jenes Entfremdungsbegriffs, den Marx in den ökonomisch-philosophischen Manuskripten, den sogenannten ›Pariser Manuskripten‹ von 1844/45 konzeptionell skizziert hatte. Wagner verfügt über eine ganze Reihe von Begriffen, mit denen er das Umfeld des ›zivilisatorischen Verfalls‹ seiner Zeit zu beschreiben versucht: Luxus und Mode, Konvention und Erstarrung, Unnatur und Mechanik, Abstraktion und Verstand, Egoismus und alltägliche Wirklichkeit bezeichnen für ihn Zustände eines Entwicklungsprozesses, der das ›Leben‹ mehr und mehr auszehrt und das Gefühl und die Unmittelbarkeit menschlichen Empfindens, das Reinmenschliche, die Sinnlichkeit, und die sozialen Qualitäten bis zum Verschwinden reduziert hat[228].

Das moderne Publikum nun ist der Inbegriff jener falschen Werte, es ist – wie Wagner mit scharfen Formulierungen schreibt – »ein unnatürlicher Auswuchs des Volkes und in seiner sozialen Überflüssigkeit, ja Schädlichkeit, nur als das Raupennest anzusehen, welches die gesunden, nährenden Blätter des natürlichen Volksbaumes zernagt, um aus ihm höchstens die Lebenskraft zu erlangen, als lustige, gaukelnde Schmetterlingsschaar ein ephemeres, luxuriöses Dasein dahinzuflattern ... .Volksabhub, der auf einem zu schmutziger Rohheit versunkenen Bodensatze sich nur zu lasterhafter Eleganz, nie aber zu wahrer, schöner menschlicher Bildung erheben konnte«[229]. Dieses Publikum ist die soziale Konsequenz und die greifbare Größe einer bürgerlichen Gesellschaft, in der die öffentliche Kommunikation von Künstler und Zuschauer, von Kunstproduzent und Kunstkonsument versagt, weil sie kommerzialisiert worden ist. War – wie Wagner meint – im antiken Griechenland die Kunst als »öffentliche Kunst« noch »der Ausdruck des Tiefsten und Edelsten des Volksbewußtseins«[230], und dies offensichtlich deshalb, weil hier die Öffentlichkeit nicht zu anderen, der Kunst fremden Zwecken mediatisiert wurde, sondern ihren unrestringierten, kommunikativen Zweck in sich selbst fand, in der Feier des thea-

227 Richard Wagner, Das Kunstwerk der Zukunft, in: GSD, Bd. 3, S. 57. Vgl. dazu auch Peter Beil, Die Krise des neuzeitlichen Menschen im Werk Richard Wagners, S. 116 ff.

228 Zur diesen begrifflichen Entgegensetzungen vgl. Stefan Kunze, Der Kunstbegriff Richard Wagners, S. 133.

229 Richard Wagner, Oper und Drama, in: GSD, Bd. 3, S. 254.

230 alle folgenden Zitate Richard Wagner, Die Kunst und die Revolution, in: GSD, Bd. 3, S. 23 f.

tralisch überhöhten Kultes, zu dem jedermann zugelassen war, so ist die »öffentliche Kunst« der Gegenwart das genaue Gegenteil: der griechischen Kunst entspricht in der Moderne lediglich »künstlerisches Handwerk«, dem griechischen Volk und seiner hohen Gesinnung im Amphitheater nur der »vermögende Theil« der modernen Gesellschaft, der in den »vornehmen Theatern faulenzt«; der griechischen Erziehung zu »höchster gemeinschaftlicher Bildung« korrespondiert »aus tiefster sozialer Barbarei« die moderne, »stumpfsinnige, meist nur auf zukünftigen industriellen Erwerb zugeschnittene Erziehung« der Gegenwart. In solchen sich gegeneinander kehrenden, harten und unausgleichbaren Entgegensetzungen, die sich beliebig vermehren ließen, fängt sich Wagners Haß und Verachtung gegenüber einer verkommenen Moderne, der durch den Verweis auf den Idealtypus der antiken Polis stets erneut nur den einen Sachverhalt ins Bewußtsein der Leser rücken möchte: daß die bürgerliche Gesellschaft in der sie strukturell bestimmenden Entfremdung inzwischen primär zu einer Warengesellschaft deformiert sei, in der die Kunst folgerichtig selbst zur Ware verkommen sei.

Die moderne Kunst als Ware, mit der Konsequenz einer am Warencharakter ausgerichteten Kunstproduktion und Kunstverteilung – dies ist eine der zentralen analytischen Einsichten von Wagner, die sich durch alle seine ästhetischen Schriften der Züricher Zeit hindurchzieht und auch seine späteren Schriften noch wesentlich beherrscht. Und es ist vor allem auch eine Einsicht, die Wagner entschieden in eine linke Tradition der Gesellschafts- und Kunstkritik stellt, die ihn in die Nähe der Warenanalyse von Marx bringt[231], eine Einsicht, mit der Wagner im Kern vorwegnimmt, was spätere Kulturkritiker in der Nachfolge von Marx wie Lukács und Adorno, dann allerdings sehr viel elaborierter, entwickelt haben[232].

Für Wagner hat die Kunst seit dem Ende der griechischen Tragödie – und damit seit dem Ende der klassischen Phase der griechischen Demokratie – unter dem zunehmenden Zwang gestanden, sich den Herrschenden verkaufen zu müssen. Zu Zeiten des Christentums, was wohl heißt: im Mittelalter, waren dies »immerhin respektable Herren«, in der Moderne der gegenwärtigen Zeit dagegen war es die »Industrie«[233]. Nach Wagner ist Merkur, der Gott des Handels, der eigentliche Gott der modernen Gesellschaft, er »krönet sein Haupt mit dem Heiligenschein christlicher Heuchelei, schmückt seine Brust mit dem seelenlosen Abzeichen abgestorbener feudalistischer Ritterorden«[234], er beherrscht die moderne Kunst. In einer häufig

231 Karl Marx, Das Kapital, Bd. I, in: Karl Marx/Friedrich Engels, Werke (MEW), Berlin-Ost 1962, S. 49 ff.

232 Vgl. Theodor W. Adorno, Ästhetische Theorie. Gesammelte Schriften, Bd. 7, Frankfurt/M. 1970; Georg Lukács, Probleme der Ästhetik. Werke Bd. 10, Neuwied/Berlin 1969, bes. S. 773 ff.; derselbe, Die Eigenart des Ästhetischen, Bde. 11/12, Neuwied/Berlin 1963; zur obigen These Udo Bermbach, Wagner und Lukács. Über die Ästhetisierung von Politik und die Politisierung von Ästhetik, in: Bayreuther Programmhefte II/1990 (Lohengrin), S. 1 ff., bes. S. 20 ff.

233 Richard Wagner, Die Kunst und die Revolution, in: GSD, Bd. 3, S. 18.

234 Ebenda, S. 19.

zitierten Passage schreibt Wagner: »Das ist die Kunst, wie sie jetzt die ganze civilisirte Welt erfüllt! Ihr wirkliches Wesen ist die Industrie, ihr moralischer Zweck der Gelderwerb, ihr ästhetisches Vorgeben die Unterhaltung der Gelangweilten. Aus dem Herzen unserer modernen Gesellschaft, aus dem Mittelpunkt ihrer kreisförmigen Bewegung, der Geldspekulation im Großen, saugt unsere Kunst ihren Lebenssaft, erborgt sich eine herzlose Anmuth aus den leblosen Überresten mittelalterlich ritterlicher Konvention, und läßt sich von da – mit scheinbarer Christlichkeit auch das Schärflein der Armen nicht verschmähend – zu den Tiefen des Proletariats herab, entnervend, entsittlichend, entmenschlichend überall, wohin sich das Gift ihres Lebenssaftes ergießt«[235].

Der sinnfälligste Ausdruck dieser maroden Verhältnisse ist der Zustand des Theaters, genauer: des Opern-Theaters. So wie das Opernpublikum sich vom Volk abgesetzt hat und dadurch seine soziale und ästhetische Basis verlor; wie die zeitgenössische Oper ihren Tiefstand erreicht hat, weil sie sich vorbehaltlos den Wünschen und Neigungen eines ästhetisch pauperisierten Publikums anzupassen suchte und dadurch jeglichen Kunstanspruch verspielte – so sind die Theater nur noch »industrielle Unternehmungen«[236], von denen Wagner meint: »ihre Leitung wird meistens denselben Männern übertragen, die gestern eine Spekulation in Getreide dirigirten, morgen einer Unternehmung in Zucker ihre wohlerlernten Kenntnisse widmen … Solange man in einem Theaterinstitute, dem herrschenden Charakter der Öffentlichkeit nach, und bei der dem Theaterdirektor auferlegten Nothwendigkeit, mit dem Publikum eben nur als geschickter kaufmännischer Spekulant zu verkehren, nichts anderes als ein Mittel für den Geldumlauf zur Produktion von Zinsen für das Kapitel erblickt, ist es natürlich auch ganz folgerichtig, daß man nur einem in solchem Bezug Geschäftskundigen seine Leitung, d.h. seine Ausbeutung, übergiebt«.

Kunst als Ware und Theater als Industriebetrieb, dazu ein Publikum, das anstrengungslos unterhalten werden will – diese Topoi seiner Kultur- und Zivilisationskritik hat Wagner nicht nur während der Jahre seines Züricher Exils in den damals entstandenen gesellschaftstheoretischen wie ästhetischen Schriften immer wieder vorgetragen, mit einer Schärfe, die den radikalen, auf vollständigen Umsturz der bestehenden Verhältnisse ausgehenden Revolutionär auch hier nirgendwo verleugnet. Er hat sie auch noch in späteren Jahren fast wörtlich wiederholt, hat noch 1860 davon gesprochen, daß der Niedergang sowohl der Oper wie des Opern-Theaters primär soziale und ökonomische Gründe habe, die zum einen im Zwang zum Profit, zum anderen in der »ausschließlich auf Zerstreuung und Unterhaltung einer aus Langeweile genußsüchtigen Bevölkerung«[237] begründet lägen. Und er hat solchen Entwicklungen, denen seiner Meinung nach die moralische Dekadenz eingeschrieben ist, jedenfalls unmittelbar folgt, keinerlei Zukunftsaussichten eingeräumt.

235 Ebenda.

236 Dieses und das folgende Zitat ebenda, S. 37.

237 Richard Wagner, Zukunftsmusik (1860), in: DS Bd.VIII, S. 57.

Wagners Zivilisationskritik tritt allerdings gegenüber der eigenen Zeit substantiell nicht völlig neu auf, sondern steht in einer längeren Tradition. Seine Vorwürfe sind sowohl ästhetische als auch gesellschaftskritische Topoi, die seit der Aufklärung, seit den bedeutenden Theater- und Literatur-Ästhetiken des 18. Jahrhunderts häufig formuliert worden sind, immer wieder gegen das Opern-Theater und seine vermeintlich nur kulinarische Form gerichtet. Daß Oper moralisch nicht aufkläre, demzufolge auch keinen erzieherischen Effekt habe und ästhetisch wertlos sei, war durchgehendes Credo vieler Intellektueller. Um ein Beispiel für viele zu nennen: Johann Christoph Gottscheds einflußreicher *Versuch einer Critischen Dichtkunst* von 1751 verurteilt die Oper als gegen alle Vernunft und Vernünftigkeit verstoßende Unterhaltung: »Nach der Absicht eines wahren Dichters muß eine jede dramatische Poesie sich vorsetzen, die Menschen in irgend einem Stücke zu besseren, und den Unterricht mit allen Annehmlichkeiten des Vergnügens vorzutragen. In der Oper aber ist das Vergnügen der einzige Zweck, den man sich vorsetzet; sie bringt auch keine Wirkung zuwege, als daß sie die Sinne bezaubert, die Seele weichlich macht, die Sitten verderbt, und ein ganzes Volk auf nichtige Dinge lenket«[238].

Würde man nicht wissen, wer der Autor dieser Sätze ist und den die Zeit verratenden Stil einen Augenblick vergessen, so könnten die Behauptungen dieser Sätze auch von Wagner stammen, dessen scharfe Kritik an der Oper und den Opern-Theatern seiner Zeit vor allem der letzte Satz prägnant vorwegnimmt. Eine solche, über ein Jahrhundert reichende Übereinstimmung in der Sache macht allerdings auch deutlich, in welchem Traditionszuammenhang Wagners Kritik der zeitgenössischen Oper und des Operntheaters, einschließlich des Theaterpublikums ideenhistorisch steht: in der Tradition der Aufklärung, zumindest in dieser Hinsicht, da Wagner den Verlust der Vorbildfunktion des Theaters beklagt, den alten aufklärerischen Vorwurf einer bloß unterhaltenden Darbietung aufnimmt, ihn argumentativ ausweitet, indem er ihn gesellschaftstheoretisch fundiert und ihn zugleich rhetorisch verschärft.

Allerdings gewinnt mit solcher Verschärfung Wagners Verdikt gegen das moderne Opern-Theater eine zusätzliche, für seine Ästhetik bedeutsame Dimension, denn es ist eingebettet in eine breit angelegte Gesellschaftsanalyse, die ihrerseits Grundlage der Kritik, aber auch Ausgangspunkt aller Revolutions- und Reformhoffnungen ist. Und in dieser Hinsicht radikalisiert Wagner die aufklärerische Tradition, geht er über bloße, auf Pädagogik und pädagogische Erfolge gegründete Hoffnungen zugunsten einer allmählichen Verbesserung der allgemeinen Zustände hinaus, wenn er glaubt, daß gerade der Tiefpunkt der Theaterentwicklung die beste Voraussetzung ihrer ästhetischen wie moralischen Veränderung und Besserung ist. In einem vielzitierten Brief an seinen Freund Theodor Uhlig aus dem Jahre 1851 schreibt er mit Bezug auf den entstehenden *Ring*: »An eine Aufführung kann ich erst nach der

238 Johann Christoph Gottsched, Versuch einer Critischen Dichtkunst, Leipzig 1751, Nachdruck Darmstadt 1962, S. 742.

Revolution denken, erst die Revolution kann mir die Künstler und Zuhörer zuführen. Die nächste Revolution muß nothwendig unserer ganzen theaterwirtschaft das Ende bringen: sie müssen und werden alle zusammenbrechen, dies ist unausbleiblich. Aus den trümmern rufe ich mir dann zusammen, was ich brauche: ich werde, was ich bedarf, dann finden. Am Rheine schlage ich dann ein theater auf, und lade zu einem großen drammatischen feste ein: nach einem jahr vorbereitung führe ich dann im laufe von vier tagen mein ganzes werk auf: mit ihm gebe ich den menschen der Revolution dann die bedeutung der Revolution, nach ihrem edelsten sinne, zu erkennen. Dieses publikum wird mich verstehen: das jetzige kann es nicht«[239].

Hier wird eine Denkfigur deutlich, die für politische Revolutionäre, vor allem für Anarchisten und radikale Sozialisten, sehr typisch und weitverbreitet ist: die Hoffnung nämlich, aus der Krise, aus dem totalen Zusammenbruch des Bestehenden das kommende Heil zu erwarten. Doch ist diese Denkfigur noch aus einem weiteren Grund eine zutiefst politische: im historischen Rückblick zeigt sich nämlich, daß das moderne politische Denken der Neuzeit aus einer existentiell erlebten Krisenerfahrung, der Krise der feudalen Welt im 15. und 16. Jahrhundert, erwachsen ist. Es waren die großen politischen Denker und Philosophen der frühen Neuzeit, es waren Niccolò Machiavelli, Thomas Hobbes und Jean Bodin, um nur drei besonders prominente und geläufige Namen zu nennen, die in ihren Schriften und mit ihrem Denken auf die Krise ihrer Zeit reagierten und in der kritischen Reflexion dieser Krise den Menschen neu zu bestimmen suchten, Gesellschaft radikal neu dachten, den Staat als ein neues Organisationsprinzip für allgemeine Sicherheit definierten und auf diese Weise die grundlegenden Strukturen der Moderne entworfen haben, die bis heute ihre Gültigkeit nicht verloren haben[240]. Krise und Kritik, Kritik und Krise[241] gehören zusammen, sie sind miteinander verschränkt und konstitutive Faktoren eines radikal angelegten politischen Denkens. Wenn Wagner solche Radikalität auf die Opern-Theater seiner Zeit projiziert, bewegt er sich auch in seinem ästhetischen Denken und dessen Voraussetzungen einmal mehr in einem expliziten politischen Zusammenhang. Die Institutionen der Kunst werden so unversehens zu politischen Institutionen, sie werden von ihm folglich auch wie politische Institutionen beurteilt.

239 Richard Wagner, SB, Bd. IV, S. 176 (Brief an Theodor Uhlig vom 12. November 1851).

240 Vgl. dazu die Arbeit mit dem diesen Zusammenhang prägnant formulierenden Titel von Herfried Münkler, Machiavelli. Die Begründung des politischen Denkens der Neuzeit aus der Krise der Republik Florenz, Frankfurt/M. 1982.

241 So der Titel von Reinhart Koselleck, Kritik und Krise. Ein Beitrag zur Pathogenese der bürgerlichen Welt, Freiburg/München 1959, in dem dieser Zusammenhang von Krisenerfahrung und politischem Denken, das in radikaler Weise auf Lösungen ausgeht, thematisiert wird.

Das Konzept des Musikdramas

Die Kritik der Oper und des modernen Operntheaters wird von Wagner wohl mit dem Anspruch historischer Korrektheit entwickelt, aber sie kann unter diesem Anspruch nicht wirklich diskutiert werden. Zu deutlich sind die Defizite, sind Einseitigkeiten und Verkürzungen, musikhistorische Schieflagen, schon für die Entstehungsphase der Oper. Kein Wort etwa von der Florentiner Camerata am Ende des 16. Jahrhunderts, die für gewöhnlich als der Ort der Geburt der modernen Oper gilt, jene Versammlung von Gelehrten und Künstlern im Hause des Grafen Bardi, die darüber nachdachten, die antike Tragödie wieder zu beleben und eine neue Form der Verbindung von Text und Musik zustande zu bringen; kein Wort zu Claudio Monteverdi, dessen *L'Orfeo* von 1607 zwar nicht die erste Oper überhaupt ist, wohl aber die erste, in der die einzelnen Konstruktionselemente der entstehenden Gattung konzeptionell so integriert sind, daß eine in sich stimmige und ausgewogene Gesamtstruktur entsteht, daß die Oper als neuer Typus des Theaters bestimmt und festgelegt ist, sich danach entwickeln und ausdifferenzieren kann; kein Wort auch zur frühen höfischen und bürgerlichen Oper Frankreichs, etwa zu Jean-Baptiste Lully und Jean-Philippe Rameau, den beiden Protagonisten einer jeweils eigenen, aber aufs Ganze der Kunsterfahrung ausgehenden Opernauffassung des 18. Jahrhunderts, die Wagners Auffassung von der Integration der Künste nicht allzu fern stand; und kein Wort schließlich auch zu spezifisch deutschen Entwicklungen, die gegenüber den ausländischen Vorbildern behutsam eigene Wege suchten, wie etwa die Begründer der ›Hamburger Bürgeroper‹ Reinhard Keiser oder Johann Mattheson[242].

Die Einwände gegen die historische Zuverlässigkeit und Stimmigkeit von Wagners Darstellung der Operngeschichte ließen sich beliebig erweitern, und sie beziehen sich nicht nur auf deren Beginn. Sie sind indessen sachlich von geringem Gewicht, ja sogar unerheblich, weil eine so geführte Diskussion die methodische Bedeutung von Wagners Operngeschichte verfehlen würde. Denn die Defizite und historischen Fehleinschätzungen verdeutlichen mit Nachdruck, daß es Wagner – jenseits eines möglicherweise subjektiv ernsthaften Bemühens, die Geschichte der Oper einigermaßen zuverlässig nachzuzeichnen – im Grunde um etwas ganz anderes ging: Wagner zielte auf eine stilisierende Zusammenfassung der Gattungsgeschichte, deren Zweck für ihn einzig darin bestand, die negative Folie einer Verfallsgeschichte herauszustellen, um diese dann als Begründung und Hintergrund für die Notwendigkeit einer grundlegenden Reform, für die Etablierung des eigenen Konzepts des Musikdramas und des daran anschließenden Gesamtkunstwerks nutzen zu können.

242 Vgl. zusammenfassend den Überblick von Ulrich Schreiber, Opernführer für Fortgeschrittene, Die Geschichte des Musiktheaters, Bd. 1 Von den Anfängen bis zur Französischen Revolution, Kassel 1988 sowie Udo Bermbach, Die Geburt der Oper aus der Krise der Gesellschaft, in: derselbe, Wo Macht ganz auf Verbrechen ruht. Politik und Gesellschaft in der Oper, Hamburg 1997, S. 13 ff.

Liest man seine Schriften daraufhin durch, so zeigt sich dem systematisierenden Blick sehr rasch und sehr deutlich, daß das von Wagner gezeichnete negative Entwicklungsmuster der Oper und des Operntheaters vor allem als Voraussetzung seiner ins positive gewendeten Idee vom Musikdrama dient. Anders formuliert: die Idee des Musikdramas und, daran anschließend, des Gesamtkunstwerks erweist sich unter systematischen Gesichtspunkten als die direkte und exakte Negation von Wagners an den historischen Beispielen entwickelter Theorie der Oper und des Operntheaters, und je schlechter die Opernentwicklung und das Operntheater bei ihm dabei wegkommen, um so notwendiger und historisch folgerichtiger erscheint das neue Konzept des Musikdramas. Die kritisierten Tendenzen der Oper, die aufgezeigten Entfremdungen und Isolierungen ihrer einzelnen Konstruktionselemente – Arie, Rezitativ und Ballett – werden von Wagner im konstruktiven Sinne ›verkehrt‹ und für die angestrebte Reform ins Positive gewendet. Sie werden aufgenommen, nicht verworfen, aber in einen neuen Gesamtzusammenhang gestellt und gleichsam im positiven Umkehrschluß nun aufeinander bezogen. Diese positive Verkehrung von bisher negativ beurteilten Einzelelementen und ihrer gattungsgeschichtlichen Entwicklung wird dann von Wagner zugleich mit der Idee einer alle Elemente der Kunst miteinander verschmelzenden Integration verbunden. Man muß nachdrücklich darauf hinweisen, daß dieses Verfahren strukturell dem Vorgehen Wagners in seiner Auseinandersetzung mit der Politik und Gesellschaft entspricht. Denn in derselben Weise hat er auch dort die Kritik der bestehenden politischen und gesellschaftlichen Verhältnisse, die Kritik der – verfassungsrechtlich gesprochen – konstitutionell-repräsentativen Verfassungsstrukturen des Vormärz als eine negative Folie und Ausgangsbasis für seine radikal-demokratischen Organisationsideen genutzt, die er sowohl in seinen politischen Schriften der Dresdener Jahre wie im Kontext seiner kunstästhetischen Schriften parallel zur Idee des Kunstwerks der Zukunft mitentwickelt.

Zunächst aber muß eine begriffliche Unterscheidung zwischen Musikdrama und Gesamtkunstwerk getroffen werden, zwischen zwei Begriffen, die in inhaltlicher Hinsicht häufig ineinander übergehen und gelegentlich sogar unzulässigerweise synonym gebraucht werden. Im *Kunstwerk der Zukunft* spricht Wagner vom großen »Gesamtkunstwerk, das alle Gattungen der Kunst zu umfassen hat, um jede einzelne dieser Gattungen als Mittel gewißermaßen zu verbrauchen, zu vernichten zu Gunsten der Erreichung des Gesamtzweckes aller, nämlich der unbedingten, unmittelbaren Darstellung der vollendeten Natur«[243] und in *Die Kunst und die Revolution* heißt es mit Bezug auf Griechenland: »Wie sich der Gemeingeist in tausend egoistische Richtungen zersplitterte, löste sich auch das große Gesammtkunstwerk der Tragödie in die einzelnen, ihm inbegriffenen Kunstbestandteile auf«[244]. Und weiter: »das Drama löste sich in seine Bestandtheile auf: Rhetorik, Bildhauerei, Malerei,

243 Richard Wagner, Das Kunstwerk der Zukunft, in: GSD, Bd. 3, S. 60.
244 Richard Wagner, Die Kunst und die Revolution, in: GSD, Bd. 3, S. 12.

Musik usw. verließen den Reigen, in dem sie vereint sich bewegt hatten, um nun jede ihren Weg für sich zu gehen, sich selbständig, aber einsam, egoistisch fortzubilden ... das große griechische Gesammtkunstwerk durfte unserem verwilderten, an sich irren und zersplitterten Geiste nicht in seiner Fülle zuerst aufstoßen«[245].

Dies sind die beiden einzigen Stellen in den politisch-ästhetischen Schriften der Züricher Jahre, wo, von Wagner ausdrücklich gebraucht, der Begriff des Gesamtkunstwerks fällt, die einzigen Stellen, die zugleich eine explizite bzw. implizite Definition enthalten, und sie stehen, sieht man genauer hin, in einem Kontext, der über das Kunstwerk hinausweist. Wagner spricht nämlich davon, daß das »vollendete Kunstwerk« – und dies wird hier synonym zum Begriff Gesamtkunstwerk verwendet – der »große, einige Ausdruck einer freien schönen Öffentlichkeit«[246] sei, und an anderer Stelle bestimmt er diese Öffentlichkeit als die »Genossenschaft aller Künstler«[247], die ihrerseits wiederum in kommunikativem Austausch mit der Gesellschaft, mit der Gemeinschaft aller Bürger steht. Damit wird ein umfassender Begriff von Gesamtkunstwerk exponiert, der in seinem Bedeutungsgehalt weit über ein enges Verständnis von Kunst hinausgeht, weil er auf die allgemeinen gesellschaftlichen Verhältnisse einer öffentlichen Partizipation in ästhetischen Erfahrungen zielt. Gesamtkunstwerk steht hier für eine ausgreifende politisch-ästhetische Utopie, die für Wagner freilich die eigentliche Realitätsebene seines Denkens ist – wie er dies am Ende von *Die Kunst und die Revolution* ja auch eindeutig bekennt. Auch wenn Wagner sich in seinem theoretischen Denken nicht immer analytischer Eindeutigkeit befleißigt, so ist in dieser Hinsicht aber doch unzweifelhaft, daß mit dem Begriff Gesamtkunstwerk mehr als ein rein ästhetisches Phänomen gemeint ist, auch nicht nur die Gegenvorstellung zur traditionellen Oper. Sondern ein ästhetisch-gesellschaftlicher Verweisungs- und Gesamtzusammenhang, der etwas Eigenes und Neues meint: die Verbindung einer zukünftigen Kunst mit dem Leben der Menschen. Der Begriff des Gesamtkunstwerks bezeichnet inhaltlich damit den Endpunkt eines Denkprozesses, der die Aufhebung der bisherigen sozialen und ästhetischen Existenzweise von Menschen, die Aufhebung der Trennung von Politik und Kunst nicht nur als eine wünschenswerte, sondern als eine ernsthafte und mit allen politischen Mitteln anzustrebende Möglichkeit ins Auge faßt.

Gegenüber einem solchen weitgesteckten Anspruch ist der Begriff des Musikdramas sehr viel enger angelegt. Ursprünglich 1833 geprägt von Theodor Mundt als Synonym für die traditionelle Oper[248], hat er sich wohl in den 1860er Jahren ganz allgemein zur Bezeichnung für die von Wagner durchkomponierten Bühnenwerken eingebürgert und meint nunmehr das Gegenteil der überkommenen Nummern-Oper. Musikdrama ist die Bezeichnung für das von Wagner neu konzipierte Verhältnis von Wort und Ton im musikalischen Drama. Wagner selbst hat bekanntlich

245 Ebenda, S. 29.
246 Ebenda.
247 Richard Wagner, Das Kunstwerk der Zukunft, in: GSD, Bd. 3, S. 162.
248 Theodor Mundt, Kritische Wälder, Leipzig 1833, S. 90.

den Ausdruck verworfen, sich noch 1872 davon distanziert mit der Begründung, er könne sich unter diesem Begriff, mit dem man seine Werke belegt habe, nichts vorstellen. Er führt für diese Distanzierung vor allem semantische Vorbehalte ins Feld, wonach der Begriff Musikdrama ein »Drama zum Zweck der Musik«[249] bedeute, was nun geradewegs das alte Opernlibretto meine, ein »für die Musik hergerichtetes Drama«. Eine »Verhunzung der Sprache« sieht er in dieser Begriffsprägung dokumentiert, deren möglichen Auslegungen er mit einiger Phantasie nachgeht, um am Ende alles zu verwerfen, die Griechen glücklich zu preisen, weil sie für ihre Tragödien keines Namen bedurften – »Sie hatten das unerhörteste Kunstwerk und – ließen es namenlos!« – , was ihm wohl für seine eigenen Werke ebenfalls am liebsten gewesen wäre. Lieber wollte er seine Werke als »ersichtlich gewordene Taten der Musik« verstand wissen, und ein solcher »kunstphilosophischer Titel«[250] schien ihm angemessen und ausreichend, um sie einerseits klar von der Tradition der Oper abzugrenzen, andererseits aber nicht zum Typus einer neuen, daran anschließenden Entwicklung werden zu lassen, sondern sie in ihrer singulären Eigenständigkeit zu charakterisieren. Am Ende stand in der Partitur des *Parsifal* dann der Terminus ›Bühnenweihfestspiel‹, um das zu bezeichnen, »was ich jetzt als namenlose künstlerische Tat meinen Freunden darzubieten beabsichtige«.

Das freilich sind Vorbehalte einer späteren Zeit, die für die ›Zürcher Kunstschriften‹ so noch nicht gelten. Hier bedient sich Wagner noch einer vielfach schwankenden und variierenden Terminologie und legt sich erstaunlicherweise nirgendwo definitorisch fest. Häufig ist die Rede vom »Drama« oder auch vom »wahren Drama«[251], vom »Drama der Zukunft«, von der »Verbindung von Dichtkunst und Tonkunst«, vom »Wort-Ton-Drama«. Aber bezeichnet wird immer derselbe Sachverhalt, gemeint ist stets ein musikdramatisches Bühnenwerk, in dem der Text wie die Musik als gleichberechtigte Mittel des Dramas gesehen werden und der alte Streit über den Vorrang des Textes vor der Musik oder den der Musik vor dem Text als gegenstandslos beiseitegeschoben wird.

Mit dem Begriff des Musikdramas nun ist zum einen dieser Sachverhalt der Gleichgewichtung von Text und Musik gemeint, darüber hinaus aber auch die synthetisierende Leistung von unterschiedlichen Kunstarten im Musiktheater, über die engere Bestimmung des Text-Ton-Verhältnisses hinaus. In diesem Sinne kann der Begriff als Ausdruck der spezifischen Wagnerschen Theaterästhetik zu Recht verwandt werden – und soll es auch im folgenden, gegen den späten Einspruch von Wagner selbst.

Wagners Konzept des Musikdramas, Teil und Voraussetzung seiner Idee des Gesamtkunstwerks, soll im folgenden nicht in voller Ausführlichkeit entwickelt wer-

249 Dieses und die folgenden Zitate Richard Wagner, Über die Benennung ›Musikdrama‹, in: DS, Bd. IX, S. 271.

250 Ebenda, S. 276.

251 Die folgenden Zitate stammen alle aus Richard Wagner, Das Kunstwerk der Zukunft, und werden im einzelnen nicht nachgewiesen.

den, auch nicht auf seine ästhetische Qualität und Stimmigkeit hin analysiert und befragt werden. Vielmehr soll es rekonstruiert werden unter dem Gesichtspunkt, die Parallelität seines binnenstrukturellen Aufbaus mit dem der entsprechenden gesellschaftstheoretischen Überlegungen deutlich zu machen. Denn es läßt sich zeigen, daß die konstitutiven Entwicklungsschritte der Wagnerschen Ästhetik in Parallele gesetzt werden können zu den Entwicklungsschritten seines gesellschaftstheoretischen Denkens.

Das Konzept des Musikdramas, das Wagner in seiner Züricher Zeit zu begründen und zu entfalten sucht, das er in späteren Arbeiten immer wieder erläutert, gewiß auch modifiziert hat[252], an dessen Grundzügen er indessen bis ins hohe Alter festgehalten hat, ergibt sich wesentlich aus der Bestimmung des Verhältnisses dreier zentraler Aspekte: zunächst dem von Sprache und Musik, anschließend dem von musikalischem Werk und szenischer Darstellung in einem entsprechend vorbereiteten Bühnenraum; sodann dem der Rolle des Mythos als einer kunstreligiösen Sinnstiftung, die dem Musikdrama eine emotional einheitliche Rezeption und damit dem Zuhörer und Zuschauer zugleich eine normative Orientierung ermöglichen soll. Der schließlich letzte Aspekt einer Verbindung von Musikdrama und Theater, von Kunst und Öffentlichkeit im Medium von eigens dafür organisierten Festspielen führt das Musikdrama in den entscheidend gesellschaftstheoretisch bestimmten Rahmen eines das Leben insgesamt umfassenden ästhetischen Ereignisses hinein: in den des Gesamtkunstwerks.

Der Entwurf des neuen Musikdramas, wie Wagner ihn in *Oper und Drama* Schritt für Schritt, mit großer systematischer Konsequenz entwickelt, ist formal gesehen der Entwurf eines Netzes interdependenter Strukturkomponenten, deren Konstruktionsidee sich sehr eng berührt mit den radikal-demokratischen Organisationsideen der gesellschaftstheoretischen und politischen Schriften. Das wird dort besonders deutlich, wo Wagner am Ende seines Denkprozesses den Zusammenhang von Gesamtkunstwerk und institutioneller Ordnung einer zukünftigen Gesellschaft anspricht und dabei die Vision von kommunikativ verflüssigten Ordnungsmustern entwirft, die in verblüffender Weise an die Organisationsprinzipien neuerer sozialer Bewegungen erinnern. Das hier, am Ende von *Das Kunstwerk der Zukunft*, vollzogene Zusammenführen von ästhetischem und gesellschaftstheoretischem Denken[253] ist überhaupt nur möglich, weil die Prinzipien dieses Denkens in beiden Bereichen dieselben sind. Es ist ein strukturell äquivokes Muster, das Wagners Denken inhärent ist und das es nicht nur erlaubt, sondern sogar zwingend gebietet, die unterschiedlichen Themenbereiche von Politik, Gesellschaft und Kunst unter eine gemeinsame Perspektive zu stellen.

252 Von einer Verkehrung bzw. Änderung zu sprechen, wie dies Dahlhaus verschiedentlich tut, erscheint allerdings ungerechtfertigt, vgl. Carl Dahlhaus, Wagners Konzeption des musikalischen Dramas, München 1990.

253 Richard Wagner, Das Kunstwerk der Zukunft, in: GSD, Bd. 3, S. 165 ff.

Die Entwicklung der Idee des Musikdramas beginnt bei Wagner zunächst mit der Explikation einer eigenen Poetologie, bei der es wiederum nicht darum geht, eine historisch zutreffende Theorie der Sprache und Sprachentwicklung und ihrer musiktheoretischen Implikationen – sofern es denn solche geben sollte – zu liefern, sondern die einzig zu dem Zweck formuliert wird nachzuweisen, daß ein sich auf die inneren Gesetze der Sprache und ihrer Entwicklung wirklich einlassendes ästhetisches Denken unweigerlich das Musikdrama als den Endpunkt seiner eigenen Anstrengung erkennen müßte. Wagner setzt tief und sehr prinzipiell mit seinem Programm an, er nimmt die Sprache zum Ausgangspunkt aller weiteren Überlegungen, macht sie zum entscheidenden Fundament seines Kunstwerks der Zukunft, weil er glaubt, daß Sprache selbst nicht mehr ›hintergangen‹ werden kann, weil erst durch die Sprache und durch das Sprechen der Mensch zum Menschen wird. Da die Sprache für Wagner also das entscheidende konstitutive Element für die Bestimmung des Menschen ist, muß sie nach seiner Auffassung auch die Grundlage aller Kunst sein. In ihr ist deshalb auch – so seine These – gleichsam in nuce der Vorschein des Musikdramas schon enthalten, und dem Nachweis dieser Grundthese, auf der das Konzept des Musikdramas beruht, ist die gesamte Ästhetik Wagners verpflichtet.

Hierfür ist, wie schon erwähnt, das konstruktive Vorgehen ganz entscheidend, das die strukturellen Verbindungen der Sprachelemente herauszuarbeiten unternimmt und sie dann mit den parallel dazu entwickelten Elementen des Aufbaus der Musik in Beziehung setzt. »Ich denke mir« – schreibt Wagner, optisch hervorgehoben in einer seiner wenigen Fußnoten, die er überhaupt macht – »die Entstehung der Sprache aus der Melodie nicht in einer chronologischen Folge, sondern in einer *architektonischen Ordnung*«[254]. Das ist, bezogen auf das Konzept der Ästhetik, ein Schlüsselsatz, den Wagner hier fast nebenbei formuliert, mit dem er freilich die Konstruktionsidee seiner Ästhetik prägnant benennt: es geht in ihr zentral um eine formale Struktur, die zwar – wie könnte dies auch anders sein – inhaltlich Schritt für Schritt entwikkelt wird, deren formales Konstruktionsprinzip indessen nicht minder bedeutsam ist, nicht zuletzt deshalb, weil dadurch die Beziehung und der Vergleich zu den gesellschaftstheoretischen Überlegungen überhaupt erst möglich wird, sich dann allerdings auch zwingend ergibt.

Vorab unterscheidet Wagner zwei sprachliche Grundtypen, »das graue Gewühl der Prosa«[255] einerseits, die lyrische Sprache der Dichtung andererseits. Prosa ist Alltagssprache und als solche den Entfremdungen des täglichen Lebens ausgesetzt, von ihnen durchzogen und geprägt, sie beruht auf »einer religiös-staatlich-historischen Konvention«[256]. Sie steht gegen das Gefühl, ist Ausdruck des Verstandes, denn sie ist die Sprache der modernen Gesellschaft, in der nicht gedichtet werden kann,

254 Richard Wagner, Oper und Drama, in: GSD, Bd. 4, S. 93. Im Original ist ›architektonische Ordnung‹ nicht kursiv gesetzt..

255 Ebenda, S. 97.

256 Ebenda, S. 98.

weil in ihr alle Gefühlsinhalte verloren gegangen sind und diese Sprache deshalb auch unfähig ist, Empfindungen wiederzugeben. »So wollen wir die kärgliche Sprache des Alltagslebens, in welchem wir noch nicht Das sind, was wir sein können, und deßhalb auch noch nicht kundgeben, was wir kundgeben können, hinter uns werfen, um im Kunstwerke eine Sprache zu reden, in der wir einzig Das auszusprechen vermögen, was wir kundgeben müssen, wenn wir ganz Das sind, was wir sein können«[257]. Weniger hegelianisch ausgedrückt heißt dies, daß die prosaische Alltagssprache, affiziert durch die totale Entfremdung der bürgerlich-kapitalistischen Gesellschaft, durch den Warencharakter der Kunst und die ruinöse Wirkung der modernen Zivilisation inzwischen so weit deformiert worden ist, daß sich in ihr und mit ihr die Intentionen eines Kunstwerks der Zukunft nicht mehr formulieren lassen. Denn das, was ›wahr‹ ist, läßt sich – so Wagners Überzeugung – nicht mit falschen Worten und Begriffen benennen; es bedarf einer eigenen, ›reinen‹ Semantik, die offenbar erst noch geschaffen werden muß. Das immer wieder zu beobachtende duale Denkschema Wagners, seine Neigung, die Welt in Gut und Böse einzuteilen und alles Leben in sich ausschließenden Gegensätzen zu sehen und zu verstehen, greift auch hier: es gibt für Wagner, wenn man so will, eine gute und eine schlechte Sprache. Letztere, Prosa und alltägliche Sprachkonvention, sind affin zu den schlechten Verhältnissen der modernen Gesellschaft und daher auch das sprachliche Pendant von Entfremdung und Kulturverfall, sie sind die sprachlich gefaßte, adäquate Form der Zivilisation, auch des modernen Rationalismus. Diese ›schlechte Sprache‹ bestimmt daher auch folgerichtig die modernen Opernlibretti und sie geht musikalisch in die Erscheinungsformen der zeitgenössischen Oper ein.

Die ›gute Sprache‹ dagegen ist die der Lyrik. In ihr sieht Wagner eine vermeintlich unbeschädigte und intakte Ebene der Sprache, und hier findet er letzte sprachliche Urelemente, die noch heil sind, aus denen die lyrisch-dichterische Sprache herauswächst und eine nichtentfremdete, authentische Semantik gewinnen kann. Solche »Urwurzeln« der Sprache sieht er im Volk, wo sie zwar verdeckt, aber substantiell unversehrt sich erhalten haben – ähnlich den Pflanzen und Bäumen, denen eine »immer neu zeugende Kraft innewohnt, sobald auch sie aus dem Boden des Volkes noch nicht herausgerissen worden sind. Das Volk bewahrt aber, unter der frostigen Decke seiner Civilisation, in Unwillkür seines natürlichen Sprachausdruckes die Wurzeln, durch die es selbst mit dem Boden der Natur zusammenhängt«[258].

Kleinste Einheiten der Sprache nun, »Urelemente« – also Konstruktionskomponenten für das ästhetische Vorhaben der Begründung des Musikdramas – sind Vokale und Konsonanten, die in sich und in ihrer Wechselbeziehung bereits die Ansätze zu einer differenzierenden Entwicklung in Wort und Ton enthalten, insoweit beides in ihnen enthalten ist. Vokale klingen, sie sind untereinander verwandt, also in engste Beziehung gesetzt, und jeder einzelne Vokal ist »nichts Anderes, als der verdichtete

257 Ebenda, S. 140.
258 Ebenda, S. 128.

Ton«[259]. Schon in ihrer konstruktiven Urzelle hat die Sprache den Doppelcharakter von Wort und Ton, von Semantik und Musik, ist sie »Tonsprache«, aus deren »Fügung und Zusammenstellung das ganze sinnliche Gebäude unserer unendlich verzweigten Wortsprache errichtet ist«[260]. Das wird, so glaubt Wagner, vor allem im Stabreim sinnfällig – den Endreim bezeichnet er abwertend als »christliche Melodie«, »Nothilfe« dafür, den Vers als Vers überhaupt erst kenntlich zu machen, eine Technik des ›Dichtens‹, die Ausdruck alltäglicher »Verhunzung der Sprache« ist. Dagegen erscheint die Alliteration als ein gleichsam natürliches Verfahren des Dichtens, sie fügt verwandte Sprachwurzeln, auch aufeinander bezogene Gegensätze – wie Lust und Leid/Wohl und Wehe – so zusammen, »daß sie, wie sie sich dem sinnlichen Gehöre als ähnlich lautend darstellen, auch ähnliche Gegenstände zu einem Gesammtbilde von ihnen verbinden, in welchem das Gefühl sich zu einem Abschlusse über sie äußern will«[261]. Mit anderen Worten: die Alliteration, dies ist Wagners These, drängt strukturell und aufgrund ihres immanenten Telos dazu, aus sich heraus den Zusammenhang von Vokalen und Konsonanten so herzustellen, daß sich über das Zusammenfügen von Sprachwurzeln eine »Sprachmelodie« ganz zwanglos einzustellen vermag. Bedingt durch die Dauer des verströmenden menschlichen Atems, durch Betonung und rhythmische Gliederung des Gesprochenen entwickelt die Sprache naturhaft jene »Versmelodie«[262], aus der sich dann wiederum genau so zwanglos die »dichterisch-musikalische Periode«[263] als Grundeinheit des musikalischen Dramas ergibt.

Wagner folgt mit diesem Gedanken dem Modell einer konstruktiven Vernetzung kleinster Elementarteile zu immer größeren, organisch miteinander verbundenen Einheiten, und er folgt damit einem Konstruktionsprinzip, das er in seiner Ästhetik, vor allem aber auch in seinen Musikdramen konsequent durchhält. Dieses Modell ist zugleich mit einer anderen Überlegung, die ebenfalls immer wieder beim ihm auftaucht, eng verbunden: mit dem Drang, die Grundlagen seiner konzeptionellen Perspektiven und deren beispielhafte Verdichtung als in der Natur wiederum zwanglos vorgegebene zu erweisen, damit aber auch deutlich zu machen, daß alle Differenzierungen des Lebens einen einheitlichen Urgrund haben, daß sie auf dieselbe identitätsverbürgende, nicht mehr hintergehbare Basis zurückgeführt werden können. »Wie einfach ist die Erklärung und das Verständnis aller Metrik« – behauptet er –, »wenn wir uns die vernünftige Mühe geben, auf die natürlichen Bedingungen alles menschlichen Kunstvermögens zurückzugehen, aus denen wir einzig wieder nur zu wirklicher Kunstproduktivität gelangen können!«[264].

259 Ebenda, S. 137.
260 Ebenda, S. 93.
261 Ebenda, S. 94.
262 Ebenda, S. 181 ff.
263 Ebenda, S. 154.
264 Ebenda, S. 95 f.

Sprache und Musik also sind in einem strukturierten Sprechen – als einem schon dichterischen – immer schon potentiell vorhanden, von Natur aus miteinander verbunden und jeweils ist das eine im anderen schon präsent – eine Grundthese Wagners, die von der Hirnforschung neuerdings nachhaltig bestätigt wird[265]. Begriffe wie »Versmelodie« und »dichterisch-musikalische Periode« sollen diesen Sachverhalt exakt bezeichnen, sollen auf die natürliche Einheit von Sprache und Musik hinweisen, die erst später – dies ist die stillschweigende, gelegentlich auch explizite Unterstellung – durch einen falsch verlaufenden Zivilisationsprozeß auseinandergerissen, also entfremdet worden sind. Der ästhetische Entwurf des Musikdramas wird hier in scharfen, konstrastierenden Vorstellungsgehalten begründet: der lyrischen Sprache als der immer schon musikalischen und darum einzig für den Dichter verfügbaren steht die Prosa als eine durch die schiefgelaufene historische Entwicklung von Politik und Gesellschaft vernutzte und daher dichterisch unbrauchbare Alltagssprache gegenüber. Anders formuliert: dem dramatischen Kunstwerk der Griechen oder eines Shakespeares opponieren die zur Dramatisierung unfähigen Romane der Moderne[266].

»Urmelodie« also eignet der dichterischen Sprache. Die alte Frage nach dem Vorrang von Text oder Musik wird von Wagner umformuliert: nicht die Herrschaft des einen über das andere steht zur Debatte, sondern das Gegenseitigkeitsverhältnis beider zueinander. Und Wagners Lösung besteht darin, das eine im anderen bereits angelegt zu finden, den »Gesangston« als die Konsequenz des »rhythmisch accentuierten Sprachverses«[267] zu verstehen. Nachdem dies gleichsam als unwiderlegbare Tatsache gesetzt ist, erfolgt der nächste Schritt der Konstruktion: aus Vokal- und Konsonantenfolge, aus Rhythmus und Akzent ergibt sich eine quasi-musikalische Binnenstruktur des Verses, der der Künstler – Dichter wie Musiker – nur noch nachspüren muß, um seine Werke zu schaffen. Verse treten dann zu Perioden zusammen und sie erzwingen im Grunde ihre eigene Melodie – Wagner spricht vom »Wachsen der musikalischen Melodie aus dem Sprachvers«. Diese gleichsam von selbst ins Expressive und Emotionale gewendete Melodie der Sprache geht, so meint Wagner, so weit, daß die Versmelodie sogar ihre Tonart bestimmt, und zwar jene

265 Aus empirischen Forschungen von Wissenschaftlern des Max-Planck-Instituts in Leipzig ergibt sich die Einsicht, daß Musik im menschlichen Gehirn auf dieselbe Weise wie Sprache verarbeitet wird. Entsprechende Test mit Personen ergaben, daß das Dur-Moll-System dem Menschen angeboren ist (und kulturell unterschiedlich ausgeprägt wird), das Gehirn die Regeln harmonischer Ordnung erkennt (und mit elektrischen Strömen darauf reagiert, auch auf die Verletzung dieser Regeln), Sprache und Musik dieselben Areale in beiden Gehirnhälften aktivieren (was bisher anders gesehen wurde). Es gibt deshalb gute Gründe für die Annahme, der Mensch erlerne Sprache zuerst über die Sprachmelodie, er spreche mit Rhythmen, mit Melodie, mit einem bestimmten Timbre, was heißt, daß Musik und Sprache eigentlich nicht voneinander getrennt werden können. Zitiert nach einem Bericht von Sylvia Peplow, in: Frankfurter Allgemeine Zeitung, ›Natur und Wissenschaft‹, 16. Mai 2001, Nr. 113, S. N 1 (nach einem Forschungsbericht in ›Nature Neuroscience‹, Bd. 4, S. 540 ff.).

266 Richard Wagner, Oper und Drama, in: GSD, Bd. 4, S. 12.

267 Ebenda, S. 126.

Tonart, die den Gefühlsinhalt der Verse besonders zu verdeutlichen mag[268]. So entsteht zwanglos und doch unaufhaltsam ein textlich-musikalischer Zusammenhang, der sich ausdrückt in einem »Deklamationsstil«[269], welcher einerseits an den Rhythmus der Verse gebunden bleibt, aber andererseits variationsfähig genug ist, um wechselnden Stimmungen und Situationen gerecht werden zu können. Der sich überdies selbst, einmal in Gang gesetzt, autonom fortschreibt, den Dichter wie Komponisten gleichsam erfaßt und in gewisser Weise zu eigenen Zwecken instrumentalisiert, beide benutzt, um sich durch sie zu entäußern. Sprache und die in ihr angelegte Musik werden an dieser Stelle von Wagner als quasi-autonome Subjekte verstanden – ein außerordentlich moderner strukturalistischer Gedanke, der, konsequent zu Ende gedacht, die unendliche Melodie aus sich heraustreibt und auch diese als ein sich selbst elaborierendes Subjekt setzt.

Eine dazu analoge Tendenz, die der lyrischen Sprache innewohnt, glaubt Wagner auch für die Musik nachweisen zu können. Er sieht sie in der gleichsam von Natur her bestehende Neigung musikalischer ›Urelemente‹, sich in variierenden Verbindungen zu einem größeren musikalischen Ganzen zusammenzuschließen, eine geheime, sich eigenlogisch entfaltende Teleologie der Welt der Töne. Auf der »Urverwandtschaft aller Töne«[270] baut er ein fluides System wechselweiser Vernetzungen auf, das über die Tonarten und deren verwandtschaftlich-harmonische Beziehungen – Wagner selbst spricht von Tonarten-Familien, deren Urverwandtschaft sich im Lichte der Haupttonart zeige – wiederum zur dichterisch-musikalischen Periode führt, die den eigentlichen Baustein des Dramas abgibt. Aus einer Vielfalt solcher Perioden, die untereinander in Verbindung stehen und aufeinander verweisen, entsteht dann das komplex zusammengesetzte Musikdrama »als das für den Ausdruck vollendetste …, in welchem viele solcher Perioden nach höchster Fülle sich so darstellen, daß sie, zur Verwirklichung einer höchsten dichterischen Absicht, eine aus der anderen sich bedingen und zu einer reichen Gesammtkundgebung sich entwickeln …«[271].

Es ist immer – um Wagner zu zitieren – dasselbe ›architektonische‹ Prinzip, das den Differenzierungen und Ausarbeitungen des ästhetischen Konzeptes zugrundeliegt. Vom »unermeßlichen Ausdehnungs- und Verbindungsvermögen«[272] spricht Wagner hinsichtlich der inneren Kombinations- und Entwicklungsmöglichkeiten von Sprache und Musik, und die Idee der ›Ausdehnung und Verbindung‹, anders formuliert: der differenzierenden Vernetzung und variierenden Kombination strukturiert denn auch die weitere Entwicklung des Musikdramas. Ist in der »Melodie

268 Ebenda, S. 147 ff.

269 So Werner Breig, Zur musikalischen Struktur von Wagners ›Ring des Nibelungen‹, in: Udo Bermbach (Hg), In den Trümmern der eignen Welt. Richard Wagners ›Der Ring des Nibelungen‹, Berlin/Hamburg 1989, S. 44 ff.

270 Richard Wagner, Oper und Drama, in: GSD, Bd. 4, S. 140.

271 Ebenda, S. 154.

272 Ebenda, S. 149.

des Dichters ... die Harmonie, nur gleichsam unausgesprochen, schon mitenthalten«[273], so muß diese Harmonie nun vom Musiker, vom Komponisten erspürt und umgesetzt und dann mit Hilfe des modernen Orchesters realisiert werden. Dieses Orchester, das – nach Wagner – an die Stelle des alten Opern-Chores treten soll, wird als die Kollektiverscheinung zweier Entwicklungen verstanden: zum einen ist es die »Verdichtung der Glieder des vertikalen Akkordes zur selbständigen Kundgebung ... nach einer horizontalen Richtung hin«[274], – und diese Beschreibung verweist auf die musikalische Struktur des Musikdramas; zum anderen ist es die Zusammenfassung von »Instrumentalfamilien«, die Zusammenfassung vieler einzelner Instrumente mit je eigenem individuellem Charakter und Ton, deren jeweilige Instrumentalsprache und Instrumentalfarbe sich mit der menschlichen Vokalsprache vergleichen lassen – und dies verweist auf die Kunst subtiler Instrumentierung, um wechselnde und changierende Klangfarben zu erzielen, eines der wichtigsten Ausdrucksmittel für Wagner. Aus dem Zusammenspiel beider Momente entwickelt das Orchester jenes »individuelle Sprachvermögen«[275], dessen Sprache sich dann – in Analogie zum Sprachvers der Wortsprache – in den »Tonfiguren«[276] konkretisiert – Hans von Wolzogen nennt sie später Leitmotive[277]. Solche Tonfiguren, die Wagner mit der Gebärde, genauer: der Tanzgebärde vergleicht und dadurch szenisch auflädt, weisen dem Orchester innerhalb des Musikdramas eine ganz und gar eigenständige Position zu. Orientiert am Vorbild der Symphonien Beethovens, soll das Orchester symphonischen Charakter haben, vor allem also thematische Arbeit leisten und im Rahmen des Musikdramas zu einem selbständigen Akteur werden. Es soll an Vergangenes erinnern und auf Zukünftiges hinweisen, das szenische Geschehen kommentieren, entweder in verstärkender Absicht oder auch gegenläufig zu dem, was sich auf der Bühne gerade ereignet. Das Orchester ist also als ein Akteur gedacht, der ebenso ununterbrochen handelt, wie die Akteure auf der Bühne.

Wagner faßt zusammen: »Der lebendgebende Mittelpunkt des dramatischen Ausdruckes ist die Versmelodie des Darstellers; auf sie bezieht sich als Ahnung die vorbereitende absolute Orchestermelodie; aus ihr leitet sich als Erinnerung der ›Gedanke‹ des Instrumentalmotivs her«[278]. Innerhalb der damit gegebenen Vielzahl von Motiven, des ›Beziehungszaubers‹, wie Thomas Mann dies nannte, hat das »Orchester somit einen ununterbrochenen, nach jeder Seite hin tragenden und verdeutlichenden Anteil: es ist der bewegungsvolle Mutterschoß der Musik, aus dem das einigende Band des Ausdruckes erwächst«[279].

273 Ebenda, S. 158.
274 Ebenda, S. 165.
275 Ebenda, S. 166.
276 Ebenda, S. 179.
277 Hans von Wolzogen, Thematischer Leitfaden durch die Musik zu Richard Wagners Festspiel ›Der Ring des Nibelungen‹, Leipzig 1876.
278 Richard Wagner, Oper und Drama, in: GSD, Bd. 4, S. 190.
279 Ebenda.

Damit ist das Verhältnis von Text und Musik im Musikdrama Wagners umrissen. Beides sind gleichwertige und gleichberechtigte Bauelemente dieses Dramas, zählen zu seinen entscheidenden Voraussetzungen. Doch das Drama selbst ist Wagners Vorstellungen zufolge noch wesentlich breiter fundiert. Es bedarf zu seiner Realisierung auch des »mimisch-szenischen Moments«[280] und daher verlangt Wagner vom Sänger, daß er zugleich auch Darsteller ist. Das wiederum verlangt eine Abkehr von der üblichen Opern-Praxis, in der – nach Meinung Wagners – die Sänger gewohnt sind, »musikalische Kompositionen vorzutragen« und so den »Sinn der Rede durch einen falschen Ausdruck zu entstellen«[281]. Die Konvention des Opernbetriebs, die Konzentration der Sänger auf die gestische Unterstreichung der musikalischen Linie soll auch hier abgelöst werden durch eine Darstellungsweise, die in der auf der Bühne ausgeführten Gebärde die »Wortversmelodie« für den Zuhörer und Zuschauer sinnhaft verdeutlicht, die also nicht nur auf die Musik abstellt und so gleichsam »sprachloser Gesang« ist, sondern die das ganze Drama visuell unterstützt. Wagner ist diese szenische Darstellung so wichtig, daß er meint, im Falle ihres Ausbleibens werde die Einheit des Dramas auseinandergerissen, würde die »große einheitliche Form, zu welcher die kleinen, engen, gegenseitig unzusammenhängenden Formen erweitert wären, ganz und gar unkenntlich bleiben; und das ganze musikalische Gebäude müßte daher den Eindruck eines zusammenhanglosen, zerrissenen, unübersehbaren Chaos machen, dessen Dasein wir uns aus Nichts als der Willkür eines phantastischen, in sich unklaren, unvermögenden Musikers erklären könnten«[282].

Die ›dramatische Gebärde der Handlung‹ soll – das ist die dezidierte Vorstellung Wagners, in der Feuerbachs philosophische These, die Welt lasse sich vom Menschen nur durch die Aktivierung all seiner Sinne erkennen, präsent ist – durch den Sänger-Darsteller sinnhaft umgesetzt werden, und dies ist keine beiläufige Forderung, sondern eine substantielle. In einer eigens *Über die Aufführung des Tannhäuser* verfaßten kleinen Schrift von 1852, die sich an die Dirigenten und Darsteller dieser Oper richtet und die im Kontext der ›Zürcher Schriften‹ entstanden ist, weist Wagner mit Nachdruck auf diesen Sachverhalt hin. Obwohl der *Tannhäuser* bekanntlich schon 1845 abgeschlossen und in Dresden uraufgeführt worden war, also den ästhetischen Grundsätzen der ›Zürcher Schriften‹ bestenfalls in ersten Ansätzen verpflichtet sein konnte[283], werden nunmehr jene ästhetischen Grundsätze des Musikdramas ex post mit ihm verbunden. Wagner verdeutlicht an diesem Werk, worauf es bei der Realisierung des Musikdramas zukünftig ankommen soll. Zunächst einmal auf den genuinen Zusammenhang von Musik und Szene, woraus folgt, daß der Dirigent die Partitur zu lesen habe »mit der genauesten Beachtung der Dichtung und endlich der besonderen zahlreichen Angaben für die szenische Darstellung«[284]. Vor allem

280 Carl Dahlhaus, Wagners Konzeption des musikalischen Dramas, S. 12.
281 Richard Wagner, Oper und Drama, in: GSD, Bd. 4, S. 212.
282 Ebenda, S. 217.
283 Vgl. Udo Bermbach, ›Blühendes Leid‹, S. 91 ff.
284 Richard Wagner, Über die Aufführung des ›Tannhäuser‹. Eine Mittheilung an die Dirigenten und Darsteller dieser Oper, in: GSD, Bd. 5, S. 126.

aber, daß »nicht eher die sogenannten Gesangsproben beginnen dürfen, als bis zuvor die Dichtung selbst in ihrem ganzen Umfange den Darstellern bekannt geworden ist«[285]. Und Wagner besteht darauf, daß die Sänger-Darsteller sich unter Leitung des Dirigenten zunächst, wie es beim Schauspiel die Regel ist, in szenischen Lesungen den Text erarbeiten, um erst danach mit den Gesangsproben zu beginnen. Die Sänger sollen in einem ersten Schritt Schauspieler sein, sie sollen die »Absicht des Dichters« vollkommen erfassen, sich dann erst in einem zweiten Schritt der »Absicht des Musikers« zuwenden. »In meiner Oper« – so heißt es – »besteht kein Unterschied zwischen sogenannten ›deklamierten‹ und ›gesungenen‹ Phrasen, sondern meine Deklamation ist zugleich Gesang, und mein Gesang Deklamation«[286]. Wie bedeutungsvoll für Wagner das szenisch-deklamatorische Element als die zentrale visuelle Komponente des Musikdramas war, geht auch aus einem Brief vom 20. Juli 1850 an Liszt hervor, in dem er schreibt, »daß nur der Darsteller der eigentlich wahre Künstler sei. Unser ganzes Dichter- und Komponisten-Schaffen ist nur Wollen, nicht aber Können: erst die Darstellung ist Können – die Kunst«[287].

Auch wenn es ungerechtfertigt erscheint, aus dieser letzten Aussage zu schließen, Wagner habe die Hierarchie der Künste, wie sie die klassische Ästhetik gekannt habe, geradewegs umgedreht, habe das Mimetische – traditionellerweise eher Annex denn Zentrum der dramatischen Realisierung – in den Mittelpunkt gerückt, der Musik die Mitte und dem Text die niedrigste Stufe zugewiesen[288], so ist doch richtig, daß Wagner in seinem Konzept des Musikdramas die einzelnen Künste durch Integration in die Gesamtidee wesentlich aufgewertet hat. Und dies gilt nicht nur für die darstellerischen Fähigkeiten des Sängers, sondern auch für die mit dem Musiktheater sonst noch verbundenen Künste des Tanzes und der Bühnendekoration – worunter wohl auch Technik und Beleuchtung zu verstehen sind. »Tanzkunst, Tonkunst und Tichtkunst«[289] sind ihm die drei »reinmenschlichen Kunstarten in ihrem ursprünglichen Vereine«, die Tanzkunst ist die unmittelbar körperliche Umsetzung dessen, was Text und Musik intendieren. Sie ist die auf den Menschen, seine sinnli-

285 Ebenda.

286 Ebenda, S. 129.

287 Hanjo Kesting (Hg), Franz Liszt – Richard Wagner, Briefwechsel, Frankfurt/M. 1988, S. 116.

288 So in bewußt zuspitzender, die Systematik der Wagnerschen Ästhetik freilich in einseitiger Perspektive verfremdender Weise darstellend Carl Dahlhaus, Wagners Konzeption des musikalischen Dramas, S. 13.

289 Wagner vermutet, daß ›dichten‹ ursprünglich wohl ›tichten‹ geschrieben worden sei, und er hat damit nicht unrecht. Das althochdeutsche ›tihton‹ (schreiben, schriftlich abfassen, ersinnen) hat sich im Mittelhochdeutschen zu ›tihten‹ gewandelt und ist erst später, unter dem Einfluß des lateinischen dictare, zu ›dichten‹ geworden. So schreibt Wagner offenbar auf die Wortgeschichte bezogen: »Gestattete es uns die Mode oder der Gebrauch, die ächte und wahre Schreib- und Sprechart: tichten für dichten wieder aufzunehmen, so gewännen wir in den zusammengestellten Namen der drei urmenschlichen Künste, Tanz-, Ton- und Tichtkunst, ein schön bezeichnendes sinnliches Bild von dem Wesen dieser dreieinigen Schwestern, nämlich einen vollkommenen Stabreim, wie er unserer Sprache ursprünglich zu eigen war«. Richard Wagner, Das Kunstwerk der Zukunft, in: GSD, Bd. 3, S. 102.

che Leiblichkeit direkt bezogene Kunst, denn »Ton- und Dichtkunst werden in der Tanzkunst dem vollkommen kunstempfänglichen Menschen, dem nicht nur hörenden, sondern auch sehenden, erst verständlich«[290]. Der optische Eindruck dessen, was auf der Bühne spielt, ist für Wagner ebenso entscheidend wie das, was Text und Musik dem Zuhörer mitteilen wollen, denn »ohne Mittheilung an das Auge bleibt alle Kunst unbefriedigend, daher selbst unbefriedigt, unfrei: sie bleibt, bei höchster Vollendung ihres Ausdruckes für das Ohr oder gar nur für das kombinirende, mittelbar ersetzende Denkvermögen, bis zu ihrer verständigungsvollen Mittheilung auch an das Auge, nur eine wollende, noch nicht aber vollkommen könnende«[291]. Die Tanzkunst also wird hier nicht, wie in den Opern der Zeit, vor allem der Grand Opéra in Paris, als bloße Tanzeinlage in das szenische Geschehen eingeführt, etwa zum Amusement einer gelangweilten Jeunesse dorée, der das Ballett zum Anreiz anschließender erotischer Übungen diente, sondern sie ist integraler Bestandteil einer alle menschlichen Sinne affizierenden Bühnenkunst, deren Telos als der »höchste, mitheilungswertheste Gegenstand« … »der Mensch«[292] sein soll.

Das Musikdrama erscheint, nimmt man alles in allem, konzeptionell als die Synthetisierung der einzelnen Künste. Das Zusammenspiel von Text, Musik, Tanz und Bühnendekoration versteht Wagner nicht als Addition, als bloßes Nebeneinanderstellen von Einzelkünsten, sondern als eine integrative Leistung aller Beteiligten, die inhaltlich am zu vermittelnden Sinn des Musikdramas ausgerichtet sein müssen. War die bisherige Trennung der Künste – die vorgebliche »Reinheit der Kunstarten«[293] – die exakte Spiegelung der in der Gesellschaft bestehenden Trennungen, ihrer entfremdeten Strukturen, ihrer Tendenz zur isolierenden Vereinsamung, die das Gemeinsame, die Kraft der kollektiven Identität längst vergessen hat; war sie, insoweit die Isolierung der Kunstarten der Isolierung der gesellschaftlichen Subjekte korrespondierte, sogar Voraussetzung für deren Rezeption, so daß eine eventuelle Mischung von Kunstarten das Verständnis für jede einzelne von ihnen eher gestört denn befördert hätte, so ist das Musikdrama und Kunstwerk der Zukunft das genaue Gegenteil dieses von Wagner negativ bewerteten Zustandes. Als Drama ist es nicht länger mehr selbst eine gesonderte Kunstart, wie die überkommene Ästhetik der Literaturgattungen dies will, sondern die eigentliche, ja sogar die einzige Kunstgattung überhaupt. Denn indem das Drama alle Kunstarten synthetisiert und zu einer qualitativ neuen Einheit verschmilzt, ist es zugleich Metapher und substantieller Vorgriff auf eine sich als Einheit verstehende und direkt-demokratisch organisierende Gesellschaft. Die »Vereinigung aller Künste zum Kunstwerk« meint nicht, wie Wagner ironisch anmerkt, daß »in einer Gemäldegalerie und zwischen aufgestellten Statuen ein Goethe'scher Roman vorgelesen und dazu noch eine Beethoven'sche

290 Ebenda, S. 71.
291 Ebenda, S. 72.
292 Ebenda.
293 Richard Wagner, Oper und Drama, in: GSD, Bd. 4, S. 3.

Symphonie vorgespielt würde«[294], sondern sie zielt auf ein integrales theatralisches Erlebnis, in dem die Einzelkünste durch ihre wechselseitige Verschmelzung zugleich ein qualitativ neues Kunstwerk entstehen lassen. Dazu gehört freilich auch, daß die Rezeption dieses Kunstwerks seiner Intention entspricht, gehört also ein entsprechendes Theater, vor allem ein partizipatorisch eingestelltes Theaterpublikum. Doch dieser Gesichtspunkt überschreitet bereits die engere konzeptionelle Vorstellung des Musikdramas, wie sie hier rekonstruiert worden ist, zeigt allerdings auch, daß das Musikdrama über sich selbst hinaus zum Gesamtkunstwerk tendiert, weil sich der in ihm angelegte holistische Grundzug totalisierend – nicht: totalitär – entfalten will. Aspekte, die freilich erst dann genauer behandelt werden können, wenn zuvor noch eine entscheidende, bisher noch nicht ins Auge gefaßte Komponente des Musikdramas thematisiert wird: die Frage nach seiner Intention, nach dem, was in ihm und durch es mitgeteilt oder auch realisiert werden soll.

Gefühl und Verstand

Dualisierende Parallelisierungen von Gesellschaft und Kunst, von Politik und Ästhetik, von innerpolitischen und innerästhetischen Teilaspekten finden sich bei Wagner durchgängig, sie durchziehen seine Schriften und sind ein grundlegendes Muster seines Denkens und Argumentierens. Sie kehren freilich nicht nur immer wieder, sie verbinden sich auch untereinander, bilden Gegensatzpaare, an denen entlang sich konzeptionelle Gedanken entwickeln. In *Oper und Drama* wird der duale Gegensatz von Text und Musik – der sich dann in der Grundlegung und den Begründungen des Musikdramas als ein Scheingegensatz erweist – als Ausgangspunkt einer Reihe weiterer, gleichsam abgeleiteter Gegensätze eingeführt. Text teilt sich nach Wagner in Prosa und Lyrik – wobei Prosa, wie schon erwähnt, für das Musikdrama ungeeignet erscheint, weil es mit dem Roman, mit dem Epischen korrespondiert, die lyrische Sprache dagegen die für das Musikdrama genuin geeignete ist; Musik dualisiert sich in Oper und Symphonie – und hier ist wiederum nur ein Beispiel, die Symphonie, Vorbild für die musikalische Anlage des Musikdramas.

Solchen formalen Zuweisungen und Korrespondenzen fügt Wagner noch eine weitere, sehr wesentliche hinzu: die Dualität von Verstand und Gefühl. Immer wieder ist in *Oper und Drama* davon die Rede, daß beides zueinander in Gegensatz steht, und immer wieder wird der Verstand mit dem Staat, mit der modernen Politik und mit der modernen, von Wagner abgelehnten Kunst in Beziehung gesetzt. Der moderne Staat als ›rationale Anstalt‹ (Max Weber) erzeugt, so meint Wagner, den Verstandesmenschen, der sich seine freie Individualität nur einbildet, sich selbst aber und seine Realität vorwiegend als ein rationales Beziehungsgeflecht auffaßt und interpretiert. Einem solchen rationalen Weltverständnis entspricht folgerichtig auch die moderne

294 Ebenda.

Kunst. Der moderne Dichter kann, so Wagner, unter den Bedingungen des modernen Staates den freien Menschen »bloß dem Gedanken nach andeuten«[295], und daher richte die moderne Kunst, das moderne Drama sich an den Verstand, nicht an das Gefühl. Verstand aber ist für Wagner die Fähigkeit zu abstrahierendem Denken, ist die Abstraktion vom Wirklichen, vom Lebendigen, vom sinnlich Wahrnehmbaren. An einer zentralen, die Begriffe unterscheidenden Stelle heißt es: »Das Gefühl erfaßt nur das Wirkliche, sinnlich Bethätigte und Wahrnehmbare: an das Gefühl theilt sich nur das Vollendete, Abgeschlossene, Das, was so eben ganz das ist, was es jetzt sein kann, mit. Nur das mit sich Einige ist ihm verständlich: das mit sich Uneinige, noch nicht wirklich und bestimmt sich Kundgebende, verwirrt das Gefühl und nöthigt es zum Denken, also zu einem kombinierenden Akt, der das Gefühl aufhebt«[296].

Gefühl wird hier bestimmt als eine synthetisierende Leistung, welche die Realität und ihre Wahrnehmung in eine identitäre Gestimmtheit mit dem Subjekt bringt. Das ›mit sich Einige‹ ist das Positive, zugleich das Kriterium, an dem die Differenzierung von Verstand und Gefühl ansetzt und sich ausrichtet, ist Aufhebung der Differenz von innen und außen, negativ abgesetzt gegen »das Organ des kombinirenden, zersetzenden, theilenden und trennenden Verstandes«[297], der Gefühle nur noch schildern und verbal vermitteln kann, aber keinen direkten Durchgriff mehr auf die Gefühlsebene erlaubt.

Wagner erscheint in solchen Sätzen als ein Anti-Rationalist par excellence, und so ist er denn auch häufig genug gesehen und abgewertet worden. Völlig zu Unrecht, denn daß »seine Schriften einem prinzipiellen Antiintellektualismus entstammen, welcher als das ideologische Rückgrat seiner Kunstlehre gelten kann«, daß sein eigentlicher Protest der »Rationalität« gilt, »die in Gestalt von Wissenschaft, politischen Parteien, kapitalistischer Rechenhaftigkeit, Journalistik und Literatur eine einstmals natürliche Ordnung auf den Kopf gestellt habe«[298], stellt sich zwar manchen Interpreten als ausgemacht dar und ist doch – jenseits einer oberflächlichen und voreiligen Triftigkeit – bestenfalls eine Teilwahrheit, aufs Ganze gesehen indessen falsch.

Richtig ist vielmehr, daß Wagner im Kontext seiner Ästhetik – begrenzt auch in seinen gesellschaftstheoretischen und politischen Überlegungen – auf das Gefühl setzt, weil es ihm jene menschliche Eigenschaft zu sein scheint, die verbindet und die Einheit der zerfallenen Erfahrungen der Moderne wieder herzustellen vermag. Aber Gefühl ist nicht einfach der Gegensatz zum Verstand, kann nicht umstandslos an dessen Stelle gesetzt werden – das wäre eine allzu simple Polarisierung, die nicht nur angesichts der eigenen intellektuellen Leistung Wagners verwundern müßte, sondern diese Leistung auch durch den, der sie selbst vollbracht hat, massiv des-

295 Ebenda, S. 69.
296 Ebenda.
297 Ebenda, S. 71.
298 So für viele Andrea Mork, Richard Wagner als politischer Schriftsteller, Frankfurt/M. 1990, S. 21.

avouieren würde. Wagner diese Form der Selbstdenunziation zu unterstellen, erscheint indessen schon psychologisch völlig unangemessen, der Sache nach ist sie unhaltbar.

Liest man in den ›Zürcher Kunstschriften‹ all jene Passagen, die sich mit dem Verhältnis von Gefühl und Verstand beschäftigen, so sieht man sehr schnell, daß beide in einem Wechselbezug zueinander stehen, daß beide dialektisch miteinander verbunden sind. Wagner selbst schreibt, Gefühl sei »Anfang und Ende des Verstandes«[299], und dies heißt wohl, daß es nicht einfach nur als Opposition zum Verstand definiert ist, sondern zunächst einmal als jene primäre Fähigkeit aufgefaßt wird, die es dem Menschen erlaubt, sinnliche Eindrücke zu empfangen. Ganz in der Tradition der Philosophie Feuerbachs geht Wagner davon aus, daß der Mensch ein sinnliches Wesen ist, daß er äußere Eindrücke durch seine Sinne aufnimmt, um sie dann zu verarbeiten. Wenn Feuerbach meint, das Denken könne die Verbindung von Sinneseindrücken nicht mehr wirklich herstellen, weil es nur Gedachtes, also abstrakt Vermitteltes erfasse und nicht das konkret Sinnliche, das er mit dem Wahren und Wirklichen, mit dem menschlichen Leben identifiziert, wenn er meint, es bedürfe deshalb der Empfindung und Liebe als der vermittelnden Instanzen zwischen dem Subjekt und Objekt, zwischen dem Menschen und seiner realen Umwelt[300], so übernimmt Wagner diese Thesen für seine eigenen ästhetischen Überlegungen ohne alle Einschränkung. Gefühl ist bei ihm der andere Ausdruck für Feuerbachs Vorstellung einer emotiven Vermittlung zwischen Individuum und Umwelt, es ist affektives Medium des subjektiven Realitätsbezugs, der im Kunstwerk der Zukunft allerdings erst umfassend hergestellt werden soll. Es ist notwendige Ergänzung des Verstandes, und dies so weit, daß Wagner für beides, Gefühl wie Verstand, dieselbe Wurzel ausmacht: »wodurch der Verstand dem Gefühle aber verwandt ist, ist das Reinmenschliche, das, was das Wesen der menschlichen Gattung, als solcher, ausmacht«[301].

Schon diese gemeinsame Wurzel schließt eine einfache Entgegensetzung der beiden Begriffe oder gar ihre antagonistische Unvereinbarkeit aus. Wagner denkt eher daran, daß der erste sinnliche Eindruck, den ein Mensch empfängt, einer rationalen Verarbeitung bedarf, die ihrerseits dann allerdings weitergeführt werden muß, auf die Ebene einer integrativen Gefühlsleistung. Die Verstandestätigkeit fungiert gleichsam als eine Zwischenstation, an die das Gefühl anschließen kann.

Diesen Dreischritt: ›Gefühl – Verstand – Gefühl‹ hat das Musikdrama, das Kunstwerk der Zukunft, nachzuvollziehen. Wenn die moderne Kunst nach Wagner Verstandeskunst ist, wenn sie unfähig ist, Gefühlsinhalte zu vermitteln, so soll das Musikdrama über die Verstandeskunst hinausgehen und auf das Gefühl zielen. Aber es wäre ein völliges Mißverständnis, Wagners Hoffnung auf eine »Gefühlswerdung des

299 Richard Wagner, Oper und Drama, in: GSD, Bd. 4, S. 91.
300 Dazu ausführlicher Peter Beil, Die Krise des neuzeitlichen Menschen im Werk Richard Wagners, S. 59.
301 Richard Wagner, Oper und Drama, in: GSD, Bd. 4, S. 102.

Verstandes«[302] im Musikdrama als Plädoyer für das uneingeschränkte Freisetzen von Emotionen und, daraus resultierend, für die Option zugunsten eines blanken Irrationalismus zu werten, als Forderung, aus der ästhetischen Erfahrung einer nachrevolutionären Bühnenkunst alle Rationalität eleminieren zu wollen. Eine solche Vorstellung wäre, wenn sie denn zuträfe, in der Tat eine ganz und gar anti-aufklärerische Haltung, die dem Abschalten und Ertrinken der Verstandes im textlich-musikalischen Gefühlsrausch des Theatererlebnisses das Wort reden würde.

Was Wagner indessen mit dem Musikdrama beabsichtigt, was er seinem Musikdrama als Leistung zuschreiben möchte, ist nicht die Verselbständigung einer losgelassenen Gefühlsdiktatur, sondern die Rückübersetzung rationaler Einsichten und Realitätserfahrungen auf die Gefühlsebene der Rezipienten. Das Werk des Musikdramatikers soll sich »aus dem Verstande an das Gefühl« mitteilen, es soll die rational bearbeiteten Erfahrungen musikdramatisch so ›aufbereiten‹, daß sie beim Zuschauen und Zuhören das Publikum unmittelbar, das heißt in einem existentiellen und emotionalen Sinne berühren. Allerdings nicht in der Weise, daß dabei jegliche rationale Kontrolle ausgeschaltet und einer irrational enthemmten Emotionalisierung der Weg gebahnt würde. »Der Dichter dieses Dramas will nicht aus dem Gefühl zu dessen Rechtfertigung vorschreiten, sondern das aus dem Verstand gerechtfertigte Gefühl selbst geben ...«[303], schreibt Wagner, und dies meint doch wohl: daß nicht jedes Gefühl, gleich welcher Qualität, gerechtfertigt werden kann, sondern nur jenes, welches rationaler Rechtfertigung standhält – wie etwa das Gefühl der Liebe, das Wagner zur entscheidenden Qualität zwischenmenschlicher Beziehungen bestimmt.

In diesem Sinne ist auch der vielzitierte Satz zu verstehen: »Im Drama müssen wir Wissende werden durch das Gefühl. Der Verstand sagt uns: *so ist es* erst, wenn uns das Gefühl gesagt hat: *so muß es sein*«[304]. Auch wenn das Gefühl – wie Wagner fortfährt – »nur durch sich selbst verständlich« ist, wenn »es keine andere Sprache als seine eigene« versteht, so ist doch ein prinzipieller Verweisungszuammenhang von Rationalität und Emotionalität hier gefordert. Der besteht in der »Aufhebung der Reflexion im Gefühl«[305] – in jenem Hegelschen Sinne, in dem Aufhebung hier steht: als eine qualitative Anverwandlung und gleichzeitige Steigerung des einen ins andere, nicht jedoch: als dessen Abschaffung. Nur deshalb kann das Gefühl im Musikdrama so herausgehoben werden, weil es eben nicht als dumpfe Gefühligkeit daherkommt, nicht eine den Verstand suspendierende, vorrationale Verhaltensdisposition ist, unbegründbar und willkürlich, sondern als eine rational geläuterte und auch kontrollierte Emotion, die – und dies ist ihre innerdramatische Bestimmung – darüber Auskunft geben soll, ob eine gewählte Handlung unmittelbar und ohne längeres Reflektieren darüber plausibel erscheint oder nicht. Denn der Dichter soll

302 Ebenda, S. 78.
303 Ebenda, S. 163 f.
304 Ebenda, S. 78.
305 Carl Dahlhaus, Wagners Konzept des musikalischen Dramas, S. 126.

die Handlung des Dramas danach auswählen und so anlegen, daß sie dem Gefühl vollkommen entspricht, daß sie als richtig und stimmig empfunden wird. Mit ›Handlung‹ aber bezeichnet Wagner den gesamten dramatischen Bühnenzusammenhang, der als ein in sich differenziertes, plausibles Ganzes vor den Zuschauer tritt, ein aus den individuellen Gefühlen der Akteure sich bildender, vom Publikum unmittelbar nachvollziehbarer interaktiver Kommunikationszusammenhang.

Verstand und Gefühl – ihre wirkungsästhetische Verbindung für die Aufnahme der dramatischen Handlung beschreibt Wagner mehrfach als eine wechselseitige[306]. Dabei stellt er sich den Rezeptionsvorgang als einen qualitativ gestuften Prozeß vor, der ansetzt mit einem ersten, gleichsam unsortierten Eindruck, einer sinnhaften Einwirkung auf den Verstand, dem daraufhin eine ordnende Leistung abgefordert wird. ›Gedachte Wirklichkeiten‹ entstehen so, in denen die Phantasie sich ihre Bilder sucht, um diese dann wiederum an das Gefühl weiterzugeben. Während der Verstand die dramatische Handlung und die durch sie ausgelösten Gefühle, Vorstellungen und Assoziationen zergliedert und in Teile zerlegt, fügt die Phantasie – als interagierendes Medium zwischen Verstand und Gefühl – diese Teile wieder in Bilder zusammen, die nun ihrerseits vom Gefühl rezipiert werden. Diesen Prozeß einer interdependenten, durch Phantasie gesteuerten ästhetischen Erkenntnis in Gang zu setzen, ist die eigentliche Aufgabe des Dichters und – ein Wunder. »Das Bild der Erscheinungen« – das die Phantasie des Zuschauers und Zuhörers herstellen muß – »ist für die Absicht des Dichters, der auch die Erscheinungen des Lebens aus ihrer unübersehbaren Vielgliedrigkeit zu dichter, leicht überschaubarer Gestaltung zusammendrängen muß, nichts anderes als das Wunder«[307] schreibt Wagner – ein Wunder, in dem die Wahrheit der Wirklichkeit dem Gefühl begreiflich wird.

Es sind ganz und gar die Kernüberzeugungen und Grundthesen der Philosophie Feuerbachs, die sich in diesen rezeptionsästhetischen Vorstellungen Wagners deutlich wiedererkennen lassen. In einem weiten Sinne läßt sich sogar auf die historisch zurückliegende Tradition einer sensualistischen Erkenntnistheorie verweisen, wie sie die neuzeitliche Philosophie seit dem 17. Jahrhundert in unterschiedlichen Varianten hervorgebracht hat, und wie sie spätestens seit John Lockes Untersuchungen *Über den menschlichen Verstand* von 1690 einen Hauptstrang des philosophischen Denkens Europas beherrscht. In Wagners Vorstellungen zum Verhältnis von Gefühl und Verstand schwingen denn auch Adaptationen einer philosophischen Tradition mit, die zwar einerseits von ihm nicht wirklich systematisch aufgearbeitet worden ist, die aber andererseits doch erkennen läßt, daß er, bewußt oder unbewußt, in größeren philosophischen und geistesgeschichtlichen Zusammenhängen denkt. Da eröffnet sich ein Problem- und Reflexionshintergrund, der das, was üblicherweise bei Künstlern zu finden ist, bei weitem überschreitet. Und vor allem zeigt sich hier wiederum eine systematisch angelegte und intendierte Konstruktion, deren eigent-

306 Richard Wagner, Oper und Drama, in: GSD, Bd. 4, S. 69 ff.; 80 f.
307 Ebenda, S. 81.

licher Sinn in der Begründung einer wesentlichen Komponente des musikdramatischen Konzeptes liegt, wie dies auch schon für die Verhältnisbestimmung von Text und Musik galt.

Mythos als Zivilreligion

In *Oper und Drama* hat Wagner immer wieder davon gesprochen, daß das Musikdrama – im Unterschied zur überkommenen Oper – durch die Einheit von Form und Inhalt charakterisiert werde, und daß beides sich an das Gefühl des Zuschauers bzw. Zuhörers wende. »Die einheitliche künstlerische Form ist nur als die Kundgebung eines einheitlichen Inhaltes denkbar: den einheitlichen Inhalt erkennen wir aber nur daran, daß er sich in einem künstlerischen Ausdrucke mittheilt, durch den er sich vollständig an das Gefühl kundzugeben vermag«[308]. Das wird wenig später präzisiert: »Fassen wir alles ... nochmals zu einem erschöpfenden Ausdrucke zusammen, so bezeichnen wir also die vollendetste einheitliche Kunstform als diejenige, in welcher ein weiter Zusammenhang von Erscheinungen des menschlichen Lebens – als Inhalt – sich in einem so vollkommen verständlichen Ausdrucke an das Gefühl mittheilen kann, daß dieser Inhalt in all' seinen Momenten sich als ein das Gefühl vollkommen erregender und vollkommen befriedigender kundgibt. Der Inhalt hat also ein im Ausdrucke stets gegenwärtiger, und dieser Ausdruck daher ein den Inhalt nach seinem Umfange stets vergegenwärtigender zu sein; denn das Ungegenwärtige erfaßt nur der Gedanke, nur das Gegenwärtige aber das Gefühl«[309].

›Vergegenwärtigung‹ erscheint hier als ein zentraler Begriff, als eine »ästhetisch-geschichtsphilosophische«[310] Kategorie und zugleich als ein Ziel der musikdramatischen Konzeption. Die Frage stellt sich indessen, welcher Inhalt denn ›vergegenwärtigt‹ werden soll, in welchem genaueren Zusammenhang Inhalt und Form zueinander stehen und sich vielleicht auch gegenseitig bedingen.

Wagner spricht, das Zitat macht das deutlich, von keinem konkret umrissenen, ein für allemal festgelegten Inhalt des Musikdramas. Er vermeidet vielmehr ganz offensichtlich eine eindeutige inhaltliche Festlegung, spricht lediglich von den ›Erscheinungen des menschlichen Lebens‹, und dies in so allgemeiner Weise, daß sich die Frage stellt, welche Inhalte im Musikdrama mit einer solchen Formulierung sich verbinden lassen, was also ›vergegenwärtigt‹ und somit dem Zuschauer und Zuhörer inhaltlich vermittelt werden soll.

Angesichts der inhaltlichen Unbestimmtheit dieser doch sehr zentralen, im Original durch Sperrung sogar hervorgehobenen Bestimmung des Musikdramas darf wohl mit Recht vermutet werden, daß Wagner seinem Kunstwerk der Zukunft

308 Ebenda, S. 197 f.
309 Ebenda, S. 202 f.
310 Carl Dahlhaus, Wagners Konzept des musikalischen Dramas, S. 126.

keinen definitiven Inhalt vorgibt, daß es demnach auch keine bis ins Letzte durchformulierte ›Botschaft‹ gibt, jedenfalls keine, die einer situationsgebundenen und immer wieder zu erneuernden Interpretation vorgeordnet und entzogen wäre. Aus der konsequent entworfenen formalen Anlage des Musikdramas ergibt sich eher, daß die Idee, die das Musikdrama zu transportieren hat, die Idee seiner eigenen konstitutiven Bedingungen einer auf Einheit hin angelegten ästhetischen Erfahrung ist. Dies bezeichnet zunächst einmal ein rein formales Prinzip, das für das Konzept des Musikdramas – und darüber hinaus für das des Gesamtkunstwerks – von entscheidender Bedeutung ist: »... alle Gattungen der Kunst zu umfassen ..., um jede einzelne dieser Gattungen als Mittel gewissermaßen zu verbrauchen, zu vernichten zu Gunsten der Erreichung des Gesamtzwekes aller, nämlich der unbedingten, unmittelbaren Darstellung der vollendeten menschlichen Natur«[311].

Nun bleibt die ›Erreichung des Gesamtzweckes‹ selbstredend an Inhalte gebunden, denn auch das rein formale Prinzip der eigenen ästhetischen Konstitution des Musikdramas läßt sich auf der Bühne nicht bloß formal vermitteln. Es bedarf vielmehr der vermittelnden Erzählung einer Geschichte, die allerdings wohl, gemessen an Wagners außerordentlicher Anforderung, ›Darstellung der vollendeten menschlichen Natur‹ sein zu sollen – eine ins Utopische zielende Forderung, Vorgriff auf den zukünftigen Menschen –, nicht eine jener beliebigen Geschichten sein kann, wie sie etwa den üblichen Opern-Libretti zugrunde lagen und liegen. Vielmehr eine Geschichte, so vieldimensional und aspektenreich, daß sie immer wieder erneuten Ausdeutungen zugänglich bleibt, ohne zugleich in ihrem Kern substantiell angetastet zu werden. Eine archetypische Geschichte also, die einerseits zeitenthoben ist, aber zugleich doch auch offen für Zeitbezüge. Und da die Zeiten sich stetig wandeln, auch offen für gewandelte Zeitbezüge und Aktualisierungen.

Einer solchen Anforderung und der sich daraus ergebenden Funktionszuweisung dessen, was das Musikdrama an ›Vergegenwärtigung‹ zu leisten hat, entspricht in geradezu idealer Weise der Mythos. Innerhalb der Architektonik des Musikdramas – auch des Gesamtkunstwerks – bestimmt Wagner den Mythos als den Träger sinnlich konkreter Vermittlung von Ideen. Lassen sich Dichtung und Musik als die beiden Pfeiler verstehen, auf denen die Konstruktion des Musikdramas fundamental aufruht, so ist der Mythos der Bogen, der diese beiden Pfeiler zum Eingangsportal für jenes öffentliche Theater verbindet, in dem das Gesamtkunstwerk sich dann ereignen soll.

Im Zusammenhang mit der Konzeptualisierung seiner Vorstellungen zum Musikdrama hat sich Wagner – in *Oper und Drama* – sehr eingehend mit dem Mythos beschäftigt, mit seiner klassischen Herkunft und vor allem mit seinen Leistungen für ein kritisches Verhältnis zur eigenen Gegenwart[312]. Und er hat dabei, über die histo-

311 Richard Wagner, Das Kunstwerk der Zukunft, in: GSD, Bd. 3, S. 60.

312 Die wohl ausführlichste und eindringlichste Studie zu diesem Zusammenhang hat Petra-Hildegard Wilberg, Richard Wagners mythische Welt. Versuche wider den Historismus, Freiburg 1996 vorgelegt, deren Verdienst vor allem in ihrer eingehenden Analyse des Zusammenhangs von Ge-

rische Forschung seiner Tage hinaus, die er einerseits zur Kenntnis nahm, andererseits aber auch dort überschritt, wo es den eigenen Zwecken dienlich erschien, eine eigene Begriffsfassung formuliert, die – häufig zitiert – ganz auf die funktionale Mythos-Bestimmung für das Musikdrama zugeschnitten ist: »Das Unvergleichliche des Mythos ist, daß er jederzeit wahr, und sein Inhalt, bei dichtester Gedrängtheit, für alle Zeiten unerschöpflich ist. Die Aufgabe des Dichters war es nur, ihn zu deuten«[313].

Vier Einzelaspekte lassen sich ausmachen, die in dieser begrifflichen Bestimmung von Bedeutung sind[314]: zum ersten die durch keine zeitliche Eingrenzung beschränkte Wahrheit des Mythos, sein zeitunabhängiger Geltungsanspruch, die Wirklichkeit erklären zu können; zum zweiten seine durch ›dichteste Gedrängtheit‹ charakterisierte Binnenstruktur, also die komprimierende Zusammenfassung eines weitverzweigten und hochkomplexen Erzählfeldes, das im Mythos geordnet, strukturiert und damit zugleich symbol- und beispielhaft verdichtet wird; zum dritten die ›Unerschöpflichkeit‹ seiner Auslegung, die garantiert, daß der Wahrheitsanspruch des Mythos niemals in einer einzigen Erzählung, in einer einzigen Interpretation für alle Zeiten restlos aufgeht; zum vierten schließlich der Hinweis, daß der Dichter den Mythos nicht selbst schafft, sondern nur ›deutet‹ und dadurch in die Überzeitlichkeit des Wahrheitsanspruchs erst jene Zeitbezüge hineinbringt, mit denen das Publikum sich dann wiederum selbst in eine eigene Beziehung setzen kann.

Zeitliche Entgrenzung des Mythos: das bedeutet zunächst einmal »Rückkehr zum Ursprung«[315]. Während sich die historische Darstellung lediglich auf den »Tatbestand der nackten Geschichte«[316] beruft, geht der Mythos, so meint Wagner, auf archetpyische Situationen zurück, die im Laufe der Geschichte erzählend gleichsam immer wiederholt werden. Während in der geschichtlichen Erzählung nur die Vergangenheit neu beschworen wird, die »Pluralität der Ereignisse« und die »Chronologie« ihrer Abfolge unabänderlich feststehen[317] – »Geschichte ist nur dadurch Geschichte, daß sich in ihr mit unbedingtester Wahrhaftigkeit die nackten Handlungen der Menschen uns darstellen«[318] –, werden im Mythos ›Geschichten‹ erzählt, die ort- und zeitlos sind, auch wenn die Plätze ihrer Handlungen scheinbar genau bezeichnet sind. Denn das mythische Denken liegt aller konkreten Geschichte voraus,

schichts-, Mythos- und Dramentheorie besteht. Leider blendet die Studie die bei mir im Vordergrund stehenden Überlegungen zur zeit-, politik- und sozialkritischen Funktion des Mythosverständnisses von Wagner nahezu vollständig aus und kommt deshalb auch zu einer kritischen Bewertung der im folgenden vorgetragenen Überlegungen. Vgl. dazu bes. S. 325 ff.

313 Richard Wagner, Oper und Drama, in: GSD, Bd. 4, S. 64.

314 Vgl. Dieter Borchmeyer, Vom Anfang und Ende der Geschichte. Richard Wagners mythisches Drama. Idee und Inszenierung, in: Peter Kemper (Hg), Macht des Mythos – Ohnmacht der Vernunft? Frankfurt/M. 1989, S. 176.

315 Mircea Eliade, Mythos und Wirklichkeit, Frankfurt/M. 1988, S. 41.

316 Richard Wagner, Oper und Drama, in: GSD, Bd. 4, S. 24.

317 Dazu eingehender Petra-Hildegard Wilberg, Richard Wagners mythische Welt, S. 190.

318 Richard Wagner, Oper und Drama, in: GSD, Bd. 4, S. 24.

es rekuriert auf vorhistorische Ereignisse, es erzählt die Geschichte der Geschichte, bringt die Beschreibung einer Ur-Situation, auf die als Erklärungsmodell dessen, was sich später historisch anschließt und entwickelt, immer wieder zurückgegriffen werden kann. Im Mythos werden jene Bedingungen formuliert, die Geschichte erst konstituieren, aus denen sie sich zu entfalten vermag, und weil solche Bedingungen nicht weiter hintergehbar erscheinen, weder zeitlich noch räumlich, beanspruchen sie, ›wahr‹ zu sein. Aus solchem Wahrheitsanspruch entwickelt der Mythos seine analytische Kraft. Zugleich ist er, insofern er sich als nicht hintergehbar gibt, immer auch Ursprungs- und Schöpfungsmythos, Ausgangsbedingung für eine Entwicklung, die in der mythischen Erzählung durchaus offenbleiben kann – so wie etwa nach der *Götterdämmerung* offenbleibt, wie es weitergeht, oder auch im *Parsifal* die am Ende durch Parsifal vollzogene Enthüllung des Grals als Beginn einer neuen, durchaus offenen Geschichte verstanden werden kann[319]. Daß dieses Verhältnis von Mythos und Geschichte weitreichende gesellschaftstheoretische Implikationen hat, macht vielleicht eine Analogie deutlich: ist bei Marx alle bisherige Geschichte nur die Vorstufe der kommenden ›wahren‹, dann allerdings stationär gedachten Geschichte einer durch sich selbst befreiten Menschheit, so sieht Wagner dieses Verhältnis von Mythos und Geschichte umgekehrt, aber strukturgleich: alle bisherige Geschichte ist Verfallsgeschichte, erst der Zugriff auf den Mythos und dessen ›Wahrheit‹ eröffnet die Möglichkeit eines neuen Anfangs, verspricht die Utopie einer besseren Gesellschaft. In beiden Positionen ist die Realgeschichte verstanden als ein Entfremdungsprozeß, bei beiden wird die Hoffnung auf Befreiung, auf Rückkehr zur wahren Menschlichkeit aus der Realgeschichte herausgenommen. Bei Marx durch deren radikale Veänderung, bei Wagner durch die symbolhafte Vorgabe von mythischen Wahrheiten.

Der Mythos steht außerhalb der Geschichte, er geht ihr voraus, er kann sie aber auch zugleich in Gang setzen. Diese durch den Mythos eröffnete und in Gang gesetzte Geschichte wird in ihrer gleichsam erzählerischen Fortführung und interpretatorischen Auslegung durch die Phantasie des Mythenproduzenten wie der Rezipienten bestimmt, denn im Mythos werden die Dinge der Welt so erfaßt und so konstituiert, wie beide sie sich vorstellen, nicht wie sie wirklich sind. Die Phantasie nimmt also die »äußeren Erscheinungen«, losgelöst von ihrer »Naturwirklichkeit« auf, um sie dann zu »umfassenden neuen Bildern zu gestalten«[320]. Durch diese Tätigkeit der Phantasie bleibt eine mögliche Weiterführung der mythischen Erzählung vor allem durch die Rezipienten folgerichtig auch kontingent, also offen und nicht vorhersagbar. Erst im musikdramatischen Verlauf selbst mag durch alle, die daran teilhaben, darüber entschieden werden, in welchem Sinne sich die fortführende Perspektive auslegen läßt.

319 Vgl. dazu Udo Bermbach, ›Blühendes Leid‹, S. 238 ff. und 281 ff.
320 Richard Wagner, Oper und Drama, in: GSD, Bd. 4, S. 30 f.; vgl. dazu Petra-Hildegard Wilberg, Richard Wagners mythische Welt, S. 227 ff.

Unabhängig von solcher Offenheit entwickelt die mythische Erzählung eine eigene, selbstreferentielle Logik, durch welche die zu erzählende Geschichte auf ihre ›dichteste Gedrängtheit‹ hin strukturiert und zugleich in ihren Handlungsabläufen verdichtet wird. Insoweit dies ein die mythischen Ereignisse systematisierender Vorgang ist, wächst dem Mythos hierdurch eine eigene Rationalität zu. Daß »der Mythos nicht lediglich verstreute Ereignisse zum Gegenstand hat, sondern, als Erfahrungssystem, zugleich ein Mittel systematischer Erklärung und Ordnung darstellt«[321], ist nicht erst eine Einsicht der letzten Jahre; die Binnenrationalität mythischer Ordnungsleistung ist eine alte Überzeugung, die in der modernen Wissenschaft freilich vielfach neu entdeckt und bestätigt worden ist, gelegentlich sogar mit dem Anspruch, daß die Rationalitätsleistung des Mythos dem der Wissenschaft nicht wesentlich nachsteht[322]. Das mag zu weit gehen, weil es unterschiedliche Rationalitätsvorstellungen begrifflich zusammenzieht. Denn im Unterschied zur Wissenschaft ist der Mythos ein »eher synthetisch und weniger analytisch«[323] operierendes Erklärungssystem, das dort erzählt, wo die Wissenschaft kausale Erklärungen verlangt.

Synthetisch meint indessen noch mehr: im Mythos und der mythischen Erzählung gilt die Einheit des Menschen mit der Natur und seine ursprüngliche soziale Einbindung in eine kollektive Gemeinschaftlichkeit. Der Mythos enthält die Kollektiverfahrungen von Menschen, er ist noch nicht durch die autonome Subjektivität der Moderne partikularisiert und zersetzt, sondern in ihm ist »alles in allem gegenwärtig«[324], in ihm herrscht Identität statt Differenz. Wenn der Mythos die »Daseinsform der praktischen Lebenswirklichkeit«[325] ist, dann wesentlich deshalb, weil die Unveränderlichkeit des Kerns der mythischen Erzählung zugleich die Verfügbarkeit über die Dinge garantiert: wer weiß, woher er kommt, kann sein Schicksal selbst bestimmen; wer seine Herkunft nicht kennt, kann keine eigene Identität entwickeln, bleibt zwangsläufig ein Außengeleiteter – wie Siegfried. Erinnerung wird zur Beherrschung dessen, woran man sich erinnert[326]. Wer die Welt erzählend ordnen kann, beherrscht sie zugleich, denn – dies ist die Suggestion des Mythos – er verfügt über die Fähigkeit zur ›Ordnung der Dinge‹[327].

Wiederholende Erzählung erlaubt, ja erzwingt zugleich auch Variationen. »Mythen sind Geschichten von hochgradiger Beständigkeit ihres narrativen Kerns und ebenso ausgeprägter marginaler Variationsfähigkeit« und: »Diese beiden Eigenschaften machen Mythen traditionsgängig: ihre Beständigkeit ergibt den Reiz, sie auch

321 Kurt Hübner, Die Wahrheit des Mythos, München 1985, S. 257.
322 Vgl. Claude Lévi-Strauss, Strukturale Anthropologie, Frankfurt/M. 1971, S. 254.
323 Kurt Hübner, Die Wahrheit des Mythos, S. 107.
324 Ebenda, S. 112.
325 Ebenda, S. 54.
326 Vgl. Mircea Eliade, Mythos und Wirklichkeit, S. 92.
327 Michel Foucault, Die Ordnung der Dinge. Eine Archäologie der Humanwissenschaften, Frankfurt/M. 1971

in bildnerischer oder ritueller Darstellung wiederzuerkennen, ihre Veränderbarkeit den Reiz der Erprobung neuer und eigener Mittel der Darbietung. Es ist das Verhältnis, das aus der Musik unter dem Titel ›Thema mit Variationen‹ in seiner Attraktivität für Komponisten wie Hörer bekannt ist. Mythen sind daher nicht so etwas wie ›heilige Texte‹, an denen jedes Jota unberührbar ist«[328].

Es ist nicht zuletzt diese Eigenschaft des Mythos, die Wagner fasziniert. Daß der Inhalt des Mythos »für alle Zeiten unerschöpflich ist«, macht ihn zum gleichsam natürlichen »Stoff«[329] des Musikdramas und zum idealen Medium des Ideentransfers im Gesamtkunstwerk. »Die Welt offen zu halten«[330], den Mythos von Generation zu Generation immer wieder neu zu erzählen und ihn so zugleich den sich verändernden gesellschaftlichen Bedingungen anzupassen, im Identischen den Wandel zu ermöglichen und im Wandel das Identische festzuhalten – diese einzigartige Leistung des Mythos: Tradition und Fortschritt gleichzeitig in sich aufzunehmen und zu synthetisieren, ist die Voraussetzung für jene dauerhafte Aktualität des Musikdramas, die Wagner von Anfang an anstrebte. Denn nur durch die Rezeptionsleistung des Zuschauers und Zuhörers, die angewiesen bleibt auf die je eigenen Erfahrungs- und Wissensbestände als grundlegende Bedingungen einer angemessenen Aufnahme des auf der Bühne Gebotenen, erhält die mythische Erzählung ihren Platz im Leben. »Nicht der Ursprung des Mythos, die ursprüngliche Fassung der mythischen Erzählung, der Urmythos also, ... ist von Interesse, sondern die Fülle seiner Ausgestaltungen und Forterzählungen. Am Anfang mag ein mythischer Kern stehen, der irgendwo und irgendwann ... aus dem Dunkel der Geschichte hervortritt, aber er ist sogleich, kaum daß er hervorgetreten ist, in vielerlei Erzählungen nuanciert und in zahlreichen bildlichen Darstellungen differenziert worden«[331]. So wird der Mythos zur Selbstauslegung derer, die ihn erzählen, wie derer, die ihn hören – eine doppelte Ebene der Rezeption ist hier bezeichnet, die zugleich eine der wohl entscheidenden Begründungen dafür abgibt, daß der Begriff der ›Werktreue‹ im Sinne der Wiederholung des Immergleichen bei Wagner keinen Platz haben kann, sondern einzig angemessen nur jene Inszenierungen sein können, die den Variationscharakter des ›mythischen Kerns‹ betonen.

Wagner verbindet nun – und dies ist für ihn ein ganz entscheidender, durch die Gesellschaftstheorien der radikalen Linken geprägter Gesichtspunkt – die Ausdeutungsfähigkeit des Mythos mit dem Gedanken einer kollektiven Selbstinterpretation des Volkes. Für Wagner ist das Volk der kollektive Dichter des Mythos, und dieses Volk legt sich im selbstgedichteten Mythos die Welt zurecht und verleiht damit seinem eigenen sozialen wie individuellen Dasein eine je eigene Bedeutung. Der ›Dichter‹ Wagner deutet indessen nur die vorliegenden Mythen, nicht im Sinne einer Realitätsbeschreibung, etwa der Identifizierung von mythischen und wirkli-

328 Hans Blumenberg, Arbeit am Mythos, Frankfurt/M. 1979, S. 40.
329 Richard Wagner, Oper und Drama, in: GSD, Bd. 4, S. 31.
330 Mircea Eliade, Mythos und Wirklichkeit, S. 137 ff.
331 Herfried Münkler, Odysseus und Kassandra. Politik im Mythos, Frankfurt/M. 1990, S. 8.

chen Vorgängen, sondern im Sinne der Repräsentation jener im Mythos gespiegelten Lebenswelten, die in den realen sozialen Gemeinschaften ja immer im Plural vorkommen: »Im Mythos erfaßt die gemeinsame Dichtungskraft des Volkes die Erscheinungen gerade nur noch so, wie sie das leibliche Auge zu sehen vermag, nicht wie sie an sich wirklich sind«[332], heißt es an einer zentralen Stelle von *Oper und Drama*, und dies bedeutet auch: die mythische Erzählung spielt von Anfang an auf einer eigenen Realitätsebene. Im Mythos, so wäre Wagner wohl zu verstehen, vollzieht sich in sinnlicher Weise die Ästhetisierung alltäglicher Erfahrungen, identifizieren Zuschauer und Zuhörer in der stilisierenden Struktur der mythischen Erzählung ihre individuellen wie kollektiven Erfahrungen. »Gott und Götter sind die ersten Schöpfungen der menschlichen Dichtungskraft: in ihnen stellt sich der Mensch das Wesen der natürlichen Erscheinungen als von einer Ursache hergeleitet dar; als diese Ursache begreift er aber unwillkürlich nichts Anderes, als sein eigenes menschliches Wesen, in welchem diese gedichtete Ursache auch einzig nur begründet ist«[333].

Das ist jener von Feuerbach übernommene Projektionsmechanismus, wonach das göttliche Wesen nichts anderes ist als das menschliche, freilich: »gereinigt, befreit von den Schranken des individuellen Menschen, verobjektiviert«[334], in seinen göttlichen Bestimmungen denen des Menschen gleich. Wagner wendet diese Projektion ins Ästhetische und erreicht dadurch jenen verfremdenden Effekt, durch den der Mythos sich so weit vom realen Leben in Distanz setzen läßt, daß sich mit ihm ein kritisches Potential verbinden kann. Denn für Wagner ist der Mythos keineswegs eine voraufklärerische Form der Weltdeutung; er trennt sehr scharf zwischen Mythologie und Mythos, zwischen einer romantischen Vorstellung von märchenhaften, auf die graue Vorzeit verweisenden Erzählungen und jenen im Mythos vorgestellten archetpyischen Ereignissen, die – weil sie sich auf Ursituationen beziehen – einer jederzeitigen Aktualisierung und Geltung zugänglich sind. Daß der Mythos nicht aufklärungsfeindlich ist, darin stimmen auch moderne Autoren mit Wagner überein. Die gelegentlich anzutreffende Vorstellung, der Mythos spiegele das »Welt- und Selbstverständnis des Menschen auf einer relativ niedrigen Stufe der Entwicklung«[335], widerspricht jenen inzwischen weithin gefestigten Positionen der heutigen Forschung, die bestätigen, daß dem Mythos eine ebenso einleuchtende innere strukturelle Stimmigkeit und Plausibilität eignet, wie dem durch die modernen Wissenschaften geprägten Weltverständnis. Daß sich Aufklärung selbst des Mythos zum Zwecke der Aufklärung bedient hat, ist überdies eine Pointe, die spätestens seit Adornos und Horkheimers *Dialektik der Aufklärung*[336] den Mythos endgültig vom

332 Richard Wagner, Oper und Drama, in: GSD, Bd. 4, S. 31.

333 Ebenda.

334 Ludwig Feuerbach, Das Wesen des Christentums, S. 48 f.

335 Fritz Jürß, Vom Mythos der alten Griechen. Deutungen und Erzählungen, Leipzig 1988, S. 8.

336 Max Horkheimer/Theodor W. Adorno, Dialektik der Aufklärung, Amsterdam 1947; ebenso in: Theodor W. Adorno, Gesammelte Schriften, Bd. 3, Frankfurt/M. 1981 und in: Max Horkheimer, Gesammelte Schriften, Bd. 5, Frankfurt/M. 1987.

Vorwurf der Primitivität jener frühen Ethnologen befreit hat, die damit zugleich die Überlegenheit der wissenschaftlich geprägten Zivilisation verteidigen wollten[337].

So gesehen ist die von Wagner getroffene Bestimmung des Mythos von ungebrochener Aktualität. Der Mythos ist ihm, bezogen auf das Musikdrama, jene Weltdeutungserzählung, die über die Anschauung des sinnlich Faßbaren und deren Verdichtung zu Bildern gelangt, die ihrerseits wiederum als Chiffren eines komplexen Gesamtzusammenhangs vom Zuschauer und Zuhörer aufgenommen werden sollen. »Gefühlswerdung des Verstandes« setzt – in diesem Zusammenhang – die Verstandesleistung selbst voraus, bevor diese dem Gefühl übereignet werden darf, denn die mythische Erzählung und ihre bildhafte Umsetzung sind zunächst einmal rezeptive Verstandestätigkeiten, die erst in einem zweiten Schritt ins Gefühl transportiert und dort emotiv adaptiert werden. Wagner hat den komplizierten Mechanismus der Mythenbildung und ihrer Rezeption keineswegs vereinfacht, sondern vielmehr in seiner vollen Komplexität zu beschreiben versucht. Er hat darauf verwiesen, daß das Volk sich durch eigene Kreativität und Phantasie »den Zusammenhang der mannigfaltigsten Erscheinungen« verdeutlicht, also eine intellektuelle und synthetisierende Leistung vollbringt, die ihrerseits selbst wiederum Voraussetzung für jene Selbsterkenntnis ist, die als die Bedingung einer möglichen Gemeinschaftsidentität bezeichnet werden kann. Im Mythos legt so sich die Politik in ihrer symbolischen Dimension aus, und umgekehrt kann mit mythischen Symbolen auch Politik betrieben werden[338].

Wagners Mythos ist freilich sein eigener, sein von ihm selbst aus vorgefundenen Mythen und Sagen zusammengestellter, neu und eigenwillig erzählter Mythos. Dieser Mythos läßt sich als ein Kunst-Mythos verstehen, weil er unter zwei Gesichtspunkten entworfen ist, denen die überlieferten klassischen Mythen naturgemäß nicht genügen müssen: zum einen ist die Genese und Struktur dieses Mythos auf die ästhetischen Forderungen des Musikdramas bezogen, zum anderen verdankt er sich nicht dem Volk, sondern seinem Schöpfer Wagner und ist daher ein ›künstliches‹ Produkt. Beides setzt ihn notwendigerweise von den historisch überlieferten Kollektiv-Mythen bewußt ab und richtet ihn ganz auf das Theater und seine Erfordernisse aus. »Ich beabsichtige *meinen* Mythos in drei vollständigen Dramen vorzuführen, denen ein großes Vorspiel vorauszugehen hat«[339], schreibt Wagner 1851, und macht damit unzweifelhaft klar, daß die Ideen, die das Musikdrama zu ›vergegenwärtigen‹ hat, seine eigenen Ideen sind[340]. Aber dieser eigene Kunstmythos, der

337 Vgl. dazu auch Hans Robert Jauss (Hg), Mythen des Anfangs. Die geheime Sehnsucht der Aufklärung, in: Peter Kemper (Hg), Macht des Mythos, S. 53 ff.

338 Vgl. als ein historisches Beispiel Andreas Dörner, Politischer Mythos und symbolische Politik. Der Hermannmythos: zur Entstehung des Nationalbewußtseins der Deutschen, Reinbek bei Hamburg 1996, bes. S. 22 ff.

339 Richard Wagner, Eine Mittheilung an meine Freunde, in: GSD, Bd. 4, S. 343.

340 Der Einwand von Wilberg, es handele sich nicht um einen Kunstmythos, weil Wagner »nur die von ihm geleistete Remythisierung als eben solche für sich reklamiert«, verkennt, daß genau diese individuelle Konstruktionsleistung Wagners eigene Mythen von denen einer kollektiv erzeugten

mythische Vorlagen und Erzählungen aufgreift, sie theaterwirksam verändert und komprimiert, der daraus etwas Neues erwachsen läßt, was dem musikdramatischen Konzept entspricht, gehorcht unabhängig von seiner funktionalen Bestimmung prinzipiell denselben Gesetzen wie die historisch überlieferten Mythen, weil auch der Mythenbildner sich den Gesetzen des Mythos nicht zu entziehen vermag. »Tritt der Künstler als Gewährsmann des Mythos auf, ... so muß er, was er stiften will, schon voraussetzen. Wäre er nichts als Künstler, so wäre es um seine Autorität schlecht bestellt«[341]. Es ist dieses wechselseitige Bedingungsverhältnis, das Wagner dazu führt, Mythos und Volk auch in Hinsicht auf seinen eigenen Kunst-Mythos zumindest ideell zusammenzudenken und den Dichter als jenen zu verstehen, der gleichsam nur noch benennt, was im Volk offen zutage liegt, auch wenn seine faktische Mythenproduktion anderen Gesetzen gehorcht.

Wagners Kunstmythos unterscheidet sich allerdings in einem nicht unwichtigen Punkte vom klassischen Mythos: er ist primär Sozialmythos[342] in dem Sinne, daß sich in ihm die Probleme der modernen Gesellschaft reflektieren. Der Wagnersche Mythos zielt im Anschluß an die Philosophie Feuerbachs darauf ab, das ›Reinmenschliche‹ – als Wesensgehalt der menschlichen Existenz – darzustellen und zu akzentuieren, und dies wiederum setzt voraus, daß die Natur im Mythos selbst nicht mythisch begriffen werden kann. Denn das Reinmenschliche bezeichnet zwar die Übereinstimmung des Menschen mit der Natur, aber es meint nicht die Rückkehr des Menschen in einen bewußtlosen Zusammenhang mit der Natur und seine hilflose Auslieferung an diese, sondern setzt einen reflexiven Prozeß der Annäherung und Vereinigung voraus. Wenn gegen diese These eingewandt worden ist, »daß das Reinmenschliche bei Wagner selbst ein mythischer Begriff ist, weil er nicht die Emanzipation des Menschen von der Natur, sondern umgekehrt die bewußte Reintegration in deren schicksalhafte Wirkungszusammenhänge zur Grundlage hat«[343], so verkennt dieser Einwand die auch bei Wagner fundamentale Differenz zwischen der menschlichen und der nicht-menschlichen Natur. Da die Menschen, wie Wagner meint, »durch die Erfahrung über das Wesen der Natur aufgeklärt sind«[344], können sie hinter diese Erfahrung kaum mehr zurück. Daraus folgt aber auch, daß im Mythos die Natur zwar mit dem Menschen wieder zusammengeführt werden soll, diese Zusammenführung aber nicht das Aufgehen des einen im anderen meint. Die ›Rückkehr des Menschen zur Natur‹ als Konse-

Mythenproduktion unterscheiden. Insoweit sind Wagners Mythen auch dezidiert einem modernen Kunstverständnis verpflichtet, weil sie sich der für die Moderne konstitutiven Verbindung von individuellem Künstler und dem von ihm geschaffenen Kunstwerk verdanken. Petra-Hildegard Wilberg, Richard Wagners mythische Welt, S. 326 ff.

341 Gert Mattenklott, Wen interessieren heute Göttergeschichten?, in: Peter Kemper (Hg), Macht des Mythos, S. 29.

342 Herbert Schnädelbach, ›Ring‹ und ›Mythos‹, in: Udo Bermbach (Hg), In den Trümmern der eignen Welt, Berlin/Hamburg 1989, S. 145 ff., bes. S. 152.

343 Petra-Hildegard Wilberg, Richard Wagners mythische Welt, S. 328.

344 Richard Wagner, Oper und Drama, in: GSD, Bd. 4, S. 85.

quenz einer reflexiven Leistung wischt keineswegs die Differenzen zwischen beiden beiseite. Im Unterschied zum klassischen Mythos ist die Natur in Wagners Mythen daher auch kein selbst handelndes Subjekt, bedarf sie keiner auf Handlung verweisenden Repräsentation, sondern bildet lediglich den Hintergrund und Handlungsrahmen, auf dem und in dem sich die handelnden Personen: Götter, Riesen, Menschen, Zwerge, Lebendige wie Scheintote bewegen. Nur deshalb kann etwa im *Ring* die Natur schon präsent sein, bevor die erste Handlung überhaupt beginnt, und sie kann präsent bleiben, wenngleich als eine zerstörte, wenn am Ende alle Handelnden von der Bühne abgetreten sind[345].

In der Konstruktion und Intention von Wagners Kunstmythos liegt zugleich auch ein Ausgangspunkt für jene kritische Leistung, die Wagner seinen mythischen Erzählungen aufbürdet. Denn die Natur kehrt – wie Wagner in einem komplizierten Gedankengang suggeriert – über den Weg ihrer Mystifzierung und der daran anschließenden rationalistischen Aneignung im Kunstmythos selbst am Ende zu einem gleichsam geläutert-naiven Selbstbild zurück. Mit ihm verbindet sich die Hoffnung, die Identität von Mensch und Natur werde sich auf einer höheren, durch Reflexion hindurchgegangenen Stufe wiederherstellen lassen, auch wenn die alte Unversehrtheit beider unwiderruflich verloren ist. Dabei handelt es sich allerdings um eine Identität von Mensch und Natur, die – wenn sie denn gelänge – nur scheinbar naiv wäre, weil sie über die reflexiven Voraussetzungen ihres Zustandekommens und Gelingens ja Bescheid weiß und die ihr vorausliegende Entwicklung kennt. Es ist ein doppelter Prozeß, den Wagner hier in seinem Mythos verfolgt und den er vorschlägt: zum einen die Loslösung vom mythischen Naturverständnis ebenso wie von einer bloß wissenschaftlichen, die »reale Wirklichkeit … in ihre einzelnsten Teile«[346] zersetzenden, d.h. analysierenden Verstandestätigkeit; zum anderen deren Überwindung dadurch, daß der Mensch sich wieder als Teil der Natur verstehen lernt, daß er »in der Natur ein teilnehmendes Wesen«[347] erkennt. Gesellschaftstheoretisch gesehen sind solche Hoffnungen die erneute Einforderung der Aufhebung von Entfremdung, wie Wagner sie in seinen politischen Schriften stetig fordert. Hier formuliert er diese gesellschaftskritische Absicht nun im Medium des Mythos, in der mythischen Erzählung, indem er sein Bild einer unbeschädigter Natur mit dem des beschädigten modernen Menschen konfrontiert. Und weil sein Kunstmythos zugleich auch Sozialmythos ist, wird die Konfrontation eines heilen Naturzustandes

345 Wenn Wilberg dagegen meint, mit den Rheintöchtern, Erda, Loge und dem Waldvogel sei die Natur im Ring direkt repräsentiert, so übersieht dies die Abhängigkeitsbeziehungen, die zwischen diesen Figuren und Wotan bestehen. Mit anderen Worten: gerade an deren Verhalten läßt sich die Dominanz des Menschen gegenüber der Natur ablesen. Das gilt nicht für die Riesen, die Wilberg ebenfalls als Repräsentanten der Natur betrachtet, was sich mit guten Gründen bestreiten läßt, etwa mit der Tatsache, daß sie ihre Arbeitskraft verkaufen, also Arbeitern ähneln, nicht Naturwesen. Petra-Hildegard Wilberg, Richard Wagners mythische Welt, S. 329 ff.

346 Richard Wagner, Oper und Drama, in: GSD, Bd. 4, S. 86.

347 Ebenda.

mit den Narben der Geschichte, die der Mensch im Laufe der Jahrhunderte hinterlassen hat, überhaupt erst als Konfrontation erkennbar.

Deutlich wird dieser Zusammenhang von Mythos und Sozial- wie Politikbezug am Beispiel des Ödipus-Mythos, mit dem Wagner sich ausführlich beschäftigt und den er einer eigenwilligen, ganz von den Erfordernissen seines Musikdramas her gedachten Interpretation unterzieht. Die Tat des Ödipus, seine Beziehungen zur eigenen Mutter, erscheinen Wagner »als nach der natürlichen Unwillkür des rein menschlichen Individuums gehandelt«[348], was heißt, daß sie unter den Gesichtspunkten einer natürlichen, also gesellschaftlich unverbildeten und nicht entfremdeten Moral gerechtfertigt werden können. Erst im bestehenden sozialen Kontext, in der Verfestigung der »gewohnten Beziehungen«[349], der gesellschaftlich sanktionierten Verhaltensnormen also, erweisen sie sich als abstoßend und verfallen dem sozialen Verdikt. Es ist die mythische Erzählung, die hier die Aufmerksamkeit auf den durch die Gesellschaft, durch ihre eingeregelten Normen und stabilisierten Rollen und Institutionen entfremdeten Gegenseitigkeitsbezug von Natur einerseits, Individuum und Gesellschaft andererseits lenkt. Darin besteht für Wagner die aufklärerische Funktion des Mythos, die dieser alleine – als eine Erzählung, die keiner konkreten geschichtlichen Zeit zugeordnet werden kann und deshalb das Immerwiederkehrende vorstellt – noch übernehmen kann, nachdem alle Vernunfthoffnungen der Moderne gescheitert sind.

Aus dieser von Wagner immer wieder apostrophierten Aufklärungskraft erwächst dem Mythos im Musikdrama zugleich eine utopische Kraft und Funktion. Die These, wonach zur Erklärung der gesellschaftlichen Gegenwart nur zwischen Geschichtsschreibung und Theoriebildung zu wählen sei[350], erweist sich aus der Perspektive des Wagnerschen Konzeptes als falsch. Denn sie verkennt die durch die kritische Leistung des Mythos in Gang gesetzte utopische Dimension, die Wagner durch seine Funktionsbestimmung des Mythos für diesen gewinnt. Im Drama wissend zu werden, ist auch eine Konsequenz jener integrativen Kraft, die im und durch den Mythos zur Kritik überwindenden Synthese der Widersprüche führen soll, weil der Mythos zwischen Geschichtsschreibung und Theorie auf einer dritten Ebene angesiedelt ist. In *Oper und Drama* spricht Wagner dort, wo er die besondere Fähigkeit des Mythos hervorhebt, »dem Verlangen nach faßbarer Darstellung der Erscheinungen, somit dem sehnsüchtigen Wunsche, sich und sein eigenstes Wesen … selbst in dem dargestellten Gegenstande wieder zu erkennen, ja überhaupt erst zu erkennen«[351], vollkommen zu entsprechen, in einer plötzlichen Wendung überraschenderweise davon, daß eben dies zugleich auch die Bestimmung der Kunst sei: »Die Kunst ist ihrer Bedeutung nach nichts Anderes, als die Erfüllung des Verlangens, in einem dargestellten bewunderten oder geliebten Gegenstand sich selbst zu erken-

348 Ebenda, S. 57.

349 Ebenda, S. 56.

350 Herbert Schnädelbach, ›Ring‹ und ›Mythos‹, S. 158.

351 Richard Wagner, Oper und Drama, in: GSD, Bd. 4; S. 32.

nen, sich in den, durch ihre Darstellung bewältigten Erscheinungen der Außenwelt wieder zu finden«[352].

Was Wagner hier formuliert, ist – modern gesprochen – der Gedanke der Selbstreferentialität der Kunst, der als eine seiner ästhetischen Grundüberzeugung gelten kann und der wesentlich das ästhetische Konzept des *Parsifal* bestimmt[353]. Selbstreferentialität von Kunst meint hier, daß das Kunstwerk insoweit auf sich selbst verweist, als es primär als ein ästhetisches Produkt wirken will. Daraus ergeben sich zwei wichtige Folgerungen: zum einen kann solche Selbstreferentialität dazu führen, daß das Kunstwerk inhaltlich nicht eindeutig festgelegt ist, sondern der immer erneuten Interpretation bedarf, wobei in solche Interpretationen die Geschichte der Interpretationen selbst mit einzubeziehen ist. Das korrespondiert mit der Tatsache, daß der Mythos ebenfalls nicht ein für allemal festgelegt ist, sondern daß sein narrativer Kern stets auslegungsfähig und auslegungsbedürftig ist. Zum anderen schaffen solche Auslegungsfähigkeit und Auslegungsbedürftigkeit eine eigene Realitätsebene, die aus einer anderen Perspektive – über die noch zu reden sein wird – als »Sakralisierung der Kunst«[354] bezeichnet worden ist. Diese beiden Folgerungen, die im Grunde Implikationen von Wagners Kunstbegriff sind, sind entscheidend für die Überlegung, daß sich das Konzept des Musikdramas und seine Erweiterung im Gesamtkunstwerk einer politischen Ästhetik verdankt, die ihrerseits aus der Kritik der bürgerlichen Gesellschaft erwachsen ist.

In der Möglichkeit, die eigene Gegenwart chiffriert im Mythos zu situieren und umgekehrt durch die Dechiffrierung mythologischer Allegorien zugleich Aufklärung über die eigene individuelle wie gesellschaftliche Situation zu gewinnen, liegt für Wagner die Faszination des Mythos, liegt aber auch dessen universaler und gesellschaftskritischer Anspruch. Nur dadurch, daß der Mythos sich als ein Kunstmythos auf die je eigene Gegenwart umstandslos beziehen läßt, kann er die ihm zugemessene Aufgabe einer ›Vergegenwärtigung‹ der musikdramatischen Handlung überhaupt leisten. In dieser Leistung, in der die durch Interpretation wie Rezeption je unterschiedliche Aktualisierung der mythischen Erzählung möglich werden, erfüllt der Mythos für das Musikdrama ein formal wie inhaltlich zentrale Funktion: in ihm verdichtet und kristallisiert sich die dramatische Idee dessen, was sich auf der Bühne ereignet, eine Idee, die sich von den konkreten Handlungen abstrahieren und in einem Konzept komprimieren läßt. Solche konzeptuelle Komprimierung gibt gleichsam die Richtschnur einer angemessenen Rezeption ab, die sich parallel denken läßt mit den normativen Orientierungen, die der gesellschaftlichen Ordnung zugrunde liegen. So wie alle normativen Werte in Gesellschaften in Institutionen und Verhaltensmodi umgesetzt werden müssen, um die ›Idee‹ einer Gesellschaft – etwa als einer demokratischen – deutlich und wirklich werden zu lassen, so

352 Ebenda, S. 32 f.

353 Udo Bermbach, ›Blühendes Leid‹, S. 290 ff.

354 Stefan Kunze, Der Kunstbegriff Richard Wagners, Regensburg 1983, S. 65 ff.

müssen die dramatischen Ideen des Mythos und Akteure und Handlungen sich umsetzen, um auf der Bühne Leben zu gewinnen, vom Publikum verstanden und dann auch in aktuelle Bezüge gebracht werden zu können. In dieser Parallelisierung von Mythos und Gesellschaft haben Begriff und Funktion des Mythos innerhalb des Wagnerschen Konzeptes des Musikdramas, auch des Gesamtkunstwerks, eine parallele Struktur zu Begriff und Funktion normativer Orientierungen moderner Gesellschaften, die häufig in Gestalt von Zivilreligionen auftreten, als quasi-religiös akzeptierte Grundwerte, die nicht zur Disposition stehen. Anders formuliert: die Idee des Mythos ist in Wagners Musikdrama dessen ›religion civil‹ – eine These, mit der die gesellschaftstheoretischen Implikationen der Ästhetik Wagners an einem Kernstück seiner ästhetischen Konzeption hervorgehoben werden sollen.

Daß der Mythos im Gesamtkunstwerk auch als eine ›religion civile‹ fungiert, mag als eine überraschende Verbindung erscheinen, aber sie stellt sich dann zwanglos her, wenn an jene permanente Analogien von Kunst und Gesellschaft: in ihrer negativen Perspektive von Oper und bürgerlicher Gesellschaft, in ihrer positiven von Musikdrama und zukünftiger Gesellschaft, erinnert werden, die Wagner selbst in seinen ›Zürcher Schriften‹ ständig zieht und wiederholt. Da auch das Musikdrama seiner konzeptionellen Struktur nach – Synthese aller Künste – bereits auf die zukünftige Gesellschaft verweist und sich erst in ihr voll entfalten kann, da der Mythos als Medium musikdramatischer Vergegenwärtigung in diesem Musikdrama als dem ›Kunstwerk der Zukunft‹ eine besonders prominente Funktion übernimmt, ist diese hier behauptete Parallelität zu dem, was in modernen Gesellschaften an verbindlichen normativen Sinnorientierungen vorhanden ist, keineswegs weit hergeholt; es ist vielmehr eine Parallele, die sich geradezu aufdrängt. Um diesen Zusammenhang zu verdeutlichen und etwas genauer zu belegen, soll im folgenden erläutert kurz werden, was unter Zivilreligion in Staat und Gesellschaft verstanden wird.

Der Staat der Moderne ist wesentlich dadurch gekennzeichnet, daß er sich als weltanschaulich neutraler Staat versteht[355]. Er ist hervorgegangen aus den Religionskriegen des 16. und 17. Jahrhunderts, und die blutige Erfahrung von aufeinander prallenden, kompromißunfähigen Parteien weckte sehr rasch das zentrale Bedürfnis neuzeitlicher Staatstheoretiker wie politischer Akteure, die staatlichen Institutionen und die darauf gegründete politische Ordnung aus fundamentalen weltanschaulich-religiösen Konflikten herauszuhalten. Denn es war offensichtlich, daß die ideologi-

355 Vgl. zum folgenden einführend Udo Bermbach, Widerstandsrecht, Souveränität, Kirche und Staat: Frankreich und Spanien im 16. Jahrhundert, in: Iring Fetscher und Herfried Münkler (Hg), Pipers Handbuch der politischen Ideen, München/Zürich 1985, Bd. 3, S. 101 ff. (mit ausführlichen Literaturhinweisen); Carl Schmitt, Politische Theologie. Vier Kapitel zur Lehre von der Souveränität, Berlin 1922; Erich Hassinger, Religiöse Toleranz im 16. Jahrhundert. Motive, Argumente, Formen der Verwirklichung, Basel/Stuttgart 1966; Helmut Quaritsch, Staat und Souveränität, Frankfurt/M. 1970; Ernst-Wolfgang Böckenförde, Die Entstehung des Staates als Vorgang der Säkularisation, in: derselbe, Staat, Gesellschaft, Freiheit. Studien zur Staatstheorie und zum Verfassungsrecht, Frankfurt/M. 1976.

sche Aufladung der Politik etwa durch eine religiös einseitige Orientierung diese Politik auf Wahrheitsansprüche festlegen mußte, die für die rivalisierenden Religionen nicht diskutierbar und nicht kompromißfähig waren. Also bedrohten solche Wahrheitsansprüche eine auf Konfliktschlichtung hin angelegte Politik und mußten folglich abgewiesen werden. Der sich herausbildende moderne Staat erzwang somit religiöse Toleranz gegenüber allen Glaubensüberzeugungen, er gründete sich auf eine Verfassung, die in der Theorie als ein Vertrag aller mit allen verstanden wurde, und suchte sich so von konkurrierenden und unversöhnlichen Ideologieansprüchen freizuhalten. Solche Ansprüche wurden ins Private abgedrängt, so daß es in der Politik nicht mehr um die Durchsetzung von ›Wahrheiten‹ ging, sondern um Möglichkeiten der Einigung innerhalb einer staatlichen Gemeinschaft, deren Bürger privat unterschiedlichen Überzeugungen anhingen. Politik wurde damit von Wahrheitsansprüchen entkoppelt. Die großen politischen Denker des Staates der frühen Neuzeit, die Theoretiker des 17. und 18. Jahrhunderts, haben immer wieder intensiv darüber nachgedacht, wie diese weltanschauliche Neutralisierung des Staates – und damit seine Stabilisierung jenseits ideologischer Interessen – auf Dauer gelingen und sichergestellt werden könne, wie also ein Pluralismus privater Überzeugungen zu garantieren sei, der doch zugleich die notwendige Einheit staatlichen Handelns und dessen Orientierung an den Zielen des Gemeinwesens nicht gefährden konnte. Noch einmal anders formuliert: mit der Entwicklung und Entfaltung des modernen bürgerlich-liberalen Staates stellte sich die Frage, worauf die Bürger dieses Staates und seiner Gesellschaft sich noch normativ zu einigen vermochten, welches ihre gemeinsame Wertbasis sei und wie diese hergestellt und bewahrt werden könne.

Es sind dies zentrale Fragen der Staatstheorie bis heute, und ihre politische Sprengkraft wie ihre fundamentale Bedeutung für die Existenz des Staates ist früh erkannt, formuliert und beantwortet worden. Das Nachdenken über die ›vorpolitischen Grundlagen politischer Ordnung‹[356], das die Debatten der politischen Theorie von je stark bestimmte, führte am Ende zu der Überlegung, in einer ›Minimalreligion‹ quasi-religiöse Grundwerte so allgemein zu formulieren, daß alle Bürger, welchem Bekenntnis sie auch immer zugehörten, sich zwanglos darauf verständigen können sollten. Denn in solcher ›Minimalreligion‹ sollte die detaillierte Auslegung private Angelegenheit jedes Einzelnen bleiben, ihm alleine vorbehalten. Wohl einer der ersten, der mit einem solchen Vorschlag hervortrat und zugleich einer der auch heute noch bedeutendsten Theoretiker des modernen Staates, der im 17. Jahrhundert lebende Engländer Thomas Hobbes, formulierte diese Minimalkonzeption für sein Staatskonzept des *Leviathan* in dem knappen Satz: »Jesus is the Christ«[357]. Er

356 Vgl. dazu Herfried Münkler (Hg), Bürgerreligion und Bürgertugend. Debatten über die vorpolitischen Grundlagen politischer Ordnung, Baden-Baden 1996

357 Thomas Hobbes, Vom Menschen Vom Bürger (De Cive), eingeleitet und herausgegeben von Günter Gawlick, 18. Kapitel ›Von dem zum Eintritt in das himmlische Reich Erforderlichen‹, Absatz 4 und 5. Die zentrale Stelle lautet: »Um das Wesen des christlichen Glaubens zu verstehen, ist der Glaube im allgemeinen zu definieren …« (S. 313). Und dann fährt Hobbes fort: »Deshalb besteht der Glaube an Christus nur darin, daß man Jesus glaubt, der da sagt, er sei der Christus. …

meinte damit, daß es innerhalb einer Gesellschaft, deren Mitglieder sich alle als Christen verstehen, wenngleich sie jeweils unterschiedlichen Bekenntnissen angehören, genügen müsse, diesen Fundamentalsatz, der von niemandem bestritten werde, als die Grundlage eines allgemeinen Werteverständnisses zu akzeptieren. Wer Christ sei, so glaubte Hobbes, könne sich der Wahrheit dieses Satzes nicht verweigern, er müsse ihn bekennen, aber zugleich sei auch mehr von ihm nicht gefordert. Ganz ähnlich hat Wagner später gefragt, ob es des »ungeheuren allegorischen Ausschmuckes« bedürfe, »mit welchem bisher noch alle Religionen ... bis zur Fratzenhaftigkeit entstellt wurden«[358], und er hat dafür plädiert, sich auf die christlichen Kernbestände, auf die »Einheit alles Lebenden«[359] zu beschränken. Zugrunde liegt dem die Überzeugung, daß jede weitere Ausdeutung des christlichen Glaubens den Staat nichts angehe, nichts angehen dürfe, solange jedenfalls, wie die öffentliche Loyalität der Bürger zur staatlichen Ordnung und zu den politischen Institutionen nicht negativ betroffen sei, die gesellschaftlichen und staatlichen Legitimationsgrundlagen also nicht problematisch würden.

Es war Jean-Jacques Rousseau, der im 18. Jahrhundert, einige Jahre vor der Französischen Revolution, die Frage nach der normativen Basis moderner Gesellschaften im Angesicht des auseinanderbrechenden Feudalsystems Frankreichs erneut und mit aller Schärfe stellte. In seinem gesellschaftstheoretischen Hauptwerk, dem *Contrat social* von 1762, beschreibt er die Unzulänglichkeiten eines Gemeinwesens, das sich auf bloß partikulare Interessen und Meinungen stützt, dem Eigennutz der Einzelnen hilflos ausgeliefert, weil unfähig, einen normativen Konsens aller herzustellen. Angesichts des Autoritätsmißbrauchs und des daraus resultierenden Autoritätsverfalls christlicher Kirchen entwickelte Rousseau – hier Wagners späterer Argumentation in manchem vergleichbar und ähnlich – eine äußerst kritische Haltung gegenüber dem institutionalisierten Christentum und meinte, die Kirche sei nicht mehr in der Lage, allgemeine Wertorientierungen zu vermitteln. Denn die Moral des öffentlichen Lebens, die Basis einer die Gesellschaft verbindenden, gemeinsamen Werteordnung könne nur durch die Gesellschaft selbst dauerhaft garantiert werden und sei deshalb auch die Sache aller Bürger. Folgerichtig schlägt Rousseau eine ›religion civile‹ vor, ein Zivilreligion, die als Religion der Bürger, anders formuliert: als eine öffentlich akzeptierte und durchgesetzte Gesellschaftsmoral fungieren sollte. Er orientierte sich mit diesem Vorschlag – und auch das verweist auf Wagner, dessen politisch-ästhetisches Denken vielfach in der Tradition des politischen und kulturkritischen Rousseauismus steht – an der griechischen Polis, in der Politik, Moral und Kult noch eins waren. Im *Contrat social* heißt es: »Die Dogmen der bürgerlichen Religion müssen einfach, gering an Zahl und klar ausgedrückt sein, ohne Erklärungen und Erläuterungen. Die Existenz der allmächtigen, allwis-

Ich behaupte, daß neben dem Satze, daß Jesus der Christus sei, kein weiterer Satz für das Heil des Christenmenschen nötig ist«. (S. 317 f.).

358 Richard Wagner, Religion und Kunst, in: GSD Bd. 10, S. 247. Vgl. dazu auch S. 314 ff.

359 Ebenda, S. 224.

senden, wohltätigen, vorhersehenden und sorgenden Gottheit, das zukünftige Leben, das Glück der Gerechten und die Bestrafung der Bösen sowie die Heiligkeit des Gesellschaftsvertrags und der Gesetze – das sind die positiven Dogmen. Was die negativen Dogmen anbelangt, so beschränke ich sie auf ein einziges: die Intoleranz; sie gehört jenen Kulten an, die wir ausgeschlossen haben«[360].

Die Absicht Rousseaus war eindeutig: angesichts der modernen Entzweiung von Politik und Ethik, von Gesellschaft und öffentlicher Moral hoffte er, durch die verbindliche Formulierung einiger weniger Glaubensgrundsätze, die sich infolge ihrer methaphysischen Verankerung jeglicher konkreten Kritik entzogen, die aber auch nicht institutionell, etwa durch Kirchen, verwaltet werden sollten, jene normativen Fundamente des Gemeinwesens ausweisen zu können, die dessen dauerhafte Stabilität verbürgen konnten. Man muß auch diese Form der Zivilreligion – wie den Wagnerschen Kunstbegriff – als selbstreferentiell verstehen: denn es handelt sich um eine Selbstverpflichtung der Bürger auf einige Werte, von denen unterstellt wurde, daß die Bürger selbst sie als Grundlage und Grundsätze ihrer Gesellschaft und ihres Staates wünschten. Und dies vor allem deshalb, weil erst durch deren unbefragte Geltung die individuelle Wahl und Freiheit der religiöser Überzeugungen überhaupt ermöglicht wurde. Dahinter stand die Überzeugung, daß eine inhaltliche und in jedes Detail gehende Präzisierung dessen, was unter den angegebenen Prinzipien zu verstehen sei, absichtsvoll vermieden werden mußte, um umgekehrt dem Einzelnen die Freiheit der Wahl seiner Überzeugungen im privaten Raum der Gesellschaft garantieren zu können. Das Resultat eines solchen Verfahrens ergab die Einbindung aller einzelnen Bürger in eine gemeinsam geteilte Werteordnung bei gleichzeitiger Freigabe der individuellen normativen Wahrheiten. Man kann das als eine Integration des Partikularen ins Allgemeine verstehen, die nur deshalb überhaupt gelingen kann, weil die Prinzipien dieser Integration in hohem Maße individuell ausdeutbar bleiben und lediglich in ihrer quasi-religiös überhöhten Symbolik die Idee einer einheitlichen normativen Orientierung repräsentieren – die Analogie zu Wagners Bestimmung des Mythos im Musikdrama, seiner immer erneuten Ausdeutbarkeit bei gleichzeitiger Bewahrung des mythischen Kerns, ist offenkundig.

Im Unterschied allerdings zu Rousseaus Überzeugung, wonach die Inhalte der Zivilreligion Bekenntnischarakter haben, ihre Glaubensinhalte also verbindlich vorgeschrieben und die Verpflichtung auf sie notfalls auch erzwungen werden soll, begnügen sich heutige Autoren damit, darauf zu verweisen, daß es unter modernen Bedingungen genügt, auf minimale Grundbestände konsensfähiger und friedensstiftender, im wesentlichen kulturell überlieferter Werte zu rekurieren[361]. Zivilreligi-

360 Jean-Jacques Rousseau, Der Gesellschaftsvertrag oder Grundsätze des Staatsrechtes, hg. von Hans Brockard, Stuttgart 1977, S. 151 (Buch 4, Kapitel 8). Dazu Maximilian Forschner, Rousseau über religion civile, in: Politik und Politeia. Formen und Probleme politischer Ordnung. Festgabe für Jürgen Gebhardt, hg. von Wolfgang Leidhold, Würzburg 2000, S. 21 ff.

361 Zur neueren Rezeption von Rousseaus Konzept einer Zivilreligion vgl. Heinz Kleger/Alois Müller, Bürgerreligion und politische Verpflichtung. Rousseaus Konzept einer ›religion civile‹, in: Archiv für Begriffsgeschichte, Bonn 1985, Bd. XXIX, S. 47 ff. Vgl. auch dieselben (Hg), Religion des

on heute ist so verstanden »Religion nach religionspolitisch vollendeter Aufklärung«[362], sie findet ihre materialen Gehalte weniger in religiösen Glaubensartikeln als vielmehr in den gemeinsamen Traditions- und Wertebeständen einer staatlich verfaßten Gesellschaft. In Grundwerten und Fundamentalüberzeugungen also, auf denen die Verfassungen moderner Gesellschaften aufruhen, ergänzt durch eine quasireligiöse Symbolik von Formeln und Gebräuchen, die eine gleichsam säkularisierte liturgische Struktur in eine ansonsten agnostische Gesellschaftsmentalität einführen: vom Amtseid hoher Politiker über den ritualisierten Ablauf von Parlamentssitzungen, von Staatsfeiertagen bis hin zum Gebrauch von Traditionssysmbolen wie dem der nationalen Flagge. Alles dies symbolisiert – Wagner würde sagen: versinnlicht – Wertebestände, die unter funktionalen Gesichtspunkten als quasi-religiöse Implikationen der vorherrschenden politischen Kultur verstanden werden können. Deren wichtigste Leistung ist es, die einzelnen Bürger über ihre privaten Präferenzen hinaus in den Rahmen einer allgemeinverbindlichen Grundüberzeugung einzubinden, sie zu integrieren. Mit Religion im ursprünglichen Sinne des Wortes haben solche Wertbestände kaum mehr etwas zu tun. Wenn sie gleichwohl als quasi-religiös bezeichnet werden können, so deshalb, weil sie zum unkontroversen Teil eines gesamtgesellschaftlichen Wertekonsenses erhoben werden, auf den alle gesellschaftlichen wie politischen Institutionen sich hinsichtlich ihrer eigenen Legitimität wie Funktionalität beziehen können, ja sogar beziehen müssen.

Um dem Problem zu entgehen, solche Wertebestände von vermeintlich vorstaatlich und anthropologisch fixierten Rechten herleiten zu müssen – was vermutlich zu einer Kontroverse darüber führen würde, inwieweit deren reale vorstaatliche Existenz angenommen und inwieweit daraus auf ihre innerstaatliche Geltung geschlossen werden kann –, gehen avancierte gesellschaftliche und politische Theorien davon aus, daß die Berufung auf solche Werte die reale Existenz dieser Werte selbst nur unterstellen, sie aber nicht unbedingt als empirisch existent behaupten will: »Die Realität dieser Voraussetzung ist nicht die eines empirischen Konsenses, sondern die einer laufend in Anspruch genommenen Prämisse«[363]. Mit anderen Worten: moderne Gesellschaften verhalten sich so, als gebe es in ihnen einen fundamentalen und generell akzeptierten Wertekonsens, aber dies bleibt gewissermaßen eine Fiktion – freilich eine, die einerseits nicht ganz darauf verzichten kann, auf religiöse Restüberzeugungen zurückzugreifen[364], die andererseits für Gesellschaften

Bürgers. Zivilreligion in Amerika und Europa, München 1986, sowie Maximilian Forschner, Rousseau über religion civil. Thematisch ausweitend die entsprechenden Beiträge in Herfried Münkler (Hg), Bürgerreligion und Bürgertugend, S. 13 ff.

362 Hermann Lübbe, Staat und Zivilreligion. Ein Aspekt politischer Legitimität, in: Heinz Kleger/Alois Müller (Hg), Religion des Bürgers, S. 197.

363 Niklas Luhmann, Grundwerte als Zivilreligion, in: derselbe, Soziologische Aufklärung, Bd. 3, Opladen 1981, S. 304.

364 Henning Ottmann, Politik und Religion im modernen Staat, in: Wolfgang Leidhold (Hg), Politik und Politeia. Formen und Probleme politischer Ordnung. Festgabe für Jürgen Gebhardt, Würzburg 2000, S. 99 ff.

lebenswichtig ist, weil die praktische Einforderung dieses Wertekonsenses, seine Konkretisierung, sofort die Gefahr einer heillosen, kaum konsensuell zu entschärfenden Debatte heraufbeschwören würde, mit dem Ergebnis der definitiven Auflösung der zuvor fiktiv unterstellten Gemeinsamkeit.

Man kann diese Selbstsuggestion moderner Gesellschaften an einen für alle Bürger verbindlichen und von allen geglaubten, zumindest respektierten Grundbestand quasi-religiöser und kultureller Normen auch als den Kernmythos des modernen Verfassungsstaates verstehen. So wie jeder Staat seinen Ursprungsmythos hat – häufig verbindet er sich mit einem revolutionären Konstitutionsakt: »Zwischen den Begriffen ›Revolution‹ und ›Mythos‹ besteht ein geheimes semantisches Einverständnis, von dem bis heute die politische Rhetorik Gebrauch macht, indem sie der Geschichte das überhistorische Schema von Aufbruch, Wandlung und Ankunft überstülpt«[365] – , so enthalten fast alle modernen Verfassungen auch einen Kernmythos an grundlegenden allgemeinen Überzeugungen, die immer erneuter Auslegung bedürfen, sowohl durch die Bürger selbst als auch durch die dafür vorgesehenen Institutionen, welche die Inhalte dieses Kernmythos, etwa durch Rechtsprechung, den sich wandelnden gesellschaftlichen Verhältnissen anpassen. Gerade in der nicht ein für allemal festliegenden materialen Betimmung, in der Fähigkeit, ja Notwendigkeit einer permanent sich verändernden Interpretation und Auslegung, in der Flexibilität des damit gegebenen normativen Hintergrundes also, liegt zugleich die Chance der dauerhaften Stabilität wie die einer sich immer wieder erneuernden Legitimationskraft des gesellschaftlich-politischen Systems.

Zivilreligion als Kernmythos des modernen Verfassungsstaates – die Analogie zur Funktion des Mythos in Wagners Konzept des Musikdramas ist evident, und sie zeigt einmal mehr, in welch verblüffender Weise Wagner sein Konzept des Musikdramas, das dann übergeht in das des Gesamtkunstwerks, den strukturellen Bedingungen der Politik nachkonstruiert hat. So wie die Zivilreligion in Staat und Gesellschaft den einzelnen Bürger nur auf die Grundwerte der Verfassung verpflichtet, die Interpretation und subjektive Aneignung dieser Grundwerte indessen – im Rahmen geltender Gesetze, wenn man so will: mythischer Erzählungen – aber freistellt, so eröffnet der Mythos in Wagners Musikdrama für den Zuschauer und Zuhörer dessen individuelle Rezeption – freilich nicht beliebig, sondern innerhalb und bezogen auf die Kerngehalte der musikdramatischen Erzählung.

365 Vgl. Dietrich Harth/Jan Assmann (Hg), Revolution und Mythos, Frankfurt/M. 1992, S. 29.

Ästhetische Identität

Ähnlich wie die zivilbürgerlichen Werte einer modernen Gesellschaft nur dann ihre fundamentierende und integrative Wirkung aufs Ganze entfalten können, wenn sie – trotz aller Differenzen in der subjektiven Auslegung der Einzelnen, die sich gleichwohl auf ein einheitliches Grundverständnis des Wertekerns beziehen – von den Bürgern selbst gelebt und praktiziert werden, so setzt der Mythos als die ›religion civile‹ des Musikdramas in seiner Rezeption den aktiv rezipierenden und interpretierenden Zuschauer und Zuhörer voraus. Damit schafft der Mythos die inhaltliche Verbindung von Musikdrama und Gesamtkunstwerk. Er wird zur Brücke vom einen zum anderen und dadurch auch zum wesentlichen Medium, in dem sich die Erweiterung des Musikdramas zum Gesamtkunstwerk vollzieht. Denn indem der Mythos im Musikdrama als eine archetypische Erzählung auftritt, verlangt er nach variierender Rezeption durch diejenigen, an die er sich richtet. Dies aber heißt, daß er eine Vielzahl von subjektiven Auslegungs- und Verständnismöglichkeiten eröffnet und damit zugleich die immanente Tendenz des Musikdramas bestärkt, sich zu erweitern und nach außen zu öffnen. Der mythische Kern des Musikdramas verlangt nach einer sinndeutenden und sinnverstehenden Debatte, die sich zwischen Kunstproduzenten und Kunstrezipienten ereignen muß, und eben darin liegt bereits die Idee des Gesamtkunstwerks begründet, das in dieser Debatte nicht nur an die Öffentlichkeit tritt, sondern diese Öffentlichkeit im Diskurs selbst konstituiert. »Das Drama« – so beschreibt Wagner im *Kunstwerk der Zukunft* diesen diskursiven Prozeß – »ist nur als vollster Ausdruck eines gemeinschaftlichen künstlerischen Mitteilungsverlangens denkbar; dieses Verlangen will sich aber wiederum nur an eine gemeinschaftliche Teilnahme kundgeben«[1]. Das aber meint, daß im Unterschied zur überkommenen Form der Oper, die sich als ein bloß unterhaltsames Stück vor den versammelten Zuhörern abspielt, das Drama als Form der theatralischen Selbstreflexion aller Beteiligten, der Ausführenden wie der Zuschauer und Zuhörer, eines kollektiven, mehrfach gestuften Rezeptionsprozesses bedarf. Ähnlich der antiken Tragödie, deren moderne Form nach Wagners Absichten das Gesamtkunstwerk werden soll, drängt Wagners Musikdrama deshalb in den Bereich der Öffentlichkeit, aus der privaten Sphäre aller Theaterkunst in die Sphäre jener Allgemeinheit, die man als politische wohl bezeichnen darf. Wagner selbst hat diese Analogie von Tragödie und Gesamtkunstwerk suggeriert, wenn er positiv und bewundernd feststellt, die griechische Tragödie sei »das in das öffentliche politische Leben eintretende Volkskunstwerk«[2] gewesen. Es kann kein Zweifel darüber sein, daß er sich von seinem ›Kunstwerk der Zukunft‹ eine ähnliche Funktion erhofft, eine ähnliche Wir-

1 Richard Wagner, Das Kunstwerk der Zukunft, in: GSD, Bd. 3, S. 108.
2 Ebenda, S. 104.

kung für das ›öffentliche politische Leben‹, wie sie die griechische Tragödie einst innehatte. Das aber heißt, daß sich sein Musikdrama zum Gesamtkunstwerk erweitern muß, zu einer tiefgreifenden ästhetischen Erfahrung für das eigene Leben, in der zumindest für den Augenblick die alltäglichen Differenzierungen der Moderne mit ihren Entfremdungserfahrungen im Akt der kollektiven »Gefühlswerdung des Verstandes« zurückgenommen werden können.

Das Gesamtkunstwerk

Der Begriff des Gesamtkunstwerks hat bei Wagner eine Reihe von konstitutiven Implikationen. Vornehmlich zwei drängen sich sofort auf: eine inhaltliche, die sich auf die Synthetisierung der bislang getrennten Einzelkünste, auf die Amalgamierung von Text, Musik, Tanz, Gebärde, Bühnendekoration und Licht bezieht; und eine formale, welche die grundlegenden und konstitutiven Rahmenbedingungen für das Ereignis selbst betrifft, also die Produktionsbedingungen des Gesamtkunstwerks einerseits, vom Sänger-Darsteller über das Orchester bis hin zum Theater, den Bereich der gesellschaftlich-politischen Öffentlichkeit andererseits, vom Künstler und seiner Aufgabe bis hin zur veränderten Stellung des Publikums.

Zunächst zu den inhaltlichen Vorstellungen. Bekanntlich ist die Idee des Gesamtkunstwerks keine Erfindung Wagners, sondern begleitet die Entwicklung der Kunst im Grunde von Anfang an. Für die Oper gilt, daß sich schon die Florentiner Camerata mit ihrer Hoffnung, die antike Tragödie als ein musikalisches Drama wiederbeleben zu können[3], auf den Weg eines integrativen Kunstverständnisses begab, einen Weg, den nahezu alle späteren Opernreformer immer wieder zu gehen suchten. Vor allem die französischen Opernkomponisten des 18. Jahrhunderts dachten in diese Richtung und nicht zuletzt Gluck mit seinen Reformbestrebungen suchte einzulösen, was erst viel später gelang. Die Oper als ein ›spectacle universelle‹, als die Vereinigung aller bildenden Künste mit dem Tanz und den zur Verfügung stehenden bühnentechnischen Möglichkeiten, die der Realisierung eines imaginären und illusionistischen Ganzen dienen sollten – das war und blieb der Traum vieler Opernkomponisten, lange vor Wagner, und erst recht dann in seiner Nachfolge.

In der Zeit der Romantik gewann die Rede vom Gesamtkunstwerk einen eigenen Sinn, der hier im einzelnen nicht verfolgt werden kann[4]. Nur soviel dazu: in

3 Vgl. Udo Bermbach, Die Geburt der Oper aus der Krise der Gesellschaft, in: derselbe, Wo Macht ganz auf Verbrechen ruht. Politik und Gesellschaft in der Oper, Hamburg 1997, S. 13 ff.

4 Einen ersten Überblick zur romantischen Idee des Gesamtkunstwerks gibt Stefan Kunze, Der Kunstbegriff Richard Wagners, Regensburg 1983, S. 98 ff.; Chung-Sun Kwon, Studie zur Idee des Gesamtkunstwerks in der Frühromantik. Zur Utopie einer Musikanschauung von Wackenroder bis Schopenhauer, Frankfurt/M. 2003. Vgl. auch den Ausstellungskatalog: Der Hang zum Gesamtkunstwerk, Aarau/Frankfurt/M. 1983, in dem vornehmlich das Weiterwirken der Gesamtkunstwerks-Idee nach Wagner bis in die Moderne, von John Cage über Joseph Beuys zu Hans Jürgen Syberberg dokumentiert wird. Ebenso Gabriele Förg (Hg), Unsere Wagner: Joseph Beuys, Heiner

einem weit verstandenen Sinne reagierte die romantische Ästhetik mit der Idee eines umfassenden Kunstbegriffs auf die sich verstärkende Durchsetzung der Moderne. Im Anspruch eines universalen Kunstbegriffs versuchte sie ihren Widerspruch zu formulieren zum Verlust von Gott und der durch ihn gestifteten einheitlichen Weltinterpretation, Widerspruch auch auf die von vielen Zeitgenossen als erschrekkend empfundenen Erfahrungen der Französischen Revolution, auf die Emanzipation des Subjekts mit seinen als egoistisch interpretierten Ansprüchen, nicht zuletzt auf die allmähliche Durchkapitalisierung der Wirtschaft mit ihren Folgen der Pauperisierung, der normativen und sozialen Entwurzelung großer Teile der Bevölkerung. Das ausgeprägte Krisenbewußtsein wie das Gefühl, auf die sich abzeichnenden strukturellen Probleme und dramatischen Veränderungen aller Lebensgewohnheiten, die sich im Nachhinein als tiefgreifende gesellschaftliche Modernisierungen zu erkennen geben, nicht mehr mit den überkommenen gesellschaftlichen Mitteln selbst adäquat reagieren zu können, bestärkten vielfach die Vorstellung, nur noch die Kunst könne in dieser Situation die Idee der Einheit, die Idee vom Ganzen erneut zur Geltung bringen.

Drei Bedingungen mußten dabei zusammenkommen, um diese Intention überhaupt wirksam werden zu lassen: die Kunst mußte sich mit der Wirklichkeit verbinden, sie mußte gleichsam entsakralisiert werden – um anschließend, bei Wagner, erneut ihre Sakralisierung zu erfahren; sie mußte im Kunstwerk »empathisch und ästhetisch«[5] werden, sich aus dem sakralen Bereich lösen und in Kunstwerken dem Gedanken der menschlichen Selbsterlösung sich öffnen. Sie mußte zum zweiten die ›Entzauberung der Welt‹ (Max Weber) konterkarieren durch eine holistische Vorstellung, die einerseit die Entthronung Gottes kompensieren konnte, ohne doch zugleich den Menschen an seine Stelle zu setzen: »das war – als ein neuer Begriff des Gesamten – der Begriff des ›Systems‹, der nun – vor allem in der Philosophie des deutschen Idealismus – seine große Erfolgszeit hatte«. Und schließlich mußte die Kunst die Konsequenz aus den vorhergegangenen Bedingungen ziehen: »Wo die Realschöpfer – Gott und Mensch – mit dem Gesamtsystem Schwierigkeiten haben (und das Regiment des Systembegriffs ist ja eben das Indiz dafür, daß sie Schwierigkeiten haben), treten die phantastischen Schöpfer auf den Plan: die Künstler; sie springen dann ein als Gesamtleute für das Gesamte, so daß das Gesamte – das System – nun ästhetisch als Kunstwerk definiert wird und, schließlich, dann – in der Folge – auch konkret nach jenem Kunstwerk gesucht wird, das das Gesamte ist«.

Müller, Karlheinz Stockhausen, Hans Jürgen Syberberg. Essays, Frankfurt/M. 1984. Udo Bermbach, Richard Wagner und Joseph Beuys. Über die Fortdauer einer offenbar zeitlosen Idee: das Gesamtkunstwerk, in: Oper aktuell. Die Bayrische Staatsoper 2002/2003, hg. von Hanspeter Krellmann, München 2002, S. 54 ff. Vgl. auch: Wolfgang Storch, Gesamtkunstwerk, in: Karlheinz Barck u.a. (Hg), Ästhetische Grundbegriffe, Bd. 2, Stuttgart/Weimar 2001, S. 730–791.

5 Zu diesen drei Bedingungen vgl. Odo Marquard, Gesamtkunstwerk und Identitätssystem. Überlegungen im Anschluß an Hegels Schellingkritik, in: Der Hang zum Gesamtkunstwerk, S. 40 ff. Auch die folgenden Zitate stammen aus diesem Aufsatz.

Wohl als einer der ersten hat Schelling um 1800 die Kunst als das »wahre Organon der Philosophie« verstanden. In gewisser Weise hat er sogar die Idee des Musikdramas vorweggenommen, mit Worten und einer Begründung, die von Wagner hätten stammen können, die dieser allerdings wohl nicht kannte: »Ich bemerke nur noch, daß die vollkommenste Zusammensetzung aller Künste, die Vereinigung von Poesie und Musik durch Gesang, von Poesie und Malerei durch Tanz, selbst wieder synthesirt die componirteste Thetererscheinung ist, dergleichen das Drama des Altertums war, wovon uns nur eine Karrikatur, die Oper geblieben ist, die in höherem und edlerem Styl von Seiten der Poesie sowohl als der übrigen concurrirenden Künste uns am ehesten zur Aufführung des alten mit Musik und Gesang verbundenen Dramas zurückführen könnte«[6]. Und darin, daß Schelling der Kunst nun eine ästhetische Ordnungsleistung zuwies, daß er sie gleichsam vor allen anderen Formen der Welterfahrung auszeichnete, sind ihm nicht zuletzt die Intellektuellen und Literaten der Romantik gefolgt. Novalis, Schlegel, Tieck, Wackenroder, aber auch der Maler Philipp Otto Runge[7] – um nur einige zu nennen – vertraten mit je unterschiedlich individuellen Akzenten ein Programm der Vereinigung aller Künste unter dem Primat der Musik, und sie vertraten zugleich auch die Idee, daß ein solches Zusammenwirken der bislang getrennten Künste eine gegenseitige Steigerung nach sich ziehen werde, eine Potenzierung der Kraft der Kunst insgesamt. Hier wurde ein ästhetisches Konzept entwickelt, das sich direkt von der klassischen Regel-Ästhetik absetzte, die ja – im Anschluß an Lessings *Laokoon* – davon ausgegangen war, alle Kunstgattungen müßten über ihre je eigenen, spezifischen Mittel verfügen. Das wiederum hieß, daß die Künste sich durch diese nur ihnen eigenen Mittel und deren Gebrauch voneinander unterschieden, daß sie in ihren Mitteln und deren Anwendung ihre Begründung fanden, auch wenn sie alle demselben Ziel verpflichtet waren: der Nachbildung des Schönen.

Gegen die mit solcher Auffassung verbundene Separierung der Künste trat die romantische Ästhetik an, die der Musik – gemeint ist zumeist, etwa bei Tieck und Wackenroder, die symphonische, absolute Musik – den Vorrang vor allen anderen Künsten zusprach. Eine revolutionäre Vorstellung, sowohl was die Bewertung der Musik betraf – bis dahin galt die Poesie als die bedeutendste Kunstart –, wie was das Zusammenwirken der Kunstgattungen anging. Sofern die Oper angesprochen war, folgte die romantische Kritik wie die von ihr suggerierte Hoffnung auf eine Reform der überkommenen Operntradition den Thesen Schellings. Novalis etwa stellte sich das Drama als »vollkommene Oper« vor, und E.T.A. Hoffmann schrieb, eine »wahre Oper« schiene ihm nur diejenige zu sein, »in welcher die Musik unmittelbar

6 Friedrich Wilhelm Joseph Schelling, Philosophie der Kunst, Darmstadt 1976, S. 380. Vgl. auch Chung-Sun Kwon, Studie zur Idee des Gesamtkunstwerks in der Frühromantik, S. 76 ff.

7 Chung-Sun Kwon, Studie zur Idee des Gesamtkunstwerks in der Frühromantik, S. 85 ff. (Novalis); S. 103 ff. (Schlegel); S. 145 ff. (Tieck); S. 157 ff. (Runge). Zu Runge vgl. auch Wolfgang Dömling, Eine zukünftige Vereinigung der Musik und Malerei, in: Bayreuther Programmheft VII, 1991, S. 1 ff.; Joachim Träger, Philipp Otto Runge und sein Werk, München 1976.

aus der Dichtung als notwendiges Erzeugnis derselben entspringt«. Die freilich war, als »romantische Oper«, die die »einzig wahrhafte« sein sollte, überhaupt erst zu schaffen; »in der Oper soll die Einwirkung höherer Naturen auf uns sichtbarlich geschehen und so vor unseren Augen sich ein romantisches Sein erschließen, in dem auch die Sprache höher potenziert, oder vielmehr jenem fernen Reiche entnommen, d.h. Musik, Gesang ist, ja wo selbst Handlung und Situation in mächtigen Tönen und Klängen schwebend, uns gewaltiger ergreift und hinreißt«. Alle überlieferten Opern schienen Hoffmann dagegen »nur leere Schauspiele mit Gesang, und der gänzliche Mangel dramatischer Wirkung, dem man bald dem Gedicht, bald der Musik zur Last legt, ist nur der toten Masse aneinandergereihter Szenen, ohne inneren poetischen Zusammenhang und ohne poetische Wahrheit zuzuschreiben, die die Musik nicht zum Leben entzünden konnte«[8].

Diese hier nur beispielhaft zitierten Kunst- und musikästhetischen Reflexionen lagen der Praxis des zeitgenössischen Dichtens und Komponierens weit voraus[9]. Aber sie spiegelten eine ästhetische Grundstimmung wieder, fingen eine Zeitstimmung ein, an die Wagners eigene ästhetische Überlegungen durchaus anknüpfen konnten. Doch dürfen angesichts solcher scheinbaren inhaltlichen Anknüpfungsmöglichkeiten die grundlegenden Unterschiede nicht übersehen werden: Wagners eigene Konzeption des Gesamtkunstwerks weicht, wie sich bei näherem Zusehen zeigt, in seinen tragenden konzeptionellen Momenten von der romantischen Idee einer Vereinigung aller Künste entscheidend ab.

Einer der wichtigsten Unterschiede liegt darin, daß die Romantiker darauf abzielten, das Leben selbst bereits in der Gegenwart, innerhalb der bestehenden politischen, gesellschaftlichen wie sozialen Verhältnisse, ästhetisch werden zu lassen, es gleichsam als ein Kunstwerk anzulegen und zu führen[10]. So schrieb Wilhelm Heinrich Wackenroder in einem Essay über *Die Ewigkeit der Kunst*, in der Vollendung ihrer Werke erblicke der Betrachter »am reinsten und schönsten das geträumte Bild eines Paradieses, einer unvermischten Seligkeit«, und er schloß daran die Forderung: »Lasset uns darum unser Leben in ein Kunstwerk verwandeln, und wir dürfen kühnlich behaupten, daß wir dann schon irdisch unsterblich sind«[11]. In direktem Gegensatz hierzu erklärte Wagner dezidiert – und folgte damit den Linkshegelianern wie dem Vorbild der französischen Frühsozialisten, insbesondere Saint-Simon[12], daß das »absolute Kunstwerk ... ein vollständiges Unding, ein Schattenbild ästhetischer Gedankenphantasie«[13] sei, die Kunst also nicht, wenn sie sich denn vom Leben los-

8 Ernst Theodor Amadeus Hoffmann, Der Dichter und der Komponist (1813), in: Die Serapions-Brüder, Gesammelte Erzählungen und Märchen, hg. von Walter Müller-Seidel und Wulf Segebrecht, München 1976, S. 83 f. und S. 88. Vgl. auch Chung-Sun Kwon, Studie zur Idee des Gesamtkunstwerks in der Frühromantik, S. 185.

9 Vgl. dazu Carl Dahlhaus, Klassische und romantische Musikästhetik, Laaber 1988, bes. S. 86 ff.

10 Vgl. Stefan Kunze, Der Kunstbegriff Richard Wagners, S. 87.

11 Wilhelm Heinrich Wackenroder, Werke und Briefe, Heidelberg 1967, S. 194 f.

12 Vgl. Manfred Kreckel, Richard Wagner und die französischen Frühsozialisten, bes. S. 142 ff.

13 Richard Wagner, Eine Mittheilung an meine Freunde, in: GSD, Bd. 4, S. 234.

löst und eine eigene ästhetische Autonomie behaupte, unter den bestehenden politisch-gesellschaftlichen Bedingungen für das Leben Vorbildcharakter gewinnen könne, sondern belanglos werde. Aber gerade um diesen Vorbildcharakter der Kunst war es Wagner zu tun. Das aber hieß, nicht das Leben hatte ästhetisch zu werden, sondern die Kunst selbst mußte Aufschluß über das Leben geben, mußte erkennen lassen, wie eine Gesellschaft auszusehen hat, in der Kunst dann wirklich erst dominant werden könne. In dieser Perspektive sollte die Kunst das ›wahre Leben‹, den ›wahren Menschen‹, die ›unverfälschte Natur‹ und die ›reine Liebe‹ versinnlichen und vergegenwärtigen, weil sie nur dann in den ständig mißlingenden Alltag der Menschen intervenieren konnte. Nur dort, wo die Kunst die fundamentalen Probleme des Lebens aufnahm und thematisierte, wo sie die konkreten Fragen des Alltags zu verallgemeinern wußte und es unternahm, universelle Antworten zu suchen, nur dort konnte sie nach Wagners Überzeugung bereits vor aller Revolution in die verrotteten politischen wie gesellschaftlichen Verhältnisse wirkungsvoll, vielleicht auch bessernd eingreifen. »Eine Bevölkerung ihren gemeinen Tagesinteressen zu entreißen, um sie zur Andacht und zum Erfassen des Höchsten und Innigsten, was der menschliche Geist faßt, zu stimmen«[14] und damit die Menschen auf Wesentliches hinzuführen, Lebensanleitung zu geben – das war nach Wagners Überzeugung die Aufgabe der Kunst, die provokativ bereits in einer Gesellschaft des Status quo, wirksam indessen erst in einer zukünftigen Gesellschaft geleistet werden konnte, und diese Aufgabe erfüllte wiederum am besten das noch neu zu schaffende Musikdrama.

Wagners Kunstbegriff ist ganz außerordentlich, er übersteigt bei weitem die bis dahin gängigen Erwartungen, die mit Kunst und künstlerischen Leistungen verbunden waren. Und dies vor allem und zentral deshalb, weil er seine Ästhetik politisch und – in einem bestimmten, noch zu erläuternden Sinn – auch pädagogisch auflädt. Seinem Musikdrama weist er damit eine Aufgabe zu, die in modernen, arbeitsteilig organisierten Gesellschaften üblicherweise anderen Funktionsbereichen, vornehmlich dem der Politik, aber auch dem der Erziehung zugewiesen sind. Seine Vorstellung von der Aufgabe der kommenden Kunst macht lange eingeschliffene und weithin als selbstverständlich geltende gesellschaftspolitische Differenzierungen wieder rückgängig, formuliert ästhetische Forderungen, die auf etwas völlig Neues abzielen. Wagner versteht die ästhetische Erfahrung als eine sowohl fundamentale wie gleichermaßen vollständig umfassende, in der gleichsam alle übrigen Erfahrungen des Lebens aufgehoben werden und kulminieren. So wie sich seine politisch revolutionären Zukunftsvorstellungen aus der Negation der bestehenden gesellschaftlichen Verhältnisse ergeben; so wie sich aus der Kritik der Oper und des zeitgenössischen Opern- und Theaterbetriebs seine Konzeption eines zukünftigen Musikdramas durch strukturelle Verkehrung wie selbstverständlich, fast zwanglos herausbilden kann, so formt sich seine Vorstellung von der Kunst und ihrer gesellschaftlichen Leistung aus der radikalen Negation des vorherrschenden Kunstverständnis-

14 Richard Wagner, Religion und Kunst, in: GSD, Bd. 10, S. 211.

ses. Und dies, obwohl sein ›Kunstwerk der Zukunft‹, was gewiß nicht verkannt werden soll, in mancherlei Hinsicht an vorhandene Traditionen und an Tendenzen, die sich in den Jahrzehnten davor entwickelt und ergeben hatten, anknüpft, diese Tendenzen in Teilen aufnimmt, sie neu zu verstehen und zu interpretieren unternimmt, um sie dann in einem sehr eigenen Sinn weiterzuentwickeln. Es ist offensichtlich, daß Wagner mit seinen Überlegungen in der Tradition der Romantik steht, die er aufnimmt, aber zugleich auch verwirft. Für ihn gilt in diesem Zusammenhang, was allgemein für alle Intellektuellen und Künstler gilt: sie alle stehen, wie der amerikanische Soziologe Robert Merton es formuliert hat, auf den Schultern von Riesen und können nur deshalb ein wenig weiter, über den Tag und die Gegenwart hinaus, sehen und ein vorausdenken[15].

Über die Romantiker und deren Positionen hinaus ist Wagner überzeugt, daß die Kunst in der Zukunft jenes Medium der Wissenssynthese sein wird, in dem die Trennungen von Verstand und Gefühl, von theoretischem und praktischem Wissen, von Wissenschaft und Kunst ihrer Tendenz nach aufgehoben werden können. Während alle bisherigen Gesellschaften, sofern sie an Fortschritt glaubten und ihn in Akten bewußten Handelns herbeizuführen suchten, im Prozeß ihrer geschichtlichen Entwicklung ausdifferenzierte Wissens- und Kunstsysteme hervorgebracht haben, institutionalisiert vornehmlich in voneinander isoliert operierenden Wissenschaften und einer davon abgespaltenen Philosophie, glaubt Wagner, daß sich alle bisherigen Kenntnisse und Erkenntnisse, die er keineswegs geringschätzt, im Kunstwerk der Zukunft, auf der Ebene der ästhetischen Erfahrung, in eine neue Qualität überführen lassen werden. Alle Lebenserfahrung, vor allem aber die der Politik, so stellt er sich vor, sollen hier durch Sublimierungsprozesse für den Zuschauer wie Zuhörer in eine sinnlich faßbare Anschauung gebracht werden. Um dies zu erreichen, hat das Kunstwerk der Zukunft zweierlei zu leisten: es muß die Erfahrungen der Gegenwart in sich aufnehmen und verarbeiten, um diese anschließend in eine offene Perspektive zu rücken, in der die Zukunft sich in all ihren Möglichkeiten frei auslegen kann.

Kunst und Politik

Mit dieser Aufgabenstellung rücken vornehmlich Kunst und Politik in ein grundsätzlich neues Bestimmungsverhältnis. Wenn, wie Wagner meint, für die Gegenwart gilt: »So ist die Kunst des Dichters zur Politik geworden: Keiner kann dichten, ohne zu politisieren«, so gilt im Umkehrschluß für eine erst revolutionär zu gewinnende Zukunft: »Nie wird aber der Politiker Dichter werden, als wenn er eben aufhört,

15 Robert K. Merton. Auf den Schultern von Riesen. Ein Leitfaden durch das Labyrinth der Gelehrsamkeit, Frankfurt/M. 1989.

Politiker zu sein, heißt aber soviel, als gar nicht existieren; ... Der Dichter kann nicht eher wieder vorhanden sein, als bis wir keine Politik mehr haben«[16].

Das scheinbare Sprachspiel mit Formulierungen erweist sich bei genauerem Hinsehen als eine der zentralen Aussagen in *Oper und Drama* in Hinsicht auf das Verhältnis von Politik und Kunst. Denn hier wird die Aufgabe der ›Kunst der Zukunft‹ mit Blick auf ihre gesellschaftliche und politische Funktion entschieden, eindeutig und unmißverständlich formuliert. Unzweideutig kommt die politische Einfärbung und Aufladung des Ästhetischen in Wagners Denken zum Ausdruck: das Kunstwerk der Zukunft – genauer: Wagners Kunstwerk – soll an die Stelle der bisherigen Politik treten, es soll deren Platz einnehmen, und erst wenn dieser Tausch unwiderruflich realisiert ist, wird die Kunst als eine ›echte‹ und ›wahre‹, d.h. autonome wieder vorhanden sein. Wie weitreichend dieser Gedanke ist und welche Folgen er hat, wird erst klar, wenn wenigstens grob deutlich geworden ist, was denn ersetzt wird, wenn die Kunst an die Stelle der Politik tritt.

Um dies zu verdeutlichen, bedarf es eines kurzen Rückblicks auf die Geschichte des europäischen Verständnisses von Politik. Gewiß ist die Geschichte des Politik-Begriffs und Politik-Verständnisses, bezogen auf die europäische Tradition einer Philosophie der Politik, kaum auf einige wenige handhabbare Formeln zu bringen, ohne daß wichtige und im Einzelfall auch ausschlaggebende Differenzierungen eingeebnet würden; insoweit erscheint es wenig aussichtsreich, hier eine hinreichend verbindliche Fassung des modernen Politik-Begriffs geben zu wollen, aus der sich die Konsequenzen der opponierenden Kontrastierung von Politik und Kunst bei Wagner mit einiger Vollständigkeit ablesen lassen. Zumal gerade auch in Europa zwischen den einzelnen nationalen Entwicklungen bedeutende Unterschiede bestehen, so daß die inhaltlichen Entwicklungen des Begriffs in England, Frankreich oder auch den deutschen Einzelstaaten nicht ohne weiteres gleichgesetzt werden dürfen[17].

Aber es gibt andererseits Gemeinsamkeiten im Politik-Verständnis moderner europäischer Gesellschaften, und auf sie kommt es im hier gegebenen Zusammenhang an, sie lassen sich auch mit einigen wenigen Hinweisen benennen. Da ist zuerst die Tatsache, daß Politik im modernen und auch heute noch so verstandenen Sinne sich etwa seit dem 16. Jahrhundert, seit den blutigen Religionskriegen der frühen Neuzeit, die bekanntlich zugleich Bürgerkriege waren, erst herauszubilden beginnt. Zuvor hatte ein vorwiegend durch die Lehre des Aristoteles geprägtes Verständnis von Politik vorgeherrscht, in dem das praktische Handeln der Mächtigen mit den geltenden Normen einer öffentlichen, religiös fundierten Moral der Ab-

16 Richard Wagner, Oper und Drama, in: GSD, Bd. 4, S. 53.

17 Vgl. zum folgenden einführend den Artikel ›Politik‹ in: Otto Brunner/Werner Conze/Reinhart Koselleck (Hg), Historisches Lexikon zur politisch-sozialen Sprache in Deutschland, Stuttgart 1978, Bd. 4, S. 789 ff., bes. S. 808 ff.: Ernst Vollrath, Politik in: Historisches Wörterbuch der Philosophie, hg. von Joachim Ritter und Karlfried Gründer, Bd. 7, Darmstadt 1989, S. 1038 ff.; Dolf Sternberger, Drei Wurzeln der Politik, Frankfurt/M. 1978.

sicht nach verbunden gewesen war, auch wenn die Realität des politischen und gesellschaftlichen Lebens oft genug anders aussah. Politisches Handeln im Mittelalter verfolgte das Ziel, ein in der Gemeinschaft gelingendes Leben zu ermöglichen, das durch das Christentum in seinen entscheidenden Wertorientierungen religiös geprägt und eingefärbt war. Die Dominanz der Religion im Denken und Handeln bedeutete zwingend, daß Politik im Mittelalter ganz wesentlich als die Realisierung eines vorgegebenen, göttlichen Heilsplans verstanden wurde. Mit dieser Tradition brach das neuzeitliche Politikverständnis, weil es nicht länger mehr politisches Handeln mit Berufung auf den göttlichen Willen legitimieren wollte. In den lang anhaltenden und blutigen religiösen Kriegen des 16. und 17. Jahrhunderts dämmerte die Erkenntnis herauf, daß konkurrierende religiöse Wahrheitsansprüche nicht gegeneinander aufgerechnet werden konnten, vor allem: daß sie nicht konsensuell im Diskurs zu entschärfen waren. Denn geoffenbarte und fest geglaubte Wahrheiten waren keinem Kompromiß zugänglich, sie standen nicht zur Disposition der Menschen und ließen sich deshalb nur durch Gewalt und Kampf entscheiden. Doch einmal errungene Siege sagten wenig darüber aus, was ›wahr‹ und was ›falsch‹ war, weil solche Siege beim folgenden Kampf in Niederlagen verwandelt werden konnten. Sie förderten allerdings die Einsicht, daß die Aufrechterhaltung fundamentalistischer Wahrheitsansprüche in Gesellschaften, in denen solche sich ausschließenden Ansprüche bereits fest etabliert waren, auf Dauer zum Zerfall der Einheit dieser Gesellschaften führen müsse, wenn denn stets nur auf bellizistische Mittel der Entscheidung zurückgegriffen werde.

Es war diese Frage, wie die Einheit einer in sich heillos zerstrittenen und gespaltenen Gesellschaft noch gedacht und konkret hergestellt, auch stabilisiert werden könne, die das politische Denken seit dem 17. Jahrhundert tief bewegte. Die Antwort war theoretisch ebenso einfach zu geben wie praktisch schwierig umzusetzen: Politik mußte religiös neutralisiert werden, sie mußte von allen Wahrheitsansprüchen befreit und entkoppelt werden, um so das allgemeine Wohl einer Gesellschaft gegen die partikularen Glaubensüberzeugungen der Bürger vertreten und durchsetzen zu können. Das hieß, den öffentlichen Bereich des Allgemeinwohls vom privaten Bereich der normativen Orientierungen abzugrenzen, es bedeutete die Privatisierung aller Glaubensfragen und die Bewahrung einer nur noch minimalistischen öffentlichen Moral – der schon erwähnten ›Zivilreligion‹ – , die den Kern der christlichen Wertüberzeugungen bewahrte, damit sich in ihm die individuellen Glaubens- und Wahrheitsüberzeugungen aller, ungeachtet ihrer unterschiedlichen Auslegung und ihres individuell differierenden Verständnisses, wiederfinden konnten. Mit dieser Trennung von öffentlichem Sektor und privatem Bereich begann zugleich auch ein lange währender historischer Prozeß der weiteren funktionalen Ausdifferenzierung der Gesellschaft in unterschiedliche Teilbereiche. Politik konkretisierte sich dabei in einem die Gesellschaft übergreifenden Institutionensystem und in Symbolen, durch die die Einheit des Ganzen für alle Bürger ihren sinnhaften Ausdruck fand. Das war, in aller Kürze umrissen, das Programm des modernen Staates, war die Antwort auf die Frage, wie die bürgerliche Gesellschaft trotz ihrer partikularistischen Interessensorientierungen als Ganzes überleben könne. Politik stand als das Allgemeine dem Partikularen gegenüber, als der Bereich gesellschaftlicher Synthesis, als jene Sphäre des symbolisierten Ganzen, in der die bürgerliche Gesellschaft sich selbst wiedererkennen konnte, in der sie sich selbst beschrieb und deshalb auch zu identifizieren vermochte.

Das moderne Verständnis von Politik entstand so aus der grundlegenden Einsicht, daß nur über den Kompromiß konkurrierender Vorstellungen und deren weltanschauliche Neutralisierung die Einheit und Stabilität eines gesellschaftlich übergreifenden Institutionengefüges auf Dauer hergestellt und bewahrt werden konnte, und diese Einsicht führte in der deutschen politischen Philosophie – vornehmlich in den Systemen des deutschen Idealismus, bei Kant und Hegel – dazu, die Politik mit dem Staate und seinen Institutionen zusammen zu denken. In einem eher populären Sinne war Politik das, was der Staat tat, was die staatlichen Institutionen entschieden, was die in ihnen handelnden Akteure bestimmten. Bei Kant ist dieser Staat als ein Rechtsstaat entworfen, dessen normativem Anspruch sich die empirische Politik möglichst anzunähern und zu beugen hat, bei Hegel ist er als die in den staatlichen Institutionen sich konkretisierende Idee des Allgemeinen gedacht, in der die Partikularität des ›Systems der Bedürfnisse‹ – so Hegels Bestimmung der bürgerlichen Gesellschaft – aufgehoben wird. In beiden Fällen aber – und zahlreiche weitere Beispiele aus dem Bereich der politischen Philosophie und des politischen Denkens im frühen 19. Jahrhundert ließen sich anfügen – ist die Sphäre der Politik die der kollektiven Identität des Volkes, über alle konkreten gesellschaftlichen Partikularismen hinweg.

Was in der Theorie und in den Politik-Konzepten der Moderne als eine die gesellschaftlichen Ausdifferenzierungen überwölbende Einheit durch Politik und durch das politische Institutionensystem gedacht wurde, erwies sich in der Praxis allerdings nur allzu oft als blanker Schein, als Vortäuschung eines allgemeinen Interesses dort, wo in Wirklichkeit die partikularen Interessen einer herrschenden Schicht bedient wurden. Denn der Staat war mitnichten – wie viele seiner Theoretiker suggerierten – neutral, er garantierte zwar durch zentralisierte Macht die Einheit einer sich widerspruchsvoll entfaltenden bürgerlichen Gesellschaft, aber er begünstigte zugleich deren Nutznießer. Was nicht als moralisches Verdikt gemeint ist, sondern nur heißen soll, daß die Selbstzuschreibung des Staates, er garantiere als eine zentrale Institution die Einheit aller zugunsten aller, eine sehr bald durchschaute ideologische Position war, mit der die Privilegierung bestimmter Eliten nur kaschiert werden sollte.

Vor allem die sozialistische und anarchistische Kritik des Staates und der bürgerlichen Gesellschaft haben in kompromißloser Radikalität diese (Selbst-)Täuschung der bürgerlichen Gesellschaft aufzudecken und die Identifikation von Staat und Politik aufzulösen versucht. Aber noch in der Kritik dieser Koppelung wird der Gegenseitigkeitsbezug des modernen Politikverständnisses aufgenommen, denn indem der Staat – als ein politischer Staat – angegriffen wird und in dem er, die zentrale Integrationsinstitution der bürgerlichen Gesellschaft, als bloß repressiv charakterisiert und seine Abschaffung ins Visier genommen wird, wird zugleich auch der Politik in ihrem modernen Selbstverständnis bestritten, daß sie eine die Einheit der politischen Subjekte herstellende Aufgabe erfüllt. Bestritten wird, daß der Staat leistet, was er zu leisten vorgibt, was allerdings nicht zu bestreiten wäre, wenn es nicht faktisch doch stattfinden würde. Geleugnet oder auch übersehen wird in solcher Kritik allerdings ebenfalls – und dies gilt auch für Wagners Staats- und Gesellschaftskritik –, daß die gesellschaftlichen Ausdifferenzierungen und die parallel dazu verlaufenden religiös-ideologischen Neutralisierungen des Staates sich für die einzelnen Gruppen wie Individuen auch als Freiheitsgewinne interpretieren lassen, daß der Rückzug des Staates und der einheitverbürgenden Politik auf die Garantie minimaler Bestandsbedingungen einer funktionierenden Gesellschaft – wie der Liberalismus dies in seinen unterschiedlichen Theorievarianten vorgeschlagen hat – Freiheitsräume für die einzelnen Bürger eröffnen, die eine weltanschaulich fundierte und überfrachtete Politik niemals gewähren kann.

Wagner schließt sich nun, wie schon gesagt, der sozialistisch-anarchistischen Kritik dieses modernen bürgerlichen Politikverständnisses an, und er spielt den normativen Anspruch des neuzeitlichen Politikbegriffs, der die Sphäre der interessenübergreifenden Einheit der Gesellschaft bezeichnet, gegen dessen empirische Einlösung und gegen die faktischen Verhältnisse aus. Auf dem Hintergrund seiner identitätstheoretischen Grundposition, die er analytisch an alle Gegenstände seines Interesses heranträgt, unterscheidet er zwei unterschiedliche Politik-Begriffe: zum einen jenes durch die linksradikale Ideologiekritik decouvrierte Verständnis von Politik, das in der Politik nur ein Spiel um die Befriedigung partikularer Interessen sieht und alle Politiker wie ihr Handeln als korrupt unter den Verdacht moralischer Unzuverlässigkeit stellt; zum anderen jenes seit der Antike verlorengegangene Verständnis von Politik, das sich an der Polis als einer umfassenden Lebensgemeinschaft ausrichtet, das die Politik – in einem aristotelisch verstandenen Sinne – als den Bereich der Identität des Einzelnen mit der Gesellschaft versteht, als die Sphäre der Übereinstimmung von individueller und kollektiver Moral, der Harmonisierung von privater und öffentlicher Lebensführung. Der historisch und philosophisch ältere Politikbegriff wird von Wagner gleichsam gegen den neueren, den der Moderne ins Feld geführt, und da Wagner diese Moderne immer schon als das Ergebnis eines gesellschaftlich-moralischen Verfallsprozesses auffaßt, verfällt so auch der moderne Politikbegriff seiner radikalen Ablehnung. Was allerdings keineswegs gleichgesetzt werden kann – dies sei vorbeugend bemerkt, um Mißverständnisse zu vermeiden – mit einer vollständigen Ablehnung der Moderne insgesamt, die Wagner so nie in den Sinn gekommen wäre[18].

18 Wagner hat die technischen Fortschritte der Moderne sowohl hinsichtlich seines persönlichen Lebenskomforts wie für seine eigenen Arbeiten stets und, wo möglich, auch exzessiv in Anspruch genommen, wie etwa die Regieanweisungen im *Ring* belegen, deren theatralische Realisierung eine extrem entwickelte, sich fast schon filmischer Möglichkeiten und Mittel bedienende Technik voraussetzen, die ihrerseits wiederum ein Produkt der Moderne sind.

Wenn nun die Kunst der Zukunft, das Musikdrama Wagners also, an die Stelle der Politik treten soll, so könnte dies zunächst als der Austausch zweier Vorstellungen von Politik begriffen werden: das moderne, aus den gesellschaftlichen Veränderungen der frühen Neuzeit entstandene Politikverständnis, das die Einheit der Gesellschaft in seinen Institutionen realisiert und symbolisiert und auf die gesellschaftlichen Entwicklungen sehr differenziert und funktional reagiert, sich dabei an den bestehenden, pluralistisch strukturierten Interessen orientiert, wird ersetzt durch eine Politik, die weit darüber hinausgreift: die in ihrem holistischen Charakter das Leben umfassend regeln und gestalten will, lebensanleitende Funktionen übernimmt, Sinnstiftung leisten soll und so das Ganze der Gesellschaft nicht nur symbolisiert oder repräsentiert, sondern faktisch gestaltet – reale und konkret erfahrbare Sphäre des Allgemeinen. Die Vorstellung eines solchen Tausches zweier Politik-Begriffe liegt bei Wagner nahe, und mit ihr die Vorstellung einer reformatorischen oder revolutionären Anstrengung zurück zum Anfang der Geschichte.

Doch Wagner weiß andererseits sehr genau, daß die bloße Reklamation eines umfassenden ästhetisch aufgeladenen Politikverständnisses, das sich am antiken Vorbild orientiert, noch nicht dessen moderne Einlösung bedeutet. Er war sich, das zeigen viele seiner Äußerungen, über die Schwierigkeiten eines solchen Prozesses im klaren, er vermochte die strukturellen Barrieren, die gegen eine solche, alles in allem doch eher unbedarfte Tauschvorstellung standen, einigermaßen zu überblicken, und dies erst recht nach dem Scheitern seines revolutionären Engagements während des Dresdner Aufstandes. Hinzu kommt, daß er nicht naiv genug war zu glauben, geschichtliche Erfahrungen ließen sich einfach zurückdrehen. Zwar wollte er um keinen Preis die Gegenwart in die Zukunft verlängern, hielt eben dies, was die meisten taten, für grundfalsch: »Wir sehen die Zukunft immer nur mit dem Auge der Gegenwart, mit dem Auge, das alle Menschen der Zukunft immer nur nach dem Maaße messen kann, das es, als Maaß der gegenwärtigen Menschen, zum allgemein menschlichen Maaß überhaupt macht«[19]. Aber zugleich war er überzeugt davon, daß es unmöglich gelingen könne, auch nicht wünschenswert sei, aus der Gegenwart umstandslos in die Vergangenheit zurück zu wollen: »Nein, wir wollen nicht wieder Griechen werden; denn was die Griechen nicht wußten, und weßwegen sie eben zu Grunde gehen mußten, das wissen wir«[20]. Und: »Etwas ganz Anderes haben wir daher zu schaffen, als etwa eben nur das Griechenthum wieder herzustellen«.

Nimmt man diese Aussage ernst, dann kann es für Wagner nicht darum gehen, einen Politikbegriff durch einen anderen einfach zu ersetzen, das moderne Politikverständnis durch das antike revolutionieren zu wollen – das wäre eine allzu simple Denkoperation, die darauf verzichtete, die historischen Erfahrungen der Menschheit in einer reflektierten Weise für die Gestaltung der Zukunft mit einzubeziehen. Vielmehr geht es Wagner darum, dem ›Kunstwerk der Zukunft‹ jene Aufgaben zuzuweisen, die in der antiken Polis das alte Verständnis von politischem Handeln

19 Richard Wagner, Das Kunstwerk der Zukunft, in: GSD, Bd. 3, S. 172.
20 Richard Wagner, Die Kunst und die Revolution, in: GSD, Bd. 3, S. 30.

problemlos erfüllen konnte, also das ›Kunstwerk der Zukunft‹ mit der ›Politik der Zukunft‹ ineinszusetzen. Ästhetische Erfahrung[21] soll, dies ist Wagners Programm, die politischen und gesellschaftlichen Verhältnisse grundlegend im Sinne seiner revolutionären Vorstellungen verändern, aber dazu ist es notwendig, daß solche ästhetischen Erfahrungen denen der antiken Polis-Erfahrung strukturell nachempfunden und nachkonstruiert werden, freilich unter Berücksichtigung der historischen Entwicklung der Gattung Mensch. Und dies bedeutet, daß sich diese ästhetischen Erfahrungen lösen müssen aus den unmittelbaren gesellschaftlichen Einbindungen der eigenen Zeit. Nur dann kann das Musikdrama – im Rahmen des Gesamtkunstwerks – seine volle gesellschaftliche Funktion übernehmen, wenn es die gegebenen Zustände übergreift und über sie hinausgeht, wenn es sich als ästhetisches Produkt aus der unmittelbaren politisch-gesellschaftlichen Wirklichkeit zu lösen und diese, als Vorgriff auf eine bessere Zukunft, zu transzendieren vermag. Es ist nur scheinbar ein Paradox, das Wagner hier denkt: er, der sich gegen die absolute Autonomie der Kunst immer wieder vehement ausspricht, der in der Kunst seiner Zeit einen Spiegel der vorherrschenden gesellschaftlichen Zustände erblickt und sie deshalb verwirft, postuliert für das ›Kunstwerk der Zukunft‹ nunmehr anscheinend dessen Autonomie. Aber diese ›Autonomie‹ ist nur deshalb eine scheinbare, weil sie lediglich in Bezug auf die Gegenwart als kritische Abgrenzung gefordert wird. Denn die Kunst kann nur dann ihren revolutionären Auftrag vollziehen, wenn sie sich aus aller korrupten Befangenheit einer unheilvollen Gegenwart löst. Für die Zukunft gilt dies so nicht. Nur weil die Zukunft für Wagner nicht die Verlängerung der Gegenwart sein kann und darf, weil die zukünftigen Erfahrungen sich nicht aus den gegenwärtigen ergeben sollen – denn dann wäre die Zukunft schon jetzt verloren –, nur weil die ästhetischen Erfahrungen jene des konkreten Lebensvollzugs unter entfremdeten politischen Verhältnissen ins Utopische wenden und im Kunstwerk die Möglichkeiten der Zukunft offen gehalten werden sollen, nur deshalb kann, ja muß das Kunstwerk der Zukunft, das Musikdrama, sich den konkreten gesellschaftlichen Bedingungen der Gegenwart entziehen.

Der zukünftigen Kunst wird so eine »zweite Realität« zugemessen, die allerdings »wirklicher ist als die erste Realität der Politik«; das »offenbarende Kunstwerk, in dem die zweite Realität der Kunst als Natur die erste Realität der Politik als Wahn durchschaubar macht«[22] – dies ist das neue Bestimmungsverhältnis von Politik und

21 Zu der in der allgemeinen Diskussion eher schillernden Vieldeutigkeit dieses Begriffs vgl. den Überblicksartikel von Georg Maag, Erfahrung, in: Karlheinz Barck u.a. (Hg), Ästhetische Grundbegriffe. Historisches Wörterbuch in sieben Bänden, Bd. 2, Stuttgart/Weimar 2001, S. 260 ff. sowie die dort, S. 275, angegebene Literatur. Ich selbst meine damit die von Wagner imaginierte, über das Gefühl zum Verstand transportierte sinnhafte Erfassung der Aufführung eines Musikdramas, dessen gesellschaftliche Intentionen und Implikationen im Vorgang der individuellen Rezeption kritisch gegen die eigenen politischen wie gesellschaftlichen Erfahrungen gewendet werden und damit Folgen für die eigene Lebensführung zeitigen.

22 Lothar Kramm, Elemente deutschen Politikverständnisses bei Richard Wagner, in: Zeitschrift für Politik, Nr. 2/1988, S. 130 ff.; die Zitate S. 138 f.

Kunst, in das Wagner mit seinem eigenen Werk eintreten und das er inhaltlich ausfüllen möchte.

Damit das ›Kunstwerk der Zukunft‹ die ihm zugedachte Aufgabe überhaupt erfüllen kann, bedarf es allerdings zunächst einmal einer Revolution, einer gesellschaftlichen wie einer ästhetischen. Immer wieder, in Briefen wie Schriften, hat Wagner in jenen Jahren betont, daß er von der Notwendigkeit einer fundamentalen revolutionären Umgestaltung aller Verhältnisse tief durchdrungen sei, daß er radikal veränderte gesellschaftliche Bedingungen als Voraussetzung dafür ansehe, eine neue Kunst ins Leben treten zu lassen, die auf dieses Leben selbst Einfluß nehmen könne. In solchen Äußerungen kommt ein ganz und gar bakunistisch eingefärbter Revolutionsbegriff ins Spiel, die Vorstellung einer totalen Zerstörung aller Institutionen, Organisationen und Strukturen, durch welche die eigene Kunstvision vermeintlich behindert wird: »Meine Sache ist: Revolution zu machen, wohin ich komme. ... Sind wir ganz aufrichtig, so müssen wir eigentlich auch zugestehen, daß es jetzt das einzige ist, was sinn und wirklichen zweck hat: das Kunstwerk kann jetzt nicht geschaffen, sondern nur vorbereitet werden, und zwar durch revolutioniren, durch zerstören und zerschlagen alles dessen, was zerstörens= und zerschlagenswerth ist. Das ist unser werk, und ganz andere leute als wir werden erst die wahren schaffenden künstler sein. Nur in diesem sinne fasse ich auch meine bevorstehende thätigkeit in Paris auf: selbst ein werk, das ich für dort schreibe und aufführe, wird nur ein moment der revolution, ein affirmationszeichen der zerstörung sein können. Nur die zerstörung ist jetzt nothwendig, – aufbauen kann gegenwärtig nur willkürlich sein«[23].

Das Vorhandene zunächst einmal zerstören, um so die Voraussetzungen für eine neue ästhetische Realitätsebene zu schaffen, auf der die gesellschaftlichen Entwicklungen und Probleme der Zukunft dann durchgespielt werden können – dies ist Wagners dominante politisch-ästhetische Perspektive in den Jahren des Züricher Exils. Daher auch ist alle echte – und das heißt: zukünftige – Kunst »revolutionär, weil sie nur im Gegensatze zur gültigen Allgemeinheit existiert«[24], also eine revolutionäre Ausrichtung hat und ein die Gegenwart überschießendes Potential enthalten muß. Wagner entwickelt in diesen Jahren ein Kunstverständnis, das sich als Vision der Zukunft frei macht von allen restriktiven Bindungen des konkreten, entfremdeten Lebens. Der ›Gegensatz zur gültigen Allgemeinheit‹ der bestehenden Zustände, der künstlerischen wie der politischen, ist also die »große Menschheitsrevolution«[25], die freilich nicht als eine restaurative verstanden wird, als bloße Wiederauflage einer schon einmal vorhandenen gesellschaftlichen Situation, sondern als ein Vorwärts in eine Zukunft, in der die antiken Wertorientierungen auf einem neuen organisationstechnischen Niveau wiederhergestellt werden sollen. Nur »die

23 Richard Wagner, SB, III, S. 196 f. (Brief an Theodor Uhlig vom 27. Dezember 1849).
24 Richard Wagner, Die Kunst und die Revolution, in: GSD, Bd. 3, S. 28.
25 Ebenda, S. 29.

Revolution, nicht etwa die Restauration, kann uns jenes höchste Kunstwerk wiedergeben«[26], schreibt Wagner, und er meint dies auch so: die Antike liefert ihm Wert- und Strukturorientierungen für sein politisch-ästhetisches Konzept des Gesamtkunstwerks, aber nicht im Sinne einer restaurativen Kopiervorlage, sondern als Ausgangspunkt für eine strukturäquivalente Konzeptionsphantasie, die sich in ihrer Negation des zeitgenössischen bestehenden Systems eben an dem Vorbild der griechischen Polis kritisch orientiert.

Kunst und Politik werden so über die Vorstellung einer notwendigen politisch-ästhetischen Revolution miteinander in Beziehung gesetzt – Kunst hat einen politisch-revolutionären Auftrag, wie umgekehrt die Politik auch einen ästhetisch-revolutionären zugesprochen erhält. Es ist ein vielbehauptetes Mißverständnis, Wagners immer wieder beteuerte Auffassung von der Notwendigkeit einer umfassenden, alles zerstörenden Revolution als bloße theatralische Geste eines im Grunde unpolitischen Geistes abzutun. Ein Mißverständnis, zu dem Wagner selbst allerdings einiges beigetragen hat, wenn er sich im Nachhinein, in späteren Schriften wie auch in manchen autobiographischen Publikationen in unscharfen Wendungen von der Politik, auch von der Revolution zu distanzieren scheint. Wer genauer liest, sieht allerdings sehr bald, daß es sich zumeist um die Distanzierung von institutionell verfaßter Politik handelt, die Wagner als »politisch-juristischen Formalismus« in Gegensatz zum »Geist der Revolution« als dem der »reinmenschlichen Natur« bringt, einen Gegensatz, der freilich anti-politische, nicht aber antirevolutionäre Implikationen hat: »Daher war meine Theilnahme an der politischen Erscheinungswelt insofern stets künstlerischer Natur gewesen, als ich unter ihrer formellen Äußerung auf ihren rein menschlichen Inhalt blickte; erst wenn ich dieses Formelle, wie es sich aus juristisch-traditionellen Rechtsstandpunkten gestaltet, von den Erscheinungen abstreifen, und auf ihren inhaltlichen Kern als rein menschliches Wesen treffen konnte, vermochten sie mir Sympathie abzugewinnen; denn hier ersah ich dann genau dasselbe drängende Motiv, was mich als künstlerischen Menschen aus der schlechten sinnlichen Form der Gegenwart zum Gewinn einer neuen, dem wahren menschlichen Wesen entsprechenden, sinnlichen Gestaltung heraustrieb, – einer Gestaltung, die eben nur durch Vernichtung der sinnlichen Form der Gegenwart, also durch die Revolution zu gewinnen ist«[27].

Die Revolution also muß durch ihre radikale Negation der Gegenwart die Voraussetzungen schaffen, auf denen eine neue musikdramatisch Kunst die Vision einer neuen Zukunft entfalten kann. Die Revolution alles Bestehenden ist die Vorbereitung des Zukünftigen, und deshalb bedarf es auch im revolutionären Akt selbst noch keiner konstruktiven Phantasie. Wagners immer wieder geäußerte Vorbehalte gegen »die bloß politisch formelle Auffassung der Revolution«[28] haben ihren tiefen Grund darin, daß sein anarchistischer Revolutionsbegriff das politische Terrain für die musik-

26 Ebenda, S. 30.
27 Richard Wagner, Eine Mittheilung an meine Freunde, in: GSD, Bd. 4, S. 309.
28 Ebenda, S. 310.

dramatische Sinnstiftung der Zukunft freiräumen soll, daß eben die Revolution selbst diese Zukunft institutionell noch nicht antizipieren darf, sondern nur vorbereitenden Charakter hat. Noch Jahre später, anläßlich der Herausgabe seiner Schriften, verteidigt er dieses Verständnis der Revolution: »Lag es mir fern das Neue zu bezeichnen, was auf den Trümmern einer lügenhaften Welt als neue politische Ordnung erwachsen sollte, so fühlte ich mich dagegen begeistert, das Kunstwerk zu zeichnen, welches auf den Trümmern einer lügenhaften Kunst entstehen sollte«[29].

So also bestimmt sich das Verhältnis: die Revolution hat alle politischen und daraus entspringenden ästhetischen Gegebenheiten der bestehenden Gesellschaft zu vernichten, hat gleichsam eine tabula rasa herzustellen, auf der dann im ›Kunstwerk der Zukunft‹ die Vision einer politisch-ästhetisch neu geordneten Gesellschaft entworfen werden kann. Aber sie kann dies zum einen nicht schlagartig ein für allemal, zum anderen nicht autonom, das heißt als bloße politische Bewegung bewältigen und erfolgreich schaffen, sondern ist auf die anleitende Funktion der Kunst angewiesen, wie umgekehrt die Kunst sich der Revolution versichern muß, um ihr wahres, unverfälschtes Wesen wieder freizulegen. Bezogen auf das ›Kunstwerk der Zukunft‹ gewinnt die Revolution bei Wagner einen Doppelcharakter: einerseits ist sie notwendiges Durchgangsstadium zu einer zukünftigen Kunst und muß deshalb, sobald sie politisch erfolgreich war, auch schon wieder überwunden werden; aber andererseits wird sie zugleich als ein mit den sozialen Bewegungen aufs engste verwobener Prozeß gedacht, der die politischen und ästhetischen Erfahrungen der Zukunft stetig erneut austarieren muß: »Aus ihrem Zustande civilisirter Barbarei kann die wahre Kunst sich nur auf den Schultern unserer großen sozialen Bewegung zu ihrer Würde erheben«[30]. Und daher ist die Revolution in der Gegenwart bloß zerstörend, nicht in einem direkten Sinne konstruktiv aufbauend, aber in ihrer zerstörenden Kraft liegen zugleich doch die Momente einer neuen normativen Orientierung des Zukünftigen, ganz wie Wagner es mit Bezug auf die kommenden Aufführungen des *Ring* formuliert hat: »mit ihm gebe ich den menschen der Revolution dann die bedeutung dieser Revolution nach ihrem edelsten sinne, zu erkennen«[31].

Das Musikdrama als Sinnstiftung der Revolution – die Verdichtung der revolutionären politischen wie nichtpolitischen Erfahrungen, der damit verbundenen utopischen Hoffnungen, die sich konkreter, institutionell und organisatorisch ausformbarer Antizipationen entziehen, ist in Wagners politisiertem Kunstbegriff derart synthetisierend vollzogen, daß eine saubere analytische Trennung der einzelnen Elemente und die Bestimmung ihres jeweiligen Anteils am Ganzen nur schwer möglich scheint. Es ist ein wechselseitiger Bezug, der immer wieder deutlich wird, in den veröffentlichten Schriften so gut wie in den vielen Briefen dieser Jahre, aus dem

29 Richard Wagner, Einleitung zum dritten und vierten Bande, in: GSD, Bd. 3, S. 2.
30 Richard Wagner, Die Kunst und die Revolution, in: GSD, Bd. 3, S. 32.
31 Richard Wagner, SB, Bd. IV, S. 176 (Brief an Theodor Uhlig vom 12. November 1851).

sich die gegenseitige Substitution wie Zuschreibung der Begriffsinhalte ergibt: Kunst hat politisch zu werden, wie umgekehrt Politik sich nach der Kunst richten sollte. Das freilich gilt für die Zukunft, denn aus der Gegenwart ist nichts zu hoffen; weder für die Kunst noch für die Politik.

Freiheit, Gleichheit, Liebe

Was aber ist der Sinn der Revolution, was die Perspektive einer zukünftigen Gesellschaft? Wagner gibt zunächst eine Antwort, mit der er noch einmal auf den Inhalt des Musikdramas rekurriert: »Es ist das von aller Konvention losgelöste Reinmenschliche«[32], – eine Formulierung, die sich in ähnlicher und zugleich variierender Weise in den theoretischen Schriften dieser Jahre häufig findet, und die zugleich das bezeichnet, was Gegenstand der mythischen Erzählung sein soll.

Hinter einer solchen Bestimmung verbirgt sich die zweifellos sowohl von Feuerbach als auch von linksradikalen Thesen nachhaltig beeinflußte Vorstellung, es lasse sich unter den historisch angelagerten Schichten der Tradition und des durch solche Traditionen bestimmten Verhaltens der Menschen ein gleichsam unbeschädigter Kern menschlichen Wesens erkennen, eine archetypische Natur, die sich dann freilege und offenbare, wenn die gesellschaftlichen Bedingungen ihrer Entfremdung beiseite geschoben und vernichtet werden können. Konvention: das meint hier die verkrusteten Regeln und Institutionen der Gesellschaft, die eingeübten Verhaltensmuster, deren Sinn nicht mehr zu enträtseln ist, die daher auch die Zukunft verfehlen und deren Zweck darum einzig nur noch darin bestehen kann, den Menschen ihre bedrückenden Verhältnisse ideologisch zu entschärfen, um sie weiterhin niederzwingen zu können und unter die bestehenden Machtverhältnisse zu beugen. Konventionen sind historisch bedingte »Akzidenzien, die das Essentielle des Menschen umgeben«[33], und daraus folgt, daß ihre historische Dechiffrierung, ihre die ihnen eingeschriebene Geschichte zurückweisende Aufhebung das wahre Wesen des Menschen zutage fördern muß. Das aber zu leisten, ist die Aufgabe des ›Kunstwerks der Zukunft‹: es hat alle historisch gewachsenen Konventionen zu zerstören, es muß die bestehende Kunst revolutionieren, um dem ›Reinmenschlichen‹, dem ›wahren Wesen des Menschen‹, seiner ›unverfälschten Natur‹, der Idee der Einheit von Natur und Mensch, dem sozial noch nicht gebrochenen ›Leben‹ – und wie dergleichen ähnliche, von Wagner synonym verwandte Begriffe lauten mögen[34] – zum Durchbruch zu verhelfen.

In einer solchen Aufgabenzuweisung für die zukünftige Kunst deutet sich zugleich auch eine zweite Antwort auf die Frage nach dem Sinn und Ziel der Revolution an, die über die erste, eher philosophisch eingefärbte, hinausweist. Vom Ziel der Revo-

32 Richard Wagner, Eine Mittheilung an meine Freunde, in: GSD, Bd. 4, S. 318.
33 Peter Beil, Die Krise des neuzeitlichen Menschen im Werk Richard Wagners, S. 143.
34 Vgl. dazu Stefan Kunze, Der Kunstbegriff Richard Wagners, S. 155.

lution schreibt Wagner: »Dieses Ziel ist der starke und schöne Mensch: die Revolution gebe ihm die Stärke, die Kunst die Schönheit!«[35] Und ergänzend setzt er hinzu: »Nur starke Menschen kennen die Liebe, nur die Liebe erfaßt die Schönheit, nur die Schönheit bildet die Kunst«[36].

Diese erweiterte Bestimmung von Sinn und Ziel der sozialen und ästhetischen Revolution läßt sich ideenhistorisch wie philosophisch sowohl mit Feuerbach als auch mit den Hauptideen des ›Jungen Deutschland‹ in Verbindung bringen. Feuerbach hatte in Opposition zum Status quo vermerkt, ihm sei der »höchste Begriff, der Gott des unweltlichen, unpolitischen Gemüts, die Liebe«[37], und indem er die noch in der Zukunft liegende, von aller Politik freie Sphäre des Lebens mit der Liebe identifizierte, machte er diese zum Fundament seiner Anthropologie. Die Liebe war für ihn das oppositionelle Prinzip zu den Begriffen von Macht und Politik und sie verstand er, in einem gegen alle Politik gerichteten Sinne, als sinnlich-emotionale Zuwendung zweier Menschen zueinander.

Wagner schließt gewiß an diese Vorstellung an, aber er treibt sie ins Politische hinein und er geht damit dezidiert über Feuerbach hinaus. Eine Kette von Verknüpfungen wird hier vorgestellt, die scheinbar zwanglos von einer individuellen Emotion ›Liebe‹ zu einer ästhetischen Kategorie ›Schönheit‹ führt, die zunächst ganz unpolitisch klingt, dies aber nun ganz und gar nicht ist. Das wird deutlich, sieht man genauer nach, was Wagner unter ›Liebe‹ denn versteht. Er selbst gibt eine Definition, deren politische Implikationen möglicherweise nicht sofort ins Auge springen, aber gleichwohl unübersehbar sind: »Die Liebe der Schwachen unter sich kann sich nur als Kitzel der Wollust äußern; die Liebe des Schwachen zum Starken ist Demuth und Furcht; die Liebe des Starken zum Schwachen ist Mitleid und Nachsicht: nur die Liebe des Starken zum Starken ist Liebe, denn sie ist freie Hingebung an Den, der uns nicht zu zwingen vermag. In jedem Himmelsstriche, bei jedem Stamme, werden die Menschen durch die wirkliche Freiheit zu gleicher Stärke, durch die Stärke zur wahren Liebe, durch die wahre Liebe zur Schönheit gelangen können: die Thätigkeit der Schönheit aber ist die Kunst«[38].

Die entscheidende Begriffsverbindung ist die von ›wirklicher Freiheit‹, ›gleicher Stärke‹ und ›wahrer Liebe‹. Entscheidend deshalb, weil mit den beiden ersten Begriffen ›Freiheit‹ und ›Gleichheit‹ politische Begriffe zur Grundlage der ›wahren Liebe‹ gewählt werden. Jenseits aller denkbaren philosophischen Konnotationen, die diesen Begriffe zugeordnet werden können – und angesichts der Empathie des Wagnerschen Denkens zur zeitgenössischen Philosophie gewiß auch zugeordnet werden müssen – drängt sich indessen, eingedenkt der Nähe Wagners zum anarchistisch-sozialistischen Denken seiner Zeit, eher eine gesellschaftstheoretische Per-

35 Richard Wagner, Die Kunst und die Revolution, in: GSD, Bd. 3, S. 32.

36 Ebenda, S. 34.

37 Ludwig Feuerbach, Das Wesen des Christentums. Gesammelte Werke, hg. von Werner Schuffenhauer, Bd. V, Berlin-Ost 1974, S. 219.

38 Richard Wagner, Die Kunst und die Revolution, in: GSD, Bd. 3, S. 34.

spektive auf. Und aus ihr ergibt sich die folgende Überlegung: Freiheit und Gleichheit werden hier in einen strikten Gegenseitigkeitsbezug gebracht, Freiheit bestimmt als Willensfreiheit, konkretisiert in der freiwilligen ›Hingabe an den, der uns nicht zwingen kann‹. Gleichheit dagegen ergibt sich aus der ›gleichen Stärke‹, die ja nicht nur im physischen Sinne zu verstehen ist, sondern auch als die Gleichheit der Fähigkeiten, des intellektuellen und moralischen Strebens interpretiert werden kann, nicht zuletzt als die Gleichheit des Umgangs der Menschen untereinander. Wie immer in der philosophischen Diskussion das schwierige Verhältnis von Freiheit und Gleichheit bestimmt werden mag – von sich ausschließenden Begriffen bis hin zu koinzidierenden, je nach philosophischem Ansatz, auch nach dessen gesellschaftstheoretischen Grundoptionen – , Wagner denkt beides zusammen, und er tut dies auf dem Hintergrund von gesellschaftstheoretischen Annahmen, die die Willensfreiheit des Einzelnen mit den Gleichheitsmöglichkeiten aller im Ziel einer ›wahren Liebe‹ zusammenfallen und sich harmonisieren lassen. Denn »der Einsame ist unfrei, weil beschränkt und abhängig in der Unliebe; der Gemeinsame frei, weil unbeschränkt und unabhängig durch die Liebe«[39].

Die ›wahre Liebe‹ ist somit mehr als nur die emotionale und sinnliche, gar sexuelle Hingabe zweier Menschen, sie ist, nimmt man den gesellschaftstheoretischen Aspekt ernst, das Ergebnis eines interpersonalen Kommunikationszusammenhanges, der sich deshalb herstellen kann, weil die daran Beteiligten unter den Bedingungen der Gleichheit – ›gleiche Stärke‹ – miteinander in Beziehung treten können. Und dies aus eigenem Willen, kraft eigener Einsicht, frei von aller Repression, von allen institutionellen und organisatorischen Einschnürungen, frei auch von ansozialisierten Deformationen, Entfremdungen, wie sie für die bürgerliche Gesellschaft konstitutiv sind, eben in ›wirklicher Freiheit‹, die gedacht ist als uneingeschränkte Disposition des Subjekts über sich selbst. Im Begriff der ›wahren Liebe‹ wird so eine politiktheoretische Implikation deutlich, die als eine radikal-demokratische Grundintention bezeichnet werden kann. Sie besteht darin, daß das Muster einer gleichberechtigten Zweierbeziehung als Vorbild und unverzichtbare Grundeinheit eines sehr viel weiter reichenden Assoziations- und Kommunikationsprozesses von gleichstarken, besser: von gleichberechtigten und gleichfreien Individuen dient. Mit diesem Muster wird ein generelles Sozialverhältnis von Menschen untereinander bezeichnet, das zugleich die Grundwerte – und im Prinzip auch die Grundstruktur – einer zukünftigen Gesellschaft charakterisiert. Denn Wagner läßt hier aus dem Zusammenspiel von ›wirklicher Freiheit‹ des Willens und ›gleicher Stärke‹ der sozialen Position eine frei kommunizierende und egalitäre Sozialgemeinschaft erwachsen, eine – modern gesprochen – solidarische Gemeinschaft, in der Macht und Herrschaft verschwunden, freie Teilnahme aller an allen Angelegenheiten, vornehmlich denen der Kunst, das Ziel ist[40].

39 Richard Wagner, Das Kunstwerk der Zukunft, in: GSD, Bd. 3, S. 68.

40 Dagegen meint Stefan Breuer: »Nicht Liebe im Sinne eines sozialen Prozesses ist also gemeint. Sondern ›Liebe‹ im Sinne der Selbstaufhebung des empirischen in ein transzendentales Selbst.«

Eine solche Interpretation des Begriffs der ›wahren Liebe‹ mag ungewohnt erscheinen. Sie läßt sich indessen durch zahlreiche Zitate aus seinen Schriften und Selbstkommentaren belegen, in denen die Liebe immer wieder als der »sittliche Prozeß der Entäußerung des Egoismus«[41] des Einzelnen ins Allgemeine beschworen wird. In einer längeren Passage im *Kunstwerk der Zukunft* hat Wagner diesen Zusammenhang von Liebe, Kommunikation und sozialer Gemeinschaft sehr deutlich formuliert; er spricht da zunächst von den materiellen Lebensbedürfnissen des Menschen, von seinem Austausch mit der Natur als Grundlage der Reproduktion des eigenen Lebens und fährt dann fort: »Das Lebensbedürfniß des Lebensbedürfnisses des Menschen ist aber das Liebesbedürfniß. Wie die Bedingungen des natürlichen Menschenlebens in dem Liebesbunde untergeordneter Naturkräfte gegeben sind, die nach Verständniß, Erlösung, Aufgehen in dem Höheren, eben dem Menschen, verlangten, so findet der Mensch sein Verständniß, seine Erlösung und Befriedigung, gleichfalls nur in einem Höheren; dieses Höhere ist aber die menschliche Gattung, die Gemeinschaft der Menschen, denn es gibt für den Menschen nur ein Höheres als er selbst: die Menschen. Die Befriedigung seines Liebesbedürfnisses gewinnt der Mensch nur durch das Geben, und zwar durch das Sichselbstgeben an andere Menschen, in höchster Steigerung an die Menschen überhaupt«[42].

Darüber hinaus verdankt sich die vorgetragene Interpretation einem Sachverhalt, den viele Interpreten Wagners nicht erkennen, vielleicht auch bewußt übersehen oder nicht wahrhaben wollen: der Tatsache nämlich, daß nahezu alle zentralen und tragenden Begriffe der Wagnerschen Ästhetik entweder geschichtsphilosophisch aufgeladen sind oder, was oft nicht vermutet wird, gesellschaftstheoretische Implikationen haben. Diese Auffassung, daß Wagner mit der ›wahren Liebe‹ ein gesellschaftlich-utopisches Moment bezeichnet, macht auch plausibel, weshalb in den Schriften wie im musikdramatischen Werk selbst – vornehmlich im *Ring*, aber auch im *Tannhäuser, Lohengrin* oder *Parsifal* – die Liebe stets als Gegenbegriff zur Politik, zu Macht und Herrschaft, Gewalt und Hierarchie fungieren kann. Nicht der naheliegende Gegensatz von privat und öffentlich, von privater (Liebes-) Beziehung und öffentlichen (Macht-) Verhältnissen ist in Wagners Sprachgebrauch die ausschlaggebende Opposition, sondern der Gegensatz einer sozial-egalitären, solidarisch gedachten Gemeinschaft zu einer durch Macht und Herrschaft, durch Eigentum und Korruption, durch Wortbruch und Verrat moralisch verderbten Gesellschaft. Das zeigt sich durchgängig in allen Musikdramen, und selbst in *Tristan und Isolde*, dem wohl intimsten aller Werke Wagners, ist die Liebe zwischen den beiden Protagonisten nicht ins Private verlegt, sondern erfährt ihre emotionale Entwicklung zu einem erheblichen Teil aus den politischen Rahmenbedingungen, die die Handlung insgesamt bestimmen[43].

Derselbe, Richard Wagners Fundamentalismus, in: Deutsche Viertelsjahrsschrift für Literaturwissenschaft und Geistesgeschichte, 73. Jg., Stuttgart/Weimar 1999, S. 654.

41 Richard Wagner, Das Kunstwerk der Zukunft, in: GSD, Bd. 3, S. 68.

42 Ebenda.

43 Vgl. dazu Udo Bermbach, ›Blühendes Leid‹. Politik und Gesellschaft in Richard Wagners Musikdramen, Stuttgart/Weimar 2003, S. 141 ff.

Liebe also läßt sich als Chiffre für eine »herrschaftsfreie Kommunikation«[44] verstehen, die ›wahre Liebe‹ als eine Metapher für eine gesellschaftstheoretische Organisationsidee, die sich von unten nach oben aufbaut, vernetzt und in kleinen Einheiten gedacht – ohne Zweifel ein anarchistisches Modell der befreiten Menschheit der Zukunft. Wenn Wagner von Liebe spricht, so meint er stets auch eine utopische Hoffnung und Perspektive, die sich seiner Meinung nach darauf berufen kann, daß selbst unter schlechten Bedingungen die generelle Disposition des Menschen zu Freiheit und Gleichheit bereits vorhanden ist. Indem Wagner Freiheit, Gleichheit und Liebe auf diese Weise in einen gesellschaftstheoretischen Zusammenhang bringt, eröffnet er eine historische Perspektive, die – wie die Kunst der Zukunft – von der fundamentalen Einsicht ausgehen kann, daß am Anfang aller Entwicklung zu Neuem die »soziale Natur des Menschen«[45] steht. Sie ist bestimmt durch die »Bedürfnisse des Individuums, sich mit dem Wesen seiner Gattung zu vereinigen, um in der Gesellschaft seine Fähigkeiten zur höchsten Geltung zu bringen«, eines Individuums, »das nur in der Befriedigung seines unwillkürlichen Liebesverlangens seinen Glückseligkeitstrieb stillen kann«.

»Die Bedeutung der Revolution nach ihrem edelsten Sinne«, von der Wagner in seinem oben zitierten Brief an Theodor Uhlig spricht, kann also verstanden werden als die im Musikdrama sichtbar werdende Idee einer auf ›wahrer Liebe‹, auf freier und solidarischer Kommunikation gründenden Gemeinschaft. Denn ›wahre Liebe‹ hat, so wie Wagner den Begriff exponiert, ein überschießendes Potential, sie drängt über die reine Zweierbeziehung hinaus, sie verweist als ein ›politischer‹ Strukturbegriff auf die Organisationsidee einer größeren Gemeinschaft. ›Wahre Liebe‹ und politische Freiheit sind korrespondierende Größen: »Der Einsame ist unfrei, weil beschränkt und abhängig in der Unliebe; der Gemeinsame frei, weil unbeschränkt und unabhängig durch die Liebe«[46]. Liebe, Leben und Freiheit werden von Wagner fast synonym gesetzt, und alle drei bezeichnen Werte, die in ihrer positiven Akzentuierung nur der Gemeinschaft zugezählt werden können. Deshalb hat Wagner auch immer wieder betont, daß sich Individualität nur durch Einbettung ins Ganze entfalten kann, ohne allerdings darin aufzugehen: »Bewußte Individualität, d.h. eine Individualität, die uns bestimmt, … gewinnen wir nur in der Gesellschaft. Das Individuum ohne Gesellschaft ist uns als Individualität vollkommen undenkbar; denn erst im Verkehr mit anderen Individuen zeigt sich Das, worin wir unterschieden von ihnen und an uns besonders sind«[47]. Daher weist die Sozialnatur des Menschen über den Einzelnen selbst hinaus, sie verlangt nach einer größeren Einheit, sie zielt auf das Volk.

44 Jürgen Habermas, Theorie des kommunikativen Handelns, 2 Bde., Frankfurt/M. 1981.

45 Richard Wagner, Oper und Drama, in: GSD, Bd. 4, S. 50. Hier auch die folgenden Zitate.

46 Richard Wagner, Das Kunstwerk der Zukunft, in: GSD, Bd. 3, S. 68.

47 Richard Wagner, Oper und Drama, in: GSD, Bd. 4, S. 67.

Das Volk

Das Volk, das in den politischen Schriften der Dresdner Zeit und bezogen auf den Staat der Gegenwart primär als eine soziale Einheit beschrieben worden war, definiert als die Gemeinchaft all jener, die Not leiden und ihre Not als eine gemeinsame empfinden – dieses Volks wird im Kontext der konzeptionellen Überlegungen zum Kunstwerk der Zukunft und zum Gesamtkunstwerk ins Zentrum der ästhetischen Kreativität und Produktivität gerückt. »Von jeher der Inbegriff aller Einzelnen, welche ein Gemeinsames ausmachten«[48], stellt es jetzt für Wagner »die bedingende Kraft für das Kunstwerk«[49] dar, ist es jener kollektive Akteur, der alles erfindet, von der Sprache über die Religion bis hin zu den Prinzipien der gesellschaftlichen Selbstorganisation. Durch zwei entscheidende Merkmale ist Wagners Volksbegriff charakterisiert: zum einen durch die Zuschreibung einer unbegrenzten und unerschöpflichen ästhetischen Kreativität, zum anderen durch eine zwar nur angedeutete, aber doch entzifferbare Organisationsidee, in der die Dialektik zwischen einem anarchistischen Individualismus und einer pluralen Gesellschaftsorganisation Kontur und Struktur gewinnt.

Zunächst zur Kreativität. Wagner schreibt dem Volk der Zukunft, das er als einen aktiven Teil des kommenden Gesamtkunstwerks versteht, alle Kraft der Erfindung und alle künstlerische Phantasie zu. Das ist innerhalb seines Denkens zu dieser Zeit einigermaßen konsequent und konsistent. Denn bereits in seiner Kritik der Oper und des Opernbetriebs war er ja davon ausgegangen, daß sich deren moderne Entwicklung als ein Prozeß der Entfremdung der Kunst von ihren Ursprüngen, als deren degenerative Loslösung von einem in seinen Anfängen unbeschädigten Volksvermögen beschreiben lasse. Dieser Prozeß der Entfremdung von Kunst und Volk soll nun im Musikdrama der Zukunft und durch das Gesamtkunstwerk wieder zurückgenommen werden. Im Gesamtkunstwerk, so glaubt Wagner, werde sich die ursprüngliche, das heißt noch nicht entfremdete Situation einer ungebrochenen Produktionskraft des Volkes wiederherstellen und damit werde die erneute Begründung und Festigung einer kollektiven Identität auf jener zweiten Realitätsebene gelingen, durch welche zugleich die gegebenen Zustände aufgedeckt und überwunden würden.

Für Wagner steht fest: alles kann das Volk, wenn es sich auf sich selbst besinnt und seiner eigenen Kraft vertraut: es schafft sich, in der Form des Dramas, seine eigenen Erzählungen, erzeugt seinen eigenen Mythos, mit dem es die Selbstbeschreibung der eigenen kollektiven Identität sowohl leistet als auch historisch herleitet, denn: »Aller Gestaltungstrieb des Volkes geht im Mythos somit dahin, den weitesten Zusammenhang der mannigfaltigsten Erscheinungen in gedrängtester Gestalt sich zu versinnlichen«[50]. Das Volk ist im Gesamtkunstwerk der ›Gesamtdichter‹, der in sei-

48 Richard Wagner, Das Kunstwerk der Zukunft, in: GSD, Bd. 3, S. 47.

49 Ebenda, S. 50.

50 Richard Wagner, Oper und Drama, in: GSD, Bd. 4, S. 32.

ner ästhetischen Phantasie und Gestaltungskraft darauf ausgeht, sich die Einheit seiner Lebenszusammenhänge in sinnlich erfaßbarer Darstellung selbst immer wieder so zu verdeutlichen, daß er zugleich durch die Deutung seiner eigenen Alltagserfahrungen ins eigene Leben interveniert, es zu ändern vermag. »Das Volk also wird die Erlösung bringen« – heißt es in geradezu hymnischer Sprache –, »indem es sich genügt und zugleich seine eigenen Feinde erlöst. Sein Verfahren wird das Unwillkürliche der Natur sein: mit der Nothwendigkeit elementaren Waltens wird es den Zusammenhang zerreißen, der einzig die Bedingung der Herrschaft der Unnatur ausmacht«[51]. Das Volk, so muß man schließen, ist nicht nur Rezipient und Interpret der musikdramatischen Handlung, sondern selbst aktiv an deren Mitgestaltung beteiligt: es geht für die Zukunft nicht nur um passive Rezeption und individuelle Interpretation der erlebten Werke, sondern es geht vornehmlich auch darum, aus dem Gesehenen und Gehörten normative Orientierungen zu gewinnen und Anweisungen für das eigene Handeln zu beziehen.

Wagners Volksbegriff erscheint in den ›Zürcher Kunstschriften‹ in einer geradezu übersteigerten Emphase, von der abzusehen ist, daß sie schließlich, angesichts der realen Gegebenheiten, in blanker Enttäuschung enden muß. Die Hyposthasierung der politisch-ästhetischen Kompetenzen des ›Volkes der Zukunft‹ erinnert entschieden an die in der Romantik übliche Verklärung des Volkes, an die damit einhergehende Entdeckung von Volkssagen und Volksmärchen, an die Beförderung von Volksliedern bis hin zu jenen Opern, in denen viele Zeitgenossen einen spezifischen ›Volkston‹ zu hören meinten – man denke nur an E.T.A. Hoffmanns *Undine* oder Webers *Freischütz* und *Oberon*, an Marschners *Vampyr* oder *Hans Heiling*, auch an Schumanns *Genoveva*. Doch Wagner, so gewiß er an diese Tradition anschließt und sie aufnimmt, so sehr sie in seinen Werken spürbar wird und deren Gesamtatmosphäre zu einem nicht geringen Teil mitbestimmt, geht doch über diesen romantischen Volksbegriff entschieden hinaus. Für ihn ist das Volk – zunächst als Sprachgemeinschaft konstituiert – auch eine politisch-gesellschaftliche Größe, und nur deshalb, weil es sich über die Sprache auch als eine politisch-gesellschaftliche Einheit versteht, vermag es auch seine produktiven ästhetischen Möglichkeiten und Potenzen zu realisieren[52]. Noch Jahre später hat Wagner diesen Zusammenhang, die synthetisierende Verbindung von politischem und ästhetischem Vermögen, erläuternd so beschrieben: »Doch will ich nicht läugnen, daß ich auf diese (den gleichen Feuerbach'schen Schriften in demselben Sinne entnommene) Bezeichnung des Gegensatzes des Egoismus' durch Kommunismus, nicht mit der Energie, wie es von mir hier geschehen ist, eingegangen sein würde, wenn mir in diesem Begriffe nicht auch ein sozial-politisches Ideal als Prinzip aufgegangen wäre, nach welchem ich das ›Volk‹ in dem Sinne der unvergleichlichen Produktivität der vorgeschichtlichen Urgemeinschaftlichkeit auffaßte,

51 Richard Wagner, Das Kunstwerk der Zukunft, in: GSD, Bd. 3, S. 53 f.

52 Zur Rolle der Sprache für die Konstituierung des Volkes vgl. S. 171 ff. und S. 265 ff.

und dieses im vollendetsten Maaße als allgemeinschaftliches Wesen der Zukunft wieder hergestellt dachte«[53].

Die Rede von der ›vorgeschichtlichen Urgemeinschaftlichkeit‹ verweist auf einen fundamentalen Gesichtspunkt in Wagners Verständnis darüber, was das ›Volk‹ kann: auf die in unterschiedlichen Zusammenhängen immer wieder durchschlagende Vorstellung nämlich, das Volk werde sich selbst organisieren, und zwar nach Prinzipien der direkten Demokratie. Diese Einschätzung hatte Wagner bereits in seinen politischen Kampfschriften der beiden Dresdener Revolutionsjahre mehr oder weniger indirekt formuliert, doch im Kontext der Konzeption des Gesamtkunstwerks gewinnt diese Überzeugung noch einen besonderen, zusätzlichen Aspekt: sie wird nämlich nicht politisch, auch nicht dezisionistisch begründet, sondern die politische Organisationsidee einer sich selbst verwaltenden und regierenden Gemeinschaft erscheint hier plötzlich als eine zwingende und implizite Konsequenz der ästhetischen Produktionsfähigkeit des Volkes: »Das Ausschließliche, Einzelne, Egoistische, vermag nur zu nehmen, nicht aber zu geben: es kann sich nur zeugen lassen, ist selbst aber zeugungsunfähig; zur Zeugung gehört das Ich und das Du, das Aufgehen des Egoismus in den Kommunismus. Die reichste Zeugungskraft ist daher in der größten Vielheit«[54].

Daß die ›größte Vielfalt‹ in ein kausales Verhältnis zur ›reichsten Zeugungskraft‹ des Volkes gerückt wird, ist keine irgend beliebige Formulierung, sondern eine entscheidende, den Volksbegriff – und in seiner Folge die ästhetische Produktion des Volkes – konstituierende Bestimmung. Eindeutig und unzweifelhaft klar ist damit, daß Wagner sich das Volk nicht als eine durchhomogenisierte Masse denkt, nicht als ein ungegliedertes Kollektiv, und völlig abwegig sind all jene Interpretationen, die unterstellen, Wagners Volksbegriff sei anti-individuell und völkisch in dem Sinne, in dem sehr viel später rassistische, nationalistische und chauvinistische Weltanschauungen sich dies zurechtgelegt, sich sogar auf ihn berufen haben[55]. Für Wagner ist das Volk vielmehr eine Gemeinschaft, die sich aus dem Spannungsverhältnis des Einzelnen zu den übrigen Einzelnen, den Vielen ergibt. Wenn er immer wieder betont, ohne die Gemeinschaft sei der Einzelne wenig, sei er weder in der Lage, sich selbst aus seiner psychischen Isolation zu befreien noch auf irgendeinem Gebiet produktiv zu werden, so heißt das nicht, daß das Individuum deshalb im Kollektiv völlig aufgehen und in der Anonymität verschwinden müsse. Gemeint ist vielmehr, daß einerseits das Individuum die durch die Vielheit der anderen gebildete Pluralität in sich selbst aufnimmt und in seiner eigenen Identität verarbeitet, wie umgekehrt diese Vielheit der anderen ihre spezifische Qualität daraus gewinnt, daß viele Indivi-

53 Richard Wagner, Einleitung zum dritten und vierten Bande, GSD, Bd. 3, S. 5.

54 Richard Wagner, Das Kunstwerk der Zukunft, in: GSD, Bd. 3, S. 51.

55 Vgl. als ein neueres Beispiel die unhaltbare Interpretation von Andrea Mork, Wagner als politischer Schriftsteller, S. 105 f., die im Grunde die fatalen Deutungen eines Houston Stewart Chamberlain und anderer, ähnlich gesinnter völkischer und nationalistischer Wagner-Interpreten übernimmt und fortsetzt.

duen als Gesamtheit eine charakteristische Pluralität ausbilden. Auf diese zu rekurrieren und sie als ihr eigentliches Konstituens zu begreifen, ist »die Erlösung aus der einsamen Stellung ihres unbegriffenen Wesens«[56]. Erst im Spannungsverhältnis von Individuum und Gemeinschaft, in einer beide Pole vernetztenden Kommunikation, wird jene politisch-ästhetische Produktivität freigesetzt, aus der das Gesamtkunstwerk wie auch die neue gesellschaftliche Ordnung gleichermaßen hervorgehen sollen, oder wie Wagner es formuliert: »Um ganz das sein zu wollen, was er für sich ist, muß der Einzelne ganz und gar das nicht zu sein brauchen, was er nicht ist; ganz was er nicht ist, ist ja aber das von ihm Unterschiedene, und nur in der vollsten Gemeinsamkeit mit dem von ihm Unterschiedenen, im vollsten Aufgehen in der von ihm unterschiedenen Gemeinsamkeit kann er eben erst vollkommen das sein, was er ist, sein soll, und vernünftigerweise nur sein will. Nur im Kommunismus findet sich der Egoismus vollständig befriedigt«[57]. Ein Absatz, der im Kontext der Erläuterungen über »die drei reinmenschlichen Kunstarten in ihrem ursprünglichen Vereine« steht, also die politischen Fragen unter ästhetischen Gesichtspunkten erörtert[58].

Individualität und Pluralität oder auch Individualität in der Pluralität, verbunden durch gemeinsame Orientierungen, Haltungen, Werte oder und vor allem durch ästhetische Produktion, sind also als existentielle Eigenschaften die bestimmenden Faktoren für die Innovationskraft eines Volkes, für seine Fähigkeit, das Kunstwerk der Zukunft hervorzubringen. Dieses Bedingungsverhältnis hat strukturbestimmende Konsequenzen für das Zukunftsmodell gesellschaftlicher Selbstorganisation, denn es schließt von vornherein eine zentralistische oder gar autoritäre Lösung aus. Gefordert wird vielmehr ein Organisationsrahmen, in dem die Individualität der gesellschaftlichen Subjekte bewahrt und zum Ausgangspunkt einer übergreifenden gesellschaftlichen Synthesis werden kann. Einen solchen Rahmen, ein solches gesellschaftliches Organisationsmodell sieht Wagner gleichsam zwanglos aus dem Volke dann hervorwachsen, wenn dieses sich als Produzent des Gesamtkunstwerks versteht, was für ihn ganz selbstverständlich ist: »Das Drama ist nur als vollster Ausdruck eines gemeinschaftlichen künstlerischen Mittheilungsverlangens denkbar: dieses Verlangen will sich aber wiederum nur an eine gemeinschaftliche Theilnahme kundgeben«. Und: »Das Kunstwerk der Zukunft ist ein gemeinsames, und nur aus einem gemeinsamen Verlangen kann es hervorgehen«[59].

56 Richard Wagner, Das Kunstwerk der Zukunft, in: GSD, Bd. 3, S. 149.
57 Ebenda, S. 70.
58 Ebenda, S. 67 ff.
59 Ebenda, S. 108 und S. 162.

Genossenschaften

Sofern das Volk sich als Schöpfer und Teil des Gesamtkunstwerks versteht, muß dieses Selbstverständnis auch seinen entsprechenden organisatorischen Ausdruck finden. Dieser besteht, in Analogie zu den »Schauspielergenossenschaften« des Mittelalters[60] in der »Genossenschaft aller Künstler«, die als eine »künstlerische Genossenschaft der Zukunft« bestimmt wird, als eine »freie künstlerische Genossenschaft«[61]. Wie immer die Begriffe und Bezeichnungen variieren, es geht um die Idee eines genossenschaftlichen Modells der Selbstorganisation des künstlerisch tätigen Volkes und der in ihm sich profilierenden Künstler, es geht um eine – mit einem zeitgenössischen Begriff zu reden – ›Assoziation‹ von freien und schöpferisch tätigen Menschen, es geht um die produktive Aufhebung der gesellschaftlichen Entfremdung im Rahmen gesellschaftlicher Selbstorganisation.

Für den Bereich der Kunst formuliert Wagner hier eine Organisationsidee, die auch in seinen späteren Schriften und in späteren Lebensabschnitten immer wieder auftaucht, an deren Substanz er sein Leben lang festgehalten hat. Es ist die Idee kommunikativer Vernetzung, die Idee einer Vereinigung von gleichgesinnten und gleichberechtigten Menschen, für die Sphäre der Kunst die Idee einer »Vereinigung aller Künstler nach Zeit und Ort, und zu einem bestimmten Zwecke«[62], die Idee, daß das Musikdrama Inhalt und Kernbestandteil des Gesamtkunstwerks sein sollte. Obgleich Wagner sich mit einer detaillierenden und konkretisierenden Ausgestaltung seines Konzeptes der Künstlergenossenschaft sehr zurückgehalten und es offenbar bewußt vermieden hat, ein organisatorisch eindeutiges Modell mit ausdifferenzierten institutionellen Strukturen zu entwerfen, findet sich doch am Ende seiner Schrift *Das Kunstwerk der Zukunft* eine etwas längere Passage, die ausführlich zitiert werden soll, weil sie eindeutigen Aufschluß gibt über die gesellschaftstheoretische Affinität von Wagners politisch-ästhetischem Denken zu den links-hegelianisch bestimmten und anarchistisch-sozialistischen Organisationsvorstellungen. »Alle Menschen haben nur ein gemeinsames Bedürfniß«, – heißt es da – »welches jedoch nur seinem allgemeinesten Inhalte nach ihnen gleichmäßig innewohnt: das ist das Bedürfniß zu leben und glücklich zu sein. Hierin liegt das natürliche Band aller Menschen; ein Bedürfniß, dem die reiche Natur der Erde vollkommen zu entsprechen vermag. Die besonderen Bedürfnisse, wie sie nach Zeit, Ort und Individualität sich kundgeben und steigern, können in dem vernünftigen Zustande der zukünftigen Menschheit allein die Grundlage der besonderen Vereinigungen abgeben, welche in ihrer Totalität die Gemeinschaft aller Menschen ausmachen. Diese Vereinigungen werden gerade so wechseln, neu sich gestalten, sich lösen und wiederum knüpfen, als die Bedürfnisse wechseln und wiederkehren; sie werden von Dauer

60 Ebenda, S. 109.
61 Ebenda, S. 161 und S. 166.
62 Ebenda, S. 162.

sein, wo sie materieller Art sind, auf den gemeinschaftlichen Grund und Boden sich beziehen, und überhaupt den Verkehr der Menschen in so weit betreffen, als dieser aus gewissen, sich gleichbleibenden, örtlichen Bestimmungen als nothwendig erwächst; sie werden sich aber immer neu gestalten, in immer mannigfaltigerem und regerem Wechsel sich kundgeben, je mehr sie aus allgemeineren höheren, geistigen Bedürfnissen hervorgehen. Der starren, nur durch äußeren Zwang erhaltenen, staatlichen Vereinigung unserer Zeit gegenüber, werden die freien Vereinigungen der Zukunft in ihrem flüssigen Wechsel bald in ungemeiner Ausdehnung, bald in feinster naher Gliederung das zukünftige menschliche Leben selbst darstellen, dem der rastlose Wechsel mannigfaltigster Individualitäten unerschöpflich reichen Reiz gewährt, während das gegenwärtige Leben in seiner modisch-polizeilichen Einförmigkeit das leider nur zu getreue Abbild des modernen Staates, mit seinen Ständen, Anstellungen, Standrechten, stehenden Heeren – und was sonst noch Alles in ihm stehen möge – darstellt«[63].

Dies ist gewiß eine der erstaunlichsten Stellen in den politisch-ästhetischen Schriften der Züricher Jahre, und man wundert sich, daß Generationen von Wagner-Interpreten darüber hinweggelesen und den Inhalt wie die Konsequenzen völlig ignoriert haben. Denn Wagner entwirft hier – sicherlich mit großen Strichen gezeichnet und in eine weite Perspektive eingestellt – den Plan von flexiblen Organisationsstrukturen, die je wechselnden Bedürfnissen folgen sollen, und in denen für institutionelle Verfestigungen und dauerhaft hierarchisch gestufte Ordnung kein Platz mehr ist. Was sich als kritisches wie konstruktives Prinzip in seiner Auseinandersetzung mit Staat, Gesellschaft und Theaterkultur bereits immer wieder als ein zentraler Gedanke gezeigt hat: die Perspektive einer assoziativen Vernetzung von kleinen und überschaubaren Lebensbereichen, tritt nunmehr als ein tragendes und flächendeckendes Konstruktionsprinzip auf. Nur noch basale Notwendigkeiten sollen fest und auf Dauer institutionell abgesichert werden; das meint der Hinweis, daß Vereinigungen nur dort »von Dauer sein (sollen), wo sie materieller Art sind«, was wohl die täglichen Grundbedürfnisse wie Essen, Trinken, Wohnen und Bekleiden meint, indisponible Notwendigkeiten zur Sicherung der menschlichen Existenz und des Überlebens, die Wagner mit dem Hinweis auf das universelle Bedürfnis der Menschen, »zu leben und glücklich zu sein«, bestenfalls sehr allgemein beschreibt. Alles andere jedoch ist nicht mehr ›dauerhaft‹ angelegt, sondern gedacht und entworfen im Sinne von Situationsorganisationen, die sich je nach Bedarf und Notwendigkeit gründen oder auflösen, zugeschnitten auf die je wechselnden Bedürfnisse einer in ständiger Veränderung begriffenen Welt.

Wagner denkt die Selbstorganisation eines aufgeklärten Volkes, das zum künstlerischen Akteur avanciert ist, in den Erfahrungen und Kategorien moderner sozialer Bewegungen, ja er nimmt, wenn man so will, das Prinzip der modernen Bürgerbewegung vorweg. Es sind vergleichbare Vorstellungen, die hier konzeptbestimmend

63 Ebenda, S. 168 f.

werden: aus dem Gegensatz zum bestehenden Staat heraus, im Widerspruch zu den repräsentativ strukturierten Institutionen des modernen Parteienstaates bilden sich Bürgerinitiativen zur Lösung einzelner, inhaltlich eindeutig definierter und zumeist lokal bezogener Probleme, die sich als direkt-demokratische Organisationen verstehen, sich gegen die bestehende staatliche Administration, gegen Parteien und Verbände wenden und den direkten Mitentscheidungswillen der von Herrschaft betroffenen Bürger artikulieren. Demokratische Basisorganisationen, die sich dann wieder auflösen, wenn sie ihren Zwecke erfüllt haben – oder auch gescheitert sind[64]. Vergleichbar den unterschiedlichen Vorstellungen zu einer Räte-Demokratie[65] gilt auch für solche Bürgerinitiativen, wie für nahezu alle Formen basis-demokratischer Alternativorganisationen, welche die sozialen Bewegungen des 19. und 20. Jahrhunderts hervorgebracht haben, daß sie als Gegenbilder und Gegenmodelle zu den politisch-gesellschaftlichen Institutionen des modernen Staates auftreten. Mit ihnen konkretisieren sich die massiven Vorbehalte der Bürger gegen überlieferte, verfestigte und als korrupt verdächtigte Personen wie Institutionen, und zugleich dokumentieren sie massive Vorbehalte auch gegen ein ausdifferenziertes und arbeitsteilig angelegtes Institutionensystem als eines Systems der politische Entfremdung, wie es den modernen Staat der Neuzeit charakterisiert.

Wagners Vorstellung von Vereinigungen, die sich je nach wechselnden Zwecken gründen und auflösen, und von denen er meint: »Jedes in das Leben tretende dramatische Kunstwerk wird somit das Werk einer neuen, vorher noch nie dagewesenen und so nie sich wiederholenden Vereinigung von Künstlern sein: ihre Vereinigung wird von dem Augenblicke an bestehen, wo der dichterische Darsteller des Helden seine Absicht zur gemeinsamen der ihm nöthigen Genossenschaft erhob, und in dem Augenblick wird sie aufgelöst sein, wo diese Absicht erreicht ist«[66], – diese Vorstellung ist ihrer Grundintention und Grundstruktur nach ideengeschichtlich dem anarchistischen Denken zuzuordnen. Auch wenn es problematisch sein mag, von anarchistischem Denken so zu reden, als gäbe es ein in sich einheitliches; wenn es durchaus notwendig ist, die in der Geschichte aufgetretenen Positionen voneinander und in sich zu unterscheiden und zu differenzieren, so gibt es doch einen gemeinsamen Bestand mit Blick auf anarchistisches Organisationsdenken: bestimmt durch massiven Anti-Institutionalismus, durch radikale Ablehnung aller auf Dauer gestellter Institutionen, seien sie nun staatlicher, gesellschaftlicher oder auch kirchlicher Art, lehnen die Anarchisten des 19. Jahrhunderts festgefügte Organisationen prinzipiell ab. Sie bevorzugen Modelle, die mit flexiblen Verknüpfungen arbeiten, die das menschliche Zusammenleben auf freie Absprache und Verabredungen gründen, die in räumlicher Überschaubarkeit und mit zeitlicher Begrenzung zu freien

64 Vgl. dazu Udo Bermbach, Bürgerinitiativen – Instrumente direkter Demokratie? in: derselbe, in: Demokratietheorie und politische Institutionen, Opladen 1991, S. 106 ff.

65 Vgl. Udo Bermbach (Hg), Theorie und Praxis direkter Demokratie. Texte und Materialien zur Räte-Diskussion, Köln und Opladen 1973.

66 Richard Wagner, Das Kunstwerk der Zukunft, in: GSD, Bd. 3, S. 169.

und autonomen Assoziationen führen, in denen die Willens- und Entscheidungsfindung von unten nach oben zu den auftretenden Sachfragen immer wieder neu organisiert wird[67].

In dieses Muster einer fluiden Vernetzung und Koordinierung gesellschaftlicher, politischer und künstlerischer Tätigkeiten fügt sich Wagners Modell der ›freien künstlerischen Genossenschaften‹ bruchlos ein. Aber es zeigt auch Berührungen mit linkshegelianisch geprägten, radikal-demokratischen Organisationsvorstellungen, wie sie etwa Julius Fröbel in seinem 1846 anonym publizierten *System der socialen Politik* entwickelt hat[68]. In diesem Politik-Entwurf gab Fröbel der Freiheit des Einzelnen, die eingebettet wurde in ein System weitreichender sozialer Grundrechte, den absoluten Vorrang vor allen institutionellen Einbindungen und Einhegungen. Ähnlich wie Wagner trat Fröbel nachdrücklich für dezentrale, flexible Organisationsstrukturen einer sich selbst regierenden Gesellschaft ein, die er zugleich als eine auf diskursivem Konsens beruhende Assoziationsgemeinschaft verstand. Diese Gesellschaft der Zukunft sollte sich gründen auf das »Prinzip des freien Entschlusses und sittlichen Zweckes zusammentretender Menschen«[69]. Damit ist ein Gesellschaftskonzept angedeutet, dessen organisationstechnische Strukturen weit in die Zukunft vorauswies, das nicht nur für jene Teile der Arbeiterbewegung von Bedeutung war, die ihre Hoffnungen auf eine kommende Rätedemokratie setzten, sondern das auch die Grundintentionen einer bürgerlichen ›Zivilgesellschaft‹ im Grundsatz antizipierte, deren allmähliche Realisierung spätestens seit dem ausgehenden 20. Jahrhundert in vielen Teilen der westlich-industriellen Welt diskutiert und verhandelt wird. Das aber heißt auch, daß Wagners Vorstellungen einer Gemeinschaft von kommunikativ vernetzten, ›freien Vereinigungen der Zukunft‹ in solchen Konzepten einer postmodernen Zivilgesellschaft mit ihren Vernetzungen durch moderne elektronische Medien zum Zwecke ihrer Selbstorganisation und Selbststeuerung, eine überraschende und wohl von den meisten Wagner-Interpreten kaum vermutete Aktualität gewinnt. Die gewiß bedeutsamste und originellste Organisationsidee Wagners erweist sich so unversehens von einer verblüffenden Modernität und Aktualität, von eindrucksvol-

67 Vgl. den Überblicksartikel von Peter Lösche, Anarchismus, in: Iring Fetscher/Herfried Münkler (Hg), Pipers Handbuch der politischen Idee, München 1986, Bd. 4; S. 415 ff. Hier ist auch weiterführende Literatur angegeben.

68 Julius Fröbel lebte von 1833 bis 1841 in Zürich, wo er eine Privatdozentur innehatte, danach einen Verlag übernahm, in dem er Schriften von Herwegh und Ruge, Weitling und Bakunin verlegte, alles radikale Demokraten und Anarchisten, deren Publikationen Wagner kannte und mit denen er teilweise persönlich eng befreundet war. Fröbel war 1848/49 Abgeordneter der Frankfurter Paulskirche und gehörte dort zur äußersten Linken. Nach dem Scheitern der Revolution mußte er ins Exil gehen. Ob Wagner Fröbels Entwurf eines ›Systems der socialen Politik‹ gelesen hat, ist nicht bekannt; daß er dessen Intention kannte, darf vielleicht deshalb unterstellt werden, weil er durch Freunde im Exil davon gehört haben könnte.

69 Julius Fröbel, System der socialen Politik, 2 Bde., mit einer Einleitung von Rainer Koch, Aalen 1975 (Reprint der Ausgabe Mannheim 1847); das Zitat in Bd. 2, S. 78. Zu Fröbel vgl. auch den einführenden Artikel von Udo Bermbach, Julius Fröbel, in: Iring Fetscher/Herfried Münkler (Hg), Pipers Handbuch der politischen Ideen, S. 361 ff.

ler Relevanz, und sie zeugt von einem fast professionellen gesellschaftstheoretischen Weitblick ihres Erfinders[70].

Diese Hinweise auf anarchistische wie linkshegelianische Gesellschaftsvorstellungen sollten genügen um zu belegen, daß Wagners Konzept einer von unten nach oben aufgebauten, kommunikativ vernetzten und dezentral strukturierten Gesellschaft, in der sich die einzelnen Menschen aus konkretem Anlaß und aufgrund konkreter Probleme und Konflikte zusammenfinden um zu handeln, danach sich wieder trennen, weil sie sich in anderer personeller Zusammensetzung neuen Aufgaben zuwenden wollen, eine unzweifelhaft dem linken gesellschaftstheoretischen Denken zuzuordnende Vorstellung ist. Sie hat ihrem Ursprung und ihrer ideenpolitischen Herkunft nach nichts mit jenen gegenaufklärerischen und antimodernen Konzepten aus dem Umfeld des romantischen und konservativen Denkens der ersten Hälfte des 19. Jahrhunderts zu tun, mit denen sie gelegentlich in Beziehung gebracht worden ist, weil auch diese sich gegen den modernen, repräsentativ strukturierten und parteienstaatlich sich ausbildenden Staat wandten, dem sie die eher verschwommene Idee eines Volksstaates mit starken religiösen Bindungen entgegensetzten[71]. Wagners Gemeinschaftsmodell speist sich vielmehr aus dem Fundus

70 Nach dem Zusammenbruch der ›realsozialistischen‹ Systeme Osteuropas im Jahre 1989 hatte – ausgehend von den Erfahrungen der Bürgerrechtsbewegung vornehmlich in Polen und Ungarn – in der europäischen wie amerikanischen Linken die Debatte über die Struktur einer zukünftigen bürgerlich-demokratischen Gesellschaft begonnen. Die Überlegungen zielten auf eine Gesellschaft, in der durch die Dezentralisierung der Entscheidungsfelder und die Selbstorganisation der Bürger eine entstaatlichte Sphäre gesellschaftlicher Öffentlichkeit geschaffen werden sollte, innerhalb derer auftretende gesellschaftliche Konflikte den selbstregulativen Kompetenzen der Betroffenen zur Entscheidung überlassen werden sollten. Diese zunächst mit großem Engagement geführten Debatten sind zu Beginn des neuen Jahrhunderts und angesichts geänderter Herausforderungen der westlichen Welt durch fundamentalistisch motivierten Terror wieder zurückgenommen worden, bleiben aber in ihren grundsätzlichen Aspekten gleichwohl virulent. Man kann diese Konzepte einer ›Zivilgesellschaft‹ (civil society) mit Blick auf die Tradition des europäischen politischen Denkens als eine Modernisierung älterer direkt-demokratischer Organisationsmodelle, wie etwa des Rätesystems, verstehen. Modernisierung meint hierbei: Komplexitätssteigerung der organisatorischen Binnenstrukturen und kommunikative Vernetzung – auch mit Hilfe der elektronischen Medien – auf der Grundlage direkt-demokratischer Normen sowie abgestufte, d.h. deregulierte Entscheidungskompetenzen zwischen Staat und ziviler Gesellschaft im Sinne subsidiärer Staffelungen von unten nach oben. Zur Diskussion über die ›Zivilgesellschaft‹, die inzwischen eine fast nicht mehr überschaubare Literatur hervorgebracht hat, vgl. einführend u.a. Ulrich Rödel/Günter Frankenberg, Die demokratische Frage, Frankfurt/M. 1989; Robert N. Bellah et.al. The Good Society, New York 1991; Benjamin Barber, Starke Demokratie. Über die Teilhabe am Politischen, Hamburg 1994; Günter Frankenberg, Die Verfassung der Republik. Autorität und Solidarität in der Zivilgesellschaft, Baden-Baden 1996; Klaus M. Schmals, Zivile Gesellschaft. Entwicklung, Defizite, Potentiale, Opladen 1997; Andrew Arato, Civil Society. Constitution and Legitimacy, Lanham 2000; Ansgar Klein, Der Diskurs der Zivilgesellschaft. Politische Kontexte und demokratietheoretische Bezüge der neueren Begriffsverwendung, Opladen 2001; Thomas Meyer, Die Bürgergesellschaft. Perspektiven für Bürgerbeteiligung und Bürgerkommunikation, Bonn 2002; Georg Lohmann (Hg), Demokratische Zivilgesellschaft und Bürgertugenden in Ost und West, Frankfurt/M. 2003.

71 Vgl. dazu Martin Greiffenhagen, Das Dilemma des Konservatismus in Deutschland, München 1971; Panajotis Kondylis, Konservatismus. Geschichtlicher Gehalt und Untergang, Stuttgart 1986; das

linker und radikal-demokratischer Staats- und Gesellschaftskritik, deren zentrale Topoi es gleichsam aus der Negation ins Positive wendet, um daraus die Prinzipien der Organisation zu entwickeln.

Wenn hier von der Organisation des ›Kunstwerks der Zukunft‹ ganz unvermittelt und direkt auf die Organisation der Gesellschaft geschlossen werden kann, so ist dies nicht Folge analytischer Ungenauigkeit oder philologischer Manipulation des Wagnerschen Textes, sondern findet seine Rechtfertigung in der Sache selbst. Denn obgleich Wagner sein organisatorisches Konzept zunächst für die künstlerischen Genossenschaften entwirft, ist es doch von Anfang an als ein Modell für die gesamte Gesellschaft gedacht. Wagner ist nämlich davon überzeugt, daß die Kunst der Zukunft dazu bestimmt sei, zum Lebens- und Organisationskern einer zukünftigen, völlig neuen Gesellschaft zu werden. »Die Kunst und ihre Institute« – notiert er in *Die Kunst und die Revolution* – »können somit die Vorläufer und Muster aller künftigen Gemeindeinstitutionen werden: der Geist, der eine künstlerische Körperschaft zur Erreichung ihres wahren Zweckes verbindet, würde sich in jeder anderen gesellschaftlichen Vereinigung wiedergewinnen lassen, die sich einen bestimmten menschenwürdigen Zweck stellt; denn eben all' unser zukünftiges gesellschaftliches Gebahren soll und kann, wenn wir das Richtige erreichen, nur rein künstlerischer Natur noch sein, wie es allein den edlen Fähigkeiten des Menschen angemessen ist«[72].

Wagners Konzept ist eindeutig: die Bedingungen der ästhetischen Produktion der Kunst der Zukunft werden zugleich als strukturell verbindlich für die Bedingungen des zukünftigen gesellschaftlichen Lebens gesetzt. Der Kunst wird nicht nur – wie dies in der romantischen Ästhetik gedacht worden ist – eine Vorbildfunktion für das Leben angesonnen, die es erlaubt, das Leben am Ende ästhetisch werden zu lassen, sondern das Kunstwerk selbst gibt durch die Form seines Entstehens und durch den ihm immanenten Sinn auch unmittelbaren Aufschluß darüber, wie das Leben zu organisieren und normativ zu orientieren ist. Das ›Kunstwerk der Zukunft‹ erweist sich so als das verbindliche ›Muster aller künftigen Gemeindeinstitutionen‹, was doch wohl heißt: es ist hinsichtlich seines Entstehens wie seiner sinnlichen Vergegenwärtigung und Verwirklichung des wahren Lebens in seinen konstitutiven Elementen das einzige Strukturmodell, nach dem sich die organisatorische Einrichtung aller übrigen Bereiche des gesellschaftlichen Lebens zu richten hat.

Daß dies ein außerordentlich weitreichender – und in der Realität nicht einzulösender – Anspruch ist, den Wagner seinem ›Kunstwerk der Zukunft‹ auflädt, braucht kaum eigens betont zu werden. Zumindest zwei wichtige Implikationen fallen sofort ins Auge. Zum einen bedeutet dies, daß die organisationstechnische Idee der Produktion von Kunst, wie sie im Modell der freien künstlerischen Genossenschaften

Kapitel ›Konservatismus‹ in Iring Fetscher/Herfried Münkler (Hg), Pipers Handbuch der politischen Ideen, Bd. 4 Neuzeit: Von der Französischen Revolution bis zum europäischen Nationalismus, München 1986, S. 255 ff.

72 Richard Wagner, Die Kunst und die Revolution, in: GSD, Bd. 3, S. 40 f.

gefaßt ist, nicht nur als Vorbild für eine zukünftige Gemeinschaftsordnung fungieren soll, sondern bereits selbst diese Gemeinschaftsordnung darstellt, gleichsam die ›Verfassung der Zukunft‹ repräsentiert – ein Gedanke, den Wagner in den *Meistersingern* zum Gegenstand seiner Komposition gemacht hat[73]; zum anderen aber erweist sich Wagners Ästhetik als eine durch und durch politische, sein Konzept des Gesamtkunstwerks als ein auf der ästhetischen Ebene sowohl der griechischen Polis – in ihrer direkt-demokratischen Stilisierung – als auch anarchistischem Organisationsdenken nachkonstruiertes Modell. Die Parallelen der Strukturen sind unübersehbar: wo sich in der Polis die griechischen Bürger als Gleiche unter einem für alle gleichermaßen verbindlichen Gesetz treffen und eine Lebens- und Schicksalsgemeinschaft bilden; wo in der anarchistischen Hoffnung ebenfalls die Menschen als Gleiche an die Produktion ihres Lebens herangehen, sich in nicht hierarchisch geordneten Verhältnissen über das, was zu tun ist, zwanglos verständigen, soll unter analogen und vergleichbaren Bedingungen einer zwang- und herrschaftsfreien Verständigung bei Wagner das ›Kunstwerk der Zukunft‹ entstehen und mit, in und durch dieses Kunstwerk der Zukunft auch die solidarische Gemeinschaft der Zukunft. Eins geht im anderen auf, die Politik der Zukunft wird ästhetisch, die Ästhetik der Zukunft wird politisch sein – aber beide Begriffe gewinnen einen neuen Sinn. Weder bezeichnet Politik das, was bisher darunter verstanden worden ist, noch meint Ästhetik nur den Bereich des Schönen; mit den alten, tradierten Sinngehalten sind die neuen Inhalte nicht mehr zu verstehen, weil das eine im anderen jeweils aufgehoben ist, Politik ästhetisch wird und Ästhetik politisch – eine wechselweise Steigerung der Begriffe zu einer neuen Qualität. Man mag dies als »ästhetischen Fundamentalismus«[74] verstehen, doch dabei ist zu berücksichtigen, daß die Ästhetik zwar als Grundlage eines zukünftigen Lebens betrachtet wird, aber in sich doch die Prinzipien des sozialen Zusammenlebens und der sozialen Organisation in neuen Begründungszusammenhängen ausbilden muß.

Die wechselweise Verschränkung von ästhetischen und politischen Ansprüchen drängt nun freilich zu mindestens zwei Konsequenzen: zum einen muß sie öffentlich werden, denn die radikal-demokratischen Organisation der ›Produktion‹ von Kunst wie Gemeinschaft verlangt strukturell nach einer entsprechende Öffentlichkeit; zum anderen muß sie einen festen institutionellen und damit organisatorischen Rahmen erzeugen, der diese Öffentlichkeit strukturiert und so die Möglichkeit einer Teilhabe wie Artikulation der an ihr Partizipierenden eröffnet.

73 Vgl. dazu Udo Bermbach, Die Meistersinger von Nürnberg. Poetische Regeln demokratischer Selbstorganisation, in: derselbe, ›Blühendes Leid‹. Politik und Gesellschaft in Richard Wagners Musikdramen, S. 247 ff.

74 So Stefan Breuer, Richard Wagners Fundamentalismus, in: Deutsche Vierteljahrsschrift für Literaturwissenschaft und Geistesgeschichte, sowie derselbe, Moderner Fundamentalismus, Berlin 2002, S. 80 ff.

Öffentlichkeit und Theater

Wagners fester Überzeugung nach muß alle wahre Kunst immer öffentliche Kunst sein. Schon die griechische Tragödie war für ihn, wie er schreibt, das »in das öffentliche politische Leben eintretende Volkskunstwerk«[75], und sein Musikdrama, Zentrum des Gesamtkunstwerks, bedurfte erst recht des Mediums der Öffentlichkeit. »Das Drama ist nur als vollster Ausdruck eines gemeinschaftlichen künstlerischen Mittheilungsverlangens denkbar; dieses Verlangen will sich aber wiederum nur an eine gemeinschaftliche Theilnahme kundgeben«[76]. ›Gemeinschaftliche Teilnahme‹ aber ist nichts anderes als die Umschreibung von Öffentlichkeit, von öffentlicher ästhetischer Produktion wie deren Rezeption.

Wagner mißt der Öffentlichkeit, die er ganz im Geiste Feuerbachs für den Bereich des Ästhetischen als »Wechselwirkung des Sinnlichen«[77] definiert, im Rahmen seines Konzeptes vom Gesamtkunstwerk eine zentrale Stelle zu. Kunstproduktion wie Kunstrezeption der Zukunft können sich nur unter den Bedingungen der Öffentlichkeit ereignen, also unter der Bedingung des freien Zugangs und der freien Teilnahme aller. Während die überkommene und zeitgenössische Kunst selbst dort, wo sie sich einem emphatischen Kunstverständnis bereits angenähert hat, durch »ihre vollständige Unfähigkeit, auf dieses öffentliche Leben im Sinne ihres edelsten Strebens einzuwirken«[78], charakterisiert ist, soll für die Kunst der Zukunft ein solcher Mangel nicht mehr gelten. Denn die genossenschaflich organisierte Gesellschaft ist per se eine im Medium der Öffentlichkeit organisierte, und dasselbe gilt für die künstlerischen Genossenschaften; auch sie produzieren und reproduzieren durch die Teilnahme aller im Lichte der Öffentlichkeit. Die Kunst der Zukunft wird also öffentlich sein und das Kunstwerk »wird zum Kunstwerk wirklich erst dadurch, daß es vor der Öffentlichkeit in des Leben tritt«[79].

Diese Verbindung von neuer, zukünftiger Kunst und Öffentlichkeit findet sich in in Wagners ›Zürcher Kunstschriften‹ in vielen und immer wieder variierten Formulierungen, am prägnantesten dort, wo die strukturellen Komponenten des Wagnerschen Öffentlichkeitsverständnisses genauer bezeichnet werden: »Das wahre Drama ist nur denkbar als aus dem gemeinsamen Drange aller Künste zur unmittelbarsten Mittheilung an eine gemeinsame Öffentlichkeit hervorgehend: jede einzelne Kunstart vermag der gemeinsamen Öffentlichkeit zum vollen Verständnisse nur durch gemeinsame Mittheilung mit den übrigen Kunstarten im Drama sich zu erschließen, denn die Absicht jeder einzelnen Kunstart wird nur im gegenseitig sich verständigenden und verständnisgebenden Zusammenwirken aller Kunstarten vollständig erreicht«[80].

75 Richard Wagner, Das Kunstwerk der Zukunft, in: GSD, Bd. 3, S. 104.
76 Ebenda, S. 108.
77 Ebenda, S. 113.
78 Ebenda, S. 148.
79 Richard Wagner, Die Kunst und die Revolution, in: GSD, Bd. 3, S. 37.
80 Richard Wagner, Das Kunstwerk der Zukunft, in: GSD, Bd. 3, S. 150.

Um die quasi-politische Struktur dieser Aussage zu verdeutlichen – und damit ein weiteres Mal zu zeigen, wie stark Wagners ästhetische Überzeugungen politisch geprägt sind –, soll ein Gedankenexperiment angestellt werden. Ersetzt man in Wagners Verhältnisbestimmung von Musikdrama und Öffentlichkeit den Begriff der ›Kunstart‹ durch den der ›partikularen gesellschaftlichen Interessen‹ und den des ›wahren Dramas‹ bzw. der ›Kunst‹ durch den der ›Politik‹, so ergibt sich eine verblüffend genaue Beschreibung des normativen Modells bürgerlicher Öffentlichkeit, das darauf abzielt, unter den Bedingungen freier Diskussion den Prozeß der Meinungsbildung so zu bilden und zu steuern, daß am Ende ein von allen Beteiligten akzeptierbares Ergebnis zustande kommt. So wie in Wagners ›wahrem Drama‹ die einzelne Kunstart vor der Öffentlichkeit nicht das Ganze zu repräsentieren vermag, sondern dazu die Synthetisierung der Einzelkünste zu einem Gesamtkunstwerk notwendig ist, so vermag der interessengebundene politische Einzelwille vor der Gesamtheit aller Bürger sich nicht als Gemeinwohl darzustellen; dazu bedarf es des öffentlich vollzogenen Interessenausgleichs, der als Resultante aller an der politischen Willensbildung mitwirkenden Einzelwillen vor der Öffentlichkeit gedeutet wird[81]. In solcher Parallelisierung wird deutlich, daß Wagners Vorstellung einer ästhetischen Öffentlichkeit strukturell dem Modell der bürgerlichen Öffentlichkeit nachgebildet ist. Das läßt sich durch einen vielleicht gewagten, aber doch nicht abwegigen, analogisierenden Vergleich mit Kants Typus der Öffentlichkeit, der für das deutsche politische Denken von besonderer Bedeutung ist, illustrieren.

Kant geht davon aus, daß Aufklärung – in der Wagnerschen Terminologie entspräche dies der ›wahren Kunst‹ – dann stattfinden kann, wenn die Freiheit eines jeden Einzelnen, »von seiner Vernunft in allen Stücken öffentlichen Gebrauch zu machen«[82], in einer Gesellschaft garantiert ist. Grund für diese Forderung Kants ist die Überzeugung, daß es für jeden einzelnen Menschen – in Wagners Definition jede einzelne ›Kunstart‹ – schwer ist, »sich aus der ihm beinahe zur Natur gewordenen Unmündigkeit herauszuarbeiten« – was bei Wagner bedeuten würde, daß die einzelne, separierte ›Kunstart‹ unfähig ist, die ganze Wahrheit darzustellen, sie zu versinnlichen. »Daß aber ein Publikum sich selbst aufkläre«, – meint Kant – »ist eher möglich; ja es ist, wenn man ihm nur Freiheit läßt, beinahe unausbleiblich«[83], – und dies heißt, übertragen auf Wagners Begriffe, daß im Musikdrama »jede Kunstart in

81 Das Modell bürgerlicher Öffentlichkeit ist seit dem 19. Jahrhundert in allen liberalen Gesellschafts- und Politiktheorien sehr genau ausformuliert worden, und seine Verwirklichung galt als zentrale Voraussetzung für eine freie Gesellschaft. »Theoretisch wurde das Prinzip der Öffentlichkeit nach 1815 von liberalen Autoren überhöht, indem es als Grundfeste jeder Verfassung bezeichnet wurde. Es lag ein utopisches Moment in dem Begriff, daß Öffentlichkeit, als notwendiges Prinzip jeder vernünftigen Politik gesehen, stets über ihre bestehende verfassungsrechtliche Institutionalisierung hinausdrängte.« Artikel ›Öffentlichkeit‹ in: Otto Brunner/Werner Conze/Reinhart Koselleck (Hg), Geschichtliche Grundbegriffe, Stuttgart 1978, Bd. 4, S. 458.

82 Immanuel Kant, Beantwortung der Frage, was ist Aufklärung? in: Werke, hg. von Wilhelm Weischedel, Darmstadt 1964, Bd. VI, S. 55.

83 Ebenda, S. 54.

ihrer höchsten Fülle vorhanden ist«, damit aber die Wahrheit der Kunst durch sich selbst sinnfällig werden kann.

Doch die Analogien reichen noch weiter. Kant nimmt an, daß aus einer ungehinderten öffentlichen Diskussion der öffentlichen Angelegenheiten ein Resultat hervorgeht, das jeder Einzelne an dieser Diskussion Beteiligte als Resultat seines eigenen Denkens und Wollens versteht und daher akzeptieren kann, weil er an dieser Diskussion selbst substantiell beteiligt war. Ähnlich glaubt Wagner, das Gesamtkunstwerk sei, weil alle Einzelkünste in ihm synthestisiert werden und Künstler wie Rezipienten als konstitutive Partner bei dessen Realisierung mitwirkten, ebenfalls eine für alle Beteiligten gleichermaßen verbindliche ästhetische Erfahrung. Kant formuliert diesen Sachverhalt für die Sphäre der Politik mit Blick auf das Ergebnis so: »Der Probierstein alles dessen, was über ein Volk als Gesetz beschlossen werden kann, liegt in der Frage: ob ein Volk sich selbst wohl ein solches Gesetz auferlegen könnte?«[84] Wagner befindet für das Gesamtkunstwerk, das freie Kunstwerk der Zukunft sei nur dann als ein solches wirklich zu verstehen und werde auch als solches von allen nur dann angenommen, wenn es vor Produzenten wie Rezipienten bestehen könne: »Der Richter ihrer Leistungen [der Darsteller, U.B.] wird die freie Öffentlichkeit sein«[85].

Die Analogie sowohl der Struktur des Denkens und als auch des Argumentierens ist verblüffend, aber gleichwohl kaum überraschend. Denn die Parallelisierung beider Konzepte bestätigt nur ein weiteres Mal, am Beispiel von Struktur und Funktion der Öffentlichkeit, die in diesem Buch vertretene die Grundthese, daß das Konzept des Gesamtkunstwerks in seiner internen Verfaßtheit wie seiner auf die Gemeinschaft der Zukunft bezogenen Aufgaben nach durch politische Begriffe geprägt wird, die bei Wagner als ästhetische erscheinen. Wagners Vorstellungen übernehmen für den Bereich der Kunst nahezu vollständig den normativen Gehalt des Begriffs einer unrestringierten Öffentlichkeit, wie er in den vornehmlich auf (direkte) Demokratie abzielenden Gesellschaftstheorien des 19. Jahrhunderts geprägt, verwendet und gefordert worden ist. Solche Normativität ergibt sich – und auch dies ist eine Parallele zum gesellschaftstheoretischen Denken – durch die Überlegung, daß das Modell von ›wahrer Öffentlichkeit‹ noch durch alle Verfremdungen und Beschädigungen einer deformierten Gesellschaft hindurch sich in seinem Kern unbeschädigt erhalten hat: »Die Öffentlichkeit, möge sie auch in noch so großer gesellschaftlicher Entstellung sich zeigen, hält sich immer nur an das Unmittelbare und sinnlich Wirkliche«[86]. Was so zu verstehen ist, daß jenseits des inzwischen historisch abgelaufenen ›Strukturwandels der Öffentlichkeit‹[87], der den freien Diskussi-

84 Ebenda, S. 58.

85 Richard Wagner, Die Kunst und die Revolution, in: GSD, Bd. 3, S. 40.

86 Richard Wagner, Das Kunstwerk der Zukunft, in: GSD, Bd. 3, S. 113.

87 Jürgen Habermas, Strukturwandel der Öffentlichkeit. Untersuchungen zu einer Kategorie der bürgerlichen Gesellschaft, Neuwied 1962/Frankfurt/M. 1990. Vgl. hier besonders das Kant-Kapitel S. 178 ff.

onsprozeß durch gesellschaftliche und staatliche Einengungen, durch institutionelle Selektivität und Repression verzerrt und entstellt hat, die urprüngliche Idee einer freien Kommunikationsgemeinschaft gleichwohl noch zu erkennen ist – für das Kunstwerk der Zukunft eben in der unmittelbaren Versinnlichung der dramatischen Idee.

Öffentlichkeit ist nun kein unstrukturiertes, schwer greifbares, gar frei schwebendes Medium, sondern institutionell wie organisatorisch genau zu bestimmen. Im gesellschaftstheoretischen Denken wird Öffentlicheit zumeist mit den organisierten Massenkommunikationsmedien assoziiert, doch im 19. Jahrhundert sind es die vielfältigen Organisationsformen einer bürgerlichen Öffentlichkeit, von den Lesegesellschaften bis hin zur Presse[88]. Für Wagner ist Öffentlichkeit in der Institution des Theaters konkretisiert: »ein dramatisches Kunstwerk tritt nur durch das Theater in das Leben«[89]. Damit nimmt das im Theater aufgeführte Kunstwerk denselben Rang nach Substanz und Funktion ein wie sonst die Kommunikationsmedien der gesellschaftlichen Öffentlichkeit. Sind diese die Instrumente, durch welche die Gesellschaft sich als Kommunikationsgemeinschaft überhaupt erst herstellt und sichtbar werden kann, so gilt für die theatralische Kunst eine analoge Qualität: »Ihr Wesen ist Vergesellschaftung mit Bewahrung des vollsten Rechtes der Individualität«[90].

Das ist einer der Sätze, die sich leicht überlesen und in denen sich doch die ästhetisch-politische Utopie Wagners mit vorbehaltloser Deutlichkeit ausspricht. Das im Theater aufgeführte Kunstwerk wird, weil es auf ein kollektives Erlebnis abzielt, zum Medium der ›Vergesellschaftung‹. Was im liberalen politischen Denken der Zeit einer konstituierten und organisierten Öffentlichkeit angesonnen wird, was Marx der nachrevolutionären Neuorganisation der Arbeit, der Anarchismus einem Netzwerk basisdemokratischer Kooperation zuweisen wollten: Sphäre der allgemeinen Vergesellschaftung zu sein, wird von Wagner dem Theater zugesprochen. Das Theater der Zukunft soll jene Institution sein, in der – wie im Vorbild der antiken Tragödie – die Gesellschaft sich als Gesellschaft überhaupt erst erfährt, in der sie ihre Selbstinterpretation formuliert, sich vor sich und durch sich selbst sinnlich darstellt und damit eine eigene kollektive Identität gewinnen kann, die allerdings die ›Bewahrung des vollsten Rechtes der Individualität‹ nicht beschädigen darf. Damit wird das Theater zur zentralen gesellschaftlichen Institution, es wird zu dem Ort, auf den und in dem alles gesellschaftlich Relevante zusammenläuft und sich ereignet, was die Gesellschaft respektive die Gemeinschaft begründet.

Als Institution gewinnt das Theater damit jenen herausragenden Rang, der in demokratisch verfaßten Gesellschaften normalerweise den politischen Vertretungskörperschaften zukommt. Während üblicherweise die Parlamente oder auch die

88 Vgl. dazu Peter Uwe Hohendahl, Literarische Kultur im Zeitalter des Liberalismus 1830–1870, München 1985.

89 Richard Wagner, Die Kunst und die Revolution, in: GSD, Bd. 3, S. 37.

90 Richard Wagner, Entwurf zur Organisation eines deutschen National-Theaters für das Königreich Sachsen (1849), in: GSD, Bd. 2, S. 235.

Regierungen den Anspruch erheben, die Einheit der Gesellschaft herzustellen, zumindest zu symbolisieren, während also – in der bürgerlichen Gesellschaftstheorie – der Bereich der Politik und die ihn sichtbar repräsentierenden politischen Institutionen gesellschaftsbegründenden und gesellschaftsbewahrenden Charakter haben, spricht Wagner diese Aufgabe und diesen Anspruch für die zukünftige, post-revolutionäre Gesellschaft dem Theater zu. Das Theater und das Musikdrama, das Gesamtkunstwerk also, sollen zum Ort und Medium der Vergesellschaftung werden. Damit tritt die theatralische Kunst an die Stelle der Politik, sie übernimmt deren Aufgaben und hebt sie gleichzeitig auf. Dieser Wechsel von der Politik zur Ästhetik ist mehr als die – aus dem konventionellen Blickwinkel so erscheinende – bloße Theatralisierung einer kommenden Lebensform, die im Ästhetischen die eigene Sinnerfüllung finden soll; es ist die Konstitution einer neuen Gesellschaft über und durch neue ästhetische Erfahrungen am Ort des Theaters.

Mit dieser außergewöhnlichen Auszeichnung des Theaters, die zugleich die Rücknahme der Politik ins Ästhetische bedeutet und damit unvermeidlich eine Politisierung der Ästhetik, stimmt überein, daß Wagner, ungeachtet seiner vernichtenden Kritik an der zeitgenössischen Entwicklung des Theaters, sich von diesem erhofft, es werde schon jetzt zur Antizipation der Idee einer befreiten Menschheit in der Lage sein: »Das Theater soll in dieser Befreiung allem Übrigen vorangehen; denn das Theater ist die umfassendste, die einflußreichste Kunstanstalt; und ehe der Mensch seine edelste Thätigkeit, die künstlerische, nicht frei ausüben kann, wie sollte er da hoffen nach niedereren Richtungen hin frei und selbständig zu werden?«[91].

Wie die künstlerischen Genossenschaften die Organisationsidee einer befreiten Gesellschaft vorwegnehmen, so gibt das Theater den institutionellen Rahmen einer zukünftigen Vergesellschaftung ab, es eröffnet, im konkreten Sinne, einen umbauten Raum, in welchem das Musikdrama öffentlich aufgeführt und von allen erlebt werden kann und in dem durch ästhetische Produktion die Herausbildung einer kollektiven Identität, verbunden damit die normative Orientierung der Gesellschaft geleistet werden soll. Für die Theateridee Wagners gilt, was für das Theater der griechischen Polis festgestellt worden ist: »Die griechischen Tragödien waren für die attischen Bürger bestimmt. Nicht für ein spezielles Theaterpublikum, sondern für die ganze Bürgerschaft«[92].

Diese Bestimmung des Theaters, seine Überhöhung zu jenem Ort, an dem der die Gesellschaft konstituierende Prozeß eingeleitet und vollzogen werden kann, ist bei Wagner eng verbunden mit einer theatralischen Bildungsidee, die er zwar nicht erfindet, sondern vorfindet, an die er anschließt, die er zugleich aber auch in charakteristischer Weise verändert. Schon Schiller hatte bekanntlich die dramatische Kunst als die voraussetzungsvollste aller Künste bestimmt, als das höchste Produkt des menschlichen Geistes und hatte dem Theater eine Bildungskraft zugesprochen,

91 Richard Wagner, Die Kunst und die Revolution, in: GSD, Bd. 3, S. 38.
92 Christian Meier, Die politische Kunst der griechischen Tragödie, München 1988, S. 7.

welche die aller übrigen gesellschaftlichen wie politischen Institutionen übersteigen sollte: »Die Gerichtsbarkeit der Bühne fängt an, wo das Gebiet der weltlichen Gesetze sich endigt«[93]. Das meinte, daß überall dort, wo gesellschaftliche Erziehung versagt und öffentliche Moral gefordert wird, das Theater pädagogisierend einspringen soll: »Die Schaubühne ist mehr als jede andere öffentliche Anstalt des Staats eine Schule der praktischen Weisheit, ein Wegweiser durch das bürgerliche Leben, ein unfehlbarer Schlüssel zu den geheimsten Zugängen der menschlichen Seele«[94], sie ist darüberhinaus »der gemeinschaftliche Kanal, in welchen von dem denkenden bessern Teile des Volks das Licht der Weisheit herunterströmt und von da aus in milderen Strahlen durch den ganzen Staat sich verbreitet«[95]; von ihr aus lassen sich »die Meinungen der Nation über Regierung und Regenten zurechtweisen«[96], sie schließlich ist fähig, den Geist einer Nation zu prägen, »weil sie das ganze Gebiet des menschlichen Wissens durchwandert, alle Situationen des Lebens erschöpft und in alle Winkel des Herzens hinunterleuchtet; weil sie alle Stände und Klassen in sich vereinigt und den gebahntesten Weg zum Verstand und zum Herzen hat«[97].

Das liest sich wie ein Präludium zu Wagners eigenen Überzeugungen, und es steht in jener Tradition der ›ästhetischen Humanitätsidee‹, die in Deutschland mit Leibniz und Wolff ihre ersten Vorläufer findet, mit Lessing, Garve und Herder ihre wortgewaltigen, der Aufklärung und ihren Intentionen verpflichteten Fürsprecher[98]. Durchaus in deren Geiste spricht auch Wagner dem Theater eine Bildungsaufgabe zu. Auch für ihn ist es »ein Moment des öffentlichen Lebens ..., dem ein bildungsbedürftiges Motiv für höhere Gesittung innewohnt«[99]. Aber zugleich – und dies markiert dann doch einen wichtigen Unterschied zu Schiller und seinen Vorläufern – bedeutet dies nicht, daß im Theater einem unmündigen Publikum die rechte Gesinnung und Gesittung beigebracht werden soll: »Weit entfernt bin ich davon«, – schreibt Wagner in einer Denkschrift zur Reform des Züricher Theaters 1851 – , »mir das Theater als ein Erziehungsinstitut für das Publikum denken zu wollen. Dieser Gedanke, der allerdings auch schon gefaßt worden ist, spricht eine absolute Geringschätzung des Publikums zugleich mit einer erniedrigenden Ansicht vom Wesen der Kunst aus, die im Drama ihre eigentümlichste höchste Blüte erreicht. Sollte das Publikum durch Hilfe theatralischer Vorstellungen erzogen werden, so wäre notwendig erst zu erörtern, wer der Erzieher sein sollte und was als die göttliche Eingebung festgesetzt werden dürfte, nach welcher die dramatische Kunst als

93 Friedrich Schiller, Was kann eine gute stehende Schaubühne eigentlich wirken?, in: Sämtliche Werke, hg. von Gerhard Fricke und Herbert G. Göpfert, München 1989, Bd. 5 , S. 818 ff.; das Zitat auf S. 823.

94 Ebenda, S. 826.

95 Ebenda, S. 828.

96 Ebenda, S. 829.

97 Ebenda, S. 830.

98 Vgl. Roman Gleissner, Die Entstehung der ästhetischen Humanitätsidee in Deutschland, Stuttgart 1988.

99 Richard Wagner, Ein Theater in Zürich (1851), in: GSD, Bd. 5, S. 37 f.

Mittel zu verwenden und der Geschmack des Publikums als Zweck zu bestimmen sei«[100].

Das Theater wohl als ein Bildungs-, nicht aber als ein Erziehungsinstitut. Die auf den ersten Blick scheinbare Widersprüchlichkeit dieser Vorstellung löst sich dann auf, wenn die von Wagner gedachte Differenz von Bildung und Erziehung in den Blick gerät. Erziehung – das ist eine von außen verordnete Angelegenheit, ist autoritative und autoritäre Vorgabe und damit Fremdbestimmung, ein die Freiheit des Einzelnen einschränkender Vorgang. Bildung dagegen ist ein selbstgewollter, auch selbstgesteuerter Prozeß des Individuums wie der Gesellschaft insgesamt, sie ist eine kommunikative Leistung, die sich zwischen dem einzelnen Subjekt und der Gemeinschaft aller ereignet, ein Austausch von Erfahrungen, aus denen zu lernen ist – eine Entwicklung, wie sie etwa Parsifal durchläuft[101]. Wenn also nach Wagner dem Theater ein Bildungsauftrag zukommt, dann meint dies primär, daß die im Theater Versammelten das, was ihnen die Bühne vorspielt, als eine Vorgabe verstehen, dessen dramatischer Inhalt durch die »Gefühlswerdung des Verstandes«[102] mit den eigenen Erfahrungen verbunden und so zu einem Bildungserlebnis wird. Das Theaterpublikum selbst soll folglich als aktiver Teil einer Aufführung die Inhalte des Bühnengeschehens für sich selbst auslegen und in ihnen Hinweise für eine moralisch gerechtfertigte Lebensführung finden.

In solchen Vorstellungen bricht Wagner mit den pädagogisierenden Konzepten einer theatralischen Bildungsidee der Aufklärung, nicht indem er diese vollständig aufgibt, sondern indem er über sie hinausgeht und sie radikalisiert. Während die Theaterkonzepte der Aufklärung noch durch den immer wieder beschworenen Erziehungsauftrag des Theaters die praktische Klugheit einer bürgerlichen Lebensführung vermitteln wollten, erhebt Wagners Konzept eines ›Theaters der Zukunft‹ den Anspruch, im revolutionären Bruch mit der bürgerlichen Gesellschaft durch Versinnlichung der Prinzipien des wahren Lebens, der ›Gefühlswerdung des Verstandes‹, eine individuelle wie kollektive Bewußtseinsveränderung des Publikums herbeiführen zu können. Das soll dadurch bewirkt werden, daß im Theaters selbst, im Geschehen auf der Bühne wie im Verhältnis von Bühne und Zuschauern, die Organisations- wie Bewußtseinsstrukturen der Zukunft gleichsam antizipatorisch simuliert und erprobt werden können. Wagner hofft, über die theatralisch-ästhetische Erfahrung des Musikdramas die Emanzipation des Einzelnen wie am Ende des gesamten Volkes mit Hilfe eines nicht-rationalistischen Modells theatralischer Aufklärung leisten zu können; einer Aufklärung, der es entscheidend darum geht, im Prozeß der Selbstaufklärung eines aktiven Theaterpublikums bewußtseins- und handlungsanleitende Erkenntnisse miteinander zu verbinden.

100 Ebenda, S. 36.

101 Vgl. Udo Bermbach, ›Blühendes Leid‹. Politik und Gesellschaft in Richard Wagners Musikdramen, S. 281 ff.

102 Richard Wagner, Oper und Drama, in: GSD, Bd. 4, S, 78.

Diese Intention schlägt sich in Wagners nie endendem Nachdenken über die Organisation wie Konstruktion einer den Anforderungen des ›Kunstwerks der Zukunft‹ gerechtwerdenden Theaterarchitektur nieder, in der sich die ästhetischen und die radikalen politischen Prinzipien miteinander verbinden. Schon der erste *Entwurf zur Organisation eines deutschen National-Theaters für das Königreich Sachsen* von 1849[103] enthält organisationstechnische Ansätze, die radikalen demokratischen Prinzipien verpflichtet sind; so etwa die Vorstellung, daß der Direktor des Nationaltheaters sowohl von dessen aktiven Mitgliedern, den Sängern und Schauspielern als auch den Dichtern und Komponisten des Landes, die ihrerseits in einem eigenen Verein zusammengefaßt sind, gewählt werden soll; oder auch die Forderung, daß durch »die umfassendste Kritik der Intelligenz des Landes« die Bühnenproduktionen einen so hohen Stand erreichen, daß das Publikum »seine Betheiligung also nach vollkommen freiem Ermessen aussprechen kann«, und – wie Wagner sarkastisch hinzufügt – das »unmoralische Gewerbe der Theater-Rezensenten« überflüssig wird. Wobei, das muß angefügt werden, diese scheinbar persönliche Volte gegen die Kritik doch mehr ist als bloße Voreingenommenheit eines in seiner Selbsteinschätzung verletzten Künstlers; denn in der Ablehnung der Theater-Kritik spricht sich ein zu demokratietheoretischen Postulaten affiner Gedanke aus, insoweit nämlich alle vermittelnden Instanzen zwischen Bühne und Publikum, alle dem Publikum von außen vorgeschlagenen Rezeptions- und Interpretationshilfen abgeschafft werden sollen zugunsten eines direkten, nicht intermediär gebrochenen Verhältnisses von Bühne und Publikum, zugunsten der aktiven Selbstinterpretation derer, die das Bühnengeschehen erleben und daran teilhaben.

In den ›Züricher Kunstschriften‹ freilich nimmt, verglichen mit diesen ersten Versuchen, das Nachdenken über die architektonische Struktur eines zukünftigen Theaters spürbar an Radikalität zu. Wagner formuliert nun die Vision eines Theaters, das sich abhebt von der tradierten Form der Guckkasten-Bühne. In seinem Theater sollen die in der Trennung von Parkett und Logen sichtbaren und vergegenständlichten sozialen Differenzierungen des Publikums ebenso verschwinden wie die Abgrenzung von Bühne und Zuschauerraum, weil im Theater das Erlebnis der Gemeinschaft keine Separierungen mehr duldet. Daraus ergeben sich Anforderungen an eine zukünftige Theaterarchitektur, die keine andere Aufgabe hat, »als einer Genossenschaft künstlerisch sich selbst darstellender Menschen die räumliche Umgebung zu schaffen, die dem menschlichen Kunstwerk zu seiner Kundgebung nothwendig ist«[104]. Das bedeutet: nach außen soll das Theater ohne aufwendigen Luxus gebaut sein, nach innen einzig »nach den Rücksichtnahmen auf das Kunstwerk«. Entsprechend dem Vorbild der antiken Amphitheater denkt Wagner sich den Innenraum als einen die Bühne wie den Zuschauerbereich gleichermaßen umfassenden und integrierenden Bereich, fernab jeglicher Repräsentativität, die den hö-

103 Richard Wagner, Entwurf zur Organisation eines deutschen Nationaltheaters, S. 233 ff.
104 Richard Wagner, Das Kunstwerk der Zukunft, in: GSD, Bd. 3, S. 150.

fischen Theatern eigen ist. Vielmehr soll die Bühne so gestaltet werden, daß sie die dramatische Handlung sinnfällig zum Ausdruck bringt, der Zuschauerraum so, daß er die Zuhörer ebenso sinnfällig in das Geschehen einbezieht. Mit Entschiedenheit wendet sich Wagner gegen »die durch die Trennung unseres Publikums in die unterschiedlichsten Stände und Staatsbürgerkategorien gebotene Übereinanderschichtung und Zersplitterung der Zuschauerräume«[105]. Er verlangt vielmehr eine Raumgestaltung, die es erlaubt, ja sogar fördert und erzwingt, daß Darsteller und Zuschauer in einen permanenten Kommunikationsaustausch eintreten können: »So versetzt er [der Zuschauer], durch Schauen und Hören sich gänzlich auf die Bühne; der Darsteller ist Künstler nur durch volles Aufgehen in das Publikum. Alles, was auf der Bühne athmet und sich bewegt, athmet und bewegt sich durch ausdrucksvolles Verlangen nach Mittheilung, nach Angeschaut-Angehörtwerden in jenem Raume, der, bei immer nur verhältnismäßigem Umfange, vom scenischen Standpunkte aus dem Darsteller doch die gesammte Menschheit zu enthalten dünkt; aus dem Zuschauerraume aber verschwindet das Publikum, dieser Repräsentant des öffentlichen Lebens, sich selbst; es athmet nur noch in dem Kunstwerke, das ihm das Leben, und auf der Scene, die ihm der Weltraum dünkt«[106].

Letzteres ist ein zentraler Punkt. Immer wieder kommt Wagner darauf zurück, daß das ›Theater der Zukunft‹ die Verschmelzung von Bühne und Zuschauerraum ermöglichen soll, immer wieder will er so seine Vorstellung, das Volk sei der eigentliche Dichter des Musikdramas und die im Gesamtkunstwerk eigentlich bewegende Kraft, auch in konkrete Theaterarchitektur und der durch sie ermöglichten Theaterpraxis umsetzen. Selbst in seiner Denkschrift zur Reform des Züricher Theaters, die sich über weite Strecken pragmatisch auf die vorhandenen Gegebenheiten bezieht, steht am Ende wiederum die Überzeugung, eine Reform des Theaters müsse auch den Charakter des künstlerischen Personals vollständig ändern: »Ich meine hiermit das allmähliche Erlöschen des Schauspielerstandes als einer besonderen Kaste, und sein Aufgehen in eine künstlerische Genossenschaft, an der nach Fähigkeit und Neigung mehr oder weniger die ganze bürgerliche Gesellschaft teilnimmt«[107]. Die Begründung, die Wagner liefert, paßt völlig ins Schema eines radikal-demokratischen Denkens. Die Sonderstellung des Schauspielerstandes müsse – so Wagner – bei fortschreitender Bildung der Gesellschaft immer unhaltbarer werden, weil die Ausübung dieses Berufes zur Routine führe und in Routine erstarre. Ohne Anregung aus dem Leben nehme jede Kunst, auch die darstellende, den »Charakter eines Handwerksbetriebes« zum Zwecke des reinen Gelderwerbs an, während umgekehrt das Publikum seine eigenen produktiven Fähigkeiten nicht entwickeln könne, die Leistungen der Kunst aber mit den »Produktionen der Industrie« verwechsle. Gefordert wird also von Wagner, philosophisch gesprochen, die Aufhebung der Ent-

105 Ebenda, S. 151, Anmerkung.
106 Ebenda, S. 151 f.
107 Richard Wagner, Ein Theater in Zürich (1851), in: GSD, Bd. 5, S. 46.

fremdung von Publikum und Bühne, die Aktivierung des Publikums und eine Kunstpolitik, die schon die Jugend zur einer entsprechenden künstlerischen Tätigkeit, zur Selbstproduktion und Selbstdarstellung befähigt. Tritt dies ein, so »würde das Theater in seiner jetzigen Gestalt gänzlich verschwunden sein; es würde aufgehört haben, eine industrielle Anstalt zu sein, die um des Gelderwerbes willen ihre Leistungen so oft und dringend wie möglich ausbietet; vielleicht würde das Theater dann den höchsten und gemeinsamsten gesellschaftlichen Berührungspunkt eines öffentlichen Kunstverkehres ausmachen, aus dem alles Industrielle vollkommen entfernt ... wäre«[108]. Doch bis es soweit ist, soll das Publikum wenigstens »unentgeltlichen Zutritt zu den Vorstellungen des Theaters haben«[109], damit zumindest für den Bereich der Kunst die Gleichheit aller hergestellt werden kann. Das ist Wagners Vorgriff auf eine Gesellschaft, »in der wir einst so weit alle selbst Künstler sein [werden], daß wir gerade als Künstler ... zu einer gemeinsamen freien Wirksamkeit uns vereinigen können«[110].

Das sind gewiß, alles in allem, keine allzu präzisen Vorstellungen, nichts, was sich sofort konkret in eine Praxis umsetzen ließe, um diese zu tiefgreifend zu verändern. Aber die hier formulierte utopische Intention macht zweierlei deutlich: zum einen, daß Wagner in seinen Überlegungen zur Neuorganisation des öffentlichen Theaterraumes – und damit auch der gesellschaftlichen Öffentlichkeit – der Idee einer zwanglosen und herrschaftsfreien Kommunikation als normativ verbindlich folgt, einer Idee, die fundamentaldemokratisch zu verstehen ist, weil sie die Gleichheit aller Teilnehmer in diesem Diskurs zwingend voraussetzt. Denn nichts anderes bedeutet die Hoffnung auf einen ›öffentlichen Kunstverkehr‹, aus dem ›alles Industrielle entfernt‹ ist, also alles auf Profit ausgehende, was Kunst zur Ware degradiert, unmöglich werden läßt. Zum anderen ist deutlich, wie sehr Wagner mit diesen Vorstellungen auch hinsichtlich der Kunstpraxis den anarchistischen Organisationsprinzipien verpflichtet ist, wie nachhaltig er Prinzipien radikaler Demokratie aufnimmt und für eine neue Theaterkonzeption zu nutzen sucht. Der Wille zur Egalisierung aller Komponenten des Theaters, von der räumlichen bis zur personellen, ist so stark, daß er sich auch später nicht mehr völlig verliert. Auch wenn »keine lineare Kausalität nach Bayreuth«[111] führt, wenn zwischen diesen Züricher Konzepten und dem Bau des Festspielhauses zwanzig Jahre liegen, Jahre, in denen etwa der Versuch, in München das ideale Theater mit Hilfe Ludwigs II. zu realisieren, gescheitert ist, so lassen sich doch noch im Bayreuther Festspielhaus deutliche Spuren jener revolutionären Theaterkonzeption entdecken: die äußere Schlichtheit des Baues, die innere amphitheatralische Gestaltung des Zuschauerraums, dem Ränge und (ursprünglich) Logen fehlen, der verdeckte Orchestergraben, der seine Entstehung wohl nicht nur den akustischen Gründen des von Wagner angestrebten Mischklanges verdankt, son-

108 Ebenda, S. 49.

109 Richard Wagner, Die Kunst und die Revolution, in: GSD, Bd. 3, S. 40.

110 Ebenda.

111 Michael Karbaum, Studien zur Geschichte der Bayreuther Festspiele, Regensburg 1976, S. 9.

dern der wohl auch verstanden werden muß als ein Hilfsmittel, die ›Einheit‹ von Bühne und Zuschauerraum wenigstens optisch herzustellen – in solchen Elementen ist das Bayreuther Festspielhaus noch immer der Nachklang einer großen, revolutionären Vision, deren Spuren selbst in der Anpassung an die Notwendigkeiten des Alltags nicht vollständig verblaßt sind[112].

Und dieses Bayreuther Festspielhaus macht noch ein weiteres deutlich: die Tatsache nämlich, daß Theaterreform und Festspielgedanke bei Wagner eng beieinander liegen, daß sie inhaltlich aufeinander bezogen sind, daß die angestrebte Reform des Theaters im Festspiel erst ihre wirkliche ästhetisch-politische Erfüllung findet.

Feste und Festspiele

Bekanntlich ist die Idee, für das eigene Werk eigene Festspiele zu begründen, bei Wagner im Kontext der *Ring*-Konzeption entstanden[113]. Ein erster Hinweis findet sich 1850, als Wagner an seinen Freund Uhlig schreibt, er würde, wenn er dies könnte, für *Siegfrieds Tod* – dessen Erweiterung zur Tetralogie damals noch nicht geplant war – in der Nähe von Zürich »auf einer schönen wiese bei der stadt von Bret und balken ein rohes theater nach meinem plane herstellen und lediglich mit der ausstattung an decorationen und maschinerie versehen lassen, die zu der aufführung des Siegfried nöthig sind. Dann würde ich mir die geeignetsten sänger, die irgend vorhanden wären, auswählen und auf 6 wochen nach Zürich einladen; den chor würde ich mir größten theils hier aus freiwilligen zu bilden suchen (hier sind herrliche stimmen und kräftige, gesunde menschen). So würde ich mir auch mein Orchester zusammen laden. Von Neujahr gingen die Ausschreibungen und Einladungen an alle freunde des musikalischen Drama's durch alle Zeitungen Deutschland's mit der Aufforderungen zum Besuche des beabsichtigten dramatischen Musikfestes: wer sich anmeldet und zu diesem Zwecke nach Zürich reist, bekömmt gesichertes entrée, – natürlich wie alles Entrée: gratis! Des weiteren lade ich die hiesige jugend, Universität, Gesangsvereine usw. zur Anhörung ein. Ist alles in gehöriger Ordnung, so lasse ich dann unter diesen Umständen drei Aufführungen des Siegfried in einer woche stattfinden: nach der dritten wird das theater eingerissen und meine partitur verbrannt«[114].

Substantiell ist die Festspielidee in ihren entscheidenden Komponenten hier bereits vorhanden. Die aus der aktuellen Revolutionsbegeisterung Wagners entstandene

112 Zu den verschiedenen Plänen Wagners für ein neues, eigenes Theater vgl. die umfassende Dokumentation von Heinrich Habel, Festspielhaus und Wahnfried. Geplante und ausgeführte Bauten Richard Wagners, München 1985.

113 Vgl. Hans-Joachim Bauer, Der Ring und die Festspielidee. Von der Bretterbühne zum Festspielhaus, in: Programmhefte der Bayreuther Festspiele II (Das Rheingold), 1989, S. 21 ff.; Frederic Spotts, Bayreuth. Eine Geschichte der Wagner-Festspiele, München 1994, S. 45;

114 Richard Wagner, SB, Bd. III, S. 426 (Brief an Theodor Uhlig vom 20. September 1850).

Überlegung, nach einer einmaligen Aufführung seiner Werke deren Partitur zu vernichten – eine Überlegung, die in verschiedenen Dokumenten jener Jahre öfter wiederkehrt – ist allerdings schon sehr bald völlig vergessen worden. In einem 1851 geschriebenen Brief an den Freund Theodor Uhlig wird die Verbindung von Festspielidee und Revolutionsinterpretation im Musikdrama erneut und direkt hergestellt: »An eine Aufführung [des *Ring*] kann ich erst nach der Revolution denken; erst die Revolution kann mir die künstler und die Zuhörer zuführen. Die nächste Revolution muß nothwendig unsrer ganzen theaterwirthschaft das Ende bringen; sie müssen und werden alle zusammenbrechen, dies ist unausbleiblich. Aus den trümmern rufe ich mir dann zusammen, was ich brauche: ich werde, was ich bedarf, dann finden. Am Rheine schlage ich dann ein theater auf, und lade zu einem großen dramatischen feste ein: nach einem jahre vorbereitung führe ich dann im laufe von vier tagen mein ganzes werk auf: mit ihm gebe ich den menschen der Revolution dann die bedeutung dieser Revolution, nach ihrem edelsten Sinne, zu erkennen. Dieses publikum wird mich verstehen: das jetzige kann es nicht. So ausschweifend dieser plan ist, so ist er doch der einzige, an den ich noch mein leben, tichten und trachten setze. Erlebe ich seine Ausführung, so habe ich herrlich gelebt ...«[115].

Wagner will im Festspiel die Feier der Revolution, die Interpretation der revolutionären Ereignisse in singulärer theatralischer Form. Und er kann dabei auf mindestens zwei historische Vorbilder zurückgreifen: auf die attische Tragödie und die Feste der Griechen zum einen, auf die Feste der großen Französischen Revolution und der politischen Freiheitsfeiern im Deutschland seiner Zeit zum anderen.

Beiden ist gemeinsam, daß das Fest als ein außeralltägliches Ereignis, als gleichsam kultische Form einer gemeinschaftlichen Sinnstiftung gedacht und erfahren wurde. Für die griechische Polis war die festliche Aufführung der attischen Tragödie zunächst die intensivste Form der Selbsterfahrung der attischen Bürgerschaft, das immer wieder neue Erlebnis einer Gemeinschaft, deren schwach ausgebildeter politisch-administrativer Apparat durch die Internalisierung starker äußerer, theatralisch-kultischer Eindrücke kompensiert werden mußte, um die Polis als Ganzes zusammenzuhalten. Es war auch die Form der Legitimation von direkter Demokratie, zum einen autonom durch Teilnahme aller Bürger an diesen Festen, zum anderen heteronom durch die religiöse Dimension, die diesen Festen zugleich auch als Akt der Verehrung der Götter zukam – die nun ihrerseits, wie die Griechen glaubten, indem sie die Feste annahmen, die Polis unter ihren besonderen Schutz stellten. Und nicht zuletzt waren die Feste der alten Griechen auch gedacht zur »Fortbildung des nomologischen Wissens«[116], zur Interpretation der Gesetze also, und zwar derer, die bereits galten und immer wieder in die Erinnerung zurückgerufen werden mußten, wie derer, die gerade erlassen worden waren, in Zukunft gelten sollten und deshalb auch den

115 Richard Wagner, SB, Bd. IV, S. 176 (Brief an Theodor Uhlig vom 12. November 1851).

116 Christian Meier, Zur Funktion der Feste in Athen im 5. Jahrhundert vor Christus, in: Das Fest, hg. von Walter Haug und Rainer Warning, Poetik und Hermeneutik XIV, München 1989, S. 569 ff.; Das Zitat S. 576.

Bürgern der Polis erklärt werden mußten. So waren das Theater der Antike und die mit ihm verbundenen Feste Selbstdarstellung und Selbstauslegung der Polis, Selbstbildung der Polis-Bürger in moralischer, politischer und ästhetischer Hinsicht in einem, über den Unterhaltungswert hinaus, den auch die antiken Theateraufführungen naturgemäß hatten.

Einen in mancher Hinsicht ähnlichen Charakter war den Festen der Französischen Revolution von 1789 zu eigen, die sich in ihrer Selbstlegitimation auf Rousseaus Vorstellung von spontanen Feiern zur gesellschaftlichen Vermittlung republikanischer Gesinnung berufen konnten und in denen die Werte der Revolution: Freiheit, Gleichheit, Brüderlichkeit Thema der allgemeinen Verehrung wurden[117]. Schon bald bildete das revolutionäre Frankreich einen stabilen und verbindlichen Rahmen für seine Feste aus, der sich wesentlich an den liturgischen Gewohnheiten der Kirche orientierte. Anlaß zu feiern waren die wichtigsten revolutionären Ereignisse, Inhalt war der Sieg der Revolution. Immer wieder wurden die zentralen Begriffe der Revolution im Fest versinnlicht, gewannen sie einen kultischen Status, wurden ihnen sogar Tempel errichtet, wie der Tempel des Friedens oder der Tempel der Freiheit. Und immer wieder wurde die ursprüngliche revolutionäre Inspiration, der Gründungsakt der Revolution in Festen vergegenwärtigt, war die Repräsentation der erbrachten Leistungen der Revolution, ihre symbolische Aktualisierung und die damit verbundene Sichtbarmachung dessen, was die Republik zusammenhielt, das verbindliche Ziel. In der Sonderform der Revolutionsmusiken, die etwa auf dem Pariser Marsfeld zur Feier der revolutionären Ereignisse in monumentalem Ausmaße veranstaltet wurden, besang das Volk sich selbst, seine revolutionären Taten, seine Zukunft und die neue Religion der Vernunft. Das musikalische Fest galt als Manifestation eines mit aller Tradition brechenden, revolutionären Gesellschaftsverständnisses, mit einer Musik, »die gleichsam vergesellschaftet wurde, die aus dem Besitz einer Elite in den der Massen überging und zum bevorzugten Ausdrucksmittel des sich für Freiheit, Gleichheit, Brüderlichkeit begeisternden Volkes wurde«[118]. Musik auch, die sich ausdrücklich als politische verstand, von den Märschen und Hymnen bis hin zu den Revolutionsopern der Zeit, in denen die Revolution wieder und wieder gefeiert und gerechtfertigt wurde. Musik schließlich, die, weil sie für das Volk gedacht war, Volks- und Hochkultur in Übereinstimmung zu bringen suchte, die auf Öffentlichkeit zielte und die schließlich die Feste wie das Theater zur öffentlichen Angelegenheit aller machte[119].

117 Vgl. dazu Karlheinz Stierle. Die Friedensfeier. Sprache und Fest im revolutionären und nachrevolutionären Frankreich und bei Hölderlin, in: Das Fest, S. 581 ff.; bes. S. 486 ff.

118 Stefan Bodo Würffel, Französische Revolution im Spiegel der Oper, in: Udo Bermbach/Wulf Konold (Hg), Der schöne Abglanz. Stationen der Operngeschichte, Berlin/Hamburg 1992, S. 91.

119 Vgl. dazu ausführlicher Udo Bermbach, Der Adel tanzt plebejisch. Französische Revolution und Wolfgang Amadeus Mozarts ›Le nozze di Figaro‹, in: derselbe, Wo Macht ganz auf Verbrechen ruht, Hamburg 1997, S. 101 ff.

Solche Festkultur, die politisch intendiert war und politisch wirken wollte, ergab sich auch in Deutschland. In der Zeit des Vormärz während der dreißiger Jahre bildete sich die Tradition einer Reihe politisch eingefärbter Feste heraus, in deren genau geplantem Ablauf sich die Gesellschaft über eine vielfältige politische Ikonographie auch emotional ihrer selbst und ihrer Ziele versicherte. Dabei ergab sich ein charakteristischer Wandel: »Von der Konstituierung gesellschaftlicher Realität und der Abbildung sozialer Strukturen verschob sich ihre Funktion immer mehr hin zur Symbolisierung gesellschaftlicher Selbstdeutungen und ideologischer Überzeugungen. Mit anderen Worten: Feste zeigten Gesellschaften immer weniger, wie sie waren, und immer mehr, wie sie einst gewesen waren oder in Zukunft sein sollten«[120]

Wagner hatte also ein reiches Reservoir an Vorbildern, an denen er sich selbst orientieren konnte. Daß für seine Festspielidee das griechische Vorbild einen hohen Stellenwert einnahm, hat er selbst vielfach erklärt; daß die französischen Revolutionsfeste außerordentlich bedeutsam waren, läßt sich zwar nicht direkt belegen, steht aber zu vermuten, da sie doch in den Ideen des französischen Anarchismus und Frühsozialismus noch präsent waren. Daß die sich entwickelnde deutsche Festkultur gerade auch mit ihren politischen Implikationen großen Eindruck auf ihn machte, ist sicher, denn diese ließ sich in den radikal-demokratischen Festen des deutschen Vormärz unmittelbar beobachten und blieb in den vielen Lieder- und Musikfesten über Jahre gegenwärtig[121]. Wagner selbst hat gerade auf diese Feste hingewiesen und noch im Jahre 1872 geschrieben, die Bezeichnung ›Bühnenweihfestspiel‹ für den *Parsifal* sei ihm »durch den Charakter meiner Untersuchung eingegeben worden, da ich Gesangsfeste, Turnfeste usw. kannte, und mir nun recht wohl auch ein Theaterfest vorstellen durfte [...]«[122].

Doch wie auch immer die Traditionsbezüge hergestellt werden mögen, die Kernidee eines eigenen, musikdramatischen Festes bleibt gleich. Im selben Jahr, in dem er Uhlig seinen Plan unterbreitet, schreibt er: »An einem eigens dazu bestimmten Feste gedenke ich dereinst im Laufe dreier Tage mit einem Vorabend jene drei Dramen nebst dem Vorspiele aufzuführen: den Zweck dieser Aufführung erachte ich für vollkommen erreicht, wenn es mir und meinen künstlerischen Genossen, den wirklichen Darstellern, gelang, an diesen vier Abenden den Zuschauern, die um meine Absicht kennen zu lernen sich versammelten, diese Absicht zu wirklichem Gefühls-

120 Paul Nolte, Die badischen Verfassungsfeste im Vormärz: Liberalismus, Verfassungskultur und soziale Ordnung in den Gemeinden, in: Manfred Hettling/Paul Nolte (Hg), Bürgerliche Feste. Symbolische Formen politischen Handelns im 19. Jahrhundert, Göttingen 1993, S. 18.

121 Ein Beispiel für die Propagierung der Volksfeste und deren politische Funktion im Rahmen einer demokratischen Kultur liefert der mit Wagner befreundete und in Bezug auf die Kunst sehr ähnlich denkende Gottfried Keller. Vgl. dazu Werner Hahl, Realismus und Utopie in den 50er Jahren. Zu Gottfried Kellers ›Fähnlein der sieben Aufrechten‹, in: Literatur in der sozialen Bewegung, hg. von Günter Häntzschel u.a., Tübingen 1977, S. 327 ff. Vgl. auch Rainer Noltenius, Dichterfeiern in Deutschland. Rezeptionsgeschichte als Sozialgeschichte am Beispiel der Schiller- und Freiligrath-Feiern, München 1984.

122 Richard Wagner, Über die Benennung ›Musikdrama‹ in: GSD, Bd. IX, S. 307.

(nicht kritischem) Verständnisse künstlerisch mitzutheilen. Eine weitere Folge ist mir ebenso gleichgiltig, als sie mir überflüssig erscheinen muß«[123].

Wagners Festspielgedanke ist in jenen Jahren das strukturelle Gegenkonzept zum bestehenden bürgerlichen Operntheater, er »hebt sich ab von einem gesellschaftlichen Zustand, der es verdient, zerstört zu werden, oder von einem Alltag, dessen monotone Wiederkehr es durchbricht«[124]. War das überkommene Operntheater als eine dauerhafte Einrichtung konzipiert, durch Repertoirestücke und ihren Wiedererkennungswert, weniger auf inhaltliche Vermittlung denn auf Repräsentation ausgerichtet, ein Theater, in dem ein reiches Bürgertum sich einen gesellschaftlichen Mittelpunkt schuf, ohne damit moralische Ansprüche oder gesellschaftliche Konsequenzen zu verbinden, so bezeichnete Wagners Vorhaben einer einmaligen Festspielaufführung seiner Tetralogie das genaue Gegenteil: jedermann sollte kommen können, der Eintritt frei sein, gesellschaftliche Kommunikation sich auf jene Interpretationsleistung des Musikdramas beziehen, die als Sinngebung der Revolution durch den Dichter-Komponisten intendiert war. Wagner dachte an ein Publikum, das in der Revolution eine fundamentale Bewußtseinsveränderung erfahren hat und in dessen Folgen zu neuen ästhetischen Erfahrungen mit entsprechenden moralisch gestützten Verhaltensänderungen bereit ist.

Im Fest und Festspiel kulminiert organisatorisch die Idee des Gesamtkunstwerks: die aus der theatralisch überhöhten Situation resultierende Feier einer gemeinschaftlichen Erfahrung der ›Wahrheit‹, die das Musikdrama vermitteln, ›versinnlichen‹ und ›vergegenwärtigen‹ will, ist im Grunde die situative Verdichtung von normalerweise über längere Zeitabschnitte prozedierende Entwicklungen, die gleichsam im Zeitraffer durch die Zuschauer emotional vollzogen werden können[125]. Was für die Feste der Griechen galt, daß sie »eine besondere Form des Selbsterlebnisses der Bürgerschaft ermöglichten, die Erfahrung nämlich ihrer Gemeinsamkeit in einer gehobenen, tief beeindruckenden Stimmung«[126], in der alles Trennende beiseite trat und das verbindende Moment zu einer neuen kollektiven Identität führte, erhoffte sich auch Wagner als Wirkung seines musikdramatischen Festes. Der Notwendigkeit entbunden zu arbeiten, aller alltäglichen Sorgen enthoben, herausgenommen aus allen Einschränkungen des alltäglichen Lebens und daher empfänglich für die sich auf der Bühne vollziehenden Deutungen seiner eigenen und besseren Zukunft – so dachte sich Wagner die Situation für sein neues Publikum, und er glaubte, daß sich unter solchen Bedingungen eine neue intellektuelle wie emotionale Offenheit gleichsam von selbst ergeben würde.

123 Richard Wagner, Eine Mittheilung an meine Freunde, in: GSD, Bd. 4, S. 343.

124 Carl Dahlhaus, Richard Wagners ›Bühnenfestspiel‹. Revolutionsfest und Kunstreligion, in: Das Fest, S. 593 f.

125 Vgl. auch Udo Bermbach, Bayreuther Festspiele. Idee und Realisierungsaspekte, in: Hermann Danuser/Herfried Münkler (Hg), Kunst – Fest – Kanon. Schliengen 2004, S. 70 ff.

126 Christian Meier, Zur Funktion der Feste in Athen, S. 576.

Daß eine solche Situation beim Publikum zugleich auch die Bereitschaft zu einer quasi-religiösen Haltung wecken würde, dürfte kaum verwunderlich sein. Wagner war sich dieses Zusammenhangs sehr genau bewußt, der von jeher den Festen, sofern sie denn als kultische oder doch quasi-kultische Ereignisse veranstaltet wurden, zu eigen war. So sprach er daher auch in Parallele zum ›Kunstwerk der Zukunft‹ von der ›Religion der Zukunft‹ und meinte damit: »Das Kunstwerk ist die lebendig dargestellte Religion«[127]. Doch der Begriff der Religion gewinnt im Kontext der Festspielidee einen eigenen semantischen Sinn, er ist weit entfernt von dem, was normalerweise damit verbunden wird. Er zielt auf die Idee einer kollektiven Identitätsstiftung, die sich als direkte Negation des vorhandene Status quo erweist: »Der Untergang des Staates kann vernünftiger Weise nichts Anderes heißen, als das sich verwirklichende religiöse Bewußtsein der Gesellschaft von ihrem reinmenschlichen Leben« – heißt es in *Oper und Drama* –, und Wagner fährt erläuternd fort, daß die neue Religion eine allgemeine sein müsse, ihr Inhalt die menschliche Natur, und das Bewußtsein hiervon als ein »religiöses, d.h. gemeinsames« sich ausbilden werde. »In der freien Selbstbestimmung der Individualität liegt daher der Grund der gesellschaflichen Religion der Zukunft«[128]. Im Konzept des musikdramatischen Festspiels wird dieser neuen Religion ihr Platz zugewiesen: sie ist, wie der an Rousseaus Begriff der ›religion civile‹ erinnernde Terminus ›gesellschaftliche Religion‹ bestimmt, Zivilreligion im oben charakterisierten Sinne, normative Orientierung für eine nachrevolutionäre Gesellschaft, die sich der religiösen Symbole bedient, um sich ihre ästhetisch bestimmten Inhalte zu vergegenwärtigen und so eine aufklärende und bewußtseinsverändernde Kraft zu entfalten – was sich im *Parsifal* eindrucksvoll zeigt. Mit dem theologischen Religionsbegriff, gar mit den Inhalten der christlichen Religion hat Wagners Religionsverständnis zu dieser Zeit und bezogen auf seine Vorstellung des Gesamtkunstwerks inhaltlich nichts gemein.

Mit der Festspielidee ist die letzte entscheidende und konstitutive Komponente der Konzeption des Gesamtkunstwerks benannt. Um noch einmal auf den Beginn dieser Überlegungen zurückzukommen und es der Erinnerung halber zu wiederholen: die Differenz zwischen dem Musikdrama und dem Gesamtkunstwerk erweist sich als die Differenz von einem alle Einzelkünste nutzenden und diese integrierenden Bühnenwerk einerseits, den darüber hinaus bedeutsamen räumlichen, zeitlichen und emotionalen Bedingungen seiner Aufführung andererseits. Während Wagner mit seiner Theorie des Musikdramas auf eine Reform der überkommenen Oper zielt, geht sein Konzept des Gesamtkunstwerks, wie es hier rekonstruiert wurde, weit darüber hinaus. Es ist – nimmt man alle seine Bauelemente zusammen – ein außerordentlich umfassendes Konzept, das sich zwar auf das Musikdrama gründet,

127 Richard Wagner, Das Kunstwerk der Zukunft, in: GSD, Bd. 3, S. 63. Dazu auch Udo Bermbach, Bayreuther und andere Festspiele. Zu einer säkularen Form des Gemeinschaftslebens, in: Peter Stolt/Wolfgang Grünberg/Ulrike Suhr (Hg), Kulte, Kulturen, Gottesdienste. Öffentliche Inszenierung des Lebens, Göttingen 1996, S. 106 ff.

128 Richard Wagner, Oper und Drama, in: GSD, Bd. 4, S. 73 f.

auf die in diesem vollzogene Synthetisierung aller Einzelkünste, aber es reicht wesentlich weiter. Das Gesamtkunstwerk meint die Aufführung des Wagnerschen Musikdramas im Rahmen eines aus dem Alltag enthobenen theatralischen Festes, das damit zum Festspiel wird. Es meint diese Aufführung in einem Theater, in dem schon durch die Architektur, die amphitheatralische Anordnung der Sitze und die Überbrückung der Teilung von Bühne, Orchestergraben und Zuschauerraum alle gesellschaftlichen Unterschiede für jedermann optisch wahrnehmbar beseitigt sind; in dem sich also ein öffentlicher gesellschaftlicher Raum herstellt, der die Trennungen zwischen den unmittelbar produzierenden wie teilnehmenden Menschen aufhebt, in dem das ›Volk‹ produzierend, rezipierend und konsultierend an den Bühnenereignissen mitwirkt und das ›Leben‹ im Musikdrama ästhetisch aufgenommen und zur sinnhaften Darstellung gebracht wird; in der sich insgesamt eine Situation einstellt, die in ihrer räumlichen Überschaubarkeit und ihrer kommunikativen Vernetzungsstruktur im Moment der Aufführung für alle Beteiligten unmittelbar nachvollziehbar zum Beispiel eines allgemeinen, gesellschaftlichen – und wenn man so will: politischen – Zustandes wird.

Die Aufzählung dieser Einzelkomponenten macht deutlich, daß das Konzept des Gesamtkunstwerks einen für das Leben der Menschen umfassenden Anspruch formuliert. Man mag dies auch als einen Totalitätsanspruch verstehen, allerdings als einen, der, um ein naheliegendes Mißverständnis gleich von vornherein zu vermeiden, kein totalitärer Anspruch ist. Er zielt zwar auf das Ganze des Lebens, aber er sieht die Gesellschaft als eine in sich vielfach gegliederte Einheit an. Wenn also vom Totalitätsanspruch des Gesamtkunstwerks die Rede ist, dann meint dies die Idee einer Gesellschaft, die durch ästhetische Erfahrung umfassend, und das heißt: in allen Lebensbereichen, interpretierend wie handelnd, angeleitet wird. Es meint die Idee einer Gemeinschaft, in der Einheit anstelle von Zersplitterung, Moralität und Sittlichkeit statt Sittenlosigkeit und Dekadenz, Aussöhnung von Mensch, Natur und Gesellschaft statt arbeitsteiliger Verwertung der vorgefundenen natürlichen Reichtümer, Harmonie zwischen Individuum und Gemeinschaft herrschen soll. Und es meinte eine Gesellschaft, in der die strukturbildenden Prozesse der Moderne, die von Wagner als eine tiefgreifende Entfremdung erfahren und erlebt werden, auf einem höheren Niveau überwunden werden sollen zugunsten einer neuen Gemeinschaft. Das Konzept des Gesamtkunstwerks ist daher nicht »eine quasi-politische Idee«[129], sondern es ist eine durch und durch politische. In konstruktiver Hinsicht wird dies deutlich in Wagners Vorstellung, daß in seinem Gesamtkunstwerk die unterschiedlichen Einzelkomponenten egalitär miteinander verschmelzen sollten, daß jede einzelne Kunstart einen gleichberechtigten Beitrag zur Hervorbringung des ›Kunstwerks der Zukunft‹ leisten sollte – eine Idee, die dem Organisationsmodell einer auf prinzipieller Gleichberechtigung aller einzelnen beruhenden direkten Demokratie unmittelbar nachgebildet ist. Im zentralen Postulat einer Integrati-

129 Dieter Borchmeyer, Das Theater Richard Wagners. Idee, Dichtung, Wirkung, Stuttgart 1982, S. 72.

on der Einzelkünste, deren unterschiedliche ästhetische Erfahrungsbereiche sich zu einer einzigen, alles andere in sich aufnehmenden ästhetischen Synthese zusammenfinden sollten, kann es als der direkte Versuch verstanden werden, gegen die wertpluralistischen Ausdifferenzierungen der Moderne, gegen die Verselbständigungen nicht kongruenter Lebensorientierungen eine verbindliche Idee der ästhetischen Vergesellschaftung bzw. der Vergemeinschaftung zu setzen, die Idee einer kunstreligiösen, sich in der mythischen Erzählung auslegenden Zivilreligion, die genügend Freiraum läßt, bei aller Einbindung in die Gemeinschaft die eigene Individualität der beteiligten Zuschauer und Zuhörer zu entfalten.

Das Konzept des Gesamtkunstwerks läßt sich deshalb als das Modell einer antipolitischen Politik, als die Rücknahme der Politik in die ästhetische Erfahrung verstehen, vergleichbar der Hoffnung von Marx, in einer sozialistischen Gesellschaft werde dereinst der Staat in die sich selbst organisierende Gesellschaft zurückgenommen, würden alle dann überflüssige Bürokratie und alle herrschaftsstabilisierenden Institutionen zugunsten der Selbstverwaltung der Produzenten absterben. In Parallele zu diesem Gedanken läßt sich auch das Gesamtkunstwerk als ein utopisches Modell begreifen, als ein Vorgriff auf eine Gemeinschaft, die den strukturellen Gegenentwurf zum Status quo darstellt. Wagners Gesamtkunstwerk ist die Vision einer Zukunftsgesellschaft, in der die Kunst nach der sozialen Revolution den Modus der Vergemeinschaftung bestimmt, in der sich alles bloß Utilitaristische der ästhetischen Notwendigkeit und Schönheit unterordnet: »Ist dann die menschliche Gesellschaft dereinst so menschlich schön und edel entwickelt, wie wir es allerdings durch die Wirksamkeit unserer Kunst allein nicht erreichen werden, wie wir es aber im Verein mit den unausbleiblich bevorstehenden großen sozialen Revolutionen hoffen dürfen und erstreben müssen, so werden die theatralischen Vorstellungen auch die ersten gemeinsamen Unternehmungen sein, bei denen der Begriff von Geld und Erwerb gänzlich schwindet; denn, gedeiht die Erziehung unter den obigen Voraussetzungen immer mehr zu einer künstlerischen, so werden wir einst so weit alle selbst Künstler sein, daß wir gerade als Künstler zuerst nur um der Sache, der Kunstangelegenheit selbst, nicht um eines nebenbei liegenden gewerblichen Zweckes willen, zu einer gemeinsamen freien Wirksamkeit uns vereinigen können«[130].

Wagner hat diese Vision einer ästhetisch bestimmten Zukunft der Menschheit nicht als schlechte, das heißt real kaum einlösbare Utopie verstanden, sondern als die ideelle Vorwegnahme eines zunächst ästhetischen Konzeptes, das bereits in der gegebenen Gesellschaft verwirklicht werden kann und später dann gesellschaftsprägende Kraft zu entfalten vermag, wenn die allgemeinen Bedingungen hierfür durch eine erfolgreiche Revolution geschaffen worden sind. Das war die Perspektive, die er gegen die schlechteste aller Möglichkeiten ins Feld führte, gegen jene »christlich-ökonomische Staatsweisheit«[131], deren Ideen und Ideale durch ihre Institutionalisie-

130 Richard Wagner, Die Kunst und die Revolution, in: GSD, Bd. 3, S. 40.
131 Ebenda, S. 36.

rung in Kirchen und staatlicher Herrschaft wie ihren jahrhundertelangen Mißbrauch historisch korrumpiert worden waren, und denen nichts mehr aufhelfen konnte. Mit der von ihm vertretenen Vision einer möglichen Rückkehr der Menschheit zur unverfälschten Wahrheit, die sich nur in seinem ›Kunstwerk der Zukunft‹ entfalten und erkennen lassen würde, verband er die Hoffnung auf eine neues Leben aller Menschen: »Im Kunstwerk werden wir Eins sein, – Träger und Weise der Nothwendigkeit, Wissende des Unbewußten, Wollende des Unwillkürlichen, Zeugen der Natur, – glückliche Menschen«[132].

132 Ebenda, S. 50.

Gesamtkunstwerk
Schematische Strukturdarstellung des Konzeptes

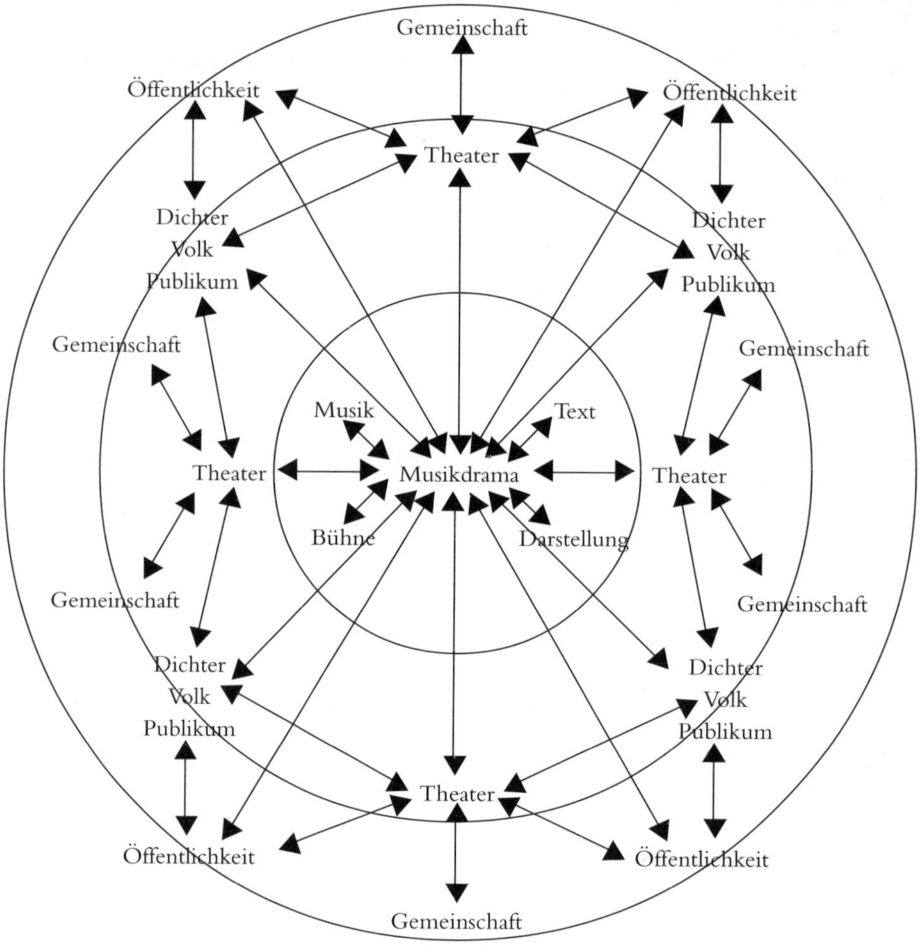

Erläuterung: Die im Schaubild gewählte konzentrische Anordnung mit dem ›Musikdrama‹ als dem Zentrum allen Geschehens, von dem alles ausgeht und zu dem alles wieder zurückkommt, muß ergänzt werden durch eine gedachte Vernetzung aller Elemente untereinander, so daß das ›Gesamtkunstwerk‹ sich als ein vielfach ineinander verwobenes und verflochtenes Netzwerk darstellt. Die einzelnen konstitutiven Elemente des Gesamtkunstwerks stehen untereinander in wechselweiser Beziehung. Alle bezeichneten Positionen kommunizieren miteinander und jede ist in jeder präsent. So wirkt das ›Musikdrama‹ durch Musik und Text über das Publikum und Volk in die Öffentlichkeit und damit in die Gemeinschaft hinein, wie umgekehrt die Impulse der Gemeinschaft durch öffentlichen Diskurs ins Theater und damit auf das Musikdrama in Musik, Text, Bühnenbild und Darstellung wirken. Das ›Volk‹ ist ›Dichter‹ und ›Publikum‹ zugleich, im Theater auch ›Akteur‹, und dieser gegenseitige Austausch ist eingebettet in die soziale Gemeinschaft.

Antisemitismus und ästhetische Theorie

Mitten in seiner Arbeit an den ›Zürcher Kunstschriften‹, nach der Abfassung von *Die Kunst und die Revolution* (Juli 1849) und *Das Kunstwerk der Zukunft* (November 1849) und vor dem Abschluß der Arbeiten an *Oper und Drama* (um die Jahreswende 1850/51) schrieb Wagner ein »anti-jüdisches Traktat, das mit Recht zu den antisemitischen Klassikern gezählt wird«[1]: *Das Judenthum in der Musik*[2]. Der im August 1850 formulierte Text erschien in zwei Folgen am 3. und 6. September unter dem Pseudonym K. Freigedank in der ursprünglich von Robert Schumann gegründeten, dann von Franz Brendel in Leipzig herausgegebenen *Neuen Zeitschrift für Musik*[3]. »Kürzlich kam in dieser Zeitschrift« – so beginnt Wagner – »ein ›hebräischer Kunstgeschmack‹ zur Sprache: eine Anfechtung dieses Ausdrucks konnte, eine Vertheidigung durfte nicht ausbleiben. Es dünkt mich nun nicht unwichtig, den hier zu Grunde liegenden, von der Kritik immer noch versteckt oder im Ausbruche einer gewissen Leidenschaftlichkeit berührten Gegenstand endlich zu erörtern«[4]. Mit dieser Eröffnung griff Wagner in eine bereits über längere Zeit währende Debatte ein, als deren ›Erfinder‹ sein Freund Theodor Uhlig gelten kann, der ihm in seinen antijüdischen Artikeln wichtige Stichworte geliefert hat[5]. Es war eine Debatte, die sich vornehmlich gegen Giacomo Meyerbeer und dessen im Januar 1850 in Dresden erstmals an einer deutschen Bühne aufgeführte Oper *Der Prophet* richtete, deren Erfolg sie zum Anlaß einer prinzipiellen Auseinandersetzung mit jüdischen Komponisten und ihrem Verhältnis zur deutschen Musik nahm.

1 Jacob Katz, Richard Wagner. Vorbote des Antisemitismus, Königstein/Ts. 1985, S. 40.

2 Richard Wagner, Das Judenthum in der Musik, in: GSD, Bd. 5, S. 66 ff. Eine kritische Edition und Dokumentation zu diesem Text hat Jens Malte Fischer vorgelegt. Vgl. Jens Malte Fischer, Richard Wagners ›Das Judentum in der Musik‹. Ein kritische Dokumentation als Beitrag zur Geschichte des Antisemitismus, Frankfurt/M. 2000. Hier ist ab S. 143 der Text der zweiten, überarbeiteten Fassung von 1869, der als separate Broschüre unter Wagners Namen erschien, abgedruckt und es sind jene Textänderungen vermerkt, die Wagner gegenüber der Erstfassung vorgenommen hat. Ähnlich ist der Herausgeber der GSB, Julius Kapp, verfahren; auch er druckt die Fassung von 1869 ab und vermerkt in den Anmerkungen die entsprechenden Änderungen gegenüber dem ursprünglichen Text. Vgl. GSB, Bd. 13, S. 7 ff. Der in den GSD abgedruckte Text gibt die zweite Fassung von 1869 wieder, suggeriert aber durch den Hinweis auf 1850 dem nicht kundigen Leser, es handele sich um die ursprüngliche Fassung. Im folgenden wird aus Gründen der leichteren Zugänglichkeit zwar dieser Text zitiert, aber dort, wo sich Abweichungen finden, wird auf die Erstfassung von 1850 zurückgegriffen. Zur Publikationsgeschichte des Textes informiert ausführlich Jens Malte Fischer, Richard Wagners ›Das Judentum in der Musik‹, S. 134 ff.

3 Neue Zeitschrift für Musik, Leipzig, 33. Bd., Nr. 19 (3. September 1850), S. 101 ff.; Nr. 20 (6. September 1850), S. 109 ff.

4 Jens Malte Fischer, Richard Wagners ›Das Judentum in der Musik‹, S. 24. Zum Kontext der Debatte und zur allgemeinen Entwicklung der antisemitischen Diskussion in der ersten Hälfte des 19. Jahrhunderts ebenda, S. 33 ff.

5 Ebenda, S. 27 f.

›Das Judenthum in der Musik‹

Daß Wagner in dieser öffentlich geführten Polemik zur Feder griff, mag zunächst erstaunen; denn zum einen gab es, soweit ersichtlich, keinen unmittelbaren Anlaß, zum anderen war er selbst zu dieser Zeit vollständig beschäftigt mit dem weitausholenden Entwurf seiner politisch-ästhetischen Theorie, mit der er den Versuch unternahm, ein historisch fundiertes und systematisch entfaltetes Konzept einer zukünftigen, nachrevolutionären Ästhetik zu formulieren. Aus der kritischen Analyse von Geschichte und Gegenwart wollte Wagner, wie oben gezeigt, eine prinzipiell neue Bestimmung des zukünftigen Verhältnisses von Natur, Mensch, Gesellschaft und Kunst gewinnen. Gemessen an diesem Programm und seiner umfänglichen Formulierung erscheint *Das Judenthum in der Musik* mit seinen rund zwanzig Seiten denn auch, auf den ersten Blick jedenfalls, eher isoliert und für sich alleine zu stehen, ohne inhaltlichen Bezug zu den ästhetischen Grundüberlegungen, ohne systematische Verbindung zum Konzept des Gesamtkunstwerks und dessen inhaltlichen wie strukturellen Komponenten, das mit der ihm inhärenten Vision einer »ästhetischen Weltordnung«[6] gänzlich ohne allen Antisemitismus auskommt. Was sich schon daraus schließen läßt, daß in den konzeptionellen Ausführungen der ästhetischen Entwürfe der ›Zürcher Kunstschriften‹ antijüdische Passagen fehlen, sieht man von einigen wenigen Stellen in *Oper und Drama* ab, in denen Wagner sich mit jüdischen Komponisten – vor allem mit seinem vermeintlich schärfsten Widersacher Meyerbeer – auseinandersetzt, in einer die Tagesaktualität kaum übersteigenden Weise.

So ist denn auch die scheinbar unvermittelte und unerwartete Publikation des *Judenthums in der Musik* als eine »Wende«[7] in Wagners Verhalten empfunden worden, weil damit eine bisher nicht wahrgenommene Einstellung, die sich aber doch vermutlich über längere Zeit entwickelt hatte[8], plötzlich öffentlich dokumentiert wurde. Zumeist ist wegen Wagners Angriffen auf Mendelssohn und Meyerbeer in dieser Schrift ein bloß biographisches Motiv für die Veröffentlichung unterstellt worden. Man hat in seinem Scheitern als Revolutionär, seiner Flucht ins Exil, seinen Enttäuschungen über den scheinbar ausbleibenden Erfolg als Komponist, den er Meyerbeer als der Personifikation einer vermeintlich jüdischen Kulturdominanz, ja Kulturverschwörung anlastete[9], den eigentlichen Grund für dieses Pamphlet gesehen. Wohl auch deshalb, weil sich Wagners Haltung zur sogenannten ›Judenfrage‹ in den wesentlichen Positionen nicht von dem unterschied, was während der Zeit des deut-

6 Richard Wagner, Heldenthum und Christenthum, in: GSD, Bd. 10, S. 284.

7 Jacob Katz, Richard Wagner. Vorbote des Antisemitismus, S. 95. Vgl. allgemein auch derselbe, Vom Vorurteil bis zur Vernichtung. Der Antisemitismus 1700 bis 1933, München 1989, bes. S. 146 ff.

8 Dazu ausführlich und die vorliegende Literatur kommentierend Jens Malte Fischer, Richard Wagners ›Das Judentum in der Musik‹, S. 58 ff.

9 Zum Verhältnis Wagner – Meyerbeer vgl. neben Katz, Richard Wagner, S. 80 ff. auch Gunhild Oberzaucher-Schüller/Marion Linhardt/Thomas Steigert (Hg), Meyerbeer – Wagner. Eine Begegnung, Wien/Köln/Weimar 1998, bes. S. 71 ff.

schen Vormärz von vielen Intellektuellen, von den Mitgliedern des ›Jungen Deutschland‹ wie Heinrich Laube[10] bis hin zu radikal-demokratisch und links eingestellten[11], an antisemitischen Vorurteilen und Stereotypen verbreitet wurde und dann in verblüffender Vollständigkeit im *Judenthum in der Musik* wieder auftauchte. Die meisten dieser Vorbehalte, soweit sie Zuschreibungen des politischen wie wirtschaftlichen Handelns betreffen wie: die Juden seien Materialisten, Kapitalisten, Schacherer und Ausbeuter[12], verweisen überdies darauf, daß Wagner in diesen Punkten grundsätzlich die Meinung politisch radikaler Autoren wie Bruno Bauer und Karl Marx teilte, wonach die Frage der Stellung und Emanzipation der Juden in Deutschland vornehmlich eine Folge des repressiven Charakters der bürgerlichen Gesellschaft sei, die sich nach einem revolutionären Umsturz aller gesellschaftlichen wie politischen Verhältnisse von selbst erledigen werde.

Angesichts solcher Überlegungen ist die Publikation des *Judenthums in der Musik* um so erstaunlicher und erklärungsbedürftiger. Denn hätte Wagner mit diesem Pamphlet nur auf die Tagesaktualität gezielt, dann hätte er seine sich über Jahre hinziehende anspruchsvolle und zeitraubende theoretische Selbstverständigung über den zukünftigen Weg als Künstler unterbrochen, nur um einem plötzlich aufbrechenden Drang zur Polemik nachzugeben, einer Polemik, die mit den prinzipiellen Dimensionen seines Denkens scheinbar nichts zu tun hat. Gewiß könnte eine solche Annahme gute Gründe ins Feld führen, nicht zuletzt – um nur ein Beispiel zu zitieren – Wagners Brief an Liszt vom April 1851, in dem er schreibt, er habe einen »lang verhaltenen Groll gegen diese Judenwirtschaft« und deren »verfluchtes Geschreibe« loswerden wollen und sei deshalb endlich einmal losgeplatzt: »es scheint schrecklich eingeschlagen zu haben, und das ist mir recht, denn einen solchen Schreck wollte ich ihnen eigentlich machen«[13]. Wenngleich also ein solches biographisches Motiv eine durchaus plausible Erklärung für die Entstehung dieser antisemitischen Streitschrift abgeben könnte, so ist damit die Frage nach deren inhaltlichem Bezug zu den ›Zürcher Kunstschriften‹ noch nicht beantwortet. Gewiß ist richtig, daß es in Hinsicht auf die allgemeine Einschätzung der politischen, gesellschaftlichen und kulturellen Entwicklung der eigenen Zeit eine verbindende Gemeinsamkeit gibt: »Die Degeneration der zeitgenössischen Kunst, die Auslieferung der großstädtischen Musikkultur an den Marktmechanismus von Angebot und Nachfrage und eine spezielle Vorstellung von der Funktion des ›Judentums‹ in diesem negativen Beziehungsgeflecht gehen in Wagners Zeitdiagnose und den aus ihr abgeleiteten Therapievorschlägen eine unauflösbare Verbindung ein«[14]. Aber diese Verbindung ist keine

10 Jens Malte Fischer, Richard Wagner ›Das Judentum in der Musik‹, S. 40 ff.

11 Vgl. dazu allgemein Michael Brenner/Stefi Jersch-Wenzel/Michael A. Meyer (Hg), Deutsch-jüdische Geschichte der Neuzeit, Bd. 2 1780–1871, München 1996, S. 49 ff.

12 Dazu ausführlicher Udo Bermbach, ›Blühendes Leid‹. Politik und Gesellschaft in Richard Wagners Musikdramen, Stuttgart/Weimar 2003, S. 343 ff. und die dort angegebene Literatur.

13 Richard Wagner, SB, Bd. III, S. 544 f.

14 Hans-Joachim Hinrichsen, ›Musikbankiers‹. Über Richard Wagners Vorstellungen vom ›Judentum in der Musik‹, in: Musik und Ästhetik, Heft 19 (Juli 2001), Stuttgart 2001, S. 73. Hinrichsen analy-

ursächliche, etwa in dem Sinne, daß Wagner die Juden als Verursacher all der von ihm beklagten Defizite verantwortlich macht. Im Gegenteil: im Judentum sieht er vielmehr »das üble Gewissen unserer modernen Civilisation«[15], einen Indikator also, der die Defekte und Fehlleistungen, die schieflaufenden Entwicklungen wie die Kosten der Modernisierung anzeigt, sie aber nicht selbst verursacht hat. Wagners These ist, »daß die Juden sich erst in unsere Kunst mischen konnten, als sie organisch lebensunfähig geworden war«, nicht dagegen die Behauptung, »unsere Kunst sei in Verfall gerathen, weil die Juden sich in sie gemischt hätten«[16] – eine Differenz, die folgenreich zu interpretieren ist[17]. Aber auch damit ist der genauere ästhetische Bezug noch nicht bezeichnet, und selbst der Hinweis, *Das Judenthum in der Musik* sei als »Paradigma einer depravierten, kunstfernen, bloß noch von Marktgesetzen bestimmten Zivilisation« zu verstehen, von der sich das erhoffte ›Kunstwerk der Zukunft‹, »über das Wagner hier zwar mit Absicht nicht redet, dessen Idee aber durch ihre methodische Aussparung in diesem Aufsatz nur um so präsenter ist«[18], als Vision einer besseren Zukunft leuchtend abheben sollte, gibt allenfalls einen allgemeinen Hinweis, wo die Verbindung zu suchen ist.

Der engere thematische Zusammenhang zwischen den ›Zürcher Kunstschriften‹ und dem *Judenthum in der Musik* ist allerdings in zwei prägnanten Momenten gegeben: zum einen in der Antizipation von Grundelementen einer Poetologie, die in *Oper und Drama* erst noch entwickelt wird und dort das Fundament der Wagnerschen Ästhetik abgibt; zum anderen in der Aufnahme des revolutionären politischen Impulses der Umgestaltung aller Verhältnisse, wie dies in *Die Kunst und die Revolution* und in *Das Kunstwerk der Zukunft* wie auch in den Revolutionspamphleten der Jahre 1848/49 unmißverständlich propagiert wird. Beide Gesichtspunkte spielen in der Debatte über *Das Judenthum in der Musik* bisher erstaunlicherweise kaum eine Rolle[19], sind

siert den eigentlichen gesellschafts- und politikkritischen Gehalt der Schrift – in Verbindung mit Wagners 1869 erschienener Abhandlung ›Über das Dirigieren‹ – unter dem Gesichtspunkt, daß Wagner sich durch die Juden als Herren der »angeblich spezifisch jüdischen Sphäre der Reproduktion – als Sphäre der Ausbeutung der Produktion – in allen Dimensionen bedroht fühlt: in der materiellen Sphäre der Politik, Gesellschaft und Ökonomie ebenso wie in der ideellen Sphäre der Kunst und der Musik«. S. 77.

15 Richard Wagner, Das Judenthum in der Musik, in: GSD, Bd. 5, S. 85.

16 Richard Wagner, SB, Bd. III, S. 462 f. (Brief an Eduard Bernsdorf vom Oktober 1850).

17 Vgl. dazu Stefan Breuer, Richard Wagners Fundamentalismus, in: Deutsche Vierteljahrsschrift für Literatur- und Geistesgeschichte, Bd. 73, Stuttgart 1999, S. 652, Anm. 27.

18 Dieter Borchmeyer, Wagner und der Antisemitismus, in: Ulrich Müller/Peter Wapnewski (Hg), Richard-Wagner-Handbuch, Stuttgart 1986, S. 145 f.

19 Die Wagnerliteratur zu diesem Thema stellt zwar eine Fülle von Material zur Verfügung, aber sie bewegt sich zumeist in den Bahnen der ›Einflußstudien‹, d.h. sie untersucht, welche Beziehungen zwischen Wagner, jüdischen Dichtern und Komponisten und Musikverlegern bestanden, wie diese Beziehungen von Wagner empfunden wurden und wie er darauf reagierte; auch, welche Anregungen er für seine eigenen Werke durch jüdische Dichter und Komponisten empfangen hat, die er seinerseits in aller Regel verleugnete, wie das Beispiel Heinrich Heine sehr drastisch zeigt. Das alles ist unbestritten wichtig, aber es kann eine systematische Rekonstruktion des argumentativen Zusammenhangs von Antisemitismus und Kunsttheorie nicht ersetzen.

aber für den Gesamtzusammenhang aller Schriften dieser Jahre von entscheidender Bedeutung.

Für die Beurteilung des Wagnerschen Antijudaismus und Antisemitismus bedeutet eine solche Verknüpfung freilich zugleich auch eine implizite Verschärfung des moralischen Tatbestandes. Denn wenn es einen zwingenden systematischen Zusammenhang von Kunsttheorie und Antisemitismus geben sollte, dann würde Wagners Antijudaismus und Antisemitismus aus der eher beliebigen und situativen Verfügbarkeit persönlicher Emotionen herausgeholt. Wagners Haltung zur ›Judenfrage‹ wäre dann nicht mehr nur eine Frage seiner ganz persönlichen Wert- oder Geringschätzung einzelner jüdischer Komponisten, Dichter oder Musiker bzw. seiner vollständigen Abneigung ihnen gegenüber, sondern sie wäre sehr viel tiefer verankert, weil systematisch verbunden mit einer Werkkonzeption, die mit der Theorie des Gesamtkunstwerks sein gesamtes musikdramatisches Schaffen spätestens seit dem *Ring des Nibelungen* entscheidend bestimmt – was allerdings nicht heißt, daß dieser Antisemitismus sich in den musikdramatischen Werken selbst manifest niederschlägt[20].

Sprache

Zunächst zur Poetologie, deren Grundzüge noch einmal kurz referiert werden müssen, um die systematische Rekonstruktion des Zusammenhangs von Ästhetik und Antisemitismus bei Wagner einsichtig zu machen[21]. Zu erinnern ist daran, daß Wagner seinem Konzept vom Musikdrama, dem ›Kunstwerk der Zukunft‹, eine eigene Sprachtheorie voranstellt, mit der er einen doppelten Nachweis führen zu können glaubt: zu belegen, daß in der Sprache die Elemente der Musik bereits in nuce enthalten sind und zugleich zu behaupten, daß Sprache und Volk in einem engen Zusammenhang stehen, der hinsichtlich der Bestimmung des Volkes identitätsstiftend wirkt. Wagner sucht nach einer durch den modernen Zivilisationsprozeß unbeschädigten Schicht sprachlichen Ausdrucks, nach unverbrauchten ›Urwurzeln‹ der Sprache, aus denen sich eine authentische, nichtentfremdete Semantik wiedergewinnen lassen könnte. Er meint, solche ›Urwurzeln‹ im Volk finden zu können, wo sie sich zwar verdeckt, aber substantiell unversehrt erhalten haben. Da eine solche Einheit von Volk und Sprache zumindest virtuell noch immer besteht, können ›Urelemente‹ der Sprache, Vokale und Konsonanten, ein dichtes Beziehungssystem entstehen lassen, in dem das Wort-Ton-Verhältnis bereits enthalten ist. Jeder Vokal ist

20 Zum Antisemitismus im Werk Wagners vgl. auch Udo Bermbach, ›Blühendes Leid‹. Politik und Gesellschaft in Richard Wagners Musikdramen, Stuttgart 2003, S. 313 ff.

21 Um den systematischen Stellenwert von ›Das Judenthum in der Musik‹ innerhalb der politisch-ästhetischen Konzeption Wagners deutlich zu machen, müssen im folgenden Überlegungen, die in den vorausgegangenen Abschnitten ausführlich entwickelt worden sind, noch einmal knapp wiederholt werden. Diese Überschneidungen bzw. inhaltlichen Wiederholungen lassen sich leider nicht vermeiden, weil anders der systematische Bezug von Wagners antisemitischem Pamphlet zu den ›Zürcher Kunstschriften‹ nicht deutlich werden kann.

ein »verdichteter Ton«[22], Vokale selbst sind untereinander verwandt, weisen über sich hinaus, drängen mit den Konsonanten zusammen auf größere Zusammenhänge. In solchem Drang wird deutlich, daß schon der kleinsten Einheit der Sprache, ihrer konstruktiven Urzelle, der Doppelcharakter von Wort und Ton, von Semantik und Musik eignet – schon die sprachliche Urzelle ist immer Tonsprache, aus deren »Fügung und Zusammenstellung das ganze sinnliche Gebäude unserer unendlich verzweigten Wortsprache errichtet ist«[23]. In einem ›strukturierten Sprechen‹, wie es wahre Dichtung charakterisiert, sind Sprache und Musik immer schon verbunden, aus Vokal- und Konsonantenfolge, aus Rhythmus und Akzent ergibt sich gleichsam zwanglos eine quasi-musikalische Binnenstruktur, Verse treten zu größeren Perioden zusammen, sie treiben die »Versmelodie«[24] aus sich heraus, die der Dichter und Komponist dann aufzunehmen hat.

Wagners konstruktivistischer Zugriff auf Sprache beruht auf dem Prinzip eines »unermeßlichen Ausdehnungs- und Verbindungsvermögens«[25], also auf der Ausdifferenzierung, Vernetzung und variierenden Kombination sprachlicher Elementarteile. Dieses Prinzip bestimmt sowohl die Konzeption des Musikdramas als auch die des Gesamtkunstwerks, denn beides sind Synthetisierungsleistungen, die sich ihrerseits wieder auf Sprache und deren elementare Bestandteile zurückführen lassen. Die Expressivität, die dem »sinnlichen Gehalt unserer Sprachwurzeln«[26] von Anfang an eignet, drängt zur Musik, zur gestischen Ausgestaltung, also zur Darstellung, zum Tanz, letztlich dann auch zum Bühnenbild. Mit diesen Argumentationsschritten und Argumentationszusammenhängen bürdet Wagner der Sprache alles auf, sie ist für ihn der Ausgangspunkt und das Fundament seiner gesamten Ästhetik, sie ist die »unerläßliche Grundlage eines vollendeten künstlerischen Ausdruckes«[27].

Entscheidend ist nun, daß nach Wagners Überzeugung die Sprache nur dort die von ihr eingeforderte Leistung erbringen kann, wo sie noch Ausdruck eines ungebrochenen und unentfremdeten Gefühlslebens des Volkes ist. Dort, wo das Volk »aus der Hatz unseres staatsgeschäftlichen Sprachverkehrs sich einer liebevollen Anschauung der Natur zukehrt«[28], wo also die moderne Zivilisation mit ihrer Rationalisierung der Lebenswelt noch nicht gegriffen hat, wo gleichsam noch unbeschädigtes Leben der Destruktion der Moderne widerstanden hat, dort eben können die Fundamente der Sprache noch aktiviert werden.

Was Volk bei Wagner heißt, bleibt in einem strengen Sinne eher vieldeutig.[29] Doch im Kern meint Volk bei Wagner die Bezeichnung für das Authentische, für das

22 Ebenda, S. 137.
23 Ebenda, S. 93.
24 Ebenda, S. 190 f.
25 Ebenda, S. 149.
26 Ebenda, S. 127.
27 Ebenda, S. 210.
28 Ebenda, S. 128.
29 Vgl. S. 230 ff. Zur historischen Entwicklung des Volksbegriffs vgl. auch einführend ›Volk, Nation, Nationalismus, Masse‹, in: Otto Brunner/Werner Conze/Reinhart Koselleck (Hg), Geschichtliche

durch die Zivilisation noch Unbeschädigte, die verloren gegangene und doch zugleich noch immer virtuell vorhandene ›Einheit des Lebens‹. Volk ist auch ein »sozialpolitisches Ideal«[30], ist »Notgemeinschaft«[31], zusammengebunden durch eine gemeinsame Tradition, durch gewachsene Normen und von allen geteilte Lebenswelten, aber vor allem ist das Volk eine Pluralität von Einzelnen, die sich über Sprache immer wieder ihrer vielfältigen Gemeinsamkeiten versichern. Weil das Volk sich in erster Linie über Sprache konstituiert und Sprache zugleich der Ort und das Medium von Kreativität ist, ist das Volk für Wagner die »bedingende Kraft für das Kunstwerk«[32]. In emphatischer Überzeichnung stilisiert Wagner das Volk zum ›Gesamtdichter‹ der postrevolutionären Kunst, weil es mit »Notwendigkeit elementaren Waltens den Zusammenhang zerreisen wird, der einzig die Bedingung der Herrschaft der Unnatur ausmacht«[33], anders formuliert: weil es die bestehenden Verhältnisse und die mit ihnen gesetzten Entfremdungen revolutionär verändern und damit die Voraussetzungen für eine neue Kunst schaffen wird.

Sprache ist für Wagner das entscheidende Kreativitätspotential eines Volkes, sie ist aber zugleich auch immer das Medium eines auf Gemeinschaft hin angelegten Konsenses. In ihr und durch sie gewinnt das Volk seine Selbstvergewisserung, auch seine übersprachliche Identität, denn alle Kommunikation läuft über Sprache und ist durch sie vermittelt. Politiktheoretisch gesehen impliziert dieser so nachhaltig betonte Zusammenhang einen radikal-demokratischen Gedanken, weil im Akt des Sprechens nur das Argument gilt und jeder Einzelne daher dem anderen als ein sprachlich Gleicher oder doch Gleichgestellter gegenübertritt. Die Emphase, mit der Wagner Sprache und Volk zusammendenkt, um daraus sowohl das ›Kunstwerk der Zukunft‹ als auch die gesellschaftlich-genossenschaftliche Selbstorganisation des Volkes der Zukunft hervorgehen zu lassen, macht deutlich, daß dieser Zusammenhang für ihn ein zentrales Theorem war, die konstitutive Voraussetzung für die Überwindung des politischen wie ästhetischen Status quo. So paradox es klingen mag: es ist gerade diese sprachtheoretische Grundlegung eines demokratisch intendierten Volksbegriffs mit seiner Implikation prinzipiell gleichgestellter Sprecher, die ein entscheidendes Motiv und Argument für Wagners antijüdische und antisemitische Einstellung liefert.

Ausdrücklich heißt es im *Judenthum in der Musik*: »In der Religion sind uns die Juden keine hassenswürdigen Feinde mehr, – Dank unsern Frömmlern und Jesuiten, die allen religiösen Volkshaß auf sich allein nur noch gelenkt haben, so daß mit ihrem dereinstigen Falle die Religion nach ihrer jetzigen Bedeutung (welche viel-

Grundbegriffe. Historisches Lexikon zur politisch-sozialen Sprache in Deutschland, Stuttgart 1992, Bd. 7, S. 142 ff.

30 Richard Wagner, Einleitung zum dritten und vierten Band der GSD, in: Bd. 3, S. 5.

31 Richard Wagner, Flüchtige Aufzeichnungen einzelner Gedanken, in: Dichtungen und Schriften, hg. von Dieter Borchmeyer, Frankfurt/M. 1983, Bd. V, S. 247.

32 Richard Wagner, Das Kunstwerk der Zukunft, S. 47.

33 Ebenda, S. 53 f.

mehr die des Hasses als der Liebe war) vermutlich ebenfalls untergegangen sein wird! In der reinen Politik sind wir mit den Juden nie in wirklichen Konflikt gerathen«[34]. Wohl aber sind die Juden Feinde des Volkes in Bezug auf die Sprache: »Ungleich wichtiger, ja entscheidend wichtig ist jedoch die Beachtung der Wirkung auf uns, welche der Jude durch seine Sprache hervorbringt«[35]; und in der Fassung von 1869 fügt Wagner hinzu: »namentlich ist dieß der wesentliche Anhaltspunkt für die Ergründung des jüdischen Einflusses auf die Musik«.

Um diese These begründen zu können, wendet Wagner seine Sprachtheorie, die er in *Oper und Drama* erst noch formulieren wird, in ihren Kerngehalten bereits im *Judenthum in der Musik* an. Aus deren Prämissen und Implikationen leitet er den Status der Juden ab, obgleich er sehr genau sieht, daß dieser entscheidend durch politisch-gesellschaftliche Gründe bestimmt wird, die er aber nicht diskutieren will. Weil Juden – so seine Ausgangsthese – kein Volk wie andere Völker sind, weil ihnen eine eigene Sprache fehlt, darüber hinaus auch ein eigenes Territorium und folglich ein eigener Staat, bleiben sie zwangsläufig Außenseiter und Fremde. Ausgeschlossen aus der historischen Sprachentwicklung der Nation, in der sie leben, sprechen sie deren Sprache nur als »Ausländer«[36]. Sie haben deshalb auch keinen Anteil an der historischen Entwicklung der Sprache, in der sich zugleich die »geschichtliche Gemeinsamkeit« eines Volkes ausdrückt, sie können folglich deren Wesen – jene oben skizzierten elementaren Konstruktionselemente – nicht wirklich verstehen.

Die Behauptung, Juden sprächen die Sprache einer Nation immer als eine fremde, hat auf der Folie des politisch-ästhetischen Denkens Wagners in dieser Zeit eine doppelte Implikation: sie liegt zum einen gleichsam parallel zu der Aussage in *Oper und Drama*, daß auch in der modernen Sprache der bestehenden Gesellschaft nicht gedichtet werden könne, weil diese Sprache der Moderne eine vernutzte, funktional ausgerichtete, sich bloß an den Verstand und nicht an das Gefühl richtende Sprache sei[37]. In dieser Hinsicht sind Juden und Nichtjuden, sofern sie sich der modernen Sprache bloß funktional bedienen und damit dem allgemeinen Zivilisationstrend und desaströsen Kunstgeschmack folgen, gleichgestellt. Wagner dehnt diese Parallelität sogar noch auf das jüdisch-religiöse Leben aus: so wie die moderne Zivilisation sich konsequent als Verfallsprozeß darstellt und beschreiben läßt, so ist auch die »ursprüngliche Reinheit« des religiösen Lebens in der Synagoge »nur in allerwiderwärtigster Trübung auf uns gekommen«[38], d.h. die Juden haben den generellen zivilisatorischen Verfallsprozeß der europäischen Völker für sich selbst auch religiös mitvollzogen und befinden sich gewissermaßen mit den Nichtjuden ebenfalls in der Situation, einer vollständigen Veränderung ihrer Verhältnisse zu bedürfen.

34 Richard Wagner, Das Judenthum in der Musik, in: GSD, Bd. 5, S. 66 f.; sowie Jens Malte Fischer, Richard Wagners ›Das Judentum in der Musik‹, S. 144, Anm. 1.

35 Ebenda, S. 70.

36 Ebenda.

37 Richard Wagner, Oper und Drama, in: GSD, Bd. 4, S. 98 ff.

38 Richard Wagner, Das Judenthum in der Musik, in GSD, Bd. 5, S. 76

Doch bezüglich der Regenerationsfähigkeit der Sprache und damit der Möglichkeit, das ›Kunstwerk der Zukunft‹ zu schaffen, gibt es allerdings eine fundamentale Differenz zwischen beiden Gruppen. Juden können nach Wagner, weil sie eben nicht zum Volk gehören, zu den Sprachwurzeln des Volkes nicht umstandslos und in direktem Zugriff zurück, sie können also auch, sofern sie Juden bleiben, am Entwurf einer zukünftigen Kunst, die nach Wagners Vorstellung alle Politik ersetzen soll, nicht wirklich, weil nicht substantiell teilhaben. Alle Reformen, die von Juden bezüglich ihres eigenen Status unternommen werden, sind deshalb »fruchtloses Bemühen von Oben herab, welches nach Unten nie in dem Grade Wurzeln fassen kann, daß dem gebildeten Juden, der eben für seinen Kunstbedarf die eigentliche Quelle des Lebens im Volke aufsucht, der Spiegel seiner intelligenten Bemühungen als diese Quelle entgegenspringen könnte«[39].

Zwei Argumente formulierte Wagner, um diese Behauptungen zu begründen. Zum ersten meint er, daß es auch den größten Genies unmöglich sei, in einer fremden Sprache zu dichten, eine Behauptung, die freilich ein zirkuläres Argument impliziert: denn wenn Dichter nur sein kann, wer sich der Sprache eines Volkes bedient, dann kann einer, der einem Volk nicht angehört, auch kein Dichter sein. Hinzu kommt nach Wagner, daß Dichtung in Gefühlsgemeinsamkeiten gründet, aus denen auch Sprache ihre konstitutiven Elemente gewinnt. Wer also aus der Gefühlsgemeinschaft ausgeschlossen ist, etwa durch Geburt, kann folglich auch nicht originär dichten, sondern allenfalls formale Sprachbeherrschung erlernen – das eine folgt aus dem anderen und beides wird einfach als eine nicht mehr zu hinterfragende Tatsache gesetzt, obwohl es naturgemäß empirisch durch nichts zu belegen ist. Doch Wagner verschärft seine Ausschlußthese noch zusätzlich. So wie er die deutsche Sprache gleichsam analytisch dekonstruiert, um sie anschließend rekonstruktiv als Grundlage für sein Konzept des Musikdramas und des Gesamtkunstwerks herrichten zu können, so dekonstruiert er auch die vermeintliche ›Sprechweise‹ von Juden. Nicht deren Sprache, denn die haben die Juden – mutatis mutandis – mit der Sprache des Volkes, in dem sie leben, gemein – das Hebräische ist ihm eine tote Sprache und deshalb keiner eigenen Analyse wert[40]. Sondern eben die ›Sprechweise‹, den expressiven Ausdruck, den Menschen entwickeln, wenn sie eine fremde Sprache lernen. Wagner nimmt hier eine Ebenenverschiebung vor, er geht direkt von der Sprache auf die ›Sprechweise‹ über, so, als sei beides dasselbe. Diese Verschiebung ist deshalb von so entscheidender Bedeutung für seine weitere Argumentation, weil eben die Sprechweise, wo sie denn korrekt erfolgt, jenes ›strukturierende Sprechen‹ zur Folge hat, aus dem sich, wie Wagner unterstellt, das Wort-Ton-Verhältnis im Musikdrama dann zwanglos ergibt. Stimmt aber die Sprechweise nicht, dann kann die Sprache nicht leisten, was Wagner ihr zuschreibt. Und nach Wagners Meinung stimmt die jüdische Sprechweise der deutschen Sprache nicht. Das hier

39 Ebenda, S. 77.
40 Ebenda, S. 71.

formulierte Charakteristikum: »ein zischender, schriller, summsender und murksender Lautausdruck«[41] bezieht sich in diesem Zusammenhang ›sprachtheoretischer Erwägungen‹ auf jene Vokale, die Wagner in seiner Poetologie zum Ausgangspunkt seiner Sprachtheorie macht. Werden diese Vokale falsch gesprochen, dann ergibt sich keine Verbindung von Wort und Ton, kein ›strukturiertes Sprechen‹, aus dem jene ›Versmelodie‹ generiert, die dann über die verschiedenen Zwischenstufen des ›Ausdehnungs- und Verbindungsvermögens‹ notwendig zur neuen Form des Musikdramas führt. Wird jene ›Sprechweise‹ aber zum vorherrschenden Idiom, dann bricht Wagners Sprachtheorie in ihren Grundannahmen und Ausgangsüberlegungen zusammen – Sprache erscheint dann nur noch als ein entstellter, entfremdeter Akt einer nicht gelingenden Kommunikation. Auch das zweite Charakteristikum: die »uneigentümliche Verwendung und willkürliche Verdrehung der Worte und der Phrasenkonstruktionen«[42] dient demselben Argumentationszweck. Wagner will den Nachweis führen, daß der Sprachgebrauch der Juden das sprachliche Fundament und damit die Voraussetzungen der Rekonstruktion für eine neue Dichtung vollständig zerstört, so daß auch von diesem Gesichtspunkt her die daran anschließenden kreativen Leistungen nicht mehr erbracht werden können. Und aus beiden Gesichtspunkten folgt dann, daß sich Gesang als die »in höchster Leidenschaft erregte Rede«[43] daraus nicht ergeben kann. Das bestimmt schließlich auch die Einordnung von Juden als »Unglückliche, Heimatlose«[44] – für Wagner stehen Juden schon der gegebenen »europäischen Zivilisation und Kunst« fremd gegenüber, und erst recht bleiben sie Fremde und Ausgeschlossene in Hinsicht auf die gesellschaftliche und politische Leistung des ›Kunstwerks der Zukunft‹.

Daß dies alles weder empirisch noch historisch zutreffend ist, braucht wohl nicht eigens betont zu werden. Aber darum geht es hier auch nicht. Es geht vielmehr darum zu zeigen, daß Wagner seine fundamentalen sprachtheoretischen Annahmen, die er nach der Veröffentlichung des *Judenthums in der Musik* erst später in *Oper und Drama* als Grundlage einer umfassenden ästhetischen Konzeption des Gesamtkunstwerks endgültig formuliert hat, bereits hier zum Maßstab seiner Kritik macht und daß es ihm zu allererst um den – wie er es selbst in einer prägnanten, zumeist aber überlesenen Formulierung festhält – »ästhetischen Charakter dieser Ergebnisse«[45] geht. Um es noch einmal zu wiederholen: der Zusammenhang von Ästhetik und Antisemitismus im *Judenthum in der Musik* ergibt sich aus folgenden Argumentationsschritten: Die Kunst der Gegenwart, die Wagner radikal ablehnt, ist verbunden mit einer Sprache, die rein funktional eingesetzt wird. Die Kunst der Zukunft, die des Musikdramas und des Gesamtkunstwerks, muß sich auf eine Sprache gründen, die erst noch wiederzubeleben, modern gesprochen: zu rekonstruieren ist. Diese

41 Ebenda.

42 Ebenda.

43 Ebenda, S. 72.

44 Ebenda, S. 71. Hier auch das folgende Zitat.

45 Ebenda, S. 70.

Sprache, die dann die Sprache der neuen Dichtung sein wird, findet sich in ihren Urelementen noch beim Volk aufbewahrt, und hier muß die Rekonstruktion ansetzen. Volk wird in diesem Kontext durchaus mit sozialen und politischen Konnotationen versehen, was das Volk heißt, resultiert auch aus dem radikal-demokratischen Verständnis des deutschen Vormärz. Indem das Volk sich erneuert, sich auf seine kulturellen Traditionen besinnt, aktiviert es die verschütteten Sprachtraditionen und schafft damit die Voraussetzung für eine erneuerte Kunst. An diesem Prozeß können Juden deshalb nicht teilhaben, weil sie nicht zum Volk gehören, damit von der sprachlichen Erneuerung ausgeschlossen sind und folglich auch für die Kunst der Zukunft als Produzenten ausfallen. So weit die Thesen Wagners[46].

Untergang und Revolution

Nun ist unschwer zu erkennen, daß dieser Zusammenhang von Ästhetik und Antijudaismus bzw. Antisemitismus von vornherein auch gesellschaftstheoretische und politische Implikationen hat, was angesichts der Tatsache, daß Wagners gesamte Ästhetik eine politisch aufgeladene und von seinen gesellschaftstheoretischen wie politischen Vorstellungen nicht zu trennende Ästhetik ist, nicht weiter zu verwundern braucht. Schon dem Begriff der Sprache wohnt bei Wagner eine soziale Komponente insofern inne, als sie sich in ihrer unterschiedlichen Qualität – ›ursprünglich‹ versus ›zivilisatorisch vernutzt‹ – auf einen je damit korrespondierenden Zustand des Volkes bzw. der Gesellschaft bezieht. Und erst recht ist der Volksbegriff naturgemäß auch sozial bestimmt. Aus beidem resultiert für Wagner auch die negative Positionsbestimmung der Juden in der bestehenden Gesellschaft. Doch diese Positionsbestimmung ist nicht ein für allemal festgelegt – sie wird am Ende der Schrift über *Das Judenthum in der Musik* in die Thematik der Revolution der bürgerlichen Gesellschaft einbezogen und dadurch auch in ihren Konsequenzen neu bestimmt.

Die politische Perspektive, die Wagner im Schlußabsatz seines Pamphlets eröffnet, ist die einer vollständigen Revolutionierung der bestehenden bürgerlichen Gesellschaft, ein Prozeß, an dem auch die Juden aufgefordert sind, teilzunehmen. Das ergibt sich aus einer genauen Lektüre der letzten Sätze. Da ist nämlich mit Verweis auf Börne, den Wagner als das positive Beispiel eines Juden anführt, der

46 Man muß freilich in diesem Zusammenhang darauf hinweisen, daß die Thematisierung des Zusammenhangs von Sprache und Juden nicht erst durch Wagner geschah. So hat etwa der französische Frühsozialist Proudhon, durch den Wagner in seinem politischen Denken nachhaltig beeinflußt worden war, aus der These, »das Hebräische besitze keine abstrakten Wörter und sei daher unfähig, metaphysische Ideen auszudrücken«, weitreichende Konsequenzen in Bezug auf die jüdische Religion gezogen, die vermeintliche Unfähigkeit zur Politik und Staatenbildung und den Hang zum Materialismus daraus gefolgert. Vgl. dazu die in der Diskussion leider viel zu wenig beachtete, aber grundlegend wichtige Arbeit von Edmund Silberner, Sozialisten zur Judenfrage. Ein Beitrag zur Geschichte des Sozialismus von Anfang des 19. Jahrhunderts bis 1914, Berlin 1962, S. 60 sowie Jens Malte Fischer, Richard Wagners ›Das Judentum in der Musik‹, S. 45 ff.

»suchend unter uns«[47], d.h. unter die Nichtjuden – vermutlich: die Deutschen – getreten sei, die Rede davon, daß dieser seine »Erlösung« nicht habe finden können, weil solche Erlösung »nur mit auch unserer Erlösung zu wahrhaften Menschen«[48] zu finden sei. Wenn Logik noch etwas gilt, dann heißt das, daß Wagner glaubte, auch die Nichtjuden seiner Zeit bedürften der Erlösung, wobei sich dann allerdings die Frage stellt, was denn ›Erlösung‹ heißt und wovon denn Juden und Nichtjuden gleichermaßen erlöst werden müssen?

Die Antwort auf den letzten Teil der Frage liegt in dem bereits ausführlich vorgestellten Konzept Wagners für eine politisch-ästhetische Revolution, dessen wichtigste Gedanken und Stichworte noch einmal kurz resümiert werden sollen. In der in den ›Zürcher Kunstschriften‹ formulierten radikalen Religions-, Gesellschafts- und Politikkritik, in der Vorstellung, alle bisherige Geschichte sei nur als Verfallsprozeß zu begreifen, rechnet Wagner mit der gegebenen bürgerlich-kapitalistischen Gesellschaft ab. Überzeugt davon, daß alle bisherige Politik vollständig versagt habe und eine Reform der gegebenen politisch-gesellschaftlichen Strukturen nicht ausreiche, entwickelt er das Programm einer radikalen Veränderung, die vor allem durch ästhetische Erfahrungen bewirkt werden soll. Im *Kunstwerk der Zukunft* hat er dieses Programm in einem knappen Satz prägnant zusammengefaßt: »Keiner kann dichten, ohne zu politisieren«, was umgekehrt auch heißt, daß »der Dichter … nicht eher wieder vorhanden sein [kann], als bis wir keine Politik mehr haben«[49], weil der Politiker aufhören muß, Politiker zu sein, um Dichter werden zu können. Unzweifelhaft ist hier die Aufhebung der Politik durch die Kunst als das zentrale Postulat einer revolutionären Gesellschaftsumgestaltung formuliert, und Wagner hat folgerichtig immer wieder und mit größtem Nachdruck darauf verwiesen, daß in einer politisch radikal veränderten Lage, wie er sie für die Zukunft erhoffte, die Kunst an die Stelle der Politik treten werde. Er hielt es für sicher, daß sich eine nachrevolutionäre Situation in ihrer sozialen wie politisch-organisatorischen Verfassung an den Bedingungen der ästhetischen Produktion werde ausrichten müssen, und ganz in diesem Sinne sprach er davon, daß die Kunst und ihre Institute »die Vorläufer und Muster aller künftigen Gemeindeinstitutionen werden«[50] könnten. Im Hintergrund einer solchen Vorstellung steht ein Gesellschaftsmodell, das in seinen entscheidenden organisatorischen Komponenten die Gesellschaft der Zukunft in flexiblen Strukturen denkt, in Vereinigungen, »die gerade so wechseln, neu sich gestalten, sich lösen und wiederum knüpfen, als die Bedürfnisse wechseln und wiederkehren«[51]. Die Konstruktionsidee des Musikdramas, die Vorstellung das Aufbaus von Sprache aus

47 Richard Wagner, Das Judenthum in der Musik, in: GSD, Bd. 5, S. 85. Hier auch die folgenden Zitate; die Formulierung von 1850 bei Jens Malte Fischer, Richard Wagner ›Das Judentum in der Musik‹, S. 173.

48 Im Original gesperrt!

49 Richard Wagner, Das Kunstwerk der Zukunft, in: GSD, Bd. 3, S. 172.

50 Richard Wagner, Die Kunst und die Revolution, in: GSD, Bd. 3, S. 40 f.

51 Richard Wagner, Das Kunstwerk der Zukunft, in: GSD, Bd. 3, S. 168 f.

kleinsten Einheiten und deren ›vernetzte‹ Erweiterung zu einem Wort-Ton-Gebäude, aus dem sich schließlich das Kunstwerk ergibt, diese Konstruktionsidee kehrt hier, auf der politischen Ebene, als die Idee einer postrevolutionären Gesellschaft wieder, deren charakteristisches Merkmal ihre assoziative und fluide Vernetzung ist, die sich in ihrer Struktur an den jeweils wechselnden, kollektiven Problemlösungsnotwendigkeiten ausrichtet.

Diese Vision einer postrevolutionären Gesellschaft, in der die Politik überflüssig geworden ist, wird auch in den Schlußsätzen des *Judenthums in der Musik* direkt beschworen. Wagner fordert hier die Juden seiner Zeit auf, am Werk der revolutionären Umgestaltung der Gesellschaft teilzunehmen und damit ihre bisherige gesellschaftliche Sonderstellung aufzugeben. »Gemeinschaftlich mit uns Mensch werden, heißt für die Juden aber zu allernächst so viel als: aufhören, Jude zu sein«[52]. Aber dieses »aufhören, Jude zu sein«, ist nur der erste Schritt. Denn die Forderung, »Mensch« zu werden, impliziert sehr viel mehr, heißt für Wagner – das läßt sich in den ›Zürcher Kunstschriften‹ an vielen Stellen nachlesen –, die modernen Formen der Selbstentfremdung aufzuheben und zur ursprünglichen Einheit von Natur und Leben zurückzukehren, heißt zu verstehen, daß jedes Mitglied der Gattung auf die »freie Selbstbestimmung des Individuums«[53] hin angelegt ist. Das alles kann sich aber erst – wie Wagner fest glaubt – in einer neuen, nachbürgerlichen und nachkapitalistischen Gesellschaft erfüllen, nachdem auch die Deutschen sich aus ihren politischen, gesellschaftlichen und kulturellen Verhältnissen, die sie in ihrem Deutschsein deformieren, emanzipiert und damit einen Prozeß parallel zu dem der Juden vollzogen und hinter sich gebracht haben. Daß diese Aufgabe, eine solche Gesellschaft herbeizuführen, für Wagner offensichtlich eine ungeheuer anstrengende und langwierige ist, ergibt sich aus seinem Hinweis auf das Beispiel von Börne, dessen Aufgeben seiner jüdischen Existenz – Wagner spricht von »Erlösung« – »nicht in Behagen und gleichgültig kalter Bequemlichkeit erreicht werden kann, sondern daß sie, wie uns [sic!], Schweiß, Not, Ängste und Fülle des Leidens und Schmerzes kostet«. Wenn Wagner dann fortfährt mit der Aufforderung: »Nehmt rückhaltlos an diesem selbstvernichtenden, blutigen Kampfe teil, so sind wir untrennbar«, dann ist dies ganz eindeutig und unmißverständlich die Aufforderung an Nichtjuden wie Juden gleichermaßen, diese neue Gesellschaft gemeinsam zu schaffen und gemeinsam durch »Selbstvernichtung«, d.h. durch radikale Abschaffung des politischen, gesellschaftlichen und ökonomischen Status quo in eine neue soziale Ordnung und Beziehung zu treten, in der beide, Nichtjuden wie Juden, »untrennbar« werden. In eben diesem Sinne einer doppelten und parallel gedachten Emanzipation von Deutschen wie Juden ist auch die im letzten Satz formulierte »Erlösung Ahasvers« zu verstehen: der »Untergang« ist aus Wagners Sicht die Aufhebung der gesellschaftlichen Sonderexi-

52 Richard Wagner, Das Judenthum in der Musik, S. 85; Jens Malte Fischer, Richard Wagners ›Das Judentum in der Musik‹, S. 173.

53 Richard Wagner, Oper und Drama, in: GSD, Bd. 4, S. 66.

stenz der Juden durch Revolutionierung der Gesellschaft insgesamt – »Erlösung« meint zu dieser Zeit ohne allen Zweifel die politisch-gesellschaftliche Revolution mit entsprechenden ästhetischen Folgen, der Begriff enthält noch nicht jene ins Subjektive der individuellen Weltauffassung gewendeten Konnotationen eines mentalen Bewußtseinswandels, wie er sich in den Spätwerken Wagners, vor allem im *Parsifal*, dann feststellen läßt[54].

Dieser Schlußabsatz der Schrift ist in der interpretierenden Literatur wohl am stärksten umstritten und am häufigsten mißverstanden worden. Selbst dort, wo der ideenhistorische und gesellschaftliche Kontextbezug sorgfältig in den Gang der Interpretation einbezogen wird, kommt es zu Fehldeutungen[55]. So etwa mit der These, Wagner nehme hier »den christlichen Begriff der Erlösung« auf, was deshalb falsch ist, weil ›Erlösung‹ eindeutig gesellschaftstheoretisch verstanden werden muß. Die aus solcher Fehldeutung resultierende Schlußfolgerung, die Selbstbefreiung der Juden bleibe bei Wagner am Ende zwar theoretisch offen, »die Entscheidung aber, ob sie im Einzelfall stattgefunden hat, liegt im Auge des Beschauers«[56], stimmt deshalb nicht, weil es Wagner nicht um den Einzelfall geht, sondern um die Frage des zukünftigen Verhältnisses von Juden und Nichtjuden insgesamt. Und dieses Verhältnis ist eindeutig als ein gesellschaftsstrukturelles Problem definiert, als das erhoffte Ergebnis einer Revolution, deren Erfolg nicht am gelingenden oder auch mißlingenden Einzelfall entschieden werden kann, sondern sich einzig entscheidet an einer völligen Umgestaltung aller politisch-sozialen und ästhetischen Verhältnisse.

Ebensowenig schlüssig ist die These, »zwischen dem deutlichen Protorassismus des Textes und der pathetisch-apokalyptischen Wolkigkeit des Schlusses klaffe ein unüberwindbarer logischer Abgrund«[57], weil die Juden ihre von Natur aus negativen Eigenschaften nicht ablegen könnten. Abgesehen davon, daß es problematisch ist, die von Wagner den Juden zugeschriebenen Eigenschaften wirklich bereits ›protorassistisch‹ zu nennen – denn sie lassen sich eher als Deformationserscheinungen, verursacht durch den Gang der Geschichte, verstehen[58] – verkennt eine solche These, daß Wagner ganz offensichtlich mit der beschworenen Revolutions- und Veränderungsperspektive für beide, für Deutsche wie Juden, eine soziale und kulturalistische Überformung der menschlichen Natur unterstellt. Denn anders wäre jede Hoffnung auf revolutionäre Änderung der allgemeinen Zustände, auch nur für Deutsche, vollkommen sinnlos. Die im Kontext der *Ring*-Entstehung mehrfach beschworene Überzeugung, erst die Revolution werde ihm jene Künstler und jenes Publi-

54 Der Begriff des »Erlösungsantisemitismus«, wie ihn Saul Friedländer geprägt und mit dem Bayreuther Kreis in Verbindung gebracht hat, verbietet sich für Wagners antijüdische Position, wenn ›Erlösung‹ denn als ›Vernichtung‹ verstanden werden sollte, weil ›Erlösung‹ im Kontext des politischen Denkens verstanden werden muß. Vgl. Saul Friedländer, Das Dritte Reich und die Juden. Die Jahre der Verfolgung 1933–1939, München 1998, S. 102 ff.

55 So bei Jacob Katz, Richard Wagner. Vorbote des Antisemitismus, S. 76. Hier auch das folgende Zitat.

56 Ebenda, S. 77.

57 Jens Malte Fischer, Richard Wagners ›Das Judentum in der Musik‹, S. 87.

58 Vgl. dazu die obigen Anmerkungen 16/17.

kum geben, das sein Werk verstehen werde[59], setzt logischerweise die Überzeugung voraus, daß die menschliche Natur nicht unwandelbar, sondern durch radikale politische wie soziale Erfahrungen veränderbar ist.

Was Wagner am Schluß seines Pamphlets als Vision beschwört, steht nahezu bruchlos im zeitgenössischen Kontext eines radikalen und kritischen Gesellschafts- und Politikverständnisses[60], das an zwei Beispielen illustriert werden soll, die beide auf ihre Weise zugleich die ideenpolitische Voraussetzung für *Das Judenthum in der Musik* sind. 1842 hatte sich der Linkshegelianer Bruno Bauer in seiner Schrift *Die Judenfrage* ausführlich mit den Bedingungen der Emanzipation der Juden auseinandergesetzt, hatte die verbreiteten Stereotypen der antijüdischen Position durchdiskutiert und unter anderem behauptet – was wie ein Vorgriff auf Wagner anmutet – , ›der‹ Jude sei zu Kunst und Wissenschaft unfähig, »weil seinem Geiste die Liberalität und Ausdehnung fehlte, die zur Anknüpfung eines freien, menschlichen Verhältnisses mit anderen Völkern, so wie zur theoretischen, freien Beschäftigung mit der Natur und mit den menschlichen Interessen notwendig ist«[61]. Der eigentliche Ausgangspunkt von Bauers Schrift war freilich die Frage, inwieweit die Emanzipation von Juden innerhalb eines christlichen Staates stattfinden könne, und hier kam er zu dem Schluß: »Als Menschen können sich Juden und Christen erst betrachten und gegenseitig behandeln, wenn sie das besondere Wesen, welches sie trennt und zu ›ewiger Absonderung‹ verpflichtet, aufgeben, das allgemeine Wesen des Menschen anerkennen und als ihr wahres Wesen betrachten«[62]. Bauer folgerte daraus: »Die Lösung des Gegensatzes besteht darin, daß er vollständig wegfällt und die Juden aufhören können, Juden zu sein, ohne es nötig zu haben, daß sie Christen werden«[63]. Bauers zentrales Argument für diese Forderung bestand in der Überlegung, daß Religionen aufgrund ihres Wahrheitsanspruchs miteinander keinen Frieden schließen können[64], daß sich der Staat deshalb selbst religiös neutralisieren müsse, also aufhören müsse, christlicher Staat zu sein. Die Emanzipation der Juden – so faßte Bauer am Ende seiner Abhandlung seine Überlegungen zusammen – könne deshalb nicht an die Bedingung, Christen zu werden, geknüpft werden, weil auch die Christen sich selbst religiös zu emanzipieren hätten. »Nicht nur die Juden, sondern

59 Richard Wagner, SB, Bd. IV, S. 176 (Brief an Theodor Uhlig vom 12. November 1851).

60 Diesen Zusammenhang hebt immerhin selbst Paul Lawrence Rose, Richard Wagner und der Antisemitismus, hervor, aber er versteht den ›Antijudaismus‹ der revolutionären und radikaldemokratischen Zeitgenossen und Freunde Wagners bereits als eine Form des Rassismus und verkennt damit deren politischen Revolutionsbegriff. Entsprechend abwegig ist denn auch die aus diesem fundamentalen Mißverständnis abgeleitete These von Rose, Wagners Werke enthielten einen versteckten Antisemitismus. Rose argumentiert in diesem zentralen Punkt ebenso abwegig wie Hartmut Zelinsky in seinen diversen, von dieser Idee obsessiv eingefärbten Beiträgen zu dieser Debatte.

61 Bruno Bauer, Die Judenfrage, Braunschweig 1843, S. 38. Die Erstveröffentlichung erfolgte 1842 in den ›Deutschen Jahrbüchern‹, die von Arnold Ruge herausgegeben wurden.

62 Ebenda, S. 19.

63 Ebenda, S. 22.

64 Ebenda, S. 21.

auch wir wollen emanzipiert sein«[65], heißt es da, und diese Emanzipation von der Religion, der jüdischen wie der christlichen gleichermaßen, ziele auf den »wahren Menschen« – Thesen, die sich in Wagners Schrift acht Jahre später der Intention nach wiederfinden.

Bauers Auseinandersetzung mit der Judenfrage, die er zum Anlaß seiner Überlegungen zur allgemeinen Emanzipation der Menschen nahm – »Die Emanzipationsfrage ist eine allgemeine Frage, die Frage unserer Zeit überhaupt«[66] –, verhandelte das Thema in seinen prinzipiellen Aspekten auf der Ebene der Religion. Karl Marx warf ihm deshalb in seiner Anfang 1844 in den *Deutsch-Französischen Jahrbüchern* erschienenen Schrift *Zur Judenfrage* vor, das Problem nicht umfassend und radikal genug thematisiert zu haben. »Wir versuchen, die theologische Fassung der Frage zu brechen. Die Frage nach der Emanzipationsfähigkeit des Juden verwandelt sich uns in die Frage, welches besondere gesellschaftliche Element zu überwinden sei, um das Judentum aufzuheben? Denn die Emanzipationsfähigkeit des heutigen Juden ist das Verhältnis des Judentums zur Emanzipationsfähigkeit der heutigen Welt«[67]. Damit ging Marx einen entscheidenden Schritt über Bauer hinaus: für ihn war die religiöse Emanzipation allenfalls Vorstufe einer sehr viel weiterreichenden, allgemeinen Emanzipation des Menschen vom Staat und damit von aller Politik. Zwar sei die politische Emanzipation ein großer Fortschritt – so räumte er ein –, doch sei sie »nicht die letzte Form der menschlichen Emanzipation überhaupt«, wohl aber »die letzte Form der menschlichen Emanzipation *innerhalb* der bisherigen Weltordnung«[68]. Diese Weltordnung zu überwinden, und das meinte: die bestehende bürgerliche Gesellschaft, ihre kapitalistische Wirtschaftsordnung und die aus beidem resultierende Politik zu revolutionieren, erschien Marx freilich als das entscheidende Ziel. Die Juden waren lediglich – so Marx – sowohl hinsichtlich der ihnen zugeschriebenen Eigenschaften als auch der von ihnen ausgeübten Tätigkeiten das Produkt der bürgerlichen Gesellschaft: »Aus ihren eigenen Eingeweiden« – so schrieb er – »erzeugt die bürgerliche Gesellschaft fortwährend den Juden«[69], und dies hieß umgekehrt, daß die Überwindung der bürgerlichen Gesellschaft zugleich auch die Lösung der Judenfrage bedeutete. »Sobald es der Gesellschaft gelingt, das empirische Wesen des Judentums, den Schacher und seine Voraussetzungen aufzuheben, ist der Jude unmöglich geworden, weil sein Bewußtsein keinen Gegenstand mehr hat, weil die subjektive Basis des Judentums, das praktische Bedürfnis vermenschlicht, weil der Konflikt der individuell-sinnlichen Existenz mit der Gattungsexistenz des Menschen aufgehoben ist«[70]. Damit verschob sich für Marx das Problem der Emanzipation von der Ebene der Religion, wie Bruno Bauer es noch verstanden hatte, auf die

65 Ebenda, S. 61.
66 Ebenda.
67 Karl Marx, Zur Judenfrage, in: Werke (MEW), Berlin-Ost 1961, Bd. 1, S. 372.
68 Ebenda, S. 356.
69 Ebenda, S. 374.
70 Ebenda, S. 377.

einer politisch-sozialen Revolution. Das hieß aber auch: »Die Frage von dem Verhältnisse der politischen Emanzipation zur Religion wird für uns die Frage von dem Verhältnis der politischen Emanzipation zur menschlichen Emanzipation«[71].

Wagner kannte, wie wir heute mit einiger Sicherheit unterstellen können[72], diese Schrift von Marx, und folglich kannte er auch die Thesen von Bruno Bauer, die Marx zu Beginn seiner Abhandlung referiert, bevor er sie kritisiert. So tauchen denn auch viele jener antijüdischen Stereotype von Marx – wie die These vom Schacher, von der Geldgier, dem Egoismus der Juden – , die sich auf den Zusammenhang von Judentum und Kapitalismus beziehen, in Wagners eigener Streitschrift auf, eine Übereinstimmung, die schon öfter zur Vermutung geführt hat, Wagner habe die Position von Marx in weiten Teilen übernommen. Das wiederum spricht dafür, Wagners Antisemitismus in seinen Kerngehalten dem Argumentationsreservoir eines ›linken Antisemitismus‹[73] zuzuordnen. Interessant an diesem Vergleich jedoch ist die Beobachtung einer Verschiebung der Argumentationsebenen, die sich auf der Linie Bauer – Marx – Wagner bezüglich der Emanzipation der Juden feststellen läßt und die, was Wagner betrifft, ihre Parallele in den ›Zürcher Kunstschriften‹ findet. Zur Erinnerung: in den drei Abhandlungen *Die Kunst und die Revolution* (1848), *Das Kunstwerk der Zukunft* (1849) und *Oper und Drama* (1850/51) hatte Wagner den allgemeinen gesellschaftskritischen Diskurs der Hegelschen Linken nachvollzogen und zugleich überschritten, indem er, wie die meisten linkshegelianisch beeinflußten, politisch Radikalen des Vormärz, mit einer radikalen Kritik des institutionalisierten Christentums und der christlichen Religion begann, dieser dann

71 Ebenda, S. 352.

72 Vgl. dazu Friedrich Dieckmann, Richard Wagner in Venedig. Eine Collage, Leipzig 1983, S. 183, der vermutet, daß Wagner ein Exemplar der ›Deutsch-Französischen Jahrbücher‹ entweder in Dresden oder in Zürich zur Kenntnis genommen habe. Der Grund für diese Annahme ist, daß Wagner in der 1873 abgefaßten Schrift Das Bühnenfestspielhaus zu Bayreuth davon spricht, »ein zu offener Verzweiflung getriebener Patriot, der wunderliche Arnold Ruge glaubte schließlich aussagen zu müssen, der Deutsche sei niederträchtig.« (in: GSD, Bd. 9, S. 334). Der Originalsatz von Ruge, den Wagner offensichtlich kannte und immerhin über mehr als 30 Jahre im Gedächtnis behielt, lautet: »Der deutsche Geist, soweit er zum Vorschein kommt, ist niederträchtig« und findet sich in eben jenem Exemplar der Jahrbücher, und nur hier, in dem auch die Abhandlung ›Zur Judenfrage‹ von Marx erstmals gedruckt worden ist. Wagner muß also dieses Exemplar gelesen haben. Wie Wagner genau und durch wen er an dieses Exemplar kam – und daß er nicht nur diesen Artikel von Marx offenbar gut kannte – findet sich überzeugend nachgewiesen bei Kurt Kranke, Marginalien zur politischen Biografie Richard Wagners, in: Sächsische Heimatblätter, Dresden 2/1989, S. 65 ff. Eine Vorstudie dazu vom selben Verfasser ist unter dem Titel: Wer vermittelte Richard Wagner in Dresden Schriften von Karl Marx? in: Dresdner Hefte, Dresden 3/1985, S. 81 ff. erschienen.

73 Darunter verstehe ich einen Antisemitismus, der sich primär aus antikapitalistischen Motiven speist, d.h. der die Juden als Exponenten des ›Kapitals‹ versteht und die Frage der Emanzipation der Juden als eine Frage der Abschaffung des Kapitalismus betrachtet. Daß in einen solchen Antisemitismus zusätzlich auch weitere Motive einfließen können – wie politische, rassistische und vor allem auch kulturelle – , ist allerdings damit nicht ausgeschlossen. Die Hauptströmungen des ›linken Antisemitismus‹ finden sich dokumentiert in dem angegebenen Buch von Edmund Silberner. Vgl. dazu auch Thomas Haury, Antisemitismus von links. Kommunistische Ideologie, Nationalismus und Antizionismus in der frühen DDR, Hamburg 2002, bes. S. 30 ff.

die ebenso radikale Kritik von Gesellschaft und Staat folgen ließ, die er dann aber – und darin bestand seine originäre Leistung – in eine Kritik der Kultur und Kunst überführte, indem er gleichsam jenseits von Marx eine kritische Ästhetik entwarf. Genauso verhält er sich nun auch bezüglich der ›Judenfrage‹. Was Bauer sich durch die religiöse Neutralisierung des Staates erhofft hatte und Marx durch die Abschaffung der kapitalistischen Ökonomie und der mit ihr verbundenen politisch-gesellschaftlichen Organisationsstrukturen, möchte Wagner durch eine neue Ästhetik, durch eine prinzipiell neue Bestimmung des Musiktheaters erreichen. Anders formuliert: während Bauer einen neuen Modus der Vergesellschaftung dem Staat zuschreibt, Marx die postkapitalistische Vergesellschaftung durch eine neue Ökonomie anstrebt, ist Wagner fest davon überzeugt, daß seine Ästhetik des Gesamtkunstwerks die praktische Anleitung zu einer postrevolutionären Vergemeinschaftung abgeben könne, die sowohl den Staat als auch die bürgerliche Gesellschaft und die kapitalistische Wirtschaftsweise hinter sich lasse. Das heißt aber auch: erst auf der Basis der beiden ersten Kritiken, der der Religion einerseits, der des Staates, der Gesellschaft und Politik andererseits, entsteht das die vorgefundene Realität transzendierende Konzept des ›Kunstwerks der Zukunft‹, mit dem Wagner seine politisch-ästhetische Utopie theoretisch entwirft und ansatzweise formuliert.

Diese Dreierstaffelung der Argumentationsebenen läßt sich hinsichtlich der Frage der Judenemanzipation noch anders formulieren: Bruno Bauer leistet, gleichsam im Banne des Denkens von Feuerbachs, die Kritik der Religion innerhalb des modernen Staates – und weil damit das religiöse Problem erledigt scheint, erklärt Wagner in seinem Pamphlet, der Jude sei inbezug auf die Religion kein hassenswerter Feind mehr. Eine solche Aussage ist nur im Kontext des kritischen, linkshegelianischen Diskurses überhaupt wirklich nachzuvollziehen und zu verstehen. Karl Marx formuliert sodann die Kritik der Politik und Ökonomie und sieht die Lösung der ›Judenfrage‹ in einer Revolution der gegebenen Verhältnisse der bürgerlichen Gesellschaft – und diese Perspektive übernimmt Wagner, vor allem am Ende seines Pamphlets, aber er bleibt dabei nicht stehen. Entsprechend dem argumentativen Dreischritt, den er in den ›Zürcher Kunstschriften‹ vornimmt: von der Religionskritik über die Kritik des Staates, der Gesellschaft und Politik hin zur Ästhetik, geht er auch hier, bei der Diskussion des Antisemitismus, über Marx hinaus und diskutiert diesen auch als ein ästhetisches Problem in grundsätzlicher programmatischer Absicht.

Wenn dann am Ende des *Judenthums in der Musik* die Aufforderung zur Revolution an Juden und Nichtjuden gleichermaßen steht, so scheint das zunächst auf der Linie der Argumentation von Marx zu liegen. Doch dies stimmt nur bedingt, denn Wagners Position hat die darüber hinaus gehenden Implikationen, die auf das Konzept des ›Gesamtkunstwerks‹ als eines zukünftig politisch-ästhetischen verweisen. Wagner kehrt gleichsam über die Ebene der Politik – die Bejahung der Revolution – auf die ihm ureigene Ebene der ästhetischen Argumentation und Reflexion zurück. Und dies deshalb, weil er zu jener Zeit glaubt, daß die von ihm angestrebte neue Kunst sich nur dann realisieren lasse, wenn zuvor eine politisch-soziale Revolution stattgefunden habe – eine Überzeugung, die er noch in seiner Autobiographie bekräftigt[74]. Doch ist die Revolution eben nur Vorbedingung der Lösung der zur Beantwortung anstehenden Frage, nicht – wie bei Marx – deren Lösung selbst. Vorbedingung insofern, als Wagner die Juden auffordert, an dem »selbstvernichtenden, blutigen Kampfe « – Umschreibung für die Revolution, die auf den Bruch aller gegebenen Strukturen abzielt – rückhaltlos teilzunehmen, d.h. mit den Nichtjuden zusammen die Voraussetzungen für eine neue Welt zu schaffen. Für diesen Fall aber sieht er beide, Nichtjuden wie Juden, »untrennbar«, was nur so zu verstehen ist, daß dann gemeinsam die von ihm in den ›Zürcher Kunstschriften‹ entwickelte Perspektive einer das Leben umfassenden, aktiv gestaltenden Kunst gemeinsam realisiert werden kann. Das ist, worauf explizit hier hingewiesen werden soll, nicht die Forderung, die Juden sollten ihre spezifische Identität zugunsten universalistischer Werte aufgeben, wie sie der politische Liberalismus im Gefolge der Aufklärung formuliert hatte; es ist auch nicht die Forderung nach einer Assimilation an eine von christlichen Werten geprägte Gesellschaft, wie sie von Konservativen erhoben wurde; und schließlich ist es nicht die Forderung nach einer jüdischen Identifikation mit der deutschen Nation, wie sie innerhalb des national-konservativen Lagers geltend gemacht wurde. Es ist vielmehr eine für Juden wie Nichtjuden gemeinsam neu zu gewinnende Identität, eine revolutionäre Perspektive, die sich aus radikal-demokratischen und frühsozialistisch-anarchistischen Überzeugungen speist und ein Stück weit auf der Linie von Marx liegt, diese dann aber doch durch eine eigene Ästhetik und damit verbunden ungewöhnliche Begründungsargumentationen noch zu überbieten sucht[75].

Perspektiven

Sicherlich stellt sich die Frage, ob Wagner diese radikal-revolutionäre Position auch in den folgenden Jahren bis zu seinem Lebensende eingenommen und durchgehalten hat. Angesichts der gesamten Breite seiner Äußerungen, die in Briefen, privaten Bemerkungen und veröffentlichten Schriften von versöhnenden Tönen bis zu zynischen Vernichtungsphantasien reicht, drängt sich scheinbar wie selbstverständlich eine verneinende Antwort auf. Doch sich damit zufrieden zu geben, wäre eine voreilige Entscheidung, die in der Sache nicht gerechtfertigt ist. Was *Das Judenthum in der Musik* betrifft, so ist in diesem Zusammenhang darauf zu verweisen, daß Wagner bei der erneuten Publikation dieser Schrift als einer selbständigen Broschüre 1869 durch eine Änderung des Schlußabsatzes die ursprüngliche Intention eher

74 Hier schreibt Wagner, Röckel habe ihm den Sozialismus so nahegebracht, daß »ich nun meinerseits darauf die Realisierung meines Kunstideals aufzubauen begann.« Richard Wagner, ML, S. 438.

75 Zu den unterschiedlichen ›Integrationsanforderungen‹ an die Juden durch die verschiedenen politischen Strömungen und Parteien vgl. Jacob Katz, Vom Vorurteil bis zur Vernichtung, S. 146 ff. sowie Saul Friedländer, Das Dritte Reich und die Juden, S. 96.

noch verdeutlicht und geschärft als etwa zurückgenommen hat. Hatte es in der ursprünglichen Fassung des Pamphlets von 1850, wie zitiert, geheißen: »Nehmt rückhaltlos an diesem selbstvernichtenden, blutigen Kampfe teil, so sind wir untrennbar«, so änderte Wagner 1869 diesen Satz wie folgt: »Nehmt rücksichtslos an diesem, durch Selbstvernichtung wiedergebährenden Erlösungswerke teil, dann sind wir einig und ununterschieden«[76]. Der »selbstvernichtende, blutige Kampf« ist gestrichen, statt dessen ist nun prägnant von »Selbstvernichtung« die Rede, ein Begriff, der zweifellos im Sinne Hegels als ›Selbstaufhebung‹ gelesen und im modernen Sinne als eine Art von mentalem Identitätswechsel verstanden werden muß. Wagner verbindet diesen Imperativ mit dem Vorgang einer kognitiven Wende des Subjekts in Bezug auf sich selbst; die Formulierung vom »wiedergebährenden Erlösungswerke« ist eine die ursprünglich revolutionäre Semantik neutralisierende Formulierung für einen Gesellschaftsentwurf, der noch immer jenen Prinzipien folgt, den die ›Zürcher Kunstschriften‹ fast zwanzig Jahre zuvor umrissen hatten. Daß solche Lesart keine nachgeschobene oder geschönte Interpretation ist, gar eine Spekulation ex post, belegt die zeitlich zehn Jahre später gemachte Bemerkung Wagners, er freue sich, in der Lektüre jener ästhetischen Programmschriften des Züricher Exils »die Einheit seines ganzen Lebens und Strebens zu erkennen«[77]. Damit werden sowohl die Gesellschafts- und Politikkritik in die Kontinuität des eigenen Lebens und Schaffens einbezogen als auch die daraus resultierenden utopischen Vorstellungen einer revolutionär veränderten Gemeinschaft, die mit der Politik der Vergangenheit gebrochen hat und sich nur noch aus dem eigenen ästhetischen Gestaltungswillen heraus legitimiert. Wenn es richtig ist, daß sich die systematische Verbindung der antijüdischen Einstellung Wagners von 1850/1869 mit den ›Zürcher Kunstschriften‹ in der Sprachtheorie als dem Fundament einer erst noch zu verwirklichenden Ästhetik des Theaters finden läßt, dann müßte die Kontinuitätsvermutung auch für Wagners Haltung zur ›Judenfrage‹ gelten. Dazu paßt, daß die Intention einer zumindest in Teilen vorgenommenen sprachtheoretischen Grundlegung des Gesellschaftsverständnisses von Wagner auch in den späten Äußerungen und Schriften noch zu finden ist. Etwa in der dem Kreis der Regenerationsschriften zugehörenden antisemitischen Schrift *Erkenne Dich selbst*[78] , in der dem deutschen Volk die Reinheit der Rasse abgesprochen, der »weit höhere Trieb« aber, die »Sprache seiner Urväter« bewahrt zu haben, bestätigt wird: »Durch solche Sprache reicht unser Fühlen und Erschauen bis in das Urmenschentum selbst hinab, ... empfinden wir uns der schöpferischen Urschönheit des Menschen verwandt«, und über die Sprache gewinnen wir – so Wagner – »Aufschluß über uns, ja über das wahrhaft Menschliche selbst«.

76 Jens Malte Fischer, Richard Wagners ›Das Judentum in der Musik‹, S. 173. Ebenso GSB, Bd. 13, S. 29.

77 Cosima Wagner, TB, Bd. II, S. 158 (12. August 1878).

78 Richard Wagner, Erkenne dich selbst, in: GSD, Bd. 10, S. 263 ff. Die Zitate auf S. 272 f.

Wagners Festhalten an der Sprache als dem bestimmenden Fundament für seine Kunst wirft freilich eine schwerwiegende Frage auf, die hier nicht geklärt, sondern allenfalls formuliert werden kann, nicht zuletzt deshalb, weil Wagner sich selbst mit dieser Frage und den daraus folgenden Konsequenzen nicht auseinandergesetzt hat. Die Frage nämlich, auf welche Weise die mit den Nichtjuden gemeinsam ›erlösten‹ Juden an der von Wagner beschworenen, postrevolutionären »ästhetischen Weltordnung« überhaupt teilhaben können. Wenn Wagner nämlich supponiert, daß die sprachlichen ›Urwurzeln‹ der Beschädigung durch den modernen Zivilisationsverlauf entgangen sind, auf welch unerklärliche Weise auch immer, und darin auch den Grund wie die Voraussetzung dafür sieht, daß das Volk gleichsam im Akt intuitiv gefühlter Wahrheit auf jene Sprachwurzeln zurückgreifen kann, um sich aus ihnen eine unverbrauchte und neue dichterische Sprache zu formen, dann ist es mehr als zweifelhaft, daß dieser Durchgriff aus einer ›falschen‹ Gegenwart in eine ›richtige‹ Vergangenheit auch den Juden möglich sein sollte. Denn sie sind ja, wie die Auslassungen in *Das Judenthum in der Musik* hinreichend belegen, per definitionem aus der Sprachgemeinschaft des Volkes ausgeschlossen, sprechen dessen Sprache immer nur als Fremde. Und folglich läßt sich nicht denken, auf welche Weise sie an dem vorzivilisatorischen, virtuell offenbar noch intakten Sprachfundament des Volkes nun, nach der gelungenen Revolution, plötzlich teilhaben können. Unzweifelhaft tut sich hier ein Argumentationsproblem auf, schärfer formuliert: eine logische Lücke, zu der Wagner selbst vollständig schweigt.

Gleichwohl lassen sich zwei Antworten darauf denken, die hier nur angedeutet werden sollen: die erste, für Wagners Intention schlechtere, muß die Juden trotz der gemeinsam vollzogenen ›Erlösung‹ mit den Nichtjuden aus der ›Gesellschaft der Zukunft‹ ausschließen. Der Grund ist einfach: wenn es für die Juden keine sprachliche Tradition gibt, die sie mit den Nichtjuden teilen und an die sie für die gemeinsame nachrevolutionäre Entwicklung anknüpfen können, dann müssen sie zwangsläufig für immer Fremde und Ausgeschlossene bleiben, die trotz aller revolutionären Anstrengung ihre prinzipielle Beziehung zu den Nichtjuden nicht zu ändern vermögen. Nimmt man die Sprachtheorie Wagners wirklich ernst, ist dies zwingend die logische Schlußfolgerung. Weil Juden keine unbeschädigte Sprachtradition haben, an die sie anschließen könnten, bleiben sie notwendigerweise jenem Status verhaftet, den sie bereits vor der Revolution und der ihr nachfolgenden ästhetischen Wende, so wie Wagner sie erhofft, eingenommen haben.

Die zweite, für Wagners Intention einer gemeinsamen Erlösung von Juden und Nichtjuden günstigere Antwort, muß mit der Annahme operieren, daß eine vollständig gelingende Revolution und die ihr folgende ›ästhetische Weltordnung‹ einen sprachlichen Traditionsbruch impliziert, was heißt, daß nachrevolutionär an alte sprachliche Muster nicht mehr angeknüpft werden kann und die Revolution gezwungen ist, sich ihre eigene, neue dichterische Sprache zu schaffen. Nur in diesem Falle des sprachlichen Traditionsbruchs, der auf der Ebene der Sprache den revolutionären Bruch mit den überkommenen politischen, gesellschaftlichen und ökonomischen Strukturen parallel mitvollzieht, stünden Juden und Nichtjuden vor derselben Ausgangssituation: beide wären in diesem Fall Gleiche, beide könnten deshalb auch am »wiedergebärenden Erlösungswerke« gleichermaßen teilnehmen – aber zugleich hätten beide dann auch Wagners Theorem von den sprachlichen Urwurzeln des Volkes, die es neu freizulegen gilt, verabschiedet und damit eine fundamentale Prämisse seines theoretischen Denkens falsifiziert.

Wie Wagner selbst auf diesen theoretischen Widerspruch in seiner Konzeption reagiert hätte, so er ihn denn als Widerspruch erkannt und gelten gelassen hätte, läßt sich naturgemäß nicht sagen. Wohl aber läßt sich vielleicht vermuten, daß Wagner eine die zweite Antwort modifizierende dritte Variante ins Spiel hätte bringen können, die zwar theoretisch nicht wirklich konsistent ist, wohl aber praktisch seinen Absichten einer von Juden und Nichtjuden gemeinsam ins Werk gesetzten Revolution zu entsprechen vermag. Sie besteht darin anzunehmen, daß das von Juden wie Nichtjuden gemeinsam zu vollbringende Werk der Erlösung die ›früheren‹ Juden in die Lage versetzt, aufgrund der vollständigen Aufgabe ihrer eigenen jüdischen Traditionen nunmehr in gleichsam revolutionärer Geste an die Sprachwurzeln des Volkes, in dem sie leben, gemeinsam mit diesem anzuschließen. Eine solche ›fundamentalistische Assimilationsvermutung‹ macht sich Wagners radikales Revolutionsverständnis zu eigen, sie interpretiert Revolution nicht nur als einen prinzipiellen Strukturbruch auf allen Ebenen des Lebens, einschließlich der des Sprachlichen, sondern zugleich auch als einen fundamentalen Bewußtseinswandel, der dem nachrevolutionären Bewußtsein die Chance einer völlig freien Verfügung über die Welt und die handelnden Subjekte zugesteht. Gewiß ist dies eine vermittelnde, theoretisch nur bedingt überzeugende Argumentation. Aber es ist eine, die in allen hegelianisch inspirierten Revolutionstheorien als Transformationsfigur auftaucht, weil anders der revolutionäre Neuanfang nicht zu erklären ist. Der junge Marx denkt so, und später finden sich ähnliche Argumentationen bei Vertretern der Kritischen Theorie oder auch beim jungen Georg Lukács. Damit ist eine Linie kritischer Gesellschaftstheorie bezeichnet, in die sich auch Wagners politisch-ästhetisches Denken einordnen läßt, auch sein hier sogenanntes ›ästhetisches Motiv‹ seines Antijudaismus und Antisemitismus – wodurch dieser um nichts sympathischer wird, schon gar nicht gerechtfertigt, aber doch aufgrund der hier vorgetragenen systematischen Rekonstruktion seinen angemessenen theoretischen Platz zugewiesen erhält.

›Regeneration‹ durch das Gesamtkunstwerk?

Als Wagner am 17. August 1858 sein ›Asyl‹ in Zürich verlassen mußte, weil seine Wochen zuvor entdeckte Affäre mit Mathilde Wesendonck ein weiteres Bleiben auf dem Besitz der Wesendoncks nicht mehr erlaubte[1], begann für ihn ein neuer unsteter Lebensabschnitt: ausgedehnte Reisen nach Italien, zurück in die Schweiz und nach Frankreich, 1860 dann die zeitweise Rückkehr nach Deutschland und immer wieder Aufenthalte im Ausland, 1864 die Übersiedlung nach München mit Hilfe des bayrischen Königs und das bald darauf folgende erneute Exil in Tribschen, zuvor die Liebe und die daraus erwachsende Verbindung zu Cosima, die Geburt einer gemeinsamen Tochter noch vor ihrer beider Verehelichung, die Aufführung eigener Werke in München – all diese Turbulenzen bezeichneten in den frühen sechziger Jahren eine Änderung jener eher ruhigen Lebensumstände, durch welche die Züricher Jahre charakterisiert gewesen waren. In gewisser Weise korrespondierten diesem gezwungenermaßen umtriebigen Leben auch neue intellektuelle Erfahrungen, deren Verarbeitung die Frage aufwirft, ob Wagner sich in dieser Zeit auf den verschiedenen Gebieten des Lebens wie der Kunst neu zu orientieren begann. Manche Interpreten meinen allerdings, daß schon vor diesen drastischen Umbrüchen der praktischen Lebensführung die 1854 durch Vermittlung von Georg Herwegh beginnende Schopenhauer-Rezeption Wagners[2] eine Wende im Denken des Revolutionärs eingeleitet und langfristig auch bewirkt habe, die so grundlegend ausgefallen sei, daß die danach festgehaltenen Reflexionen zur Ästhetik, Gesellschaft und Politik einen deutlichen Bruch zu den ›Zürcher Kunstschriften‹ markieren. Vor allem für die Zeit ab 1864, also mit den Schriften *Über Staat und Religion* (1864) und mit der in der von Fröbel herausgegebenen ›Süddeutschen Presse‹ erschienenen, auf Befehl Ludwigs II. dann aber abgebrochenen Essay-Reihe über *Deutsche Kunst und Deutsche Politik* habe Wagner jene revolutionären Positionen verlassen, die seine Dresdner und Züricher Schriften charakterisierten, und erst recht die später geschriebenen Aufsätze über *Beethoven* (1870), *Über Schauspieler und Sänger* (1871), *Über die Bestimmung der Oper* (1871) und besonders jene im Umkreis der *Parsifal*-Komposition entstandenen sogenannten ›Regenerationsschriften‹: *Was ist deutsch?* (1865/1878), *Wollen wir hoffen?* (1879), *Religion und Kunst* (1880), *Was nützt diese Erkenntnis?*

1 Martin Gregor-Dellin, Richard Wagner. Sein Leben. Sein Werk. Sein Jahrhundert, München/Zürich 1980, S. 435 ff.; Martha Schad, ›Meine erste und einzige Liebe‹. Richard Wagner und Mathilde Wesendonck, München 2002, S. 24 ff.

2 Georg Herwegh brachte Ende September oder Anfang Oktober 1854 Schopenhauers philosophisches Hauptwerk *Die Welt als Wille und Vorstellung* zu Wagner, das – obwohl bereits 1819 erschienen – erst durch einen Kommentar des englischen Philosophen John Oxenford in der ›Westminster and foreign quarterly‹ vom April 1853 der Vergessenheit entrissen worden war und in Europa plötzlich populär und von breiten Schichten des Bürgertums rezipiert wurde.

(1880), *Erkenne Dich selbst* (1881) und *Heldenthum und Christenthum* (1881) seien Ausdruck einer sich nach ›rechts‹, ins Extremkonservative, Nationalistische und Völkische orientierenden politischen Einstellung. Belege für diese politische Wendung Wagners, die alle anarchistischen, sozialistischen und radikal-demokratischen Vorstellungen der Vormärzzeit hinter sich lasse, seien der Verzicht auf jede praktische Veränderung der gesellschaftlichen wie politischen Zustände; die Anerkennung des Staates als eines notwendigen, weil stabilisierenden Faktors in der Politik; die Hinwendung zu und in großen Teilen auch inhaltliche Übereinstimmung mit Autoren wie Constantin Frantz, Paul de Lagarde, Gobineau oder auch Friedrich Nietzsche, die alle der politischen Rechten zugezählt werden müßten; ein zunehmend aggressiverer Nationalismus insbesondere gegen Frankreich und schließlich ein sich radikalisierender Antisemitismus, der eher auf Segregation als auf Integration ausgehe[3].

Solcher politischen Abwendung von den ursprünglich revolutionären Ansichten und Zielen entspreche dann, so die weitere Argumentation, eine durch die 1854 begonnene Schopenhauer-Lektüre veranlaßte neue Bestimmung der Musik, ihrer Priorisierung gegenüber dem Text, durch die das bisherige Konzept der Begründung des Musikdramas und des Gesamtkunstwerks entscheidend verändert worden sei. Der politischen Reaktion korrespondiert in dieser Sicht die ästhetische Rückwende. Der gescheiterte Revolutionär, dessen Lebenspessimismus und politische Resignation in der Philosophie Schopenhauers ihren Widerschein und ihre Bestätigung finden[4], zieht demzufolge auch ästhetisch die Konsequenzen aus seinem Scheitern und entschließt sich, zwar »nur zögernd und nicht ohne Zwiespältigkeiten«, aber dann doch folgenreich »zu einem Widerruf oder einer eingreifenden Modifikation der Theorien, die er 1850/51 in *Oper und Drama* entwickelt hatte und die mit der Musikphilosophie, welche ihm aus *Die Welt als Wille und Vorstellung* entgegentrat, kaum vereinbar waren«[5]. Solche Bewertungen der Lebens- und Denkentwicklungen Wagners sind nicht erst das Ergebnis neuerer Forschungen, sondern finden sich schon bei frühen Interpreten und scheinen etwa in der Formel auf, in Wagners Schriften seien »in zunehmender Verinnerlichung deutlich die drei Phasen der Revolution, der Reformation und der Regeneration«[6] zu unterscheiden, Ent-

3 Vgl. Stefan Breuer, Richard Wagners Antisemitismus. Eine Sammelbesprechung, in: Musik und Ästhetik, Juli 2001, Heft 19, S. 94 f. Breuer faßt zusammen, was sich in der Wagner-kritischen Literatur sehr viel ausgebreiteter findet.

4 An August Röckel schreibt Wagner im April 1855: »Mir fiel es schon längst schwer, dem steten Andrang der Erscheinungen auf meine Erkenntniß gegenüber, mich auf optimistischen Füßen zu erhalten und Freund Sch.[openhauer] half mir mit seiner enormen Kraft eben nur, den letzten jüdischen Aberglauben [einer optimistischen Weltsicht, U.B.] auszutreiben, um, zwar mit großem Schmerze, aber mit dem Troste, die letzte willkürliche Täuschung von mir geworfen zu haben, mich so frei zu machen, als man eben sein kann.« Richard Wagner, SB. VII, S. 126 (Brief an August Röckel vom April 1855).

5 Carl Dahlhaus, Klassische und romantische Musikästhetik, Laaber 1988, S. 468.

6 Carl Friedrich Glasenapp, Wagner-Encyklopädie. Haupterscheinungen der Kunst und Kulturgeschichte im Lichte der Anschauung Richard Wagners, 2 Bde, Leipzig 1891, Reprint Hildesheim/New York 1977, S. XI. Ähnliche Unterscheidungen finden sich vielfach in der frühen Wagner-

wicklungen und Positionen, die in dieser Sicht auch die Werke selbst nachhaltig prägten und in ihnen nachzuvollziehen seien.

Nun zeigen sich in der Tat, überblickt man die Jahre ab 1854, in Wagners Denken Verschiebungen von Interessen, Positionen, Einsichten und Überzeugungen, die zwar nicht völlig neu auftauchen, weil sie schon in der Zeit des Vormärz ansatzweise vorhanden sind, die sich aber ab Mitte der fünfziger Jahre stärker auszuprägen beginnen und deren Betonung in den Briefen und den Schriften beim schnellen Lesen den Eindruck erwecken können, als habe Wagner in der Tat eine grundsätzliche Neuorientierung seiner ästhetischen wie politik- und gesellschaftstheoretischen Vorstellungen vorgenommen. Vor allem drei Komplexe sind für diese These immer wieder in Anspruch genommen worden: zum ersten die intensive Rezeption der Philosophie Schopenhauers, zum zweiten die zunehmende Beschäftigung mit dem Christentum und die Ausbildung einer eigenen, von den bestehenden Kirchen unabhängigen und gegen sie gerichteten ›Christologie‹, sowie schließlich die Hinwendung zum politisch rechten, zum völkischen Spektrum des wilhelminischen Kaiserreiches, zu dessen Antisemitismus ebenso wie zu einem modernisierungsfeindlichen und vergangenheitsversessenen Kulturalismus.

Auch wenn solche Veränderungen in Wagners Weltanschauung sicherlich festzustellen und unbestreitbar sind[7], so bleiben doch zwei Fragen zu klären: zum einen, wie weit sie inhaltlich gehen und wie weit sie die ursprünglich in der vorrevolutionären Zeit und durch die Revolution und deren Verarbeitung während der ersten Jahre des Züricher Exils formulierten Positionen substantiell korrigieren oder gar revidieren; zum anderen – und dies ist für das hier verfolgte Interesse der entscheidende Punkt –, ob sie das in den ›Zürcher Kunstschriften‹ entwickelte Konzept des Musikdramas und des Gesamtkunstwerks wirklich in seinen tragenden Komponenten und seiner radikal-demokratischen Struktur berühren, verändern oder gar in Frage stellen. Daß es zu den Ideen des Vormärz, des sozialistischen und anarchistischen Theorienfeldes starke Kontinuitätslinien in Wagners ästhetisch politischem Denken bis ins hohe Alter gibt, daß er selbst immer wieder die ›Einheit seines Denkens und Werks‹ beschworen hat, ist oben bereits angedeutet worden[8]. Ob die nach 1854 vermeintlich sich deutlich zeigenden Brüche mit dem Denken der vorrevolutionären und revolutionären Jahre jenes dramatische Gewicht haben, das ih-

Literatur, vor allem im Umfeld des ›Bayreuther Kreises‹. Vgl. dazu exemplarisch Houston Stewart Chamberlain, Richard Wagner, München 1896 ff., S. 86 ff. und Ferdinand Pfohl, Richard Wagner. Sein Leben und Schaffen, Berlin 1911, S. 163 ff.

7 Die Rezeption Schopenhauers und ihre Bedeutung für das Denken wie das Werk Wagners hat Ulrike Kienzle, der die folgenden Überlegungen wichtige Hinweise zu verdanken haben, mehrfach thematisiert. Vgl. u.a. ihre Arbeit Das Weltüberwindungswerk. Wagners ›Parsifal‹, Laaber 1992 sowie ›... das freiwillige Leiden der Wahrhaftigkeit‹. Zu den philosophischen Hintergründen des Bruchs zwischen Wagner und Nietzsche: Eine Rekonstruktion ihres Dialogs über den Pessimismus Schopenhauers, in: Thomas Steiert (Hg), ›Der Fall Wagner‹. Ursprünge und Folgen von Nietzsches Wagner-Kritik, Laaber 1991, S. 81 ff.

8 Vgl. S. 44 ff.

nen gelegentlich zugeschrieben wird[9] und aufgrund dessen die Geltung des revolutionären Kunstkonzepts in Frage gestellt wird, ist damit allerdings noch nicht entschieden. Das soll im folgenden am Beispiel der genannten drei Themenkomplexe in konzentrierter Kürze überprüft werden, ohne dabei in eine ausführliche Auseinandersetzung mit Wagners Verhältnis zu Schopenhauer, mit seiner Christologie oder auch mit den politischen, gesellschaftlichen und kulturellen Inhalten seiner Spätschriften einzutreten – das wäre eine eigene Darstellung, die den hier zu untersuchenden Zusammenhang weit übergreifen würde.

Schopenhauer

Wagner tat sich nach eigenem Eingeständnis mit der ersten Lektüre von Schopenhauers Hauptwerk *Die Welt als Wille und Vorstellung* schwer. »Befriedigte mich die ästhetische Seite desselben vollkommen und überraschte mich hier namentlich die bedeutende Auffassung der Musik« – so schrieb er in *Mein Leben* etwa zehn Jahre später – »so erschreckte mich doch ... der der Moral zugewandte Abschluß des Ganzen, weil hier die Ertötung des Willens, die vollständigste Entsagung als einzig wahre und letzte Erlösung aus den Banden der ... individuellen Beschränktheit in der Auffassung und Begegnung der Welt gezeigt wird«[10].

In diesem Bekenntnis ist ein erster entscheidender, zugleich aber auch schwieriger Berührungspunkt genannt: Schopenhauers Willensmetaphysik, das Kernstück seiner Philosophie, die Wagner einerseits sofort anzog, und die ihm doch zugleich auch in ihrer Konsequenz fremd bleiben mußte, weil sie seiner eigenen Lebensperspektive widersprach. Um dies zu verstehen, muß Schopenhauers Lehre vom Willen kurz skizziert werden[11].

Schopenhauer suchte mit seiner Lehre vom Willen die Philosophie von Kant, auf die er sich bezog und die er weiter entwickeln wollte, an einem entscheidenden Punkte zu korrigieren, den Kant, wie Schopenhauer meinte, offengelassen hatte[12]. Kant hatte in seinen erkenntnistheoretischen Überlegungen die Frage aufgeworfen, weshalb die Metaphysik – etwa im Unterschied zur Physik oder Mathematik –

9 So beispielsweise von Carl Dahlhaus, Wagner und Schopenhauer, in: Derselbe, Klassische und romantische Musikästhetik, Laaber 1988, S. 467 ff.

10 Richard Wagner, ML, S. 592. Einen Überblick über die Philosophie Schopenhauers geben Volker Spierling, Arthur Schopenhauer zur Einführung, Hamburg 2002; derselbe, Arthur Schopenhauer. Philosophie als Kunst und Erkenntnis; Wolfgang Korfmacher, Schopenhauer zur Einführung, Hamburg 1994; Wolfgang Breidert, Arthur Schopenhauer, in: Ottfried Höffe (Hg), Klassiker der Philosophie, Bd. II Von Immanuel Kant bis Jean-Paul Sartre, München 1981, S. 115 ff.

11 Eine Einführung in diese Thematik gibt Rüdiger Safranski, Schopenhauer und Die wilden Jahre der Philosophie. Eine Biographie, München/Wien 1987, S. 333 ff. Vgl. auch Frank Ackermann, Schopenhauer. Kritische Darstellung seines Systems, Essen 2001.

12 Zu ›Schopenhauers Kritik an Kant‹ vgl. Peter Welsen, Schopenhauers Theorie des Subjekts. Ihre transzendentalphilosophischen, anthropologischen und naturmethaphysischen Grundlagen, Würzburg 1995, S. 103 ff.

bisher noch keine gesicherten wissenschaftlichen Erkenntnisse produziert habe, die für alle einsehbar und nachvollziehbar seien. Den Grund dafür sah er darin, daß sich bisher alle Erkenntnis nach den Gegenständen richte, auf die sie sich beziehe, was notwendigerweise dazu führen müsse, daß man sich über diese a priori keinen Begriff machen könne. Und dies deshalb, weil der Begriff die Kenntnis dessen, worauf er sich bezieht, voraussetzt. Mit anderen Worten: wenn Erkenntnis sich zunächst gleichsam blind auf einen Gegenstand bezieht, um diesen zu erkennen, kann der Begriff erst gebildet werden, wenn die Erkenntnis gewonnen ist. Im Begriff bestätigt sich folglich stets nur, was in der Erkenntnis des Gegenstands zuvor zutage tritt, während es eigentlich – nach Kant – doch darauf ankommen müßte, die Kriterien der Erkenntnis eines Gegenstandes bereits zur Verfügung zu haben, bevor man sich diesem in Erkenntnisabsicht nähert. Um letzteres zu ermöglichen, schlug Kant deshalb vor, anders als bisher zu verfahren und sich zunächst einen Begriff vom Gegenstand zu bilden, bevor man sich diesem in erkennender Absicht nähert. Was heißt, daß die Gegenstände sich nach unseren Vorstellungen richten. Dieser Vorschlag – die vielgerühmte ›kopernikanische Wende‹ der Erkenntnistheorie – folgte aus Kants Behauptung, von einem empirischen Sein könne nicht auf ein Sollen geschlossen werden, was heißt, daß von dem, was Menschen vorfinden, sich nicht umstandslos auf das schließen läßt, was vernünftigerweise existieren sollte.

Aus dieser – hier sehr vereinfacht referierten – Grundüberlegung ergab sich für Kant die fundamentale Einsicht und These, wonach die Welt und ihre empirische Verfaßtheit nicht außerhalb der erkennenden Subjekte existiert, sondern durch letztere selbst mitkonstituiert wird. Welche weitreichenden Konsequenzen aus dieser Überlegung zu ziehen sind, läßt sich an einem trivialen Beispiel verdeutlichen: ›Gesellschaft‹ etwa, von der alle ganz selbstverständlich reden, von der alle als etwas konkret Existierendem ausgehen und in der alle sich nach allgemeiner Überzeugung ständig bewegen, ist keineswegs etwas Objektives, das außerhalb der sich in ihr lebenden und bewegenden Menschen existiert. Denn indem jeder Mensch Teil der Gesellschaft ist, begründet er diese in seinem Denken und Handeln mit, entwirft er zwangsläufig auch von ihr für sich selbst ein subjektives Bild, das mit dem Bild anderer in Teilen übereinstimmen mag, in Teilen aber auch gewiß differiert[13]. Das aber heißt, daß es eine ›objektiv‹ existierende Gesellschaft jenseits der erkennenden und handelnden Personen nicht geben kann. Sie wäre, wenn sie denn ›objektiv‹, also außerhalb der erkennenden und handelnden Subjekte existierte, das von Kant so genannte ›Ding an sich‹. Doch dieses ›Ding an sich‹ ist nach Kant dem menschlichen Erkenntnisvermögen prinzipiell unzugänglich, es bleibt unerkennbar, weil alles, worüber Menschen Erkenntnis erlangen können, durch ihre körperliche Fähigkeit zum Erkennen, durch Sinne und Verstand, durch das Faktum ihres empirischen Daseins festgelegt wird. Daraus folgt, daß der Mensch zur Erkenntnis der Welt keinen Stand-

13 Aus dieser Überlegung sind für die Sozialwissenschaften programmatische Schlüsse gezogen worden. Vgl. grundlegend hierfür Peter L. Berger/Thomas Luckmann, Die gesellschaftliche Konstruktion der Wirklichkeit: eine Theorie der Wissenssoziologie, Frankfurt/M. 1996.

punkt außerhalb seiner selbst einnehmen kann. Aus diesem Sachverhalt resultiert nach Kant ein prinzipiell nicht lösbares Problem: die menschliche Vernunft, so schreibt er in der Vorrede zur *Kritik der reinen Vernunft*, »hat das besondere Schicksal, ... daß sie durch Fragen belästigt wird, die sie nicht abweisen kann, denn sie sind ihr durch die Natur der Vernunft selbst aufgegeben, die sie aber auch nicht beantworten kann, denn sie übersteigen alles Vermögen der menschlichen Vernunft«[14]. Es gibt aus dem dadurch bezeichneten Dilemma keinen Ausweg, das ›Ding an sich‹ bleibt in seiner ›Objektivität‹ für die Menschen immer unerkennbar, und so müssen diese sich mit ihren Erfahrungen und ihrem Wissen auf das verständigen, was ihnen angemessen erscheint und was den Kriterien der Vernunft entspricht.

Schopenhauer sucht nun, wie übrigens auch andere Philosophen der Zeit, diese von Kant vermeintlich hinterlassene Erkenntnislücke auszufüllen und entwickelt zu diesem Zweck seine Theorie des Willens, die Wagner so tief beeindruckt hat, daß er sich zunächst mit ihr und nicht etwa mit der Ästhetik und den Ausführungen über die Musik intensiv beschäftigte[15]. Schopenhauers Philosophie ist einem einzigen Grundgedanken verpflichtet; er behauptet – und hier folgt er Kant –, daß es zwischen den Erkenntnissubjekten, den Menschen, und dem Erkenntnisobjekt, der Welt, einen engen und unauflösbaren Zusammenhang gibt. Doch gegen Kant, der diesen Zusammenhang als in den Subjekten verankert grundsätzlich für nicht ›objektiv‹ erkennbar hielt, meint Schopenhauer, daß dieses ›Ding an sich‹ der Wille sei[16]. Dabei geht er von den Erfahrungen des eigenen Leibes aus, denn »der Leib ist die Bedingung der Erkenntnis meines Willens. Diesen Willen ohne meinen Leib kann ich demnach eigentlich nicht vorstellen«[17], weil nur der Leib jene Realität ist, »die ich nicht nur als Vorstellung habe, sondern die ich selber bin«[18]. Mit dieser Verankerung des metaphysischen Willens in der Materialität des Leibes verweist Schopenhauers »Begriff von Metaphysik insofern wieder auf die physische Welt zurück, als der Anstoß zu ihr auf der Endlichkeit und naturalen Hinfälligkeit des Menschen beruht«[19] – ein Verweis, der seine Metaphysik in die Nähe von Feuerbachs quasi-

14 Immanuel Kant, Kritik der reinen Vernunft, hg. von Wilhelm Weischedel, Werke Bd. II, Darmstadt 1963, S. 11. Vgl. zur Einführung auch Otfried Höffe, Immanuel Kant, in: derselbe (Hg), Klassiker der Philosophie, Bd. II, München 1981, S. 7 ff.

15 Das zeigen vor allem die Briefe an Franz Liszt und August Röckel, die als erste wichtige Dokumente der Schopenhauer-Rezeption gelten können. Siehe Richard Wagner, SB, Bd. VI, S. 298 ff. (Brief an Franz Liszt vom 16. Dezember 1854); S. 344 ff. (Brief an August Röckel vom 5. Februar 1855); SB, Bd. VII, S. 126 ff. (Brief an August Röckel vom April 1855).

16 Arthur Schopenhauer, Die Welt als Wille und Vorstellung, hg. von Arthur Hübscher, Bd. I, Wiesbaden 1949, § 17 ff, S. 113 ff.

17 Ebenda, § 18, S. 121.

18 Rüdiger Safranski, Schopenhauer, S. 317. An derselben Stelle heißt es auch: »Die Selbsterfahrung des eigenen Leibes ist der einzige Punkt, wo ich erfahren kann, was die Welt ist, außer daß sie meine Vorstellung ist«.

19 Alfred Schmidt, Schopenhauer und der Materialismus, in: Hans Ebeling/Ludger Lütkehaus (Hg), Schopenhauer und Marx. Philosophie des Elends – Elend der Philosophie?, Königstein/Ts. 1980, S. 133. Ausführlicher wird diese quasi-materialistische Fundierung der Erkenntnistheorie Schopenhauers ausgeführt S. 142 ff. Wolf-Daniel Hartwich spricht zu Recht von »Schopenhauers atheisti-

materialistischer Philosophie des Menschen rückt, zumindest das eine auf das andere rückbeziehen läßt, damit auch dem von Feuerbach nachhaltig geprägten Denken Wagners zur Zeit des Vormärz nahe kommt und den Philosophen selbst für eine linke Theorietradition anschlußfähig macht. Für Schopenhauer sind alle Gefühle wie auch jede Bewegung Ausdruck des Willens, und deshalb ist der Wille auch »der einzige, unter allen möglichen, welcher seinen Ursprung nicht in der Erscheinung, nicht in bloßer anschaulicher Vorstellung hat, sondern aus dem Innern kommt, aus dem unmittelbarsten Bewußtsein eines jeden hervorgeht, in welchem dieser sein eigenes Individuum, seinem Wesen nach, unmittelbar, ohne alle Form, selbst ohne die von Subjekt und Objekt, erkennt und zugleich selbst ist, da hier das Erkennende und das Erkannte zusammenfallen«[20]. Nach Schopenhauers Überzeugung gilt: »Der Wille als Ding an sich ist von seiner Erscheinung gänzlich verschieden und völlig frei von allen Formen derselben, in welche er eben erst eingeht, indem er erscheint, die daher nur seine Objektivität betreffen, ihm selbst aber fremd sind«[21].

Dieses ›Freisein‹ des Willens heißt auch, daß er grundlos ist. Zwar können Menschen – so Schopenhauer – sich klar machen, weshalb sie etwas wollen, doch ist damit noch nicht zu erklären, weshalb der Wille überhaupt existiert. Dessen Existenz hat man als Konsequenz der Leiblichkeit hinzunehmen, als den Urgrund allen Seins, als die Kraft, die den Kampf um das Dasein bestimmt. Bei Schopenhauer ist der Wille jener eherne Imperativ, dem die Menschen unterworfen sind, um sich selbst zu erhalten. Dieser Wille muß sich notwendigerweise mit sich selbst entzweien, er ist das ›principium individuationis‹, in seiner Konsequenz ein Verhängnis, weil er die ursprüngliche Einheit des Lebens zerstört, die rivalisierende Pluralität des Lebens entstehen läßt und die Menschen so in eine bösartige Konkurrenz miteinander treibt. Da dem Willen keine Grenzen gesetzt sind, beherrscht er die Natur ebenso wie die Auseinandersetzungen der Menschen, er gilt für Menschen und Tiere gleichermaßen. Aber da die Welt zugleich auch Vorstellung ist, »Objekt des erkennenden Subjekts«[22], treibt der Wille aus sich heraus auch den Verstand hervor, der als ordnende Kraft die Welt strukturiert.

Doch ist der Wille stets auch ein Ausdruck des Mangels und des Leidens, er ist Indiz für noch nicht erfüllte Wünsche und Bedürfnisse, und er führt daher notwendigerweise auch zur Entstehung des Egoismus. Wo die Befriedigung der Bedürfnisse versagt bleibt, wo der Grundsatz ›Alles für mich und nichts für die Andern‹ sich nicht vollständig ausleben läßt, erzeugt der Wille Haß, Zorn und Bosheit. Aus solchem Versagen der Willenserfüllung entspringt dann aber auch Leid, denn »alles

scher Metaphysik«; vgl. derselbe, Religion und Kunst beim späten Richard Wagner. Zum Verhältnis von Ästhetik, Theologie und Anthropologie in den ›Regenerationsschriften‹, in: Jahrbuch der Deutschen Schillergesellschaft, hg. von Wilfried Barner/Walter Müller-Seidel/Ulrich Ott, Stuttgart 1996, S. 297. Einige Hinweise auf mögliche Konvergenzen Schopenhauers mit ›linken‹ Theoriepositionen – und damit verbundener Attraktivität für Wagner – verdanke ich Kurt Lenk, Erlangen.

20 Arthur Schopenhauer, Die Welt als Wille und Vorstellung, § 22, S. 133.

21 Ebenda, § 23, S. 134.

22 Ebenda, § 27, S. 179.

Leiden ist durchaus nichts Anderes, als unerfülltes und durchkreuztes Wollen: und selbst der Schmerz des Leibes, wenn er verletzt oder zerstört wird, ist als solcher allein dadurch möglich, daß der Leib nichts anderes als der Objekt gewordene Wille selbst ist«[23]. In einer für Wagner vermutlich zentralen Passage meint Schopenhauer, dieses Leiden suche im Leiden der Anderen seine Befriedigung und könne sich bis zur Grausamkeit steigern; denn das fremde Leiden werde so zum »Zweck an sich. Weil der Mensch Erscheinung des Willens ... ist, bemißt er die wirkliche und gefühlte Befriedigung seines Willens stets gegen die bloß mögliche ab, welche ihm die Erkenntnis vorhält. ... Die Erinnerung an größere Leiden, als die unserigen sind, stillt ihren Schmerz: der Anblick fremder Leiden lindert die eigenen. ... So sucht er [der Mensch, U.B.] nun indirekt Linderung, deren er direkt nicht fähig ist, sucht nämlich durch den Anblick des fremden Leidens, welches er zugleich als eine Äußerung seiner Macht erkennt, das eigene zu mildern. Fremdes Leid wird ihm jetzt zum Zweck an sich, es ist ihm ein Anblick, an dem er sich weidet; und so entsteht die Erscheinung der eigentlichen Grausamkeit, des Blutdurstes, welche die Geschichte so oft sehen läßt, in den Neronen und Domitianen, in den Afrikanischen Dies, im Robbespierre usw.«[24].

Daß der Wille nach Schopenhauer grundlos ist, daß er mit sich selbst zerfällt und folglich die Menschen in eine Leid, Elend und Schmerz hervorbringende Pluralität von Lebensformen zwingt, grundiert diese Philosophie von Anfang an pessimistisch und kann als eine metaphysische Beschreibung der modernen Konkurrenzgesellschaft und ihrer negativen Folgen verstanden werden[25]. Denn daß aus der prinzipiellen Unerfüllbarkeit des Willens stets nur Leid, eigenes wie fremdes, hervorgeht, charakterisiert den Zustand einer Welt, die der junge Karl Marx als einen einzigen ›Entfremdungszusammenhang‹ beschrieben hatte. Dagegen gibt es nach Schopenhauer keine definitive Korrektur. Wie aber sollte der Mensch dann – so fragt er – »bei solcher Erkenntnis der Welt, eben dieses Leben durch stete Willensakte bejahen und eben dadurch sich ihm immer fester verknüpfen, es immer fester an sich drücken?«[26]

23 Ebenda, § 65, S. 429.

24 Ebenda, § 65, S. 430.

25 Eine in diesem Sinne kritische Interpretation von Schopenhauers Einschätzungen und Wertungen der bürgerlichen Gesellschaft gibt Heinz Maus, Kritik am Justemilieu. Eine sozialphilosophische Studie über Schopenhauer, in: derselbe, Die Traumhölle des Justemilieu. Erinnerung an die Aufgaben der Kritischen Theorie, hg. von Michael Th. Greven/Gerd van de Moetter, Frankfurt/M. 1981, S. 42 ff. Maus versteht den ›Pessimismus‹ von Schopenhauer als eine breit angelegte Kritik der bürgerlichen Gesellschaft, deren »Entidealisierung« Schopenhauer »mittels ihres eigenen Ideals von Egoismus und Moral« (S. 154) betreibe. Schopenhauer erscheint hier als illusionsloser Analytiker einer stetig um sich greifenden Ökonomisierung, die von der Philosophie über die Literatur die gesamte Kultur, nicht zuletzt auch Staat und Gesellschaft durchdringt und die Menschen zu jenen hobbesianischen Egoisten macht, deren verhängnisvolles Treiben nur durch einen starken Staat eingehegt und gebändigt werden kann. Liest man Schopenhauer so, dann gibt es zwischen ihm und Wagner in beider Politik-, Gesellschafts- und Kulturkritik enge inhaltliche Berührungen, die hier allerdings nicht ausgebreitet werden können.

26 Ebenda, § 68, S. 448.

Die Frage impliziert die Antwort: angesichts des allgemeinen Leidens ist der Rückzug aus dieser Welt die einzig ethisch zu rechtfertigende Handlung: »Der Wille wendet sich nunmehr vom Leben ab: ihm schaudert jetzt vor dessen Genüssen, in denen er die Bejahung desselben erkennt. Der Mensch gelangt zum Zustande der freiwilligen Entsagung, der Resignation, der wahren Gelassenheit und gänzlichen Willenslosigkeit«[27].

Es ist diese radikale Weltverneinung, die Wagner sofort fasziniert und die Schopenhauer für ihn zum »grössten Philosophen nach Kant« werden läßt; an Liszt schreibt er unter dem unmittelbaren Eindruck der Lektüre: »Sein Hauptgedanke, die endliche Verneinung des Willens zum Leben, ist von furchtbarem Ernste, aber einzig erlösend. Mir kam er wahrlich nicht neu, und niemand kann ihn überhaupt denken, in dem er nichts bereits lebte. Aber zur Klarheit erweckt hat mir ihn erst dieser Philosoph«[28].

An diesem Briefzitat sind mehrere Hinweise für das Verhältnis Wagners zu Schopenhauer aufschlußreich. Zunächst einmal fällt auf, daß Wagner sich umstandslos mit der ›Verneinung des Lebens‹ identifiziert. Das ist nicht nur der Sache selbst geschuldet, sondern steht sicherlich auch im Zusammenhang mit der dichotomischen Struktur des Arguments. Denn das Gegenteil der ›Verneinung des Lebens‹ ist dessen Bejahung, und in dieser Entgegensetzung ist die Unvereinbarkeit zweier Extreme bezeichnet, die Schopenhauer selbst so formuliert[29]. Solche polaren Entgegensetzungen, die sich bei Schopenhauer immer wieder finden, stoßen bei Wagner auf eine Gleichgestimmtheit des Denkens, die er dem linkshegelianischen Diskurs des Vormärz verdankt. Sowohl die Revolutionspamphlete als auch die politisch-ästhetischen Schriften der Jahre 1849/1851 folgen, wie oben gezeigt worden ist, einer dichotomischen Argumentationsstruktur, die auch die späteren Schriften der sechziger, siebziger und achtziger Jahre noch charakterisiert. Bei Schopenhauer also findet Wagner in der ›quasi-dialektischen‹ Anlage der Willensmetaphysik eine ihm sehr vertraute Denkstruktur, unbeschadet der Tatsache, daß Schopenhauer sich selbst immer wieder scharf von Hegel abgesetzt hat, was Wagner aber offensichtlich nicht davon abhält, ihn gleichsam komplementär zu den Linkshegelianern zu lesen. Und er findet darüber hinaus noch den seiner eigenen Ansicht ebenfalls nahen und vertrauten Versuch, die ›Welt als Wille und Vorstellung‹ – und damit die Philosophie – aus einem einzigen Prinzip heraus zu entwickeln, das es erlaubt, ein in sich stimmiges Ganze zu denken. Auch diesen Hang, die Vielfalt der Welt und die Pluralität der Erscheinungen auf ein letztes, einziges Prinzip zurückzuführen und aus diesem heraus ›das Leben‹ als eine Ganzheit erklären zu können, ist bei Wagner von jeher ausgeprägt. Sein Denken ging stets auf ›Ganzheit‹ aus, denn er suchte die Welt immer

27 Ebenda.

28 Richard Wagner, SB, Bd. VI, S. 298. (Brief an Franz Liszt vom 16. Dezember 1854).

29 Das ›Vierte Buch‹ von Die Welt als Wille und Vorstellung ist überschrieben: »Der Welt als Wille zweite Betrachtung. Bei erreichter Selbsterkenntnis Bejahung und Verneinung des Willens zum Leben«.

als eine Einheit zu verstehen, ihre Vielfalt der Erscheinungen auf möglichst wenige Ursachen zurückzuführen und ihre Veränderungen auch unter dem Gesichtspunkt eines neuen Ganzen zu entwerfen. In der Tradition des deutschen Idealismus und seines ›Systemdenkens‹ befangen, war Wagner sowohl als Denker als auch vor allem als Künstler ein ›Holist‹, auf systematische Einheit der Erkenntnis ebenso bedacht wie auf die Einheit seines ästhetischen Denkens und seiner Kunstproduktion. Sowohl bei Hegel als auch bei Feuerbach hatte er diesen Hang zum umfassenden ›System‹ der Erkenntnis vorgefunden, und bei den französischen Frühsozialisten hatte er gelernt, wie aus wenigen anthropologischen, politischen, gesellschaftlichen und ökonomischen Grundannahmen eine ›Systemanalyse‹ der bürgerlich-kapitalistischen Gesellschaft zu erstellen war, aus der sich dann wiederum die aufs Ganze zielende Vision einer neuen Gesellschaft zwangsläufig ergeben mußte. Stets also hatte Wagner sich hinsichtlich der großen Fragen des Lebens mit Autoren beschäftigt und auf Autoren berufen, die auf systematische Erklärungen einer als Einheit verstandenen Welt und Weltentwicklung ausgingen[30], und mit der Schopenhauer-Rezeption setzte er genau diese Tradition weiter fort. In der Berufung auf Schopenhauer blieb es das Ziel seiner denkerischen wie künstlerischen Anstrengungen, die Schlechtigkeit der Welt als eine nicht nur moralische, sondern auch als eine die Politik, die Ökonomie, das Soziale wie vor allem das Kulturelle charakterisierende zu verstehen, die sich aus einem einzigen dominanten Prinzip heraus erklären ließ.

Dieses Prinzip war der ›Wille‹. Wagner hat, wie ein Brief an Röckel zeigt, Schopenhauers erkenntnistheoretische Grundüberlegung in ihrer Bedeutung auch für seine eigene Weltanschauung von Anfang an vollständig ermessen, ganz entgegen seiner späteren Beteuerung, er habe ihn zunächst nicht verstanden[31]. So schreibt er: »Das Tiefste ... in Sch.'s Lehre beruht auf Kant's großer Entdeckung von der Idealität aller Erscheinungen; hier liegt das, was wir erst vollkommen begriffen haben müssen, ehe wir einen Schritt weitergehen können zur Beurtheilung des Dinges an sich, das Kant ... noch für gänzlich unwahrnehmbar galt, und das Schopenhauer mit so schlagender Bestimmtheit als den Willen bezeichnet«[32]. Für den ›Holisten‹ Wagner

30 Die große Ausnahme ist hier Friedrich Nietzsche, dessen Destruktionen von Einheitsgewißheiten und dessen essayistischer Gestus seines eher assoziativen Denkens, das auf die Störung und Zerstörung von ›Ganzheit‹ gerichtet war, dem Denken Wagners diametral entgegengesetzt war. Doch kann man in diesem Falle davon ausgehen, daß Wagner nicht von Nietzsche, wohl aber dieser von Wagner ›gelernt‹ hat, denn Wagners Lebensphilosophie wie ›Weltanschauung‹ war zu dem Zeitpunkt, da er Nietzsche kennenlernte und sich mit ihm befreundete, substantiell abgeschlossen. Vielleicht aber liegt hierin dennoch der tiefere Grund des Zerwürfnisses ihrer »Sternenfreundschaft« (Nietzsche). Vgl. Udo Bermbach, ›Die beste Philosophie ist, gar keine Philosophie zu haben‹. Richard Wagner und die Philosophie, in: Die Ausnahme denken. Festschrift zum 60. Geburtstag von Klaus-Michael Kodalle in zwei Bänden, hg. von Claus Dierksmeier, Würzburg 2003, Bd. 2, S. 119 ff.

31 Cosima Wagner, TB, Bd. I, S. 879 (22. Dezember 1874).

32 Richard Wagner, SB, Bd. VII, S. 126. (Brief an August Röckel vom April 1855). Ulrike Kienzle bezeichnet diesen undatierten Brief als das »vielleicht unmittelbarste Zeugnis« von Wagners Schopenhauer-Rezeption; vgl. Ulrike Kienzle, Das Weltüberwindungswerk, S. 36.

hatte Schopenhauer im Willen ein Prinzip gefunden, das alles Leben, menschliches wie tierisches, miteinander verband, das die Erscheinungen der Welt auf eine einzige durchgängige Maxime zurückführte, die zur Grundlage allen weiteren Erkennens und Verhaltens werden konnte. »Wir finden dann« – heißt es in dem zitierten Brief – »daß derselbe Wille in allen wahrnehmbaren Erscheinungen als ein und derselbe vorhanden ist, daß somit alle individuellen Erscheinungen nur die unserer Apperception, ihren Grundformen der Anschauung nach, gerade so erkennbaren Individualisationen desselben Willens sind, somit eines Wesens, das sich selbst immer wieder auffrißt, um sich selbst immer wieder zu produzieren; also eines Wesens, das mit sich selbst im beständigen Widerstreit, im ewigen Widerspruche ist, und als uns einzig fühlbares Moment dieses Widerspruches uns nur den Schmerz, das Leiden zeigt«[33].

In geradezu erstaunlicher Weise vollzieht Wagner die nicht immer einfachen erkenntnistheoretischen Überlegungen Schopenhauers korrekt nach, um am Ende auf den für ihn – wie auch für Schopenhauer – entscheidenden Punkt zu kommen: auf das Leiden und Mitleiden in der Welt. Im Mitleiden – Wagner weist daraufhin, daß die deutsche Sprache das Wort ›Mitfreude‹ bezeichnenderweise nicht kennt – »erhält die Erkenntnis also ihre, bis dahin ungekannte, moralische Bedeutung: im allerglücklichsten Stadium gewinnen wir Mitleiden mit allem Lebenden, im erkenntnislosen Dienste des Willens Befindlichen; hier ist der Quell aller erhabenen Tugend, aller Erlösung, vollkommene Vereinigung mit allem durch die Täuschung der Individuation Getrennten; von diesem Punkte aus ging von je die Religion. Aber wie endlich löst sich der furchtbare Schmerz dieses Mitleidens? Etwa in der Sorge dafür, das Ding angenehmer zu machen, den ewigen Widerstreit des Willens mit sich, sein furchtbares stets sich Auffressen und Neugebären etwas zu mildern durch humane Einrichtungen usw.? Wer dieß glauben und wünschen möchte, hätte ja aber eben jene Erkenntnis noch gar nicht gewonnen.... Somit bleibt jener höchsten Folge der Erkenntnis, dem Mitleiden, nur eines als mögliche Erlösung übrig: bewußte Verneinung des Willens, d.h. Innewerden seiner Verwerflichkeit, Lossagung von der Theilnahme an ihm, zunächst und uns einzig begreiflich und ausführbar als Entsagung des individuellen Willens im Mitleiden. Das aber ist ja eben die Verneinung des Willens überhaupt, seine Vernichtung«[34].

Was aber heißt ›Mitleiden‹ und was bedeutet die ›Verneinung des Willens, seine Vernichtung‹, was ist damit konkret gemeint? Ist es jene oben bereits zitierte ›Verneinung des Willens zum Leben‹, und wenn ja, meint dies dann den Willen des Subjektes zum Tode, gar zum Suizid, zur Verweigerung, weiter leben zu wollen?

Nach Schopenhauer wird im Mitleiden »die Schranke zwischen Ich und Nicht-Ich für einen Augenblick aufgehoben«[35] und damit wird das Leiden des anderen als

33 Ebenda, S. 128.

34 Ebenda, S. 128 f.

35 Arthur Schopenhauer, Die beiden Grundprobleme der Ethik, in: Sämtliche Werke, Bd. 4, S. 229. Vgl. zu den folgenden Ausführungen auch ›Parsifal‹ in: Udo Bermbach, ›Blühendes Leid‹. Politik und Gesellschaft in Richard Wagners Musikdramen, S. 298 ff.

ein eigenes miterlebt, wird der eigene Wille für die Dauer des Mitleidens suspendiert, was auch heißt, daß sich im Mitleiden ein sozialer Akt der Kommunikation zwischen zwei Subjekten ereignet[36]. Mitleiden am Elend der Welt ist immer konkret, bezieht sich stets auf benennbare Sachverhalte, wie ja auch das Elend der Welt kein Abstraktum, sondern ein genau bezeichenbarer Zustand in Gesellschaft, Politik und Kultur darstellt. Mitleiden also vollzieht sich nicht »als kontemplative, universalistische Schau, sondern als Verwicklung in den konkreten einzelnen Fall«[37]. Indem der Einzelne gleichsam einen Rollentausch vornimmt, sich in die Lage des leidenden Anderen versetzt, entledigt er sich selbst für eine bestimmte Zeit seiner individuellen Begrenztheit und geht mit seiner eigenen Emotionalität in der leidenden Kreatur auf, weil er deren Leid nach- und mitempfinden kann.

In dieser Interpersonalität und ihrem immanenten Telos zwischenmenschlicher Kommunikation der Mitleids-Ethik Schopenhauers sucht Wagner seine sozial-utopischen Vorstellungen aus der Revolutionszeit von der Überwindung des Egoismus wiederzufinden und neu zu begründen[38]. Die in den Dresdner Revolutionspamphleten wie in den ›Zürcher Kunstschriften‹ immer wieder erhobene Forderung, den Egoismus der Subjekte als ein die modernen Gesellschaften dominierendes Prinzip zugunsten einer neuen genossenschaftlichen Sozialität und Solidarität zu überwinden, wird nun als eine die eigene Vorstellung stützende Forderung aus der Willensmetaphysik und der Mitleids-Ethik Schopenhauers herausgelesen. Nicht unbedingt in Übereinstimmung mit Schopenhauer, der in der Selbstentzweiung und Selbstzerfleischung des Willens doch die Ursache des bösartigen Egoismus der bürgerlichen Subjekte gesehen hatte. Doch das hindert Wagner nicht daran, dem Einzelnen aufgrund der Fähigkeit zur Einsicht in das eigene Elend auch die Fähigkeit zum Bewußtseins- und Handlungsaltruismus zuzugestehen. Und so gelesen wird verständlich, daß Wagner dann die Forderung nach Mitleid als äquivok für die Abschaffung des Egoismus verstehen kann. Die Vorstellung, daß ein Mensch sich hineinversetzen kann in das Leid eines anderen und es als sein eigenes zu empfinden vermag, bezeichnet für Wagner einen sozial interpretierbaren Aspekt der Philosophie Schopenhauers, an den er mit seinen früheren gesellschaftskritischen Postulaten glaubt anschließen zu können. In dieser Selbstwahrnehmung Wagners stellt sich dann auch jene Kontinuität zu seinem sozial-utopischen Denken der ›Zürcher Kunstschriften‹ her, die von vielen Interpreten in Abrede gestellt wird.

36 Eine ausführliche politik- und gesellschaftstheoretische sowie sozialpsychologische Interpretation von ›Mitleid‹ findet sich in meiner Parsifal-Interpretation in: Udo Bermbach, ›Blühendes Leid‹, S. 298 ff. Es zeigt sich, daß Wagners Mitleids-Ethik Schopenhauers Vorstellungen entschieden in einen politischen und sozialen Kontext einbettet, was hier aus Platzgründen nicht noch einmal detailliert begründet werden kann.

37 Rüdiger Safranski, Schopenhauer und Die wilden Jahre der Philosophie, S. 474 f.

38 Daß der Egoismus »jedem Ding in der Natur«, also auch dem Menschen, eigen ist, gehört allerdings zu den Grundüberzeugungen Schopenhauers. Vgl. Arthur Schopenhauer, Die Welt als Wille und Vorstellung, Bd. 2, § 61, S. 392..

Doch Wagner geht – wohl im unbewußten Anknüpfen an sein eigenes revolutionäres Denken – noch weiter, er radikalisiert den Gedanken einer bloß individuellen Mitleids-Ethik ins Kollektive, er will keine Entschärfung des Status quo durch ›humane Einrichtungen‹, sondern schreibt ausdrücklich, daß erst die vollständige Verneinung des Willens, die »Entsagung des individuellen Willens im Mitleid« zu einer die Subjekte erlösenden Wirkung führe. Wenn richtig ist, daß das Leiden selber als das eigentliche gesellschaftliche Skandalon »zum Organon der Erkenntnis«[39] wird, die sich damit aus der Herrschaft des blinden Willens befreit, dann läßt sich Wagners Überlegung als Forderung an den Einzelnen verstehen, sich den faktischen Gegebenheiten der Gesellschaft entgegenzustellen und so zu verhindern, daß durch einzelne Korrekturen immer nur der individuellen Verbesserung der gegebenen Zustände Vorschub geleistet wird, das Ganze dagegen bleibt, wie es ist.

Es kann kein Zweifel sein, daß hier die alten revolutionären Forderungen auf grundlegende und vollständige Veränderung der bürgerlich-kapitalistischen Gesellschaft und deren Kulturverfall in den gedanklichen Grundfiguren und der sprachlichen Einkleidung von Schopenhauers Philosophie wiederkehren. Was in den Dresdner Revolutionstraktaten noch als prinzipielle Kritik an konkreten Institutionen wie dem Staat, der Gesellschaft oder dem Adel formuliert worden war[40], was in den ›Zürcher Kunstschriften‹ als Theorie des Verfalls der Moderne und eines heruntergekommenen Kulturbetriebs entwickelt und scharf verurteilt worden war, gegen das nur die Revolution in allen Lebensbereichen helfen konnte, erscheint nunmehr in nachrevolutionärer Diktion und Schopenhauerischer Semantik als ›Verneinung des Willens zum Leben‹. Doch eine solche Formulierung, die scheinbar als Forderung an eine rein innere Haltung des Subjekts zur Außenwelt auftritt, als eine Wendung von der aktiven Außenbeziehung zur kontemplativen Innenschau, sollte nicht darüber hinwegtäuschen, daß Wagner damit nach wie vor, in gleichsam postrevolutionärer Sprachsublimierung, eine Absage an die faktischen Zustände in Staat, Gesellschaft und Kultur formuliert, auch eine Absage an alle Hoffnungen, durch gradualistische Reformen eine Verbesserung der gegebenen Zustände zu erreichen. Die ›Verneinung des Willens zum Leben‹ entlastet in dieser Lesart Wagner zwar vom Druck, unmittelbar und direkt politisch und sozial handeln zu müssen, macht ihn innerlich frei, sich ganz auf seine Kunst konzentrieren zu können, aber sie impliziert doch auch die Vorstellung, daß die Notwendigkeit, alle geltenden Verhältnisse, die zwangsläufig permanent Mitleid hervorrufen, grundlegend umzugestalten sind, um eine qualitativ neue Lage für den Menschen herbeizuführen, weiterhin gilt. Solches Behaupten im Prinzipiellen trifft sich mit Schopenhauers abwehrender Skepsis gegenüber einer Gesellschaft, deren Fortschrittsoptimismus, technologischer Mach-

39 Ludger Lütkehaus, Pessimismus und Praxis. Umrisse einer kritischen Philosophie des Elends, in: Hans Ebeling/Ludger Lütkehaus (Hg), Schopenhauer und Marx, S. 25.

40 Vgl. oben S. 47 ff.

barkeitswahn, Dominanz des skrupellosen Wirtschaftens und Ausbeutens ihm ebenso verächtlich waren wie die Durchökonomisierung des intellektuellen Lebens[41].

Diese hier gesellschaftstheoretisch gewendete Interpretation eines Kernstücks von Schopenhauers Philosophie ist nicht von außen übergestülpt, sondern nimmt die Sicht Wagners auf, der an Röckel schreibt: »Natürlich kann die Summe aller Wissenschaft, die Philosophie, somit nur in der Verneinung endigen, wogegen alle übrigen, dem Willen zugewandte Speculation allerdings immer nur zu bejahen sucht. – Diese, um jeden Preis durchgesetzte Bejahung ist aber eben das heute zu Tage wieder so mächtig gewordene Judenthum, in welchem sich die engste und kleinste Weltsicht kundthut, die jemals überhaupt kundgegeben worden ist«[42]. Und wenig später heißt es: »Der eigentliche Kern des Judenthums ist aber jener geist- und herzlose Optimismus, dem in Wahrheit alles ganz recht ist, wenn nur Magen und Beutel recht voll zu machen ist, wozu doch immer noch Gelegenheit zu finden ist, wenn man's nur klug anfängt, und sich die Welt, wie sie nun einmal ist, gehörig herzurichten und zu nutz zu machen weiß«[43].

Ruft man sich in Erinnerung, daß die Juden für Wagner die typischen Repräsentanten der bestehenden bürgerlich-kapitalistischen Gesellschaft sind, daß sie von ihm als Vertreter, Verteidiger und Nutznieser der in dieser Gesellschaft existierenden Ungleichheit und damit als Feinde radikaler gesellschaftlicher wie kultureller Umbrüche betrachtet werden[44], dann knüpfen diese Sätze an jene früheren Äußerungen an, in denen Wagner seinen Antisemitismus stets auch mit antikapitalistischen Motiven aufgeladen hat. Immer wieder hat er den Juden ihre vermeintlich starke wirtschaftliche Stellung, ihren Materialismus und in dessen Folge ihre Geld- und Habgier vorgeworfen und sie damit als besonders verabscheuungswürdige Vertreter der verhaßten Gegenwartszustände diskriminiert.

Diese alte Einstellung und die daraus resultierenden Zuschreibungen werden in den zitierten Sätzen wiederholt. Die hier formulierte Identifikation der Juden mit dem modernen kapitalistischen Gesellschaftssystem weist eindeutig darauf hin, daß Wagner Schopenhauers Mitleids-Ethik in einem durchaus gesellschaftstheoretischen Sinne versteht und auslegt. Damit aber stellt sich auch in dieser Frage unzweifelhaft

41 Vgl. dazu Max Horkheimer, Schopenhauer und die Gesellschaft (1955), in: derselbe, Gesammelte Schriften, Bd. 7, hg. von Gunzelin Schmid Noerr, Frankfurt/M. 1985, S. 122 ff.

42 Richard Wagner, SB, Bd. VII, S. 129.

43 Ebenda, S. 130.

44 Vgl. dazu Dieter David Scholz, Richard Wagners Antisemitismus. Jahrhundertgenie im Zwielicht – eine Korrektur, Berlin 2000, mit Nachweis der Belegstellen. Diese antijüdischen Attributionen findet Wagner auch bei Schopenhauer. Auch Schopenhauer lastet die durch die moderne kapitalistische Wirtschaft verursachten Negativfolgen vielfach den Juden an, so daß Wagner seinen eigenen Antijudaismus und Antisemitismus in großen Teilen auch durch Schopenhauer bestätigt fand. Die Frage aber, ob Wagner in dieser Hinsicht durch Schopenhauer zusätzlich beeinflußt worden ist, hat bisher keine eingehende Untersuchung gefunden. Vgl. dazu Ulrike Kienzle, ›...das freiwillige Leiden der Wahrhaftigkeit‹, S. 84, bes. S. 8. Zu Schopenhauers antijüdischer Haltung, die an Schärfe der von Wagner nicht nachstand, vgl. Henry Walter Braun, Schopenhauer und das Judentum, Bonn 1975.

eine inhaltliche Kontinuität zu den in den Dresdner und Züricher Schriften vertretenen Positionen her. Von einem dramatischen Bruch durch die Rezeption der Philosophie Schopenhauers in Wagners Weltanschauung, seiner Haltung zu Staat und Gesellschaft, zu Politik und Kultur kann daher auch in dieser Hinsicht nicht die Rede sein.

Es gibt einen weiteren Hinweis darauf, daß Wagner sich Schopenhauer in einer Weise angeeignet hat, die es ihm erlaubt, an seine alten gesellschafts- und politiktheoretischen Vorstellungen wie an seine ausgearbeitete Theorie des Musikdramas und des Gesamtkunstwerks anzuknüpfen, und auch dieser Hinweis findet sich in dem schon zitierten Brief an Röckel; er bezieht sich auf das für Wagner so zentrale Medium der Sprache[45].

Schopenhauer beschäftigt sich mit der Rolle der Sprache in ihrem Zusammenhang mit der Vermittlung seiner neuen Metaphysik nur am Rande, aber er macht klar, daß für ihn die Sprache ein Instrument der Vernunft ist, die sich ihrerseits in strategischer Weise auf die Erreichung moralisch unterschiedlich zu bewertender Ziele richten kann. Da die Vernunft mit Blick auf den Willen nur instrumentellen Charakter hat, bleibt sie den Gegebenheiten des Lebens verpflichtet, bleibt sie innerhalb einer ›Welt als Wille‹, innerhalb derer sie sich der Sprache bedient. Die ›Welt als Vorstellung‹ sprachlich zu vermitteln heißt deshalb, mithilfe einer Sprache metaphysische Wahrheiten zu formulieren, die den Erfahrungshorizont dieser Sprache eigentlich überschreiten. Schopenhauer sah deshalb ein Problem darin, das er freilich nicht weiter verfolgte, daß die Sprache »den unendlich nuancierten, beweglichen und modifikabelen Gedanken in gewisse, feste, stehende Formeln zwängt und indem sie ihn fixiert, ihn zugleich fesselt«[46]. Anders formuliert: daß für die befreiende Perspektive einer ›Welt als Vorstellung‹ nur eine Sprache zur Verfügung steht, die der ›Welt als Wille‹ notwendig verhaftet bleiben mußte.

Wagner resümiert diesen nicht weiter auflösbaren Widerspruch mit solcher Ausführlichkeit, daß schon allein daraus der Schluß erlaubt ist, es habe sich hier für ihn um einen besonders wichtigen Sachverhalt gehandelt. Bezogen auf Schopenhauers Korrektur an Kants ›Ding an sich‹ meint er, wenn dies richtig verstanden werden würde, »so schwinden allerdings wie mit einem Zauberschlage alle Täuschungen, mit denen bis dahin unser Unheil behaftet war, und plötzlich fehlt uns selbst die Sprache zur deutlichen Kundgebung; denn unsere Sprache ist im Dienste einer ganz anderen Erkenntniß gebildet, als jene neu gewonnene. Die Schwierigkeit ist nun, in jener ungeheuer befangenen Bildersprache uns mitzutheilen, ohne nicht jeden Augenblick Mißverständnisse zu veranlassen«[47]

Die Parallele fällt sofort ins Auge: was Wagner mit Bezug auf Schopenhauer beschreibt, die Schwierigkeit nämlich, in einer durch die tradierte Philosophie fest-

45 Die folgenden Überlegungen sind angeregt durch Ulrike Kienzle, Das Weltüberwindungswerk, S. 36 ff.

46 Zitiert nach ebenda, S. 37.

47 Richard Wagner, SB, VII, S. 127.

gelegten und abgenutzten Sprache völlig neue und bis dahin – nach Wagners Meinung jedenfalls – noch nie gehörte Erkenntnisse zu formulieren, bezeichnet zugleich seine eigenen Schwierigkeiten bezüglich des ›Kunstwerks der Zukunft‹. Auch für dieses gilt bekanntlich, daß – wie in *Oper und Drama* ausführlich dargelegt[48] – es in einer neuen poetischen Sprache geschrieben werden muß, die sich von der überkommenen und vernutzten Alltagssprache absetzt, weil sich in letzterer die sozialen Deformationen des täglichen Lebens sedimentiert und abgesetzt haben. Wenn Schopenhauer die Sprache generell der Vernunft zuordnet und ihr damit einen eingeschränkten Erklärungswert für die Vorstellungswelt zuweist, so entspricht dies exakt der Verbindung von prosaischer Alltagssprache mit den Entfremdungen der bürgerlich-kapitalistischen Gesellschaft, mit dem Warencharakter der Kunst und dem Zustand der modernen Zivilisation, die Wagner seinerseits im Entwurf seines visionären politisch-ästhetischen Konzeptes in den ›Zürcher Kunstschriften‹ vornimmt. Da Wagner, wie oben gezeigt worden ist, die Sprache zum eigentlichen Fundament seiner ästhetischen Zukunftsvorstellungen macht, da er hofft, durch den Rückgriff auf unbeschädigte ›Urelemente‹ der Sprache werde sich eine neue poetische Sprache und mit Hilfe derer eine neue Kunst, schließlich das ›Kunstwerk der Zukunft‹ schaffen lassen, bestätigt auch hier Schopenhauers kurze Reflexion zur Sprache eine bei Wagner schon seit Jahren vorhandene Grundüberzeugung. Auch in diesem Falle schafft Schopenhauer – pointiert formuliert – keine neue Einsicht, sondern bekräftigt ein weiteres Mal Wagners eigenen Satz, wonach ihm dessen Philosophie »wahrlich nicht neu«[49] war, weil er sie bereits vorausgedacht und gelebt habe.

Solche Bestätigung von Grundtheoremen seines politisch-ästhetischen Denkens konnte Wagner auch noch in anderer Hinsicht bei Schopenhauer finden. So etwa in dem Sachverhalt, daß Schopenhauer schon in der erkenntnistheoretischen Grundlegung seiner Philosophie, ausdrücklich aber dann in seiner ›Metaphysik der Geschlechtsliebe‹[50] »den Leib so energisch ins Zentrum seiner Metaphysik rückte«[51]. Denn das ließ sich mit Feuerbachs materialistischem Sensualismus verbinden, der seinerseits alle Erkenntnis auf die sinnlichen Wahrnehmungsfähigkeiten des Subjekts gegründet hatte, ein Axiom, welches Wagners eigenen Vorstellungen vollständig entsprach. In gewandelter Form, gleichsam als Variante, fand Wagner diesen Gedanken nun bei Schopenhauer wieder. Daß dieser die Liebe primär als Ausdruck des stärksten menschlichen Triebs und Zustands der von der Gattung gewollten Fortpflanzung beschrieb, dem die Menschen gegebenenfalls alles zu opfern bereit waren, mußte Wagner schon deshalb nicht wenig beeindrucken, weil er selbst die Liebe ebenfalls für die stärkste aller Emotionen zwischen zwei Menschen hielt, in ihr zugleich ein Antidot zur praktizierten Politik wie zur bestehenden Gesellschaft sah, die eigentliche Gegenkraft gegen alle verdorbenen Zustände der Gegenwart.

48 Vgl. Richard Wagner, Oper und Drama, in: GSD, Bd. 4, S. 97 ff.; vgl. dazu oben S. 176 ff.

49 Richard Wagner, SB, Bd. VI, S. 298 (Brief an Franz Liszt vom 16. Dezember 1854).

50 Arthur Schopenhauer, Die Welt als Wille und Vorstellung, Bd. II, S. 607 ff.

51 Rüdiger Safranski, Schopenhauer und Die wilden Jahre der Philosophie, S. 335.

Schopenhauer schmückt denn auch die Stärke des Geschlechtstriebs wie die der daraus resultierenden Liebe ungemein bild- und wortreich aus und schreibt: »Denn alle Verliebtheit, wie ätherisch sie sich auch geberden mag, wurzelt allein im Geschlechtstrieb … . Wenn man nun … die wichtige Rolle betrachtet, welche die Geschlechtsliebe in all ihren Abstufungen und Nüancen … in der wirklichen Welt spielt, wo sie, nächst der Liebe zum Leben, sich als die stärkste und thätigste aller Triebfedern erweist, die Hälfte der Kräfte und Gedanken des jüngeren Theils der Menschheit fortwährend in Anspruch nimmt, das letzte Ziel fast jedes menschlichen Bestrebens ist, auf die wichtigsten Angelegenheiten nachtheiligen Einfluß erlangt, die ernsthaftesten Beschäftigungen zu jeder Stunde unterbricht, bisweilen selbst die größten Köpfe auf eine Weile in Verwirrung setzt, sich nicht scheut, zwischen die Verhandlungen der Staatsmänner und die Forschungen der Gelehrten, störend, mit ihrem Plunder einzutreten, ihre Liebesbriefchen und Haarlöckchen sogar in ministerielle Portefeuilles und philosophische Manuskripte einzuschieben versteht, nicht minder täglich die verworrensten und schlimmsten Händel anzettelt, die werthvollsten Verhältnisse auflöst, die festesten Bande zerreißt, bisweilen Leben, oder Gesundheit, bisweilen Reichthum, Rang, Glück zu ihrem Opfer nimmt, ja, den sonst Redlichen gewissenlos, den bisher Treuen zum Verräther macht, demnach im Ganzen auftritt als ein feindsäliger Dämon, der Alles zu verkehren, zu verwirren und umzuwerfen bemüht ist; – da wird man veranlaßt auszurufen: Wozu der Lerm? … . Aber dem ersten Forscher enthüllt allmälig der Geist die Wahrheit einer Antwort: Es ist keine Kleinigkeit, worum es sich hier handelt; vielmehr ist die Wichtigkeit der Sache dem Ernst und Eifer des Treibens vollkommen angemessen. Der Endzweck aller Liebeshändel … ist wirklich wichtiger als alle andern Zwecke im Menschenleben … . Das nämlich, was dadurch entschieden wird, ist nichts Geringeres, als die Zusammensetzung der nächsten Generation«[52]

Man mag bei dieser Darstellung der Wirkungen des Geschlechtstriebs und der Liebe durchaus und zu Recht an Feuerbach denken, an dessen sinnliche Liebes-Utopie, die Wagner bei der Lektüre der Schriften Feuerbachs kennengelernt und die seinen eigenen Liebesbegriff in all seinen Musikdramen entscheidend geprägt hat[53]. Feuerbachs erkenntnistheoretischer Sensualismus, der über den Weg der Ideologiekritik in einem emphatischen Liebesbegriff kulminiert, wird in der zitierten Passage von Schopenhauers Hauptwerk zwar aus einer anderen philosophischen Perspektive aufgenommen und thematisiert, aber die Inhalte sind nicht allzu verschieden: in beiden Fällen zielt die affektive Zuneigung der Geschlechter zueinander über sich selbst hinaus und mündet in eine weite Bestimmung der gegenseitigen

52 Arthur Schopenhauer, Die Welt als Wille und Vorstellung, Bd. II, § 44 (Metaphysik der Geschlechtsliebe) S. 610 f. Vgl. auch ebenda, § 60, S. 387 ff.

53 Vgl. dazu u.a. Udo Bermbach, Scheitern durch Liebe. Über einen Aspekt bei Richard Wagners Frauengestalten, in: derselbe, Wo Macht ganz auf Verbrechen ruht, Hamburg 1997, S. 271 ff.

Liebe als Zweck zur Erhaltung der Gattung ein[54]. Für Schopenhauer liegt in der Zuneigung der Geschlechter »schon der Lebenswille des neuen Individuums, welches sie zeugen können und möchten«[55], und bezogen auf die Gattung ist der Trieb zueinander »der sich darstellende Wille zum Leben«[56] generell. So fügt der Philosoph die von ihm beschriebenen stärksten Emotionen zwischen Menschen in seine Willensmetaphysik ein, in dem er die Liebe zum Instrument eines allgemeinen Gattungswillens macht, der sich immerwährend fortzeugt und in der eigenen Perpetuierung zugleich die individuelle ›Verneinung des Willens zum Leben‹ offenbart.

Für Wagner mag zusätzlich interessant gewesen sein, daß aus seiner Sicht Schopenhauers Theorie der Geschlechtsliebe – ähnlich wie die Mitleids-Ethik – in sich zugleich den Keim der Überwindung des individuellen Egoismus trägt. Denn der vorhandene Egoismus in jedem einzelnen Menschen, der normalerweise in der Liebe zum Besitz des anderen zu eigenen Zwecken treibt, wird auf diese Weise zu einem Stimulus der Erfüllung des Gattungswillens[57]. In gewisser Weise konnte Wagner glauben, daß auch hier auf eine neuerliche Weise das Prinzip des Egoismus überwunden werden könne. Bei Schopenhauer las sich das so: »Ehen aus Liebe werden im Interesse der Gattung, nicht der Individuen, geschlossen. Zwar wähnen die Betheiligten ihr eigenes Glück zu fördern: allein ihr wirklicher Zweck ist ein ihnen fremder, indem er in der Hervorbringung eines nur durch sie möglichen Individuums liegt«[58]. Abgesehen davon, daß dies ein in der neuzeitlichen Philosophie und politischen Theorie weitverbreitetes Argument ist, um die Ehe zu rechtfertigen[59], wird es hier aber so eingeführt, daß der Akzent auf der Überwindung der egoistischen Motive liegt, die zur Eheschließung führen – und eben diese Akzentuierung fügt sich in Wagners Vorstellungswelten der Revolutions- wie Nachrevolutions-Jahre ein. Auch in diesem Punkt führt die Schopenhauer-Rezeption zu keiner prinzipiellen Neuorientierung.

Doch die eigentliche Faszination Wagners durch Schopenhauer liegt tiefer. Sie gründet in der Zustimmung des Komponisten zum Vorrang von Kunst und Ästhe-

54 Nicht nur diese ›Wahlverwandtschaft‹ zwischen Feuerbach und Schopenhauer dürfte wohl auch der Grund dafür sein, daß Feuerbach sich nach 1849, nach dem Scheitern der Revolution, Schopenhauer in manchen Punkten philosophisch angenähert hat, so etwa hinsichtlich der Mitleidsethik. In einem Brief vom 18. Juli 1861 schreibt Feuerbach an einen Freund, dem er Übereinstimmungen wie Differenzen berichtet: »Aber trotzdem ist mir die endlich nähere Bekanntschaft mit Schopenhauer eben wegen der grossen Übereinstimmung als auch Entgegensetzung seiner und meiner theils ausgesprochenen, theils noch im Kopf zurückbehaltenen Gedanken von hohem Werthe und Interesse …«. Vgl. dazu Hans-Martin Sass (Hg), Ausgewählte Briefe von und an Ludwig Feuerbach, Osnabrück 1964, S. 269; vgl. auch S. 181.

55 Arthur Schopenhauer, Die Welt als Wille und Vorstellung, Bd. II, S. 613.

56 Ebenda, S. 614.

57 Vgl. dazu die Ausführungen ebenda, S. 616 ff.

58 Ebenda, S. 639

59 So meint beispielsweise auch Hegel, Schopenhauers verhaßter philosophischer Gegner, die Ehe finde ihre Erfüllung in den Kindern. Georg W.F. Hegel, Grundlinien der Rechtsphilosophie, hg. von Johannes Hoffmeister, Hamburg 1955, § 173, S. 157 f.

tik in Schopenhauers philosophischen System vor allen anderen Modi der Erfahrung, in der Vorstellung, wonach die Ästhetik die Sphäre der Freiheit vom Willen ist[60], also ästhetische Erfahrungen dadurch zustande kommen, daß der dem Willen instrumentell unterworfene Verstand hierbei ausgeschaltet ist. Während der sich immer erneuernde Wille sich zur Befriedigung von Bedürfnissen unendlich teilt und steigert und daraus das Leiden am Leben erwächst, während der Intellekt und die durch ihn gewonnene Erkenntnis stets dem Willen gehorchen und damit in ihrer Erkenntniskraft auch eingeschränkt bleiben, gehört die Kunst einem völlig anderen Bereich der Erfahrung und der Erkenntnis an. Da alle Wissenschaft in Abhängigkeit von Zeit und Raum steht, gebunden ist an vorgegebene Erkenntnisarten , die ein über das faktische Leben hinausgehendes Wissen nicht vermitteln können, fragt Schopenhauer: »Welche Erkenntnißart nun aber betrachtet jenes außer und unabhängig von aller Relation bestehende, allein eigentlich Wesentliche der Welt, den wahren Gehalt ihrer Erscheinungen, das keinem Wechsel Unterworfene und daher für alle Zeiten mit gleicher Wahrheit erkannte, mit Einem Wort, die Ideen, welche die unmittelbare und adäquate Objektivität des Dinges an sich, des Willens, sind? Es ist die Kunst, das Werk des Genius. Sie wiederholt die durch reine Kontemplation aufgefaßten ewigen Ideen, das Wesentliche und Bleibende aller Erscheinungen der Welt, und je nachdem der Stoff ist, in welchem wie wiederholt, ist sie bildende Kunst, Poesie oder Musik. Ihr einziger Ursprung ist die Erkenntniß der Ideen; ihr einziges Ziel Mittheilung dieser Erkenntniß«[61].

Kunst also wird bei Schopenhauer zu einer anderen, zweiten Form der Erkenntnis, und derjenige, der sich der Kunst widmet, hört damit auf, als Künstler Instrument des Willens zu sein. Zwar ist die wissenschaftliche Betrachtung der Welt »die vernünftige Betrachtungsart, welche im praktischen Leben … allein gilt und hilft«; doch die in der Kunst sich vollziehende Erkenntnis ist eine »im Objekt ganz aufgehende, reine Kontemplation«[62], in der nicht die krause Realität, sondern die Ideen, die hinter aller Realität liegen und sie transzendieren, erkannt und geschaut werden können. Der Künstler und Kunstproduzent gewinnt damit eine Freiheit, die er im willensabhängigen, durch den Verstand gesteuerten Handeln nie gewinnen kann. Und daraus speist sich seine Sonderstellung, bestimmt sich seine Genialität, die Schopenhauer als die Fähigkeit definiert, »sich rein anschauend zu verhalten, sich in die Anschauung zu verlieren und die Erkenntnis, welche ursprünglich zum Dienste des Willens da ist, diesem Dienst zu entziehen, d.h. sein Interesse, sein Wollen, seine Zwecke ganz aus den Augen zu lassen, sonach seiner Persönlichkeit sich auf eine Zeit völlig zu entäußern, um als rein erkennendes Subjekt, klares Weltauge, übrig zu

60 Das wird abgehandelt im dritten Buch von Arthur Schopenhauer, Die Welt als Wille und Vorstellung, Bd. II, § 30, S. 197 ff. Vgl. dazu Barbara Neymeyer, Ästhetische Autonomie als Abnormität. Kritische Analysen zu Schopenhauers Ästhetik im Horizont seiner Willensmetaphysik, Berlin/New York 1996, S. 3 ff.

61 Arthur Schopenhauer, Die Welt als Wille und Vorstellung, Bd. II, § 36, S. 217.

62 Ebenda, § 36, S. 218.

bleiben: und dies nicht auf Augenblicke; sondern so anhaltend und mit so viel Besonnenheit, als nöthig ist, um das Aufgefaßte durch überlegte Kunst zu wiederholen und was in schwankender Erscheinung schwebt, zu befestigen in dauernden Gedanken«[63].

Zweierlei ist hier von Bedeutung: zum einen, daß Schopenhauer die ästhetische Anschauung der Welt als die eigentlich wahre Erkenntnis bestimmt; zum anderen seine ausführliche Beschreibung des künstlerischen Genies, das im Unterschied zum »gewöhnlichen Menschen«, der »Fabrikwaare der Natur«[64], heraustritt aus dem alltäglichen Leben, sich losreißen kann vom Willen, und dessen Erkenntnis vom Verstand losgelöst ist, weil sie die reine Idee der Anschauung zum Gegenstand hat. »Der Genuß alles Schönen, der Trost, den die Kunst gewährt, der Enthusiasmus des Künstlers, welcher ihn die Mühen des Lebens vergessen läßt, ... dies alles beruht darauf, daß das ... Ansich des Lebens, der Wille, das Dasein selbst, ein stetes Leiden und teils jämmerlich, teils schrecklich ist; dasselbe hingegen als Vorstellung, rein angeschaut, oder durch die Kunst wiederholt, frei von Qual, ein bedeutsames Schauspiel gewährt«[65].

Es bedarf keiner besonderen Assoziationskraft, um sofort zu sehen, daß beides, ästhetische Anschauung der Welt wie die Stellung des Künstlers in ihr und seine Aufgabenbestimmung durch Schopenhauer sehr genau jene Positionen bekräftigen, die Wagner schon in seinen ›Zürcher Kunstschriften‹ entschieden eingenommen hatte. Daß in Schopenhauers Philosophie der Kunst eine Rolle und Bedeutung zugemessen wird wie nie zuvor bei einem Philosophen, daß sie zum eigentlichen Erkenntnisinstrument der Welt und ihrer Transzendierung wird, entspricht der von Wagner schon immer vertretenen Überzeugung, die Kunst solle Vorrang vor allen übrigen Modi der Erkenntnis und des Handelns haben. Schopenhauer bestätigt damit gleichsam die in den ›Zürcher Kunstschriften‹ von Feuerbach inspirierte Kernthese der politisch-ästhetischen Theorie Wagners, und er untermauert sie noch zusätzlich, indem er ihr eine quasi-erkenntnistheoretische Rechtfertigung dadurch zuspricht, daß er im Akt des Erkennens den Verstand als ausgeschaltet behauptet. Auch das bestätigt auf eine philosophisch neue und für Wagner autoritative Weise seine eigene Formel von der »Gefühlswerdung des Verstandes«, die sich in *Oper und Drama* findet und dort als eine prägnante Kurzformel für den komplizierten und mehrfach gestuften Prozeß einer sich zwischen beiden Polen, Gefühl und Verstand, abspielenden ästhetischen Welterkenntnis steht[66]. Und zugleich läßt sich noch eine dritte Verbindung zwischen Schopenhauers Philosophie und Wagners ›Zürcher Kunstschriften‹ herstellen: die These Schopenhauers, allein in der Kunst könne der Mensch als ein sich objektivierendes Subjekt die den empirischen Phänomenen zugrunde-

63 Ebenda, § 36, S. 218 f. Vgl. dazu auch Volker Spierling, Arthur Schopenhauer. Philosophie als Kunst und Erkenntnis, Frankfurt/M. 1994, S. 57 ff.; S. 139 ff.

64 Ebenda, § 36, S. 220.

65 Ebenda, § 36, S. 217.

66 Vgl. S. 185 ff.

liegenden Ideen schauen, entspricht inhaltlich der von Wagner entwickelten Vorstellung, erst im ›Kunstwerk der Zukunft‹ werde sich das ›Reinmenschliche‹ darstellen lassen, werde das ›Wesen des Menschen‹, seine ›unverfälschte Natur‹, die ›Einheit von Natur und Mensch‹ wieder zum Vorschein kommen, zum Vorschein einer erst noch zu erreichenden, besseren Welt[67].

Auch Schopenhauers ausführliche Beschreibung des Genies[68] und dessen Rolle für die Kunst trifft sich mit Wagners Vorstellung über die Aufgabe, die der Dichter für das ›Kunstwerk der Zukunft‹ übernehmen soll. Für Schopenhauer ist die Objektivität der Erkenntnis die wichtigste Eigenschaft des Genies. Und dies heißt, das Genie besitzt die Fähigkeit, alle subjektiven Erkenntnismöglichkeiten, alles, was die eigene Person charakterisiert, abzulegen zu Gunsten einer ›objektiven‹, also ›wahren‹ Sicht der Dinge, in denen sich die Ideen konkretisieren. Das Genie erkennt gleichsam durch »reines Erkennen«[69] die hinter der kruden Empirie aufscheinenden ›reinen‹ Ideen, die künstlerische Erkenntnis schafft Wahrheit, denn in ihr tritt die Welt als eine reine Vorstellung zutage. Um diese Welt zu evozieren, bedarf es der Phantasie. Der Genius zeichnet sich dadurch aus, daß er in den Dingen nicht das sieht, »was die Natur wirklich gebildet hat, sondern was sie zu bilden sich bemühte, aber wegen des ... Kampfes ihrer Formen untereinander nicht zustandebrachte. Die Phantasie also erweitert den Gesichtskreis des Genius über die seiner Person sich in der Wirklichkeit darbietenden Objekte, sowohl der Qualität, als auch der Quantität nach«[70]. Mit anderen Worten: durch Phantasie und das mit ihrer Hilfe mögliche Extrapolieren und Transzendieren des Status quo im künstlerischen Schöpfungsakt kommen die den Dingen zugrunde liegenden Ideen zu ihrer wahren Erscheinung – als Vorgriff auf eine Welt, die zwar nicht existiert, aber doch existieren könnte, würde man ihre wahrheitsfähigen Potentiale ausschöpfen.

Diese Sicht des künstlerischen Genius entspricht inhaltlich im wesentlichen Wagners Bestimmung des ›wahren‹ Künstlers, wie er sie etwa am Ende von *Oper und Drama* zusammenfassend beschreibt. Dort ist davon die Rede, der Künstler der Gegenwart könne »nicht das ihm nothwendige, ihn erlösende Leben der Zukunft aus seinem Willen bestimmen und in das Dasein rufen«[71], sondern werde dieses Leben nur durch »das Andere, ihm Entgegengesetzte, nach dem er sich sehnt, dahin es ihn drängt« gewinnen. Um dieses ›Andere‹ – die Negation des Status quo in Politik, Gesellschaft und Kultur – aber zu erkennen, bedarf es auch nach Wagner der künstlerischen Phantasie, die der ›Künstler der Zukunft‹ besitzen muß, um aus der

67 Vgl. S. 225 ff.

68 Arthur Schopenhauer, Die Welt als Wille und Vorstellung, Bd. II, § 36, S. 218 ff. Zur Genie-Vorstellung von Schopenhauer vgl. Ulrich Pothast, Die eigentlich metaphysische Tätigkeit. Über Schopenhauers Ästhetik und ihre Anwendung durch Samuel Beckett, Frankfurt/M. 1982, S. 86 ff.

69 Ebenda, § 36, S. 221.

70 Ebenda, § 36, S. 220.

71 Richard Wagner, Oper und Drama, in: GSD, Bd. 4, S. 228. Die folgenden Zitate ebenfalls hier und auf S. 229.

Vergangenheit die Zukunft imaginieren zu können. »Der Erzeuger des Kunstwerkes der Zukunft ist Niemand Anderes als der Künstler der Gegenwart, der das Leben der Zukunft ahnt, und in ihm enthalten zu sein sich sehnt. Wer diese Sehnsucht aus seinem eigensten Vermögen in sich nährt, der lebt schon jetzt in einem besseren Leben; – nur Einer aber kann dieß: – der Künstler«, heißt es am Schluß von *Oper und Drama*. Ist es bei Schopenhauer die Wahrheit der reinen Ideen, die der Genius in einem visionären Akt seiner eigenen Objektivierung sehen und verkünden soll, so ist es bei Wagner die Fähigkeit des Künstlers, sich durch die Negation einer schlechten Gegenwart und die Kraft seiner Imagination eine Zukunft vorzustellen, in der die Kunst als Medium der Wahrheit lebensanleitende Funktionen übernehmen kann. Zwischen Schopenhauer und Wagner besteht auch in diesem Punkt keine gravierende Differenz; die Übereinstimmung in alten Überzeugungen überwiegt eindeutig.

Für Wagners begeisterte Schopenhauer-Rezeption war indessen die herausgehobene Stellung der Musik im ›System der Künste‹ von besonderem Interesse[72]. Schopenhauer hatte in seiner Ästhetik eine Rangfolge der Künste entwickelt, deren niedrigste die Baukunst[73] ist, gefolgt von der Landschaftsmalerei[74], der Tiermalerei und Tierbildhauerei[75], der Skulptur[76] und Historienmalerei[77], schließlich der Poesie[78]. Alle diese Künste bringen, so meint Schopenhauer, auf ihre je eigene Weise Ideen oder Ideenbündel zum Ausdruck, in denen der Wille erscheint, und da dieser Wille sich selbst wiederum qualitativ abgestuft in den unterschiedlichen Künsten manifestiert, bilden die Künste eine in Schopenhauers Metaphysik verankerte aufsteigende Rangfolge[79]. An deren Spitze steht dann die Musik, in der Schopenhauer die ästhetische Hierarchie seiner Philosophie mit einer überraschenden Begründung münden läßt.

Man muß nicht so weit gehen zu behaupten, daß diese metaphysische Verankerung der Kunst, ihre systematische Einbettung in ein breit angelegtes philosophisches System[80], einem Künstler wie Wagner, der stets die systematische Rechtferti-

72 Zur geistesgeschichtlichen Tradition, in der Schopenhauer mit seiner Musikauffassung steht, vgl. Chung-Sun Kwon, Studie zur Idee des Gesamtkunstwerks in der Frühromantik. Zur Utopie einer Musikanschauung von Wackenroder bis Schopenhauer, Frankfurt/M. 2003 (zu Schopenhauers Musikästhetik ab S. 218 ff.) sowie den kurzen Überblick von Wolfgang Pleister, Wackenroder, E.T.A. Hoffmann und Schopenhauer, in: Wolfgang Schirrmacher (Hg), Schopenhauer, Nietzsche und die Kunst. Schopenhauer-Studien 4, Wien 1991, S. 199 ff. Zum ›Sonderstatus der Musikästhetik‹ Barbara Neymeyer, Ästhetische Autonomie als Abnormität, S. 335 ff. sowie Ulrich Pothast, Die eigentlich metaphysische Tätigkeit, S. 98 ff.

73 Arthur Schopenhauer, Die Welt als Wille und Vorstellung, Bd. II, §43, S. 252 ff.

74 Ebenda, § 44, S. 258.

75 Ebenda.

76 Ebenda, § 46, S. 267 ff.

77 Ebenda, § 48, S. 271 ff.

78 Ebenda, § 51, S. 286 ff.

79 Vgl. dazu Volker Spierling, Arthur Schopenhauer, S. 150.

80 Ingrid Jenkins, Die Philosophie der Musik im System Arthur Schopenhauers, Frankfurt/M. 1986.

gung seiner Arbeit und deren Ausrichtung an einem ›Ganzen‹ im Auge hatte, wichtiger war als die Musikästhetik selbst[81]; doch daß die Künste nicht nur als Teil des philosophischen Systems, sondern sogar als dessen wichtigster fungieren und innerhalb der Künste die Musik ihrerseits eine in der Willensmetaphysik verankerte Begründung ihrer herausgehobenen Stellung erfährt, kam Wagners eigenen Vorstellungen von der besonderen Rolle, Funktion und Aufgabe der Kunst, vor allem natürlich seiner eigenen musikdramatischen, unmittelbar entgegen. Nach Schopenhauer war die Musik sogar aller Philosophie überlegen und damit absolut allgemein, sie verhielt sich »zur Allgemeinheit der Begriffe so, wie die Begriffe sich zu den einzelnen Dingen verhalten«[82] Wagner fand hier in philosophischer Gründlichkeit ausformuliert, was er selbst in seinen ›Zürcher Kunstschriften‹ entworfen hatte, auch wenn er in seiner ersten spontanen Einschätzung meinte, Schopenhauer habe seinem Denken »eine von meiner früheren ziemlich abweichende Richtung gegeben«[83].

In dem später von den Wagnerianern kanonisierten § 52 der *Welt als Wille und Vorstellung* entwickelte Schopenhauer die genaue Bestimmung der Musik. Danach steht diese an der Spitze aller Künste, »abgesondert von allen. Wir erkennen in ihr nicht die Nachbildung, Wiederholung irgend einer Idee der Wesen in der Welt: dennoch ist sie eine so große und überaus herrliche Kunst, wirkt so mächtig auf das Innerste des Menschen, wird dort so ganz und so tief von ihm verstanden, als eine ganz allgemeine Sprache, deren Deutlichkeit sogar die der anschaulichen Welt selbst übertrifft«[84]. Die Musik also ist kein Abbild einer Idee, in der sich der Wille objektiviert, sondern sie ist das Abbild des Willens selbst. Während alle übrigen Künste nur in den ihnen zugrunde liegenden Ideen den Willen zum Ausdruck bringen, ist die Musik ein unmittelbarer Ausdruck des Willens selbst, also nicht Medium der Vermittlung der Welt als Vorstellung, sondern deren direktes Abbild. Die für die Bestimmung der Musik im System der Philosophie wie der Künste entscheidenden Sätze lauten: »So ist die Musik, da sie die Ideen übergeht, auch von der erscheinenden Welt ganz unabhängig, ignoriert sie schlechthin, könnte gewissermaaßen, auch wenn die Welt gar nicht wäre, doch bestehn: was von den anderen Künsten sich nicht sagen läßt. Die Musik ist nämlich eine so unmittelbare Objektivation und Abbild des ganzen Willens, wie die Welt selbst es ist, ja wie die Ideen es sind, deren vervielfältigte Erscheinung die Welt der einzelnen Dinge ausmacht. Die Musik ist also keineswegs, gleich den anderen Künsten, das Abbild der Ideen; sondern Abbild des Willens selbst, dessen Objektivität auch die Ideen sind; deshalb eben ist die Wirkung der Musik so sehr viel mächtiger und eindringlicher, als die der andern Künste: denn diese reden nur vom Schatten, sie aber vom Wesen«[85]. An einer späte-

81 So Carl Dahlhaus, Klassische und romantische Musikästhetik, S. 467.

82 Enrico Fubini, Geschichte der Musikästhetik. Von der Antike bis zur Gegenwart, Stuttgart/Weimar 1997, S. 221.

83 Richard Wagner, SB, Bd. VI, S. 347 (Brief an August Röckel vom 5. Februar 1855).

84 Arthur Schopenhauer, Die Welt als Wille und Vorstellung, Bd. II, §52, S. 302.

85 Ebenda, § 52, S. 304.

ren Stelle spricht Schopenhauer dann davon, die Musik sei das »Ding an sich«[86], was heißt, daß die Musik in der Erkenntnistheorie, also der Grundlegung jeder Philosophie, jene Stelle besetzt, deren (axiomatische) Bestimmung zum Ausgang aller weiteren Erkenntnis wird. Schopenhauer faßt dies in den Satz, man könne demnach »die Welt eben so wohl verkörperte Musik, als verkörperten Willen nennen«.

Daß die Musik »in einer höchst allgemeinen Sprache das innere Wesen, das Ansich der Welt«[87] ausspricht, verleiht ihr die Fähigkeit, alle Affekte und Gefühle, alle Leidenschaften adäquat auszudrücken, und zwar in ihrer jeweils allgemein gültigen Form. »Sie drückt daher nicht diese oder jene einzelne und bestimmte Freude, diese oder jene Betrübniß, oder Schmerz, oder Entsetzen, oder Jubel, oder Lustigkeit, oder Gemüthsruhe aus; sondern *die* Freude, *die* Betrübniß, *den* Schmerz, *das* Entsetzen, *den* Jubel, *die* Lustigkeit, *die* Gemüthsruhe selbst, gewissermaaßen in abstracto, das Wesentliche derselben, ohne alles Beiwerk, also auch ohne die Motive dazu«[88]. Um es abzukürzen: die Musik drückt die »Quintessenz des Lebens und seiner Vorgänge aus«[89], und deshalb ist sie geeignet, die Leiden der Welt und an der Welt in einzig richtiger Weise in sich aufzunehmen und wiederzugeben.

Es ist erstaunlich, daß Wagner sich mit dieser grundlegenden philosophischen Bestimmung der Musik durch Schopenhauer zunächst nicht auseinandersetzt. In den schon zitierten Briefen an Liszt und Röckel, in der sich die erste, spontane Rezeption Schopenhauers niederschlägt, geht er eher auf dessen philosophische Rechtfertigung der Ästhetik ein als auf deren Inhalt, beschäftigt er sich eingehend mit der Willensmetaphysik, nicht aber mit der Musikästhetik[90]. Und in dem Essay *Zukunftsmusik*[91] von 1860, geschrieben sechs Jahre nach der ersten Lektüre der *Welt als Wille und Vorstellung*, bezieht er sich in den ästhetischen Überlegungen ausdrücklich auf die ›Zürcher Kunstschriften‹, will deren Theorien und Intentionen erläutern, so wie er bereits 1851 in *Eine Mittheilung an meine Freunde* seinen eigenen Werdegang, seine Werke wie deren Absichten erläutert hatte. Wie in dieser frühen Selbstdarstellung nimmt Wagner nun auch in *Zukunftsmusik* die vertrauten alten Themen wieder auf, setzt sich ein weiteres Mal mit der eigenen Biographie, mit der Stellung des Künstlers, dem Prozeß künstlerischer Kreativität und dem Verhältnis von Intuition und Reflexion auseinander. Wie oft zuvor geht er auf die Entwicklung der italienischen und französischen Oper ein, thematisiert den Kulturverfall in Deutschland durch den Import fremder Opern und formuliert die Hoffnung, daß es die »Aussicht auf eine ideale Kunstform«[92] für Deutschland dann geben könne,

86 Ebenda, § 52, S. 310. Hier auch das folgende Zitat.

87 Ebenda, § 52, S. 312.

88 Ebenda, § 52, S. 308 f.

89 Ebenda.

90 Die Bedeutung dieser Trennung hebt besonders Carl Dahlhaus hervor. Vgl. derselbe, Klassische und romantische Musikästhetik, S. 468.

91 Richard Wagner, ›Zukunftsmusik‹. An einen französischen Freund (Fr. Villot) als Vorwort zu einer Prosa-Übersetzung meiner Operndichtungen, in: GSD, Bd. 7, S. 87 ff.

92 Ebenda, S. 94.

wenn diese »des beschränkenden Momentes der engeren Nationalität entbehrend, eine allgemein verständliche, jeder Nation zugängliche wäre«[93]. Diese Hoffnung wird mit einem Satz begründet, der zunächst an Schopenhauer erinnern mag: »Steht dieser Eigenschaft in Bezug auf die Literatur die Verschiedenheit der europäischen Sprachen hindernd entgegen, so müßte in der Musik, dieser allen Menschen gleich verständlichen Sprache, die große, ausgleichende Macht gegeben sein, welche, die Sprache der Begriffe in die der Gefühle auflösende, das Geheimste der künstlerischen Anschauung zur allgemeinen Mittheilung brächte ...« – der jedoch mit seiner Fortsetzung die Verbindung zu den ›Zürcher Kunstschriften‹ schlägt: »... namentlich wenn diese Mittheilung durch den plastischen Ausdruck der dramatischen Darstellung zu derjenigen Deutlichkeit erhoben würde, die bisher die Malerei für sich allein als ihre eigenthümliche Wirksamkeit ansprechen durfte«[94]. Insgesamt jedoch wiederholt Wagner hier seine in *Die Kunst und die Revolution*, in *Das Kunstwerk der Zukunft* und in *Oper und Drama* dargelegten Auffassungen, faßt seine Vorstellung vom Musikdrama und vom Gesamtkunstwerk zusammen, legt die Bedeutung des Mythos dar, erläutert die Bestimmung des dramatischen Dichters[95], um am Ende zu bekräftigen, daß seine politisch-ästhetische Theorie »fast nichts Anderes als ein abstrakter Ausdruck des in mir sich bildenden künstlerisch-produktiven Prozesses«[96] gewesen sei. Diese abermals breite Darlegung längst bekannter Vorstellungen ist deshalb so erstaunlich, weil Wagner hier, sechs Jahre nach der ersten und eingehenden Rezeption der Philosophie Schopenhauers, auf dessen Willensmetaphysik, die ihm doch das entscheidende Erlebnis war, mit keinem Wort eingeht, wie er auch kaum auf Schopenhauers Ästhetik eingeht, statt dessen seine politisch-ästhetischen Theoreme aus der Revolutionszeit nahezu unverändert referiert und sie als noch immer gültig vorstellt.

Erst in der 1870 verfaßten Schrift über *Beethoven*[97] – also sechzehn Jahre nach der ersten Lektüre von *Die Welt als Wille und Vorstellung* – findet sich eine eingehendere Aneignung und Auseinandersetzung mit Schopenhauers Ästhetik. Erst in diesem Essay faßt Wagner jene Gedanken Schopenhauers zusammen, die ihm wichtig sind; sie beziehen sich vor allem auf die These, die Musik entspringe nicht den Ideen, sondern dem Inneren und in ihr drücke sich die Einheit des menschlichen Wesens, die Einheit auch der Natur und des Menschen mit der Natur vollkommen aus[98] – Vorstellungen, die Wagner schon Jahre zuvor in seiner Ästhetik mit dem Begriff des ›Reinmenschlichen‹ bezeichnet hatte und die nun genau wiederkehren, wenngleich in der Sprache und Begrifflichkeit von Schopenhauer. Ausführlich beschreibt Wagner den Vorgang des Komponierens, bestimmt dabei immer wieder das Wesen der

93 Ebenda, S. 95.
94 Ebenda.
95 Ebenda, S. 112.
96 Ebenda, S. 118.
97 Richard Wagner, Beethoven, in: GSD, Bd. IX, S. 61 ff.
98 Ebenda, S. 72.

Musik als »inneres Wesen aller Dinge«[99], als »ein nach innen gewendetes Auge, welches nach außen gerichtet zum Gehör wird«[100], als die eigentliche Darlegung der Idee der Welt, »in welcher diese ihr Wesen unmittelbar darstellt«[101] und rückt dann in langen Passagen Schopenhauers ›Traumtheorie‹ ins Zentrum seiner Betrachtung. Im Traum – so Wagner – werde die innere Sicht der Dinge zur Wahrnehmung ihres Wesens, zeige sich die Einheit des Menschen mit der Natur, offenbare die Musik durch inneres Schauen eine Vision vom besseren Leben und löse den Intellekt sofort »von jedem Erfassen der Relationen der Dinge außer uns«[102]. Ohne hier die Wagnerschen Reflexionen im Detail nachzuvollziehen, erschließt sich doch schon in diesen wenigen Hinweisen deren Intention: es ist der Verweis auf einen utopischen Überschuß über die Realität, die nach Wagner die Musik zum Ausdruck bringt, eine Art »somnambules Hellsehen«[103], in dem – wie in *Tristan und Isolde* – die »Schattenwelt« als Hoffnung erscheint, die »Lichtwelt« als »Wachwelt«[104] nur die Düsternis der gegebenen Verhältnisse widerspiegelt. In solchen Umschreibungen und Darlegungen lassen sich aber andererseits ohne Zwang die politik- und gesellschaftskritischen Inhalte und Urteile aus den ›Zürcher Kunstschriften‹ wiedererkennen, und damit läßt sich die Kontinuität eines Denkens festhalten, dessen Beschreibungsvokabular sich zwar verändert, dessen Beschreibungsinhalte indessen dieselben geblieben sind, auch wenn die zugrundeliegende Weltsicht Wagners sich nunmehr – und dies ist eine spürbare Veränderung – mit Rückgriff auf Schopenhauer metaphysisch fundiert. Denn Wagners Denken hat durch Schopenhauer zweifellos eine metaphysische Wende genommen; in der Metaphysik findet Wagner nun jene sozial-utopischen Perspektiven und Hoffnungen aufgehoben, die er in seinen Revolutionsschriften direkt aus den zerstörten Verhältnissen seiner Zeit in die Realisierung drängen sah. Nicht die Perspektive einer in die Politik wie die Gesellschaft intervenierenden Kunst hat sich geändert, wohl aber deren Begründung; sie ist aus der Negation eines moralisch unhaltbaren Zustandes in den Pessimismus der Willensmethaphysik Schopenhauers übergesiedelt und findet nun in Schopenhauer den großen Verweigerer allen affirmativen Denkens.

Es ist kein Zufall, daß diese Auseinandersetzung Wagners mit Schopenhauers Musikästhetik in einem Essay über Beethoven stattfindet, der für Wagner nicht so sehr als Komponist des *Fidelio*, sondern vielmehr als Symphoniker Vorbild für die eigenen Arbeiten war, und dies von Anfang an. So wie Schopenhauer seine Musikästhetik am Beispiel von Beethovens Instrumentalmusik erläutert und immer wieder auf Beethovens Symphonien zurückkommt, wenn er von Musik spricht, so bezieht sich auch Wagner in diesem Essay zu *Beethoven* fast durchgängig auf dessen sympho-

99 Ebenda, S. 75.
100 Ebenda, S. 79.
101 Ebenda, S. 72.
102 Ebenda, S. 78.
103 Ebenda, S. 75.
104 Ebenda, S. 69.

nisches Werk. Alles, was er nun über Musik im Kontext der Willensmetaphysik Schopenhauers schreibt, meint Instrumentalmusik, nicht die Oper, schon gar nicht seine eigene Theorie vom Musikdrama. Diese doch entscheidende Einschränkung wird zumeist dort, wo gerade am Beispiel der *Beethoven*-Schrift die vermeintliche Abkehr Wagners von seinen revolutions-ästhetischen Theorien belegt werden soll, nicht thematisiert bzw. übersehen. Zu Unrecht, denn selbst die *Missa solemnis*, die als Chorwerk noch am ehesten Wagners Dramentheorie nahe gedacht werden könnte, wird von ihm explizit als ein »rein symphonisches Werk« bezeichnet, in dem der Text lediglich als »Material für den Stimmgesang«[105] behandelt wird, weshalb das für die Dramentheorie so wichtige Bestimmungsverhältnis von Wort und Ton hier keine Anwendung finden kann.

Allerdings kommt es in der *Beethoven*-Schrift zwischen Text und Musik zu einer Akzentverschiebung, die der Musik in einem nicht weiter präzisierten Sinn den Vorrang vor dem Text einräumt. Das könnte in der Tat einen Unterschied zur Dramentheorie der ›Zürcher Kunstschriften‹ bezeichnen, doch es bleibt festzuhalten, daß Wagner dabei nicht explizit auf seine entsprechenden Überlegungen in *Oper und Drama* eingeht. »Die Musik« – heißt es in diesem Essay – »… schließt das Drama ganz von selbst in sich, da das Drama wiederum selbst die einzige der Musik adäquate Idee der Welt ausdrückt. … Wie das Drama die menschlichen Charaktere nicht schildert, sondern diese unmittelbar sich selbst darstellen läßt, so giebt uns eine Musik in ihren Motiven den Charakter aller Erscheinungen der Welt nach ihrem innersten An-sich. Die Bewegung, Gestaltung und Veränderung dieser Motive sind analogisch nicht nur einzig dem Drama verwandt, sondern das die Idee darstellende Drama kann in Wahrheit einzig nur durch jene so sich bewegenden, gestaltenden und sich verändernden Motive der Musik vollkommen klar verstanden werden. Wir dürften somit nicht irren, wenn wir in der Musik die aprioristische Befähigung des Menschen zur Gestaltung des Drama's überhaupt erkennen wollten«[106].

Hatte Wagner in *Oper und Drama* die Sprache als den Ursprungsort des Musikdramas bezeichnet und gemeint, aus den kleinsten Einheiten der Sprache ergebe sich die musikalische ›Versmelodie‹, in der das Musikdrama in nuce bereits enthalten sei, so scheint er hier die These umzukehren, wenn er die Entstehungsbedingungen des Dramas in der Musik aufsucht. Das könnte, bezogen auf die Frage nach dem Ursprung des Dramas, ohne Zweifel als Revision einer grundlegenden Ausgangsthese der früheren Ästhetik verstanden werden. Doch darf nicht vergessen werden, daß Wagner das Musikdrama schon immer als Ergebnis von »ersichtlich gewordenen Taten der Musik«[107] definiert hat, und daß er in der *Beethoven*-Schrift nur allgemein vom Drama spricht, nicht von seinen Inhalten, die in *Oper und Drama* für die Bestimmung von Text und Ton eine bedeutsame Rolle spielen. Gleichwohl

105 Ebenda, S. 103.
106 Ebenda, S. 105 f.
107 Richard Wagner, Über die Benennung ›Musikdrama‹, in: DS, Bd. IX, S. 271.

läßt sich hier eine Veränderung der bisherigen ästhetischen Theorie feststellen, die allerdings – und dies ist entscheidend – das ästhetische Konzept insofern nicht essentiell tangiert, als es lediglich um das innerästhetische Verhältnis von Vers und Musik geht, um das Binnenverhältnis zweier Elemente des Gesamtkunstwerks also, innerhalb dessen sich die Binnenrelationen und Binnenproportionen verschieben, dessen Gesamtanlage aber nicht infrage gestellt wird. Die ›Revision‹ bewirkt folglich bestenfalls eine Akzentverlagerung vom Text auf die Musik, aber dies wiederum berührt nicht die grundsätzlichen Verhältnisse zu den übrigen Komponenten des Gesamtkunstwerks, also zu Darstellung, Bühnenbild, Licht, Publikum und Gesellschaft. Und da Wagners Musikdramen schon von Anfang an Ideendramen waren, vollgesogen mit Weltanschauung im direkten Sinne des Wortes, verursacht auch der Rückbezug auf Schopenhauers Willensmetaphysik hier keine prinzipielle Revision.

Es steht außer Frage, daß die Lektüre Schopenhauers, die 1854 begann und bis zum Lebensende immer wieder neu aufgenommen wurde, für Wagner von zentraler Bedeutung war. Die Tagebücher belegen eindrucksvoll, daß in bestimmten Lebensabschnitten und zu bestimmten Zeiten die tägliche Lektüre in Schopenhauers Werken wie das abendliche Gespräch darüber eine über Jahre gepflogene Übung war, daß Wagner »immer wieder auf Schopenhauers Größe«[108] zu sprechen kam, daß er, »überwältigt von der Genialität«[109] des Philosophen, sogar meinte, mit dessen Philosophie sei alle Philosophie zu Ende, weil danach Neues kaum mehr gedacht werden könne[110]. Solche Zitate ließen sich reichlich vermehren, denn etwa ab Januar 1878 ist in den Tagebüchern fast täglich von Schopenhauer die Rede; in Wahnfried liest man nicht nur dessen Werke, sondern beschäftigt sich auch mit seiner Biographie und mit seinen Briefen.

Aber was belegt dies für die Schopenhauer-Rezeption im ästhetischen Denken wie im Werk? Was besagt es für jene These, wonach Schopenhauer für den Bruch mit dem revolutionären Denken steht? Läßt sich von der Häufigkeit der Beschäftigung und des Verweises auch auf eine philosophische wie ästhetische Wende bei Wagner schließen?

Die Frage ist leichter gestellt als beantwortet. Fest steht, daß Wagner sich »seinem Freund Schopenhauer«[111] tief verwandt gefühlt hat, aber gleichwohl dessen Willensverneinung zwar als – die Revolution ersetzendes – Prinzip der Negation von Politik, Gesellschaft und Kultur, nicht aber als eigenes Lebensprinzip akzeptierte. Schon die von Schopenhauer durchdrungenen Schriften der sechziger Jahre lassen erken-

108 Cosima Wagner, TB, Bd. I, S. 192. (25. Januar 1870).

109 Ebenda, S. 286. (18. September 1870).

110 Ebenda, S. 118. (28. Juni 1869). Am 10. November 1879 notiert Cosima den Satz Wagners: »Wenn Schopenhauer und Kant wirklich verstanden worden, wie wäre es möglich, daß jeden Augenblick neue philosophische Bücher entstünden!« TB, Bd. II, S. 439.

111 Diese Wendung »mein Freund Schopenhauer« kommt in zahllosen Briefen Wagners an verschiedene Personen immer wieder vor. Vgl. z.B. die Briefe an Mathilde Wesendonck, in: Richard Wagner an Mathilde Wesendonk. Tagebuchblätter und Briefe 1853–1871, hg von Wolfgang Golther, Berlin 1904, SS. 62; 79; 81; 110.

nen, daß Wagner nach Möglichkeiten der Überwindung des Pessimismus suchte und schließlich »vor den Konsequenzen des Pessimismus in die Stiftung einer Kunstreligion«[112] flüchtete. Im Februar 1870 notierte Cosima, Wagner befürchte, »daß die Philosophie Schopenhauer's am Ende einen schlimmen Einfluß auf solche jungen Leute habe, weil sie den Pessimismus, welcher eine Form des Denkens, der Anschauung sei, auf das Leben nun wenden und sich daraus eine praktische Hilflosigkeit bilden«[113]. Er selbst hat solchem praktischem Pessimismus nicht angehangen. Nicht zuletzt die Begegnung mit Ludwig II. und dessen zunächst uneingeschränkte Förderung haben sein politisches Handeln sofort wieder stimuliert, ihn veranlaßt, trotz aller Bewunderung Schopenhauers in die verschiedenen Bereiche des Lebens hinein massiv zu intervenieren: mit Reformschriften für das Theater, mit Vorschlägen zur Reform des bayerischen Militärs und der bayerischen Finanzverwaltung, mit Publikationen zur deutschen Politik und ähnlichem mehr. Die »lebenserhaltende Funktion der Illusion, … die Rolle der Kunst als Erlöserin und Trösterin über die Schrecklichkeit des Daseins und … die Möglichkeit des heroischen Lebenslaufs im ›Heiligen‹ bzw. im ›freiwilligen Leiden der Wahrhaftigkeit des Philosophen«[114] waren Wagners Antworten auf die Frage, wie dem bloß resignativen und aktivitätsverneinenden Pessimismus der Schopenhauerschen Philosophie zu entkommen ist. Im Umkreis der Kompositionsarbeiten zu *Parsifal* sind aus diesem Geist jene sogenannten ›Regenerationsschriften‹ entstanden, in denen der Krisentheoretiker Wagner gegen die von ihm diagnostizierte Politik-, Gesellschafts- und Kulturkrise anschreibt, in denen er Einspruch gegen bloße Machtpolitik, gegen uneingeschränkte ökonomische Akkumulation, gegen die Durchrationalisierung der Lebenswelt, gegen die Durchsetzung des Verwertungsprinzips in allen Lebensbereichen wie gegen den Mißbrauch geschundener Tiere, gegen den unreflektierten Machbarkeitswahn einer sich zu kurz gekommen wahnenden Nation Einspruch erhebt und wie alle Krisentheoretiker hofft, daß aus den offen zutage liegenden Erfahrungen des kulturellen Niedergangs die Chance zur Umkehr erwächst. Sieht man die Hinwendung Wagners nach 1854 zu Schopenhauer nicht als Kapitulation vor der sich nach dem Scheitern der Revolution von 1848 ausbreitenden politischen Reaktion und als opportunistische Anpassung an die durch diese etablierten und befestigten Zustände – wie dies oft genug getan worden ist[115] – , sondern eher als einen kognitiven Reflex auf die gescheiterten Hoffnungen eines Revolutionärs, so läßt sich die im ›Denken‹ und in der ›Anschauung‹ vollzogene Abkehr von der praktischen Weltveränderung als eine Entscheidung zugunsten einer in der Phantasie geschauten zwei-

112 Ulrike Kienzle, › … das freiwillige Leiden der Wahrhaftigkeit‹, S. 125.

113 Cosima Wagner, TB, Bd. I, S. 199. (17. Februar 1870).

114 Ulrike Kienzle, › … das freiwillige Leiden der Wahrhaftigkeit‹, S. 96.

115 Als einer der schärfsten Vertreter dieser These, die er am Beispiel Schopenhauer zu belegen sucht, erweist sich Georg Lukács, Die Zerstörung der Vernunft, Werke Bd. 9, Neuwied/Berlin 1962, S. 172 ff. Als Korrektur dazu vgl. Günther K. Lehmann, Ästhetik der Utopie. Arthur Schopenhauer, Sören Kierkegaard, Georg Simmel, Max Weber, Ernst Bloch, Stuttgart 1995.

ten Wirklichkeit verstehen. Eine solche durch das »Traumorgan«[116] geschaute neue Welt ist die Transzendierung des Status quo, ist die umformulierte und umgedachte alte revolutionäre Hoffnung auf vollständige Umwälzung aller bestehenden Verhältnisse, nunmehr auf einer neuen, metaphysisch ausgelegten Ebene. »Welchen größeren Trost kann es geben, als einem zu sagen, daß dieses Dasein nichtig ist« – notiert Cosima. »Nun empfinden wir eine Hoffnung in uns nach einem Andren, welches durchaus uns nicht vorstellbar ist, darüber also sich nichts sagen läßt, das Gefühl in uns ist aber schon der Genuß davon«[117]. Die Sehnsucht nach dem ›Anderen‹ – sie bezeichnet nichts weniger als die alte Sehnsucht nach der politisch-sozialen Utopie einer postbürgerlichen und postkapitalistischen Gesellschaft, in der die Kunst zum zentralen Medium der Gesellschaft werden soll.

Auffallend und erstaunlich in diesem Zusammenhang ist auch die Tatsache, daß Wagner zwar Schopenhauers Philosophie, deren Willensmetaphysik und die darin beschlossene Mitleids-Ethik sowie die Ästhetik ausführlich rezipiert und immer wieder thematisiert hat, aber in keiner einzigen seiner zahllosen Äußerungen auf deren politik- und gesellschaftstheoretische Konsequenzen zu sprechen kommt. Erstaunlich ist das deshalb, weil Schopenhauers philosophisch-theoretische Begründungen des Staates und der Gesellschaft wie der daraus sich ergebenden Folgen mit Wagners entsprechenden Einstellungen und Urteilen aus den Jahren 1848/51 inhaltliche starke Ähnlichkeiten aufweisen. So glaubt Schopenhauer, der Staat sei durch »gemeinsame Übereinkunft« der Menschen als ein Instrument zur Eindämmung von Leid und Egoismus erfunden worden[118], habe Recht durchzusetzen und Kriminalität zu bestrafen – alles Funktionen, die auch Wagner als Aufgaben des bürgerlichen Staates in seinen Revolutionsschriften so beschrieben hat. Aber in praktischer Hinsicht votierte Schopenhauer mit Hinweis auf Hobbes und den hobbesianischen Charakter der Menschen für einen starken Staat, befürwortete starke und sich autoritativ durchsetzende gesellschaftliche wie politische Institutionen, bejahte, in Furcht vor den losgelassenen Aggressionen einer bösartigen menschlichen Natur, militante Formen der Revolutions- und Aufstandsbekämpfung. Für Schopenhauer verhüllte der »Schleier der Maja«[119] den meisten Menschen die potentiellen Gefahren des Lebens, gaukelte ihnen an Stelle eines alles bedrohenden Willens die Konsens- und Kompromißfähigkeit der Gesellschaft vor, wiegt sich in einer prekären Sicherheit, während doch alles Glück und alle Klugheit »auf untergrabenem Boden«[120] wandelt.

Dies alles hat Wagner offensichtlich nicht zur Kenntnis genommen, hat es vielleicht verdrängt, jedenfalls nichts Schriftliches hinterlassen, das auf eine ausführliche Aus-

116 Richard Wagner, Beethoven, in: GSD, Bd. 9, S. 69.

117 Cosima Wagner, TB, Bd. I, S. 1097. (17. Dezember 1877).

118 Arthur Schopenhauer, Die Welt als Wille und Vorstellung, Bd. 2, § 62, S. 405 f.; S. 413.

119 Ebenda, § 62, S. 416 f. Vgl. auch Gerhard J. Winkler, Der ›Schleier der Maja‹. Transformationen eines Begriffs Schopenhauer-Wagner-Nietzsche, in: Thomas Steinert, ›Der Fall Wagner‹, S. 233 ff.

120 Ebenda.

einandersetzung mit Schopenhauers politischer Position hindeutet. Bezeichnend und zugleich auch erstaunlich ist diese Äußerungslücke bei Wagner deshalb, weil ihm doch Schopenhauers politisch reaktionäre Einstellungen aufgrund seiner Kenntnis der Biographie des Philosophen nicht unbekannt geblieben sein können. Es gab eben im Bereich der praktischen Politik und Gesellschaft kaum Gemeinsamkeiten, sieht man etwa von der positiven Haltung zur Erbmonarchie oder der Ablehnung der Vertragstheorie als Gründungsfigur moderner Gesellschaften und Staaten einmal ab. Wo immer die Gründe auch liegen mögen, fest steht, daß Wagner sich nie positiv auf Schopenhauers Haltung zur Politik bezogen hat[121]. Sicherlich schon deshalb nicht, weil er mit dessen radikaler Ablehnung jeglicher Revolution niemals einverstanden sein konnte, weil er dessen konservativen und resignativen Pessimismus in praktischer Absicht immer wieder mit seinen eigenen Aktivitäten durchbrach und weil er – zumindest für die eigene Konzeption des Gesamtkunstwerks – auf Einlösung seiner ästhetischen und gesellschaftlichen Hoffnungen, auf die Lernfähigkeit eines lernbereiten Publikums vertraute. Auch unter diesem Gesichtspunkt bedeutet die Annahme der Philosophie Schopenhauers keine prinzipielle Revision der politischen und ästhetischen Vorstellungen und Konzepte für Wagner.

Wagners Verhältnis zu Schopenhauer durchläuft, vereinfacht skizziert, drei voneinander unterscheidbare Phasen. Im ersten Kennenlernen nimmt er dessen Philosophie als eine theoretische Rechtfertigung, sich nach dem Scheitern der Revolution und seinem eigenen Scheitern als Revolutionär von allen unmittelbaren politischen Aktivitäten gerechtfertigt abwenden zu können und sich statt dessen, gleichsam in einer Wendung nach innen, wieder verstärkt der eigenen Kunst und Kunstprogrammatik zu widmen. Schopenhauer entlastet ihn vom aktuellen Handlungsdruck und liefert die metaphysische Begründung für die Konzentration auf das eigene Werk. Zugleich wird damit Wagners politische und gesellschaftliche Analyse, die er in den ›Zürcher Kunstschriften‹ formuliert hat, durch die Schopenhauer-Lektüre nicht widerrufen, aber sie wird ergänzt durch eine neue metaphysische Bestimmung und philosophische Legitimation der Kunst als Medium der gesellschaftlichen Erneuerung

Dieses Grundverhältnis zu Schopenhauer blieb für Wagner bis in seine letzten Tage hinein bestehen. Es wurde auch nicht durch – jene zweite, sich anschließende – ›aktivistische‹ Phase grundsätzlich suspendiert, die bei Wagner einsetzte, als er den bayerischen König Ludwig II. kennenlernte und glaubte, ihn für seine ästhetischen, kunstpolitischen und die darüber hinausgehenden politischen Vorstellungen gewinnen und ›erziehen‹ zu können, nicht zuletzt mit eigenen politischen Vorschlägen

121 Das politische Denken Schopenhauers faßt zusammen Herfried Münkler, Ein janusköpfiger Konservatismus. Arthur Schopenhauers politische Ideen, in: Volker Spierling (Hg), Schopenhauer im Denken der Gegenwart, München/Zürich 1987, S. 217 ff.; derselbe, Arthur Schopenhauer und der philosophische Pessimismus, in: Iring Fetscher/Herfried Münkler (Hg), Pipers Handbuch der politischen Ideen, Bd. 4, Neuzeit: Von der Französischen Revolution bis zum europäischen Nationalismus, München/Zürich 19086, S. 298 ff.

und Interventionen[122]. Nachdem dieses von vielen Mißverständnissen belastete Freundschaftsverhältnis zwischen Komponist und Monarch zerbrochen war, blieb Schopenhauer für Wagner in seinen späten Tagen und Schriften der große pessimistische Querdenker, an den er sich selbst mit all seinen Vorbehalten und Einsprüchen, vom nationalen Aufbruch über eine verfehlte Politik und die mit ihr gekoppelte Fortschrittseuphorie bis hin zur Ablehnung von Vivisektion und Fleischverzehr anlehnen konnte.

Für den Einfluß Schopenhauers auf sein Kunstkonzept aus den Züricher Tagen aber muß wohl gelten, daß Wagner seine dort formulierten ästhetischen und politisch-gesellschaftlichen Ideen und Vorstellungen im Kern aufrechterhalten und sie in einen gleichsam semantisch neuen Kontext einzubetten versucht hat, der sie anders erscheinen läßt, ihre Substanz aber nicht berührt. Denn Wagner hat nicht nur seine revolutionären Vorstellungen niemals widerrufen, sondern er hat das durch Schopenhauer neu Gewonnene in sein vorhandenes Konzept zu integrieren versucht und alles, was sich gegen solche Einpassung sperrte, großzügig ignoriert[123]. Wie im Falle anderer Autoren hat Wagner sich auch ›seinen‹ Schopenhauer zurechtgelegt, hat aus dessen Werk herausgelesen, was er immer schon wußte und was ihm als neue Argumente für seine ›alte‹ Vision nützlich erschien. Und er hat sich nicht gescheut, des Philosophen Einsichten nicht nur in seinem Sinne zu interpretieren, sondern auch nach eigenen Bedürfnissen weiter zu denken. »Ich habe« – schreibt er an Mathilde Wesendonck – »in der letzten Zeit langsam wieder Freund Schopenhauers Hauptwerk durchgelesen, und diesmal hat er mich außerordentlich zur Erweiterung und – in Einzelheiten – sogar zur Berichtigung seines Systems angeregt«[124]. Worin diese Berichtigungen bestanden, darüber geben die späten Schriften Auskunft.

Religiöse Minimalethik ohne Kirche

Zu fragen ist nun, ob das verstärkte Interesse Wagners am Christentum, an dessen Ursprüngen und Geschichte, an Theologie wie Glaubensinhalten in ähnlicher Weise verstanden werden kann wie Wagners Schopenhauer-Rezeption oder ob diese verstärkte Hinwendung zur christlichen Religion doch eine unzweideutige Abkehr

122 Das ›ästhetische‹ Mißverständnis der Freundschaft von Wagner mit Ludwig II., das darin bestand, daß sich zwei unterschiedliche ästhetische Konzeptionen, eine romantische des bayerischen Königs und eine darüber weit hinausgreifende von Wagner, nicht in Übereinstimmung bringen ließen, was auch dazu beitrug, die Freundschaft scheitern zu lassen, thematisiert Sven Friedrich, Königsfreundschaft. Richard Wagner und König Ludwig II., unveröffentlichtes Manuskript, Bayreuth 1996, Nationalarchiv der Richard-Wagner-Stiftung, Sign. A 2693/1-4.

123 Das muß selbst Carl Dahlhaus zugeben, der schreibt, Wagner habe versucht, »das Alte und das Neue, so schroff der Kontrast erscheinen mochte, zu versöhnen oder zuzsammenzuzwingen.« Carl Dahlhaus, Wagner und Schopenhauer, S. 471

124 Richard Wagner an Mathilde Wesendonck, S. 79.

von einstmals so festgefügten Überzeugungen bedeutet, eine Abwendung von der scharfen Religions- und Kirchenkritik der revolutionären Jahre, den zentralen philosophischen, politik- und gesellschaftstheoretischen Voraussetzungen wie Implikationen des Konzepts des Gesamtkunstwerks. Hat Nietzsche also recht gehabt mit seinem Diktum zum *Parsifal*, Wagner sei »plötzlich, hilflos und zerbrochen, vor dem christlichen Kreuz« niedergesunken, »in Wahrheit ein morsch gewordener verzweifelter décadent«[125]?

Ungeachtet der in den ›Zürcher Kunstschriften‹ formulierten radikalen Kritik des Christentums und der christlichen Kirchen[126] gab es schon immer ein intensives Interesse Wagners am Phänomen der Religion und damit auch am Christentum. Der kompromißlosen Verwerfung institutionalisierter Religiosität und der Abrechnung mit den vermeintlich politik-, gesellschafts- und kulturdegenerativen Folgen eines sinnen- und weltenfeindlichen Christentums, stand von Anfang an die Faszination durch einen Glauben entgegen, der in seinen liturgischen Formen alle Realität transzendierte. Schon für seine eigene Jugendzeit notierte Wagner diese Widersprüchlichkeit zwischen Verachtungshang gegenüber einer institutionalisierten Religion einerseits, emotionaler Erschütterung durch Glauben und dessen ästhetisch-liturgische Symbolisierungen andererseits. »Der Knabe« – so schreibt er in seiner Autobiographie – »der noch vor wenigen Jahren mit schmerzlicher Sehnsucht nach dem Altarblatte der Kreuzkirche geblickt und in ekstatischer Begeisterung sich an die Stelle des Erlösers am Kreuze gewünscht, hatte die Hochachtung vor dem Geistlichen, zu welchem er in die der Konfirmation vorangehenden Vorbereitungsstunden ging, bereits so sehr verloren, daß er zu seiner Verspottung nicht ungern sich gesellte … . Wie es trotzdem mit meinem Gemüte stand, erfuhr ich jedoch fast zu meinem Schrecken, als der Akt der Austeilung des heiligen Abendmahles begann, vom Chor Orgel und Gesang ertönte, und ich im Zuge der Konfirmanden um den Altar wandelte: die Schauer der Empfindung bei Darreichung und Empfang des Brotes und des Weines sind mir in so unvergeßlicher Erinnerung geblieben …«[127].

Diese Spannung zwischen emotionaler Hinneigung zur Religion, Faszination durch ihre liturgischen Symbole und zugleich der Ablehnung aller Formen ihrer sichtbaren institutionellen Befestigung hat Wagner während seines Lebens nicht aufzulösen vermocht. Der Grund mag darin liegen, daß für ihn die Religion, der Glaube und die mit diesem verbundenen Wunder eine ähnliche realitätsübergreifende Qualität besaßen wie er sie seiner eigenen Kunst zuschrieb. Beide, Religion und Kunst, waren in seiner Sicht deshalb ihrer Intention nach eng verbunden, auch wenn er sie immer wieder, vor allem in seinen späten Schriften, ihren Inhalten nach voneinander trennte. Gleichwohl, so wie die Religion, auch die christliche, den Anspruch erhob, im Glauben den Vorschein einer besseren Welt antizipierend ver-

125 Friedrich Nietzsche, Wie ich von Wagner loskam, in: Werke, hg. von Karl Schlechta, München 1960, Bd. 2, S. 1054.

126 Vgl. dazu oben Seite 94 ff.

127 ML, S. 29 f.

mitteln zu können, so erhob Wagner in seinem Konzept des ›Kunstwerks der Zukunft‹ seinerseits die erst noch revolutionär zu verändernde Gesellschaft zum Ziel seiner ästhetischen Vision. Es ist daher kaum erstaunlich, daß selbst in Zeiten seiner revolutionären Erregung immer auch religiös konnotierte Themen in seinem Denken und Schaffen auftauchten, daß sie gelegentlich sogar, wie etwa im *Liebesmahl der Apostel*[128] von 1843, in einer direkten und unverstellten Weise zum Gegenstand des eigenen Komponierens wurden.

Vor allem die Person Jesu hat auf Wagner ein Leben lang eine ungebrochene Faszination ausgeübt und ihn immer wieder beschäftigt, angefangen von dem ausführlichen, in fünf Akten gegliederten Dramenentwurf *Jesus von Nazareth*[129] aus dem Revolutionsjahr 1849 bis hin zu den zahlreichen Reflexionen der späten Zeit, die sich zum einen im Umkreis der *Parsifal*-Entstehung, zum anderen in den Cosima-Tagebüchern und den sogenannten ›Regenerationsschriften‹[130] finden. In all diesen Schriften erscheint Jesus Christus über die Jahrzehnte hinweg in einer erstaunlichen Kontinuität; er ist, wie schon im frühen Entwurf zu *Jesus von Nazareth*, der beispielhafte und deshalb göttliche Mensch, der für die Menschheit gelitten und schließlich den Tod gesucht hat, weil er der herrschenden Macht- und Gewaltethik seine Vision einer auf Liebe gegründeten Gemeinschaft entgegensetzen wollte. Diese Kernüberzeugung verbindet Wagner stets mit Christus, unabhängig von dessen sonstigen Eigenschaften, die sich im Laufe der Jahre durchaus wandeln, wenngleich nicht allzu variantenreich. Und in dieser Kernüberzeugung besteht für Wagner am Ende auch der entscheidende Inhalt des Christentums. »Gott ist die Wahrheit durch Mitleid«[131] – sagt er zu Cosima – und den ›Kern aller Religionen‹, also auch den des Christentums, sieht er in der »Einheit alles Lebenden« gegen die »Täuschung unserer sinnlichen Anschauung, welche uns diese Einheit als eine unfaßbar mannigfaltige Vielheit und gänzliche Verschiedenheit vorstellte«[132].

In seinem im Revolutionsjahr 1849 geschriebenen Entwurf zu einem Drama über *Jesus von Nazareth* konzentrierte Wagner all seine revolutionären Forderungen, die er in jener Zeit in seinen Revolutionspamphleten erhoben hatte, in der Figur und in den Reden von Jesus. In einem breit angelegten Teil, der dem eigentlichen Handlungsentwurf unmittelbar folgt, ihn ergänzt und gleichsam kommentiert[133],

128 Richard Wagner, Das Liebesmahl der Apostel. Eine biblische Scene, in: GSD, Bd. 11, S. 264 ff.

129 Richard Wagner, Jesus von Nazareth. Ein dichterischer Entwurf, in: GSD, Bd. 11, S. 273 ff. Vgl. zum folgenden auch Wolf-Daniel Hartwich, Deutsche Mythologie. Die Erfindung einer nationalen Kunstreligion, Berlin 2000, S. 149 ff.; Peter Hofmann, Richard Wagners politische Theologie. Kunst zwischen Revolution und Religion, Paderborn 2003, S. 132 ff.

130 Richard Wagner, Was ist deutsch? (1865/1878), in: GSD, Bd. 10, S. 36 ff.; Wollen wir hoffen? (1879), in: ebenda, S. 118 ff.; Religion und Kunst (1880), in: ebenda, S. 211 ff. Was nützt diese Erkenntnis? (1881), in: ebenda, S. 253 ff.; Erkenne dich selbst (1881), in: ebenda, S. 263 ff.; Heldenthum und Christenthum (1881), in: ebenda, S. 275 ff.

131 Cosima Wagner, TB, Bd. II, S. 382 (13. Juli 1879).

132 Richard Wagner, Religion und Kunst, in: GSD, Bd. X., S. 224.

133 Richard Wagner, Jesus von Nazareth, in: GSD, Bd. 11, S. 285 ff.

formulierte er seine Sicht des Evangeliums und macht den Gottessohn dabei zum revolutionären Verkünder einer neuen Ethik, zu einem »gottbegnadeten Mensch«[134], als den er ihn noch Jahrzehnte später sieht. Wagners Jesus will nicht der Nachfolger Davids sein, also nicht der König der Juden und ein mit Macht und Herrschaft ausgestatteter Herrscher, sondern ein einfacher Mann aus dem Volk, der Wunder wirken möchte um der Menschen willen. Dieser Jesus sieht seine Mission nicht auf die Juden begrenzt. Deshalb will er auch nicht ausschließlich deren Erlösung, sondern die der ganzen Menschheit. Für Wagner ist Jesus ein Prophet, der neue Wahrheiten verkündet, der Glauben statt Wissen fordert und Wunder wirken will, um den Glauben an seine Lehre zu wecken. Die Kraft hierfür aber soll aus ihm selbst kommen, soll nicht von einem jenseitigen, ewigen Gott verliehen werden. Jesus ist ein gleichsam durch Feuerbach aufgeklärter und sich als irdischer Heilsbringer verstehender Erlöser, der sich und seinen Anhängern die erstaunliche Frage stellt: »Worin aber liegt die Kraft Wunder zu wirken, und wem sollen sie helfen als dem Menschen? Aus dem Menschen [sic!] muß die Kraft kommen, die ihm helfe, diese ist sein Wissen von sich vor Gott, der im Menschen sich verkündigt«[135]. Es sind die »Elendsten und Leidendsten«[136], denen sich dieser Jesus zuwendet und die er, der sozial Aufgeklärte, aufklären will über die Gründe eines verfehlten und armseligen Lebens.

Diese Gründe fokussiert Wagner im Begriff des ›Gesetzes‹, mit dem er alles bezeichnet, was in Staat und Gesellschaft seit der römischen Antike seiner Ansicht nach schief gelaufen ist, und was er in seinen Revolutionspamphleten wie auch den ›Zürcher Kunstschriften‹ ebenfalls aufgelistet hat. ›Gesetz‹ – das ist für Wagner/Jesus »Macht, Herrschaft – und vor allem aber: der Schutz des Besitzes«[137], entstanden durch Eide, die geschworen wurden in einer Welt, »welche die Liebe noch nicht kannte«[138], und in der diese Eide deshalb zur Selbstfesselung derer führen, die sie leisten. Über Eide entsteht dann ›das Gesetz‹, Metapher für Herrschaft, die sich in den ausdifferenzierten Sphären von Politik, Gesellschaft und Kultur konkretisiert hat – eine neue, zusätzliche Erklärung Wagners zur Entstehung des Staates, die abweicht von jener, die er am Beispiel des Ödipus-Mythos in *Oper und Drama* entwickelt hatte[139]. Dieses Gesetz bestimmt alles Leben, strukturiert moderne Gesellschaften durchgreifend und schlägt sich in einem die Freiheit des Einzelnen erstickenden Regelwerk nieder, wie Wagner es dann an einigen Institutionen der bürgerlichen Gesellschaft illustriert. So beispielsweise an dem schon aus *Oper und Drama* bekannten Beispiel der Ehe, die diesem ›Gesetz‹ entspricht, die eigentlich aus Liebe zwischen Mann und Frau geschlossen werden sollte, aber in der sehr bald der

134 Cosima Wagner, TB, Bd. I, S. 535 (15. Juni 1872).
135 Richard Wagner, Jesus von Nazareth, in: GSD, Bd. 11, S. 285.
136 Ebenda.
137 Ebenda, S. 288.
138 Ebenda, S. 286.
139 Vgl. dazu S. 104 ff.

eine zum »Besitz« des anderen wird, die Kinder den Eltern[140] gehören, die Liebe sich verflüchtigt und Recht somit zum Unrecht wird, weshalb Wagner dann auch den Ehebruch für legitim erachtet. Und ähnlich verhält es sich mit dem Eigentum: »In ihm hat sich die Liebe, soweit sie sich im Menschen als Drang der Befriedigung durch den Genuß der Natur und ihrer Produkte äußert, zum ausschließlichen Rechte des Einzelnen an der Natur bis über den Genuß hinaus verfestigt«[141] und schließt damit andere vom Genuß derselben Sache aus, auch wenn das ohne Schaden für die eigenen Bedürfnisse geschehen könnte, weshalb dann auch Diebstahl weniger verwerflich erscheint als Reichtum. Selbst Krankheiten sind, so Wagner/Jesus, eine Folge des ›Gesetzes‹, weil die einschränkende Wirkung des persönlichen Eigentums dem anderen entzieht, was er zu seinem Leben braucht. So sagt Wagner/Jesus: »Lebet nach meinen Geboten, so braucht ihr keine Ärzte mehr. … lebet thätig in der Gemeinde, saget nicht: ›das ist mein‹, sondern Alles ist unser – so wird keiner von euch darben und ihr werdet gesunden«[142].

Wie in seinen ›Zürcher Kunstschriften‹, so bringt auch in *Jesus von Nazareth* ausschließlich das ›Gesetz‹, also Staat und Gesellschaft, Laster und Verbrechen hervor. Denn durch das ›Gesetz‹, so Wagner/Jesus, verlieren die Menschen ihre Freiheit, büßen sie ihre Sittlichkeit ein, die darin besteht, das Gute aus Überzeugung und nicht durch Zwang zu tun. So steht das ›Gesetz‹ der Menschen im Widerspruch zum Gesetz Gottes und zur Natur, es widerstreitet dem Geist, der Wahrheit und letztlich der Liebe. »Ein einziges Gesetz ist das rechte: je mehr Gesetze, desto verderbter die Welt«[143]. Denn ohne das menschliche ›Gesetz‹, ohne Staat und Gesellschaft in ihrer historisch entwickelten Form, gäbe es keine Sünde. Die Menschen würden vielmehr entsprechend ihrer Natur leben, sie würden den Egoismus[144] überwinden, das »Heil des ganzen Menschengeschlechts«[145] anstreben und in der Liebe das Aufgehen des eigenen Ichs in der Allgemeinheit aller Menschen vollziehen. Eine Veränderung des Bewußtseins würde sich vollziehen, »weil wir durch das von uns Geben eben die Allgemeinheit und in ihr uns selbst bereichern«[146]. Um diese Vision zu bewirken, will Jesus den Tod auf sich nehmen. Denn in seinem Tod – so Wagner – »erstirbt das Gesetz, indem ich euch zeige, daß die Liebe größer ist als das Gesetz«[147]. Der Tod Jesu hebt alle Sünden auf, er ist die äußerste Form das »Aufgehens des Einzellebens in das Gesammtleben, … die letzte und bestimmteste Aufhebung des Egoismus«[148].

140 Richard Wagner, Jesus von Nazareth, in: GSD, Bd. 11, S. 288 f.
141 Ebenda, S. 289.
142 Ebenda, S. 296.
143 Ebenda, S. 299.
144 Dazu ausführlich ebenda, S. 303 ff
145 Ebenda, S. 302.
146 Ebenda, S. 304.
147 Ebenda, S. 290.
148 Ebenda, S. 299.

»Der Tod ist hier nur das Moment der Verzweiflung; er ist der Zerstörungsakt, den wir an uns ausüben, weil wir ihn – als Einzelne – nicht an den schlechten Zuständen der uns zwingenden Welt ausüben können«[149], kommentiert Wagner zwei Jahre später in *Eine Mittheilung an meine Freunde* das Opfer des Gottessohnes, den er in seinem Drama als eine durch Liebe geprägte und in Liebe handelnde menschliche Figur der Zukunft, als die Verkörperung des ›Reinmenschlichen‹ darstellt. Dieser Jesus ist der Mensch gewordene Gott, ein Mensch, der vorlebt, daß »jeder Mensch fähig ist zu gleichem Wissen und gleicher Ausübung – und gelangt er dazu, so ist er Jesus und Gott«[150]. Der Mensch kann also Gott werden, so wie der Gott auch Mensch geworden ist. Ganz im Sinne Feuerbachs versteht Wagner in diesem Dramenentwurf Jesus als einen besonders herausgehobenen und ausgezeichneten Menschen, der die gegebenen politischen und gesellschaftlichen Verhältnisse in ihrer sittlich-moralischen Schlechtigkeit und destruktiven Konsequenz durchschaut, sie deshalb revolutionär verändern will und für seine Mission von seinen Anhängern »Glauben«, nicht »Wissen« fordert. Mit seiner Lehre spielt dieser Jesus das Leben der Zukunft, die verkündete Liebesutopie, gegen das Leben der Gegenwart aus, und an seiner Person macht Wagner deutlich, was »die volle Emanzipation des Menschengeschlechts« als »Erfüllung der reinen Christuslehre«[151] meint, von der er im Jahr zuvor gesprochen und geschrieben hatte.

Wagner attributiert in seinem Dramenentwurf Jesus Eigenschaften und Fähigkeiten, welche die Menschheit in einen quasi-göttlichen Stand der Selbsterlösung erheben. Indem der Gott zu einem sich selbst erlösenden Menschen wird, wird der Mensch sich seiner Gottähnlichkeit bewußt und erlöst einen Gott, der durch die Entwicklung der Welt selbst erlösungsbedürftig geworden ist. Denn das Leiden der Menschen ist zugleich auch das Leiden Gottes selbst, »der sich in den Menschen noch nicht zum Bewußtsein gekommen ist. Dieß Bewußtsein erlangen wir endlich dadurch, daß wir das Wesen des Menschen selbst als das unmittelbare Gottsein setzen, daß wir das ewige Gesetz, nach welchem alles Erschaffene sich bewegt, als das Positive, Unverrückbare erkennen, und den Unterschied des Nützlichen und Schädlichen dadurch aufheben, daß wir in Betracht des Ewigen beides als dieselbe Äußerung der schöpferischen Kraft erkennen: die ursprüngliche Einheit Gottes mit der Welt wird uns somit im Bewußtsein neu gewonnen, und die Sünde, somit das Leiden dadurch aufgehoben, daß wir das unbeholfene Menschengesetz – das sich als Staat der Natur entgegenstellte – durch die Erkenntnis Gottes, des einigen, an uns, in uns und in der Einheit mit der Natur – welche wir selbst als ungetheilt erkennen – aufheben. Jesus hat diesen Zwiespalt aufgehoben und die Einheit Gottes hergestellt durch die Verkündigung der Liebe«[152].

149 Richard Wagner, Eine Mittheilung an meine Freunde, in: GSD, Bd. 4, S. 332.
150 Richard Wagner, Jesus von Nazareth, in: GSD, Bd. 11, S. 288.
151 Richard Wagner, Wie verhalten sich republikanische Bestrebungen dem Königthume gegenüber? (1848), in: GSD, Bd. 12, S. 221.
152 Richard Wagner, Jesus von Nazareth, in: GSD, Bd. 11, S. 297 f.

Ohne Zweifel ist diese Auffassung der Person Jesu geprägt von einer Debatte, die sich zu Wagners Lebzeiten in der Theologie und Religionsphilosophie über die historischen Quellen des Christentums wie über das Leben Jesu mit Macht zu entfalten begann[153] und von der Wagner in seinen eigenen Ansichten wesentlich profitierte. Diese Debatte – die hier wenigstens kurz skizziert werden soll, um Wagners Position in ihr verorten zu können – begann spätestens mit Friedrich Schleiermacher[154], der eine ›Christologie von unten‹ entwarf, in der Christus als die Vollendung der Schöpfung des Menschen, also von der menschlichen Natur her gesehen wurde, als Beispiel eines vollkommenen und vollendeten Menschseins, dessen »unsündliche Vollkommenheit«[155] das Göttliche mit dem Natürlichen in sich verband. Für Schleiermacher sind die Begriffe ›Urbildlichkeit‹ und ›Geschichtlichkeit‹ grundlegend, um die Person Jesu zu charakterisieren[156]. ›Urbildlichkeit‹ meint dabei die sich in Jesus verkörpernde Göttlichkeit, sein Gottesverhältnis, sein Bewußtsein, eine göttliche Mission zu erfüllen und damit seine Differenz zu allen anderen Menschen. ›Geschichtlichkeit‹ dagegen bezeichnet seine menschliche Natur, die Eingebundenheit seiner Person in die historischen und sozialen Bedingungen seiner Zeit. Beides aber ist in der Person des Erlösers »unzertrennlich vereint«[157]. Die Frage ist allerdings – und Schleiermacher selbst formulierte sie –, wie diese Einheit zu denken ist, »weil wir überall sonst geschichtliches und urbildliches ganz auseinander halten«[158]. Seine Antwort lag im Verweis darauf, daß Jesus als Erlöser ein »neues Gesamtleben« stifte, das nur dann in der Geschichte wirksam werden könne, wenn es nicht selbst bloß geschichtlich bedingt sei[159]. Aber indem Schleiermacher die Schwierigkeiten, beides zusammenzudenken, so sehr betonte, indem er beides, ›Urbildlichkeit‹ wie ›Geschichtlichkeit‹, in ihrer denkbaren prinzipiellen Gegensätzlichkeit ausführlich entfaltete, lieferte er unwillkürlich bereits einen wesentlichen Ansatz zu jener Religionskritik, wie sie später dann von Strauß und Feuerbach formuliert wurde.

153 Vgl. als Überblick Albert Schweitzer, Geschichte der Leben-Jesu-Forschung (1913), Tübingen 1951 sowie die Artikel ›Leben-Jesu-Theologie/Leben-Jesu-Forschung‹ in: Theologische Realenzyklopädie, hg. von Gerhard Müller, Berlin/New York 1990, Bd. XX, S. 566 ff. und den Artikel ›Jesus Christus‹ in: ebenda, 1987, Bd. XVII, S. 1 ff.

154 Zur Biographie Friedrich Daniel Ernst Schleiermachers, der von 1768 bis 1834 lebte und einem den kirchlichen Institutionen gegenüber kritisch eingestellten Pastorengeschlecht enstammte, vgl. Hermann Fischer, Friedrich Schleiermacher, München 2001, S. 16 ff. Das Buch gibt auch einen Über- und Einblick in Schleiermachers theologisches und philosophisches Denken mit Abschnitten zu Psychologie, Ästhetik, Pädagogik und Staatslehre. Die für die Debatte wichtigen Schriften Schleiermachers sind: Über die Religion. Reden an die Gebildeten unter ihren Verächtern, Berlin 1799, jetzt in: Kritische Gesamtausgabe (KGA), Abtlg. I, Bd. 2, S. 189 ff.; derselbe, Der christliche Glaube nach den Grundsätzen der evangelischen Kirche im Zusammenhange dargestellt, Berlin 1821/22, in: KGA, Abtlg. I, Bd. 7, 1–3.

155 Hermann Fischer, Friedrich Schleiermacher, München 2001, S. 111.

156 Friedrich Daniel Ernst Schleiermacher, Von der Person Christi, in: KGA, Abtlg. I, Bd. 7/3, S. 19.

157 Friedrich Daniel Ernst Schleiermacher, Der christliche Glaube, in: KGA, Abtlg. I, Bd. 7/2, S. 19.

158 Ebenda.

159 Zusammenfassend Hermann Fischer, Friedrich Schleiermacher, S. 106 ff, bes. S. 110.

So heißt es beispielsweise bei Schleiermacher, es widerstrebe dem Begriff der ›Urbildlichkeit‹, daß er »in einer einzelnen Erscheinung sollte enthalten sein«[160] – und nicht etwa dem transzendenten Gott vorbehalten werde. Werde aber Christus »ohne jenen urbildlichen Charakter« als ein »gewöhnlicher Mensch« angesehen, werde er rein geschichtlich begriffen, so müsse das Christentum als eine evolutionäre Weiterentwicklung des Judentums verstanden, also ebenfalls historisiert werden. Das aber habe zur Folge, daß Christus, »wie er auch von Vielen dargestellt wird, nur ein mehr oder weniger revolutionärer jüdischer Lehr- und Gesetzesverbesserer« gewesen sei.

Schleiermacher argumentierte natürlich gegen eine solche These, betonte immer wieder, daß ohne das Gottesbewußtsein Christi die Lehren und Vorschriften des Christentums keine allgemeine Gültigkeit besäßen. Aber zugleich lieferte er mit seiner Behauptung, Christus habe »die ganze persönliche Entwicklung mit uns gemein«[161] und sei in seiner menschlichen Natur »uns vollkommen gleich«[162] jene Ansatzpunkte, die in der Folge zu einer neuen, kritischen Christologie weitergeführt werden sollten. Jesus so zu verstehen, »daß das menschliche in der ganzen Erscheinung Christi in seinem ganzen Leben ungefährdet bleibe«[163], sein Leben folglich »in seinem geschichtlichen Zusammenhang« betrachtet und »rein menschlich« zu verstehen sei, wenngleich so, »daß wir es als die Äußerung oder Wirkung des Göttlichen, welches sein innerliches war, auffassen«[164] können, hieß, die Türen dafür öffnen, daß die Lehren Christi als eine religiös grundierte, allgemeine Ethik verstanden werden konnten.

Schleiermacher hatte mit seinen Schriften in den ersten Jahrzehnten des 19. Jahrhunderts eine Diskussion angestoßen, an der verschiedene Autoren teilnahmen. Unter ihnen trat David Friedrich Strauß besonders hervor, weil sein 1835 erstmals veröffentlichtes Buch *Das Leben Jesu* von weitreichender öffentlicher, ja umstürzender Wirkung war und die historische Bibelkritik recht eigentlich erst begründete[165].

160 Friedrich Schleiermacher, Der christliche Glaube, in: KGA, Abtlg. I, Bd. 7/2, S. 20. Die folgenden Zitate auf S. 21.

161 Ebenda, S. 26.

162 Ebenda, S. 27.

163 Friedrich Schleiermacher, Das Leben Jesu. Vorlesungen an der Universität zu Berlin im Jahre 1832, Berlin 1864, S. 35. Die Thesen der Vorlesungen waren lange vor der Buchveröffentlichung bekannt und im theologischen Diskurs präsent.

164 Ebenda.

165 David Friedrich Strauß, Das Leben Jesu, Tübingen 1835. Strauß lebte von 1808 bis 1874, wurde in Ludwigsburg geboren, kam 1821 ins Internat nach Blaubeuren, wo er Ferdinand Christian Baur, den eigentlichen Begründer der historisch-kritischen Theologie, zum Lehrer hatte. Strauß ging nach seinem Examen nach Berlin, hörte dort (kurz) Hegel und Schleiermacher, strebte eine Theologenkarriere an. Nach dem Erscheinen seines Leben Jesu mußte der Neunundzwanzigjährige auf alle geistlichen Ämter verzichten und lebte bis zu seinem Tode als freilich vielfach gefeierter und berühmter Privatgelehrter. Vgl. Albert Schweitzer, Geschichte der Leben-Jesu-Forschung, S. 69 ff. sowie S. 79 ff. Zur Kritik von Strauß an Schleiermacher vgl. David Friedrich Strauß, Der Christus des Glaubens und der Christus der Geschichte. Eine Kritik des Schleiermach'schen Lebens Jesu, hg. von Angelika Dörfler-Dierken/Jörg Dierken, Waltrop 2000.

Ganz in der Tradition der Aufklärung und der ihr verbundenen kritischen Theologie unternahm Strauß in seinem Buch, das über die Jahrzehnte mehrere Auflagen und eine außerordentliche Verbreitung erlebte, den Versuch einer historisch-kritischen Analyse der Quellen des Neuen Testaments. Schritt für Schritt ging er die Berichte der Evangelien durch, begann mit der Verkündigung und Geburt Johannes des Täufers, der Abstammung Jesu von David, der Verkündigung Jesu, seiner übernatürlichen Zeugung, seiner Geburt und der ersten Lebensjahre, Jesu erster Tempelbesuche und seiner Bildung, behandelte dann die Geschichte des öffentlichen Lebens Jesu, seine Taufe, seinen messianischen Anspruch, seine Jünger, seine Reden und seine ›Wundergeschichten‹. Dem folgte die Geschichte des Leidens, Todes und der Auferstehung sowie der Himmelfahrt, und am Ende stand dann eine kurze Abhandlung zur dogmatischen Bedeutung des Leben Jesu.

Im Eingangskapitel seines Buches hatte Strauß über »Die Ausbildung des mythischen Standpunktes für die evangelische Geschichte« geschrieben, seine historisch-kritische Methode der Untersuchung der Evangelien dargelegt und dabei deutlich gemacht, daß er große Teile der biblischen Überlieferungen für »mythisch«, für »geschichtsartige Einkleidungen urchristlicher Ideen, gebildet in der absichtslos dichtenden Sage«[166], halte. Detailliert und der Chronologie des Lebens Jesu folgend suchte er die seiner Meinung nach historisch zutreffenden und haltbaren Berichte von jenen Teilen der Evangelien abzusondern, die sich einer natürlichen und rationalen Erklärung entzogen. So schälte sich im Verlaufe seiner Darstellung Jesu immer mehr das Bild eines Menschen heraus, dessen Lehren aus seiner Zeit wie aus den religiösen und sozialen Lebensformen seiner jüdischen Umwelt zu verstehen waren, gegen die er im Konflikt neue ethische Verhaltensvorschriften zu setzen gesucht habe. In dieses Bild vom ›Menschen‹ Jesu paßte kein Wunderglaube mehr, und folglich verwarf Strauß alle Wunder Jesu als ›mythisch‹ ebenso wie die Himmelfahrt Christi und sah in der Aufrechterhaltung solcher Lehren lediglich den Versuch kirchlicher Hierarchien, ihre Autorität legitimieren zu können. Für ihn war Jesus die Person, in der sich die menschliche Idee von Vollkommenheit zu ihrer Zeit verwirklicht hatte. Radikaler als Schleiermacher und gegen dessen Christologie wandte er ein, daß dessen Verbindung von Übernatürlichem mit Natürlichem ein letzter Versuch gewesen sei, »den kirchlichen Christus dem Geiste der modernen Welt annehmlich zu machen«[167]. Unvoreingenommene und historisch fundierte Kritik müsse dagegen mit der »Vorstellung von Jesu als einem übernatürlichen Wesen«[168] brechen, müsse seine menschliche Natur ernst nehmen und könne ihn allenfalls als eine religiös sehr hochstehende Persönlichkeit verehren und lieben. Für Strauß war es undenkbar, daß sich Gott in einem einzigen Menschen offenbart haben sollte, denn – und

166 David Friedrich Strauß, Das Leben Jesu, Bd. I, S. 75.

167 In seiner späten Schrift Der Christus des Glaubens und der Jesus der Geschichte. Eine Kritik des Schleiermacher'schen Lebens Jesu, Berlin 1865. Dazu die Einleitung von Angelika Dörfler-Dierken/Jörg Dierken zu dem in Anm. 165 angegebenen Nachdruck.

168 David Friedrich Strauß, Der Christus des Glaubens und der Jesus der Geschichte, S. 212.

darin kulminierte seine Christologie – ihm zufolge war Christus lediglich die personale Metapher für die Idee der Einheit von Gott und Mensch in der gesamten Menschheit als Gattung und ihrer Entwicklung. Nicht im historischen Jesus, sondern eben in der Menschheit insgesamt realisiere sich die Idee Gottes, »die Menschheit ist die Vereinigung der beiden Naturen, der menschgewordene Gott, der zur Endlichkeit entäußerte unendliche, und der seiner Unendlichkeit sich erinnernde Geist«[169]. »Unser Gott ist ein anderer« – heißt es in einem anderen Werk von Strauß – »unsere Welt eine andere, auch Christus kann uns nicht mehr der sein, der er ihnen [den Evangelisten, U.B.] war«[170]. Darin lag, was Strauß selbst bemerkte, »die Fortbildung der Christusreligion zur Humanitätsreligion«[171].

Dennoch war der historische Jesus nicht bedeutungslos. Strauß sah in ihm ein Beispiel dafür, wie sich in einer konkreten historische Person die Menschheit ihrer größeren Ideen vergewissern könne, wie in einer bestimmten Zeit unter bestimmten historischen Bedingungen die Idee der Einheit von Gott und Mensch konkret gelebt werden könne – eine These, die allerdings auch einschloß, »daß die Beziehung auf ein Individuum nur zur zeit- und volksmäßigen Form dieser Lehre gehöre«[172]. Die christliche Überlieferung verlor auf diese Weise ihren Wahrheitsanspruch, die Historisierung Jesu und die Entmythologisierung der Evangelien führten am Ende zu einer Reduktion von Religion auf Ethik. Das alles paßte in die säkularen und radikal-demokratischen Strömungen des deutschen Vormärz, fügte sich ein in die Ideologiekritik des Linkshegelianismus, und so ist es denn auch kein Zufall, daß Strauß selbst sich und sein Werk durchaus in Bezug zu Hegel setzte, an den er kritisch anschloß. »Aus dem Hegel'schen Satz, daß Religion und Philosophie den gleichen Inhalt, nur jene in der Form der Vorstellung, diese in der Form des Begriffes, haben, war meine ganze Kritik des Lebens Jesu hervorgewachsen«[173].

Diese philosophiehistorische Selbsteinschätzung verband Strauß mit Ludwig Feuerbach, der nun seinerseits explizit von Hegel herkam, zugleich aber auch von Strauß beeinflußt war. Ähnlich radikal wie dieser, wenngleich nicht mit Bezug auf die historischen Quellen, sondern ideologiekritisch gegenüber der Religion insgesamt, hatte sich Ludwig Feuerbach in seinem 1841 erschienenen Werk *Das Wesen des Christentums* der Gestalt Jesu Christi genähert[174]. Der christliche Gott war ihm Metapher für das Leid der Welt, denn der »Glaube an den aus Liebe Mensch gewordenen Gott … ist nichts andres als der Glaube an die Liebe, der Glaube aber an die Liebe ist der Glaube an die Wahrheit und Gottheit des menschlichen Herzens«[175].

169 David Friedrich Strauß, Das Leben Jesu, Bd. II, S. 734 f.

170 Ebenda, S. 213.

171 David Friedrich Strauß, Das Leben Jesu für das deutsche Volk bearbeitet, Leipzig 1864, S. 625.

172 David Friedrich Strauß, Das Leben Jesu, Bd. II, S. 736.

173 Zitiert nach Jörg F. Sandberger, David Friedrich Strauß als theologischer Hegelianer, Göttingen 1972, S. 91.

174 Ludwig Feuerbach, Das Wesen des Christentums, hg. von Werner Schuffenhauer, Gesammelte Werke, Bd. 5, Berlin-Ost 1974.

175 Ebenda, S. 117.

So wie Gott die Chiffre für den »Inbegriff aller menschlichen Vollkommenheit« war, so war »Christus der Inbegriff alles menschlichen Elends«[176]. Im Verhältnis des göttlichen Vaters zu seinem Sohn verwiesen Liebe und Leiden dialektisch aufeinander; während die Idee der Existenz Gottes die sich in der Welt durchsetzende Liebe symbolisierte, stand die Figur Jesu für alles Leiden, aus dem sich die Utopie einer auf Liebe gegründeten Gemeinschaft ergeben sollte. In dem Maße, wie Feuerbach die Religion radikal als »die Reflexion, die Spiegelung des menschlichen Wesens in sich selbst«[177] begriff, mußte Christus zu einer Projektionsfigur für den menschlichen Traum der Überwindung allen Elends werden, indem er alles Elend der Welt zunächst auf sich nahm.

Feuerbachs Christus-Bild hat auf Wagner einen nachhaltigen Eindruck gemacht. Der leidende Heiland ist ein immer wiederkehrendes ikonographisches Bild Wagners, in dem die Summe christlich-humanitärer Weltauffassung, die Heraufkunft der Menschheitsliebe aus der Überwindung unendlichen Leids personal eingefangen wird. Für Feuerbach war das Christentum eine »Invention des Herzens«[178] und das Herz der Sitz jener Sehnsucht, für andere zu leiden, zu leben und zu sterben, sie zu beglücken und dabei niemanden, auch den Geringsten nicht, auszuschließen. Christus – das ist »das sich selbst gegenständliche Herz, der Eindruck und Inhalt seiner Leidensgeschichte ein rein menschlicher«[179]. So wird die Anschauung eines leidenden Gottes die »höchste Selbstbejahung, die höchste Wollust des leidenden Herzens«[180] des Menschen, es ist die Vergewisserung, einen (mit-)empfindenden Gott bei sich zu wissen, ihn so zu sehen, wie man selbst ist. Der empfindende und gefühlvolle Gott aber ist die Projektion der eigenen Empfindungen und Gefühle und deshalb schreiben Menschen diesem Gott, diesem Christus zu, was für sie selbst das heiligste ist. Radikal wie vor ihm nur Strauß ›vermenschlicht‹ auch Feuerbach seinen Christus, überhöht ihn zu einem Erlöser aus allem Leid, der zuvor selbst durch dieses Leiden hindurchgehen mußte, um sodann zum Vorbild und Spiegel des Menschen, zu einem die menschlichen Ideale repräsentierenden ›Gott‹ werden zu können.

Die von Schleiermacher begonnene, von Strauß und Feuerbach dann radikalisierte Kritik der Evangelien, die daraus entspringende ›Humanisierung‹ des christlichen Gottes, seines Sohnes und dessen Lehren wurde von zahlreichen Theologen aufgenommen, weitergeführt und erweitert. So etwa von August Friedrich Gfrörer[181], dessen Werke Wagner eingehend zur Kenntnis nahm, so etwa auch von Ernest

176 Ebenda, S. 118. Im Wesen des Christentums ist ein Kapitel dem ›Geheimnis des leidenden Gottes‹ gewidmet, S. 117 ff.

177 Ebenda, S. 127.

178 Ebenda, S. 119.

179 Ebenda, S. 120.

180 Ebenda, S. 125.

181 August Friedrich Gfrörer wurde 1803 in Calw geboren, starb 1861 in Karlsruhe. Er erhielt – wie D.F. Strauß – in Kaufbeuren und Tübingen eine theologische Ausbildung, lebte vorrübergehend in der Schweiz und in Italien und wurde 1828 Repetent im Tübinger Stift, 1830 Bibliothekar an der königlich-öffentlichen Bibliothek in Stuttgart. Er trieb vornehmlich historische Studien, un-

Renan, dem französischen Religionswissenschaftler und Religionsphilosophen, dessen 1863 in Paris erschienenes Buch *La vie de Jésus*[182] wie auch dessen andere Schriften im Hause Wahnfried eifrig und mit zunehmender Begeisterung gelesen und zustimmend in jenen Jahren, da Wagner am *Parsifal* arbeitete[183], zur Kenntnis genommen wurden. Beide Autoren schlossen an die Grundthesen von Strauß an, Renan berief sich sogar in seiner Darstellung des Lebens Jesu explizit auf Strauß: »Die Kritik der evangelischen Texte im Besonderen ist von Herrn Strauß in einer Weise vorgenommen worden, welche wenig zu wünschen übrig läßt«[184]. Fast in Romanform erzählte Renan mit Rückgriff auf die Arbeiten kritischer deutscher Autoren die Geschichte Jesu, »den er als Künstler unter dem blauen Himmel Galiläas getroffen und mit begeistertem Griffel festgehalten hatte«[185], ein Messias, der in ländlicher Umgebung Weisheit und Würde ausstrahlt und sich als Projektionsfigur dazu eignete, die im Industrialisierungsprozeß der Moderne ausgelöste nostalgische Sehnsucht nach einer heilen Welt zu befriedigen. Renan entwarf das Bild eines würdevollen und weisen Heilands, der in seiner Einzigartigkeit an den etablierten jüdischen Eliten scheitert, weil er das Judentum nicht fortsetzen, sondern »den Bruch mit dem jüdischen Geiste«[186] herbeiführen will. Für Renan ist Jesus »ein Individuum, das die Menschheit der Gottheit am meisten nahe gebracht hat. … In ihm hat sich alles Gute und Erhabene unserer Natur verdichtet. Er ist nicht unfähig zu sündigen ge-

ter denen die durch Strauß' Leben Jesu angeregte dreibändige Geschichte des Urchristentums, Stuttgart 1838, die Wagner schätzte, die Evangelien und die Person Jesu einer historisch-kritischen Überprüfung unterzog. 1846 wurde er Professor für Geschichte in Freiburg, 1848 ins Frankfurter Parlament gewählt, war er Anhänger einer großdeutschen Reichsidee und Gegner Preußens. Nachdem er in Frankfurt erfolglos die Vereinigung der Protestanten mit den Katholiken gefordert hatte, trat er 1853 zum Katholizismus über. Gfrörer zählt zu jenen Autoren, die Wagner während seiner Parsifal-Arbeiten intensiv und zustimmend las, von dem er sich vor allem über die jüdische Kabbala informieren ließ. Vgl. Albert Schweitzer, Geschichte der Leben-Jesu-Forschung, S. 162 ff. sowie Wolf-Daniel Hartwich, Jüdische Theosophie in Richard Wagners Parsifal, in: Dieter Borchmeyer/Ami Maayani/Susanne Vill (Hg), Richard Wagner und die Juden, Stuttgart/Weimar 2000, S. 103 ff.

182 Ernest Renan wurde 1823 in der Bretagne geboren. Er erhielt zunächst eine katholische Priesterausbildung, gab aber, nachdem er die deutsche bibelkritische Literatur gelesen hatte, diese Absicht aus und wurde Privatgelehrter. Seine zahlreichen Schriften machten ihn schnell berühmt, nach einer Reise in den vorderen Orient wurde er 1862 Professor am Collège de France für semitische Sprachen. Nachdem sein Leben Jesu erschienen war, mußte er diese Professur aufgeben, wurde Bibliothekar, gelangte aber 1871 erneut auf eine Professur. 1892 starb er und wurde im Panthéon beigesetzt. Sein La Vie de Jésus wurde unter dem Titel ›Das Leben Jesu‹ noch im Jahr der französischen Publikation 1863 als ›Volksausgabe‹ auch in Berlin veröffentlicht. Vgl. Albert Schweitzer, Geschichte der Leben-Jesu-Forschung, S. 180 ff.

183 Die Tagebücher weisen ab dem März 1878 gehäuft zustimmende Hinweise auf die Lektüre der Schriften Renans aus. Wagner las zunächst dessen: Evangiles, danach Die Apostel, Paulus, den Antichrist, dann das Leben Jesu, Les églises und den Marc Aurel; Cosima Wagner, TB II, S. 86 ff. (22. April 1878 ff.); S. 94 (14. Mai 1878); S. 98 f. (25. Mai 1878), S. 114 ff. (10. Juni 1878 ff.); S. 483 (23. Januar 1880); 872 ff. (14. Januar 1882).

184 Ernst Renan, Das Leben Jesu, Berlin 1863, S. 3.

185 Albert Schweitzer, Geschichte der Leben-Jesu-Forschung, S. 181.

186 Ernst Renan, Das Leben Jesu, S. 389.

wesen; er hat die Leidenschaften, die auch wir bekämpfen, besiegt; kein Engel Gottes, nur sein gutes Gewissen hat ihn gestärkt; kein anderer Satan, als der, den Jeder in seinem Herzen fühlt, hat ihn versucht. ... Rückhaltlos seiner Idee hingegeben, hat er derselben Alles in einem Maaße untergeordnet, daß gegen Ende seines Lebens die Welt nicht mehr für ihn vorhanden war ... alle Jahrhunderte werden verkünden, daß unter den Menschensöhnen kein größerer als Jesus geboren ist«[187].

Die Thesen, Vorstellungen und Theorien dieser Autoren und der von ihnen initiierte und wesentlich mitbestimmte bibelkritische Diskurs, der sich auch in die materialistischen Wissenschafts- und Geschichtsauffassungen zwanglos einfügen und damit für radikales Denken und eine der Aufklärung verpflichtete Gesellschaftstheorie in Anspruch nehmen ließ[188], ein Vorgang, der die Kontinuität Wagnerschen Denkens ein weiteres Mal bestätigt, haben ganz ohne Zweifel Wagners eigene Vorstellungen von Jesus in ihren zentralen Gehalten entscheidend beeinflußt. Vermischt und angereichert durch Elemente der Philosophie Schopenhauers hat Wagner daraus ein eigenes Amalgam geformt. Für ihn verkörperte Jesus in idealer Weise die ursprüngliche Einheit des Menschen mit der Natur, in seiner Person wird das ›Reinmenschliche‹ historisch wieder sichtbar und bewußt. Jesus hat, so meint der Komponist, den durch die historische Entwicklung von Politik, Staat und Gesellschaft verschütteten Kern des Menschen wieder freigelegt und vorgelebt, und er hat damit gerettet und erneut in Geltung gesetzt, was durch die Entwicklung verschüttet worden war. Diese Leistung Jesu entspricht exakt jener Zielsetzung, die Wagner der neuen, revolutionären Kunst in seinem ›Kunstwerk der Zukunft‹ zuweist[189]. Zurecht ist deshalb bemerkt worden, das Evangelium könne, so wie Wagner es in der Figur Jesu interpretiere, »im Bereich der Religion das ›Kunstwerk der Zukunft‹ präfigurieren[190], denn die Ziele, auf die beides hin angelegt sind, die Lehre von Jesus wie das ›Kunstwerk der Zukunft‹, sind in ihren Inhalten weitgehend identisch. Wagner profiliert Jesus – im Anschluß an Strauß und Feuerbach und zugleich über beide hinaus – als Sozialrevolutionär, dessen religiöse Grundüberzeugungen eine scharfe Kritik der bestehenden Zustände implizieren und der die Vision einer besseren Gemeinschaft entwirft, die nicht erst im Jenseits, sondern bereits auf Erden verwirklicht werden soll. Mit diesem Visionär Jesus nimmt Wagner zugleich Abschied von aller religiösen Transzendenz, er holt, seinem Anreger Feuerbach folgend, in dessen Person die christliche Religion vom Himmel auf die Erde und setzt in ihr die Ziele für eine revolutionäre Veränderung der bestehenden Gesellschaft. Religion und Kunst gehen auf diese Weise eine sehr eigene – und, nebenbei bemerkt, von der Romantik

187 Ebenda, S. 391 f.

188 So etwa bei Friedrich Albert Lange, Geschichte des Materialismus und Kritik seiner Bedeutung in der Gegenwart, 2 Bücher, Iserlohn 1866 (die Auseinandersetzung mit Strauß u.a. findet sich im 2. Buch). Wagner kannte diese Arbeit, beurteilte sie aber offenbar skeptisch; vgl. Cosima Wagner, TB II, S. 116, Anm. (12. Juni 1878). Vgl. auch Fritz Mauthner, Der Atheismus und seine Geschichte im Abendlande, Stuttgart/Berlin 1923, Bd. 4, S. 177 ff.

189 Vgl. S. 215 ff.

190 Wolf-Daniel Hartwich, Deutsche Mythologie, S. 144.

entscheidend abweichende[191] – Verbindung ein, in der Christus als Symbolfigur für den radikalen Bewußtseinswandel, den auch eine radikal erneuerte und veränderte Kunstauffassung bringen soll, figuriert[192].

»Diese Gestalt von Christus sich rein zu verklären, um ein Beispiel als äußeres Band zu haben«[193], bezeichnete Wagner auch noch 1880 als eine bedeutsame, für die Öffentlichkeit immer noch nicht bewältigte Aufgabe, bei der es darauf ankomme, sich klar zu machen, daß Jesus nicht mit der Kirche ineins gesetzt werden dürfe, daß Kirche und Christentum auseinanderzuhalten seien – Überzeugungen, die ganz auf der Linie des Denkens von Strauß und Feuerbach liegen. Zahllose Äußerungen, die Cosima in ihren Tagebüchern festgehalten hat, zeigen, daß Wagner noch in seinen letzten Lebensjahren Jesus so sieht, wie er ihn schon in den revolutionären Jahren 1848/49 und in den sie begleitenden Schriften und Werkentwürfen verstanden und festgehalten hatte: als einen »gottbegnadeten Menschen«[194], der eine auf wenige Topoi zu konzentrierende, vollkommen neue Botschaft verkündet, ein »Erlöser der Armen«[195], dessen freiwilliger Tod, verstanden als Überwindung von Selbstbezüglichkeit und Egoismus, »den allgemein faßlichsten Kern des Christentums bilden sollte«[196]. Aus diesen Gründen trennt Wagner – ähnlich wie Ernest Renan in seinem *Leben Jesu* – diesen Jesus in seinen späten Schriften und Äußerungen strikt vom jüdischen Gott des Alten Testaments ab, was weniger in seinem Antisemitismus begründet liegt als vielmehr in der Überzeugung, daß der Gott des Alten Testamentes, der Gott der Juden ein Gott der Rache und Gewalt ist, ein Gott des Handelns und der harten Forderungen, während Jesus eben ein (mit-)leidender Mensch ist, seine Lehre eine »That des freiwilligen Leidens«[197]. »Der alte jüdische Gott verdirbt immer die ganze Sache«, sagt er zu Cosima und meint, das sei der Grund für »das Absterben der Religion, die sich nur durch Verdummung des Volkes aufrecht hält …; den alten Gott läßt keiner fahren, dafür leugnen sie aber Christus – es ist eine Konfusion

191 In aller Regel wird die Verbindung von Kunst und Religion als charakteristisch und spezifisch für die Romantik erklärt, was aber auf Wagner so nicht zutrifft. Vgl. als Überblick den Artikel ›Kunstreligion‹ in: Joachim Ritter/Karlfried Gründer (Hg), Historisches Wörterbuch der Philosophie, Darmstadt 1976, Bd. 4, Sp. 1458 f.; Zur historischen und soziologischen Sicht dieses Verhältnisses Richard Faber/Volkhard Krech (Hg), Kunst und Religion. Studien zur Kultursoziologie und Kulturgeschichte, Würzburg 1999; zur ideenhistorischen Tradition das angekündigte Buch von Ernst Müller, Ästhetische Religiösität und Kunstreligion in den Philosophien von der Aufklärung bis zum Ausgang des deutschen Idealismus, Berlin 2004.

192 Offensichtlich ist diese Sicht von Jesus wesentlich durch Ludwig Feuerbach, Gedanken über Tod und Unsterblichkeit (1830) beeinflußt, in: Ludwig Feuerbach, Frühe Schriften, Kritiken und Reflexionen (1828–1834), hg. von Werner Schuffenhauer, Gesammelte Werke Bd. I, Berlin – Ost 1981, S. 177 ff. Vgl. Ulrike Kienzle, Die Religion des Parsifal, in: dieselbe, Philosophie und Religion in Wagners Musikdramen (erscheint voraussichtlich 2004/2005).

193 Cosima Wagner, TB, Bd. II, S. 475 (13. Januar 1880).

194 Ebenda, TB, Bd. I, S. 535 (15. Juni 1872).

195 Richard Wagner, Religion und Kunst, in: GSD, Bd. 10, S. 232.

196 Ebenda, S. 230.

197 Ebenda, S. 213.

überall, wohin man blickt«[198]. In immer neuen variierenden Formulierungen belegen viele Äußerungen des späten Wagner, daß er – in der Übernahme von Feuerbachs Religions- und Gottesauffassung – das Leiden und Mitleiden als die ausschlaggebende Eigenschaft der Person Christi empfindet, es für den Kern von dessen Lehre und Wirken hält: »Christus will leiden, leidet und erlöst uns«[199]. Sein »zu qualvollem Leiden am Kreuz ausgespannter Leib« wird für Wagner zum höchsten »Inbegriff aller mitleidvollen Liebe selbst«[200] – auch dies eine Paraphrase zu Feuerbach, bei dem es heißt: »Das Leiden Christi repräsentiert jedoch nicht nur das sittliche Leiden, das Leiden der Liebe, der Kraft, sich selbst zum Wohle anderer aufzuopfern, es repräsentiert auch das Leiden als solches«[201] – und: »Die Liebe bewährt sich durch Leiden«[202]. Und dieses Leiden wie die sich darin aussprechende Liebe des Heilands zu den Menschen, will »nicht mehr durch Lehre, sondern durch sein Beispiel«[203] wirken, will konkret sein und so ins Leben eingreifen. Wagners religionsphilosophisches Denken kreist um das Leiden und den Tod Christi, rückt beides ins Zentrum seiner Auffassung von einem neu zu bestimmenden Christentum. Für ihn ist Jesus ein Mensch, »der ganz Herz ist«[204], dessen Blut »nicht für das einer noch so bevorzugten Race«, sondern »dem ganzen menschlichen Geschlechte zur edelsten Reinigung«[205] fließen konnte, ein Mensch ohne jeden Anspruch auf staatliche und gesellschaftliche Autorität. Auch deshalb grenzt er seine eigene Vorstellung des Erlösers vom institutionell verfaßten Christentum und dessen Autoritätsanspruch scharf ab, weil er meint, die Enge der christlichen Kirchen stehe diesem universalen Erlösungsanspruch entgegen. Daß Jesus überdies mit dem jüdischen Glauben nichts zu tun hat, führt gelegentlich zu absonderlichen Spekulationen, etwa dann, wenn er meint, Jesus sei vermutlich deshalb kein Jude gewesen, weil er »syrochaldäisch« gesprochen habe[206]. Unabhängig davon aber steht für ihn fest, daß dieser Heiland sich nicht in die religiösen Traditionen des Judentums einfügen lasse, weil er dessen positive Haltung zur Welt, wie sie im Alten Testament zum Ausdruck komme, nicht einnehme. So sieht er es denn als »Fluch des Christentums«, zur »Anhängselung an das Alte Testament«[207] gemacht worden zu sein, sieht es als ein Verhängnis, daß die christliche Lehre sich an die jüdische Religion angelehnt habe[208], weil dadurch die

198 Cosima Wagner, TB, Bd. I, S. 535 (15. Juni 1872).
199 Cosima Wagner, TB, Bd. I, S. 744 (28. Oktober 1973)
200 Richard Wagner, Religion und Kunst, S. 215.
201 Ludwig Feuerbach, Das Wesen des Christentums, S. 121.
202 Ebenda, S. 118.
203 Richard Wagner, Religion und Kunst, S. 230.
204 Cosima Wagner, TB, Bd. II, S. 526 (28. April 1880).
205 Richard Wagner, Heldenthum und Christentum, in: GSD, Bd. 10, S. 283.
206 Cosima Wagner, TB, Bd. II, S. 242 (27. November 1878). Die Frage, »ob Jesus selbst vom jüdischem Stamme gewesen sei«, thematisiert Wagner auch in Religion und Kunst, in: GSD, Bd. 10, S. 232. Es ist dies eine Frage, die auch in dem bibelkritischen Diskurs, etwa bei Renan, schon diskutiert wird, die also nicht als eine Obsession Wagners gesehen werden darf.
207 Ebenda, S. 228 (13. November 1878).
208 Ebenda, TB, Bd. I, S. 535 (15. Juni 1872).

Juden »das Christentum entweiht, d.h. für diese Welt zugerichtet«[209] hätten. In Wahrheit aber sei das Christentum »Verneinung der Welt« und nur darum fähig, »eine Religion zu sein, keine Kirche aber, welche durch den Widerspruch mit der Welt gegen die Welt notwendig eine organisierte Heuchelei sein muß. Das wahre, das unkirchliche Christentum ruft aus dem Leben, und alle Leidenden werden den Ruf hören«[210]. »Erlösung darf man sich nur als Verneinung vorstellen«[211], sagt Wagner zu Cosima und bringt damit Intentionen Schopenhauers in den Kontext seiner Religionsauffassung ein. Aus solch einer auf die konkreten politischen, gesellschaftlichen wie kulturellen Institutionen, Organisationen, Zustände und Prinzipien gezielten ›Verneinung der Welt‹ erwächst bei Wagner die Überzeugung, »daß das Christentum noch für die kommenden Zeiten zu retten sei und daß es bis jetzt nur die Epochen seiner Barbarei gehabt« habe[212], denn: »Für mich ist das Christentum noch nicht ins Leben getreten, und wie die ersten Christen erwarte ich eine Wiederkunft von Christus«[213]; eines Christus, der als die personale Symbolisierung Gottes ›in uns‹ sich vom alten, jenseitigen jüdischen Gott fundamental unterscheidet.

Eine Konsequenz aus solchen Vorstellungen, in der sich Grundphilosopheme von Feuerbach und Schopenhauer mit den allgemeinen ›Ergebnissen‹ des bibelkritischen Diskurses von Schleiermacher über Strauß, Gfrörer, Renan – um nur die für Wagner wichtigsten Autoren zu nennen[214] – amalgamieren, in die sich auch Elemente des indisch-brahmanischen Kultur- und Religionskreises[215] beimischen, war die scharfe Verurteilung der Institutionalisierung des Christentums in den christlichen Kirchen, die schon in den ›Zürcher Kunstschriften‹ zu finden ist und die sich als eine markante Kontinuitätslinie auch in die Spätschriften wie die Tagebuch-Notizen hineinzieht. Auch für den späten Wagner sind die Kirchen, ähnlich dem Staat, blanke Herrschaftsorganisationen und tendieren als solche notwendigerweise

209 Ebenda, S. 687 (10. Februar 1881). Zum Verhältnis von Altem und Neuem Testament in der Theologie des 19. Jahrhunderts und bei Wagner vgl. die demnächst erscheinende Arbeit von Wolf-Daniel Hartwich, Die romantische Entdeckung des Judentums. Kunstreligion und antisemitische Mythen von Klopstock bis Richard Wagner (Habilitationsschrift Heidelberg 2001).

210 Ebenda, TB, Bd. II, S. 181 (16. August 1878).

211 Ebenda, TB, Bd. II, S. 597 (8. September 1880).

212 Ebenda, TB, Bd. II, S. 117 (15. Juni 1878)

213 Ebenda, TB, Bd. II, S. 382 (14. Juli 1879).

214 Dieser Diskurs kritischer Theologen und Religionsphilosophen umfaßt naturgemäß noch weitere Autoren als die hier aufgeführten. So etwa den Lehrer von Strauß, Ferdinand Christian Baur, aber auch Autoren wie Isaak August Dorner, Matthias Schneckenburger u.a. Vgl. dazu Theologische Realenzyklopädie, hg von Gerhard Müller, Berlin 1981, Bd. XVII, Jesus Christus V, S. 1 ff. Siehe auch Stefan Breuer, Religion – Kunst – Politik, in: Eckehard Kiem/Ludwig Holtmeier (Hg), Richard Wagner und seine Zeit, Laaber 2003, S. 168 ff.; Wolf-Daniel Hartwich, Jüdische Theosophie in Richard Wagners Parsifal. Vom christlichen Antisemitismus zur ästhetischen Kabbala, in: Dieter Borchmeyer/Ami Maayani/Susanne Vill (Hg); Richard Wagner und die Juden, Stuttgart/Weimar 2000, S. 103 ff.; derselbe, Religion und Kunst beim späten Wagner. Dem genaueren Einfluß der jüdischen Theologie auf Wagners eigene religiöse Vorstellungen geht Wolf-Daniel Hartwich, Die romantische Entdeckung des Judentums, ausführlich nach.

215 Vgl. dazu Carl Suneson, Richard Wagner und die indische Geisteswelt, Leiden et al. 1989.

zur »gänzlichen Verweltlichung«[216], in deren Folge zum Verfall. Grund hierfür ist die – aus der jüdischen Tradition übernommene – falsche Dogmatisierung des Glaubens[217], der erstarrt, seine lebendige Kraft verliert und zum bloßen Herrschaftsinstrument degeneriert. Diese fatale Entwicklung beginnt – nach Wagner – bereits mit dem römischen Kaiser Konstantin, der – um 320 n. Chr. – das Christentum zur Staatsreligion gemacht hat, einzig zu dem Zweck, »den römischen Herrschaftsanspruch zu retten«[218] und setzt sich dann fort bis auf den heutigen Tag. Die »Schrecklichkeit der Kirche«[219], die das »Gräßlichste in der Geschichte«[220] ist, das »Unglück« der Entwicklung einer offenbar die Dogmatisierung befördernden Theologie[221], der Wagner gelegentlich eine eigene entgegensetzen möchte[222], das »Scheußliche … der Anerkennung des Papstes als Statthalter Christi«[223], das ständig falsche Ineinssetzen von Kirche und Christentum[224], das seinen Ursprung unter anderem darin hat, »daß das Christentum auf das Judentum aufgepropft sei«[225] – solche Thesen und Topoi finden sich noch in den späten Lebensjahren Wagners als immer wiederkehrende, gleichsam festgefrorene (Vor-)Urteile und Überzeugungen in Schriften und Cosimas Gesprächsnotaten. »Nur eine allgemeine Religion ist in Wahrheit Religion: verschiedene, politisch festgesetzte und staatskontraktlich neben oder unter einander gestelte Bekenntnisse derselben bekennen in Wahrheit nur, daß die Religion in ihrer Auflösung begriffen ist«[226].

Hinter all dem steht Wagners Wunsch nach einem Christentum, »losgelöst von aller Konfession«[227]. »Die christliche Religion gehört keinem nationalen Volksstamme eigens an: das christliche Dogma wendet sich an die rein menschliche Natur« – schreibt er in *Was ist deutsch?*[228] und er meint damit, daß sich ›das Christliche‹ für alle Menschen, gleich welcher Rassen, in einem Glauben mit knappen, einprägsamen ethisch-religiösen Miminalsätzen komprimieren lasse. So etwa auf die drei Tugenden ›Liebe, Glaube und Hoffnung‹[229] als den »eigentlich christlichen Geboten«, die

216 Richard Wagner, Religion und Kunst, S. 222.
217 Ebenda, S. 232.
218 Cosima Wagner, TB, Bd. I, S. 543 (2. Juli 1872).
219 Ebenda, TB, Bd. II, S. 86 (23. April 1878).
220 Ebenda, TB, Bd. II, S. 490 (10. Januar 1880).
221 Ebenda, TB, Bd. II, S. 207 (22. Oktober 1878).
222 »Ich muß durchaus einmal meine Theologie schreiben, sagt er halb ernst, halb scherzend, oder vielmehr vom Ernst zum Scherz übergehend«, notiert Cosima am 15. November 1878. TB, Bd. II, S. 231.
223 Ebenda, TB, Bd. II, S. 578 (27. Juli 1880).
224 Ebenda, TB, Bd. II, S. 475 (13. Januar 1880).
225 Ebenda, TB, Bd. II, S. 147 (26. Juli 1878).
226 Richard Wagner, Was ist deutsch?, in: GSD, Bd. 10., S. 42.
227 Cosima Wagner, TB, Bd. II, S. 486 (30. Januar 1880).
228 Richard Wagner, Was ist deutsch?, in: GSD, Bd. 10, S. 40.
229 Zur christlichen Reihenfolge ›Glaube, Liebe und Hoffnung‹ schreibt Wagner: »Diese werden gemeiniglich in einer Reihenfolge aufgeführt, welche uns den Zweck der Anleitung zu christlicher Gesinnung nicht ganz richtig dünkt, da wir denn ›Glaube, Liebe und Hoffnung‹ zu ›Liebe, Glaube und Hoffnung‹ umgestellt wissen möchten. Richard Wagner, Was nützt diese Erkenntnis? in: GSD, Bd. 10, S. 259.

Wagner im Geiste Schopenhauers und entgegen der christlichen Reihung von ›Glaube, Liebe, Hoffnung‹ wie folgt erläutert: »Nur die dem Mitleiden entkeimte und im Mitleiden bis zur vollen Brechung des Eigenwillens sich betätigende Liebe, ist die erlösende christliche Liebe, in welcher Glaube und Hoffnung ganz von selbst eingeschlossen sind – der ›Glaube‹ als untrüglich sicheres und durch das göttlichste Vorbild bestätigtes Bewußtsein von jener moralischen Bedeutung der Welt, die ›Hoffnung‹ als das beseligende Wissen der Unmöglichkeit einer Täuschung dieses Bewußtseins«[230]. Wenn das Christentum eine »Religion des Leidens«[231] ist, dann ist Mitleiden mit allen Geschöpfen ein fundamentaler Glaubenssatz. »Aus dem Mitleid mit den Tieren wäre Religion anzuknüpfen; Mensch zu Mensch sei schon schwierig, sie seien so boshaft, ein jeder wehrte sich, und die erhabene Lehre des Christentums kaum anzuwenden; bei den stillen Wesen, da könne man beginnen, und wer gegen die Tiere mitleidig wäre, könne gewiß auch gegen Menschen nicht hart sein«[232], meint er zu einer Zeit, da er sich mehr und mehr aktiv in die Auseinandersetzungen gegen die Vivisektion einmischte. Die Verbindung dieser zentralen Inhalte: Mitleiden mit allen Geschöpfen, Verneinung der faktischen Lebensbedingungen der Menschen sowie die Überwindung des Egoismus in der Liebe – alles im Begriff des ›Reinmenschlichen‹ zusammengefaßt – bilden den ethischen und sehr irdischen Kern in Wagners Vorstellungen von einer christlichen Minimalreligion, bilden seinen unscharf umrissenen, aufs Äußerste reduzierten theologischen Prinzipienvorrat. Es sind Grundprinzipien, die sich bereits in den ›Zürcher Kunstschriften‹ finden und die in den späten Schriften und Äußerungen immer wieder explizit formuliert und wiederholt werden. In dieser die normativen Leitideen konzentrierenden Minimalreligion symbolisiert Jesus – in Übernahme der Thesen von Strauß, Feuerbach, Gförer und Renan – jene überragende Kraft des »großen schaffenden Genius«[233], der in den scheinbar »natürlichen Prozeß« des sich in der Geschichte vollziehenden gesellschaftlichen Deformations- und Degenerationsprozesses mit seiner Lehre zu intervenieren sucht, als einer jener mahnenden Visionäre, wie sie historisch immer wieder aufgetaucht sind. Um es noch einmal zu wiederholen: Was sich aus Wagners Schriften und festgehaltenen Äußerungen herausdestillieren läßt, ist ein auf wenige Grundsätze reduziertes Christentum, eine ›Religion‹, die ohne einen Schöpfergott auskommt und die das ›Göttliche‹ in der Vorbildhaftigkeit herausragender Figuren begreift[234]. Ein gleichsam atheistisches Christentum – wie es ähnlich auch Schopenhauer vertrat[235] – , das die christliche Religion in die abbreviati-

230 Ebenda, S. 260.

231 Cosima Wagner, TB, Bd. II, S. 717 (27. März 1881).

232 Ebenda, S. 390 (31. Juli 1879).

233 Ebenda, S. 114 (10. Juni 1878).

234 Das kann gelegentlich sogar ins Private abgleiten. »Richard kommt zu mir und sagt, er brauche keine Religion, ich sei ihm Offenbarung alles Guten und Schönen ...«. Ebenda, Bd. I, S. 429 (21. August 1871).

235 Vgl. dazu genauer Alfred Schmidt, Die Wahrheit im Gewande der Lüge. Schopenhauers Religionsphilosophie, München 1986, sowie Ulrike Kienzle, Die Religion des Parsifal, passim.

ven Vorstellungsgehalte und Vorstellungsbilder eines gesellschaftskritischen Mythos projiziert[236]. Diese christliche Minimalreligion, deren Ziel die Aufhebung, d.h. Veränderung der faktischen Welt in Bewußtsein und Tat ist, wird von Wagner als die ›wahre Religion‹ bezeichnet, »im Wesen grundverschieden«[237] von Staat und Gesellschaft, weil der Untergang, wie es schon in *Oper und Drama* hieß, »das sich verwirklichende religiöse Bewußtsein der Gesellschaft vor ihrem rein menschlichen Wesen«[238] sei. »In der wahren Religion«[239] – so heißt es nun 1864 in *Über Staat und Religion*, wo Wagner sich erstmals zusammenhängend und ausführlich mit der Religion beschäftigt – »findet somit eine vollständige Umkehr aller der Bestrebungen statt, welche den Staat gründen und organisieren«[240]. Denn die ›wahre Religion‹ ist auf eine Welt gerichtet, die nur durch das Beiseiteschieben der schlechten Faktizität der Moderne in den Blick kommen kann, oder, wie es an anderer Stelle heißt: »die tiefste Grundlage jeder wahren Religion sehen wir nun in der Erkenntnis der Hinfälligkeit der Welt«[241]. Die ›wahre Religion‹ ist das Wissen von einer anderen Welt, das weder durch Verstand noch durch Vernunft, nicht durch »intellektuale Vorstellungsmöglichkeiten«[242] zu gewinnen ist, sondern das, getrieben vom »unerlöschlichen Glückseligkeitstrieb«, sich nur im Glauben jedes einzelnen Menschen mitteilt: »Sie lebt einzig nur da, wo sie ihren ursprünglichen Quell und einzig richtigen Sitz hat, im tiefsten, heiligsten Inneren des Individuums, da, wohin nie ein Streit der Rationalisten und Supranaturalisten, noch des Klerus und des Staates gelangte; denn, dieses eben ist das Wesen der wahren Religion, daß sie, dem täuschenden Tagesscheine der Welt ab, in der Nacht des tiefsten Innern des menschlichen Gemüthes als anderes, von der Weltsonne gänzlich verschiedenes, nur aus dieser Tiefe aber wahrnehmbares Licht leuchtet«[243]. Wagner zielt damit zwar zunächst auf das einzelne Subjekt, auf dessen grundlegende Bewußtseinsänderung, aber dahinter steht doch die alte Hoffnung aus den Revolutionsjahren, daß die individuelle Internalisierung neuer ethischer Standards in der Summe eine Wende zu einer besseren Gesellschaft bewirken könne.

Nicht zufällig umschreibt Wagner seine Vorstellungen von der ›wahren Religion‹ lediglich skizzenhaft und intentional – und an dieser Stelle ohne Hinweis auf die oben genannten ethischen Minimalia – , wie er ähnlich auch mit seiner Idee der Organisation einer nachrevolutionären Gemeinschaft in den ›Zürcher Kunstschrif-

236 Vgl. dazu Hans Maier, Mythos und Christentum, in: Udo Bermbach/Dieter Borchmeyer (Hg), Richard Wagner ›Der Ring des Nibelungen‹. Ansichten des Mythos, Stuttgart/Weimar 1995, S. 143 ff.

237 Richard Wagner, Über Staat und Religion, in: GSD, Bd. 8, S. 19.

238 Richard Wagner, Oper und Drama, in: GSD, Bd. 4, S. 72.

239 Also: in der von allen dogmatischen und kirchlichen Verfälschungen gereinigten Religion, so wie Wagner sie verstand und wie sie oben skizziert worden ist.

240 Richard Wagner, Über Staat und Religion, in: GSD, Bd. 8, S. 20.

241 Richard Wagner, Religion und Kunst, in: GSD, Bd. 10, S. 212.

242 Richard Wagner, Über Staat und Religion, in: GSD, Bd. 8, S. 20.

243 Ebenda, S. 25.

ten‹ verfahren war, wie er immer verfährt, wenn er eine Zukunft thematisiert, die den Erfahrungshorizont der Gegenwart durchbricht, wohl aus seiner tief verwurzelten anarchistischen Überzeugung heraus, man dürfe nur wissen, was man nicht wolle, um dann »aus unwillkürlicher Naturnotwendigkeit ganz sicher das, was wir wollen«[244] zu erreichen. So grenzt er denn die ›wahre Religion‹ durch ihre bloße Attribution vom vorherrschenden Religionsverständnis ab, Parallele zur ›wahren Liebe‹, die er in derselben Weise von der vorherrschenden Liebe ebenfalls abgrenzt[245], indem er ihr – wie der ›wahren Religion‹ – jene realitätsüberschießende Qualität zuspricht, die er in den ›Zürcher Kunstschriften‹ der Kunst generell reserviert hatte. Mitleid, Verneinung der Lebensverhältnisse und Überwindung des Egoismus werden damit zu ethischen Imperativen, die der ›wahren Religion‹ die Rolle einer normativen Orientierung für eine gesellschaftsintervenierende Kunst zuweisen. Hinzu tritt Jesus als ein beispielhafter Mensch, der diese ethischen Minimalia vorlebt, der damit alle gesetzten moralischen und gesellschaftlichen Restriktionen, die sich in Jahrhunderten angesammelt haben, durchbricht und damit den Bewußtseinswandel jedes Einzelnen einleiten will. Dem ›Kunstwerk der Zukunft‹ entspricht so – wie bereits erwähnt – die ›Religion der Zukunft‹, beides geht ineinander über und in diesem Sinne spricht Wagner auch davon, das Kunstwerk sei »die lebendig dargestellte Religion«[246].

Die Darstellung der ›wahren Religion‹ bedarf allerdings entsprechender repräsentativer Zeichen, und hier bietet die christliche Religion einen Vorrat an liturgischen Symbolen und Ritualen, die dort, wo sie praktiziert werden, den Raum sakralisieren, ihn von Alltagsräumen sichtbar abgrenzen und im Ablauf der Liturgie jene religiösen Gehalte vergegenwärtigen, an die im alltäglichen Leben angeschlossen werden kann. Wenn Wagners Anspruch an seine zukünftige Kunst darauf abzielt, ihr jene Sozialintegration der Gemeinschaft als zentrale Aufgabe zuzuweisen, die üblicherweise von Politik, Ökonomie oder auch durch Kommunikation geleistet wird, dann muß diese Kunst – zumal bei einem Künstler wie Wagner, der durch Feuerbachs materialistischen Sensualismus geprägt worden ist – nicht nur durch gemeinsam geteilte moralische Imperative ausgezeichnet, sondern zugleich auch sinnlich wahrnehmbar sein. Und eben dies leistet die Liturgie der christlichen Kirche, die überdies noch den Vorteil hat, den Menschen vertraut zu sein und religiöse Grundwahrheiten über ästhetische Wahrnehmungen zu vermitteln. Nicht zufällig hat Wagner deshalb auch, mit Verweis auf Schiller, davon gesprochen, das Christentum sei für ihn »in diesem Sinne die einzige *ästhetische* Religion«[247]. Was wohl meint,

244 Richard Wagner, Flüchtige Aufzeichnungen einzelner Gedanken, in: DS, BD. V, S. 247. Vgl. auch S. 74 f.

245 Vgl. S. 225 ff. sowie Udo Bermbach, Utopische Potentiale in Wagners Frauengestalten, in: Susanne Vill (Hg), ›Das Weib der Zukunft‹. Frauengestalten und Frauenstimmen bei Richard Wagner, Stuttgart/Weimar 2000, S. 70 ff.

246 Richard Wagner, Das Kunstwerk der Zukunft, in: GSD, Bd. 3, S. 63.

247 Richard Wagner, Was nützt diese Erkenntnis?, in: GSD, Bd. 10, S. 258. Die Hervorhebung steht auch im Original, d.h. Wagner setzt darauf den Akzent.

der Wahrheitsanspruch des Christentums sei entscheidend an die ästhetischen Formen seiner Offenbarung geknüpft.

In diesem Sinne sind auch die viel zitierten Eingangssätze von *Religion und Kunst* aus dem Jahre 1880, der wichtigsten theoretischen Schrift im Umfeld der *Parsifal*-Entstehung[248], zu verstehen. »Man könnte sagen« – so beginnt der Text – »daß da, wo die Religion künstlich wird, der Kunst es vorbehalten sei den Kern der Religion zu retten, indem sie die mythischen Symbole, welche die erstere im eigentlichen Sinne als wahr geglaubt wissen will, ihrem sinnbildlichen Werthe nach erfaßt, um durch ideale Darstellung derselben die in ihnen verborgene tiefe Wahrheit erkennen zu lassen. Während dem Priester Alles daran liegt, die religiösen Allegorien für thatsächliche Wahrheiten angesehen zu wissen, kommt es dagegen dem Künstler hierauf ganz und gar nicht an, da er offen und frei sein Werk als seine Erfindung ausgiebt. Die Religion lebt aber nur noch künstlich, wann sie zu immer weiterem Ausbau ihrer dogmatischen Symbole sich genöthigt findet, und somit das Eine, Wahre und Göttliche in ihr durch wachsende Anhäufung von, dem Glauben empfohlenen, Unglaublichkeiten verdeckt. Im Gefühle hiervon suchte sie daher von je die Mithilfe der Kunst, welche so lange zu ihrer eigenen höheren Entfaltung unfähig blieb, als sie jene vorgebliche reale Wahrhaftigkeit des Symboles durch Hervorbringung fetischartiger Götzenbilder für die sinnliche Anbetung vorführen sollte, dagegen nun die Kunst erst dann ihre wahre Aufgabe erfüllte, als sie durch ideale Darstellung des allegorischen Bildes zur Erfassung des inneren Kernes desselben, der unaussprechlichen göttlichen Wahrheit, hinleitete«[249].

Die doppelte Botschaft Wagners ist deutlich: zum einen ist die christliche Religion in ihren Glaubensinhalten »künstlich«, weil sie, in Kirchen institutionalisiert, dem Staat und damit der Politik nahesteht, als Organisation Teil des Staates geworden ist und sich damit vom Wesen der Religion wie den Gläubigen entfremdet hat. Deshalb muß die Kunst den Kern der christlichen Botschaft aufnehmen und neu verkünden. Sie kann das aber – und dies ist der zweite Gesichtspunkt Wagners – nur mit den ihr eigenen Mitteln tun, d.h. sie übernimmt zwar die ›mythischen Symbole‹ der Religion, die diese als ›wahr‹ geglaubt haben will, setzt sie aber als repräsentative Zeichen für ihre eigene minimalistische Kernwahrheit ein. Behauptet die Religion, in Symbol und Ritual vollzögen sich reale Prozesse – wie etwa im Abendmahl die Wandlung von Brot und Wein zu Fleisch und Blut – , so nutzt die Kunst solche Symbole und Rituale lediglich als ›Allegorien‹, d.h. als zeichenhafte Repräsentation für einen Vorgang, den sie selbst ästhetisch darstellt, von dem sie aber nicht behauptet, daß sie ihn empirisch vollzieht. Während die Religion einen substantiellen Wahrheitsanspruch stellt, findet die Kunst ihre Wahrheit in der ästhetischen Darstellung normativer Minimalorientierung. »Die Kunst« – schreibt Wagner an anderer Stelle – »erfaßt das Bildliche des Begriffs, in welchem dieser sich äußerlich der Phantasie

248 Vgl. dazu eingehend Udo Bermbach, Parsifal. Ästhetisierung der Revolution, in: derselbe, ›Blühendes Leid‹, S. 281 ff., bes. 290 ff., 294.

249 Richard Wagner, Religion und Kunst, in: GSD, Bd. 10, S. 211 f.

darstellt, und erhebt, durch Ausbildung des zuvor nur allegorisch angewendeten Gleichnisses zum vollendeten, den Begriff gänzlich in sich fassenden Bilde, diesen über sich selbst hinaus zu einer Offenbarung«[250].

In der sinnlichen Darstellung des Bühnengeschehens, im theatralen Gebrauch ursprünglich religiös konnotierter Symbole und Rituale, durch welche die Inhalte einer auf Kerngehalte zurückgenommenen christlich gefärbten Ethik in der dramatischen Darstellung des Geschehens dem Zuschauer vermittelt werden, soll die Kunst ihre in der Sphäre der Ästhetik sich vollziehende normative Kraft gewinnen. Wagner hofft, mit der ethischen Aufladung der ästhetischen Erfahrung die der Kunst angesonnene Aufgabe lösen zu können, den Zuhörer aufzuklären über die Welt, sich selbst und die eigene Lebensführung. Darin liegt der Sinn der im *Parsifal* verwandten christlichen Symbole und der Elemente christlicher Liturgie[251], die keineswegs religiöse Inhalte im Sinne kirchlicher Lehrmeinungen transportieren, sondern als ›mythische Symbole‹ im Sinne der Mythentheorie Wagners die ›ideale Darstellung‹ einer ›tiefen Wahrheit‹ sind, diese Wahrheit aber nicht detailliert benennen, sondern sie in einem allgemeinen Sinne erst offenbar werden lassen im entstehenden Kommunikationsprozeß zwischen Bühne und Zuschauern. Man kann die Absichten Wagners und die ihm hier vorschwebende Funktion eines sich religiöser und liturgischer Symbole bedienenden ethischen Minimalismus vergleichen mit der Rolle und Funktion, die Grundrechte in modernen Verfassungen erfüllen; deren im Prinzip unaufhebbare rechtliche Festschreibung gelten als normative Vorgabe für eine Politik, die im täglichen politischen Prozeß und in der Reflexion ihrer Folgen an diese Grundrechte normativ rückgebunden ist. In ähnlicher Weise soll auch das quasi-religiöse Miminalprogramm als Voraussetzung einer ›ästhetischen Weltordnung‹ fungieren, die sich – wie Wagner formuliert – »auf den Gewinn einer allgemeinen moralischen Übereinstimmung gründet, wie das wahrhafte Christentum sie auszubilden uns berufen dünken muß«[252], denn: »Nicht aber kann der höchsten Kunst die Kraft zu solcher Offenbarung erwachsen, wenn sie der Grundlage des religiösen Symbols einer vollkommensten sittlichen Weltordnung entbehrt«[253].

Wagners Überlegungen zur Religion, seine verstärkte Hinwendung und Beschäftigung mit dem Christentum erweisen sich so am Ende als sein Versuch, im Rückgriff auf religiös-moralische Traditionsbestände seinem Konzept des Gesamtkunstwerks sowohl eine stärkere ethische Unterfütterung als auch eine durch Rituale und Liturgie sinnlich wahrnehmbare Repräsentation zu schaffen, um dessen lebensintervenierenden Charakter zu betonen und es damit noch schärfer von aller Opern-Unterhaltung abzugrenzen. Mit dem religiös eingefärbten moralischen Minimalprogramm, dessen Inhalte in sozialer Hinsicht an die Grundüberzeugungen

250 Ebenda, S. 211.

251 Vgl. dazu ausführlich Udo Bermbach, Parsifal. Ästhetisierung der Revolution, in: derselbe, ›Blühendes Leid‹., S. 293 ff.

252 Richard Wagner, Heldenthum und Christenthum, in: GSD, Bd. 10, S. 284.

253 Richard Wagner, Was nützt diese Erkenntnis?, in: GSD, Bd. 10, S. 262.

der Revolutionstraktate und Revolutionsschriften nahezu bruchlos anschließen, gewinnt das Musikdrama einen zivilreligiösen Auslegungskern[254], der als eine intentionale Rezeptionsvorgabe durch den Komponisten vom Zuhörer und Zuschauer aufgenommen werden soll. Wagner ist, auch in seinen Spätschriften, nichts weniger als ein altersfrommer Christ, kein sich von seinen ursprünglichen Ansichten und Urteilen abwendender Renegat, und er hat auch mit seinem Rückgriff auf den Symbol- und Ritualvorrat der christlichen Kirchen keineswegs die »Grenzen zwischen Kunst und Religion vielfach überschritten«[255], sondern lediglich den Versuch unternommen, sein Konzept des Gesamtkunstwerks normativ stärker zu untermauern. Und er versucht dies, indem er sich aus der christlichen Botschaft jenen für ihn »allgemein faßlichsten Kern des Christentums«[256] jenseits aller konfessionellen Einhegung herausschält, ihn in wenigen Grundsätzen eigenwillig komprimiert, ihn damit zugleich uminterpretiert, vielleicht veranlaßt durch die Überlegung, so an vorhandene Überzeugungen eines christlich geprägten Publikums anschließen zu können. Hinsichtlich der ›religiösen‹ Inhalte verhält er sich freilich wie in seiner Aneignung von Schopenhauers Philosophie: er nimmt sich, was seinen Zwecken nutzt, und er wahrt in solcher Selektion die Kontinuität seines Denkens. Von seinen ursprünglichen »Keulenschlägen gegen die Pforten der Kirche«[257] ist er auch in seinen späten Jahren nicht abgerückt, aber er wollte nun nicht mehr deren sofortigen Einsturz, sondern eine allmähliche, wenngleich nachhaltige Unterminierung durch den erhofften Bewußtseinswandel seiner Zuhörer und Zuschauer. Er zielte auf einen »besseren Zustand der zukünftigen Menschheit, welchen Andere sich nur als ein häßliches Chaos vorstellen können, [welcher] mir als ein höchst wohlgeordneter aufgehen durfte, da in ihm Religion und Kunst nicht nur erhalten werden, sondern sogar erst zur einzig richtigen Geltung gelangen sollten«[258].

254 Zum Zusammenhang von Musikdrama, Gesamtkunstwerk und Zivilreligion vgl. oben S. 190 ff.

255 So der Einwand gegen die hier vorgetragene Interpretation von Stefan Breuer, Richard Wagners Antisemitismus, in: Musik & Ästhetik, hg. von Ludwig Holtmeier, Richard Klein und Claus-Steffen Mahnkopf, Stuttgart 2001, Heft 19, S. 96. Daß Wagner aber die Grenzen zwischen Kunst und Religion sehr bewußt waren, daß er sich gegen die Vermischung beider Sphären deutlich ausgesprochen hat, zeigt der Schluß von Religion und Kunst, wo er schreibt, er halte die »Stiftung einer Religion« für ebenso unmöglich wie das Regieren eines Staates durch einen Nichtpolitiker. Richard Wagner, Religion und Kunst, in: GSD, Bd. 8, S. 251.

256 Richard Wagner, Religon und Kunst, in: GSD, Bd. 8, S. 230.

257 Otto Hartwich, Richard Wagner und das Christentum, Leipzig 1903, S. 48. Dieses auch heute noch nützliche Buch enthält zum einen Stellennachweise zu Wagners Auseinandersetzung mit dem Christentum in seinen Schriften und den damals veröffentlichten Briefen, und es sucht zum anderen – schon damals – die These zu befestigen, Wagners Auffassung des Christentums habe eine irdische Befreiung, eine ›Erlösung‹ vom »Glaubens- und Gewissenszwang« der kirchlichen Orthodoxie zum Ziel, wende sich gegen die Vorstellung von der »sündhaften Menschheit«, weil er »Freude am Leben wolle«, die »persönliche, innere Wahrhaftigkeit und Ehrlichkeit«. S. 66 ff.

258 Richard Wagner, Religion und Kunst, in: GSD, Bd. 10, S. 251.

Was heißt ›deutsch‹?

Nachdem deutlich geworden sein sollte, daß sowohl Wagners Schopenhauer-Rezeption als auch sein Verständnis des Christentums und seine ›Christologie‹ die politisch-ästhetischen Inhalte der ›Zürcher Kunstschriften‹ nicht einfach nur suspendieren, sondern durch Aneignung und Anverwandlung neuer Themen und Inhalte ergänzen und erweitern, sie aber keineswegs in völlig andere Denkrichtungen und Denktraditionen umbiegen, bleibt noch zu prüfen, ob solche Fortführung, Modifikation und Variation des eigenen Denkens auch für die politischen Überzeugungen der späten Jahre gilt. Denn sicherlich läßt sich bei Wagner etwa seit der Mitte der sechziger Jahre, vielleicht beginnend mit *Über Staat und Religion* von 1864, und verstärkt dann in den ›Regenerationsschriften‹ der späten siebziger und frühen achtziger Jahre eine Hinwendung zu Positionen nationalkonservativer, völkischer und rassistischer Autoren feststellen, und es bleibt deshalb zu fragen, ob mit solchen Akzentverschiebungen auch jene revolutionären Inhalte endgültig aufgegeben wurden, die dem anarchistischen, sozialistischen wie dem radikal-demokratischen Ideenkreis der Vormärzzeit entstammen und die mit der Intention des Gesamtkunstwerk-Konzeptes eng verbunden sind.

Beim Versuch, hierauf eine Antwort zu finden, müssen zunächst zwei unterschiedliche Ebenen auseinandergehalten werden: zum einen gibt es die strukturelle Ebene des Gesamtkunstwerks, dessen einzelne Komponenten – von der Synästhesie der theatralen Einzelkünste bis hin zur Festspielidee – ein formales Gerüst bilden, ein in sich verschränktes und in seinen Einzelmomenten aufeinander verweisendes Netz, von dem vermutet werden kann, daß es unter konstruktiven Aspekten prinzipiell offen gegenüber unterschiedlichen Inhalten ist. Zum anderen aber ist die in den ›Zürcher Kunstschriften‹ formulierte Intention des Gesamtkunstwerks eindeutig mit jenem linken politisch-gesellschaftstheoretischen Diskurs der Zeit vor 1848 wie der danach folgenden Exil-Jahre in der Schweiz verbunden, so daß zu fragen ist, ob eine politische Annäherung an konservative bis rechte politische Positionen jene Intentionen des Gesamtkunstwerks nicht schlichtweg aufheben.

Um eine Antwort zunächst auf die erste der beiden Frage zu finden, also auf die Frage der methodologischen Einheit der ›Zürcher Kunstschriften‹ mit denen der Spätzeit, empfiehlt es sich, die im Kontext der ›Regenerationsschriften‹ entstandene und erstmals 1878 in der zweiten Ausgabe der *Bayreuther Blätter* publizierte Schrift *Was ist deutsch?*[259] zum Ausgangspunkt der folgenden Überlegungen zu nehmen. Denn mit dieser Schrift wie mit seinen Abhandlungen aus den Jahren 1848/51 verfolgte der Komponist die Klärung einer Grundsatzfrage, die ihn nach eigenem Bekunden sowohl aus politischen als auch aus ästhetischen Gründen ein Leben lang

259 Richard Wagner, Was ist deutsch? in: Bayreuther Blätter 1878, Jg. 1, S. 29 ff.; ebenso in: GSD, Bd. 10, S. 36 ff.

beschäftigte und deren Beantwortung sicherlich den Kern seines Politik-, Kultur- und Theaterverständnisses berührt.

Es ist für Wagner charakteristisch und in nahezu all seinen bedeutsamen Essays zu beobachten, daß er sich die ihm theoretisch besonders wichtigen Themenbereiche und offenen Fragen zunächst von der Sprache her zu erschließen und aufzuschließen sucht. Das gilt für das von ihm entworfene Konzept des Musikdramas, das durch die Neubestimmung von Sprache und Musik seine charakteristische Ausformung findet und in *Oper und Drama* dann auf eine daraus entwickelte, eigene Poetologie gegründet wird, wie auch – mutatis mutandis – für die Begründung des eigenen Anti-Judaismus und Antisemitismus, dessen Rechtfertigung ebenfalls – wie oben gezeigt – die Sprache zum Ausgangspunkt der Überlegungen nimmt, das sprachtheoretische Motiv als ein ästhetisches versteht und damit zu begründen sucht, weshalb die Juden die Sprache des Volkes, in dem sie leben, nur als »Fremde« sprechen und daher auch in anderer Hinsicht Fremde sind und bleiben[260].

Für die Klärung der Frage, was ›deutsch‹ ist, gilt methodologisch dasselbe Verfahren – und Wagner bleibt damit in systematischer Hinsicht seiner einmal gewählten Vorgehensweise treu und schließt damit an die ›Zürcher Kunstschriften‹ an. Er beginnt auch hier mit dem Rückgriff auf die Sprache, genauer: auf die Etymologie des Wortes, verweist – mit Jakob Grimm – darauf, daß dieses Adjektiv nichts anderes bezeichnet als das, »was uns, den in uns verständlicher Sprache Redenden, heimisch ist«[261] – und befindet sich damit in Übereinstimmung mit den bis heute geltenden Forschungsergebnissen, wonach das althochdeutsche ›diutisk‹, das die Bedeutung von ›Volk‹, ›zum Volk gehörig‹ hat, auch meint, in Abgrenzung zum Latein der Gelehrten in der Volkssprache heimisch zu sein, und sich seit dem 10./11. Jahrhundert als allgemeine Bezeichnung für die kontinentalgermanischen Sprachen eingebürgert hat[262]. Für Wagner bedeutet ›deutsch‹ ganz in diesem Sinne, was »uns deutlich ist, somit das Vertraute, uns Gewohnte, von den Vätern Ererbte, unserem Boden Entsprossene«[263], und das alles steht im Gegensatz zum »Wälschen«, »worunter die germanischen Stämme das den gälisch-keltischen Stämmen Eigene begriffen.« Erst später – nach neueren Forschungen ab dem Annolied von 1080 n.Chr.[264], für Wagner allerdings schon in der Zeit vor dem Karolinger Reich, also im 9. Jahrhundert – wird dieses Adjektiv auf einzelne Völker diesseits der Alpen übertragen und bezieht sich dann sowohl auf Menschen wie auf Territorien. Wagner formuliert diesen Sachverhalt so: »Es sind damit also diejenigen Völker bezeichnet, welche, in ihren Ursitzen verbleibend, ihre Urmuttersprache fortredeten, während die in den ehemaligen

260 Vgl. oben S. 265 ff.

261 Richard Wagner, Was ist deutsch? in: GSD, Bd. 10, S. 37 und S. 44.

262 Friedrich Kluge, Etymologisches Wörterbuch der deutschen Sprache, Berlin 2002, S. 193 f.

263 Richard Wagner, Was ist deutsch? in: GSD, Bd. 10, S. 37. Die folgenden Zitate auf S. 37f.

264 Vgl. Friedrich Kluge, Etymologisches Wörterbuch der deutschen Sprache, Berlin 1960, S. 129. Ebenso Reinhart Koselleck, Volk, Nation, in: Otto Brunner/Werner Conze/Reinhart Koselleck (Hg), Geschichtliche Grundbegriffe, Stuttgart 1992, Bd. 7, S. 150.

romanischen Ländern herrschenden Stämme die Muttersprache aufgaben.« Aus dieser Feststellung, die er zeitlich nicht genauer eingrenzt und deren Geltungsbereich er, bewußt oder unbewußt, offenläßt, zieht er dann eine für seine weitere Begriffsbestimmung zentrale Schlußfolgerung; sie soll deshalb hier in voller Länge zitiert werden:

»An der Sprache und der Urheimath haftet daher der Begriff ›deutsch‹, und es trat die Zeit ein, wo diese ›Deutschen‹ des Vortheils der Treue gegen ihre Heimath und ihre Sprache sich bewußt werden konnten; denn aus dem Schooße dieser Heimath ging Jahrhunderte hindurch die unversiegliche Erneuerung und Erfrischung der bald in Verfall gerathenen ausländischen Stämme hervor. Aussterbende und abgeschwächte Dynastien ersetzen sich aus den ursprünglichen Heimathsgeschlechtern. Für die verdorbenen Merowinger traten die ostfränkischen Karolinger ein, den entarteten Karolingern nahmen endlich Sachsen und Schwaben die Herrschaft der deutschen Lande ab; und als die ganze Macht des romanisierten Frankenreiches in die Gewalt der reindeutschen Stämme überging, kam die seltene, aber bedeutungsvolle Bezeichnung ›römisches Reich deutscher Nation‹ auf. Aus dieser uns verbliebenen glorreichen Erinnerung konnte uns endlich der Stolz erwachsen, mit welchem wir auf unsere Vergangenheit zurückzusehen genöthigt waren, um uns über die Verkommenheit der Zustände der Gegenwart zu trösten. Kein großes Kulturvolk ist in die Lage gekommen, sich einen phantastischen Ruhm aufzubauen, wie die Deutschen«[265]

Wagner skizziert hier seine auch in früheren und anderen zeitgleich entstandenen Texten immer wieder vertretene These – und damit den Ansatz einer Theorie – der Regeneration des Volkes aus der Sprache. Sprache und Heimat bilden für ihn einen engen und unauflösbaren Zusammenhang, über Sprache wird Heimat definiert, weil Heimat dort ist, wo Menschen eine gemeinsame Sprache sprechen. Dieser enge Verweisungszusammenhang von Sprache und Heimat wird durch das Präfix »Ur« als theoretisch nicht mehr hintergehbar markiert: denn »Urmuttersprache« und »Ursitz« lassen logischerweise nichts historisch Vorausliegendes mehr zu, nichts, wodurch sie selbst konstituiert würden, und daraus folgt, daß beides, »Ursprache« wie »Ursitz«, ihrerseits konstituierende Bedingungen für alles weitere sind. Beides ergänzt sich, beides bedingt einander und beides verschmilzt miteinander und bleibt – nach Wagner – vor Verfall und Degeneration bewahrt. Deshalb erwächst dann auch daraus die Kraft einer sich immer wieder erneuernden Regeneration. Wie das konzipierte Musikdrama – so in *Oper und Drama* – sich nach Wagner auf die »Urwurzeln« einer verschütteten, aber im Volk lebendig gebliebenen Ursprache besinnen muß, um von hier seinen konzeptionellen Ausgang zu nehmen und zur ›Regeneration‹ eines heruntergekommenen Kulturbetriebs beitragen zu können; wie sich eben dieses durch Sprache definierte Volk aus demselben Grund gegen Juden abgrenzt – so in *Das Judenthum in der Musik* – , weil diese die Sprache stets als Fremd-

265 Richard Wagner, Was ist deutsch? in: GSD, Bd. 10, S. 38.

sprache sprechen und keinen Zugang zu den »Urwurzeln« haben, so ist eben ›deutsch‹, wer Deutsch spricht und wer deshalb durch die Sprache einen ständig offenstehenden Zugang zur Quelle und permanenten Revitalisierung seiner eigenen Existenz besitzt.

Die konstitutive Bedeutung, die Sprache für Wagners Weltanschauung hat – ein Erbe der Romantik – wird dadurch deutlich, daß die Lebenswelt über Sprache entscheidend ausgeformt und geprägt ist. Sitten und Gebräuche eines Volkes, sein Handwerk und vor allem seine Kunst bilden sich über die sprachliche Kommunikation aus, und all dies steht im Gegensatz zur Politik. Dieser Gegensatz, ein wiederkehrendes Stereotyp des Wagnerschen Denkens, erklärt sich aus den für Wagner unvereinbaren Konstituentien beider Medien. Während Sprache auf die Kommunikation gleichberechtigter Partner ausgeht und ihr fundierendes Wesen in dieser Kommunikation hat, bezeichnet Politik den Bereich der Herrschaft, der Macht, der Hierarchisierung und Unterwerfung. Während der Rückgriff auf Sprache idealtypisch gesehen immer wieder die Gleichheit der Sprechenden zum Vorschein bringt, die sich der Sprache in gleicher Weise und als Gleichberechtigte bedienen, schafft Politik, das ihr immanente strategische Denken und das daraus folgende Handeln stets die Abhängigkeit der Beherrschten durch die Herrschenden und damit Ungleichheit. Entsprechend dieser Dualisierung verfährt Wagners ›Analyse‹: in *Was ist deutsch?* werden der Politik die dem Volk angeblich verhaßten Italienfeldzüge der deutschen Könige und Kaiser zugerechnet, die Eroberung fremder Völker und deren Unterdrückung, Kriege, die – wie der Dreißigjährige Krieg – nur Zerstörung und Elend über das Land gebracht haben und religiöse Auseinandersetzungen zwischen den christlichen Kirchen, institutionelle Rivalitäten, die mit dem Glauben selbst, wie Wagner meint, nichts zu tun haben.

Dieser Negativbilanz der Politik, an der – nach Wagner – fremde Mächte wie Frankreich und die Juden tatkräftigen Anteil haben, steht die auf Sprache gegründete Kultur und die daraus erwachsende Regenerationsfähigkeit der Deutschen positiv gegenüber. Das »Charakteristische des eigentlichen ›deutschen‹ Wesens«[266] bestimmt Wagner in einer idyllisierenden Beschreibung als Heimatverbundenheit, als die Fähigkeit, sich Erfahrungen in der Fremde anzuverwandeln, fremde Dichtungen sich durch Verarbeitung zu eigen zu machen und dadurch deren »reinmenschliche Motive« zu bewahren. »Der Deutsche ist konservativ« – schreibt er – »sein Reichtum gestaltet sich aus dem Eigenen aller Zeiten; er spart und weiß alles Alte zu verwenden. Ihm liegt am Erhalten mehr als am Gewinnen. ... Er begehrt nichts von Außen; aber er will im Innern unbehindert sein. Er erobert nicht, aber er läßt sich auch nicht angreifen. Mit der Religion nimmt er es ernst: ... Unter Religionsfreiheit versteht er nichts anderes als das Recht, mit dem Heiligsten es ernst und redlich meinen zu dürfen«[267].

266 Ebenda, S. 44 ff.
267 Ebenda, S. 45.

Was hier als für das ›deutsche Wesen‹ bestimmend beschrieben wird, läßt sich als ein in hohen Graden selbstreferentielles, kulturalistisches Lebensparadigma bezeichnen, für das der ständige Rückgriff auf die geistigen und emotionalen Werte der eigenen kulturellen Tradition ebenso ausschlaggebend ist wie der Verzicht auf deren gewaltsame Durchsetzung nach innen wie außen. In *Deutsche Kunst und deutsche Politik* von 1868 hatte Wagner diese These einer den Deutschen eigentümlichen, kollektiv-introspektiven Grundhaltung schon einmal formuliert, wobei sein Begriff der Ästhetik hier eindeutig von Kant inspiriert ist. Es heißt da, deutsch sei »die Sache, die man treibt, um ihrer selbst und der Freude an ihr willen zu treiben; wogegen das Nützlichkeitswesens, d.h. das Prinzip, nach welchem eine Sache außerhalb persönlichen Zweckes wegen betrieben wird, sich als undeutsch herausstellt. Die hierin ausgesprochene Tugend des Deutschen fiel daher mit dem durch sie erkannten höchsten Prinzip der Ästhetik zusammen, nach welchem nur das Zwecklose schön ist, weil es, indem es sich selbst Zweck ist, seine über alles Gemeine erhöhte Natur, somit Das, für dessen Anblick und Erkenntnis es sich überhaupt der Mühe verlohnt, Zwecke des Lebens zu verfolgen, enthüllt«[268]. Vor allem der erste Teil dieses Satzes ist immer wieder als Beleg für die Behauptung herangezogen worden, es handele sich hier um die Rechtfertigung von deutschen Überlegenheitsansprüchen – so etwa auch von Adorno, der schreibt: »Unleugbar die Selbstgerechtigkeit des Satzes, auch der imperialistische Oberton, der den reinen Willen der Deutschen dem vorgeblichen Krämergeist zumal der Angelsachsen kontrastiert«[269]. Nichts von alledem steht bei Wagner.

In der ästhetischen Auslegung von Welt und Natur durch die Kunst sieht Wagner die eigentliche Aufgabe der Deutschen, und insofern die Deutschen diese Aufgabe erkennen, wahrnehmen und einlösen, spricht er ihnen auch eine Vorbildfunktion für andere Völker zu: »daß das Schöne und Edle nicht um des Vortheils, ja selbst nicht um des Ruhmes und der Anerkennung willen in die Welt tritt«, sondern um seiner selbst willen – nur dies »kann zur Größe Deutschlands führen«[270]. Solche Größe wird durch Machtpolitik nicht nur fundamental gefährdet sondern direkt zunichte gemacht, und konsequenterweise meint Wagner deshalb auch, daß gerade der Untergang des ersten Kaiserreichs in den napoleonischen Kriegen die Bedingung und der Beginn des kultuellen Aufstiegs der Deutschen gewesen sei: »Eigenthümlicher Weise tritt uns aus geschichtlicher Erinnerung die Herrlichkeit des deutschen Namens gerade aus derjenigen Periode entgegen, welche dem deutschen Wesen verderblich war, nämlich die Periode der Macht der Deutschen über außerdeutsche Völker«[271]. Mehrfach findet sich diese Überzeugung in unterschiedlichen Texten und Abhandlungen und sie ist zweifellos Absage an allen politischen Natio-

268 Richard Wagner, Deutsche Kunst und deutsche Politik, in: GSD, Bd. 8, S. 96 f.
269 Theodor W. Adorno, Auf die Frage: Was ist deutsch, in: Gesammelte Schriften, Frankfurt/M. 1977, Bd. 10.2, S. 693.
270 Richard Wagner, Deutsche Kunst und deutsche Politik, in: GSD, Bd. 8, S. 48.
271 Ebenda, S. 38.

nalismus, an alle imperialistische Politik und Ausdruck der Überzeugung, daß Kunst und ›Deutsch-Sein‹ zusammengehen.

Über Jahre hinweg, von den politisch-ästhetischen Schriften der Dresdner Zeit und den ersten Exiljahren in Zürich über die Schriften aus der Münchner Zeit bis hin zu seinen späten Essays läßt sich die Kontinuität von Wagners Denken in diesem Punkt eindrucksvoll belegen: Wagner bleibt bei seiner in der Revolutionszeit von 1848/49 entwickelten und mehrfach formulierten Überzeugung, alle Politik, die bloß strategisch angelegt ist und daher als Machtpolitik Herrschaft anstrebt, kompromißlos abzulehnen und die Kunst als das eigentliche Medium einer neuen, auf freier Kommunikation beruhenden Gesellschaft zu positionieren. Diese Grundantinomie seines Denkens findet sich sowohl in *Über Staat und Religion*, 1864 für Ludwig II. wie in *Deutsche Kunst und deutsche Politik*, 1868 erschienen, sie beherrscht aber auch die ›Regenerations‹-Schriften im Umkreis der *Parsifal*-Komposition. Immer wieder wird der Konflikt zwischen Politik und Kunst beschworen und der Kunst Vorrang vor der Politik eingeräumt, wird die Herstellung dieses Vorrangs als die zentrale ›politische‹ Aufgabe der Deutschen behauptet. Daß Wagner sich hierbei selbst in die Reihe der ›großen Deutschen‹ stellt, braucht nicht zu verwundern. Sein Anspruch auf Führung resultiert aus seinem Konzept des Musikdramas und dessen Aufgehen im Gesamtkunstwerk, aus seiner Absicht, gleichsam durch eine ›ästhetische Wende‹ den bis dahin noch nie unternommenen Versuch revolutionärer Umgestaltung der Gesellschaft durch ästhetische Erfahrung zu wagen: »O Himmel! Sollte dieses ›Deutsche‹ einen Boden haben! Sollte *ich mein* [sic!] Volk finden können! Welch herrliches Volk müsste das werden?«[272], schreibt er am 11. September 1865 in sein Tagebuch und fixiert hier seine Überzeugung, daß aus seiner Kunst alles Heil dann kommen werde, wenn er, der berufene ›Erlöser‹, von den Deutschen als ihr größter Künstler angenommen und seine politisch-ästhetische Auffassung von Kunst verbindlich werde.

Daß solche Überzeugung freilich nicht nur rhetorisch gemeint war, sondern in einem eminenten Sinne auch seine eigene Praxis bestimmte, läßt sich an seiner Haltung zur Politik und den immer wieder versuchten Eingriffen in die Tagespolitik belegen. Man verkennt sein praktisch-politisches Engagement, wenn man dieses Grundverständnis des Politischen bei ihm außer acht läßt. Dann erscheint er als Opportunist, der häufiger als nötig mit den stärkeren Bataillonen marschiert. Aber eine solche Einschätzung ist die Folge einer falschen Optik, denn in Wahrheit wechselte Wagner nur dann die politischen Fronten, wenn er glaubte, er könne die Politik und die Politiker zu seinen Gunsten, und das heißt: für seine Vision eines kulturalistisch basierten Deutschlands instrumentalisieren. Er wandte sich von ihnen immer dann wieder ab, wenn er keine Chancen mehr sah, seine Absichten realisieren zu können[273].

272 Richard Wagner, Das braune Buch, S. 86.

273 Grundlegend für den Zusammenhang von politischem Engagement und ästhetischer Zukunftsvision bei Wagner ist die Studie von Hannu Salmi, Die Herrlichkeit des deutschen Namens. Die schriftstellerische und politische Tätigkeit Richard Wagners als Gestalter nationaler Identität wäh-

Aus diesem Verhaltensmuster erklären sich auch seine politischen Interventionen von 1864/65 in München, wo er Ludwig II. massiv in Sachen Kabinetts-, Militär- und vor allem Theaterpolitik zu beeinflussen suchte. Im König sah er damals den Förderer der Kunst, in Bayern den deutschen Staat, der seine Idee eines die Kunst promovierenden Deutschlands gegenüber Preußen übernehmen konnte, ein nach seinem Sinne zu beeinflussender junger Mensch: »Einer unbegreiflich sinnlosen Erziehung ist es gelungen, in dem Jünglinge einen tiefgehenden, bis jetzt noch ganz unüberwindlich sich zeigenden Widerwillen gegen ernstliche Beschäftigung mit Staatsinteressen zu erwecken« – heißt es in einem Brief, – »seine Familie, der ganze Hof ist ihm widerwärtig, das Armee- und Soldatenwesen verhaßt, der Adel lächerlich, die Volksmasse verächtlich; über Pfaffenwesen ist er klar und vorurteilslos, in betreff der Religion ist er ernst und inbrünstig. Es gibt einen einzigen Weg zur Erregung seiner sympathischen Seelenkräfte zu gelangen, und dies bin ich, meine Werke, meine Kunst, in denen er die eigentliche wirkliche Welt ersieht, während alles übrige ihm wesenloser Unsinn dünkt«[274]. Nach Wagners Vorstellungen sollte Bayern die ästhetische Vorhut eines noch zu einigenden und ganz der Kunst zugewandten Deutschlands werden, sollte »den anderen Nationen zeigen, was ›deutsche Kunst‹ vermag«[275].

Als deutlich wurde, daß Bayern dieser Rolle nicht gerecht werden wollte, als sich sowohl die Presse als auch die bayrischen Politiker gegen Wagner wandten, vollzog er einen radikalen Wechsel. War zuvor Preußen für ihn der Inbegriff der »undeutschen Zivilisation«, von »grauenhaftester Frivolität« gegenüber den »Schicksalen der edelsten, grössten Nation der Erde«, die – mit Bezug auf den französischen Einfluß – »schlechte Kopie des undeutschen Wesens«[276], so galt das nicht mehr nach dem preußischen Sieg über Österreich im Sommer 1866: Wagner nahm Preußens unaufhaltsamen Aufstieg zur Vormacht in Deutschland zur Kenntnis, und er zog für sich daraus den Schluß, daß er versuchen müsse, mit Hilfe Preußens sein Konzept zu realisieren, die deutsche Kultur in Europa zur führenden zu machen. An Röckel schrieb er: »Freund! Willst und mußt Du noch Politik treiben, so – halte Dich an Bismarck und Preußen. Hilf Gott, ich weiß nichts andres.«[277]

Doch die Hoffnung auf Bismarck und das neu entstandene Deutsche Reich trog ebenso rasch. Die Kontakte zu Bismarck – der seinerseits zuvor schon Wagner konsultiert hatte, um den zögernden Ludwig II. für die Reichseinheit zu gewinnen[278] – brachten nicht die erhoffte Unterstützung für das Bayreuther Unternehmen, der

rend der staatlichen Vereinigung Deutschlands, Turku 1993; eine überarbeitete englische Fassung erschien unter dem Titel: Imagined Germany. Richard Wagners National Utopie, New York et al. 1999.

274 Hanjo Kesting, Richard Wagner. Briefe, München/Zürich 1983, S. 528 f. (Brief an Constantin Frantz vom 19. März 1866).

275 Zitiert nach Hannu Salmi, Die Herrlichkeit des deutschen Namens, S. 169 ff.

276 Ebenda, S. 194 f.

277 Ebenda, S. 196.

278 Dazu ausführlicher ebenda, S. 235 ff.

heute eher peinliche Jubel über den 1871 gegen Frankreich erfochtenen Sieg verstummte angesichts der realen politischen Entwicklungen im Deutschen Reich. In dem Maße, wie das neu geeinte Deutschland zunehmend in der Weltpolitik mitzusprechen suchte, wandte sich Wagner von Preußen und zugleich von der Politik überhaupt wieder ab und setzte seine Hoffnungen auf grundlegende gesellschaftliche Veränderungen, bewirkt vor allem durch seine Kunst, ohne doch zu erleben, daß diese öffentlich so wirksam werden konnte wie er sich das erhoffte. In Cosimas Tagebuchnotizen der siebziger und achtziger Jahre spiegeln sich Wagners Hoffnungen und Enttäuschungen nahezu täglich wieder, und die hier zu findenden Beurteilungen der deutschen Politik ergeben ein beklemmendes Bild. »Er glaubt bei uns an einen vollständigen Untergang und immer dringenderes Hervortreten der sozialen Frage, aufgehalten durch den Krieg[279], notiert Cosima und hält fest, wie sehr das neue Deutsche Reich Wagner mißfällt[280]. Diesem machtpolitisch auftrumpfenden Staat fühlte er sich nicht mehr zugehörig[281], das Preußen der Militärs war ihm zuwider[282], Bismarck und dessen Politik lehnte er entschieden ab, weil dieser Kanzler seiner »Aufgabe nicht gewachsen wäre, welche ihm das Schicksal zugeführt hätte«[283] – was heißt, daß die vorenthaltene Förderung seiner Werke durch Bismarck ihn tief enttäuschte[284]. Die alten Einstellungen und Urteile aus den Tagen der Dresdner Revolution und der ersten Zeit des Schweizer Exils sind in solchen und ähnlichen Verdikten überall präsent: Wagner wettert gegen die Institution des Staates, vergleicht ihn mit einer »Mühle …, durch welche das Getreide der Menschheit, nachdem es auf der Kriegs-Tenne ausgedroschen, hindurchgemahlen werden müsse, um genießbar zu sein«[285], beschimpft ihn als »Verband von Denunzianten«, in dem »die Angst vor dem Denunzieren werden allen Verkehr bedingt«[286], ereifert sich gegen die katholische Kirche, deren Existenz er als »Skandal«[287] bezeichnet, verurteilt den privaten Besitz wie das Geld[288] – und denkt gelegentlich daran, nach Amerika auszuwandern[289].

In seiner Einstellung zur Politik, erst recht zur Tagespolitik, war Wagner seit Mitte der sechziger Jahre nicht zuletzt auch durch Constantin Frantz bestärkt wor-

279 Cosima Wagner, TB II, S. 382 (15. Juni 1879).

280 Ebenda, S. 542 »Auf Deutschland gebe ich gar nichts mehr« (10. Juni 1880).

281 Ebenda, S. 707 »Aus dem deutschen Reich bin ich geschieden, sehr gerne will ich aus der Weltordnung scheiden« (8. März 1881).

282 Ebenda, S. 800 »Der preußische Staat besteht aus Lüge« (19. September 1881).

283 Ebenda, S. 388 (29. Juli 1879).

284 Zum Verhältnis von Wagner und Bismarck vgl. Hannu Salmi, Die Herrlichkeit des deutschen Namens, S. 235 ff.; vgl. ebenso Dieter Borchmeyer, Wagner und Bismarck: eine epochale Unbeziehung, in: derselbe, Richard Wagner. Ahasvers Wandlungen, Frankfurt/M. 2002, S. 432 ff.

285 Richard Wagner, Religion und Kunst, in: GSD, Bd. 10, S. 10., S. 251.

286 Cosima Wagner, TB II, S. 705 (4. März 1881).

287 Ebenda, S. 224 (10. November 1878).

288 Ebenda, S. 1008 (28. September 1882); S. 607 (29. September 1880). Vgl. auch Richard Wagner, Erkenne Dich selbst, in: GSD, Bd. 10, S. 267.

289 Ebenda, S. 529 (6. Mai 1880).

den, einen vielgelesenen, äußerst produktiven und seiner politischen Gesinnung nach schwer einzuordnenden, insgesamt aber eher konservativen Publizisten mit scharfen antisemitischen Tendenzen[290]. Frantz sprach sich scharf gegen jeglichen Zentralismus, gegen jegliche Dominanz eines Einzelstaates in einem zukünftigen Deutschland aus und propagierte statt dessen die Idee eines föderativ organisierten deutschen Bundes. In seinem 1865 erschienenen Buch *Die Wiederherstellung Deutschlands*[291], das Wagner sofort und mit großer Begeisterung las, beschrieb Frantz zunächst die immer wieder zur Einigung der deutschen Staaten drängenden Tendenzen und Faktoren der deutschen Geschichte, untersuchte die Schwierigkeiten, die sich solchen Einigungsbemühungen entgegenstellten, attackierte die Rivalität der beiden deutschen Vormächte Preußen und Österreich, kritisierte auch den Verfassungsentwurf der Frankfurter Paulskirche von 1848, dessen Scheitern er unter anderem darauf zurückführte, daß in ihm aus seiner Sicht heterogene und miteinander unvereinbare Elemente aus unterschiedlichen politischen Systemen und Traditionen wie England und Frankreich, der Schweiz und den USA zusammengebracht worden waren. Dem stellte er seine eigene Idee der Verfassung eines deutschen Bundesstaates entgegen, welche hauptsächlich aus der Perspektive der mittleren und kleineren Staaten konzipiert war[292]. Er wollte ein bundesstaatlich organisiertes Deutschland, regiert von einem Fürstenkollegium, dessen Mitglieder, aus dem Stand der deutschen Territorialfürsten berufen, die Träger der obersten Bundesgewalt sein sollten. Gestützt auf eine zu schaffende Bundesarmee, sollte dieser föderativ gegliederte Bund ein gemeinsames Recht und Gerichtswesen entwickeln und allmählich die Gemeinschaft von Kunst, Wissenschaft und Erziehung in Deutschland herstellen. Aber alles, was sich in diesem deutschen Bundesstaat ergeben würde, sollte – so die Vorstellung von Frantz – ›von unten‹ her aufgebaut werden, die Institutionen zur Bewältigung der gemeinsamen Aufgaben nicht institutionelle Schöpfungen und Verordnungen einer Zentralgewalt sein, sondern das Ergebnis kreativer und föderativer Vielfalt, die Frantz als das eigentliche Wesen des Deutschen – in Abgrenzung zu

290 Constantin Frantz (1817–1891) war promovierter Mathematiker, betätigte sich aber als politischer Publizist. Zeitweilig im preußischen Kultusministerium tätig, lehnte er 1850 eine Professur für Staatswissenschaften an der Universität Breslau ab und übernahm eine Stelle im Auswärtigen Amt. 1853–56 war er als preußischer Konsul in Spanien tätig, kehrte danach ins Auswärtige Amt zurück, wurde 1858 seiner Kritik an der preußischen Politik wegen entlassen. Als kompromißloser Gegner Bismarcks und der Politik des neuen deutschen Kaiserreichs zog er sich 1873 von Berlin nach Blasewitz bei Dresden zurück und verlor danach auch seinen politischen Einfluß. Vgl. Annette Hein, ›Es ist viel Hitler in Wagner‹. Rassismus und antisemitische Deutschtumsideologie in den ›Bayreuther Blättern‹ (1878–1938), Tübingen 1996, S. 77. Daß Frantz Antisemit war – dokumentiert in seinen Büchern Ahasverus oder die Judenfrage, Berlin 1884 und Der Nationalliberalismus und die Judenherrschaft, München 1874 –, hat Wagner allerdings weniger beeindruckt als dessen sonstige politische Ideen. Zum Antisemitismus von Frantz vgl. Michael Dreyer, Judenhaß und Antisemitismus bei Constantin Frantz, in: Historisches Jahrbuch, 111. Jg., Freiburg/München 1991, S. 155 ff.

291 Constantin Frantz, Die Wiederherstellung Deutschlands, Berlin 1865.

292 Ebenda, S. 302 ff.

den zentralistischen Traditionen des Auslands – begriff. Das setzte eine »freie Entwicklung der Gesellschaft, der wir alle Angelegenheiten überweisen, die nicht ihrer inneren Natur nach der Staatsthätigkeit angehören«[293] voraus, machte die Pflege der regionalen Traditionen eines vielfältig gegliederten deutschen Volkes zur Pflicht. Freie Entwicklung für die technische Infrastruktur, für Verkehr und Kommunikation, für Industrie, Handel und Banken, für Wissenschaft, Erziehung und Kultur – mit solchen Forderungen war Frantz sehr nahe bei vielen liberalen Theoretikern in Deutschland[294], zugleich auch sehr nahe bei Wagner. Wenn er lapidar formulierte: »Assoziationsfreiheit ist unerläßlich, nicht blos für industrielle Zwecke, sondern auch zu geselligen, sittlichen und geistigen Zwecken«[295], so klang in einer solchen Forderung noch das nach, was die demokratische Bewegung des deutschen Vormärz Jahre zuvor programmatisch entwickelt und politisch durchzusetzen versucht hatte. In einem dergestalt plural und föderal gegliederten und sich entfaltenden Gemeinwesen ganz eigener Art sah Frantz dann die »altgermanische Freiheit wieder auferstehen und aufblühen«[296], die er in Gegensatz setzte zum individualistischen Freiheitsverständnis von zentralistisch organisierten und absolutistisch regierten Staaten westlicher Nationen, allen voran Frankreichs.

Diese föderativen Ideen und das daraus entspringende antizentralistische Vereinigungs- und Gemeinschaftskonzept von Constantin Frantz[297], vor allem der stark betonte Assoziationsgedanke, berührten sich in ihren fundierenden Prinzipien strukturell eng mit Wagners eigenen Vorstellungen, wie sie sich in den ›Zürcher Kunstschriften‹ andeutungsweise niedergelegt finden und dort unter dem Begriff der ›freien künstlerischen Genossenschaften‹ mehrfach thematisiert werden[298]. Auch wenn Frantz seine Begriffe und Vorstellungen nicht im Kontext einer radikal-demokratischen Tradition verstand, war Wagner von der Lektüre dieses Buches, das er auch Ludwig II. zu lesen empfahl, dennoch tief beeindruckt[299] und suchte schon bald den Kontakt mit diesem Autor, zunächst brieflich[300], dann auch persönlich. Über die Jahre ergab sich ein kontinuierlicher Briefwechsel und Gedankenaustausch, und

293 Ebenda, S. 363.

294 Vgl. dazu den zusammenfassenden Beitrag von Udo Bermbach, Liberalismus, in: Iring Fetscher/Herfried Münkler (Hg), Pipers Handbuch der politischen Ideen, Bd. 4 Neuzeit: Von der Französischen Revolution bis zum europäischen Nationalismus, München/Zürich 1986, S. 350 ff.

295 Constantin Frantz, Die Wiederherstellung Deutschlands, S. 363.

296 Ebenda.

297 Aus der insgesamt eher spärlichen Literatur zu Constantin Frantz vgl. Ernst Richter, Die Idee des Föderalismus bei Constantin Frantz, Frankfurt/M. 1936; Manfred Ehmer, Constantin Frantz. Die politische Gedankenwelt eines Klassikers des Föderalismus, Rheinfelden 1988. Konstantin Frantz faßte in seinen Vorstellungen zu einer Neuordnung Deutschlands Ideen aus dem deutschen Idealismus, aus dem christlich-universalen Reichsgedanken, dem germanischen Genossenschaftsrecht sowie dem anarchistisch inspirierten sozietären Föderalismus zusammen. Dazu genauer Manfred Ehmer, Constantin Frantz, S. 29 ff. und zusammenfassend S. 159 ff.

298 Vgl. oben S. 234 ff.

299 Martin Gregor-Dellin, Richard Wagner, S. 569.

300 Vgl. Hanjo Kesting (Hg), Richard Wagner. Briefe, München/Zürich 1983, S. 527 ff.

dieser Kontakt riß nie vollständig ab. Als Constantin Frantz 1879 ein Buch über den ›Föderalismus‹[301] veröffentlichte und es Wagner zusandte, schrieb dieser in »höchster Bewunderung« zurück und meinte, für dieses Buch solle man Lehrstühle einrichten[302]. »Wir beide werden,« – so heißt es in diesem Brief – »jeder auf seinem Gebiete, nicht müde, unsere Ideen immer wieder in neuen Gliederungen der Mitwelt vorzulegen, ohne uns von dem gänzlichen Mißerfolg aller dieser Bemühungen abschrecken zu lassen«.

Aber so sehr Wagner auch mit den föderativen Vorstellungen von Frantz übereinstimmte, gab es doch auch erhebliche Differenzen zwischen den beiden: während Frantz den Prozeß einer zunächst deutschen, dann später in erweiterter Perspektive europäischen Föderation als Produkt eines historisch ›freien Willens‹ der Völker und ihrer Politiker verstand, widersprach Wagner in diesem Punkt mit Verweis auf Schopenhauer sehr entschieden. Er sah – ganz im Sinne Schopenhauers – »die Freiheit des Willens nur in dem Akt der Verneinung der Welt«, sah nur den »Abgrund des Wahnsinns«, auf den alles hintreibe, den »Untergang alles Bestehenden«. »Ich bin« – so schreibt er – »durch geschichtliche Analogien dazu gelangt, unsere Rückkehr in barbarisierte Zustände um die Mitte des folgenden Jahrtausendes vorauszusehen«[303] – mit Blick auf die dann eingetretenen Entwicklungen eine geradezu prophetische Voraussage. Und ein zweites provozierte seinen heftigen Widerspruch: die Geringschätzung der Reformation und ihrer aufklärerischen Leistung durch Frantz, der seine Hoffnung, obwohl selbst Protestant, eher auf die katholische Kirche als moralische Instanz der Zukunft setzte und damit auf Wagners scharfe Ablehnung traf.

Gleichwohl hat Wagner Constantin Frantz und dessen politische Konzepte bis in seine späten Lebensjahre außerordentlich geschätzt. Das zeigt sich am Ende seines Essays *Was ist deutsch?*. Zu Beginn dieser Abhandlung hatte Wagner geschrieben, ihm sei schon 1865, als er den Text zu formulieren begann, diese Frage »so schwierig zu beantworten gewesen«, daß er den Aufsatz damals als »unvollendet« in seinen Schriften nicht habe veröffentlichen können; nun aber wolle er zu diesem Thema sein letztes Wort sagen. Doch dann findet sich am Ende das überraschende Eingeständnis, angesichts der politischen Entwicklung des deutschen Kaiserreiches, die er sich nicht mehr erklären könne, glaube er sich »zur weiteren Beantwortung der Frage: ›was ist deutsch?‹ für unfähig halten zu müssen«[304]. Und so fordert er, der sich selbst 1865, zur Zeit der ersten Beschäftigung mit diesem Thema, als der »deutscheste Mensch, der deutsche Geist«[305]

301 Constantin Frantz, Der Föderalismus als das leitende Prinzip für die soziale, staatliche und internationale Organisation unter besonderer Bezugnahme auf Deutschland kritisch nachgewiesen und konstruktiv dargestellt, Mainz 1879 (Neudruck Aalen 1962).

302 Hanjo Kesting (Hg), Richard Wagner, Briefe, S. 607. Hier auch das folgende Zitat.

303 Ebenda, S. 608.

304 Richard Wagner, Was ist deutsch?, in: GSD. Bd. 10, S. 53.

305 Richard Wagner, Das braune Buch. Tagebuchaufzeichnungen 1865 bis 1882. Verlegt und kommentiert von Joachim Bergfeld, Zürich/Freiburg/Br. 1975, S. 86.

bezeichnet hatte, zum Erstaunen seiner Leser nun Constantin Frantz – und zusätzlich Paul de Lagarde[306] – auf, die Antwort zu geben.

Diese Antwort findet sich als *Offener Brief an Richard Wagner* in den *Bayreuther Blättern* von 1878[307], und mit ihr verfolgt Frantz die Absicht zu zeigen, »wie eine wahre deutsche Politik selbst der Kunst verwandt sein wird, indem sie, über die Fragen der blossen Macht oder der materiellen Interessen weit hinausgehend, die allgemeinen Aufgaben menschheitlicher Entwicklung ins Auge fassen, und derselben zu dienen beflissen sein soll«[308]. Politisch heißt das für Frantz, sein Programm gegen »einen abgeschlossenen Nationalstaat«[309] und für einen föderativen deutschen, später dann auch »mitteleuropäischen Bund«[310] vorzustellen, mit Deutschland als Mitte und den östlichen wie westlichen und südlichen Ländern in loser Verbindung. Gegensätze wie Germanentum und Romanentum, Protestantismus und Katholizismus – die die Tagespolitik im Kaiserreich beherrschten – sollten dabei keine Rolle mehr spielen, ebenso wenig wie die zwischen Monarchie und Republik. »Ein Kaiserthum des deutschen Geistes«[311] schwebte Frantz vor, ein »überstaatliches und übernationales«[312] Deutschland, in seiner Verfassung angelehnt an die der USA.

Diese Zielperspektive konnte von Wagner entschieden geteilt werden. Und Frantz kam Wagner auch dort sehr nahe, wo er ausführlich darüber räsonierte, daß gerade in Zeiten des politischen Verfalls des Deutschen Reiches seine geistigen Leistungen in Kunst und Philosophie, Literatur und Musik besonders erblühten[313], daß all diese Leistungen – wie auch die Politik der deutschen Territorialfürsten – stets mit den europäischen Angelegenheiten und Entwicklungen verbunden waren, daß die »christ-

306 Paul de Lagarde – eigentlich Paul Anton Boetticher – (1827–1891) war Theologe und Orientalist, aber ein Einzelgänger, der zunächst vergeblich auf eine Professur hoffte. Nach einem Forschungsaufenthalt in London war er als Lehrer, danach als Privatgelehrter tätig, erhielt 1869 eine Professur für Orientalistik in Göttingen und erfuhr vielfältige akademische Ehrungen. 1885 veröffentlichte er seine zuvor publizierten kulturkonservativen Essays unter dem Titel Deutsche Schriften, die viele Auflagen erlebten. Er hat auf Wagners Aufforderung zur Mitarbeit in den Bayreuther Blättern nicht reagiert, wohl auch deshalb nicht, weil er Wagners Kunst- und Musikauffassung ablehnte und auch seine Musik als »Qual« empfand. Zu Lagarde vgl. Peter Emil Becker, Sozialdarwinismus, Rassismus, Antisemitismus und Völkischer Gedanke. Wege ins Dritte Reich, Teil II, Stuttgart/New York 1990, S. 66 ff.; Ina Ulrike Paul, Paul Anton de Lagarde, in: Uwe Ouschner/Walter Schmitz/Justus H. Ulbricht (Hg), Handbuch zur ›Völkischen Bewegung‹ 1871–1918, München 1996, S. 45 ff.; Zum Verhältnis von Lagarde und Wagner vgl. Fritz Stern, Kulturpessimismus als politische Gefahr. Eine Analyse nationaler Ideologie in Deutschland, Bern/Stuttgart/Wien 1963, S. 118 f.

307 Bayreuther Blätter, Jg. 1878, S. 149 ff. Dazu notiert Cosima: »... abends lesen wir den Brief von C. Frantz in Erwiderung auf die Aufforderung in ›Was ist deutsch?‹. ... Vieles an C.Fr. verwundert etwas, doch ist es immer durchdacht, »wenn man glaubt«, sagt R., »daß er zu faseln beginnt, kommt schließlich immer ein Gedanke hervor«. Cosima Wagner, TB, Bd. II, S. 86 (23. April 1878).

308 Ebenda, S. 149 f.

309 Ebenda, S. 158.

310 Ebenda, S. 160.

311 Ebenda, S. 166.

312 Ebenda, S. 169.

313 Ebenda, S. 154 f.

liche Weltsicht« in ihrer Universalität über den nationalstaatlichen Rahmen hinausdrängte. Das neue deutsche Reich von 1871 aber war in all dem das Gegenteil, ein Machtstaat wie alle anderen, in dem die Geschäfte, die Börse und der Handel und mit ihnen das Judentum dominierten[314]. Dagegen setzte Frantz die Wagner sicherlich sympathische Perspektive einer deutschen Politik, die das bloße Macht- und Herrschaftselement hinter sich gelassen hat: »um wirklich deutsch zu sein muß daher die Politik über sich selbst hinausgehen. Sie muß sich zur Metapolitik erheben, als welche [sie] sich zur gemeinen Schulpolitik ähnlich verhält, wie zur Physik die Metaphysik. Unser Deutschthum geht uns dabei nicht verloren. Im Gegentheil, je mehr wir uns den allgemeinen Aufgaben menschheitlicher Entwicklung zuwenden, um so freier kann es sich entfalten, und um so edler wird es sich gestalten, sich emporringend zu den höchsten Ideen des menschlichen Geistes. Das nenne ich deutsche Politik. ... So wird die wahre deutsche Politik der deutschen Kunst auch erst die rechte Stätte bereiten, wie andererseits die Kunst die Politik beflügeln wird zu immer höherem Aufschwung«[315].

Die starke politische Übereinstimmung Wagners mit Constantin Frantz implizierte gerade keinen Widerruf der in den ›Zürcher Kunstschriften‹ formulierten Überzeugungen bezüglich des Verhältnisses von Politik und Kunst. Auch die zentralen politischen Postulate von Frantz: sein auf Europa zielender Föderalismus, seine Forderung, politisches Handeln an einem überkonfessionell und universal verstandenen Christentum normativ auszurichten und Politik in einem ›idealen‹ Sinne zu verstehen, vor allem aber seine Idee einer ›Metapolitik‹ ließen sich nicht nur problemlos in Wagners eigene Gedankenwelt integrieren, sondern konnten durchaus als Fortführung von weltanschaulichen Grundimpulsen aus den revolutionären Tagen und der Zeit des Exils verstanden werden. Gewiß stammten die politischen Ideen von Frantz nicht aus dem linken anarchistischen, sozialistischen oder radikaldemokratischen Lager, sondern waren eher von unterschiedlicher weltanschaulicher Provenienz, bedienten sich aus dem deutschen Idealismus ebenso wie dem Linkshegelianismus, dem Liberalismus, Konservatismus und Antisemitismus und verbanden sich insgesamt dann zu einem sehr eigenen und den herrschenden ideologischen Lagern nur schwer zuzuordnenden Weltbild. Aber in Struktur und Inhalt waren sie mit Wagners eigener politisch-ästhetischer Vision durchaus vereinbar. Sie fügten sich nicht zuletzt deshalb in das Wagnersche Modell einer ›anti-politischen Politik‹ ein, weil Frantz, wie Wagner, eine nur macht- und herrschaftsgestützte, sich militärischer Mittel bedienende Politik entschieden ablehnte. Wagner rückte also durch seine Nähe zu Frantz politisch nur scheinbar nach ›rechts‹, denn Substanz wie Intentionen seines Gesamtkunstwerk-Konzepts wurden dadurch nicht wesentlich tangiert.

Dies schien eher der Fall durch die Bekanntschaft, Bewunderung und in Teilen auch Rezeption der Werke Arthur Graf Gobineaus und dessen Rassentheorie, durch die Wagner sich in seinen eigenen rassistischen Vorstellungen und Vorurteilen be

314 Ebenda, S. 161.
315 Ebenda, S. 169.

stärkt fühlen konnte[316]. Nicht in seinem Antisemitismus, denn Gobineau selbst war kein Antisemit, wohl aber in seiner allgemeinen Auffassung von der Existenz und Bedeutung menschlicher Rassen für die Geschichte. Denn der Rassismus, der die normative Hierarchisierung unterschiedlicher Rassen impliziert, muß zwangsläufig die radikal-demokratischen Intentionen der Idee des Gesamtkunstwerks aushebeln, und im Unterschied zu jener antisemitischen Position, die Wagner im *Judenthum in der Musik* formuliert hat, kann es innerhalb des rassistischen Paradigmas keine Erlösungsperspektive geben: wer einer bestimmten Rasse zugehört, kann sich davon nicht befreien, wie immer er sich auch darum bemühen mag. Die im *Judenthum in der Musik* aufgezeigte Perspektive für die Juden, durch Teilnahme am gemeinsamen Werk einer alle politischen, gesellschaftlichen und kulturellen Verhältnisse umstürzenden Revolution am Ende »einig und ununterschieden«[317] mit den Nichtjuden, den Deutschen, zu werden, scheidet deshalb für den Rassisten aus. Die durch Geburt bestimmte Natur läßt sich nicht entscheidend sozial überformen und umprägen. So bildet denn auch das Rasse-Verständnis Wagners in seinen Spätschriften den entscheidenden Prüfstein dafür, ob das politisch-ästhetische Konzept des Gesamtkunstwerks hier widerrufen wird oder doch in Geltung bleibt.

Wagner hatte Gobineau erstmals im November 1876 in Rom getroffen, ein weiteres Mal dann 1880 in Venedig, und diese Zusammentreffen begründeten die persönliche Freundschaft zwischen beiden[318]. Ein Jahr später kam Gobineau für einige Zeit im Mai/Juni nach Bayreuth, und im folgenden Jahr wiederholte sich sein Aufenthalt. Daneben gab es einen Briefwechsel, der allerdings vornehmlich von Cosima, nicht von Richard, geführt wurde[319], wie überhaupt die Gobineau-

316 Arthur Graf Gobineau (1816–1882), Sohn eines Offiziers, begann ab 1835 in Paris literarische Arbeiten und Übersetzungen zu veröffentlichen, wandte sich dann dem Journalismus zu und betrieb nebenbei orientalische Sprach- und Geschichtsstudien. Royalistisch gesinnt, arbeitete er an verschiedenen Zeitschriften, schrieb poetische Erzählungen, Dramen und Romane. Als Aristokrat mit germanophilen Neigungen, befreundet mit dem liberalen und politisch scharfsinnigen Alexis de Tocqueville, wurde er von diesem als Chef des Kabinetts in dessen Außenministerium berufen. Danach ging er an die Gesandtschaft in Bern, war diplomatisch in Hannover und Frankfurt/M. tätig und wurde danach als französischer Gesandter nach Teheran versetzt. Die nächsten Stationen seines diplomatischen Dienstes waren Athen und Rio de Janeiro, dann kehrte er nach Frankreich zurück, ging 1872 als Gesandter nach Stockholm, von wo er Reisen nach Rußland, der Türkei, Griechenland und Italien unternahm. Nach seinem zwangsweisen Ausscheiden aus dem diplomatischen Dienst 1877 schrieb an sehr unterschiedlichen Werken. Für seinen Nachruhm war die Bekanntschaft mit Richard Wagner entscheidend, denn sein Werk, seine Rassentheorien wurden vor allem von Bayreuth und dem Bayreuther Kreis, hier von Ludwig Schemann propagiert. Vgl. Ludwig Schemann, Gobineau. Eine Biographie, 2 Bde., Straßburg 1913/1916; Peter Emil Becker, Sozialdarwinismus, Rassismus, Antisemitismus und Völkischer Gedanke. Wege ins Dritte Reich, Teil II, Stuttgart/New York 1990, S. 2 ff.

317 Richard Wagner, Das Judenthum in der Musik, in: GSD, Bd. 5, S. 85.

318 Eine genaue Chronologie der Beziehungen von Wagner zu Gobineau findet sich in Eric Eugène, Wagner et Gobineau, Paris 1998, S. 56 ff.

319 Von 25 Briefen, die zwischen November 1880 und September 1882 an Gobineau gingen, hat Richard Wagner keinen einzigen geschrieben; von 45 Briefen Gobineaus nach Wahnfried waren nur 4 an Richard Wagner adressiert; ebenda, S. 60.

Begeisterung in Wahnfried hauptsächlich von Cosima ausging. Und von Ludwig Schemann[320], einem jungen Bibliothekar, Mitarbeiter der *Bayreuther Blätter*, Übersetzer Gobineaus sowie sein Biograph, später Gründer und Vorsitzender der deutschen Gobineau-Gesellschaft, dessen Eifer bei der Verbreitung der Ideen Gobineaus in Deutschland auf Wagner allerdings nur einen eher geringen Eindruck machte[321], dessen Arbeiten zu Gobineau überdies die Ideen des französischen Grafen in wesentlichen Teilen verfälschten.

Wagner begann im November 1880 zunächst mit der Lektüre literarischer Arbeiten Gobineaus[322], die ihn etwa ein Jahr lang beschäftigte, und Cosimas Notizen halten seine sich steigernde Anerkennung und Bewunderung auf vielen Seiten fest. Im Februar 1881 nahm er erstmals, über einen anderen Autor[323] vermittelt, Gobineaus *Essai sur l'inégalité des races humaines*, der bereits 1835/55 in Paris erschienen war, zur Kenntnis, zu einer Zeit also, als er seine eigene Abhandlung über *Heldenthum und Christenthum* entwarf, die zugleich als eine Auseinandersetzung mit Gobineaus Rassentheorie und Antwort darauf verstanden werden kann.

In seinem Hauptwerk *Versuch über die Ungleichheit der Menschenracen*[324] hatte Gobineau den Versuch unternommen, die Geschichte der Menschheit und der menschlichen Zivilisation als Geschichte von Rassen zu schreiben. Das war zunächst einmal kein sonderlich originelles Unternehmen, denn schon seit Jahrhunderten hatte es immer wieder Autoren gegeben, die eine ›Naturgeschichte‹ des Menschen zu entwerfen suchten und bei der Betrachtung von historischen Entwicklungen davon ausgingen, daß deren Grundlage in der Anthropologie, in konstanten Faktoren der menschlichen Natur zu finden sei. Zu solchen anthropologischen Grundlagen zählten auch ethnische und rassische Eigenschaften, und dort, wo diese dominant oder gar singulär gesetzt wurden, entstand die Vorstellung, Geschichte sei nicht das Werk von einzelnen großen Persönlichkeiten, auch nicht bestimmt durch den Einfluß

320 Vgl. dazu Annette Hein, ›Es ist viel Hitler in Wagner‹, S. 68 ff.

321 Wagner hatte zu Schemann ein eher distanziertes Verhältnis. Zwar war dieser zusammen mit Hans von Wolzogen häufiger in Wahnfried zu Besuch, aber Wagner hat sich mehrfach eher abfällig über ihn geäußert. Cosima erwähnt einen Aufsatz, »welcher überrascht durch eine Mischung von nachlässigen und ungenau ausgedrückten, sehr guten und ziemlich verkehrten Gedanken« (TB II, S. 156 – 8. August 1878), ebenso Wagners scharfe Ablehnung gegen die ›Schumannianer‹, zu denen Schemann zählte (TB II, S. 359 – 3. August 1879) sowie sein Urteil: »Dr. Schemann's gedenkend wiederholt R., wie *jung* & unreif noch seine Freunde seien« (TB II, S. 369 – 20. Juni 1879).

322 Zunächst mit La Renaissance, Cosima Wagner, TB II, S. 620 ff. (14. November 1880). Eine Liste und Zeittafel aller Werke Gobineaus, die Wagner ab 1880 las, sowie aller Begegnungen mit Gobineau findet sich in Eric Eugène, Wagner et Gobineau, S. 100.

323 Es handelte sich um die kritische Abhandlung zu Gobineaus Hauptwerk von August Friedrich Pott, Die Ungleichheit menschlicher Rassen, hauptsächlich vom sprachwissenschaftlichen Standpunkte, unter besonderer Berücksichtigung von des Grafen v. Gobineau gleichnamigem Werke, Berlin 1856. Vgl. Cosima Wagner, TB II, S. 690 (13. Februar 1881), wo es heißt: »R. ist als Lektüre auf Pott geraten und freut sich, gleich da auf Gobineau zu treffen.«

324 Arthur Graf Gobineau, Versuch über die Ungleichheit der Menschenracen. Deutsche Ausgabe von Ludwig Schemann, 4 Bde, Stuttgart 1902 ff. Nach dieser Ausgabe wird im folgenden zitiert.

weltanschaulicher, sozialer, ökonomischer oder militärischer Bedingungen, sondern eben Konsequenz und »Offenbarung des Rassencharakters«[325]. Auf solche Überlegungen und Thesen konnte Gobineau zurückgreifen, er hatte eine Reihe prominenter Vorläufer, unter anderem auch den britischen Premierminister Disraeli und dessen Romane[326], aber er war wohl der erste, der in einem breit angelegten Werk den Versuch einer rassisch fundierten Zivilisations- und Degenerationsgeschichte der Menschheit entwarf.

Rasse – das war für Gobineau eine Menschenart, »die von jeder anderen durch ihre körperlichen, seelischen und geistigen Eigenschaften deutlich unterschieden, an und für sich dauernd unveränderlich ist und nur durch Kreuzung mit artfremdem Blut die Dauerhaftigkeit ihrer besonderen Merkmale einzubüßen vermag«[327]. Drei Hauptrassen unterschied er, die weiße, die schwarze und die gelbe[328], und er traf diese Unterscheidung nach Hautfarbe und Aussehen. Er glaubte, in diesen drei Rassen die »drei reinen Urbestandtheile der Menschheit«[329] vor sich zu haben, gleichsam Archetypen, die in der Geschichte allerdings nie in sich »eine vollkommene Einheit« gebildet hätten, sondern schon immer intern differenziert waren. Und so heißt es: »Die gegenwärtigen Racen sind demnach sehr verschiedene Zweige eines oder mehrerer verlorener Urstämme, welche die geschichtlichen Zeiten nie gekannt haben, deren Merkmale, seien es auch nur die allgemeinsten, wir in keiner Weise uns vorzustellen im Stande sind; und diese Racen, untereinander verschieden nach den äußeren Formen und den Verhältnissen der Glieder, nach dem Bau des Gesichtsschädels, nach der inneren Körperbildung, nach der Art des Haarsystems, nach der Hautfarbe etc., bringen es nur in Folge und durch die Macht der Kreuzungen dahin, daß sie ihre Hauptzüge einbüßen«[330].

Zweierlei ist an dieser Ausgangsthese mit Blick auf Wagners eigener Haltung zur Rassenfrage von Bedeutung: zum einen definiert Gobineau die Rassen nach Hautfarbe sowie nach physiologischen Merkmalen[331], zählt all jene zur weißen Rasse, »die man auch mit den Namen kaukasische, semitische, japhtitische Race bezeichnet«[332], also auch die Juden. Diese weiße Rasse aber ist den beiden anderen in jeglicher Hinsicht überlegen. Nur sie kann auf Adam zurückgeführt werden, nur sie ist die eigentlich kulturschaffende und geschichtsbestimmende Rasse, nur sie bringt Höchstleistungen auf allen Gebieten des menschlichen Geistes hervor. Aber sie ist in sich ebenso differenziert – in männliche und weibliche Rasse und sonstige Un-

325 E. J. Young, Gobineau und der Rassismus. Eine Kritik der anthropologischen Geschichtstheorie, Meisenheim am Glan 1968, S. 3. Young behandelt ausführlich all jene französischen Autoren, die als Vorläufer und Ideengeber Gobineaus betrachtet werden können, S. 29 ff.

326 Ebenda, S. 111.

327 Zitiert nach Young, Gobineau und der Rassismus, S. 116.

328 Arthur Graf Gobineau, Versuch über die Ungleichheit der Menschenracen, Bd. I, S. 195.

329 Ebenda.

330 Ebenda, S. 178 f.

331 Ebenda, S. 14 ff.

332 Ebenda, S. 196.

terarten –, wie die beiden anderen. In ihr sind die Arier der wertvollste Teil, denn sie sind die eigentlichen Schöpfer der Kultur, in Indien ebenso wie in Ägypten oder Griechenland. Die europäische Kultur dagegen verdankt sich nach Gobineau einem zweifachen Ursprung: zum einen Rom und Italien, und hier hat sie durch Überlagerung semitische Wurzeln, zum anderen dem Norden Europas, und hier beruht sie auf den Germanen und ist rein arisch. Doch hat es im Laufe der Geschichte sowohl in außereuropäischen wie europäischen Kulturen immer wieder Vermischungen gegeben, haben sich starke Rassen mit schwächeren verbunden und sind dabei selbst geschwächt worden. Gobineau ist vor allem an der Erklärung des Niedergangs von Kulturen interessiert, und er glaubt, daß nicht schlecht geführte Regierungen, soziale Verwerfungen, religiöser Fanatismus oder moralischer Verfall, auch nicht der Luxus der Oberklassen oder sonstige Defekte[333] die Ursache hierfür sind, wie dies klassische politische Theorien häufig unterstellen, sondern eben die Vermischung von Rassen, die zur biologischen Schwächung eines Volkes führen. In der Mischung von Rassen sieht er den eigentlichen Grund für Verfall und Degeneration, und beides erscheint ihm unabwendbar. Alle Gesellschaften sind, so glaubt er, zur Degeneration verurteilt, ihr Verfall ist das eherne Gesetz der Geschichte, dem kein Volk entgehen kann, weil es durch Rassenmischung »nicht mehr den inneren Werth hat, den es ehedem besaß, weil es nicht mehr das nämliche Blut in seinen Adern hat, dessen Werth fortwährende Vermischungen allmählich eingeschränkt haben«[334]. Das führt am Ende des weitschweifigen und umfangreichen Essays zu einer düsteren Untergangsvision. Denn nach Gobineau schafft die Mischung der Rassen im Verlauf der Geschichte eine immer stärkere Gleichheit unter den Menschen, sowohl in körperlicher wie in geistiger Hinsicht: »Sie werden dieselbe Dosis von Körperkräften, ähnliche Richtungen der Instincte, gleichbemessene Anlagen haben, und dieses allgemeine Niveau … wird von der empörendsten Niedrigkeit sein«[335]. Damit aber sind alle Voraussetzungen für geistige Hochleistungen vernichtet, und auch Eliten, die sich vielleicht halten, können diesen generellen Prozeß des allmählichen kulturellen Absterbens und biologischer Degeneration nicht mehr aufhalten.

Dies ist gewiß eine überaus knappe und notwendigerweise vereinfachende Zusammenfassung einiger zentraler Thesen von Gobineau, aber sie mag ausreichen, um zu prüfen, ob Wagner in seinen eigenen Anschauungen mit den hier skizzierten Grundannahmen dieses Rassismus wirklich übereinstimmt. Die Antwort erscheint zunächst eindeutig: in *Heldenthum und Christenthum* heißt es ganz im Sinne Gobineaus, dessen »ungemein durchgearbeitetes Bild« des Verfalls des menschlichen Geschlechts spräche mit »erschreckender Überzeugungskraft« zu uns, und deshalb könne man sich »der Anerkennung der Richtigkeit dessen nicht verschließen, daß das

333 Ebenda, S. 9 ff.
334 Ebenda, S. 31 f.
335 Arthur Graf Gobineau, Versuch über die Ungleichheit der Menschenracen, Bd. IV, S. 319.

menschliche Geschlecht aus unausgleichbar ungleichen Racen besteht, und daß die edelste derselben die unedleren wohl beherrschen, durch Vermischung sie aber sich nicht gleich, sondern sich selbst nur unedler machen konnte«[336]. Und zustimmend zu Gobineau formuliert Wagner weiter, daß »wir gar keine Geschichte der Menschheit haben würden, wenn es nicht Bewegungen, Erfolge und Schöpfungen der weißen Race gegeben hätte«[337], wobei deren Vermischung mit der gelben und schwarzen Rasse, die nach Wagner freilich notwendig war, weil die weiße Rasse »unvergleichlich weniger zahlreich an Individuen als die niederen Racen« zählt, zu ihrem Verderben geführt habe.

Doch dann folgt der Einwand. Es genüge nicht – so Wagner –, nur auf die Rassen, ihre Eigenschaften und Vermischungen als Ursache von Degenerationserscheinungen zu verweisen, weil damit die Frage, »ob die Welt eine moralische Bedeutung habe«[338], nicht ausreichend beantwortet werden könne. Und so sehr Wagner einerseits Gobineaus Rassenschema übernimmt, die Ursache des in der Geschichte sich wiederholenden degenerativen Verfalls mit Gobineau in der Vermischung der Rassen sieht, so sehr er auch von Rassen als einer Grundgegebenheit aller historischen Entwicklung ausgeht, so schnell kommt er andererseits doch, um die ihm wichtige Frage zu beantworten, zu der überraschenden Feststellung, »beim Überblick aller Racen [sei] die Einheit der menschlichen *Gattung*[339] unmöglich zu verkennen« und diese Einheit bestehe in der »Fähigkeit zu bewußtem Leid«. Im Leiden aber sei »die Anlage zur höchsten moralischen Entwicklung« angelegt, ein Prozeß, der unabhängig von Rassenzugehörigkeit, Menschen zu »Helden-Naturen« werden lasse, wie sich etwa am Beispiel von Herakles zeige, dem Aufgaben zugewiesen worden waren, um ihn umkommen zu lassen, der aber, indem er diese Aufgaben erledigte, die Welt von ihren grausamsten Plagen befreite.

Von drei Gesichtspunkten her betrachtet und kritisiert Wagner Gobineaus Rassismus, relativiert ihn und hebt ihn am Ende nahezu auf. Zum einen aus der Sicht seiner Auffassung von Christentum und seiner ›Christologie‹, zum anderen mit Hilfe seines Verständnisses der Philosophie Schopenhauers und schließlich aus der Perspektive einer eigenen Erklärung des Menschen und seiner Entwicklungen. Diese drei Gesichtspunkte werden zusammengeführt und in ihnen wurzelt seine Hoffnung auf Regeneration der Menschheit, und diese Hoffnung wiederum unterscheidet sein Denken fundamental von dem Gobineaus.

In *Religion und Kunst* findet sich der Satz: »Die Annahme einer Entartung des menschlichen Geschlechtes dürfte, so sehr sie derjenigen eines steten Fortschritts zuwider erscheint, ernstlich erwogen, dennoch die einzige sein, welche uns einer

336 Richard Wagner, Heldenthum und Christenthum, in: GSD, Bd. 10, S. 275. Vgl. Dieter David Scholz, Richard Wagners Antisemitismus. Jahrhundertgenie im Zwielicht. Eine Korrektur, Berlin 2000, 145 ff.

337 Ebenda, S. 276. Hier auch das nächste Zitat.

338 Ebenda.

339 Im Original gesperrt!; ebenda S. 277. Hier auch die übrigen Zitate dieses Satzes.

begründeten Hoffnung zuführen könnte«[340], einer Hoffnung auf Regeneration der Menschheit. Wagner begründet dies mit der Erwägung, die Natur der Urmenschen sei uns nicht wirklich bekannt, so daß wir auch nicht wüßten, ob es Naturanlagen – also die Rasse – oder andere »übermächtige äußere Einflüsse« gewesen seien, welche die überall beobachtbare Degeneration bewirkt hätten. Dann aber handelt er ausführlich von exogenen Einflüssen, die das Verhalten von Menschen beeinflussen, und zu solchen Einflüssen zählt er – wie übrigens manche prominente politischen Denker vor ihm[341] – das Klima, das je nach Beschaffenheit die Nahrungsproduktion erleichtere oder erschwere, Menschen zur Wanderung gezwungen und sie aufgrund von Hungersnöten zu Fleischessern gemacht habe. Angeregt durch das Buch des Franzosen Jean-Antoine Gleizes[342] sieht er im Vegetarismus einen Ausweg aus der entstandenen Krise, glaubt, daß Tierschutz, Eindämmung des Alkoholkonsums, Änderung der bisherigen Lebensweise, die sich – mit einem Rückgriff auf die alten revolutionären Ideale – verbinden sollten mit der Bewegung des Sozialismus, zum Kern einer grundlegenden Regeneration der menschlichen Gattung werden könnten. Wo die Klimazonen in Europa vermeintlich der vegetarischen Lebensweise entgegenstehen, erwägt er die Auswanderung der Bevölkerung in wärmere Zonen Südafrikas oder Lateinamerikas als ernsthafte Alternative. Denn für ihn steht fest, »daß die Entartung des menschlichen Geschlechtes durch seinen Abfall von seiner natürlichen Nahrung bewirkt worden sei«[343], daß also die Rückkehr zur »natürlichen Nahrung« den Prozeß der Degeneration werde umkehren können.

Was immer man von solchen absonderlich anmutenden Vorstellungen halten mag, die Wagner als »Phantasie-Bild eines Regenerations-Versuches des menschlichen Geschlechtes«[344] ausmalt, mit Gobineaus monokausaler rassentheoretischer Begründung eines unabwendbaren Niedergangs der menschlichen Rassen und Kultur haben sie jedenfalls nichts zu tun. Wagner setzt hier einen entschieden anderen Akzent, sieht die Gründe für die mit Gobineau geteilte Diagnose eines Kulturverfalls in Ursachen, die sich nicht auf Rassenverfall und Rassenvermischung reduzieren lassen. Für ihn sind vielmehr die vegetarische Lebensweise und der Respekt vor dem Leben der Tiere als Mitgeschöpfe des Menschen eine der zentralen Vorbedingungen für den ins Auge gefaßten Regenerationsprozeß; eine andere sieht er – und auch dies unterscheidet ihn von Gobineau – in der Revitalisierung eines neu inter-

340 Richard Wagner, Religion und Kunst, in: GSD, Bd. 10, S. 236. Hier auch das folgende Zitat.

341 So etwa Montesquieu in seinem Werk De l'Esprit des lois, Genf 1748, deutsch: Vom Geist der Gesetze, 2 Bde., Tübingen 1951 (zum Zusammenhang von Klima, Sitten, Gesetzen und Regierung vgl. Bd. I, 14.–18. Buch). Montesquieu (1689–1755) steht mit der Erörterung dieses Themas in einer langen Tradition, die von antiken Autoren bis in die Gegenwart reicht.

342 Jean-Antoine Gleizes, Thalysie, ou la Nouvelle existence, Paris 1840; deutsch: Thalysia oder das Heil der Menschheit, Berlin 1873. Gleizes (1773–1843) war einer der Vorläufer und Begründer des Vegetarismus und der Bestrebungen zu einer Lebensreform in Frankreich, und er war einer der ersten, die Rechte für Tiere einforderten.

343 Richard Wagner, Religion und Kunst, in: GSD, Bd. 10, S. 242 f.

344 Ebenda, S. 243.

pretierten Christentums, und deshalb fügt er hinzu, daß dieser Regenerationsprozeß nur gelingen könne, wenn er »aus dem tiefen Boden einer wahrhaften Religion erwachsen«[345] werde. Entsprechend seiner Vorstellung vom Christentum, entsprechend auch der Jesus darin zugedachten Rolle eines ›leidenden Erlösers‹ verbindet Wagner sein Konzept einer Regeneration mit seinem Verständnis einer völlig neu interpretierten christlichen Religion, wie sie oben umrissen worden ist[346]. Im Sprachgestus Schopenhauers fordert er eine christliche Verneinung der gegebenen Welt, interpretiert er den menschlichen Willen als Ausdruck solcher Verneinung, aber zugleich – und damit geht er auch über Schopenhauer hinaus – schreibt er, der Wille könne sich auch gegen sich selbst richten, sei dann seine eigene Selbst-Verneinung und daraus erwachse Selbstbesinnung, die zu jenem ›Mitleiden‹ führe, »welches dann als die Aufhebung des Willens die Negation einer Negation ausdrückt, die wir nach den Regeln der Logik als Affirmation verstehen«[347]. Mit dieser Synthetisierung unterschiedlichster Ideenkomplexe, mit dem Zusammendenken von Vegetarismus, Lebensreform, einem eigenwillig verstandenen Christentum und einer ebenso eigenwilligen Adaption der Willensmetaphysik von Schopenhauer verbleibt Wagner nicht in der bloßen Negation des Status quo, in der Diagnose und Beschwörung von Degeneration und Verfall stecken, sondern eröffnet die Perspektive einer sich regenerierenden Menschheit, die sich unter dem »Göttlichen unwillkürlich eine Sphäre der Unmöglichkeit des Leidens«[348] vorstellt und dies als ihr anzustrebendes Ziel begreift. Das ist auf eine neue Weise die Formulierung der alten und ein Leben lang stets präsenten utopischen Hoffnung, einen qualitativ besseren Lebenszustand, eine andere Form der Gesellschaft und Gemeinschaft erreichen zu können, die besser ist als die gegebene. Gleichsam verquer und ideengeschichtlich nicht eben konsistent knüpft Wagner so wieder an die alten revolutionären Ideale der Erneuerung von Kultur und Gesellschaft an, stellt die Kontinuität der utopischen Energie in seinem Denkens her und läßt den radikalen Kulturpessimismus von Gobineau weit hinter sich.

Die tiefe Überzeugung von der prinzipiellen Regenerationsfähigkeit der menschlichen Gattung wird in den späten, *Religion und Kunst* begleitenden und ergänzenden Schriften unter eben diesen Gesichtspunkten immer wieder erneut vorgetragen und variiert. Auf die selbst gestellte Frage, »was die Erkenntnis des Verfalles der geschichtlichen Menschheit nützen soll«[349], antwortet Wagner mit dem Verweis auf die »wahrhaft großen Dichter aller Zeiten« und »die Gründer der wahrhaft großen Religionen«, auf Schopenhauers Philosophie – naturgemäß in seiner eigenen Auslegung – und auf die Rolle der Kunst und seiner Kunstkonzeption, von der er am Ende seines Lebens immer noch hofft, daß »die Gedanken, welche ich mit dem

345 Ebenda.
346 Vgl. S. 327 ff.
347 Richard Wagner, Religion und Kunst, in: GSD, Bd. 10, S. 245.
348 Ebenda, S. 244.
349 Richard Wagner, Was nützt diese Erkenntnis? In: GSD, Bd. 10, S. 253.

›Kunstwerk der Zukunft‹ verbinde, in ihrem ganzen Umfange beachtet, verstanden und gewürdigt«[350] werden. Und in *Erkenne dich selbst* wird jenseits der bekannten antisemitischen Urteile und Positionen, welche die Schrift durchziehen, jenseits auch jener scharfen, auf den modernen Staat, auf Eigentum und Geld formulierten Attacken, die ebenfalls die frühen revolutionären Positionen ungebremst wiederholen, die Sprache als »das einzig ächt erhaltene Erbtheil unserer Väter«[351] gefeiert. Wie in den ›Zürcher Kunstschriften‹, wie im *Judenthum in der Musik* spricht Wagner auch jetzt noch vom »unermeßlichen Glück, in seiner Muttersprache die Sprache seiner Urväter selbst erkennen zu können«, spricht vom »Gefühl der Verwandtschaft mit dem Volke, dem wir zunächst entwachsen sind«, spricht davon, daß durch die Sprache »unser Fühlen und Erschauen bis in das Urmenschenthum selbst hinabreicht« und wir uns »der schöpferischen Urschönheit des Menschen verwandt« fühlen[352]. So stark ist auch hier, in den Spätschriften, der Rückgriff auf die Sprache als dem Fundament einer sozialen Gemeinschaft und dem Ursprung der Kunst den er in den ›Zürcher Kunstschriften erstmals tat, daß Wagner angesichts einer, wie er glaubt, nicht mehr existenten deutschen Rasse »auf die Äußerung eines reinen Racen-Instinktes« meint verzichten zu müssen und dagegen auf die Sprache setzt, sie als den »weit höheren Trieb« bewertet, auch wenn sie »dem heutigen Volke doch nur dunkel und wahnvoll bewußt sein kann«. Aus der Sprache, nicht aus der Rasse, erhofft er sich das »Wiedererwachen eines deutschen Instinktes«, in ihr ist für ihn der »Geist reiner Menschlichkeit«, das »Reinmenschliche« aufbewahrt, »und so fragt und forscht denn der ächte deutsche Instinkt eben nur nach diesem Reinmenschlichen, und durch dieses Forschen allein kann er hilfreich sein, – dann aber nicht bloß für sich selbst ...«[353].

Die langen Passagen in diesen späten ›Regenerationsschriften‹, in denen Wagner Gobineaus Thesen von Rasse, Rassemischung und Rasseverfall zustimmend paraphrasiert, in denen er von der angeblich »erstaunlichen Racen-Konsistenz«[354] der Juden und der Degeneration der weißen, arischen Rasse, den rassischen Gründen für den kulturellen Tiefstand der Deutschen und ähnliches mehr weitschweifig und assoziativ räsonniert, dürfen deshalb nicht darüber hinwegtäuschen, daß die Distanz zu diesem verehrten und bewunderten ›Denker‹ am Ende größer war, als es auf den ersten Blick scheint, und diese Distanz, seinem eigenen Urteil zum Trotz, wonach dieser »sein einziger Contemporain«[355] sei, auch stets sorgfältig aufrechterhalten wurde. Vor allem Wagners Christus-Verständnis ließ sich mit Gobineaus rassistischer Geschichtskonstruktion nicht vereinbaren, und hier lag der wohl schärfste Gegensatz zwischen beiden Denkansätzen. »Er wirft es Gob. vor« – notiert Cosima in ihrem

350 Richard Wagner, Wollen wir hoffen?, in: GSD, Bd. 10, S. 119.
351 Richard Wagner, Erkenne dich selbst, in: GSD, Bd. 10, S. 273.
352 Ebenda, S. 272. Hier auch die folgenden Zitate.
353 Ebenda, S. 273.
354 Ebenda, S. 271.
355 Cosima Wagner, TB II, S. 751 (20. Juni 1881).

Tagebuch – , »das eine ganz außer acht gelassen zu haben, was einmal der Menschheit gegeben wurde, einen Heiland, der für sie litt und sich kreuzigen ließ!«[356], und dieser fundamentale Einwand kehrte wenige Monate später in *Heldenthum und Christenthum* gegen Gobineau wieder. »Das Blut des Heilandes, von seinem Haupte, aus seinen Wunden am Kreuze fließend, – wer wollte frevelnd fragen, ob es der weißen, oder welcher Race sonst angehörte?« – schreibt Wagner – , und er meint, der Quell dieses Blutes Christi könne nur in der »Einheit der menschlichen Gattung« und deren »Fähigkeit zu bewußtem Leiden« liegen. »Diese Fähigkeit müssen wir als die letzte Stufe betrachten, welche die Natur in der aufsteigenden Reihe ihrer Bildungen erreichte; von hier an bringt sie keine neuen, höheren Gattungen mehr hervor, denn in dieser, des bewußten Leidens fähigen, Gattung erreicht sie selbst ihre einzige Freiheit durch Aufhebung des rastlos sich selbst widerstreitenden Willens«[357].

Wagners Vorstellung einer im Leiden und Mitleiden kulminierenden Menschheitsentwicklung, die – wie oben gezeigt[358] – aus diesem Leid heraus sich in einen durch die christlichen Tugenden ›Liebe, Glaube und Hoffnung‹ geprägten Zustand erlösender christlicher Liebe weiterentwickelt und dann einen neuen Abschnitt der menschlichen Gattungsentwicklung begründen könnte, bezeichnete den definitiven Abschied von allen rassistischen Geschichtskonstruktionen. Gegen die scheinbare Übereinstimmung mit Gobineau, die sich dem oberflächlichen Leser aufdrängt, standen die tieferliegenden und über die Jahrzehnte bewahrten Überzeugungen Wagners, die er gegenüber Cosima nur wenige Wochen nach der Niederschrift von *Heldenthum und Christenthum* lapidar auf die Formel brachte: »Eines ist sicher, die Racen haben ausgespielt, nun kann nur noch, wie ich es gewagt habe auszudrücken, das Blut Christi wirken«[359]. Deshalb auch erschien ihm die Gleichheit der Rassen, die Gobineau als Schreckensvision einer durch Rassenmischung erzeugten »empörendsten Niedrigkeit«[360] und Grund des schließlichen Absterbens menschlicher Kultur beschworen hatte, keineswegs das Ende des ›Reinmenschlichen‹, der menschlichen Gattung und einer zukünftigen Kultur zu bedeuten. Wie alle Krisentheoretiker aus der von ihnen diagnostizierten Krise die Kraft zur Wende und zu einem Neuanfang zu schöpfen suchen, so suchte auch Wagner nach Anknüpfungspunkten, um »einen ermuthigenden Ausblick auf die Zukunft des menschlichen Geschlechtes zu gewinnen«[361]. Und er fand diesen überraschenderweise in der ansonsten perhorreszierten Rassenmischung, die er nun plötzlich deshalb nicht mehr nur negativ bewertete, weil mit ihr die Abschaffung einer »schlechthin unmoralischen Weltordnung«, entstanden durch die von der Natur gewollte Unterdrückung der »niederen

356 Ebenda, S. 936 (13. April 1882).
357 Richard Wagner, Heldenthum und Christenthum, in: GSD, Bd. 10, S. 280 f.
358 Vgl. S. 330 ff.
359 Cosima Wagner, TB II, S. 850 (17. Dezember 1881).
360 Arthur Graf Gobineau, Versuch über die Ungleichheit der Menschenracen, Bd. 4, S. 319.
361 Richard Wagner, Heldenthum und Christenthum, S. 284. Die folgenden Zitate ebenfalls hier und auf der nächsten Seite.

Racen« durch die weiße, die »edelste Race«, in greifbare Nähe gerückt war. In den sich ähnlich gewordenen Rassen sah Wagner jetzt die Chance einer möglichen Gleichheit der Menschen und damit den ersten Schritt zur Erlangung einer moralischen Gleichheit, die sich »auf den Gewinn einer allgemeinen moralischen Übereinstimmung gründet, wie das wahrhaftige Christenthum sie auszubilden uns berufen dünken muß«. Daraus, so hoffte er, könne langfristig dann die von ihm ersehnte »ästhetische Weltordnung« erwachsen.

Schon 1879 hatte Wagner in seinem Essay *Wollen wir hoffen?* mit Verweis auf sein *Kunstwerk der Zukunft* geschrieben, er kehre, »durch alle Umwege unentwegt, zu meinen vor dreißig Jahren von mir konzipierten Gedanken über jenes Verhältnis [von Politik, Gesellschaft und Kunst, U.B.] zurück, indem ich offen bezeuge, daß an dem schroffesten Ausdrucke derselben meine seitherige Lebenserfahrung nichts ändern konnten«[362]. Man darf dieses Bekenntnis zu dem in revolutionären Zeiten entworfenen, mit großer Beharrlichkeit immer wieder propagierten politisch-ästhetischen Konzept des Gesamtkunstwerks wohl auch für die Auseinandersetzung mit den Rassentheorien Gobineaus in Anspruch nehmen. Auch wenn Wagner in seinen letzten Lebensjahren ›Rassist‹ in dem Sinne war, daß er vom ›Faktum‹ der Rassen und deren Bedeutung für die Geschichte prinzipiell überzeugt war, so hat diese Überzeugung für seine politisch-ästhetische Konzeption, für die Struktur und Aufgabe des ›Gesamtkunstwerks‹ keine wirkliche Bedeutung gehabt; vor allem hat es keine die ursprünglichen Intentionen korrigiert. Die tiefe Verankerung seiner ›Weltanschauung‹ im politischen Kontext des deutschen Vormärz wie des französischen Frühsozialismus, in den philosophischen Entwürfen der Linkshegelianer und insbesondere bei Feuerbach, in einer durch Feuerbach aufgeklärten Schopenhauer-Rezeption und einem sozial- und institutionenkritisch rezipierten Christentum, der damit verbundenen, durch die Bibelkritik des 19. Jahrhunderts angeleiteten Christologie – das alles war stärker als alle Rassentheorien und alle Begeisterung für Gobineau. Am Ende bricht sich immer wieder das Bahn, was früh erworben und ausgearbeitet worden ist, und es bestimmt die Einstellung Wagners, wenn die Zukunft der Menschheit und die Rolle der Kultur, auch die eigenen Werke und deren Rezeption in seinen Blick geraten. Trotz aller Brüche, Widersprüche, Umwege, auch mancher Absonderlichkeiten seines Denkens, trotz der eindeutig ins konservativ-völkische Umfeld verschobenen politischen Sympathien ist die Dominanz jener Überzeugungen aus der Revolutionszeit und aus den ersten Jahren des Schweizer Exils nicht zu übersehen, auf denen seine politisch-ästhetische Zukunftshoffnung ein Leben lang gründete.

362 Richard Wagner, Wollen wir hoffen? in: GSD, Bd. 10, S. 121.

Epilog

Immer wieder hat der immense Anspruch, den Wagner mit seiner Kunst erhob, scharfen Widerspruch gefunden. Sein Vorsatz, im Musikdrama durch ästhetische Erfahrungen sowohl die Kritik der Gegenwart wie die Vision eines besseren zukünftigen Lebens vermitteln zu können, ist gelegentlich als »ästhetischer Terrorismus«[1] qualifiziert worden, als eine »totalitäre Inanspruchnahme des Publikums«[2], als hybride Überforderung dessen, was Kunst leisten kann und legitimerweise auch leisten darf. Wagner übertrug damit der Kunst Aufgaben, die normalerweise Aufgabe der Politik sind: divergierende und konfligierende Interessen in einer Gesellschaft aufzugreifen und auszugleichen. Daß er überzeugt davon war: »Im Kunstwerk werden wir eins sein … glückliche Menschen«[3], galt, wie die Formel von der »Gefühlswerdung des Verstandes«[4], als einer jener Belege für die Absicht, durch emotionale Überwältigung derer, die dem musiktheatralischen Erlebnis im Theater hilflos ausgesetzt sind, das Ziel einer Gefühlsgemeinschaft unter Ausschaltung jeglichen rationalen Diskurses zu erreichen. Nietzsches frühes Verdikt, Wagner rechne nie als Musiker, sondern wolle Wirkung, nichts als Wirkung[5], verstanden als emotionales Aufgehen im Kollektiv, bezeichnet den Anfang jener Fülle von Vernichtungsurteilen, welche die Wagner-Rezeption bis in die Gegenwart hinein begleiten.

Dabei ist Wagners Kunstanspruch und das mit ihm gesetzte Verhältnis zur Politik nur die singuläre Zuspitzung einer langen deutschen Tradition, keineswegs ihre Begründung. Spätestens seit Johann Gottfried Herders Sprachtheorie[6] wurde der Kultur in den deutschsprachigen Ländern eine hervorgehobene Bedeutung zugemessen, wurde Kultur als Medium der Zusammengehörigkeit der Deutschen und Grundlage ihre Identität verstanden. In der Sprache, so hatte Herder gemeint, fasse ein Volk seine Gedanken, drücke sich sein Charakter aus, formuliere es seine Sicht der Welt, sei es gleichsam ganz bei sich selbst. Volk und Nation waren für Herder Sprachvolk und Sprachnation, und was ein Volk und eine Nation ausmacht, wurde so nicht politisch, sondern kulturell bestimmt. Das war, angesichts der politischen Zustände

1 So für viele Ulrich Schreiber, Die Kunst der Oper. Geschichte des Musiktheaters, Bd. II: Das 19. Jahrhundert, Frankfurt/M. 1991, S. 455 f.

2 Ebenda, S. 456.

3 Richard Wagner, Die Kunst und die Revolution, in: GSD, Bd. 3, S. 50.

4 Richard Wagner, Oper und Drama, in: GSD, Bd. 4, S. 78.

5 Friedrich Nietzsche, Der Fall Wagner, in: derselbe, Werke in drei Bänden, hg. von Karl Schlechta, München 1960, Bd. II, S. 920.

6 Johann Gottfried Herder, Über die neuere deutsche Literatur (1767); Kritische Wälder (1769), in: Johann Gottfried Herder, Schriften zur Ästhetik und Literatur 1764–1772, in: Werke, Bd. 1, hg. von Günter Arnold u.a., Frankfurt/M. 1993; Abhandlung über den Ursprung der Sprache (1772), in: Schriften zur Ästhetik und Literatur 1762–1781), Bd. 2, Frankfurt/M. 1993.

im Deutschland des 18. Jahrhunderts, zunächst eine nur allzu verständlich erscheinende Position. Angesichts der politischen Zersplitterung Deutschlands suchte Herder zu einer Zeit, da die europäischen Nachbarstaaten längst den Weg in den politisch definierten Nationalstaat eingeschlagen hatten, den Deutschen ein eigenes kulturalistisches Verständnis ihres nationalen Selbstverständnisses zu vermitteln. Die Volkspoesie sollte einigendes Band sein, Literatur der Spiegel sozialer und politischer Probleme. So wurde die Sprache und mit ihr die Kultur zum zentralen Medium der Einheit des Volkes, zum eigentlichen Konstituens einer deutschen Nation.

Wohl erstmals war damit für die weitere historische Entwicklung der Deutschen der Zusammenhang von Volk, Nation und Staat entschieden und unzweideutig durch die Kultur definiert worden[7]. Daß ein eigentlich politischer Zusammenhang primär kulturalistisch bestimmt wurde, sollte für das Selbstverständnis der Deutschen und die weitere deutsche Geschichte höchst folgenreich werden. Während sich andere europäische Staaten in ihrem Nationalverständnis längst politisch definierten, war dies für die Deutschen nahezu unmöglich. Selbst eine bewußt so vage neuere Definition, wonach die Nation als eine »vorgestellte politische Gemeinschaft« zu verstehen ist, »vorgestellt als begrenzt und souverän«[8], kann hier nicht gelten. Aufgeteilt in eine Vielzahl von Einzelstaaten unterschiedlicher Größe, von unterschiedlichem politischem Gewicht und unterschiedlichen außenpolitischen Loyalitäten, konnten die ›Deutschen‹ sich weder territorial noch politisch als eine Einheit erleben. Deutschland – das war im 18. Jahrhundert die Bezeichnung für einen locker föderierten Staatenverband, in dem die unterschiedlichen Interessen der Einzeltaaten ein politisches Verständnisses von deutscher Nation fast unmöglich machten. Ein in landesspezifischen Schulen, Universitäten und Akademien ausgebildetes, vielfältig einsetzbares Bürgertum sorgte für regionales Bewußtsein, Pfarrer, Lehrer, Richter, Ärzte, Techniker und Staatsbeamte bildeten eine lokale »Modernisierungselite, die sich über Bildung und Fachkompetenz reproduzierte und an überlokalen aufklärerischen Horizonten orientierte«[9]. Organisiert in zahllosen Vereinen, in Sprachgesellschaften, Patriotischen Vereinen, in Gelehrten Gesellschaften, Musikkreisen, Lesezirkeln und Freimaurerlogen entwickelten sich daraus Systeme intensiver kultureller – und allenfalls implizit politischer – Kommunikation. Hier wirkten Literaten und Gelehrte lange vor dem Ende des Reiches 1806 auf einen kulturalistisch geprägten Patriotismus hin, suchten ein Bewußtsein von kultureller Einheit der deutschen Nation zu schaffen, mit deren Hilfe die politische Zersplitterung Deutsch-

7 Kulturalistische Selbstinterpretationen von Nationen gab es natürlich auch schon zuvor; vgl. dazu Bernd Schönemann, Volk, Nation: in: Otto Brunner/Werner Conze/Reinhart Koselleck (Hg), Geschichtliche Grundbegriffe, Bd. 7, Stuttgart 1972, S. 3092 ff.; Herfried Münkler/Hans Grünberger/Kathrin Mayre (Hg), Nationenbildung. Die Nationalisierung Europas im Diskurs humanistischer Intellektueller. Italien und Deutschland, Berlin 1998.

8 Benedict Anderson, Die Erfindung der Nation. Zur Karriere eines Konzepts, Frankfurt/M. 1996, S. 15.

9 Bernhard Giesen, Die Intellektuellen und die Nation. Eine deutsche Achsenzeit, Frankfurt/M. 1993, S. 114.

lands überwunden und in welche die außerhalb deutscher Landesgrenzen lebende deutschsprachige Bevölkerung mit einbezogen werden konnte. Ein breit fundiertes und für die weitere Entwicklung in Deutschland entscheidendes Bildungsbürgertum[10] entstand, das zunehmend zum Träger auch des sozialen und wirtschaftlichen Fortschritts wurde, sich aber gleichwohl primär über seine gleichgestimmten kulturellen Interessen und Fähigkeiten definierte[11]. Zu recht ist deshalb gesagt worden, die Vorstellung einer deutschen Nation sei in den späten Jahrzehnten des 18. Jahrhunderts in der Publizistik entstanden, »in Büchern, Aufsätzen, Gedichten und Aufrufen, in diversen, zum Teil kurzlebigen Zeitschriften und Flugblättern oder Gedichtsammlungen, in Reden und Predigten«[12].

Mit der französischen Revolution von 1789 wurde in Europa die Nation zum »Leitbegriff«[13] eines fundamentalen politischen Strukturwandels. Erstmals kamen hier Revolution und Demokratie zusammen, bezeichnete die Nation jetzt die Einheit aller Staatsbürger innerhalb eines politischen Systems. Die Revolution verband Volkssouveränität mit den Menschenrechten, fordert die Gleichheit aller der Nation angehörenden Bürger, wollte deren Selbstregierung. Vor den zunächst erstaunten, dann euphorisch mitgerissenen europäischen Völkern vollzog sich eine ›Modernisierung‹ mit unabsehbaren Folgen. In Frankreich, das schon seit Jahrhunderten als politischer ›Nationalstaat‹ regiert wurde, übernahmen nun die Bürger die politische Führung, organisierten diese nach eigenen Grundsätzen, proklamierten die Grundsätze der Freiheit, Gleichheit und Brüderlichkeit. Das waren politische Prinzipien, die den französischen Nationalstaat in seinen Inhalten und Formen neu bestimmten und die in vielen europäischen Ländern, auch in den deutschen, bei Intellektuellen wie fortschrittlichem Bürgertum auf lebhafte Resonanz stießen.

Das französische Beispiel strahlte zwar auf Deutschland aus, verursachte auch in einigen deutschen Ländern revolutionäre Wirkungen und politische Verwerfungen, aber es ließ sich nicht dauerhaft kopieren. Zu unterschiedlich waren die politischen Voraussetzungen, zu unterschiedlich auch die Interessen der sozialen Trägerschichten, zu widersprüchlich die Traditionen, auf die Bezug genommen werden mußte. Zwar gab es anfangs eine sympathisierende Unterstützung der französischen Revolution und ihrer Ziele auch bei deutschen Intellektuellen, von Kant bis Hegel, von Schiller bis Hölderlin, von Klopstock bis Herder, doch schon bald, nach dem ›Terreur‹ von 1793, wandelte sich deren Haltung: der Begeisterung folgte die Ernüchterung, der Zustimmung die Ablehnung[14]. Diese Ablehnung verschärfte sich noch nach den Erfahrungen der napoleonischen Kriege, nach der französischen Okkupa-

10 Ulrich Engelhardt, »Bildungsbürgertum«. Begriffs- und Dogmengeschichte eines Etiketts, Stuttgart 1986; Bernhard Giesen, Die Intellektuellen und die Nation, Frankfurt/M. 1993, S. 105 ff.

11 Otto Dann, Nation und Nationalismus in Deutschland 1770–1990, München 1996, S. 48.

12 Michael Jeismann, Das Vaterland der Feinde. Studien zum nationalen Feindbegriff und Selbstverständnis in Deutschland und Frankreich 1792–1918, Stuttgart 1992, S. 28.

13 Otto Dann, Nation und Nationalismus, S. 57.

14 Christoph Prignitz, Vaterlandsliebe und Freiheit. Deutscher Patriotismus von 1750–1850, Wiesbaden 1981, S. 50 ff.

tion, nach den Befreiungskriegen von 1813 bis 1815, deren militärische Erfolge nicht in politische umgesetzt werden konnten.

Die während der Befreiungskriege entstandene patriotische Bewegung war von Anfang an auch eine literarische gewesen, in der die ›vaterländische‹ Lyrik mit ihrer Rückbesinnung auf die ›deutsche Vergangenheit‹, die ›deutschen Tugenden‹, den ›altdeutschen Freiheits- und Kampfeswillen‹ und ähnliches mehr der Erzeugung eines poetischen Nationalgefühls[15] diente und das die politische Einigung der deutschen Nation mit vorbereiten helfen sollte. Wenn es richtig ist, daß die Wirkung des modernen Nationalismus in seinen kulturellen Wurzeln liegt[16], dann wurden in dieser Zeit die entscheidenden Grundlagen für die weitere deutsche Entwicklung gelegt[17]. Es waren die Gedichte Theodor Körners und Ernst Moritz Arndts, die Schriften Heinrich von Kleists, Johann Gottlieb Fichtes oder auch Joseph Görres', in denen der Wille eines sich politisierenden Bürgertums ausgedrückt wurde, eines Bürgertums, das die nationale Einheit herbeisehnte und als vordringliches politisches Ziel empfand. Doch der Wiener Kongreß von 1814/15, der im Prinzip die alte monarchische Ordnung aus der vornapoleonischen Zeit wiederherstellte und die deutschen Fürsten lediglich zu einem lockeren ›Deutschen Bund‹ unter Österreichs Leitung zusammenschloß, machte solche Hoffnung brutal zunichte. Die Patrioten der Befreiungskriege gerieten folglich mit ihren Wünschen und Zielen sehr schnell in einen Gegensatz zu den einzelstaatlichen Regierungen und mußten sich zwangsläufig erneut auf ihre kulturellen Gemeinsamkeiten als minimum communis zurückbesinnen. Die erkämpfte Befreiung Deutschlands aus französischer Vorherrschaft führte nicht zu dem schon nahe geglaubten deutschen Nationalstaat, sondern die politischen Akteure opferten die nationale Einheit den Interessen einzelner deutscher wie europäischer Staaten. So mußte das Ziel, Deutschland zu einigen und Nation, Verfassung und Regierung zusammenzubringen, auf anderem Wege erreicht werden. Etwa durch einen öffentlichen Diskurs, der alles, was die Deutschen in ihrer Vergangenheit schicksalhaft geteilt hatten, ihnen zu Bewußtsein brachte, um auf diese Weise im Volk ein Gefühl der Zusammengehörigkeit zu schaffen. Deshalb beschwor man nun die Vergangenheit, verwies mit Stolz auf den Germanenführer Arminius, der die Römer geschlagen hatte, auf Karl den Großen und Otto I., die das Reich begründet und geeint hatten, auf Reformatoren wie Luther und Zwingli, Gelehrte wie Kepler und Leibniz, Künstler wie Dürer, Erfinder wie Gutenberg, Dichter wie Schiller und Musiker wie Beethoven und Mozart. Man berauschte sich am Glanz vergangener politischer und kultureller Größe, die zugleich als Verpflich-

15 Dazu ausführlich Michael Jeismann, Das Vaterland der Feinde, S. 32 ff. Vgl. auch Ernst Weber, Lyrik der Befreiungskriege (1812–1815). Gesellschaftspolitische Meinungs- und Willensbildung durch Literatur, Stuttgart 1991; Andreas Dörner, Politischer Mythos und symbolische Politik. Der Hermannmythos: zur Entstehung des Nationalbewußtseins der Deutschen, Reinbek bei Hamburg 1996.

16 Benedict Anderson, Die Erfindung der Nation, S. 17. Vgl. auch Ernest Gellner, Nationalismus. Kultur und Macht, Berlin 1999.

17 Einen knappen, aber präzisen Überblick gibt Ben Möbius, Die liberale Nation. Deutschland zwischen nationaler Identität und multikultureller Gesellschaft, Opladen 2003, S. 65 ff.

tung für die Gegenwart und Zukunft aufgefaßt wurde. Die Folge war: »Die Nation wurde so in Deutschland zu einem entpolitisierten, porösen Begriff, der mit Vielfältigem und Widersprüchlichem gefüllt werden konnte«[18].

Die Befreiungskriege und ihre Folgen waren ein »durchschlagender Katalysator«[19] für die weitere Karriere der Frage einer einheitlichen deutschen Nation. Auch wenn die Debatte darüber in erster Linie ein Anliegen »elitärer Intellektuellenzirkel«[20] blieb, gewann sie doch über die Jahre breitere Ausmaße und wurde zu einem Diskurs der Selbstbesinnung und Selbstvergewisserung, der die bildungsbürgerlichen Schichten in den einzelnen deutschen Staaten miteinander verband. Die »Intensivierung des kulturell-historischen Nationalbewußtseins«[21] war abzulesen an der Entfaltung der Geisteswissenschaften, an deren Rückgriff auf Sprache, Tradition, Recht und Literatur, am Sammeln von Märchen und Sagen, an der Debatte über die deutschen Nationalepen, am Interesse für das Mittelalter und die geschichtlichen Quellen der Deutschen – um nur einiges zu nennen. In allen Bereichen, in der bildenden Kunst wie der Architektur, in Musik, Literatur, Philosophie und Theologie suchte man sich seiner eigenen Herkunft, auch seines eigenen Wesens zu versichern, und so wurde die ›Nation‹ »zum Schlüssel für das Verständnis von Kultur und Geschichte der eigenen Lebenswelt, der Identität«[22]. Wo die Politik versagt hatte, sollten nun die künstlerisch-kulturellen Leistungen die ersehnte nationale Einheit leisten. Überall dokumentierten entstehende Denkmäler für die Großen der Nation eine glänzende Vergangenheit, hielten große Editionen die literarischen Leistungen der Vorfahren fest, wurden massenwirksame Feste gefeiert, um sich im Erinnern des kollektiven Erbes zu versichern.

Es ist dieses prononcierte kulturalistische Verständnis der Nation, das als Folge der ausgebliebenen politischen Einheit der Deutschen zu Beginn des 19. Jahrhunderts und dann zunehmend deutlicher in einen Gegensatz zur Politik der Herrschenden trat und das den Grund dafür abgab, daß später, im Rückblick, zwischen Kulturnation und Staatsnation unterschieden werden konnte, wobei die Deutschen in ihrem nationalen Selbstverständnis zuvörderst als Kulturnation begriffen wurden[23]. Auch die politischen Bewegungen des deutschen Vormärz, die in der Revolution von 1848/49 und in deren Versuch, einen deutschen Einheitsstaat monarchisch-konstitutioneller Prägung zu schaffen, ihr Ziel sahen, wurden nach ihrem Mißerfolg von diesem kulturalistischen Nationenverständnis überdeckt und politisch paraly-

18 Bernhard Giesen, Die Intellektuellen und die Nation, S. 147.

19 Ben Möbius, Die liberale Nation, S. 77.

20 Hans-Ulrich Wehler, Deutsche Gesellschaftsgeschichte. Bd. 2 Von der Reformära bis zur industriellen und politischen ›Deutschen Doppelrevolution‹ 1815–1845/49, München 1987, S. 394.

21 Thomas Nipperdey, Deutsche Geschichte 1800–1866. Bürgerwelt und starker Staat, München 1983, S. 305.

22 Ebenda.

23 Friedrich Meinecke, Weltbürgertum und Nationalstaat. Studien zur Genesis des deutschen Nationalstaates, München 1962. Dazu auch Ben Möbius, Die liberale Nation, S. 47 ff.

siert. Wenn es denn einen »deutschen Sonderweg«[24] im 19. Jahrhundert gegeben haben sollte, durch den sich die politisch-gesellschaftliche Entwicklung Deutschlands von der anderer westeuropäischer Länder und den USA gründlich unterschied, dann lag er weniger, wie in dieser Debatte behauptet worden ist, in den angeblichen Verspätungen der Deutschen hinsichtlich der Entwicklung ihrer Verfassungs- und Regierungsformen, die vermeintlich nicht rechtzeitig parlamentarisiert und demokratisiert worden sind; weniger auch in einer zu spät eingeleiteten Industrialisierung mit ihren Modernisierungsschüben in allen gesellschaftlichen Bereichen; und auch nicht in einem die Politik und Gesellschaft beherrschenden Militarismus[25] mit entsprechenden Auswirkungen in Staat, Politik und Gesellschaft, sondern in jenem kulturell fundamentierten Selbstverständnis, das den Vorrang der Kultur und der kulturellen Leistungen vor aller Politik, die Identifikation von Kultur und Nation als typische Abgrenzung zu einem anderen Nationen- und Nationalverständnis betrachtete. Daß die Einheit der Nation, lange bevor sie dann 1871 im zweiten Kaiserreich Wirklichkeit wurde, im kulturellen Selbstverständnis – aber eben auch nur hier – aller Deutschen längst vorhanden war, machte Deutschland zu einer »verspäteten Nation«[26], in deren Bewußtsein der Vorrang der Kultur vor der Politik bis weit in das 20. Jahrhundert virulent blieb.

In diese hier nur angedeutete, historisch aber tief verwurzelte und unter den Intellektuellen und Künstlern intensiv gepflegte deutsche Tradition, politische Begriffe und Vorstellungsgehalte wie Volk, Gesellschaft, Politik, Staat und Nation kulturalistisch zu interpretieren, fügt sich auch Wagners Konzept des Gesamtkunstwerks ein – und nimmt insoweit zunächst einmal keinen Sonderstatus ein. Und doch gibt es einen Unterschied zwischen dem politisch-ästhetischen Denken Wagners und dem seiner Vorgänger. Wagner treibt nämlich dieses kulturalistische Dominanzparadigma durch sein Kunstverständnis und sein Konzept des Gesamtkunstwerks in eine extreme Zuspitzung. Sein umfassender Anspruch, das Leben der Menschen in seinen unterschiedlichen Orientierungen, Facetten und Zwecken in sich aufsaugen zu können, zu integrieren und in eine neue Qualität dauerhaft umzuwandeln, gleichsam zu revolutionieren und damit in der Kunst und Kunstrezeption die gescheiterte politische Revolution nachzuholen, übersteigt alles, was bis dahin

24 Zu dieser in den achtziger und neunziger Jahren des 20. Jahrhunderts nachdrücklich geführten Debatte vgl. Hans-Ulrich Wehler, Deutsche Gesellschaftsgeschichte, Bd. 3 Von der ›Deutschen Doppelrevolution‹ bis zum Beginn des Ersten Weltkrieges 1849–1914, München 1995, S. 449 ff.; Helga Grebing, Der ›deutsche Sonderweg‹ in Europa 1806–1945. Eine Kritik, Stuttgart 1986; die Materialsammlung von Johann Baptist Müller, Deutschland. Eine westliche Nation. Konzeptionen und Kontroversen, Goldbach 1993, sowie die gesamte Debatte zusammenfassend und kritisch bewertend Hartwin Spenkuch, Vergleichsweise besonders? Politisches System und Strukturen Preußens als Kern des ›deutschen Sonderwegs‹, in: Geschichte und Gesellschaft, 29. Jg./Heft 2, Göttingen 2003, S. 262 ff.

25 Die Zusammenfassung dieser und anderer Argumente bei Helga Grebing, Der ›deutsche Sonderweg‹ in Europa, S. 16 f.

26 Helmut Plessner, Die verspätete Nation, Frankfurt/M. 1974.

als Leistungen von der Kultur erwartet worden war. Wagner verbindet mit seiner Kunst Ansprüche, die normalerweise nur über die Politik einzulösen sind.

Dagegen läßt sich einwenden, daß Wagner damit den kategorialen Unterschied zwischen Kunst und Politik schlicht ignoriert. Für ihn ist Kunst stets ›wahr‹, soll aufs Ganze gehen und prinzipiell sein, durchaus auch »fundamentalistisch«[27] im Sinne einer radikalen ästhetischen Kritik der politischen und gesellschaftlichen Verhältnisse. Solange solche Erwartungen als eine rein ästhetische Leistung verstanden und nicht in konkrete politisch-gesellschaftliche Regeln und Verhaltensweisen überführt werden sollen, braucht nicht gegen sie argumentiert zu werden. Geschieht indessen letzteres, soll künstlerische Wahrheit in Politik überführt werden, so steht dies im strikten Gegensatz zu dem, was Politik leisten kann, vor allem: was sie nicht leisten will. Denn Politik ist von Wahrheitsansprüchen bewußt entkoppelt, weil über ›Wahrheit‹ zwar diskutiert, aber nicht verhandelt und abgestimmt werden kann. So zielt sie lediglich auf Wahrhaftigkeit und Richtigkeit, will sie pragmatisch Interessen benennen, gegeneinander abwägen und aushandeln, will sie Konflikte schlichten und Kompromisse stiften. In der Zustimmung der Mehrheit findet sie die Richtigkeit ihrer Entscheidungen bestätigt. Für den Prozeß politischer Willensbildungs- und Entscheidungsfindung ist Wahrheit allenfalls ein privater Orientierungswert, der unterschiedlich fundiert sein kann, religiös so gut wie säkular, durch metaphysische Gründe ebenso wie durch materialistische. Daß Individuen und Gruppen sich an unterschiedlich begründeten ethischen Normen in ihrem Handeln ausrichten, heißt nicht, daß sie auch erwarten, in einem demokratisch verfaßten Prozeß politischer Entscheidungsfindung mit ihren vorgelagerten Begründungen zu siegen. Denn der politische Kompromiß bezieht sich stets auf ein Ergebnis, in das die verschiedensten Wert- und Handlungsmotive zwar eingehen können, in dem sie auch argumentativ eingebunden sind, der aber doch aus einer Pluralität von sich häufig auch widerstreitenden, gelegentlich sogar unvereinbar scheinenden Normen hervorgeht. Um solcher Kompromisse willen tolerieren moderne liberale Gesellschaften grundlegende Wertüberzeugungen von Menschen nur in deren Privatsphäre, verweisen sie alle Wahrheitsansprüche aus dem öffentlichen Raum, weil anders der friedliche Umgang von Bürgern miteinander und somit das gewaltfreie Überleben aller nicht garantiert werden kann. Moderne Politik hat sich folgerichtig von allen religiösen und metaphysischen Bindungen befreit und ist – in den westlichen Verfassungen jedenfalls – nur rein innerweltlich zu verstehen, auch wenn politische Entscheidungen nur auf der Grundlage gemeinsam geteilter Werte zustande kommen können. Doch besagt das nicht, daß diese Wertorientierungen ›wahr‹ sind, sondern nur, daß sie gelten sollen. Es sind diese Prinzipien einer deliberativen Politik[28], die zu Wag-

27 Stefan Breuer, Ästhetischer Fundamentalismus. Stefan George und der deutsche Antimodernismus, Darmstadt 1995.

28 Jürgen Habermas, Deliberative Politik – ein Verfahrensbegriff der Demokratie, in: derselbe, Faktizität und Geltung. Beiträge zur Diskurstheorie des Rechts und des demokratischen Rechtsstaats, Frankfurt/M. 1992, S. 349 ff.

ners Kunstbegriff mit seinem Wahrheitsanspruch in einem nur schwer auflösbaren Spannungsverhältnis stehen.

Damit ist eine grundlegende Differenz zwischen Kunst und Politik bezeichnet, und sie hat Folgen auch für die Binnenstruktur der beiden Begriffe. Für Wagner zielt Kunst, will sie ›wahr‹ sein, stets auf Einheit ab und will das Ganze dessen, was sie darstellt, ›versinnlichen‹ und ›vergegenwärtigen‹. Wagners Denken ist in dieser Hinsicht dem deutschen Idealismus verpflichtet, dessen große Vertreter stets ›Systementwürfe‹ vorgelegt haben, umfassende philosophische Systeme, in denen die Einzelerscheinungen der Welt in ein systematisches Ganzes eingeordnet und dadurch erklärt werden konnten. Von der Religion über die Philosophie bis hin zu Gesellschaft, Recht, Politik, Ökonomie und Kunst spannt sich in den ›Systemen‹ des Idealismus der innere Zusammenhang und mit ihm der Versuch, dem Prinzip dieses Zusammenhangs auf die Spur zu kommen. Den hier erhobenen Anspruch, die Welt als ein Ganzes erklären zu können, übertrug Wagner auf seinen Kunstbegriff, und damit steht er im Widerspruch zum neuzeitlichen Politikverständnis. Denn moderne Politik nach der Aufklärung konstituiert sich als eine eigene, separate Sphäre, begreift sich als ein Teilsystem unter anderen, das eigenen Regeln und einer eigenen Logik folgt. Wie immer die unterschiedlichen Vorstellungen und Entwürfe von Politik in der Moderne auch aussehen mögen, sie stimmen darin überein, daß der Bereich des Politischen als ein eigenständiger, von anderen Bereichen des Lebens und der Gesellschaft getrennter zu sehen ist, auch wenn es de facto eine Fülle von Verschränkungen und Vernetzungen gibt. Politisches Handeln folgt eigenen normativen wie strategischen Gesichtspunkten, es versucht nicht, das Leben der Menschen umfassend zu regulieren, sondern beschränkt sich auf die Herstellung und Garantie eines Ordnungsrahmens, innerhalb dessen die Einzelnen sich dann individuell und zugleich gemeinverträglich zu entfalten vermögen.

Dem Wagnerschen Verständnis von Kunst, welche die Gesamtheit aller Lebensäußerungen in sich aufnehmen und synthetisieren soll, entspricht seine Vorstellung von einer künftigen Gesellschaft, deren normative Grundlegung im Begriff des ›Reinmenschlichen‹ zum Ausdruck kommt. Genauer besehen will Wagner die moderne Gesellschaft in eine Gemeinschaft[29] retransformieren, will er zurück zu eher basalen Formen gemeinschaftlichen Zusammenlebens. Dies aber bezeichnet einen entscheidenden Gegensatz zur Einsicht, daß moderne Gesellschaften notwendigerweise funktional ausdifferenziert und hochkomplex organisiert sein müssen. Ob Pluralismustheorien die Herausbildung von einzelnen Gruppen wie Parteien, Verbänden, Vereinen usw. mit jeweils eigenen Interessen als konstitutiv für moderne Gesellschaften beschreiben[30]; ob Systemtheoretiker diesen Prozeß als Ausdifferenzierung in funk-

29 Vgl. Ferdinand Tönnies, Gemeinschaft und Gesellschaft, Darmstadt 1972.

30 Hierzu gehören Autoren wie Harold Laski, Robert A. Dahl, Ernst Fraenkel, William A. Kelso, Kurt Sontheimer, Winfried Steffani. Vgl. zusammenfassend Franz Nuscheler/Winfried Steffani (Hg), Pluralismus. Konzeptionen und Kontroversen, München 1976; Heinrich Oberreuther (Hg), Pluralismus. Grundlegung und Diskussion, Opladen 1980.

tional unterschiedliche Teilsysteme wie Religion, Politik, Wirtschaft, Recht, Wissenschaft, Erziehung und Kunst analysieren und den Begriff der ›Gesellschaft‹ nur noch als ›Selbstbeschreibung‹ eines imaginären Zusammenhangs gelten lassen[31]; ob Gesellschaft als duale Konstruktion von ›System und Lebenswelt‹[32] vorgestellt oder kultursoziologisch nur noch als loser Verbund voneinander unterschiedener kultureller Milieus, als ›Erlebnisgesellschaft‹[33] gesehen wird – wie immer die zahllosen unterschiedlichen Beschreibungen und Analysen zur Struktur moderner Gesellschaften auch ausfallen, sie alle gehen von der Grundeinsicht aus, daß die industrielle Modernisierung seit dem 19. Jahrhundert den Prozeß der Ausdifferenzierung von unterschiedlichen Lebens- und Arbeitsbereichen entscheidend beschleunigt hat. So läßt sich denn auch eine Gesellschaft nicht mehr als ›Ganzheit‹, nicht mehr als ›Einheit‹ beschreiben und verstehen, eine Einsicht, die immer wieder von aufs Grundsätzliche zielenden oppositionellen Denkern wie Bewegungen attackiert worden ist. Wagners Kunstbegriff wie sein Konzept des Gesamtkunstwerks ist Teil solcher Opposition, die allerdings angesichts gesellschaftlicher Realdynamik im bloß Postulatorischen stecken bleiben muß. Freilich: es war kein Zufall, daß eine solche Sehnsucht nach dem ›Ganzen‹, und ›Wahren‹ im 19. Jahrhundert mit der Kunst verbunden wurde, denn in einer kulturalistisch verstandenen Nation schien noch einmal die Möglichkeit auf, dieses ›Ganze‹ denken zu können und auf der Ebene der ästhetischen Erfahrung wurde noch einmal ›Einheit‹ suggeriert, wo die realen gesellschaftlichen wie politischen Entwicklungen der Politik dies längst nicht mehr zuließen.

Schon diese wenigen Hinweise mögen andeuten, daß Kunst und Politik sich auf fundamental unterschiedliche Sphären von Gesellschaft beziehen, die ihrer je eigenen und nicht kompatiblen Logik gehorchen. Das freilich hat weder Wagner noch jene ›Wagnerianer‹, die ihn authentisch zu interpretieren beanspruchten, daran gehindert, das eine an die Stelle des anderen zu setzen. Die damit vollzogenen begrifflichen wie sachlichen Verschiebungen, die mit der kulturalistischen Bestimmung des Nationenverständnisses begannen, später dann den Begriff der Politik generell kulturalistisch überformten und bei Wagner und ähnlich empfindenden Künstlern, Literaten und Intellektuellen sich zu einer Frontstellung von Kunst versus Politik zuspitzten sollten, führten in der Folge zu einer verzerrten und pejorativen Auffassung von Politik. Die politischen Institutionen des Staates: Regierung, Parlament, Bürokratie etwa, politisch-gesellschaftliche Organisationen wie Parteien und Verbände und politische Betätigung insgesamt verfielen apodiktischer Ablehnung. Gestützt auf die historische Erfahrung, daß der politische Nationalstaat und die mit ihm erhoffte demokratische Veränderung der Gesellschaft in der ersten Hälfte des

31 So am eindrucksvollsten Niklas Luhmann mit seinen Einzeluntersuchungen zu diesen ›Teilsystemen‹ und der dann alles übergreifenden Theorie: Die Gesellschaft der Gesellschaft, 2 Bde., Frankfurt/M. 1997.

32 Jürgen Habermas, Theorie des kommunikativen Handelns, 2 Bde., Frankfurt/M. 1981.

33 Gerhard Schulze, Die Erlebnisgesellschaft. Kultursoziologie der Gegenwart, Frankfurt/M. 1992.

19. Jahrhunderts nicht realisiert werden konnte, daß auch die Revolution von 1848/49 dieses Ziel verfehlt hatte und darüber hinaus das persönliche Engagement in den revolutionären politischen Auseinandersetzungen für die Beteiligten – wie etwa Wagner – einen scharfen biographischen Bruch zur Folge hatte, wurde die Kunst an die Stelle der Politik gesetzt. Damit gewann die kulturalistische Interpretation ursprünglich politischer Begriffe und politisch-sozialer Vorstellungsgehalte eine so ausgeprägte Dominanz, daß das Bewußtsein, zwei scharf unterschiedene Funktionsbereiche der Gesellschaft gegeneinander auszutauschen und der Kunst damit Aufgaben zuzuweisen, die sie unmöglich zu lösen vermag, sich nicht entwickeln konnte bzw. dort, wo es vielleicht in Ansätzen vorhanden war, völlig verschwand.

Um es zu wiederholen: Es ist dieser Suprematieanspruch der Kultur über die Politik, der deshalb als Ausdruck eines ›deutschen Sonderbewußtseins‹ bezeichnet werden kann, weil sich darin weite Teile von Deutschlands intellektuellen Eliten von denen der politisch entwickelten westlichen Nationalstaaten markant unterschieden. In der Distanz zur Politik und der Überhöhung von Kunst und Kultur kamen die Vorbehalte gegenüber einer im 19. Jahrhundert dynamischen und außerordentlich erfolgreichen industriellen Modernisierung Deutschlands ebenso zum Ausdruck wie die Abneigung gegen die dadurch ausgelösten sozialen Strukturveränderungen. Beides hatte bereits in den dreißiger Jahren begonnen, auch das Vorfeld der Revolution von 1848/49 mitbestimmt[34] und mündete dann in jene »dynamische Transformationsepoche«, in der sich die deutsche industrielle Revolution »als Säkularisationsprozeß einer beispiellosen wirtschaftlichen, aber auch sozialen und kulturellen Umwandlung unwiderruflich«[35] durchsetzte. Auch aus solchen Erfahrungen erwuchs ein alles dominierender Kulturalismus.

Ideengeschichtlich läßt sich die Behauptung des Vorrangs der Kultur vor aller Politik allerdings nicht eindeutig nur einer einzigen politischen Richtung der damaligen Zeit, etwa einer konservativen, reaktionären oder gar völkischen zuweisen, denn die abwehrende Haltung gegenüber den sichtbaren Folgen einer rapide voranschreitenden technischen und wirtschaftlichen Modernisierung findet sich in allen politischen Lagern, im ›linken‹ so gut wie im ›rechten‹, bei frühen anarchistischen und sozialistischen Theoretikern wie etwa Pierre-Joseph Proudhon, Moses Heß, Wilhelm Weitling oder Max Stirner ebenso wie später bei konservativen und völkischen Autoren wie Julius Langbehn oder Paul de Lagarde. Angesichts seines Herkommens aus dem linken politisch-ästhetischen Diskurs ist Wagner mit seinem Kultur- und Kunstverständnis und seinem Konzept des Gesamtkunstwerks deshalb nicht einfach und umstandslos dem rechten und völkischen Denken zuzurechnen, auch nicht mit seinen Spätschriften. Er selbst hat sich am Ende seines Lebens als über allen Parteien und Parteilagern stehend empfunden[36], hat die Menschen mit

34 Zusammenfassend Hans-Ulrich Wehler, Deutsche Gesellschaftsgeschichte, Bd. 2, S. 587 ff.
35 Hans-Ulrich Wehler, Deutsche Gesellschaftsgeschichte, Bd. 3, S. 449.
36 Richard Wagner, Erkenne Dich selbst, in: GSD, Bd. 10, S. 273.

ihrer »ganzen weit umfassenden Staats- und Nationalökonomie ... in einem bald schmeichelnden, bald beängstigenden, endlich erdrückenden Träumen befangen«[37] gesehen und daraus geschlossen, daß er zu keiner Partei und Parteirichtung gehöre könne, sondern sein »Heil einzig in einem Erwachen des Menschen zu seiner einfach-heiligen Würde suchen«[38] müsse.

Die Behauptung, Kultur sei aller Politik gegenüber dominant, sei das überlegene Medium des deutschen Selbstverständnisses und in dieser Hinsicht könne Deutschland vielleicht sogar Vorbild für andere Völker sein, findet sich, wenngleich mit unterschiedlicher Emphase vorgetragen, in allen politischen Lagern der Zeit. Wagners Begriffe von Kunst und Kultur gewinnen dadurch, daß sie dem kritischen linken Diskurs so viel verdanken, zugleich aber auch für konservative Kulturkritik nutzbar sind, eine Ambivalenz, an die dann später extreme konservative und völkische Strömungen anschließen konnten. Eindrucksvoll läßt sich dieser Sachverhalt begrifflicher Ambivalenz an den Teilkonvergenzen von Wagners politisch-ästhetischem Denken mit dem der nach seinem Tod mächtig werdenden wilhelminischen Lebensreformbewegung verdeutlichen, die bekanntlich ihrerseits Impulse sowohl der radikalen Linken als auch der radikalen Rechten aufnahm und Zulauf von Anhängern aus beiden, ideologisch ansonsten scharf kontrastierenden Lagern, verzeichnen konnte[39]. Was sich hier versammelte, was hier an politischen und weltanschaulichen Strömungen einmündete und für die Erneuerung des Lebens in seiner ganzen Spannbreite – von der Religion über Politik, Gesellschaft bis hin zu allen Formen des Zusammenlebens – eintrat, war »politisch zweideutig«[40], ausgerichtet an Ideen wie »Echtheit, Einfachheit und Wahrheit ..., Reinheit, Heiligkeit und Klarheit ..., Schönheit, Würde und Veredelung ..., Natürlichkeit«[41], an Ideen also, die sich mit zentralen Inhalten und Begriffen von Wagners Kultur- und Kunstanspruch, seiner Vision eines zukünftigen Lebens durchaus berührten. Wie bei ihm stand auch in der Lebensreformbewegung die Kultur in einem weiten Sinne über aller Politik, denn sie meinte in diesem Kontext »nicht mehr primär ... Innerlichkeit und Spiritualität, sondern umfaßte das Leben als körperlich-seelische Einheit«[42]. Was heißt, daß die »ungebrochene menschliche Existenz, das organische Ganze des Lebens, das Körper und Geist, Denken und Fühlen in einem dynamischen Gleichgewicht hält«[43], als Leitbild fungierte, als Vision für eine normative Orientierung, die sich präzise mit Wagners Begriff des ›Reinmenschlichen‹ fassen läßt.

37 Ebenda, S. 274.

38 Ebenda.

39 Vgl. dazu ausführlich Kai Buchholz/Rita Latocha/Hilke Peckmann/Klaus Wolbert (Hg), Die Lebensreform. Entwürfe zur Neugestaltung von Leben und Kunst um 1900, 2 Bde., Darmstadt 2001. Eine knappe Zusammenfassung findet sich auch bei Veit Veltzke, Der Mythos des Erlösers. Richard Wagners Traumwelten und die deutsche Gesellschaft 1871–1918, Stuttgart 2002, S. 168 ff.

40 Arno Klönne, Eine deutsche Bewegung, politisch zweideutig, in: ebenda, Bd. I, S. 31 ff,

41 Kai Buchholz, Begriffliche Leitmotive der Lebensreform, in: ebenda, Bd. I, S. 41 ff.

42 Ferdinand Fellmann, Die Lebensreformbewegung im Spiegel der deutschen Lebensphilosophie, in: ebenda, S. 151.

43 Ebenda.

Dieser knappe Verweis auf inhaltliche Übereinstimmungen von Elementen der Wagnerschen Weltanschauung, seinem Kultur- und Kunstverständnis mit Ideen und praktischen Realisierungsversuchen der späteren Lebensreformbewegung mag verdeutlichen, daß Wagners Kunstbegriff wie sein Konzept des Gesamtkunstwerks nicht einseitig dem rechten, reaktionären und völkischen Lager zugeschlagen werden kann. Wenn sich gleichwohl konservative und völkische Autoren immer wieder und zunehmend nachdrücklicher auf ihn und seine politisch-ästhetischen Ideen berufen haben, so hängt dies mit den Ambivalenzen seines Kultur- und Kunstbegriffs zusammen. Es ist aber auch Ergebnis einer sich im Umfeld von Wagner formierenden Deutungsgemeinschaft, die als ›Bayreuther Kreis‹ in seinen letzten Lebensjahren mit einiger Beharrlichkeit und mit nahezu flächendeckendem Erfolg die Wagner-Exegese in Deutschland zu dominieren suchte. Wagners sich gegen Ende seines Lebens verstärkende Überzeugung, »dem Gebiete der Politik als einem durchaus unfruchtbaren«[44] keine revolutionäre Zukunftsperspektive mehr abgewinnen zu können, wurde von diesen ›Wagnerianern‹ als Aufforderung mißverstanden, seine politisch-ästhetische Utopie des Gesamtkunstwerks in einem nationalkonservativen und völkischen Sinne umzudeuten. Auf die Frage, »was kann das deutsche Volk von Richard Wagner lernen?«[45], lag die Antwort in der Behauptung, sein Werk wolle die »weltanschauliche Einheit aller Deutschen«[46] bewirken, wobei Weltanschauung hier strikt im Sinne des beanspruchten Bayreuther Auslegungsmonopols verstanden wurde. Die zentralen ›Zürcher Kunstschriften‹ und die inhaltlich an ihnen orientierten weiteren Schriften gerieten dadurch in einen geradezu gegensinnigen Deutungszusammenhang. Sie wurden weithin ignoriert und, wo dies unmöglich war, so zurechtgebogen, daß sie sich für extrem konservative wie völkische Interpretationen vereinnahmen ließen. Um dies zu erreichen, bediente man sich verschiedener Verfahren, die sich verkürzt wie folgt charakterisieren lassen: zum einen wurde Wagners Denken als ein rein ästhetisches ausgegeben, sein Kunstbegriff und das Konzept des Gesamtkunstwerks von allen impliziten politischen Inhalten gereinigt und alle kritischen wie die utopischen Intentionen dadurch völlig negiert. Hinzu kam die Technik selektiver Verwendung von Texten und Textteilen, also das Auslassen all dessen, was der eigenen Interpretation unangenehm war. Texte wurden so ihres sinnkonstituierenden Zusammenhangs beraubt, gedankliche Zusammenhänge auseinandergerissen und in neue Verbindungen montiert. Schließlich ließen sich die zentralen Begriffe des Wagnerschen Kunstkonzeptes durch semantische Verschiebungen so umakzentuierten, daß sie anschließend inhaltlich neu positioniert und in ein ihnen eigentlich fremdes weltanschauliches Umfeld eingepaßt werden konnten[47].

44 Richard Wagner, Was nützt diese Erkenntnis? in: GSD, Bd. 10, S. 262.

45 Max Koch, Was kann das deutsche Volk von Richard Wagner lernen?, Berlin 1888.

46 Ebenda, S. 20.

47 Als Beispiele vgl. auch Udo Bermbach, Liturgietransfer. Über einen Aspekt des Zusammenhangs von Richard Wagner mit Hitler und dem Dritten Reich, in: Saul Friedländer/Jörn Rüsen (Hg), Richard Wagner im Dritten Reich, München 2000, S. 40 ff.; derselbe, ›Reine Kunst, persönliche

Zwei Beispiele mögen dieses Verfahren kurz illustrieren. Gleich im ersten Heft der *Bayreuther Blätter* schrieb Hans von Wolzogen, der Herausgeber der neugegründeten ›Monatsschrift des Bayreuther Patronatsvereins‹, einen programmatischen Aufsatz, in dem er Wagners Werke als eine »wahre Kulturkraft, die höchste und edelste Blüte des sich selbst darstellenden nationalen Geistes«[48] bestimmte, aus ihnen »eine Reinigung und Wiederherstellung echt deutscher Kultur« erhoffte, gegen deren »Verwahrlosung und Verderbnis« anzugehen er versprach. Bayreuths Aufgabe sah er darin, die »ernstliche Betrachtung des Wesens unserer nationalen Kunst« zu bewirken und darüber nachzudenken, »was dies zu bedeuten hat, was ihm von uns geziemt, und wie es in seinen edelsten Erscheinungen von Seiten der heutigen Kulturwelt behandelt wird«.

Das war ein Programm, das hinter Wagners Absichten weit zurückfiel. Kein Wort über Wagners revolutionäre Perspektiven, nichts über die utopischen Qualitäten seines Kunstbegriffs, sondern Beschränkung auf eine ausschließlich ästhetische Erneuerung, Votum für eine neue deutsche Kunst innerhalb des vorgegebenen gesellschaftlichen und politischen Rahmens. Diese Entpolitisierung von Wagners ästhetischem Denken wurde indessen noch übertroffen von Carl Friedrich von Glasenapp, dem Verfasser einer sechsbändigen bayreuth-offiziellen Biographie Wagners[49], der 1879 in den *Bayreuther Blättern* eine völlig verfälschende Deutung der ›Zürcher Kunstschriften‹ gab. Glasenapp ignorierte alle anarchistischen und radikal-demokratischen Elemente dieser Schriften, verleugnete deren politischen Kontext wie ihren revolutionären Gehalt und interpretierte Wagners Revolutionsbegriff ebenfalls als einen bloß ästhetischen. Wagners Teilnahme an der Revolution von 1848/49 gab er als einen Prozeß der Selbstfindung aus, der den Komponisten nur scheinbar auf die Seite der politischen und sozialen Revolution gebracht hatte. Angezogen durch die in der revolutionären Bewegung zum Ausdruck kommenden »Kraft und Kampfesfreudigkeit, von männlicher Entschlossenheit«[50], habe Wagner angeblich sehr schnell die nur »politisch-formelle Richtung der ganzen Erhebung« bemerkt, weshalb er, der »künstlerische Revolutionär«, sich auch sofort wieder zurückgezogen und nur noch mit einem einzigen Freund seine Vorstellungen von einer zukünftigen Kunst diskutiert habe – man darf raten, ob hier Bakunin, Röckel oder wer auch immer gemeint ist; der Name des ›Freundes‹ wird wohlweislich verschwiegen, weil

Lebensmacht, nationale Kulturmacht‹. Wagner, seine Epigonen und die Instrumentalisierung einer großen Idee, in: Hermann Danuser/Herfried Münkler (Hg), Zukunftsbilder. Richard Wagners Revolution und ihre Folgen in Kunst und Politik, Schliengen 2002, S. 61 ff.

48 Hans von Wolzogen, Unsere Lage, in: Bayreuther Blätter. Monatsschrift des Bayreuther Patronatsvereins. Unter Mitwirkung Richard Wagner's redigiert von Hans von Wolzogen, Bayreuth 1878, S. 9 f. Die folgenden Zitate auf S. 11 und S. 19.

49 Carl Friedrich von Glasenapp, Richard Wagners Leben und Wirken, Kassel/Leipzig 1876/77; später erweitert unter dem Titel: Das Leben Richard Wagners in sechs Büchern, Leipzig 1894/1911 und in nachfolgenden, revidierten Auflagen.

50 Carl Friedrich von Glasenapp, Die Kunstschriften Richard Wagners aus dem Jahre 1849, in: Bayreuther Blätter 1879, S. 89 ff. Hier auch die nachfolgenden Zitate.

anderenfalls die linken politischen Konnotationen offensichtlich gewesen wären. Für Glasenapp war die Revolution von 1848/49 von Anfang an eine lediglich »lärmende und erfolglose Erhebung«, »deren Spuren ja auch in kürzester Frist bis auf die letzte verwischt und verflogen war, [die] in der Erinnerung der Nation nur als eine vorübergehende und ergebnisarme Episode« fortlebte. Zu einer solchen Revolution konnte Wagner in »keiner inneren Beziehung« gestanden und folglich auch nicht an revolutionären Aktivitäten teilgenommen haben. Daß Wagner seine Revolutionsbeteiligung immer wieder selbst beschrieben hat, daß ohne diese revolutionären Aktivitäten nicht zu erklären war, weshalb er ins Exil mußte, konnte solche Geschichtsklitterung nicht verhindern.

Beide Beispiele mögen genügen um zu zeigen, in welcher Weise die Ambivalenzen des Kulturverständnisses wie der Kunstkonzeption Wagners von kulturkonservativen bis völkischen Autoren schon zu seinen Lebzeiten, erst recht nach seinem Tod zu ihren eigenen Zwecken genutzt worden sind. Diese Einvernahme von Wagners Biographie, seinem Denken, seiner Schriften und seiner musikdramatischen Werke in einen ihm eigentlich fremden politischen Kontext genauer nachzuzeichnen, muß einer eigenen Arbeit vorbehalten bleiben[51]. Daß Wagner solchem Vorgehen seiner Bewunderer und Anhänger nicht rechtzeitig widersprochen hat, muß allerdings erstaunen und bedarf der Erklärung; daß es ihm fremd blieb, weil er das Gefühl einer intellektuell falschen und verengenden Dogmatisierung von Teilen seines Denkens hatte, belegt eine von vielen Äußerungen, die Cosima notierte: zu Wolzogens Auslegung der Idee des Vegetarismus bemerkte Wagner, er sehe »seine Gedanken ihm als Fratze wiederkehren und eine große Erkenntnis mißverständlich zu einer kleinlichen Praxis verwertet«[52] – ein Satz, der für große Teile der Wagner-Rezeption gilt.

51 Der Verfasser hofft, diese Arbeit zu Aspekten der politischen Rezeption Wagners in Deutschland in absehbarer Zeit vorlegen zu können.

52 Cosima Wagner, TB, Bd. II, S. 640 (16. Dezember 1880).

Abkürzungsverzeichnis

GSD	Richard Wagner, Gesammelte Schriften und Dichtungen, 10 Bände und 2 Ergänzungsbände, Leipzig o.J. (1907).
GSB	Richard Wagners gesammelte Schriften und Briefe, hg. von Julius Kapp, 16 Bde., Leipzig 1914
DS	Richard Wagner, Dichtungen und Schriften. Jubiläumsausgabe in zehn Bänden, hg. von Dieter Borchmeyer, Frankfurt/M. 1983.
RWGA	Richard Wagner, Sämtliche Werke, hg. im Auftrag der Gesellschaft zur Förderung der Richard-Wagner-Gesamtausgabe in Verbindung mit der Bayrischen Akademie der Schönen Künste München, Editionsleitung Egon Voss, Mainz 1973 ff.
SB	Richard Wagner, Sämtliche Briefe, unterschiedliche Herausgeber, bisher 12 Bde., Leipzig 1976 ff.
ML	Richard Wagner, Mein Leben. Erste authentische Veröffentlichung, hg. von Martin Gregor-Dellin, München 1963.
TB	Cosima Wagner, Die Tagebücher, ediert und kommentiert von Martin Gregor-Dellin und Dietrich Mack, hg. von der Stadt Bayreuth, Bd. I 1869–1877; Bd. II 1878-1883, München/Zürich 1976.
WWV	Wagner-Werk-Verzeichnis. Verzeichnis der musikalischen Werke Richard Wagners und ihrer Quellen. Erarbeitet im Rahmen der Richard-Wagner-Gesamtausgabe, hg. von John Deathridge/Martin Geck/Egon Voss, Mainz et al. 1986.

Literaturverzeichnis

Primärtexte

Wagner, Richard, Mein Leben. Erste authentische Veröffentlichung, hg. von Martin-Gregor-Dellin, München 1963

Wagner Richard, Gesammelte Schriften und Dichtungen, 10 Bde., Leipzig 1907

Wagner, Richard, Dichtungen und Schriften, Jubiläumsausgabe in zehn Bänden, hg. von Dieter Borchmeyer, Frankfurt/M. 1983

Wagner, Richard, Schriften eines revolutionären Genies, ausgewählt und kommentiert von Egon Voss, München 1976

Wagner, Richard, Das Braune Buch. Tagebuchaufzeichnungen 1865 bis 1882, hg. von Joachim Bergfeld, Zürich/Freiburg 1975

Wagner, Richard, Die Hohe Braut, in: Wagner, Zeitschrift der englischen Wagner-Society, Vol. 10, Nr. 2, London 1989

Wagner, Richard, Die Feen, hg. von Michael von Soden und Andreas Loesch, Frankfurt/M. 1983

Wagner, Richard, Leubald, aus der Handschrift übertragen von Isolde Vetter und Egon Voss, in: Programmhefte der Bayreuther Festspiele VII/1988.

Wagner, Richard, Oper und Drama, hg. und kommentiert von Klaus Kropfinger, Stuttgart 1984

Wagner, Richard, Sämtliche Briefe, hg. im Auftrage des Richard-Wagner-Familienarchivs Bayreuth von Gertrud Strobel und Werner Wolf, Bd. 1–8, Leipzig 1967/1993

Wagner, Richard, Briefe, ausgewählt, eingeleitet und kommentiert von Hanjo Kesting, München/Zürich 1983

Wagner, Richard, Briefe 1830–1883, hg. von Werner Otto, Berlin-Ost 1986

Wagner, Richard, an Mathilde Wesendonck, Tagebuchblätter und Briefe 1853–1871, hg. von Wolfgang Golther, Berlin 1904

König Ludwig II. und Richard Wagner, Briefwechsel, hg. vom Wittelsbacher Ausgleichs-Fonds und von Winifred Wagner, bearbeitet von Otto Strobel, Bd. 1–5, Karlsruhe 1936

Wagner, Cosima, Die Tagebücher, ediert und kommentiert von Martin Gregor-Dellin und Dietrich Mack, Bd. 1, 1869–1877; Bd. 2, 1878–1883, München/Zürich 1977

Franz Liszt – Richard Wagner, Briefwechsel, hg. von Hanjo Kesting, Frankfurt/M. 1988

Sekundärliteratur

Ackermann, Frank, Schopenhauer. Kritische Darstellung seines Systems, Essen 2001

Adorno, Theodor W., Ästhetische Theorie, in: Gesammelte Schriften, hg. von Gretel Adorno und Rolf Tiedemann, Bd. 7, Frankfurt/M. 1970

Adorno, Theodor W., Versuch über Wagner, München/Zürich 1964; in: Gesammelte Schriften, hg. von Gretel Adorno und Rolf Tiedemann, Bd. 13, Frankfurt/M. 1971

Adorno, Theodor W., Auf die Frage, Was ist deutsch, in: Gesammelte Schriften, hg. von Rolf Tiedemann, Bd. 10/2, Frankfurt/M. 1977

Anderson, Benedict, Die Erfindung der Nation. Zur Karriere eines folgenreichen Konzepts, Frankfurt/M. 1996

Anter, Andreas, Max Webers Theorie des modernen Staates. Herkunft, Struktur und Bedeutung, Berlin 1995

Aristoteles, Politik, übersetzt und mit erklärenden Anmerkungen und Register versehen von Eugen Rolfs, Hamburg 1958

Aischylos, Tragödien und Fragmente, hg. und übersetzt von Oskar Werner, München/Zürich 1988

Avineri, Shlomo, Hegels Theorie des modernen Staates, Frankfurt/M. 1976

Bakunin, Michael, Philosophie der Tat. Auswahl aus seinem Werk, eingeleitet und hg. von Rainer Beer, Köln 1968

Bakunin, Michael, Gesammelte Werke, 3 Bde., hg. von Erich Rohls und Max Nettlau, Nachdruck Berlin 1975

Bauer, Bruno, Die Judenfrage, Braunschweig 1843

Becker, Peter Emil, Sozialdarwinismus, Rassismus, Antisemitismus und Völkischer Gedanke. Wege ins Dritte Reich, Teil II, Stuttgart/New York 1990

Beil, Peter, Die Krise des neuzeitlichen Menschen im Werk Richard Wagners, Köln/Wien 1990

Bellebaum, Alfred, Glücksvorstellungen – ein Rückgriff in die Geschichte der Soziologie, Opladen 1997

Berger, Peter L./Thomas Luckmann, Die gesellschaftliche Konstruktion der Wirklichkeit. Eine Theorie der Wissenssoziologie, Frankfurt/M. 1996

Bermbach, Udo, Theorie und Praxis direkter Demokratie. Texte und Materialien zur Räte-Diskussion, Opladen 1973

Bermbach, Udo, Widerstandsrecht, Souveränität, Kirche und Staat: Frankreich und Spanien im 16. Jahrhundert, in: Iring Fetscher/Herfried Münkler (Hg); Pipers Handbuch der politischen Ideen, Bd. 3, München/Zürich 1985

Bermbach, Udo, John Stuart Mill/Walter Bagehot/Benjamin Constant/Julius Fröbel/Friedrich Christoph Dahlmann/Robert von Mohl/Karl von Rotteck, in: Iring Fetscher/Herfried Münkler (Hg), Pipers Handbuch der politischen Ideen, Bd. 4, München/Zürich 1986

Bermbach, Udo (Hg), In den Trümmern der eignen Welt. Richard Wagners ›Der Ring des Nibelungen‹, Hamburg/Berlin 1989

Bermbach, Udo, Wagner und Lukács. Über die Ästhetisierung von Politik und die Politisierung von Ästhetik, in: Programmhefte der Bayreuther Festspiele II (Lohengrin)/1990; ebenso in Politische Vierteljahresschrift, Heft 3, Opladen 1990

Bermbach, Udo, Demokratietheorie und politische Institutionen, Opladen 1991

Bermbach, Udo, Mythos als Zivilreligion. Zu einem Aspekt der Idee des Gesamtkunstwerks, in: Programmhefte der Bayreuther Festspiele VII (Parsifal)/1992

Bermbach, Udo, Von der Oper zum Gesamtkunstwerk. Der Fall Richard Wagner, in: Bermbach, Udo/Konold, Wulf (Hg), Der schöne Abglanz, Berlin/Hamburg 1992

Bermbach, Udo, Über den Zwang, Richard Wagner immer wieder zu nazifizieren, in: Musik & Ästhetik, Heft 3, Stuttgart 1997

Bermbach, Udo, Wo Macht ganz auf Verbrechen ruht. Politik und Gesellschaft in der Oper, Hamburg 1997

Bermbach, Udo, Utopische Potentiale in Wagners Frauengestalten, in: Susanne Vill (Hg), ›Das Weib der Zukunft‹. Frauengestalten und Frauenstimmen bei Richard Wagner, Stuttgart/Weimar 2000

Bermbach, Udo, Liturgietransfer. Über einen Aspekt des Zusammenhangs von Richard Wagner mit Hitler und dem Dritten Reich, in: Saul Friedländer/Jörn Rüsen (Hg), Richard Wagner im Dritten Reich, München 2000

Bermbach, Udo, Richard Wagner und Joseph Beuys. Über die Fortdauer einer offenbar zeitlosen Idee: das Gesamtkunstwerk, in: Oper aktuell. Die Bayrische Staatsoper 2002/2003, hg. von der Gesellschaft zur Förderung der Münchner Opern-Festspiele, München 2002

Bermbach, Udo ›Blühendes Leid‹. Politik und Gesellschaft in Richard Wagners Musikdramen, Stuttgart/Weimar 2003

Bermbach, Udo, ›Die beste Philosophie ist, gar keine Philosophie zu haben‹. Richard Wagner und die Philosophie, in: Claus Dierksmeier (Hg), Die Ausnahme denken. Festschrift zum 60. Geburtstag von Klaus-Michael Kodalle, 2 Bde., Würzburg 2003

Beyme, Klaus von (Hg), Empirische Revolutionsforschung, Opladen 1973

Bischof, Norbert, Das Rätsel Ödipus. Die biologischen Wurzeln des Urkonflikts von Individualität und Autonomie, München 1985

Bleart, Hans, Richard Wagner in Zürich (1849–1858), Leipzig 1900, Reprint Nendelen 1976

Blumenberg, Hans, Arbeit am Mythos, Frankfurt/M. 1979

Böckenförde, Ernst-Wolfgang, Die Entstehung des Staates als Vorgang der Säkularisation, in: Staat, Gesellschaft, Freiheit. Studien zur Staatstheorie und zum Verfassungsrecht, Frankfurt/M. 1976

Borchmeyer, Dieter, Das Theater Richard Wagners. Idee, Dichtung, Wirkung, Stuttgart 1982

Borchmeyer, Dieter (Hg), Wege des Mythos in der Moderne. Richard Wagner ›Der Ring des Nibelungen‹, München 1987

Borchmeyer, Dieter, Vom Anfang und Ende der Geschichte. Richard Wagners mythisches Drama. Idee und Inszenierung, in: Peter Kemper (Hg), Macht des Mythos – Ohnmacht der Vernunft?, Frankfurt/M. 1989

Borchmeyer, Dieter, Wagner-Literatur – Eine deutsche Misere. Neue Ansichten zum ‚Fall Wagner', in: Internationales Archiv für Sozialgeschichte der deutschen Literatur, 3. Sonderheft, Tübingen 1993

Borchmeyer, Dieter/Ami Maayani/Susanne Vill (Hg), Richard Wagner und die Juden, Stuttgart/Weimar 2000

Borchmeyer, Dieter, Richard Wagner. Ahasvers Wandlungen, Frankfurt/M. 2002

Braun, Henry Walter, Schopenhauer und das Judentum, Bonn 1975

Breidert, Wolfgang, Arthur Schopenhauer, in: Otfried Höffe (Hg), Klassiker der Philosophie, Bd. II, München 1981

Breig, Werner, Zur musikalischen Struktur von Wagners ›Ring des Nibelungen‹ in: Udo Bermbach (Hg), In den Trümmern der eignen Welt, Berlin/Hamburg 1989

Brenner, Michael/Stefi Jersh-Wenzel/Michael A. Meyer (Hg); Deutsch-jüdische Geschichte der Neuzeit, Bd. 2 1780–1871, München 1996

Brentjes, Burchard, Der Mythos vom Dritten Reich. Drei Jahrtausende Sehnsucht nach Erlösung, Hannover 1997

Breuer, Stefan, Ästhetischer Fundamentalismus. Stefan George und der deutsche Antimodernismus, Darmstadt 1995

Breuer, Stefan, Richard Wagners Fundamentalismus, in: Deutsche Vierteljahresschrift für Literaturwissenschaft und Geistesgeschichte, Bd. 73, Stuttgart 1999

Breuer, Stefan, Ordnungen der Ungleichheit. Die deutsche Rechte im Widerstreit ihrer Ideen 1871–1945, Darmstadt 2001

Breuer, Stefan, Richard Wagners Antisemitismus. Eine Sammelbesprechung, in: Musik und Ästhetik, Heft 19, Stuttgart 2001

Breuer, Stefan, Moderner Fundamentalismus, Berlin 2002

Breuer, Stefan, Religion – Kunst – Politik, in: Eckehard Kiem/Ludwig Holtmeier (Hg), Richard Wagner und seine Zeit, Laaber 2003

Brunner, Otto/Werner Conze/Reinhart Koselleck (Hg), Geschichtliche Grundbegriffe, Bd. 5, Stuttgart 1984/Bd. 7, Stuttgart 1972

Bubner, Rüdiger, Ästhetische Erfahrung, Frankfurt/M. 1989

Buchholz, Kai/Rita Latocha/Hilke Peckmann/Klaus Wolbert (Hg), Die Lebensreform-Entwürfe zur Neugestaltung von Leben und Kunst um 1900, 2 Bde., Darmstadt 2001

Chamberlain, Houston Stewart, Richard Wagner, München 1896

Cohn, Norman, Das Ringen um das tausendjährige Reich. Revolutionärer Messianismus im Mittelalter und sein Fortleben in den modernen totalitären Bewegungen, Bern/München 1961

Cohn, Norman, Das neue irdische Paradies. Revolutionärer Milleniarismus und mystischer Anarchismus im mittelalterlichen Europa, Reinbek bei Hamburg 1988

Commichan, Gerhard, Die Entwicklung der Menschen- und Bürgerrechte von 1776 bis zur Gegenwart, Göttingen 1998

Corse, Sandra, Wagner and the New Consciousness. Language and Love in the Ring, London/Toronto 1990

Dahlhaus, Carl (Hg), Richard Wagner. Werk und Wirkung. Studien zur Musikgeschichte des 19. Jahrhunderts, Regensburg 1971

Dahlhaus, Carl/Egon Voss (Hg), Wagnerliteratur – Wagnerforschung. Bericht über das Wagner-Symposion München, München 1983

Dahlhaus, Carl, Richard Wagners Musikdramen, Zürich 1985

Dahlhaus, Carl, Klassische und romantische Musikästhetik, Laaber 1988

Dahlhaus, Carl, Richard Wagners ›Bühnenfestspiele‹. Revolutionsfest und Kunstreligion, in: Das Fest, hg. von Walter Haug und Rainer Warning, München 1989

Dahlhaus, Carl, Wagners Konzeption des musikalischen Dramas, München 1990

Dahlmann, Friedrich Christoph, Die Politik auf den Grund und das Maß der gegebenen Zustände zurückgeführt, mit einer Einleitung von Dr. Otto Westphal, Berlin 1924; Neuausgabe von Manfred Riedel, Frankfurt/M. 1968

Dann, Otto, Nation und Nationalismus in Deutschland 1770–1990, München 1996

Dieckmann, Friedrich, Richard Wagner in Venedig, Leipzig 1983

Dinger, Hugo, Richard Wagners geistige Entwicklung. Versuch einer Darstellung der Weltanschauung Richard Wagners mit Rücksichtnahme auf deren Verhältnis zu den philosophischen Richtungen der Junghegelianer und Arthur Schopenhauers, Bd. 1, Leipzig 1892

Dömling, Wolfgang, Eine zukünftige Vereinigung der Musik und Malerei, in: Programmhefte der Bayreuther Festspiele VII, 1991

Dörner, Andreas, Politischer Mythos und symbolische Politik. Der Hermannsmythos: zur Entstehung des Nationalbewußtseins der Deutschen, Reinbek bei Hamburg 1996

Dresdner Geschichtsverein (Hg), Der Dresdner Maiaufstand von 1849, Dresdner Hefte 43, Dresden 1995

Ehmer, Manfred, Constantin Frantz. Die politische Gedankenwelt eines Klassikers des Föderalismus, Rheinfelden 1988
Ehrenberg, Victor, Der Staat der Griechen, Zürich/Stuttgart 1965
Eliade, Mircea, Mythos und Wirklichkeit, Frankfurt/M. 1988
Engelhardt, Ulrich, ›Bildungsbürgertum‹. Begriffs- und Dogmengeschichte eines Etiketts, Stuttgart 1986
Engels, Friedrich, Cola di Rienzi. Ein unbekannter dramatischer Entwurf, hg. vom Friedrich-Engels-Haus Wuppertal und Karl-Marx-Haus Trier, bearbeitet und eingeleitet von Michael Knieriem, Wuppertal 1974
Engels, Friedrich, Die Entwicklung des Sozialismus von der Utopie zur Wissenschaft, in: Karl Marx/Friedrich Engels, Werke (MEW), Bd. 19, Berlin-Ost 1962
Enzensberger, Ulrich, Herwegh – ein Heldenleben, Frankfurt/M. 1999
Erismann, Hans, Richard Wagner in Zürich, Zürich 1987
Ernst, Gustav, Richard Wagner. Sein Leben und sein Schaffen, München 1915
Eßbach, Wolfgang, Die Junghegelianer. Soziologie einer Intellektuellengruppe, München 1988
Eugène, Eric, Wagner et Gobineau, Paris 1998
Faber, Karl Georg, Deutsche Geschichte im 19. Jahrhundert. Restauration und Revolution. Von 1815 bis 1851, in: Handbuch der deutschen Geschichte, Bd. 3, Wiesbaden 1979
Faber, Richard/Volkhard Krech (Hg), Kunst und Religion. Studien zur Kultursoziologie und Kulturgeschichte, Würzburg 1999
Fabiena, Bernhard/Wilhelm Schmidt-Biggemann (Hg), Die Neubestimmung des Menschen. Die Wandlungen des anthropologischen Konzeptes im 18. Jahrhundert, Hamburg 1980
Fetscher, Iring/Herfried Münkler (Hg), Pipers Handbuch der politischen Ideen. Bd. 4 Neuzeit: Von der Französischen Revolution bis zum europäischen Nationalismus, München/Zürich 1986
Feuerbach, Ludwig, Gedanken über Tod und Unsterblichkeit (1830), in: Gesammelte Werke, hg. von Werner Schuffenhauer, Bd. I, Berlin-Ost 1981.
Feuerbach, Ludwig, Grundsätze der Philosophie der Zukunft, in: Gesammelte Werke, hg. von Werner Schuffenhauer, Bd. V, Berlin-Ost 1974
Feuerbach, Ludwig, Das Wesen des Christentums (1841), in: Gesammelte Werke, hg. von Werner Schuffenhauer, Bd. V, Berlin-Ost 1974
Fischer, Hermann, Friedrich Schleiermacher, München 2001
Fischer, Jens Malte, Richard Wagners ›Das Judentum in der Musik‹. Eine kritische Dokumentation als Beitrag zur Geschichte des Antisemitismus, Frankfurt/M. 2000
Förg, Gabriele (Hg), Unsere Wagner: Joseph Beuys, Heiner Müller, Karlheinz Stockhausen, Hans Jürgen Syberberg. Essays, Frankfurt/M. 1984
Forschner, Maximilian, Über das Glück des Menschen. Aristoteles, Epikur, Stoa, Thomas von Aquin, Kant, Darmstadt 1996
Foucault, Michel, Die Ordnung der Dinge. Eine Archäologie der Humanwissenschaften, Frankfurt/M. 1971
Franke, Rainer, Richard Wagners Zürcher Kunstschriften. Politische und ästhetische Entwürfe auf seinem Weg zum ›Ring des Nibelungen‹, Hamburg 1983
Frantz, Constantin, Der Föderalismus als das leitende Prinzip für die soziale, staatliche und internationale Organisation unter besonderer Bezugnahme auf Deutschland kritisch nachgewiesen und konstruktiv dargestellt, Mainz 1879; Nachdruck Aalen 1962

Frantz, Constantin, Die Wiederherstellung Deutschlands, Berlin 1865
Friedländer, Saul, Das Dritte Reich und die Juden. Die Jahre der Verfolgung 1933–1939, München 1998
Friedländer, Saul/Jörn Rüsen, Richard Wagner im Dritten Reich, München 2000
Friedrich-Ebert-Stiftung (Hg), Michael Bakunin, Gottfried Semper, Richard Wagner und der Dresdner Mai-Aufstand 1849, Bonn 1995
Friedrich, Sven, Das auratische Kunstwerk. Zur Ästhetik von Richard Wagners Musiktheater-Utopie, Tübingen 1996
Fröbel, Julius, System der socialen Politik (1847), mit einer Einleitung von Rainer Koch, 2 Bde., Nachdruck Aalen 1975
Fröhlich, Martin, Gottfried Semper, Zürich 1991
Fubini, Enrico, Geschichte der Musikästhetik. Von der Antike bis zur Gegenwart, Stuttgart/Weimar 1997
Gall, Lothar, Benjamin Constant. Seine politische Ideenwelt und der deutsche Vormärz, Wiesbaden 1963
Geiger, Theodor, Die Masse und ihre Aktion. Ein Beitrag zur Soziologie der Revolution (1926), Darmstadt 1967
Giesen, Bernhard, Die Intellektuellen und die Nation. Eine deutsche Achsenzeit, Frankfurt/M. 1993
Gobineau, Arthur Graf, Versuch über die Ungleichheit der Menschenracen. Deutsche Ausgabe von Ludwig Schemann, 4 Bde., Stuttgart 1902 ff.
Glasenapp, Carl Friedrich, Wagner-Encyclopädie. Haupterscheinungen der Kunst und Kulturgeschichte im Lichte der Anschauungen Richard Wagners, 2 Bde., Leipzig 1891; Reprint Hildesheim/New York 1977.
Gleissner, Roman, Die Entstehung der ästhetischen Humanitätsidee in Deutschland, Stuttgart 1988
Gottsched, Johann Christoph, Versuch einer Critischen Dichtkunst, Leipzig 1751, Nachdruck Darmstadt 1962
Grebing, Helga, Der ›deutsche Sonderweg‹ in Europa 1806–1945. Eine Kritik, Stuttgart 1986
Gregor-Dellin, Martin, Richard Wagner. Sein Leben. Sein Werk. Sein Jahrhundert, München/Zürich 1980
Gregor-Dellin, Martin, Richard Wagner – die Revolution als Oper, München 1973
Gregor-Dellin, Martin/Michael von Soden (Hg), Richard Wagner. Leben, Werk, Wirkung, Düsseldorf 1983
Greiffenhagen, Martin, Das Dilemma des Konservatismus in Deutschland, München 1971
Habel, Heinrich, Festspielhaus und Wahnfried. Geplante und ausgeführte Bauten Richard Wagners, München 1985
Habermas, Jürgen, Faktizität und Geltung. Beiträge zur Diskurstheorie des Rechts und des demokratischen Rechtsstaats, Frankfurt/M. 1992
Habermas, Jürgen, Strukturwandel der Öffentlichkeit. Untersuchungen zu einer Kategorie der Öffentlichkeit, Neuwied 1962/Frankfurt/M. 1990
Habermas, Jürgen, Theorie des kommunikativen Handelns, 2 Bde., Frankfurt/M. 1981
Hanslick, Eduard, Aus meinem Leben, hg. von Peter Wapnewski, Kassel/Basel 1987
Harth, Dietrich/Jan Assmann (Hg), Revolution und Mythos, Frankfurt/M. 1992
Hartwich, Otto, Richard Wagner und das Christentum, Leipzig 1903

Hartwich, Wolf-Dieter, Deutsche Mythologie. Die Erfindung einer nationalen Kunstreligion, Berlin 2000

Hartwich, Wolf-Dieter, Die romantische Entdeckung des Judentums. Kunstreligion und antisemitische Mythen von Klopstock bis Richard Wagner, Habilitationsschrift, Heidelberg 2001.

Hartwich, Wolf-Dieter, Jüdische Theosophie in Richard Wagners Parsifal, in: Dieter Borchmeyer/Ami Maayani/Susanne Vill (Hg), Richard Wagner und die Juden, Stuttgart/Weimar 2000

Hassinger, Erich, Religiöse Toleranz im 16. Jahrhundert. Motive, Argumente, Formen der Verwirklichung, Basel/Stuttgart 1966

Haury, Thomas, Antisemitismus von links. Kommunistische Ideologie, Nationalismus und Antizionismus in der frühen DDR, Hamburg 2002

Hauser, Christoph, Anfänge bürgerlicher Organisation. Philhellenismus und Frühliberalismus in Südwestdeutschland, Göttingen 1990

Haym, Rudolf, Hegel und seine Zeit. Vorlesungen über Entstehung und Entwicklung, Wesen und Wert der Hegelschen Philosophie (1875), Hildesheim 1962

Hazard, Paul, Die Krise des europäischen Geistes, Hamburg 1939

Hazard, Paul, Die Herrschaft der Vernunft, Hamburg 1949

Hegel, Georg W.F., Grundlinien der Philosophie des Rechts (1831), hg. von Johannes Hoffmeister, Hamburg 1955

Hegel, Georg W.F., Phänomenologie des Geistes, hg. von Johannes Hoffmeister, Hamburg 1952

Herder, Johann Gottfried, Schriften zur Ästhetik und Literatur, in: Werke, hg. von Günter Arnold u.a., Bd. 1: 1764–1772; Bd. 2: 1762–1781, Frankfurt/M. 1993

Herrmann, Wolfgang, Gottfried Semper im Exil: Paris, London 1849–1855, Basel 1978

Heyne, Jörg, Über die Beziehungen zwischen Richard Wagner und Karl August Röckel, in: Richard-Wagner-Museum Graupa b. Dresden o.J. (1989)

Hein, Annette, ›Es ist viel Hitler in Wagner‹. Rassismus und antisemitische Deutschtumsideologie in den ›Bayreuther Blättern‹ (1878–1938), mit einem Verfasser- und Schlagwort register, Tübingen 1996

Heine, Heinrich, Sämtliche Schriften, Bd. 5, hg. von Klaus Briegleb, Frankfurt/M. 1981

Heß, Moses, Philosophische und sozialistische Schriften 1837–1850. Eine Auswahl, hg. von August Cornu und W. Mönken, Berlin-Ost 1961

Hinrichsen, Hans-Joachim, Musikbankiers. Über Richard Wagners Vorstellungen vom ›Judentum in der Musik‹, in: Musik & Ästhetik, Heft 19/Stuttgart 2001

Hobbes, Thomas, Vom Menschen. Vom Bürger (De Cive), hg. und eingeleitet von Günter Gawlik, Hamburg 1959

Hobbes, Thomas, Leviathan oder Stoff, Form und Gewalt eines bürgerlichen und kirchlichen Staates, hg. und eingeleitet von Iring Fetscher, Neuwied 1966

Höffe, Otfried (Hg), Klassiker der Philosophie, 2 Bde., München 1981

Hömberg, Walter, Literarisch-publizistische Strategien der Jungdeutschen und Vormärz-Literaten, in: Horst Albert Glaser (Hg), Deutsche Literatur. Eine Sozialgeschichte, Bd. 6, Reinbek bei Hamburg 1990.

Hofmann, Peter, Richard Wagners politische Theologie. Kunst zwischen Revolution und Religion, Paderborn 2003

Hoffmann, Ernst Theodor Amadeus, Der Dichter und der Komponist (1813), in: Die Serapionsbrüder. Gesammelte Erzählungen und Märchen, hg. von Walter Müller-Seidel und Wulf Segebrecht, München 1976

Hohendahl, Peter Uwe, Literarische Kultur im Zeitalter des Liberalismus 1830–1870, München 1985

Horkheimer, Max/Theodor W. Adorno, Dialektik der Aufklärung, Amsterdam 1947, in: Theodor W. Adorno, Gesammelte Schriften, hg. von Rolf Tiedemann, Bd. 3, Frankfurt/M. 1981; Max Horkheimer, Gesammelte Schriften, hg. von Alfred Schmidt und Gunzelin Schmid Noerr, Bd. 5, Frankfurt/M. 1987

Horkheimer, Max, Schopenhauer und die Gesellschaft, in: Gesammelte Schriften, hg. von Gunzelin Schmid Noerr, Bd. 7, Frankfurt/M. 1985.

Hossenfelder, Malte, Antike Glückslehren: Kynismus und Kyrenaismus, Stoa, Epikureismus und Skepsis. Quellen in deutscher Übersetzung mit Einführungen, Stuttgart 1996

Hübner, Kurt, Die Wahrheit des Mythos, München 1986

Hume, David, Politische und ökonomische Essays, mit einer Einleitung hg. von Udo Bermbach, 2 Bde., Hamburg 1988

Ingenhoff, Annette, Drama oder Epos? Richard Wagners Gattungstheorie des musikalischen Dramas, Tübingen 1987.

Ingenschay-Goch, Dagmar, Richard Wagners neu erfundener Mythos. Zur Rezeption und Reproduktion des germanischen Mythos in seinen Operntexten, Bonn 1982

Jauss, Hans Robert, Mythen des Anfangs. Die geheime Sehnsucht der Aufklärung, in: Peter Kemper (Hg), Macht des Mythos – Ohnmacht der Vernunft? Frankfurt/M. 1989

Jeismann, Michael, Das Vaterland der Feinde. Studien zum nationalen Feindbegriff und Selbstverständnis in Deutschland und Frankreich 1792–1918, Stuttgart 1992

Jenkins, Ingrid, Die Philosophie der Musik im System Schopenhauers, Frankfurt/M. 1986.

Joll, James, Die Anarchisten, Berlin 1966

Jürß, Fritz, Vom Mythos der alten Griechen. Deutungen und Erzählungen, Leipzig 1988

Käsler, Dirk, Einführung in das Studium Max Webers, München 1979

Kant, Immanuel, Werke, hg. von Wilhelm Weischedel, Bd. IV, Bd. VI, Darmstadt 1963

Karbaum, Michael, Studien zu Geschichte der Bayreuther Festspiele, Regensburg 1976

Katz, Jacob, Richard Wagner. Vorbote des Antisemitismus, Königstein/Ts. 1985

Katz, Jacob, Vom Vorurteil bis zur Vernichtung. Der Antisemitismus 1700 bis 1933, München 1989

Kersting, Wolfgang, Wohlgeordnete Freiheit. Immanuel Kants Rechts- und Staatsphilosophie, Frankfurt/M. 1993

Kersting, Wolfgang, Die politische Philosophie des Gesellschaftsvertrags, Darmstadt 1994

Kesting, Hanjo, Das schlechte Gewissen an der Musik. Aufsätze zu Richard Wagner, Stuttgart 1991

Kiem, Eckehard/Ludiwg Holtmeier (Hg), Richard Wagner und seine Zeit, Laaber 2003.

Kienzle, Ulrike, ›...das freiwillige Leiden der Wahrhaftigkeit‹. Zu den philosophischen Hintergründen des Bruchs zwischen Wagner und Nietzsche: Eine Rekonstruktion ihres Dialogs über den Pessimismus Schopenhauers, in: Thomas Steiert (Hg), ›Der Fall Wagner‹. Ursprünge und Folgen von Nietzsches Wagner-Kritik, Laaber 1991

Kienzle, Ulrike, Das Weltüberwindungswerk. Wagners Parsifal – ein szenisch-musikalisches Gleichnis der Philosophie Schopenhauers, Laaber 1992

Kienzle, Ulrike, Die Religion des Parsifal, in: Philosophie und Religion in Wagners Musikdramen, Mainz 2004.

Kirchmeyer, Helmut, Das zeitgenössische Wagner-Bild, Bd. 1, Wagner in Dresden, Regensburg 1972

Kleger, Heinz/Alois Miller (Hg), Bürgerreligion und politische Verpflichtung. Rousseuas Konzept einer ›religion civile‹, in: Archiv für Begriffsgeschichte, Bd. XXIX, Bonn 1985

Kleger, Heinz/Alois Miller (Hg), Religion des Bürgers. Zivilreligion in Amerika und Europa, München 1986

Kluge, Friedrich, Etymologisches Wörterbuch der deutschen Sprache, Berlin 1960/2002

Köster, Udo, Zeitbewußtsein und Geschichtsphilosophie in der Entwicklung vom Jungen Deutschland zur Hegelschen Linken, Frankfurt/M. 1972

Kondylis, Panajotis, Die Aufklärung im Rahmen des neuzeitlichen Rationalismus, Stuttgart 1981

Koopmann, Helmut, Das Junge Deutschland. Analyse seines Selbstverständnisses, Stuttgart 1970

Korfmacher, Wolfgang, Schopenhauer zur Einführung, Hamburg 1994

Koselleck, Reinhart, Kritik und Krise. Ein Beitrag zur Pathogenese der bürgerlichen Welt. Freiburg/München 1959

Koslowski, Stefan, Die Geburt des Sozialstaats aus dem Geist des deutschen Idealismus. Person und Gemeinschaft bei Lorenz von Stein, Weinheim 1989.

Kramer, Bernd, ›Laßt uns die Schwerter ziehen, damit die Kette bricht...‹. Michael Bakunin, Richard Wagner und andere während der Dresdner Mai-Revolution 1849, Berlin 1999.

Kramm, Lothar, Elemente deutschen Politikverständnisses bei Richard Wagner, in: Zeitschrift für Politik, Nr. 2, 1988

Krappmann, Lothar, Soziologische Dimension der Identität. Strukturelle Bedingungen für die Teilnahme an Interaktionsprozessen, Stuttgart 1975

Krausnick, Michael, Die eiserne Lerche: die Lebensgeschichte des Georg Herwegh, Weinheim 1998

Kreckel, Manfred, Richard Wagner und die französischen Frühsozialisten, Frankfurt/M./ Bern/Zürich 1986

Kröplin, Eckart, Richard Wagners theatralisches Leben und lebendiges Theater, Leipzig 1989

Krohn, Rudiger, Richard Wagner und die Revolution von 1849/49, in: Ulrich Müller/Peter Wapnewski, Richard-Wagner-Handbuch, Stuttgart 1986

Krüger, Eduard, Beziehungen zwischen Kunst und Musik, in: Allgemeine Musikalische Zeitung, hg. von Franz Brendel, Leipzig 1848

Kühnhardt, Ludger, Die Universalität der Menschenrechte. Studie zur ideengeschichtlichen Bestimmung eines politischen Schlüsselbegriffs, München 1987

Künzli, Arnold, Mein und Dein. Zur Ideengeschichte der Eigentumsfeindschaft, Stuttgart 1973

Kunze, Stefan, Der Kunstbegriff Richard Wagners. Voraussetzungen und Folgerungen, Regensburg 1983

Kwon, Chung-Sun, Studie zur Idee des Gesamtkunstwerks in der Frühromantik. Zur Utopie einer Musikanschauung von Wackenroder bis Schopenhauer, Frankfurt/M. 2003

Lagarde, Paul Anton de, Schriften für das deutsche Volk, Bd. 1, Deutsche Schriften, hg. von Karl August Fischer; Bd. 2 Ausgewählte Schriften, hg. von Paul Fischer, München 1937

Langbehn, Julius, Rembrandt als Erzieher, von einem Deutschen, Leipzig 1890

Lange, Albert, Geschichte des Materialismus und Kritik seiner Bedeutung in der Gegenwart, Iserlohn 1866.

Langer, Claudia, Reform nach Prinzipien. Untersuchungen zur politischen Theorie Immanuel Kants, Stuttgart 1986

Lehmann, Günther K., Ästhetik und Utopie. Arthur Schopenhauer, Sören Kierkegaard, Georg Simmel, Max Weber, Ernst Bloch, Stuttgart 1995

Leidhold, Wolfgang (Hg), Politik und Politeia. Formen und Probleme politischer Ordnung. Festgabe für Jürgen Gebhardt, Würzburg 2000

Lenk, Kurt, Theorien der Revolution, München 1981

Levi-Strauss, Claude, Strukturale Anthropologie, Frankfurt/M. 1971

Lichtenberger, Henri, Richard Wagner, der Dichter und Denker. Ein Handbuch seines Lebens und Schaffens, Dresden/Leipzig 1904

Lieber, Hans J. (Hg), Politische Theorien von der Antike bis zur Gegenwart, München 1991

Locke, John, Zwei Abhandlungen über die Regierung (1680), hg. von Walter Euchner, Frankfurt/M./Wien 1967

Lösche, Peter, Anarchismus, Darmstadt 1977

Löwith, Karl, Die Hegel'sche Linke, Stuttgart 1962

Lübbe, Hermann, Staat und Zivilreligion. Ein Aspekt politischer Legitimität, in: Heinz Kleger/Alois Miller (Hg), Religion des Bürgers, Zivilreligion in Amerika und Europa, München 1986

Lütkehaus, Ludger, Pessimismus und Praxis. Umrisse einer kritischen Philosophie des Elends, in: Ebeling, Hans/Ludger Lütkehaus (Hg), Schopenhauer und Marx. Philosophie des Elends – Elend der Philosophie?, Königstein/Ts. 1980

Lukács, Georg, Die Zerstörung der Vernunft, Werke Bd. 9, Neuwied/Berlin 1962

Lukács, Georg, Die Eigenart des Ästhetischen, Werke Bde. 11/12, Neuwied/Berlin 1963

Lukács, Georg, Die Verdinglichung und das Bewußtsein des Proletariats, in: Geschichte und Klassenbewußtsein (1923), in: Werke Bd. 2, Neuwied/Berlin 1968

Lukács, Georg, Probleme der Ästhetik, Werke Bd. 10, Neuwied/Berlin 1969

Luhmann, Niklas, Grundwerte als Zivilreligion, in: derselbe, Soziologische Aufklärung, Bd. 3, Opladen 1981

Macpherson, C.B., Die politische Theorie des Besitzindividualismus. Von Hobbes bis Locke, Frankfurt/M. 1967

Magee, Bryan, Aspects of Wagner, Oxford 1988

Maier, Hans, Mythos und Christentum, in: Udo Bermbach/Dieter Borchmeyer (Hg), Richard Wagner ›Der Ring des Nibelungen‹. Ansichten des Mythos, Stuttgart/Weimar 1995

Mallgrave, Harry Francis, Gottfried Semper: ein Architekt des 19. Jahrhunderts, Zürich 2001

Mann, Thomas, Leiden und Größe Richard Wagners, in: Gesammelte Werke, Bd. IX, Frankfurt/M. 1974

Manuel, Frank E./Fritzie P. Manuel, Utopian Thought in the Western World, Cambridge/Mass. 1979

Marquard, Odo, Gesamtkunstwerk und Identitätssystem. Überlegungen im Anschluß an Hegels Schellingkritik, in: Der Hang zum Gesamtkunstwerk, Aarau/Frankfurt/M. 1983

Marx, Karl, Zur Kritik der Hegelschen Rechtsphilosophie; Kritik des Hegelschen Staatsrechts; Zur Judenfrage, in: Karl Marx/Friedrich Engels, Werke (MEW), Bd. 1, Berlin-Ost 1956

Marx, Karl, Thesen über Feuerbach; Die deutsche Ideologie, in: Karl Marx/Friedrich Engels, Werke (MEW), Bd. 3, Berlin-Ost 1959

Marx, Karl, Das Kapital, in: Karl Marx/Friedrich Engels, Werke (MEW), Bd. 23, Berlin-Ost 1962

Marx, Karl, Ökonomisch-philosophische Manuskripte aus dem Jahre 1844, in: Karl Marx/Friedrich Engels, Werke (MEW), Ergänzungsband I, Berlin-Ost 1986

Matt, Peter von, Liebesverrat. Die treulosen in der Literatur, München 1989
Mattenklott, Gert, Wen interessieren heute Göttergeschichten? in: Peter Kemper (Hg), Macht des Mythos – Ohnmacht der Vernunft? Frankfurt/M. 1989
Maus, Heinz, Die Traumhölle des Justemilieu. Erinnerungen an die Aufgaben der kritischen Theorie, hg. von Michael Th. Greven/Gerd van de Moetter, Frankfurt/M. 1981
Maus, Ingeborg, Zur Aufklärung der Demokratietheorie. Rechts- und demokratietheoretische Überlegungen im Anschluß an Kant, Frankfurt/M. 1992
Mauthner, Fritz, Der Atheismus und seine Geschichte im Abendlande, 4 Bde., Stuttgart/Berlin 1920, Nachdruck Hildesheim 1985
Mayer, Hans, Anmerkungen zu Wagner, Frankfurt/M. 1966
Mayer, Hans, Richard Wagner. Mitwelt und Nachwelt, Stuttgart/Zürich 1978
Mayer, Hans, Richard Wagner, hg. von Wolfgang Hofer, Frankfurt/M. 1998
Meier, Christian, Die Entstehung des Politischen bei den Griechen, Frankfurt/M. 1980
Meier, Christian, Die politische Kunst der griechischen Tragödie, München 1988
Meier, Christian, Zur Funktion der Feste in Athen im 5. Jahrhundert vor Christus, in: Das Fest, hg. von Walter Haug und Rainer Warning, München 1989
Meinecke, Friedrich, Weltbürgertum und Nationalstaat. Studien zur Genesis des deutschen Nationalstaates, München 1962
Meißner, Alfred, Ich traf auch Heine in Paris. Unter Künstlern und Revolutionären in den Metropolen Europas, hg. von Rolf Weber, Berlin-Ost 1973
Michel, Karl Markus (Hg), Politische Katechismen. Volney, Kleist, Heß, Frankfurt/M. 1966
Mill, John Stuart, Über die Freiheit, Stuttgart 1974
Mühlmann, Wilhelm E., Geschichte der Anthropologie, Wiesbaden 1984
Müller, Ernst, Ästhetische Religiosität und Kunstreligion in den Philosophien von der Aufklärung bis zum Ausgang des deutschen Idealismus, Berlin 2004.
Müller, Johann Baptist, Der deutsche Sozialkonservatismus, in: Hans Gerd Schumann (Hg), Konservatismus, Köln 1974
Müller, Ulrich/Peter Wapnewski (Hg), Richard-Wagner-Handbuch, Stuttgart 1986
Münkler, Herfried, Arthur Schopenhauer und der philosophische Pessimismus, in: Iring Fetscher/Herfried Münkler (Hg), Pipers Handbuch der politischen Ideen, Bd. 4 Neuzeit: Von der Französischen Revolution bis zum europäischen Nationalismus, München/Zürich 1986
Münkler, Herfried, Ein janusköpfiger Konservativer. Arthur Schopenhauers politische Ideen, in: Volker Spierling (Hg), Schopenhauer im Denken der Gegenwart, München/Zürich 1987
Münkler, Herfried, Odysseus und Kassandra. Politik im Mythos, Frankfurt/M. 1990
Münkler, Herfried/Hans Grünberger/Kathrin Mayer (Hg), Nationenbildung. Die Nationalisierung Europas im Diskurs humanistischer Intellektueller. Italien und Deutschland, Berlin 1998
Müller, Johann Baptist, Deutschland. Eine westliche Nation. Konzeptionen und Kontroversen, Frankfurt/M. 1993
Mundt, Theodor, Kritische Wälder, Leipzig 1833
Mork, Andrea, Richard Wagner als politischer Schriftsteller. Weltanschauung und Wirkungsgeschichte, Frankfurt/M. 1990
Möbius, Ben, Die liberale Nation. Deutschland zwischen nationaler Identität und multikultureller Gesellschaft, Opladen 2003

Moos, Paul, Richard Wagner als Ästhetiker. Versuch einer kritischen Darstellung, Berlin/Leipzig 1906

Nerdinger, Winfried/Werner Oechslin (Hg), Gottfried Semper 1803–1879. Architektur und Wissenschaft, München 2003

Nettlau, Max, Der Anarchismus. Von Proudhon zu Kropotkin. Seine historische Entwicklung in den Jahren 1859–1880, Berlin 1927

Neymeyer, Barbara, Ästhetische Autonomie als Abnormität. Kritische Analysen zu Schopenhauers Ästhetik im Horizont seiner Willensmetaphysik, Berlin/New York 1996

Nietzsche, Friedrich, Werke, 3 Bde., hg. von Karl Schlechta, München 1960

Nipperdey, Thomas, Deutsche Geschichte 1800–1866. Bürgerwelt und starker Staat, München 1983

Oberzaucher-Schüller, Gunhild/Marion Linhardt/Thomas Steigert (Hg), Meyerbeer – Wagner. Eine Begegnung, Wien/Köln/Weimar 1998

Opelt, Franz-Peter, Richard Wagner – Revolutionär oder Staatsmusikant? Frankfurt/M. 1987

Overhoff, Kurt, Die Musikdramen Richard Wagners, Salzburg 1967

Pepperle, Heinz und Ingrid (Hg), Die Hegelsche Linke. Dokumente zu Philosophie und Politik im deutschen Vormärz, Leipzig 1985

Pfohl, Ferdinand, Richard Wagner. Sein Leben und Schaffen, Berlin 1911

Pleister, Wolfgang, Wackenroder, E.T.A. Hoffmann und Schopenhauer, in: Wolfgang Schirrmacher (Hg), Schopenhauer, Nietzsche und die Kunst. Schopenhauer-Studien 4, Wien 1991

Plessner, Helmut, Die verspätete Nation, Frankfurt/M. 1974

Pothast, Ulrich, Die eigentlich metaphysische Tätigkeit. Über Schopenhauers Ästhetik und ihre Anwendung auf Samuel Beckett, Frankfurt/M. 1982

Priegnitz, Christoph, Vaterlandsliebe und Freiheit. Deutscher Patriotismus von 1750–1850, Wiesbaden 1981

Proudhon, Pierre-Joseph, Ausgewählte Texte, hg. von Thilo Ramm, Stuttgart 1963

Proudhon, Pierre-Joseph, Bekenntnisse eines Revolutionärs, hg. von Günther Hillmann, Reinbeck b. Hamburg 1969

Proudhon, Pierre-Joseph, Von den Grundlagen und der sozialen Bestimmung der Kunst, ins Deutsche übertragen, eingeleitet und erläutert von Klaus Herding, Berlin 1988

Puschner, Uwe/Walter Schmitz/Justus H. Ulbricht (Hg), Handbuch zur ›Völkischen Bewegung‹ 1871–1918, München1996

Quaritsch, Helmut, Staat und Souveränität, Frankfurt/M. 1970

Quitzsch, Heinz, Gottfried Semper – praktische Ästhetik und politischer Kampf, Braunschweig 1981

Rammstedt, Otthein (Hg), Anarchismus. Grundtexte zur Theorie und Praxis der Gewalt, Köln/Opladen 1969

Rather, L.J., Reading Wagner. A Study in the History of Ideas, Baton Rouge/London 1990

Rehbinder, Manfred, Glück als Ziel der Rechtspolitik, Bonn 2002

Renan, Ernest, La Vie de Jésus, Paris 1863; Das Leben Jesu, Berlin 1863

Richter, Ernst, Die Idee des Föderalismus bei Konstantin Frantz, Frankfurt/M. 1936

Riedel, Volker, Antikenrezeption in der deutschen Literatur vom Renaissance-Humanismus bis zur Gegenwart, Stuttgart/Weimar 2000

Ritter, Joachim/Karlfried Gründer (Hg), Historisches Wörterbuch der Philosophie, 11 Bde., Darmstadt 1971 ff.

Röckel, August, Sachsens Erhebung und das Zuchthaus von Waldheim, Frankfurt/M. 1865
Rose, Paul Lawrence, Richard Wagner und der Antisemitismus, Zürich/München 1999
Rosenzweig, Franz, Hegel und der Staat, 2 Bde. (1920), Aalen 1962
Rotteck, Karl von, Lehrbuch des Vernunftrechts und der Staatswissenschaften, 4 Bde., Stuttgart 1840; Reprint Aaalen 1964
Rousseau, Jean-Jacques, Vom Gesellschaftsvertrag oder Grundsätze des Staatsrechts, hg. von Hans Brockhard, Stuttgart 1977
Rousseau, Jean-Jacques, Schriften zur Kulturkritik, hg. von Kurt Weigand, Hamburg 1971
Rüland, Dorothea, Künstler und Gesellschaft. Die Libretti und Schriften des jungen Richard Wagner aus germanistischer Sicht, Frankfurt/M./Bern/New York 1986
Saage, Richard, Eigentum, Staat und Gesellschaft bei Immanuel Kant, Stuttgart 1973/Baden-Baden 1994
Saage, Richard, Vertragsdenken und Utopie. Studien zur politischen Theorie und zur Sozialphilosophie der frühen Neuzeit, Frankfurt/M. 1989
Saage, Richard, Utopische Profile, Bd. III: Industrielle Revolution und Technischer Staat im 19. Jahrhundert, Mündter/Hamburg/London 2002
Sabor, Rudolph, Der wahre Wagner, Wien 1987
Schadewaldt, Wolfgang, Richard Wagner und die Griechen, in: Wieland Wagner (Hg), Richard Wagner und das neue Bayreuth, München 1962
Safranski, Rüdiger, Schopenhauer und Die wilden Jahre der Philosophie. Eine Biographie, München/Wien 1987
Salmi, Hannu, Die Herrlichkeit des deutschen Namens. Die schriftstellerische und politische Tätigkeit Richard Wagners als Gestalter nationaler Identität während der staatlichen Vereinigung Deutschlands, Turku 1993; englisch: Imagined Germany. Richard Wagners National Utopia, New York 1999
Sandberger, Jörg F., David Friedrich Strauß als theologischer Hegelianer, Göttingen 1972.
Sass, Hans Martin (Hg), Ausgewählte Briefe von und an Ludwig Feuerbach, Osnabrück 1964
Schad, Martha, ›Meine erste und einzige Liebe‹. Richard Wagner und Mathilde Wesendonck, München 2002
Schelling, Friedrich Wilhelm Joseph, Philosophie der Kunst, Darmstadt 1976
Schiller, Friedrich, Was kann eine gute stehende Schaubühne eigentlich wirken? in: Sämtliche Werke, hg. von Gerhard Fricke und Herbert G. Göpfert, Bd. 5, München 1989
Schleiermacher, Friedrich D. E., Das Leben Jesu. Vorlesungen an der Universität Berlin im Jahre 1832, Berlin 1864.
Schleiermachern, Friedrich D. E., Kritische Gesamtausgabe, hg. von Hans-Joachim Birkner/Gerhard Ebeling/Hermann Fischer/Heinz Kimmerle/Kurt-Victor Selge, Abtlg. I, Bd. 2 hg. von Günter Meckenstock, Berlin/New York 1984; Bd. 7/1-2, hg. von Hermann Peiter, Berlin/New York 1980; Bd. 7/3 hg. von Ulrich Barth, Berlin/New York 1984.
Schmidt, Alfred, Ludwig Feuerbach. Anthropologischer Materialismus. Ausgewählte Schriften, Bd. 1, Frankfurt/M. 1967
Schmidt, Alfred, Schopenhauer und der Materialismus, in: Hans Ebeling/Ludger Lütkehaus (Hg), Schopenhauer und Marx. Philosophie des Elends – Elend der Philosophie? Königstein/Ts. 1980
Schmid, Ulrich, Buchmarkt und Literaturvermittlung, in: Gert Sautermeister/Ulrich Schmid (Hg.), Zwischen Restauration und Revolution 1815–1848. Hansers Sozialgeschichte der deutschen Literatur vom 16. Jahrhundert bis zur Gegenwart, Bd. 5, München 1998

Schmidt, Alfred, Die Wahrheit im Gewande der Lüge. Schopenhauers Religionsphilosophie, München/Zürich 1986
Schmitt, Carl, Politische Theologie. Vier Kapitel zur Lehre von der Souveränität, Berlin 1922
Schnädelbach, Herbert, ›Ringe und Mythos‹, in: Udo Bermbach (Hg), In den Trümmern der eignen Welt, Hamburg/Berlin 1989
Schnur, Roman (Hg), Zur Geschichte der Erklärung der Menschenrechte, Darmstadt 1964
Schörken, Rolf, Revolutionen in historischer und sozialwissenschaftlicher Sicht, Stuttgart 1978
Scholz, Dieter David, Richard Wagners Antisemitismus. Jahrhundertgenie im Zwielicht – eine Korrektur, Berlin 2000
Schopenhauer, Arthur, Die Welt als Wille und Vorstellung, hg. von Arthur Hübscher, Bd. 1; Bd. 2, Wiesbaden 1949.
Schrader, Wolfgang, Ethik und Anthropologie in der englischen Aufklärung, Hamburg 1984.
Schreiber, Ulrich, Opernführer für Fortgeschrittene. Die Geschichte des Musiktheaters. Von den Anfängen bis zur Französischen Revolution, Bd. 1, Frankfurt/M. 1988; Bd. 2, Frankfurt/M. 1991
Schumann, Hans-Gerd (Hg), Konservatismus, Köln 1974
Semper, Gottfried 1803–1879. Sein Wirken als Architekt, Theoretiker und revolutionärer Demokrat und die schöpferische Aneignung seines progressiven Erbes. Wissenschaftliches Kolloquium im Rahmen der Semper-Ehrung der DDR, Technische Universität Dresden 1979
Semper, Gottfried 1803–1879, Baumeister zwischen Revolution und Historismus, München 1980
Shaw, George Bernard, Ein Wagner-Brevier. Kommentar zum Ring des Nibelungen, Frankfurt/M. 1973
Silberner, Edmund, Sozialisten zur Judenfrage. Ein Beitrag zur Geschichte des Sozialismus von Anfang des 19. Jahrhunderts bis 1914, Berlin 1962
Soden, Michael von/Andreas Loesch, Richard Wagner, Die Feen, Frankfurt/M. 1983
Spenkuch, Hartwin, Vergleichsweise besonders? Politisches System und Strukturen Preußens als Kern des ›deutschen Sonderwegs‹, in: Geschichte und Gesellschaft, 29. Jg, Heft 2, Göttingen 2003
Spierling, Volker, Arthur Schopenhauer zur Einführung, Hamburg 2000
Spierling, Volker, Arthur Schopenhauer, Philosophie als Kunst und Erkenntnis, Frankfurt/M. 1994
Stauff, Renate, Zeitgeist und Nationalliteratur. Literatur- und Kulturkritik zwischen nationaler Selbstbestimmung und europäischer Orientierung bei Heine, Börne und dem Jungen Deutschland: in Germanisch-Romanische Monatsschrift, Heidelberg, NF Bd. 43
Steiert, Thomas (Hg), ›Der Fall Wagner‹. Ursprünge und Folgen von Nietzsches Wagner-Kritik, Laaber 1991
Stein, Lorenz von, Geschichte der sozialen Bewegungen in Frankreich von 1789 bis auf unsere Tage, Bd. III, Nachdruck Darmstadt 1959
Stenzel, Jürg, Reinlichkeitsgefühle in Kunstdingen. Politische Musik – Skizze einer Begriffsgeschichte, in: Musik-Texte, Köln 1991
Stern, Fritz, Kulturpessimismus als politische Gefahr. Eine Analyse nationaler Ideologien in Deutschland, Bern/Stuttgart/Wien 1963
Sternberger, Dolf, Drei Wurzeln der Politik, Frankfurt/M. 1978

Stierle, Karlheinz, Die Friedensfeier. Sprache und Fest im revolutionären und nachrevolutionären Frankreich und bei Hölderlin, in: Das Fest, hg. von Walter Haug und Rainer Warning, München 1989
Stirner, Max, Der Einzige und sein Eigentum, hg. von H.G. Helms, München 1968
Straub, Eberhard, Die Götterdämmerung der Moderne. Von Wagner bis Orwell, Heidelberg 1987
Strauß, David Friedrich, Das Leben Jesu, 2 Bde., Tübingen 1835
Strauß, David Friedrich, Der Christus des Glaubens und der Christus der Geschichte. Eine Kritik des Schleiermach'schen Lebens Jesu, hg. von Angelika Dörfler-Dierken/Jörg Dierken, Waltrop 2000.
Suneson, Carl, Richard Wagner und die indische Geisteswelt, Leiden u.a. 1989.
Schweitzer, Albert, Geschichte der Leben-Jesu-Forschung (1913), Tübingen 1951
Tarkiainen, Tuttu, Die athenische Demokratie, Zürich/Stuttgart 1966
Tönnies, Ferdinand, Gemeinschaft und Gesellschaft, Darmstadt 1972
Träger, Joachim, Philipp Otto Runge und sein Werk, München 1976
Vahl, Heidemarie, ›Freiheit überall, um jeden Preis‹. Georg Herwegh 1817–1875. Bilder und Texte zu Leben und Werk, Stuttgart 1992
Veltzke, Veit, Der Mythos des Erlösers. Richard Wagners Traumwelten und die deutsche Gesellschaft 1871–1918, Stuttgart 2002
Vill, Susanne (Hg), ›Das Weib der Zukunft‹. Frauengestalten und Frauenstimmen bei Richard Wagner, Stuttgart/Weimar 2000
Voigt, Alfred (Hg), Der Herrschaftsvertrag, Neuwied 1965
Vollrath, Ernst, Politik, in: Historisches Wörterbuch der Philosophie, hg. von Joachim Ritter und Karlfried Gründer, Bd. 7, Darmstadt 1989
Voss, Egon, Wagner und kein Ende. Betrachtungen und Studien, Zürich/Mainz 1996
Wapnewski, Peter, Der traurige Gott. Richard Wagner in seinen Helden, München 1982
Wassmund, Hans, Revolutionstheorien. Eine Einführung, München 1978
Weber, Eberhard, Lyrik der Befreiungskriege (1812–1815). Gesellschaftspolitische Meinungs- und Willensbildung durch Literatur, Stuttgart 1991
Weber, Max, Die Objektivität sozialwissenschaftlicher und sozialpolitischer Erkenntnis, in: Gesammelte Aufsätze zur Wissenschaftslehre, hg. von Johannes Winkelmann, Tübingen 1988
Weber, Max, Wirtschaft und Gesellschaft, Tübingen 1985
Wehler, Hans-Ulrich, Deutsche Gesellschaftsgeschichte, Bd. 2, Von der Reformära bis zur industriellen und politischen ›Deutschen Doppelrevolution‹ 1815–1845/49, München 1987; Bd. 3, Von der ›Deutschen Doppelrevolution‹ bis zum Beginn des Ersten Weltkrieges 1849–1914, München 1995
Weitling, Wilhelm, Das Evangelium des armen Sünders (1843)/Die Menschheit wie sie ist und wie sie sein sollte (1838), hg. von Wolf Schäfer, Reinbek b. Hamburg 1971.
Weitling, Wilhelm, Garantien der Harmonie und Freiheit, hg. von Ahlrich Meyer, Stuttgart 1974
Welsch, Wolfgang, Ästhetisches Denken, Stuttgart 1990
Welsen, Peter, Schopenhauers Theorie des Subjekts. Ihre transzendentalphilosophischen, anthropologischen und naturmetaphysischen Grundlagen, Würzburg 1995
Westernhagen, Curt von, Richard Wagners Dresdner Bibliothek 1842 bis 1849, Wiesbaden 1966
Westernhagen, Curt von, Wagner, Zürich/Freiburg 1979

Wienbarg, Ludolf, Aesthetische Feldzüge. Dem jungen Deutschland gewidmet, mit einem Vorwort von Alfred Kerr, Hamburg 1919

Wilberg, Petra-Hildegard, Richard Wagners mythische Welt. Versuche wider den Historismus, Freiburg 1996

Würffel, Stefan Bodo, Französische Revolution im Spiegel der Oper, in: Udo Bermbach/ Wulf Konold (Hg), Der schöne Abglanz. Berlin/Hamburg 1992

Wolzogen, Hans von, Thematischer Leitfaden durch die Musik zu Richard Wagners Festspiel Der Ring des Nibelungen, Leipzig 1876

Young, E.J., Gobineau und der Rassismus. Eine Kritik der anthropologischen Geschichtstheorie, Meisenheim am Glan 1968

Zegowitz, Bernd, Richard Wagners unvertonte Opern, Frankfurt/M. 2002

Zelinski, Hartmut, Richard Wagner – ein deutsches Thema. Eine Dokumentation zur Wirkungsgeschichte Richard Wagners 1876–1976, Frankfurt/M. 1976

Zimmermann, Ekkart, Krisen, Staatsstreiche und Revolutionen. Theorien, Daten und neuere Forschungsansätze, Opladen 1981

Zimmermann, Werner (Hg), Richard Wagner in Zürich. Materialien zum Aufenthalt und Wirken, Zürich 1987.

Zimmermann, Werner (Hg), Richard Wagner in der Züricher Presse 1854–1858, Zürich 1988

Personen- und Werkregister

Das Register bezieht sich auf den Haupttext. Nur in besonderen Fällen werden Buchtitel aus den Anmerkungen dann berücksichtigt, wenn in der Darstellung auf sie ausführlicher Bezug genommen wird, ohne daß sie direkt genannt sind.